MUSSOLINI E HITLER

MUSSOLINI E HITLER

A fraude da aliança fascista

Christian Goeschel

Tradução de Lúcia Helena de Seixas Brito

Título original em inglês:
Mussolini and Hitler: The forging of the fascist alliance
Copyright © 2018 Christian Goeschel. Todos os direitos reservados.
Publicado originalmente por Yale University Press.
Amarylis é um selo editorial Manole.

Editor-gestor: Walter Luiz Coutinho
Produção editorial: Retroflexo Serviços Editoriais Ltda.
Revisão: Departamento Editorial da Editora Manole
Projeto gráfico: Anna Yue
Editoração eletrônica: Anna Yue
Capa: Departamento de Arte da Editora Manole
Imagem da capa: https://pt.wikipedia.org/wiki/Ficheiro:HitlerMussolini1934Venice.jpg

CIP-BRASIL. CATALOGAÇÃO NA PUBLICAÇÃO
SINDICATO NACIONAL DOS EDITORES DE LIVROS, RJ

G545m
    Goeschel, Christian
      Mussolini e Hitler: a fraude da aliança fascista / Christian Goeschel; tradução Lúcia Helena de Seixas Brito. – 1.ed. – Barueri [SP]: Amarylis, 2021.
      528 p.; 23 cm.

      Tradução de: Mussolini and Hitler: the forging of the fascist alliance
      Inclui bibliografia e índice
      ISBN 978-65-5576-167-2

      1. Mussolini, Benito, 1883-1945 – Influência. 2. Hitler, Adolf, 1889-1945. 3. Guerra Mundial, 1939-1945 – História diplomática. 4. Itália – Relações exteriores – Alemanha. 5. Alemanha – Relações exteriores – Itália. 6. Fascismo – História – Séc. XX. I. Brito, Lúcia Helena de Seixas. II. Título.

20-65649   CDD: 320.533
                              CDU: 329.18

Meri Gleice Rodrigues de Souza – Bibliotecária CRB-7/6439

Todos os direitos reservados.
Nenhuma parte deste livro poderá ser reproduzida, por qualquer processo, sem a permissão expressa dos editores.
É proibida a reprodução por fotocópia.

A Editora Manole é afiliada à ABDR – Associação Brasileira de Direitos Reprográficos.

Edição brasileira – 2021

Editora Manole Ltda.
Av. Ceci, 672 – Tamboré
06460-120 – Barueri – SP – Brasil
Fone: (11) 4196-6000
www.manole.com.br | https://atendimento.manole.com.br

Impresso no Brasil | *Printed in Brazil*

SUMÁRIO

Agradecimentos .... *vii*

Introdução 1
1. Na sombra de Mussolini, 1922-1933 19
2. O primeiro encontro, junho de 1934 42
3. A segunda aproximação, setembro de 1937 69
4. Primavera para Hitler, maio de 1938 108
5. Rumo à guerra, 1938-1939 149
6. Caminho sem volta, 1939-1941 190
7. A derrocada, 1941-1943 239
8. O apagar das luzes, 1943-1945 293
Conclusão 336

Notas finais *343*
Bibliografia *441*
Índice alfabético-remissivo *481*

AGRADECIMENTOS

Sem o apoio de meus colegas, amigos e familiares, eu jamais teria concluído este livro. Em primeiro lugar, gostaria de agradecer aos bibliotecários e arquivistas na Itália (em especial na Biblioteca di Storia Moderna e Contemporanea, em Roma, na Biblioteca Nazionale Centrale, em Florença, na biblioteca do Deutsches Historisches Institut, em Roma, na biblioteca do European University Institute, em Florença, no Istituto Storico della Resistenza in Toscana, em Florença, no Archivio Storico del Comune di Firenze, no Archivio Storico Capitolino, em Roma, no Archivio Centrale dello Stato, em Roma, e no Archivio Storico Diplomatico del Ministero degli Affari Esteri, em Roma), na Alemanha (em especial no Bundesarchiv, em Coblença, Freiburg e Berlim, no Politisches Archiv des Auswärtigen Amts, em Berlim, na Bayerische Staatsbibliothek e no Institut für Zeitgeschichte, em Munique), na Grã-Bretanha (em especial na Sala de Leitura de Humanidades 2 da British Library, nos National Archives, no German Historical Institute, em Londres, e na Manchester University Library) e na Austrália (em especial na ANU Chifley Library e no esplêndido Petherick Room da National Library of Australia, em Canberra) pela disponibilização dos materiais.

Uma das principais inspirações para este livro foi o trabalho do historiador alemão Wolfgang Schieder, um dos primeiros estudiosos a analisar em profundidade o relacionamento entre a Itália fascista e a Alemanha nazista. A monografia escrita por ele sobre a visão de Hitler em relação a Mussolini só foi publicada depois do término do presente livro. Um artigo em um *workshop* sobre a história do fascismo transnacional, realizado em maio de 2010 em Londres, foi minha primeira incursão na história italiana, e preciso agradecer ao público pelo encorajamento que me deu. Richard Bosworth convidou-me generosamente a falar na Austrália em setembro de 2010. Desde então, historiadores da Itália moderna me aceitam gentilmente em suas fileiras, entre eles Paul Corner, o falecido Christopher Duggan, John Foot, Paul Ginsborg, Stephen Gundle, David Laven e Lucy Riall. Em diversos estágios de meu projeto, foram extremamente instrutivas as conversas com Giulia Albanese, Pam Ballinger, Martin Baumeister, Patrick Bernhard, Ralph Dobler, Bianca Gaudenzi, Lutz Klinkhammer, Andrea Mammone, Benjamin Martin, Alessandra Tarquini e, especialmente, com Oliver Janz.

Conversas com Jan Rüger, Sean Brady, Naoko Shimazu, Serafina Cuomo e meus ex-alunos no Birkbeck College – onde uma bolsa de início de carreira da Leverhulme, embora concedida para um projeto diferente, permitiu-me tempo para ler e pensar – ajudaram-me a colocar o projeto em andamento, da mesma forma que as trocas com Daniel H. Magilow, Dejan Djokić, Geoff Eley, Brendan Simms, Christopher Wheeler, Giuseppe Laterza e, especialmente, Sir Richard Evans. Kilian Bartikowski compartilhou generosamente alguns documentos comigo. Na Austrália, foram de grande valia para mim as conversas com meus alunos e colegas da Australian National University, que financiou duas viagens de pesquisa à Europa, entre eles Gemma Betros, Frank Bongiorno, Alex Cook, Tom Griffiths, Pat Jalland e Carolyn Strange. Ainda na Austrália, Andrew Bonnell, Aedeen Cremin, Hubertus Klink e Glenda Sluga apoiaram meu trabalho. Em Manchester mantive muitas conversas frutíferas com alunos e colegas, entre eles Stuart Jones, Thomas Tunstall Allcock e Frank Mort, do grupo de culturas políticas de Manchester, Georg Christ e Alexia Yates.

Tenho uma dívida especial com colegas e alunos do Departamento de História e Civilização do European University Institute, em Florença, que me ajudaram a avançar com meu trabalho, especialmente Lucy Riall, Pieter Judson, Marla Stone, Regina Grafe, Gabriel Piterberg, Dirk Moses, Gaël Sánchez Cano, Natasha Wheatley, Laura Lee Downs e Tara Zahra. Uma bolsa de estudos como visitante na mesma instituição, organizada por Lucy Riall na primavera de 2017, durante meu semestre sabático na Manchester Univer-

AGRADECIMENTOS

sity, deu-me tempo para concluir o livro. Eu gostaria também de agradecer as valiosas sugestões oferecidas pelas plateias de seminários e palestras na Australian National University, no Freiburg Institute for Advanced Studies, na University of Queensland, na University of Sydney, na Università di Genova, na University of Cambridge e na University of Western Australia.

Diversos amigos e colegas, entre eles Hatsuki Aishima, Gemma Betros, Andrew Bonnell, Paul Corner, Moritz Föllmer, Sir Ian Kershaw, Molly Loberg, Mark Offord, Naoko Shimazu, Marla Stone e David Laven teceram comentários sobre versões iniciais dos capítulos. Os conselhos e o encorajamento de Sir Richard Evans foram particularmente generosos e úteis. Quando eu estava concluindo o livro, discussões com Hannah Malone, Anirudha Dhanawade, Catherine Brice, Carmen Belmonte, Sir Ian Kershaw e, sobretudo, David Laven, Dejan Djokić e Naoko Shimazu foram de grande ajuda. Na Yale University Press, Heather McCallum, Rachael Lonsdale e Marika Lysandrou foram brilhantes, solidários e pacientes. Jonathan Wadman revisou habilmente o manuscrito e Douglas Matthews compilou o índice. Gostaria também de manifestar meu apreço aos leitores anônimos que fizeram sugestões valiosas. Meus especiais agradecimentos são devidos a Georgina Capel e sua equipe pelo inabalável apoio a meu projeto.

Versões preliminares de alguns dos materiais usados nos capítulos 1 e 3 foram publicadas em meu prefácio a Renzo De Felice, *Mussolini e Hitler: I rapporti segreti, 1922-1933, con documenti inediti*, Bari/Roma, 2013, p. v-xxiii, e em meu artigo "Staging Friendship: Mussolini and Hitler in Germany in 1937", *Historical Journal*, 60, p. 149-72, 2017.

Meus agradecimentos finais vão para meus amigos na Itália – Elena Pezzini, Valentina Pezzini e Marcello Adam, Cristina Rognoni, Giancarlo Raddi e Katja Rosenhagen, Walter Baroni e Gabriella Petti e Caterina Sinibaldi – pela enorme gentileza e generosidade, bem como a meus pais, meu irmão e Francesco Filangeri. Sem o apoio, o incentivo e a amizade de Lucy Riall, que leu todo o manuscrito, seria improvável que eu me aventurasse no campo da história italiana.

Meu enorme agradecimento a Hatsuki Aishima, que constantemente me faz lembrar dos prazeres da vida.

Manchester, junho de 2017

INTRODUÇÃO

I

Em 20 de julho de 1944, na hora do almoço, explodiu uma bomba na Toca do Lobo, o quartel general de Adolf Hitler na Prússia oriental. O líder nazista sofreu apenas alguns ferimentos leves. Naquela tarde, Benito Mussolini foi o primeiro convidado a ser recebido por Hitler. No decorrer do ano anterior, o Duce* fora derrubado do poder, aprisionado e, depois, libertado pelos nazistas. Naquela época, em 1944, ele era líder da República Social Italiana, um Estado formalmente independente, situado na porção central-norte da Itália, mas que, na verdade, era controlado pelos alemães. Um ano antes, em julho de 1943, os aliados haviam desembarcado na Sicília. Agora – apenas um mês após o desembarque na Normandia –, a vitória nazista parecia ser cada vez mais improvável.

    Os dois líderes inspecionaram as ruínas da cabana de madeira na qual a bomba havia explodido. Muito embora tivesse acabado de sobreviver a uma tentativa de assassinato, Hitler parecia manter total controle sobre a política alemã e apreciou o apoio integral do amigo italiano, aliado e companheiro ideológico de jornada. Esse foi o último dos dezessete encontros entre os dois ditadores. Eles se reuniram com mais frequência

---

* Palavra da língua italiana que significa "líder". (N. E.)

e maior demonstração de bravata do que quaisquer outros estadistas ocidentais durante os anos entreguerras e a Segunda Guerra Mundial.[1]

O que aproximou Hitler e Mussolini? Teria sido simplesmente a necessidade de uma inevitável aliança militar? Ou, quem sabe, a incomum afinidade ideológica entre dois ditadores fascistas e os movimentos por eles liderados, que emergiram na esteira da Primeira Guerra Mundial e tinham por meta a revisão do Tratado de Versalhes e uma conquista territorial?[2] Ou, talvez, a amizade, uma profunda afinidade pessoal fundamentada em biografias paralelas? As interpretações desse relacionamento são até hoje eclipsadas por sua representação na cultura popular americana, acima de tudo no trabalho de Charles Chaplin *O grande ditador* (1940), um filme que ridiculariza Mussolini e Hitler, retratando-os como rivais vaidosos, empolados e invejosos, e que zomba das bombásticas propagandas fascista e nazista. Houve outras manifestações contemporâneas desse relacionamento, tais como os sucessos musicais *country* de Carson Robison, "Mussolini's letter to Hitler" ("A carta de Mussolini para Hitler") e "Hitler's reply to Mussolini" ("A resposta de Hitler a Mussolini"), lançados nos Estados Unidos em 1942, quando tudo indicava que o Eixo venceria a guerra. As letras apresentam Mussolini como idiota e oportunista, embora útil para Hitler, uma imagem que persistiu até hoje na cultura popular e na história.

Neste livro, analisarei um relacionamento que desde aquele tempo é considerado decisivo na aniquilação da ordem wilsoniana do entreguerras e no desencadeamento da Segunda Guerra Mundial. Abordarei alguns dos problemas fundamentais de interpretação envolvidos no estudo do relacionamento pessoal de líderes políticos e na reflexão sobre o papel do ditador na diplomacia. A história do relacionamento Hitler-Mussolini é, em parte, uma história de amizade – não obstante uma história que foi fabricada, que envolveu tensões e desigualdades e que se caracterizou por uma mistura de admiração e inveja de ambos os lados. É também uma história que revela certo estado de latente oposição entre mito e realidade e que provocou profundas consequências para a história europeia nos anos 1930 e 1940.[3]

Este livro não pretende ser uma biografia, nem um estudo das "vidas paralelas" dos ditadores, mas apenas uma análise do relacionamento entre eles e de sua representação e importância política geral. Concentrando

INTRODUÇÃO

meu objetivo na representação do relacionamento dos dois líderes, revisito o poder – imaginado, concebido e real – de Mussolini e Hitler para moldar a política externa e regê-la. No entanto, não endosso a interpretação tradicional de que as intenções dos ditadores dominaram a política. Hitler raramente foi obrigado a dar ordens diretas dentro do sistema político nazista, no qual funcionários do partido e do estado "trabalhavam ao lado do Führer†". A posição de Mussolini como ditador foi muito mais débil do que a de Hitler, pois o Duce tinha de respeitar a monarquia dominada pelo longevo rei Vittorio Emanuele III, bem como o Vaticano e o "infalível" papa, ainda que ambas as instituições tenham garantido amplo suporte ao regime fascista durante boa parte de sua existência.[4]

À primeira vista, os dois líderes compartilhavam muitas similaridades. Ambos tinham origem relativamente humilde e provinciana. Ambos eram carismáticos. Ambos ascenderam ao poder fazendo uso de uma combinação de violência política e métodos aparentemente legais, visando a controlar as respectivas nações em uma atmosfera que se assemelhava a uma guerra civil. Ambos costumavam enfatizar com frequência sua masculinidade e sua crença na força militar.[5] Ambos prometeram unir as massas e transformar suas nações em potências mundiais. Também tentaram, em medidas diferentes, manter um equilíbrio entre a repressão e a formação de um consenso das massas. Ambos eram implacáveis e determinados a estabelecer, por meio de guerra e conquistas, o que entendiam ser uma Nova Ordem. Ambos direcionavam as políticas interna e externa para a guerra, com resultados diferentes em sua essência, em razão do desempenho econômico nitidamente dissimilar e das distintas culturas políticas das respectivas nações. E, ainda, o relacionamento entre eles não foi apenas turbulento e marcado por algumas contradições ideológicas e rivalidades pessoais como também moldado pelos diferentes contextos nacionais em que atuavam. Centrada no antissemitismo e na conquista de um espaço vital na Europa oriental, a ideologia de Hitler tinha uma meta mais explícita do que a de Mussolini.[6] Fica claro que o antissemitismo desempenhava para Hitler e os nazistas um papel fundamental e conduziu ao holocausto, enquanto na Itália o racismo interno, alicerçado na exclusão racial praticada nas colônias italianas, só adquiriu expressão

---

† Palavra da língua alemã que significa "líder". (N. E.)

com a consolidação das relações nazifascistas de meados para o final dos anos 1930.

Ao mesmo tempo, o relacionamento entre os dois, que encobria o fato de ambos serem solitários e desconfiados, era também improvável. Mussolini difundia a imagem de homem de família, enquanto Hitler se apresentava como um sujeito inteiramente devotado à nação alemã. Os dois líderes haviam lutado em lados opostos na Grande Guerra, na qual a Alemanha fora derrotada. A Itália, pelo menos oficialmente, ganhara a guerra, mas imperava no país grande insatisfação com uma suposta "vitória mutilada" (*vittoria mutilata*): os aliados concordaram com a transferência para a Itália da posse de alguns – não todos – territórios a ela prometidos quando de sua entrada na guerra ao lado das forças aliadas, depois de ter abandonado a Tríplice Aliança com a Alemanha e o Império Austro-Húngaro. Tanto na Itália como na Alemanha, ganharam vulto poderosos estereótipos nacionais de uma nação contra a outra, estereótipos estes amplificados pelo antagonismo ítalo-germânico vigente na Grande Guerra, o qual levava muitos alemães a verem os italianos como traidores.

A história de Mussolini e Hitler é mais bem compreendida se vista como uma união instrumental e um relacionamento forjado politicamente, em vez de um pacto ideologicamente incontestável ou uma amizade real, não obstante tenha havido, sem qualquer sombra de dúvida, alguma afinidade ideológica, tal como a busca da Nova Ordem, a crença na violência política e no caráter transformador da guerra e o desdém pela democracia liberal. Para os dois líderes e seus respectivos regimes, o relacionamento era funcional e dizia respeito à ampliação dos próprios poderes – uma percepção em hipótese alguma antagônica à ideia de que havia semelhanças ideológicas. Em um tempo no qual a interpretação da Segunda Guerra Mundial pende às vezes na direção das "terras de sangue" da Europa oriental – uma interpretação que elimina potencialmente as diferenças essenciais entre os regimes de Stalin e Hitler –, este livro deve servir como lembrete de que a Itália, como resultado fatal do entrelaçamento ítalo-germânico, converteu-se em um palco de guerra em 1943 e experimentou o que alguns denominaram uma guerra civil.[7]

A ditadura de Mussolini não foi uma comédia interpretada por um palhaço trapalhão. Ao contrário, ele e seu regime serviram, nos anos 1920 e início da década de 1930, como modelo estratégico para a ascensão de

INTRODUÇÃO

Hitler e do nazismo, conforme sugeriu Wolgang Schieder. A Itália esteve em guerra quase continuamente pelo menos desde a invasão da Etiópia, em 1935, até o final da Segunda Guerra Mundial, em 1945, e fez pleno uso de um repertório de violência, o qual incluiu um estado de guerra extremamente brutal nos Balcãs e na África. Outro historiador sugeriu até mesmo que as práticas fascistas de racismo nas colônias italianas na África tiveram profunda influência na ordem racial cruel do nazismo na Europa oriental durante a Segunda Guerra Mundial. Se, por um lado, essa interpretação reforça a necessidade de se explorar em detalhes o entrelaçamento nazifascista, por outro, ela oferece também o risco de omitir o contexto mais amplo do imperialismo europeu, de forma mais geral, e de seu papel na conformação da brutalidade e da escala sem precedentes da guerra nazista de dominação e extermínio racial.[8]

Inicialmente, foi Hitler quem procurou Mussolini, não o contrário, porque o Duce representava a força propulsora e inovadora, responsável pelo esforço de dar nova forma à política e à diplomacia do período entreguerras. Hitler via em Mussolini um líder forte, austero e determinado, que havia resgatado das mãos da esquerda a Itália e seu povo supostamente fraco e degenerado, transformando-a em uma poderosa ditadura. Essa visão idealizadora experimentou forte influência do culto fascista a Mussolini.[9] Depois de Hitler ter sido nomeado chanceler do Reich, em 30 de janeiro de 1933, as relações ítalo-germânicas permaneceram tensas, sobretudo, porque Hitler intencionava estender seu controle sobre a Áustria, cuja soberania era garantida pela Itália fascista. Contudo, a relação entre os dois líderes logo sofreu uma mudança radical. A rápida consolidação do Terceiro Reich, posta em prática por Hitler, e uma série de surpreendentes sucessos na política externa, mais notadamente a remilitarização da Renânia, em março de 1936, elevou-o à posição de decano do fascismo europeu e rebaixou Mussolini para o segundo posto. Na esteira da ocupação da Etiópia pela Itália, das sanções subsequentes da Liga das Nações contra esta última e da Guerra Civil Espanhola, foi surgindo um crescente entrelaçamento entre a política da Itália e a da Alemanha. Para Mussolini, que, a exemplo de seus predecessores liberais, mantinha firme opinião de que a Itália deveria ser uma grande potência na Europa, uma aliança com a então mais poderosa Alemanha era uma forma de ampliar o prestígio de seu país e uma estratégia para garantir o projeto fascista de transformar a Itália em uma nação totalitária.[10] Quanto mais poderoso Hitler se tornava, mais Mussolini, um homem intensamente vaidoso, sentia-se lisonjeado pela admiração do outro.[11] Acima de tudo, o objetivo de Mussolini era converter a Itália, uma nação geopoliticamente fraca, em potência dominante no Mediterrâneo e conquistar espaço vital (*spazio vitale*). A proclamação por Mussolini do Eixo Roma-Berlim, em novembro de 1936, sinalizava essa mudança, muito embora o Duce, aparentemente tão preocupado com o prestígio da Itália quanto com um laço desejável e ideologicamente justificado com o Terceiro Reich, tenha tentado asseverar, até o final dos anos 1930, que a Itália era o "peso determinante" entre a França e a Grã-Bretanha, de um lado, e a Alemanha, do outro.

Uma aliança com a Itália de Mussolini e a Grã-Bretanha fora, desde o início dos anos 1920, o objetivo de Hitler, pois ele esperava que tal aliança poderia enfraquecer a França, seu arqui-inimigo. Ao contrário de Mussolini, que se comportava como um estadista de maior experiência e desejava manter sua flexibilidade diplomática, Hitler se mostrava mais ansioso por essa aliança, mas suas demandas foram ignoradas na Itália até o decisivo ponto de inflexão que a guerra da Etiópia e a Guerra Civil Espanhola representaram. A partir da visita de Mussolini à Alemanha em 1937, uma poderosa exibição de unidade e amizade nas propagandas italiana e alemã consolidou o relacionamento entre os dois líderes como o mais forte símbolo da nascente aliança ítalo-germânica.

Muitos comentaristas descartaram esse relacionamento como um fracasso desde o princípio, em decorrência da desconfiança mútua, da disposição dos dois líderes, de seus conselheiros e da população em geral em cultivar estereótipos nacionais, da ausência de coordenação estratégica em tempos de guerra e do desastroso desempenho militar da Itália na Segunda Guerra Mundial. No entanto, as redes ítalo-germânicas nos campos político, econômico e cultural se intensificaram a partir do final da década de 1930. A noção de que a amizade entre os ditadores era refletida pelas respectivas nações logo se transformou em uma exibição de tal modo bem-sucedida que foi capaz de levar muitos espectadores, nos âmbitos nacional e internacional, além dos próprios líderes, a acreditar que os laços entre Itália e Alemanha, e a ideia de uma Nova Ordem fundamentada em conquistas e no domínio pela força, eram muito mais sólidos do que na realidade.[12]

INTRODUÇÃO

Neste livro, o relacionamento Mussolini-Hitler destaca-se como exemplo marcante de como a encenação e a representação, ambas recursos centrais no exercício das políticas fascista e nazista, podem gerar um ímpeto político – uma questão mais ampla e também relevante para outros contextos históricos. Em particular, examino com seriedade as demonstrações de unidade e amizade do nazifascismo, tornadas manifestas em reuniões, correspondências e outras ações, as quais assumiram uma importância política direta. O propósito da visita do Duce à Alemanha, em 1937, e da triunfante visita de Hitler à Itália, em 1938, era exatamente gerar tal demonstração de unidade e amizade, que deveria ser uma expressão da busca de nazistas e fascistas por uma Nova Ordem na Europa, ordem esta que deveria substituir a ordem liberal-internacionalista pós-1919, representada pela Liga das Nações. No entanto, as potentes exibições de propaganda sempre foram acompanhadas por tensões nos bastidores. Não foi por acaso que uma aliança militar formal, o Pacto de Aço, só tenha sido assinado em maio de 1939, e que a Itália só tenha entrado na Segunda Guerra Mundial ao lado da Alemanha em junho de 1940. Depois que os fracassos militares da Itália frustraram as esperanças de Mussolini por uma "guerra paralela" no Mediterrâneo, a dependência em relação a Hitler restringiu progressivamente o espaço de manobra do Duce, até sua deposição do poder em julho de 1943, seguida pelas derrotas desastrosas dos dois países e pela morte de ambos os líderes em abril de 1945. Entretanto, as impressionantes exibições de unidade, não obstante desbotadas depois de 1940, costumavam ser bem-sucedidas na tarefa de obscurecer as tensões. Desse modo, os encontros entre Mussolini e Hitler foram mais do que "apenas" espetáculos de propaganda. Em vez disso, valendo-me do conceito de "desempenho social" (*social performance*) desenvolvido pelo sociólogo cultural Jeffrey C. Alexander, argumento que as demonstrações de amizade geraram uma poderosa dinâmica política, que teve impacto direto na política europeia. A percepção de uma afinidade ideológica supostamente profunda entre Mussolini e Hitler, capaz de dar nova forma à ordem mundial, determinou as relações entre eles e as reações internacionais. Assim, apesar das consideráveis diferenças ideológicas entre os dois regimes e os respectivos líderes, muitos de seus contemporâneos, na Itália e na Alemanha, mas também no exterior, viam esse relacionamento como uma ameaça, pois acreditavam que era sedimentado por uma ideologia comum.[13]

Com esse pano de fundo, meu estudo sobre o relacionamento Mussolini-Hitler, entendido no contexto mais amplo das relações e da cultura diplomática ítalo-germânicas, tem dois objetivos principais. Em primeiro lugar, defendo que a história da aliança entre a Itália fascista e a Alemanha nazista foi muito mais complexa do que tem sido sugerido em trabalhos recentes, cuja argumentação sustenta que essa aliança foi de certo modo motivada por uma ideologia compartilhada e uma bem-sucedida cooperação.[14] Eventualidades, tensões estratégicas e estereótipos nacionais moldaram esse relacionamento ao longo de toda a sua existência. Uma estranha combinação de reciprocidade e hostilidade, de ambivalência e adoração, caracterizou tanto o relacionamento pessoal de Mussolini e Hitler como aquele estabelecido entre a Itália fascista e a Alemanha nazista.

Em segundo lugar, argumento que não podemos começar a entender o que foi o fascismo sem antes estudar o relacionamento político dos dois principais estadistas fascistas em seu contexto mais amplo. A história do relacionamento entre Mussolini e Hitler ajuda a revelar o volume de contradições internas que existiram dentro do fascismo.[15] Em vez de buscar um projeto teórico dentro de teorias de estudiosos como Roger Griffin e Roger Eatwell, no que diz respeito ao "mínimo fascista" ou a um "consenso nos estudos sobre o fascismo", o que implicaria o risco de distorcer as complexidades, as ambiguidades e as tensões dentro do elo fascista arquetípico que unia Hitler e Mussolini, adotarei uma abordagem diferente.[16]

Inspirado por historiadores como Nakao Shimazu e Johannes Paulmann, cuja obra se concentrou nos rituais, nas cerimônias, nas emoções, nos gestos e em outros aspectos socioculturais da diplomacia, aspectos estes capazes de produzir resultados políticos, abordo o relacionamento Mussolini-Hitler por meio da dialética dos interesses nacionais, bem como das emoções e da ideologia de cada nação. Itinerários, correspondências e aspectos aparentemente triviais da política, tais como códigos de vestimenta, saudações e locais de reuniões, são importantes para nosso entendimento do relacionamento Mussolini-Hitler. Desse modo, o significado mais amplo desse laço se tornará mais claro.[17]

O relacionamento Mussolini-Hitler foi um protótipo da diplomacia fascista. À primeira vista, esse termo pode parecer ao leitor uma composição de termos contraditórios ou incongruentes: aqui estavam dois líderes que tentavam se afastar da diplomacia formal e estabelecer suas pró-

INTRODUÇÃO

prias redes fascistas de negociação e representação política internacional. Mas, considerando-se pistas apresentadas por trabalhos recentes sobre a história cultural da diplomacia, o significado dos aspectos figurativos desse relacionamento adquire maior clareza. Distancio-me do trabalho de historiadores, como David Reynolds, que analisaram recentemente os encontros face a face entre outros políticos do século XX, concentrando-se enfaticamente nos processos políticos de tomada de decisão em tais reuniões de cúpula. Ao contrário deles, enfatizo, até onde as fontes permitem, as dimensões figurativas dessas reuniões, que eram instrumentos essenciais das normas fascista e nazista e logo se tornaram politicamente significativas.[18]

Embora os ditadores tenham se valido, ao longo de todo o período, em diferentes níveis de gradação, do serviço de diplomatas experientes, o relacionamento de Mussolini e Hitler era baseado em uma ideia e prática de diplomacia bem diferentes, cabendo a eles as decisões executivas, tomadas frequentemente sem consulta prévia aos especialistas diplomáticos – um estilo de fazer política que pode evocar algumas lembranças aos leitores atuais. Essa forma não burocrática e não especializada de condução da diplomacia gerou um perigoso dinamismo e conduziu a Europa à guerra em 1939. O estilo de diplomacia adotado por Hitler e Mussolini, que dependia fortemente de reuniões pessoais encenadas em público e de uma conexão com as massas, refletia a determinação do regime de subverter o acordo de Versalhes e substituí-lo por uma Nova Ordem. Além da Itália, na década de 1920, a Europa meridional testemunhou a emergência de ditaduras anticomunistas na Espanha e em Portugal, e não foi por acaso que outros líderes da extrema-direita europeia, tais como os ditadores português e espanhol, António de Oliveira Salazar e Francisco Franco, também tenham utilizado largamente reuniões face a face.[19] Sem dúvida, o vínculo pessoal entre líderes não era um estilo de prática diplomática inteiramente novo. Ao longo dos séculos, foi tomando forma um protocolo para as visitas de Estado, e este ganhou maior refinamento no decorrer do século XIX, mas o objetivo principal dessas visitas era ainda muito mais a representação em vez da condução de um debate político substancial.[20]

As reuniões entre Mussolini e Hitler eram robustas projeções de um desafio agressivo à ordem wilsoniana pós-guerra. Os regimes fascista e nazista desafiaram tensões ocultas a fim de promover uma poderosa imagem de unidade, simbolizada pelos encontros dos ditadores amigos realizados em meio a seu povo – em marcante contraste com os homens de Estado do Ocidente, que, de acordo com as propagandas fascista e nazista, preferiam as alianças secretas, as negociações furtivas e uma diplomacia silente –, uma forma de conduzir relações internacionais que, muitos acreditavam naquela época, havia redundado na Primeira Guerra Mundial.[21] Muito embora praticamente nenhuma decisão estratégica ou política significativa surgisse de fato dessas reuniões, os regimes fascista e nazista, em conjunto com suas equipes diplomáticas, encenavam-nas como uma belicosa provocação à supostamente racional cultura política do internacionalismo liberal, que, presumia-se, havia dominado os anos 1920 (e que em anos recentes foi alvo de renovada atenção por parte dos estudiosos).[22]

Mussolini e Hitler pareciam cada vez mais retomar o controle da diplomacia, pelo menos em público, posando em encontros presenciais encenados pela máquina de propaganda dos respectivos regimes e amplificados pelos meios de comunicação de massa. O estilo dessas reuniões, em especial nos estágios iniciais, era uma combinação de formas tradicionais de diplomacia com novas formas de representação, negociação e encenação, as quais reservavam às massas o papel de protagonistas principais. Destacam-se quatro traços essenciais dessa ostentação fascista.

Em primeiro lugar estão as ramificações políticas do apelo emocional característico do relacionamento Mussolini-Hitler, bem como as diversas estratégias com base nas quais funcionários do governo, jornalistas, políticos e, é claro, os próprios líderes engendraram e representaram sua suposta amizade. Suas demonstrações de apreço, como saudações, a outorga de medalhas e cartas amistosas, faziam parte dessa construção espetacular e foram retratadas desde o final da década de 1930 por seus aparatos de propaganda como símbolo da amizade entre o povo alemão e o italiano. A imagem de camaradagem entre os dois ex-cabos de origem humilde que ascenderam ao topo do governo era, acima de tudo, uma estratégia fascista e nazista que visava atrair as massas e fazer a aliança ítalo-germânica parecer diferente da coalizão franco-britânica, a qual era retratada como se mantida por meio das conspirações de diplomatas elitistas e dissimulados. A representação e a concepção nazifascista do relacionamento Mussolini-Hitler como uma amizade proporcionava uma forma pessoal

INTRODUÇÃO

e emotiva de diplomacia, que desafiava a ordem supostamente racional estabelecida na Conferência de Paz de Paris. No entanto, tal leitura da ordem pós-1919 era uma simplificação para fins propagandísticos: personalidades relevantes e relações pessoais haviam também moldado a era pós-guerra, sobretudo os Quatro Grandes da Conferência de Paz de Paris: o primeiro-ministro britânico David Lloyd George, o primeiro-ministro francês Georges Clemenceau, o presidente americano Woodrow Wilson e o primeiro-ministro italiano Vittorio Orlando.[23]

A Itália e a Alemanha mantinham laços fortes com outros Estados, e uma aliança ítalo-germânica não era, em absoluto, inevitável. Portanto, a propaganda das duas nações projetava as sólidas amarras de uma amizade ditatorial que se estendia aos povos italiano e alemão. Essas representações sofreram alterações ao longo do tempo em termos de abrangência e intensidade, refletindo as relações cambiantes entre a Itália e a Alemanha. Um aspecto decisivo dos encontros Mussolini-Hitler era o fato de que os dois ditadores acreditavam estar fazendo história, uma mensagem reforçada por sua propaganda.

Em segundo lugar, Mussolini e Hitler posavam como amigos unidos por uma ideologia comum e pelo objetivo compartilhado de desafiar a suposta hegemonia das "democracias plutocráticas", Grã-Bretanha e França – países que, na opinião de Mussolini, impediam a expansão territorial da Itália. Contudo, os analistas fascistas e nazistas não ofereciam uma explicação detalhada dessa ideologia comum porque os paralelos ideológicos eram, em grande medida, superficiais, embora os dois regimes fossem unidos pelo desejo de conquistar territórios e aniquilar a ordem wilsoniana. O esforço deles no sentido de redesenhar as regras da diplomacia moderna em uma época de política e propaganda de massa era um reflexo simbólico de sua natureza agressiva e belicosa. Ao mesmo tempo em que se notava uma mudança gradual rumo à realização de encontros pessoais entre outros líderes – especialmente Churchill e Roosevelt, que logo se tornaram o principal par de estadistas rivais –, a aliança Mussolini-Hitler era não apenas a principal alternativa ao "relacionamento especial" entre Grã-Bretanha e Estados Unidos como também, pode-se argumentar, promovia esse tipo de relacionamento de líderes como a expressão de um empreendimento geopolítico conjunto e uma extensão da concepção do culto à liderança por cada regime.[24] Uma nova cultura de encontros face a face entre líderes fascistas assertivos que, refletindo seu poder supostamente onipotente, podiam abrir mão da diplomacia tradicional deveria substituir a cultura da diplomacia da fase entreguerras, sobretudo o internacionalismo do período pós-1919, revelado pela Liga das Nações e igualmente desprezado por Hitler e Mussolini. Dessa forma, as reuniões de ambos simbolizavam a tentativa dos dois principais regimes fascistas de cooperar entre si a fim de criar uma Nova Ordem na Europa. Essa cooperação teve um significado político de relevância muito maior do que a colaboração entre outros movimentos ou organismos fascistas europeus de menor importância e que, recentemente, foram alvo de renovado escrutínio historiográfico. Embora não se possa falar em sucesso na guerra da Itália, parecia para muitos, naquele tempo, que o Eixo poderia criar uma Nova Ordem – até 1942/1943, quando os Aliados conquistaram claramente uma posição de superioridade. No entanto, apesar da aparente cooperação entre Itália e Alemanha, a forma dessa Nova Ordem permanecia sendo objeto de disputa, na medida em que os dois regimes prosseguiam suas manobras por domínio e influência.[25]

Esse era um relacionamento entre ditadores, pautado por uma ideologia de conquista territorial semelhante em muitos aspectos, que unia as massas e, ao contrário do ditador soviético Joseph Stalin, apelava às antigas elites. Ao longo de toda a sua existência, foi um relacionamento que refletiu abordagens estratégicas divergentes. De fato, é difícil, mas não impossível, destrinchar os diferentes aspectos da natureza do relacionamento entre Mussolini e Hitler, já que os dois líderes, em especial o Duce, revelavam certa inclinação a mudar ao sabor das circunstâncias a opinião que tinham sobre o outro.

Em terceiro lugar, essa perspectiva convida a uma reflexão a respeito do significado dos fatores pessoais na criação e manutenção de associações transnacionais. Com exceção das (muitas vezes tensas) relações entre Churchill e Roosevelt, que surgiram como um contraponto liberal-democrático à já estabelecida conexão de Mussolini com Hitler, nenhum outro relacionamento entre dois líderes políticos foi tão significativo politicamente como o pacto ditatorial selado pelos ditadores italiano e alemão na Europa da primeira metade do século XX.[26]

Em quarto lugar, examinarei a notável construção por parte dos regimes fascista e nazista do relacionamento Mussolini-Hitler. Uma impor-

INTRODUÇÃO

tante questão nesse aspecto diz respeito a quem era responsável pelas decisões relativas a como o vínculo deveria ser engendrado. Decerto os ditadores, que nem sempre compartilhavam da mesma opinião e, significativamente, mudavam com frequência seu entendimento sobre como era tal relacionamento e como ele deveria ser, faziam escolhas a esse respeito; assim como seu Estado-maior. O relacionamento entre eles valia-se sobremaneira da exibição e da representação de poder interno e externo, especialmente nas cerimônias e nos rituais realizados durante suas dezessete reuniões. Foi essencialmente por meio da propaganda e dos rituais que as populações da Itália e da Alemanha, bem como do resto do mundo, tomaram conhecimento desse relacionamento, e essa é a forma como ele veio a ser lembrado após a Segunda Guerra Mundial. Assim, examino neste livro a organização dos dezessete encontros e procuro entender como a encenação de tais eventos mudou ao longo do tempo. Por exemplo, depois de uma série de reveses militares da Itália entre 1940 e 1941, a Alemanha foi obrigada a fornecer ajuda militar a ela. Como reflexo dessa hierarquia cambiante, Hitler viajou à Itália apenas duas vezes durante o período da guerra, ao passo que Mussolini e sua comitiva viajaram à Alemanha para praticamente todos os demais encontros, inclusive aqueles que aconteceram no quartel general de Hitler na Prússia oriental.

Além dos níveis de representação e alta política, examino também as respostas políticas e populares a tais encontros. Poderosas imagens de caráter propagandista, que exibiam Mussolini e Hitler se misturando com o povo, parecem sugerir que a vasta maioria dos italianos e alemães garantia apoio popular à aliança, pelo menos até a eclosão da Segunda Guerra Mundial. Os dois regimes apoiaram-se intensamente na participação das massas nesses espetáculos como expressão de um desejo comum das nações, unidas em apoio a seus líderes.[27] A propaganda nazifascista encenou alguns dos encontros de Hitler e Mussolini como símbolos do laço afetivo que unia os dois ditadores, bem como o povo italiano e o alemão, que haviam se enfrentado na Primeira Guerra Mundial. Na verdade, as imagens das massas entusiasmadas glorificando seus líderes foram criadas pelos dois regimes por meio de coerção e terror, mas também, em certa medida, de suborno, por exemplo, concedendo às pessoas um dia livre para participação nos espetáculos.[28] A esse respeito, o livro analisa detalhadamente a tensão entre as representações de caráter propagandista de um consenso quanto à aliança ítalo-germânica e a realidade mais complexa dos predominantes e reforçadores estereótipos nacionais, que colocavam um fardo pesado sobre o relacionamento Mussolini-Hitler.[29] A despeito de todo o espetáculo, que transformou o relacionamento dos dois líderes em um mito autoperpetuante de elevada eficácia política, tanto para o público local como internacional, tal relacionamento foi afetado durante toda a sua existência por mal-entendidos, algumas cenas ridículas e uma crescente tensão.

II

Surpreendentemente, nenhum historiador sério investigou em profundidade o relacionamento entre Mussolini e Hitler, apesar de uma recente eclosão de pesquisas sobre outros aspectos da aliança ítalo-germânica e de uma série de novos trabalhos sobre os próprios ditadores.[30] Um marco importante na interpretação desse relacionamento foi um estudo de F. W. Deakin que, em 1962, analisou a "amizade brutal" entre eles, destacando a importância central desse relacionamento na determinação das decisões políticas e militares dos regimes alemão e italiano durante a guerra. O estudo de Deakin foi baseado em documentos italianos e alemães originais capturados pelos Aliados; contudo, como reflexo do interesse do autor pela história militar, o trabalho se concentrou no período final da guerra, de 1943 a 1945, de modo que ficou prejudicada a cobertura da crucial formação do relacionamento Mussolini-Hitler.[31] Contestando a ideia de que o Eixo foi um fracasso completo, começou a surgir recentemente uma rica e variada literatura, escrita sob o impacto da história transnacional, enfatizando que as redes ítalo-germânicas nos campos político, econômico e cultural ganharam intensidade a partir do final dos anos 1930, criando uma robusta relação bilateral entre as duas ditaduras fascistas.[32]

Algumas significativas questões historiográficas e políticas impediram que estudiosos, desde Deakin, explorassem esse relacionamento, pois o foco dos historiadores se deslocou da história política e diplomática para a história social nos anos 1970 e, depois, para a história cultural na década de 1990. Acima de tudo, a partir dos anos 1990 e da emergência do Holocausto como ponto central das memórias públicas do Terceiro Reich,

INTRODUÇÃO

alguns argumentaram que a Alemanha nazista foi um Estado racial sem paralelo, mantido pelo carismático domínio de Hitler, e que não pode ser proveitosamente comparada com outras ditaduras, nem a da Itália fascista, nem a da União Soviética de Stalin.[33]

Ainda que muitos historiadores da Alemanha nazista costumem demonstrar certa relutância em estudar o Terceiro Reich dentro de um contexto europeu mais amplo, seus colegas que se dedicam ao estudo da Itália fascista manifestam entusiasmo ainda menor em comparar outras ditaduras com o *ventennio* fascista. Um motivo é que uma expressiva vertente da memória pública sobre o fascismo na Itália enxerga o governo de Mussolini como uma ditadura relativamente benigna quando comparada com a brutalidade do Terceiro Reich. Embora repudiada há bastante tempo por muitos historiadores italianos, essa visão problemática, mas característica, ainda goza de influência dentro da sociedade italiana em geral. Ela foi inicialmente articulada no final da guerra pela elite política e intelectual da Itália, com o objetivo de distanciar o país de qualquer associação com o Terceiro Reich. Renzo De Felice, autor da mais completa biografia do Duce e talvez o mais controverso historiador da Itália pós-guerra, também rejeitou enfaticamente qualquer comparação significativa entre a Itália de Mussolini e a Alemanha de Hitler. O argumento de De Felice é que a Alemanha nazista foi uma ditadura racial, responsável pelo Holocausto, enquanto a Itália fascista não foi. Com essa alegação, De Felice ignorava ou minimizava categoricamente a extensão das atrocidades italianas nos Balcãs e na África.[34]

Em íntima conexão com a interpretação da Itália fascista como um regime "benigno" está o estereótipo do "italiano bom" *versus* o "alemão demoníaco". Depois da deposição de Mussolini, conforme demonstrou Filippo Focardi, esse conceito se tornou parte da estratégia política oficial e diplomática da Itália, com o propósito de dissociá-la da Alemanha nazista e negar a responsabilidade do país pela guerra; sobretudo porque subsistiam na Itália elites políticas que haviam servido ao regime fascista. Também os aliados vitoriosos alimentaram tal ponto de vista. Por um lado, porque britânicos e americanos desejavam manter a Itália fora do alcance dos comunistas, e por outro, porque a União Soviética desejava garantir legitimidade ao Partido Comunista Italiano dentro do sistema eleitoral da Itália. O denominador comum a essa versão da história era que o Eixo entre Itália e Alemanha resultara de uma trama engendrada entre um Mussolini com sede de poder e um Hitler tirânico. Assim, a esmagadora maioria dos italianos supostamente teria se oposto – embora sem resistir – ao fascismo, em especial entre 1943 e 1945, em acentuado contraste com as massas da Alemanha, que seguiram Hitler cegamente até 1945.[35] Tais pontos de vista, apesar de extremamente partidários, dão cor a boa parte do que foi escrito na Itália sobre as relações nazifascistas, ainda que muitos historiadores, entre eles Davide Rodogno, tenham destacado que a Itália fascista também lutou uma guerra extremamente brutal e implacável, e frequentemente com uma dimensão genocida – por exemplo, com o uso de gás venenoso na África –, embora nunca na mesma dimensão que os alemães.[36]

III

Contar a história do relacionamento Mussolini-Hitler apenas com base nas fontes italianas e alemãs é o mesmo que olhar um vale pela perspectiva de um só lado. Isso porque esse relacionamento, o mais poderoso símbolo das relações ítalo-germânicas, nasceu das tensões da política externa no período entreguerras, e não simplesmente de paralelos ideológicos entre o fascismo e o nazismo. Levo em consideração os meios de comunicação das grandes potências ocidentais – isto é, França, Grã-Bretanha e Estados Unidos – para ajudar a situar minha história do relacionamento entre Mussolini e Hitler dentro de um contexto internacional mais amplo.[37]

A fim de refletir a perspectiva política, social e cultural que adotei neste livro, lanço mão de um vasto espectro de fontes. A recente conclusão de uma concisa edição oficial de documentos diplomáticos italianos relativos ao período fascista facilitou sobremaneira meu trabalho, embora eu esteja ciente dos potenciais vieses políticos na compilação dessas e de outras edições, inclusive o *Opera Omnia* de Mussolini, editado depois de 1945 pelos irmãos ex-fascistas Susmel.[38] Essa é a razão pela qual dediquei também um tempo considerável aos arquivos dos governos alemão, britânico e italiano, bem como de ministérios exteriores para preencher as lacunas, complementando as edições oficiais com registros das embaixadas em Roma e Berlim, com memórias dos diplomatas e outros materiais. Da mesma forma, levo em conta fontes que, em termos do foco de meu trabalho, não foram ainda completamente exploradas, como documentos dos Ministérios da Propaganda, panfletos, fotografias e os diários recentemente publicados do ministro da Propaganda do Reich, Joseph Goebbels, os quais fornecem uma perspectiva única das instáveis atitudes de Hitler em relação a Mussolini.[39] Na ausência de uma edição crítica satisfatória dos diários de Galeazzo Ciano, genro de Mussolini e ministro do Exterior entre 1936 e 1943, tomei como base a versão italiana que mais se aproxima dos diários originais.[40] Analisei também a correspondência trocada entre Mussolini e Hitler, a qual, embora seja uma parte essencial da exibição de unidade e amizade, nunca foi publicada como um todo e integralmente, o que talvez reflita a indiferença dos historiadores diplomáticos em relação aos aspectos pessoais aparentemente triviais do relacionamento entre os dois líderes. Por exemplo, os telegramas de felicitações pelo aniversário trocados entre eles e os telegramas regulares enviados por Hitler para Mussolini no aniversário da Marcha sobre Roma não são apontamentos irrelevantes, mas trocas altamente simbólicas que demonstram o quanto os dois líderes tinham o cuidado de fazer uma exibição clara de uma valorização mútua.

Este livro conta a história do relacionamento Mussolini-Hitler desde seu nascedouro, no rescaldo da Primeira Guerra Mundial, até a derrocada e morte dos dois líderes, em 1945. Razões estratégicas levaram Mussolini a oferecer apoio a Hitler após o sucesso do Partido Nazista nas eleições de 1930 para o Reichstag. Depois de assumir o poder, Hitler almejava havia tempos um encontro com o Duce, de modo que voou para Veneza em 1934, em sua primeira viagem ao exterior como chanceler. Cresciam as tensões entre os dois países, sobretudo com respeito às pretensões nazistas sobre a Áustria, cuja independência era apoiada pela Itália.

No contexto da crise da Etiópia de 1935 e 1936 e da Guerra Civil Espanhola, o relacionamento Mussolini-Hitler se fortaleceu. A despeito da proclamação do Eixo pelo Duce, em novembro de 1936, como uma frente rival à alegada hegemonia da França e da Grã-Bretanha, nem a Alemanha nem a Itália estavam completamente envolvidas no relacionamento, o que suscita questões em relação à centralidade da ideologia na conexão entre os dois países. A visita de Mussolini à Alemanha em setembro de 1937 e a de Hitler à Itália em 1938 foram robustas exibições de unidade e amizade, apesar das tensões diplomáticas que espreitavam nos bastidores. Nos meses que precederam à eclosão da Segunda Guerra Mundial, o relacionamento Mussolini-Hitler foi colocado à prova. Na Conferência de Munique, em 1938, os dois líderes se apresentaram, pela primeira vez, como o par ditatorial que vinha desafiando, com sucesso, a ordem europeia vigente. Entretanto, Mussolini e a elite política italiana se recusaram a entrar na guerra ao lado da Alemanha em setembro de 1939, o que enfureceu Hitler. Não tardou para que a Alemanha tivesse de resgatar a Itália nos Balcãs e no norte da África. Os encontros entre Hitler e Mussolini se tornaram rotineiros, a fim de manter as exibições de unidade e amizade do Eixo. Com a crescente dependência da Itália em relação à Alemanha, tanto as elites políticas italianas como a população do país começaram a questionar a autoridade de Mussolini. De fato, em julho de 1943, após uma série de derrotas militares, ele foi deposto por uma coalizão de fascistas e nacional-conservadores. Na esteira da deposição do Duce, as relações ítalo-germânicas sofreram uma drástica deterioração, o que levou à ocupação do norte e da região central da península italiana pelos alemães.

Foi o relacionamento entre os dois ditadores, com ações nos níveis interpessoal, popular e internacional, o fator fundamental na farsesca concepção da fatídica aliança nazifascista durante a Segunda Guerra Mundial. O enredamento e as transações entre a Itália fascista e a Alemanha nazista alteraram o curso da história da Europa no século XX. A aliança dos dois líderes conduziu a uma destruição sem precedentes e uma guerra total. Os meios extraordinários que causaram o surgimento, a operação e o colapso final desse relacionamento são o objeto sobre o qual as páginas seguintes se debruçam.

1

NA SOMBRA DE MUSSOLINI

1922-1933

I

Depois da Revolução Alemã de novembro de 1918 e da instalação da República de Weimar, Munique foi se tornando um viveiro de extremismo político. Ali, no início dos anos 1920, Hitler e os nazistas, um grupo de expressão marginal entre muitos da extrema direita, pretendiam conquistar o poder na Alemanha. Eles tinham o propósito de livrar a Alemanha dos judeus e criar um "espaço vital" na Europa oriental. Para ampliar sua reputação no âmbito doméstico e também internacional, os nazistas lançaram suas antenas na direção dos fascistas italianos, estabelecidos formalmente em março de 1919 por Mussolini como um movimento nacional determinado a vingar a alegada *vittoria mutilata* da Itália na Primeira Guerra Mundial e transformar o país em uma grande potência. É digno de nota que a iniciativa tenha partido dos nazistas, não dos fascistas, o que realça não só a obscuridade dos nazistas, mas também o fato de que os fascistas italianos foram o primeiro grupo fascista do mundo. Em setembro de 1922, quando Mussolini se preparava para galgar ao poder, Hitler enviou Kurt Lüdecke, um personagem obscuro, a um encontro com o líder fascista em Milão. Mussolini desejava cultivar boas relações com a direita europeia em geral, a fim de impulsionar a influência da Itália; assim, recebeu Lüdecke, que levava consigo uma carta de recomendação do mais famoso aliado de Hitler, o general Erich Ludendorff, considerado um herói de guerra na Alemanha.[1] Provavelmente, foi nessa ocasião que Mussolini ouviu o nome de Hitler pela primeira vez. O Duce visitara a Alemanha em março de 1922, pois calculava que aquele país logo assumiria outra vez a posição de grande potência europeia, mas Hitler era ainda obscuro demais para ele. Em vez de Hitler, Mussolini cultivou boas relações com uma variedade de grupos e facções mais promissores politicamente, em especial o Exército Alemão e a associação de extrema direita Stahlhelm, que congregava veteranos paramilitares. Dada a proeminência de Mussolini como estrela ascendente na política italiana, ele foi recebido por políticos importantes, incluindo o liberal ministro do Exterior da Alemanha, Walther Rathenau, o líder do Partido Popular Alemão (DVP, na sigla em alemão), Gustav Stresemann, e até mesmo o chanceler Joseph Wirth, do Partido Católico do Centro Alemão.[2]

Depois de tomar posse como primeiro-ministro da Itália, em outubro de 1922, na esteira da Marcha Fascista sobre Roma, Mussolini, que também respondia pelo Ministério do Exterior, deixou de receber Lüdecke porque isso teria afetado negativamente as relações oficiais com o governo alemão, embora Lüdecke tivesse sido rejeitado pelo Ministério do Exterior alemão por ser considerado figura insignificante nas negociações com as autoridades da Baviera, que estavam de olho no nascente partido nazista. É significativo que, ao contrário do que reza o mito fascista, não foi a demonstração de poder fascista durante a Marcha sobre Roma que, por si só, conduziu Mussolini ao poder. Na verdade, foi o rei Vittorio Emanuele III quem o nomeou. A combinação de violência fascista com uma transferência de poder aparentemente ordeira e constitucional foi digna de destaque. Mussolini podia legitimamente reivindicar o título de primeiro chefe de governo fascista da Europa, e ainda levaria algum tempo para que viesse a tomar conhecimento da existência do líder nazista.[3]

Vale a pena considerar a opinião de Hitler a respeito do nascente governo fascista na Itália. Poucos dias depois da nomeação de Mussolini, Hitler comentou com um ativista alemão de extrema direita: "Chamam-nos de fascistas alemães. Não tenho a intenção de analisar até que ponto essa comparação está correta. Porém, temos em comum com os fascistas o amor intransigente pela pátria, o desejo de tirar a classe trabalhadora das garras da Internacional e o fresco e camarada espírito de liderança".[4]

Nesse momento, Hitler tentou legitimar os nazistas e dar expressão a eles, destacando o aparente sucesso político dos fascistas italianos, que vinham conquistando notoriedade entre alguns e admiração entre outros em toda a Europa pela brutal violência com que combatiam a esquerda italiana. Foi extraordinário o fato de Hitler ter embarcado na popularidade fascista, pois eram bastante comuns na Alemanha os preconceitos contra o antigo adversário da Grande Guerra. Havia uma ideia amplamente difundida de que os italianos não mereciam confiança, além de serem traidores e indisciplinados. Desse modo, Hitler evitou qualquer associação direta com a Itália que pudesse decepcionar potenciais apoiadores nazistas. Ele deu a entender que os nazistas, um grupo ultranacionalista alemão, não eram meros imitadores dos fascistas italianos. Não foi simplesmente uma ideologia similar que induziu Hitler a chamar a atenção para os fascistas italianos e a se associar a Mussolini, e sim considerações estratégicas. Para Hitler, o cultivo de vínculos com a Itália de Mussolini era uma forma de legitimar e promover os nazistas na Alemanha, ao passo que, para Mussolini, os contatos com Hitler e os nazistas eram um meio de afirmar seu papel de figura proeminente do fascismo europeu e estender o poderio da Itália.[5]

Em outras tantas ocasiões, o líder nazista explicitou sua adoração pelo Duce. Todavia, Hitler não era o único político da extrema direita alemã a fazer tais referências a Mussolini.[6] Depois da Marcha sobre Roma, os jornais da Baviera empregaram a nova terminologia política introduzida pelos fascistas italianos. Eles produziram relatórios sobre "os fascistas da Baviera" e seu líder Hitler, "o Mussolini alemão".[7] Notadamente, não apenas a extrema direita alemã, como também os diplomatas e jornais britânicos logo passaram a ver Hitler como o "Mussolini alemão". Ignorar tais referências, tratando-as como superficiais, indica a incapacidade de compreendê-las, pois elas refletem o amplo apelo que o nascente regime de Mussolini exercia sobre a direita alemã. Parecia haver ali um pacto ideal entre os fascistas anticomunistas e as instituições tradicionais, acima de tudo o Estado e a monarquia da Itália, uma configuração política que devolveria a ordem e a estabilidade ao suposto caos político e social do pós-guerra. Em 2 de outubro de 1923, um ano após a Marcha sobre Roma, Adolf Hitler deu voz a esse sentimento em uma entrevista ao jornal conservador *Daily Mail*. Declarou ele: "Se um Mussolini alemão fosse dado à Alemanha [...] o povo cairia de joelhos e o adoraria mais do que Mussolini jamais foi adorado".[8]

Em meio à crise nacional sem precedentes de 1923, à hiperinflação e à ocupação do Ruhr pelas tropas franco-belgas, Hitler aderiu tacitamente à crença de que os alemães eram superiores aos italianos. Ele sugeriu que o povo alemão seria até mesmo mais receptivo a um ditador, o qual seria ainda mais poderoso que o Duce. Hitler tinha como meta uma aliança com a Itália contra a França, e semeava, assim, a discórdia entre esses dois países, antigos aliados (ambos eram membros permanentes do Conselho da Liga das Nações) que haviam derrotado a Alemanha na Grande Guerra.[9]

No entanto, Hitler não entendeu muito bem que o domínio de Mussolini na Itália estava longe de ser total. Ao contrário da impressão de Hitler, alimentada pela propaganda fascista, Mussolini não era um ditador poderoso. Na realidade, pelo menos até a assinatura dos Tratados Lateranenses com a Igreja católica em 1929, o Duce vinha consolidando seu poder, tentando equilibrá-lo mediante constantes negociações entre a monarquia conservadora e a burocracia estatal, de um lado, e, de outro, elementos radicais do partido fascista que exigiam que o Estado italiano fosse colocado sob o controle do partido.[10] As referências de Hitler à Itália fascista e a Mussolini gradativamente ajudaram a legitimar os nazistas em meio a amplas camadas da sociedade além dos próprios nazistas. Para muitas pessoas na Alemanha e em vários lugares da Europa, o nascente regime fascista surgia como um acordo entre a nova extrema direita e as elites tradicionais, acima de tudo a monarquia, e, portanto, representava uma arma poderosa contra a esquerda depois do forte sentimento de inquietação e medo causado na burguesia europeia pela revolução bolchevique e outras revoluções de esquerda.

Outros analistas alemães de extrema direita enfatizavam que a Marcha sobre Roma servia de modelo para a Alemanha. Arthur Moeller van den Bruck, o intelectual que cunhou o termo "Terceiro Reich", expressara em seu ensaio de 1922 "Italia docet" a opinião de que a chegada ao poder do fascismo, um movimento dos jovens, era apenas uma questão de tempo na Alemanha. Ao contrário da maioria dos alemães, Moeller van den Bruck enaltecia assim a Itália como um modelo inspirador para a Alemanha, a exemplo do que havia ocorrido no século XIX, quando esta última, depois da Itália, conseguiu a unificação nacional. Contudo, após alguns meses, ele mudou de ideia e passou a desprezar o fascismo italiano, chamando-o de reacionário, comportamento que reflete pontos de vista ambivalentes sobre a Itália, os quais eram típicos de muitos alemães. Convém acrescentar que nem todos aqueles da direita alemã que demonstraram vivo interesse pelo fascismo italiano abraçaram o nazismo.[11]

II

Voltando às percepções de Mussolini sobre Hitler e o nazismo, um forte relacionamento era quase inevitável. Em 17 de novembro de 1922, algumas semanas depois da nomeação de Mussolini como primeiro-ministro, Adolfo Tedaldi, o delegado italiano no Alto Comissariado Inter-Aliado da Renânia, organismo criado na esteira do Tratado de Versalhes para supervisionar a ocupação aliada da Renânia (a Itália não tivera condições de enviar tropas), relatou a Mussolini a existência de forças separatistas na Baviera. Essas tendências separatistas preocuparam o governo italiano, que estava determinado a manter sob controle o Tirol do Sul. Conhecido na Itália como Alto Ádige, esse território próximo à fronteira da Áustria, tinha maioria germanófona. A anexação do Alto Ádige constava havia bastante tempo da agenda dos irredentistas italianos, decididos a reclamar terras que consideravam pertencer à Itália. Como parte dos acordos pós-guerra, o Tirol do Sul passara para o controle italiano, levando a enormes protestos da população local e dos nacionalistas alemães. Nesse longo relatório, Tedaldi dedicava amplo espaço a "Hittler". O erro ortográfico no nome de Hitler revelava a obscuridade do líder nazista. Hitler não tinha interesse em trazer o Tirol do Sul para o controle dos alemães, de modo que Tedaldi o isolou em seu relatório para o Duce. Tedaldi deixou claro para Mussolini que Hitler era um grande orador, com um manifesto baseado nos fascistas: restaurar a ordem e esmagar a esquerda. Hitler tinha intenso desejo de entrar em contato direto com os fascistas italianos e obter "diretivas e conselhos sobre qual método adotar".[12]

O relatório de Tedaldi não deve ser superestimado, porque Mussolini, na qualidade de primeiro fascista da Europa a exercer o cargo de chefe de governo, cultivava boas relações com outros grupos fascistas e/ou de extrema direita em toda a Europa, grupos estes que gozavam de maior importância naquele tempo. Um admirador muito mais importante de Mussolini foi Miguel Primo de Rivera, que ascendera ao poder na

Espanha em setembro de 1923 por meio de um golpe de Estado. Dois meses depois, Primo de Rivera e o rei Alfonso XIII visitaram Roma, onde Alfonso contou ao rei Vittorio Emanuele III que Primo de Rivera era "seu" Mussolini. Primo de Rivera chegou a mencionar a hipótese de a Espanha seguir os passos da Itália, e a Espanha, um país mediterrâneo submetido a um regime que aparentava ser ideologicamente semelhante, parecia ser um aliado mais adequado para a Itália.[13]

Nem os nazistas nem a Alemanha eram o foco da atenção de Mussolini no outono de 1923, quando ele, apoiado por nacionalistas, conseguiu colocar em prática seu primeiro ato agressivo de política exterior. A Itália ocupou a ilha grega de Corfu, um território de grande importância estratégica. Embora a Itália tenha sido obrigada a se retirar da ilha, o incidente de Corfu foi uma importante vitória para Mussolini, pois ampliou seu prestígio doméstico e internacional. Mais ainda, como a crise foi resolvida pela Conferência dos Embaixadores, e não pelas instâncias formais da Liga, ficou evidenciada a ineficácia desta. A despeito do proeminente papel da Itália como membro permanente do Conselho da Liga, o beligerante Mussolini desprezava esta última, pois um dos principais objetivos dela era manter a ordem e a paz pós-1919 mediante negociações internacionais. No entanto, a Itália permaneceu como membro da Liga por uma questão de prestígio e também para alavancar sua influência internacional. No outro importante incidente internacional de 1923, a ocupação do Vale do Ruhr, o centro industrial da Alemanha, em retaliação por pagamentos de reparação econômica não realizados, Mussolini atuou segundo o registro da diplomacia europeia. Ele não enviou tropas italianas, pois se preocupava com a necessidade que a Itália tinha do carvão do Ruhr. O objetivo da hábil manobra de Mussolini era fortalecer o *status* da Itália. Foi uma continuidade da política exterior da Itália liberal e, de fato, a maioria dos diplomatas italianos havia servido sob os governos liberais. Contudo, a política exterior de Mussolini não consistia apenas em blefes e manobras, mas também em ataques à ordem wilsoniana do internacionalismo liberal, como revelou o incidente de Corfu.[14]

Hitler manteve a estratégia de ganhar legitimidade mediante a prática de enfatizar sua proximidade com o fascismo italiano. As referências dele ao fascismo permaneceram vagas, sugerindo que não era a ideologia fascista como tal, mas sim o método fascista de tomar e consolidar o poder que o atraía.[15] Uma entrevista que o jornalista fascista Leo Negrelli realizou com Hitler em outubro de 1923 foi um reconhecimento tácito da crescente importância do líder nazista dentro da extrema direita alemã. Hitler, provavelmente esperando que Mussolini lesse o artigo, declarou que o dia de uma revolução alemã chegaria em breve e enalteceu a decisiva estratégia política de Mussolini de superar o suposto caos político na Itália.[16] Alguns dias depois, Hitler falou a um jornalista do periódico pró-fascista *L'Epoca*. Ele renovou sua promessa de que a questão relativa ao Tirol do Sul não seria um obstáculo às boas relações entre Itália e Alemanha. Essa afirmação foi altamente controversa dentro da direita alemã, porque, com ela, Hitler sacrificava o Tirol do Sul em troca de um bom relacionamento com a Itália de Mussolini. O apoio de Mussolini poderia, em uma perspectiva de curto prazo, ajudar os nazistas a ganhar notoriedade e galgar ao poder, e, no longo prazo, conduzir a uma aliança militar com a Itália fascista.[17]

A atitude de Hitler quanto à questão do Tirol do Sul deu visibilidade às tensões internas do movimento nazista quanto à estratégia pró-Itália de seu líder. Em 1926, Hans Frank, um advogado nazista, abandonou o partido em protesto contra a renúncia de Hitler às demandas alemãs pelo Tirol do Sul.[18] Todavia, o ponto de vista de Hitler sobre essa região eram inflexíveis, e ele o defendeu repetidas vezes, até mesmo publicamente, uma demonstração clara de que estava disposto a sacrificar princípios nacionalistas, um elemento central da ideologia nazista, em nome de considerações de caráter estratégico. Hitler justificou a decisão: em seu *Segundo Livro*, escrito em 1928 mas não publicado enquanto esteve vivo, ele aponta a Itália como uma aliada natural da Alemanha contra a França, já que a Itália estava também determinada a submeter o Tratado de Versalhes a uma revisão e a expandir seus territórios. Assim, esse caso específico confirma que Hitler cortejava Mussolini não apenas por uma questão de ideologia, mas também de estratégia.[19]

III

Se houve naquela época qualquer influência fascista direta sobre o nascente movimento nazista, esta foi a admiração de Hitler pela simplificação da estratégia fascista projetada pela propaganda fascista.[20] Em 9 de novembro de 1923, cinco anos após a proclamação da República de Weimar e em meio à hiperinflação, Hitler e os nazistas, ao lado dos nacional-conservadores, tentaram tomar o poder em Munique, em um golpe que ficou conhecido como *Putsch* da Cervejaria. De acordo com os nazistas, o golpe teria se inspirado parcialmente na Marcha sobre Roma, mas, na verdade, as similaridades eram bastante limitadas: os fascistas já constituíam um movimento de massa quando da realização da Marcha sobre Roma, ao passo que os nazistas eram ainda muito mais uma força bávara do que nacional. Para os nazistas, a Marcha sobre Roma funcionou como mito inspirador e tornou-se um símbolo para a tomada bem-sucedida do poder, após a Itália ter elevado esse evento a uma poderosa lenda. De fato, o arquivo histórico do partido nazista está repleto de recortes de jornais e outras publicações a respeito da Marcha sobre Roma e do fascismo italiano. Mesmo na memória oficial do partido nazista, portanto, o fascismo italiano e a Marcha sobre Roma apareciam como modelo para os nazistas.[21]

Durante o mesmo período, os nazistas tentaram também ganhar legitimidade por meio de referências selecionadas a outras ditaduras contemporâneas, sobretudo à Turquia de Atatürk. O ponto a salientar nas referências de Hitler a líderes estrangeiros carismáticos é que os nazistas não se limitavam simplesmente a imitar a estratégia política desses regimes externos. Ao contrário, tais referências eram tentativas de promover e legitimar as demandas nazistas pelo poder. Muito embora o *Putsch* da Cervejaria tenha fracassado e resultado na prisão de Hitler, contribuiu para a notoriedade deste e dos nazistas em toda a Alemanha e na Europa. Desse modo, o fascismo serviu de inspiração para o nazismo, não apenas em sua forma de tomar o poder, mas também como meio de atrair publicidade, mesmo no caso de um fracasso.[22]

O jornal de Mussolini *Il Popolo d'Italia* não demorou a ridicularizar o golpe de Hitler, classificando-o como uma "caricatura do fascismo italiano". Entretanto, havia aí um reconhecimento fascista semioficial dos nazistas.[23] Depois do golpe fracassado, Hitler foi levado a julgamento e usou-o como plataforma de propaganda, transformando o *Putsch* em um sucesso considerável, que ajudou a retirar tanto ele como o nazismo da obscuridade e lhes conferir proeminência política. A restauração do partido nazista em 1925, após a libertação prematura de Hitler da prisão, coincidiu com a proclamação da ditadura por Mussolini, em janeiro daquele ano, e com o crescente aniquilamento da oposição política, sobretudo na esquerda. Dessa forma, o nascente mito Mussolini se tornou ainda mais atraente para a direita alemã. Ali estava um líder carismático e implacável, que governava com mão de ferro os italianos insubmissos, ao mesmo tempo que aparentava respeitar a autoridade do Estado e da monarquia italianos. Esse culto ao Duce, promovido por livros, artigos e imagens, começou a trazer vantagens para os nazistas, pois ajudava a torná-los atraentes aos olhos dos eleitores conservadores.[24]

O próprio Hitler articulou esse culto nazista a Mussolini no segundo volume de seu relato autobiográfico intitulado *Mein Kampf* (*Minha luta*), escrito durante o período que passou na prisão e publicado em 1926. Nessa obra, Hitler reconhece Mussolini como líder inflexível, antimarxista e patriótico, que combatia o internacionalismo, uma referência ao pouco apreço dos dois pela Liga das Nações.[25]

Comenta-se que, quase imediatamente depois de ser libertado da prisão, no final de 1924, Hitler solicitou um encontro com Mussolini. A atitude deste último em relação ao alemão continuava tíbia: por um lado, alguns nazistas influentes, entre eles Hermann Göring, um ás da aviação na Grande Guerra que desfrutava de boas conexões com a aristocracia alemã, haviam recebido asilo permanente na Itália, gerando uma base para relações cordiais com os nazistas caso estes viessem a se tornar um partido importante; por outro lado, Mussolini, o estadista, mantinha distância dos nazistas, um movimento que visava destruir o governo alemão com o qual a Itália mantinha relações oficiais. Mussolini inicialmente aceitou o encontro com Hitler, mas depois o postergou.[26]

A hesitação de Mussolini só fez aumentar a admiração de Hitler por ele. Este último solicitou fotografias autografadas do Duce, as quais, se exibidas no escritório do partido nazista, seriam, na sua opinião, um lembrete claro da suposta aliança entre a Itália fascista e o nazismo, legitimando ainda mais os nazistas. Mussolini se recusou até mesmo a reconhecer o recebimento dessas solicitações, pois não queria prejudicar as relações oficiais com o governo alemão. Nem mesmo essa atitude diminuiu o entusiasmo de Hitler pelo Duce.[27]

No entanto, apesar de toda essa inspiração e admiração, o impacto ideológico do fascismo sobre o nazismo foi, na verdade, bastante secundário. A ideologia nazista já havia sido formulada no manifesto do partido nazista, em 1920, com foco no antissemitismo, antes de Hitler e os nazistas ouvirem falar de Mussolini e seus fascistas. Alguns líderes nazistas chegaram até mesmo a criticar o fascismo. Por exemplo, em 1924, o proeminente ideólogo nazista Alfred Rosenberg expressou admiração em um escrito sobre o ultranacionalismo do fascismo italiano, mas lamentou que faltasse a ele o antissemitismo. Rosenberg destacou, assim, algumas tensões dentro do movimento nazista sobre como entender o fascismo.[28] Ao contrário de Rosenberg, outros nazistas mostravam-se ávidos por traçar paralelos ideológicos entre nazismo e fascismo. Em 1926, Göring escreveu, em seu exílio italiano, uma série de artigos para o diário do partido nazista, *Völkischer Beobachter*. Buscando obter legitimidade para os nazistas, Göring os comparou aos fascistas e sublinhou semelhanças ideológicas, como o uso da violência política e o ódio ao Tratado de Versalhes e à democracia parlamentarista. Alegou ainda que tanto nazistas como fascistas eram antissemitas. Tratava-se de um exagero imaginativo: acentuadas tendências antissemitas dentro do regime fascista só surgiram muito mais tarde, e o antissemitismo não teve um papel tão fundamental na ideologia fascista como teve na doutrina nazista.[29]

IV

Quanto mais frágil a República de Weimar parecia, mais explicitamente a direita alemã retratava o governo de Mussolini como uma alternativa para a Alemanha. Foi crucial que a atração exercida por Mussolini tenha ido além dos simpatizantes do nazismo. Liderado pelo másculo, autoritário e implacável Duce, cuja máquina de propaganda o transformou em um mito poderoso que reverberava além da Itália, o regime fascista parecia estar totalmente integrado com as elites italianas tradicionais, como a monarquia, o Exército e a Igreja católica. Embora essa representação estivesse fortemente influenciada pela propaganda fascista e guardasse pouca similaridade com a natureza complexa e turbulenta do governo fascista na Itália, o regime fascista de Mussolini se tornava cada vez mais atraente para a direita alemã em geral, não apenas os nazistas, como um bastião contra a esquerda. Entre esses personagens da direita figuravam, por exemplo, o grupo paramilitar Capacetes de Aço e figuras como Konrad Adenauer, membro do católico Partido Católico do Centro Alemão e prefeito de Colônia.[30] O apoio fascista aos nazistas estava, porém, longe de ser inevitável, e a atitude de Mussolini em relação a Hitler continuava ambígua.[31] Além do mais, a importância do apoio fascista aos nazistas nos anos 1920, no campo financeiro e em outros, não foi tão maciço quanto alguns observadores afirmaram mais tarde, e o partido nazista continuou existindo como um grupo marginal em termos do número de assentos no parlamento em nível nacional.[32]

Vamos analisar mais detalhadamente como o modelo fascista de salvaguarda do poder inspirou Hitler e os nazistas no contexto cada vez mais frágil da República de Weimar. Os nazistas foram influenciados especialmente pela dupla estratégia fascista de tomada do poder. Em primeiro lugar, a extrema violência política fomentada por eles contra a esquerda; em segundo, a busca do poder por meio de atividades políticas aparentemente legais. O segundo aspecto – conquistar o poder mediante uma aparente observância das leis – teve particular importância para Hitler após a restauração do partido nazista em 1925, depois que ele saiu da prisão. Atuar em conformidade com as leis parecia ser uma tática factível para garantir o apoio da classe média, preocupada com a manutenção da lei e da ordem em meio à pressentida ameaça da esquerda.[33]

A despeito de todas as referências àquilo que entendiam ser a estratégia de Mussolini, os nazistas obtiveram resultados ruins nas eleições de maio de 1928 para o Reichstag. Por razões diplomáticas, Mussolini continuava rejeitando a solicitação de Hitler para uma reunião. A fim de manter contato, outros representantes fascistas se encontraram com o líder nazista fora dos canais oficiais. No final de 1928, por exemplo, Hitler se encontrou com o senador Ettore Tolomei, que, assim como muitos nacionalistas italianos desde antes da Grande Guerra, defendia a italianização do Tirol do Sul. Além disso, Tolomei era então responsável pela imposição do idioma italiano à maioria germanófona da região, determinação que sofria veemente oposição da maior parte dos alemães. Hitler e Tolomei se encontraram clandestinamente na casa de um homem de negócios italiano no verdejante Nymphenburg, subúrbio de Munique. Em um relatório para o Duce, Tolomei enalteceu Hitler, descrevendo-o como político talentoso que aceitava reconhecer incondicionalmente o Tirol do Sul como território italiano. As observações de Hitler sobre a situação da Áustria, país que muitos alemães e austríacos desejavam unir com o Reich, foram mais cautelosas, pois o líder nazista sabia que Mussolini considerava a república alpina um Estado amortecedor entre a Itália e a Alemanha. Hitler aproveitou para renovar seu pedido para um encontro com Mussolini, mas acrescentou educadamente que tal encontro poderia ser inoportuno naquele momento. Não se tem conhecimento da reação de Mussolini ao relatório de Tolomei, mas fica claro que Hitler almejava cair nas graças do Duce.[34]

O flerte de Hitler com o fascismo gerou muitas controvérsias dentro da direita alemã e, mais especificamente, conduziu a dois julgamentos, em 1929 e 1930.[35] Hitler, defendido por Hans Frank, que nesse ínterim havia se reintegrado ao partido, processou o político de direita Albrecht von Graefe por afirmar, em um artigo que escrevera para um jornal, que o líder nazista havia, em virtude de "seu estado de arrebatamento por Mussolini", sacrificado as demandas da Alemanha pelo Tirol do Sul, em retribuição por fundos secretos concedidos por Mussolini. No artigo, Graefe denunciava Hitler como um traidor comprado pelo governo italiano.[36] Esse artigo, uma dádiva dos céus para os jornalistas antinazistas, deixou Hitler enfurecido. A acusação de recebimento de recursos financeiros secretos do governo italiano pelo partido nazista o preocupava, por causa dos poderosos estereótipos anti-italianos existentes na Alemanha. Contudo, os réus não conseguiram provar suas alegações. Eles foram multados pela corte, porque não tiveram como demonstrar que os nazistas haviam recebido dinheiro da Itália. Mas esse não foi o final da história. Em fevereiro de 1930, os réus apresentaram uma nova testemunha: o jornalista Werner Abel. Hitler, que competia contra outros partidos de direita pela liderança da direita alemã, voltou a negar veementemente as alegações de ter recebido da Itália recursos financeiros. O julgamento se arrastou pelas várias instâncias do sistema judiciário até junho de 1932, quando Abel recebeu uma sentença de prisão. O ministro do Exterior da Alemanha, alarmado com o apoio da Itália aos nazistas, e jornalistas italianos de inclinação fascista acompanharam bem de perto o julgamento. Ao mesmo tempo, relatórios italianos apresentavam o cada vez mais influente Hitler como o futuro líder da Alemanha, traçando paralelos com a rápida ascensão de Mussolini, de modo que o julgamento e toda a publicidade por ele gerada acabaram favorecendo Hitler.[37]

Nesse meio-tempo, aumentava o desgaste da República de Weimar em meio à Grande Depressão. Desde o final de março de 1930, após a queda do grande governo de coalizão, desapareceu o governo de base parlamentar. Em seu lugar, o gabinete de Heinrich Brüning governava pautado no artigo 48 da constituição de Weimar, que concedia ao presidente do Reich poderes emergenciais. Mussolini percebeu a oportunidade para um governo alemão pró-fascista, embora negasse publicamente sua estratégia de expandir o fascismo para além das fronteiras italianas, o que representava, sobretudo, uma tática, desde a consolidação de seu domínio, para aumentar a influência da Itália.[38] Como desejava manter boas relações com o governo alemão, ele voltou a afirmar em uma entrevista concedida em maio de 1930 ao jornalista liberal judeu alemão Theodor Wolff que o fascismo não era "um artigo de exportação".[39] Simultaneamente, Mussolini instruiu o cônsul-geral italiano em Munique, o aristocrata Giovanni Capasso Torre di Caprara, a tentar descobrir quais eram as intenções de Hitler. Em 20 de junho de 1930, Capasso relatou a Mussolini seu encontro secreto com o líder nazista. Além de enaltecer Mussolini, Hitler reafirmou sua política para o Tirol do Sul. Mais ainda, profetizou que os nazistas logo assumiriam o poder na Alemanha.[40]

V

O primeiro importante ponto de inflexão no relacionamento Mussolini-Hitler foram as eleições de setembro de 1930 para o Reichstag, quando os nazistas conseguiram um sucesso retumbante que os colocou a um passo do poder. Eles aumentaram seu número de cadeiras no parlamento de 12 para 107 e se tornaram o segundo maior partido. Mussolini viu o colapso da democracia alemã e a guinada da política alemã para a direita como uma boa oportunidade para a Itália aumentar sua influência na política da Alemanha.[41] O emblemático periódico fascista *Gerarchia* (*Hierarquia*) comentou sobre a grande guinada eleitoral do nazismo de setembro de 1930: "A ideia fascista está avançando no mundo", creditando dessa forma a Mussolini o sucesso nazista. Também o jornal nazista *Völkischer Beobachter* destacou o suposto endosso pessoal de Mussolini ao sucesso nazista nas urnas, a fim de legitimar os nazistas ao apontar para o modelo fascista italiano.[42]

Não foi coincidência que, na esteira do sucesso eleitoral dos nazistas, Mussolini tenha começado a ampliar seu apoio a eles. Ao mesmo tempo, ele manteve uma atitude ambivalente em relação a Hitler. É bastante significativo que o apoio do líder italiano tenha se dado por intermediários fora dos canais diplomáticos, pois o apoio direto aos nazistas teria desencadeado um desentendimento diplomático com o governo alemão e poderia gerar uma indisposição com a França e a Grã-Bretanha. A ambivalência de Mussolini em relação a Hitler era típica de sua política exterior, na qual a Itália – uma nação que almejava a posição de grande potência desde a unificação nacional – oficialmente mantinha uma política de equidistância frente à França, à Grã-Bretanha e à Alemanha, buscando alianças capazes de determinar as relações de poder na Europa. Dessa forma, o flerte indireto de Mussolini com Hitler e outros líderes de extrema direita em toda a Europa era parte da estratégia italiana para ampliar sua influência internacional. Entre os principais contatos figuravam o príncipe Filipe de Hesse, genro do rei Vittorio Emanuele III, e, a exemplo de muitos membros da aristocracia alemã, membro do partido nazista desde 1930, e acima de tudo o enigmático major Giuseppe Renzetti, diretor da Câmara de Comércio da Itália na Alemanha. Renzetti desfrutava de uma influente rede de contatos dentro da elite política e social de Berlim e tornou-se a conexão direta de Mussolini com Hitler fora dos canais da diplomacia. Depois das eleições de 1930 para o Reichstag, Renzetti, que desde o início havia cultivado boas relações com o grupo pró-monarquista Stahlhelm, passou a apoiar Hitler e os nazistas. Foi a partir de então que Mussolini começou a aceitar que a tomada do poder pelos nazistas poderia servir aos interesses da Itália.[43]

Refletindo o crescente apoio de Mussolini aos nazistas, os jornais italianos começaram a publicar uma enxurrada de entrevistas com Hitler, ajudando-o, assim, a colocar em evidência seu perfil internacional e sugerindo aos leitores que a Itália fascista endossava um governo nazista que possuía uma dívida com Mussolini. Na qualidade de líder de um movimento de massas, Hitler, a exemplo de outros líderes políticos modernos, usava as entrevistas a jornais para dar voz a suas opiniões políticas. No entanto, ao contrário de Mussolini, Hitler carecia de acesso às redes diplomáticas oficiais e, portanto, fez um uso mais frequente das entrevistas a jornais como uma estratégia de comunicação dedicada a alavancar sua posição internacional. Vamos examinar mais detalhadamente a entrevista de Hitler a Pietro Solari, do jornal *Gazzetta del Popolo*, de Turim, em 29 de setembro de 1930, quinze dias após o sucesso nazista nas urnas. Nela, mais uma vez Hitler enalteceu o Duce e reiterou que o destino da maioria germanófona do Tirol do Sul não deveria ser um obstáculo às boas relações ítalo-germânicas.[44] Mas Hitler também usava essas entrevistas para realçar as diferenças entre o fascismo e o nazismo. Por exemplo, em uma entrevista concedida na primavera de 1931 ao jornal *Il Popolo d'Italia*, de Mussolini, Hitler insistiu que os nazistas haviam feito mais sacrifícios do que os fascistas para chegar ao poder, uma indicação de que um governo nazista não seria um parceiro facilitador de negociações para a Itália.[45]

A despeito do intenso enaltecimento de Hitler ao ditador italiano e de sua busca de influência junto a ele, o intercâmbio de correspondências entre os dois líderes só começou em abril de 1931. Uma troca de fotografias e cartas foi o início altamente simbólico dessa comunicação direta: Mussolini entregou a Göring uma fotografia autografada destinada a Hitler. Este almejava havia muito tempo uma imagem assinada do Duce, mas Mussolini se absteve de admitir seu primeiro reconhecimento oficial de Hitler até o momento em que o sucesso dos nazistas começou a se consolidar.[46] Em junho de 1931, como forma de agradecimento pelo retrato recebido do Duce, Hitler enviou a ele uma fotografia sua em uniforme nazista, também autografada. O líder alemão escreveu, de forma um tanto desajeitada: "As relações espirituais existentes em muitos pontos entre as ideias e os princípios básicos do fascismo e do movimento Nacional Socialista liderado por mim fazem-me esperar ardentemente que, após a vitória do Nacional Socialismo, no qual acredito profundamente, haverá relações similares entre a Itália fascista e a Alemanha nazista, para o bem dessas duas grandes nações".[47] Essa troca teve uma importância simbólica, já que levou Hitler a acreditar que o Duce o estava levando a sério.

Uma indicação clara do crescente interesse fascista por Hitler foi outra entrevista concedida a Solari para a *Gazzetta del Popolo*, em 6 de dezembro de 1931. Foi grande a satisfação de Solari ao relatar que Hitler havia terminado a entrevista com a "saudação romana", copiada dos fascistas. No entanto, a história da apropriação pelos nazistas da saudação romana, transformada, com uma ligeira variação do movimento físico do braço direito, em uma glorificação pessoal de Hitler na forma da saudação

Heil Hitler, revela que nem todos os nazistas compartilhavam do fascínio do ditador alemão por Mussolini e pelo fascismo italiano. Por exemplo, Hans Frank, ao se desligar do partido nazista em 1926, lamentou o uso pelos nazistas da saudação romana, porque ela era não alemã. Queixas semelhantes levaram Rudolf Hess, secretário particular de Hitler, a retroceder as origens da saudação nazista para 1921, supostamente antes de os nazistas ouvirem falar do fascismo italiano.[48]

Não é necessário dizer que havia também estereótipos italianos dos nazistas, retratando-os como criminosos brutais e grosseiros, o que reflete uma opinião dos italianos, em relação aos alemães, caracterizada por uma mistura de admiração e inveja pela pontualidade e eficiência alemãs, bem como rejeição da suposta carência de sofisticação e refinamento do povo alemão. Segundo a história, enquanto o Império Romano fora o farol da civilização, aos alemães faltava essa longa história. Hitler, em sua atitude bajuladora, sabia que o culto da *romanità* representava uma ferramenta de propaganda cada vez mais importante para Mussolini. Desse modo, o líder nazista demonstrou respeito pela Itália quando, em uma conversa com o cônsul-geral italiano em 1931, expressou a opinião de que a Itália, diferentemente da Alemanha, tinha todo o direito de reclamar para si uma história de 2 mil anos.[49]

Assim, as relações nazifascistas permaneceram obscuras. O governo italiano fez algumas concessões aos nazistas, permitindo a abertura gradativa de filiais da organização estrangeira do partido nazista para a comunidade de alemães expatriados que viviam na Itália.[50] Entretanto, Mussolini afirmou categoricamente em uma série de conversas com Emil Ludwig, autor judeu alemão de biografias campeãs de venda e de entrevistas com outras celebridades, entre elas Stálin, que o fascismo não era um artigo de exportação. O livro de Ludwig foi publicado em 1932, no auge da Grande Depressão e do crescente impasse político em que se encontrava a República de Weimar. Nesse contexto, muitos alemães, não apenas aqueles da extrema direita, passaram a ver em uma ditadura nos moldes do regime de Mussolini uma solução potencial para a Alemanha. É bastante significativo que Mussolini, um mestre na encenação em entrevistas e audiências, tenha disfarçado seu apoio clandestino a Hitler. No livro de Ludwig, não havia uma menção explícita ao líder nazista, e Mussolini negava que o fascismo fosse antissemita. Uma vez mais, o ditador italiano assegurava a seu público alemão que o fascismo era exclusivo da Itália, embora, na realidade, ele estivesse influenciando a política alemã da época como parte de sua estratégia de ampliar o poder da Itália na Europa.[51]

Apesar de os nazistas terem se apropriado dos métodos fascistas, tentaram de todo modo esconder alguns aspectos do débito que tinham com o fascismo, em parte porque a esquerda alemã os ridicularizava como plagiadores do fascismo italiano, e em parte porque o preconceito em relação à Itália era vultoso na Alemanha. O paradoxo de um movimento ultranacionalista dever a outro algumas de suas estratégias mais importantes tinha que ser atenuado. É necessário reconhecer essa atitude ambivalente em relação à "herança" fascista se quisermos compreender o complexo relacionamento entre os dois movimentos e seus respectivos líderes.

Um exemplo típico dessa ambiguidade foi um prefácio de Hitler à tradução alemã de um livro sobre a natureza do fascismo, escrito pelo professor de ensino fundamental Vincenzo Meletti e publicado em 1931 pela Eher, editora do partido nazista. Nesse prefácio, o líder alemão destacava paralelos básicos entre o fascismo e o nazismo, tais como suas origens comuns na Grande Guerra e sua popularidade supostamente autêntica. No entanto, Hitler insistia que a ideologia nazista surgira de forma "completamente independente da Itália", e é interessante notar que ele não usa o termo "fascista" para se referir aos nazistas.[52] Embora, em maio de 1931, a Eher Verlag tenha enviado a Mussolini cópias do livro de Meletti, ele aparentemente as ignorou.[53] Essa contradição, associada à imprevisibilidade, era parte integrante do repertório político de Mussolini e permitia que ele mudasse de posição de acordo com seus interesses, ao mesmo tempo servindo de lembrete para seu público, nesse caso Hitler, do poder e da superioridade de que dispunha.[54]

As respostas conflitantes de Mussolini fizeram Hitler desejar ainda mais intensamente estabelecer um forte relacionamento com o Duce. Pouco depois, em outubro de 1931, o grupo Stahlhelm e os conservadores nacionalistas alemães uniram-se aos nazistas na Frente de Harzburg. Quando Renzetti deu essa notícia a Mussolini, o Duce o agraciou com o elevado salário mensal de 4 mil liras.[55] É improvável que essa aliança entre a direita nacional-conservadora e os nazistas tenha decorrido principalmente dos encontros de Renzetti com Hitler e outros líderes nazistas. Não obstante, a Frente de Harzburg tornou mais aceitável para amplas camadas da sociedade uma tomada do poder pelos nazistas, de modo semelhante à coalizão fascista com os nacionalistas de Luigi Federzoni nos anos 1920.

À luz de toda essa relação e influência, incluindo as frequentes reuniões entre Renzetti e Hitler, é tentador superestimar a importância de Renzetti e o impacto direto das ações de Mussolini na subida de Hitler ao poder.[56] Seria absurdo, por exemplo, afirmar que o assessoramento de Renzetti foi um dos principais fatores que levaram Hitler ao poder. O apoio popular e eleitoral aos nazistas foi decisivo – em uma extensão muito maior do que havia sido para os fascistas em 1922. Entretanto, é difícil negar a influência de Renzetti na estratégia política de Hitler. Foi ele, entre outros, que estimulou Hitler a buscar o poder por meio de atividades aparentemente consoantes com a lei e a recusar convites para fazer parte de um governo nacional-conservador na qualidade de parceiro menor. Hitler enfatizou essa estratégia de legalidade em outubro de 1932 (estratégia com a qual alguns nazistas não concordavam), um mês antes das eleições do Reichstag, em uma entrevista ao *Il Tevere*, editado pelo notório fascista antissemita Telesio Interlandi, que era próximo a Mussolini. O entrevistador de Hitler talvez tenha ficado impressionado com o busto de Mussolini em tamanho real que adornava o escritório do Führer, na sede do partido nazista em Munique.[57]

Em dezembro de 1931, Hitler ainda aguardava ansiosamente uma audiência com seu ídolo político em Roma. De acordo com Renzetti, o líder alemão estava "extremamente feliz por poder ir a Roma prestar homenagem ao Duce". A formulação respeitosa sugere que Hitler reconhecia o papel de Mussolini como estadista sênior.[58] A perspectiva da visita de Hitler à Itália alarmou demais o governo alemão. Assim, o embaixador alemão na Itália forneceu detalhes dessa visita ao ministro do Exterior da Alemanha. O líder nazista ficaria hospedado no luxuoso Grand Hotel como convidado do partido fascista, e não do Estado. Esse arranjo foi um hábil cálculo de Mussolini, que procurava refletir de forma ostensiva as suscetibilidades diplomáticas. Pela mesma razão, o Duce instruiu a imprensa italiana a se calar sobre a visita de Hitler. Todavia, de acordo com o embaixador alemão, não apenas o Duce como também o rei estavam preparados para receber o líder nazista, um claro reconhecimento de que, para o Estado italiano, era provável que em breve Hitler ascendesse ao poder na Alemanha. Ao mesmo tempo, quando o embaixador alemão contestou a recepção oficial a Hitler, colocando-a como um obstáculo às relações ítalo-germânicas, Mussolini cancelou a visita, sobretudo porque, uma semana antes, foram descobertos planos nazistas para um golpe de Estado. Tais planos lançaram pesadas dúvidas sobre a estratégia oficial de legalidade pretendida pelo partido nazista.[59]

Assim como o flerte de Hitler com Mussolini não contava com a benevolência da maioria dos nazistas, o cultivo de relações pessoais com Hitler por parte de Mussolini encontrava certa oposição dos fascistas. Assim, em seu livro sobre o golpe de Estado, publicado em francês em 1931 e, um ano mais tarde, em uma tradução para o alemão, Curzio Malaparte, um autor de espírito independente e membro do partido fascista, ridicularizou Hitler, descrevendo-o como "um ditador que nunca virá a sê-lo" e uma imitação medíocre de Mussolini. Esse foi um tema frequentemente destacado pelos alemães antinazistas, e, na opinião de Malaparte, ao contrário dos fascistas, Hitler carecia da coragem para tomar o poder por meios violentos.[60] Apesar disso, Renzetti interveio em Roma em nome do líder nazista: Mussolini, preocupado com a possibilidade de a violenta crítica de Malaparte minar sua influência sobre Hitler, instruiu a embaixada italiana em Berlim a fazer chegar a Hitler a informação de que Malaparte não exercia qualquer influência na Itália fascista. De fato, o livro não foi publicado na Itália fascista. Todavia, o dano já fora causado, pois muitos nazistas viam em Malaparte, equivocadamente, um destacado representante do fascismo. O *Giornale d'Italia* publicou uma crítica feroz das ideias de Malaparte, e Renzetti encaminhou o artigo a Hitler com um pedido de desculpas.[61]

Com a ascensão do partido nazista à condição de sério concorrente ao poder na Alemanha, Hitler fez nova tentativa de manter uma comunicação direta com o Duce. A ocasião foi o falecimento, em dezembro de 1931, do irmão de Mussolini, Arnaldo, o responsável efetivo pelo jornal carro-chefe do movimento fascista, *Il Popolo d'Italia*. Hitler enviou suas condolências em uma carta entregue por Renzetti. Mussolini agradeceu ao líder nazista com algumas palavras educadas, porém convencionais. É importante observar que o Duce postergou sua resposta até meados de janeiro de 1932, refletindo sua posição de estadista sênior e as controvérsias diplomáticas anteriores em torno da planejada visita de Hitler.[62]

Encorajado por esse intercâmbio com Mussolini, Hitler informou a Renzetti que desejava marcar um encontro com o Duce, e acrescentou que compreendia plenamente por que Mussolini havia cancelado o encontro de 1931.[63] Na sombria atmosfera da Grande Depressão e em meio à crescente polarização da política alemã, em junho de 1932, semanas antes das eleições do Reichstag, Hitler solicitou educadamente, por intermédio de Renzetti, outra audiência com Mussolini, pois acreditava que sua visita legitimaria o governo nazista em camadas ainda mais amplas da sociedade e ajudaria a garantir mais votos para os nazistas. Renzetti interferiu junto a Mussolini em favor da visita de Hitler, que tinha "o desejo ardente de se encontrar com o Duce" e estaria disposto a receber servilmente os conselhos deste último. Nesse cenário, um encontro com Hitler seria para Mussolini uma oportunidade sem igual de exercer influência sobre a política alemã. Hitler, como típico admirador alemão da cultura italiana, solicitou também uma visita a Florença, Roma e Nápoles. Ele sugeriu que poderia voar de Munique a Milão, evitando desse modo a Áustria, onde era considerado *persona non grata*.[64]

Renzetti, ansioso por se fazer indispensável como mediador entre os dois líderes, já havia planejado o itinerário. A exemplo da fracassada visita de 1931, seria o partido fascista, e não o Estado, que hospedaria Hitler, a fim de evitar atritos diplomáticos com o governo alemão. A segurança precisaria ser rígida. Ademais, Renzetti lembrou aos anfitriões de Hitler que o líder nazista era vegetariano e abstêmio. Com o objetivo de agradar ao líder alemão, visitas a monumentos e a alguns museus de Roma tinham de ser planejadas.[65]

Apesar dos preparativos de Renzetti para a viagem de Hitler à Itália,[66] Mussolini ordenou o adiamento da visita até a conclusão da conferência de Lausanne sobre as reparações alemãs e das negociações sobre desarmamento que estavam ocorrendo em Genebra. A preocupação de Mussolini era de que a França e a Grã-Bretanha pudessem entender a visita de Hitler a Roma como uma interferência ilegítima nas questões alemãs e nas negociações internacionais. Desse modo, questões diplomáticas eclipsaram o relacionamento entre Hitler e Mussolini.[67]

À medida que Renzetti fornecia a Hitler conselhos estratégicos cada vez mais detalhados, aumentavam as visitas de funcionários fascistas à Alemanha e de delegações nazistas a Roma. Em novembro de 1932, quando foi realizada a segunda eleição do ano para o Reichstag, na qual os nazistas tiveram perdas consideráveis, Göring e Alfred Rosenberg, acompanhados pelo líder do grupo Stahlhelm, Franz Seldte, compareceram a um congresso organizado pela Real Academia Italiana. Mussolini imediatamente providenciou um avião especial para levar Göring de volta a Berlim, a fim de permitir que os nazistas assumissem as rédeas na Alemanha.[68]

VI

Nessa época, ganhava força a convicção do Duce de que um governo nazista, aliado com os nacionais-conservadores alemães do Partido Popular Nacional Alemão (DNVP, na sigla em alemão) atendia aos interesses da Itália. Por intermédio de Renzetti, Mussolini até mesmo conhecia os nomes de alguns dos membros-chave do "novo gabinete" de Hitler – dias antes da nomeação do líder alemão para chanceler de um governo de coalizão dos nazistas com o DNVP, que se assemelhava ao primeiro governo de coalizão de Mussolini.[69] De fato, na noite de sua nomeação como chanceler do Reich, em 30 de janeiro de 1933, Hitler convidou Renzetti para assistir na Chancelaria do Reich ao desfile da vitória dos nazistas em Berlim. Em seu relatório a Mussolini, Renzetti vangloriou-se, dizendo: "Hitler me quis ao lado dele durante todo o desfile das tropas". Mas Renzetti havia recusado, talvez porque sua presença na cerimônia poderia dar margem a especulações sobre o papel da Itália fascista na condução de Hitler ao poder.[70]

Depois de sua nomeação como chanceler, Hitler continuou a cortejar Mussolini. Chama atenção o fato de que Hitler, em um de seus primeiros atos oficiais como chanceler do Reich, recebeu Renzetti, em 31 de janeiro de 1933, a fim de enviar uma mensagem ao Duce. O líder alemão frisou que, "do meu posto, buscarei com todas as minhas forças aquela política de amizade para com a Itália, a qual até agora apoiei fervorosamente". O novo chanceler reconheceu que "certamente, cheguei até esse ponto graças ao fascismo". Esse elogio deve ter agradado a Mussolini, da mesma forma que a reiterada afirmação de Hitler de que o Duce havia criado a ideologia responsável por unir os movimentos fascista e nazista, um comentário afável que permaneceu vago porque Hitler, na qualidade de líder de um movimento ultranacionalista, não podia reconhecer a influência de um líder político estrangeiro sobre ele. Por essa razão, Hitler se absteve de fazer comentários hiperbólicos similares em público, já que muitos alemães, entre eles apoiadores do nazismo, mantinham-se céticos em relação a uma aliança com a Itália. Indubitavelmente, a adulação de Hitler refletia sua genuína admiração por Mussolini, mas era também um cálculo diplomático. A resposta de Renzetti não foi menos exagerada quando ele afirmou que Mussolini havia sempre apoiado os nazistas "com a maior simpatia". A bajulação e o exagero por parte de Renzetti e de Hitler antecipava tensas relações entre Itália e Alemanha, relações estas que foram e seriam caracterizadas nos anos seguintes por um equilíbrio de fatores ideológicos e diplomáticos em constante mutação.[71]

Hitler e os nazistas logo começaram a consolidar seu domínio de maneira muito mais violenta e rápida do que os fascistas haviam conseguido fazer na Itália. Nas eleições de 5 de março de 1933 para o Reichstag, realizadas depois da dissolução do parlamento em uma atmosfera de terror e intimidação nazistas, o governo de coalizão de Hitler foi confirmado com pequena maioria, embora o próprio partido nazista não tenha conseguido uma maioria absoluta, pois os sociais-democratas e os comunistas ainda tiveram um desempenho significativo a despeito da profunda perseguição, que se intensificara depois do Decreto do Incêndio do Reichstag, de 28 de fevereiro. Persistia o desprezo de Mussolini por Hitler, uma tendência revelada também na imprensa fascista e em uma tépida declaração do Grande Conselho do Fascismo em 10 de março de 1933.[72]

Durante a campanha eleitoral, os nazistas haviam recebido algum suporte financeiro da Itália fascista. Por solicitação da Eher Verlag, do partido nazista, que tentava angariar fundos para o partido, o Duce financiou com 250 mil liras, o equivalente a mais de 50 mil Reichsmark, uma edição italiana do livro de Hitler *Mein Kampf*. Esse era um montante substancial em termos de direitos autorais estrangeiros, mas, na realidade, representava uma soma pequena para um subsídio político. A solicitação, feita por intermédio de Renzetti, era compatível com o padrão geral do relacionamento entre Mussolini e Hitler: os contatos eram iniciados pelos nazistas, não pelos italianos. Ademais, tal gesto teve, na verdade, um significado bastante pequeno, pois Mussolini subvencionava muitos outros regimes de direita na Europa. Por exemplo, apenas dez dias após a aquisição dos direitos italianos de *Mein Kampf*, Mussolini doou 5 milhões de liras para o chanceler austríaco, Engelbert Dollfuss, a fim de defender a Áustria contra a ascensão dos nazistas. Assim, a aquisição dos direitos italianos por Mussolini, o que poderia ser interpretado como um gesto pró-nazista, não significava necessariamente que ele fosse um entusiástico apoiador do nazismo.[73]

A política ambivalente de Mussolini em relação a Hitler continuou: o Duce postergou uma visita do novo chanceler do Reich, que agora se mostrava mais ansioso do que nunca para encontrar seu ídolo em Roma. O ditador italiano mostrava relutância em prestigiar demasiadamente o novo governo alemão ao receber seu líder, pois um endosso público a Hitler comprometeria demais a Itália com a Alemanha, podendo prejudicar as relações italianas com a França e a Grã-Bretanha.[74] De Felice chegou mesmo a interpretar a reserva de Mussolini com respeito a Hitler como um reflexo da suspeita e do medo que assaltavam o Duce. Na verdade, Mussolini subestimou Hitler e não percebeu que a rápida consolidação do poder nazista que ele estabeleceu na Alemanha mudaria de forma tão drástica o destino da Europa e logo viria a transformar o relacionamento entre os dois líderes.[75]

Os nazistas levaram quase dez anos desde o *Putsch* da Cervejaria, em 1923, sua primeira aparição de relevo internacional para chegar ao poder, enquanto Mussolini e os fascistas haviam assumido o governo italiano apenas três anos depois da fundação do Fasci Italiani di Combattimento, em março de 1919. Foi de Hitler a iniciativa de entrar em contato com Mussolini, e foi ele que buscou desesperadamente a atenção e o conselho estratégico do italiano. No entanto, mais cedo do que Mussolini esperava, Hitler e os nazistas transformariam a Alemanha em uma ditadura, de forma muito mais rápida, implacável e efetiva do que ele próprio fizera na Itália. Ao longo do tempo, o relacionamento entre os dois líderes agressivos e belicistas – o internacionalmente inexperiente Hitler, que buscava por todos os modos obter a atenção de Mussolini, e o reservado Mussolini, que ignorava essas solicitações – sofreria uma drástica mudança, com profundas consequências para a ordem geopolítica da Europa.

2

O PRIMEIRO ENCONTRO
Junho de 1934

I

Em março de 1933, semanas após a nomeação de Hitler como chanceler do Reich, Mussolini propôs um pacto quadripartite entre França, Grã-Bretanha, Itália e Alemanha. No esboço do tratado elaborado pelo Duce, os quatro signatários se comprometiam a dar continuidade às negociações de desarmamento em Genebra. O pacto era uma forma de enfraquecer a Liga das Nações. Mussolini, com os nacionalistas italianos, acreditava que a ordem pós-guerra estava impedindo que a Itália se tornasse uma grande potência, enquanto Hitler, acompanhado pela maioria dos alemães, entendia que ela havia aleijado a Alemanha e a despojado de importantes territórios. A despeito de alguma cautela dentro do Ministério do Exterior alemão, os nazistas aproveitaram o esboço do tratado feito por Mussolini como meio de enfatizar seu suposto compromisso com a paz. Para Mussolini, que acalentava o desejo por uma política exterior agressiva por meio da qual a Itália dominaria o Mediterrâneo, o propósito do pacto era que a Itália fosse reconhecida como grande potência. O líder italiano sabia que o domínio de Hitler tinha enorme potencial para desestabilizar a Europa, então tomou o pacto como uma chance de desempenhar o papel de estadista mais experiente e como um meio de aumentar a influência da Itália no cenário internacional.[1] A ideia básica, compartilhada por muitos homens de Estado italianos antes de Mussolini e articulada mais claramente por Dino Grandi, ministro do Exterior entre 1929 e 1932 e embaixador em Londres de 1932 a 1939, era de que a Itália desempenhava o papel de "peso determinante" entre Alemanha, de um lado, e França e Grã-Bretanha, de outro.[2] Ainda que, na qualidade de ministro do Exterior, Mussolini fosse formalmente responsável pela política exterior italiana, ele dependia do serviço diplomático da Itália, que estava longe de ser inteiramente fascista. Muitos funcionários do Ministério do Exterior, apesar de apoiarem a política revisionista da Itália, preferiam um relacionamento próximo com a Grã-Bretanha a um com a Alemanha. Uma aliança da Itália fascista com a Alemanha nazista, tão ardentemente desejada por Hitler, era improvável.[3]

Poucas semanas depois da iniciativa de Mussolini, o regime nazista anunciou o boicote às empresas judaicas, demonstrando assim o papel fundamental do antissemitismo no projeto nazista. A meta do boicote, programado para 1º de abril de 1933, era conter as ondas de violência nazista na base da sociedade civil contra os judeus. Logo que soube do boicote, o Duce instruiu o embaixador italiano, Vittorio Cerruti, a intervir junto a Hitler. A preocupação de Mussolini era a possibilidade de Hitler muito depressa vir a causar prejuízos à sua reputação internacional e, desse modo, comprometer os esforços diplomáticos do Duce no sentido de ampliar o poder da Itália. Mussolini enviou então uma mensagem pessoal a Hitler por intermédio de Cerruti. Agindo como o estadista sênior, Mussolini aconselhava seu colega inexperiente a cancelar o boicote, pois ele causaria danos irreparáveis à reputação da Alemanha e "aumentar[ia] a pressão moral e as represálias econômicas da comunidade judaica no mundo". Hitler ficou irritado quando Cerruti apresentou a ele o conselho do Duce, embora este último tivesse deixado clara sua crença antissemita em uma conspiração mundial dos judeus. Contudo, Hitler não queria desagradar Mussolini. Depois de uma introdução polida, na qual reconhecia que o ditador italiano havia sido grande inspiração para a ascensão dos nazistas ao poder, Hitler pediu que Cerruti dissesse a Mussolini que ele, o líder nazista, conhecia melhor os perigos do "bolchevismo judaico". Hitler chegou mesmo a insinuar que seria lembrado dentro de poucos séculos por ter exterminado os judeus, um tema recorrente em sua violenta retórica antissemita. Na saída do escritório de Hitler, Cerruti topou com o ministro do exterior, o conservador nacionalista Konstantin von Neurath, que suplicou a ele que pedisse a Roma para emitir uma declaração oficial condenando a previsível propaganda antialemã no exterior que se seguiria ao boicote contra os judeus. Mussolini concordou com essa solicitação, porque desejava manter relações básicas com Hitler.[4] O papel central do antissemitismo para os nazistas revelava as diferenças ideológicas entre o fascismo e o nazismo da época, e Hitler não faria concessões quanto à política antissemita.[5] Agora que havia chegado ao poder, ele não tinha razões para ser servil a Mussolini.

Entretanto, o Duce continuou a se beneficiar da afinidade de Hitler em relação a ele e exerceu pressão pessoal sobre o chanceler do Reich pela aceitação do pacto das quatro potências. Em uma mensagem enviada diretamente a Hitler, Mussolini enfatizava que sempre fora apoiador do novo governo alemão – um nítido exagero – e que a relutância de Hitler em assinar o pacto estava debilitando a posição do próprio Mussolini. No final, Hitler concordou em assinar o tratado, que, em decorrência da oposição da França, nunca chegou a ser ratificado.[6]

Parecia, assim, que dava frutos a estratégia de Mussolini de explorar o ativo interesse de Hitler em relação a ele, e Hitler congratulou o Duce no quinquagésimo aniversário deste, em 29 de julho de 1933, por meio de um telegrama, publicado na imprensa alemã, no qual elogiava Mussolini por seu "admirável trabalho em prol da consolidação da paz na Europa", uma referência ao pacto das quatro potências.[7] Na verdade, a rivalidade quanto a qual país seria a potência fascista líder na Europa logo viria a caracterizar as relações ítalo-germânicas. Muitas questões estavam em jogo no relacionamento entre as duas nações; a principal delas era se a Áustria, país natal de Hitler, deveria ser incorporada ao Reich. Em outubro de 1933, na conferência para o desarmamento realizada em Genebra, as negociações sobre a demanda da Alemanha pelo rearmamento se intensificaram. A delegação alemã, impelida pelo ministro da Guerra do Reich, general Werner von Blomberg, exigiu que a França e a Grã-Bretanha abandonassem sua insistência em limitar o rearmamento da Alemanha. Em 12 de outubro de 1933, Mussolini, apresentando-se como defensor da diplomacia europeia e sublinhando novamente sua condição de líder sênior, tentou apaziguar Hitler e orientou Cerruti a sugerir ao chanceler um rearmamento gradual da Alemanha ao longo de alguns anos. De acordo com o cônsul-geral americano em Berlim, George Messersmith, que afirmava ter tomado conhecimento desse assunto por uma "fonte muito confiável", um Hitler enfurecido gritou para Cerruti que Mussolini "o estava abandonando e sentia inveja, porque o fascismo nunca tivera influência mundial, e que o Nacional-Socialismo era o fascismo verdadeiro". Ao partir, Cerruti supostamente falou às pessoas que estavam do lado de fora do escritório do chanceler que elas tinham um chefe "desequilibrado".[8] Eis aí uma imagem precoce do complexo de superioridade de Hitler em relação à Itália fascista.

Para não deixar margem a dúvidas sobre a rejeição da ordem pós-Versalhes pela Alemanha nazista, a delegação alemã abandonou a conferência para o desarmamento e também a Liga das Nações em outubro de 1933, depois do *lobby* de Blomberg e Neurath junto a Hitler. Esse passo representou uma enérgica reafirmação de que a Alemanha nazista não aceitaria nada menos que paridade com as grandes potências. Essa foi uma estrondosa vitória interna para Hitler, pois suas políticas fortemente revisionistas encontraram apoio em muitos alemães. Embora Hitler tivesse tentado, na noite anterior, avisar Mussolini sobre sua saída da conferência, esse passo unilateral foi um golpe para o Duce, pois efetivamente minava uma potencial aliança revisionista ítalo-germânica dentro da estrutura da Liga.[9]

É significativo que, a despeito de sua extrema autoconfiança, Hitler tenha julgado necessário explicar sua atitude ao Duce. Ele se dirigiu educadamente a Mussolini como "Vossa Excelência" e, para conferir autoridade à carta, fez com que ela chegasse às mãos do ditador italiano por intermédio do ministro-presidente da Prússia, Hermann Göring, em 6 de novembro de 1933. A exemplo de ocasiões anteriores, Hitler se manteve vago sobre paralelos ideológicos entre o fascismo e o nazismo, sublinhando seu "desejo de cooperação entre nossas duas nações, unidas pelo espírito de amizade verdadeira, que [são] ideologicamente afins e podem, por meio de uma busca efetiva de [seus] mesmos interesses, contribuir sobremaneira para a pacificação da Europa". Dada a experiência de ambos nas trincheiras, Hitler insistiu que ele e Mussolini deveriam preservar a paz na Europa. O líder alemão agradeceu ao Duce o apoio dado à Alemanha, antes de acusar a França e a Grã-Bretanha de ignorar a busca legítima da nação alemã pelo rearmamento.[10] Alguns dias mais tarde, em

12 de novembro de 1933, foram realizadas as eleições para o Reichstag, com um referendo sobre a saída da Alemanha da Conferência de Genebra. Não causou surpresa a vitória nazista com ampla maioria em uma eleição manipulada, o que garantiu um tremendo impulso ao prestígio doméstico e internacional do nazismo.[11]

Afora os aduladores movimentos de Hitler, visando a uma aproximação com Mussolini, os jornais italianos e alemães, todos sujeitos a censura, publicaram muitos artigos hostis sobre o outro país. Era tal a hostilidade dos relatos que Cerruti queixou-se para Neurath, no final de fevereiro de 1934, que as relações ítalo-germânicas estavam "piores [do que haviam estado] em muitos anos".[12] Reflete bem essa hostilidade a troca de relatos agressivos por ocasião da promulgação da Lei para a Ordem do Trabalho Nacional alemã em janeiro de 1934: a lei havia sido elogiada pela imprensa alemã como muito superior à Carta do Trabalho (*Carta del Lavoro*) italiana de 1927, a qual havia entronizado o corporativismo na economia italiana. Ao preservar as empresas privadas e o capitalismo e, ao mesmo tempo, suprimir os sindicatos livres, a ordem corporativista era vista por muitos na Europa como uma forma de superar os conflitos de classe, em especial durante a grande depressão mundial. Karl Busch, um jornalista que viajara pela Itália, publicou suas experiências em março de 1934 no *Der Deutsche*, órgão oficial da Frente do Trabalho Alemã, a organização nazista de empregadores e empregados, cujo formato seguiu, em parte, o modelo corporativista introduzido pelos fascistas. O artigo escrito por Busch foi temperado com observações desdenhosas, como "o fascismo não se entranhou em todo o povo italiano". O autor valia-se de típicos estereótipos anti-italianos, insistindo: "O povo alemão é, em sua totalidade, racialmente superior". Para a Alemanha nazista, gabava-se Busch, "não há muito mais a ser aprendido" com a Itália fascista. Os nazistas haviam claramente consolidado seu poder de modo muito mais rápido que os fascistas, e Busch articulou essa percepção com grande agressividade. Porém, as investidas não terminaram aí. Ele atacava também a pessoa de Mussolini: "Diz-se que recentemente o Duce envelheceu".[13]

Renzetti queixou-se a Hitler das declarações "ofensivas" e escreveu uma réplica ao editor do *Der Deutsche*.[14] Esta não foi publicada, pois o preconceito anti-italiano era proeminente entre os círculos nazistas e a sociedade alemã como um todo. Hitler, desejoso por não ofender Mussolini, demonstrou a Renzetti uma fingida preocupação com o artigo. O líder alemão poderia facilmente ter orientado o editor a publicar a réplica de Renzetti, mas não o fez. Essa situação revela um paradoxo na opinião de Hitler sobre a Itália e Mussolini: ao mesmo tempo que admirava o Duce como pessoa e como modelo político, ele, a exemplo de muitos alemães, via os italianos como indolentes, traiçoeiros e não confiáveis.[15] Finalmente, em maio de 1934, o pedido de desculpas de Busch a Renzetti colocou um ponto final nas desavenças.[16]

Também nos círculos fascistas, muitos criticavam duramente o nazismo. Por ocasião da publicação da edição italiana de *Mein Kampf*, na primavera de 1934, o alvo foi ninguém menos do que o próprio líder nazista. No começo de março de 1934, Hitler havia escrito um novo prefácio para a edição italiana. Nesse prefácio, ele dava voz a uma opinião comum sobre semelhanças ideológicas superficiais. Ele afirmava: "O fascismo e o nazismo, que são intimamente semelhantes em seus ideais básicos, são conclamados a mostrar novos caminhos para uma frutífera cooperação internacional".[17] Antes mesmo da data da publicação oficial, o *Il Popolo d'Italia* exibiu uma resenha desanimada do livro de Hitler escrita por "Farinata", o jornalista fascista Ottavio Dinale, que fora recebido duas vezes por Mussolini dias antes da publicação da resenha. Embora não existam claras evidências de que Mussolini tenha orientado Dinale a escrever uma resenha desfavorável a *Mein Kampf*, essa possibilidade não deve ser descartada. Dinale, como muitos outros fascistas hostis à Alemanha nazista, insistia que a Itália, o primeiro regime fascista, deveria traçar o caminho, e não a Alemanha, que estava obcecada com o ideal da raça alemã. Mussolini deve ter aprovado entusiasticamente essas ideias, pois elas confirmavam seu papel de superioridade sobre Hitler, cuja meteórica ascensão ao poder o havia destituído da posição de decano da direita europeia.[18]

II

Nesse contexto, os funcionários do governo alemão tomaram a iniciativa, na primavera de 1934, de organizar um encontro entre Mussolini e Hitler. O líder alemão e os nazistas ainda estavam no processo de equilibrar seu poder com o de outras instituições, inclusive o Exército e os integrantes das tropas de assalto. Em termos formais, o encontro não seria uma visita de Estado, já que nenhum dos dois líderes era chefe de Estado.[19]

Franz von Papen, vice-chanceler do Reich, e Ulrich von Hassell, embaixador da Alemanha na Itália, sondaram Mussolini sobre a disposição deste para receber Hitler. É significativo que outros burocratas do Ministério do Exterior alemão tenham sido excluídos dos preparativos, já que haviam se oposto a um arriscado encontro do diplomaticamente inexperiente Hitler com Mussolini, o estadista mais antigo. Os diplomatas italianos temiam que os preparativos, pouco organizados, pudessem dar margem a algumas gafes embaraçosas. Algumas semanas mais tarde, em 3 de abril de 1934, em uma entrevista ao jornalista americano Louis P. Lochner, Hitler fez uma alusão a seu encontro com Mussolini. Sem referir-se especificamente ao Duce, Hitler frisou que preferia uma "diplomacia homem a homem" à diplomacia supostamente reservada de outros líderes do passado e do presente. Aqui revelava-se um importante indicativo do estilo de negociação diplomática preferido de Hitler, o qual dispensava os burocratas e colocava o destino da nação alemã em suas próprias mãos, robustecendo seu ego e reforçando seu culto à liderança. Hitler frisava também que desejava discutir política exterior em pé de igualdade com outros líderes. Tratava-se de uma expressão das ideias do ditador alemão sobre cultura diplomática, ideias essas que viriam a dar forma a seus encontros com o Duce.[20]

Apesar de tais alusões, Hitler insistiu que o encontro com o Duce não deveria ser noticiado, dadas as tensões diplomáticas entre a Itália e a Alemanha quanto à Áustria, onde os nacionalistas – e sobretudo os grupos nazistas – que pressionavam pela incorporação da Áustria ao Reich vinham minando o governo. O governo italiano concordou inicialmente com essa solicitação de manter o sigilo quanto ao encontro.[21] Mas Mussolini, por outro lado, desejava reafirmar sua autoridade de estadista mais experiente. Assim, ele providenciou o vazamento da notícia sobre a visita de Hitler. Em 11 de junho de 1934, a imprensa internacional, inclusive o *New York Times*, noticiou o encontro, citando "círculos semioficiais" e registrando que nenhum jornal italiano havia ainda escrito sobre o encontro.[22]

Renzetti, que desde 1930 atuava como o principal contato entre Hitler e Mussolini fora dos canais diplomáticos, apresentou um resumo da situação para o ditador alemão antes da partida deste e informou Mussolini, em 7 de junho de 1934, que o líder nazista aguardava ansiosamente sua reunião "com a autoridade máxima do fascismo e líder da Itália". Hitler havia perguntado a Renzetti se ele precisaria de um intérprete para se comunicar com Mussolini, mas Renzetti afirmou não haver necessidade, porque o Duce falava um alemão excelente (na verdade, ao contrário do que afirmava Mussolini e, mais tarde, viriam a afirmar os bajuladores alemães, ele falava um alemão apenas razoável, o que com frequência causava mal-entendidos).[23] Renzetti exagerou também nas orientações sobre as preferências alimentares de Hitler, esperando que isso ajudasse a aliviar as tensões. O líder alemão, que era vegetariano, apreciava sobretudo "espaguete e *tagliatelle* com manteiga, cortados em pedaços pequenos". Renzetti mencionou o suposto gosto de Hitler pela comida italiana, a fim de tranquilizar Mussolini quanto à superioridade da cultura italiana, mas deixou de especificar se Hitler, frequentador assíduo da Osteria Bavária, um dos restaurantes italianos mais finos de Munique, conseguia comer esse tipo de massa comprida sem fazer sujeira.[24]

Até mesmo o local do encontro na Itália refletia a hierarquia dos líderes. Hitler não viajava ao exterior desde a Grande Guerra, e essa primeira viagem oficial internacional sugeria que ele estava prestando uma homenagem a Mussolini, um líder mais experiente. No entanto, Hitler não demonstrou interesse em ir a Roma dessa vez, já que Mussolini não havia dado uma resposta quando o líder alemão solicitou uma visita a Roma logo após assumir o poder, em 1933. Portanto, o encontro aconteceria no norte da Itália, a meio caminho para os dois ditadores, um arranjo que sugeria uma paridade fundamental entre Mussolini e Hitler. Reconhecendo a posição de estadista mais experiente de Mussolini, Hitler deixou para o ditador italiano a escolha da data.[25]

No final, os dois lados concordaram em se encontrar em Veneza em 14 de junho de 1934. O local foi sugerido pelo governo italiano, para o qual a política era um espetáculo público que simbolizava o apoio unânime dos italianos a Mussolini e ao fascismo. Veneza era o lugar ideal para exibir o embasamento cultural da Itália fascista, assim como o passado, o presente e o futuro gloriosos dessa nação como uma potência dominante no Adriático e no Mediterrâneo de modo mais geral. Além disso, a ida de Mussolini a Veneza, a exemplo de suas visitas frequentes a outras regiões da Itália, daria a ele a oportunidade de conectar seu regime com o povo veneziano e ampliar o apoio popular ao fascismo.[26] O programa preliminar previa duas conversas mais longas entre Mussolini e Hitler.[27] Este último deveria viajar de avião – seu meio de transporte preferido, o qual projetava uma imagem de modernidade tecnológica –, sobretudo porque ele não podia cruzar o território austríaco por trem nem automóvel em decorrência das questões não resolvidas com a Áustria.[28] O governo italiano chegou a pedir ao governo alemão a garantia de que os nazistas austríacos que estavam solapando o regime de Dollfuss, apoiado por Mussolini, manteriam uma posição discreta durante o encontro.[29] Como a reunião particular entre os dois líderes seria, supostamente, informal, Mussolini sugeriu que dispensassem "fraques e medalhas", a parafernália costumeira das visitas diplomáticas oficiais; Hitler concordou. Sua pequena delegação alemã contava com alguns homens da SS e detetives da polícia, um indicativo de que o alemão não confiava no esquema de segurança preparado pelos italianos. Rumores sobre um ataque a bomba contra Hitler reforçaram essa desconfiança.[30] O esquema de segurança em Veneza foi rigoroso, e o *Wall Street Journal* noticiou que o governo italiano havia empregado oitenta agentes secretos.[31]

Hitler não levou na bagagem nenhum plano totalmente concluído para uma aliança militar com a Itália. Antes da partida do líder alemão, Renzetti relatou a Roma: "[Hitler] será arrebatado pelo charme do Duce [e] deseja chegar a um acordo ítalo-germânico. O chanceler tem consciência do problema da Europa e da raça branca: a solidariedade ítalo-germânica e nazifascista poderia conduzir a um esforço comum destinado a persuadir outras nações sobre o fascismo e, assim, conseguir um grande acordo entre diversos países fascistas".[32] Essa era uma ideia grandiosa de uma aliança fascista europeia que, na opinião de Renzetti, deveria ser comandada pela Itália. Mas, antes de mais nada, as relações ítalo-germânicas precisavam ser lapidadas. Foi esse o teor de um relatório confidencial de Renzetti sobre conversas que ele tivera com nazistas do alto escalão, entre os quais Göring, que se mostrava preocupado com a questão da Áustria, a qual, se aventada muito diretamente por Hitler, poderia interpor um sério obstáculo ao relacionamento entre os dois líderes. Acima de tudo, Göring temia que Hitler pudesse sofrer demasiada influência de Mussolini por causa da afeição do Führer pelo Duce: uma política exterior norteada pelo laço emocional de Hitler com Mussolini poderia prejudicar os interesses da Alemanha. Por isso, nem todos os integrantes da liderança nazista aprovavam o flerte de Hitler com Mussolini. Renzetti concluía dizendo que aqueles alemães ainda céticos em relação ao nazismo, ou contrários a ele, esperavam que Mussolini exercesse uma influência moderada sobre Hitler e o aconselhasse a expulsar os membros mais fanáticos do partido nazista, como o líder da SA, Ernst Röhm. Renzetti acrescentou em tom sarcástico, no final de seu relatório, que o encontro de Veneza ao menos aumentaria o número de turistas alemães com destino à Itália. O turista mais importante, Hitler, estava prestes a deixar a Alemanha rumo à Itália quando Renzetti enviou seu relatório.[33]

III

Em 14 de junho de 1934, uma manhã ensolarada, o Ju-52 da Lufthansa, registrado como D-2600, que recebera o nome de *Immelmann* em homenagem ao ás da aviação alemão da Grande Guerra, decolou do aeroporto Oberwiesenfeld, em Munique, com Hitler a bordo. Na primeira página do *Völkischer Beobachter*, o jornal nazista cujo público leitor ultrapassava o número de membros do partido, pode-se encontrar um relato abrilhantado do voo de Hitler. As viagens aéreas do ditador alemão foram um tema de propaganda bem conhecido da maioria dos alemães desde as campanhas eleitorais do começo da década de 1930. Cruzar os Alpes para entrar na Itália era outro clichê conhecido de grande parte do público alemão, um chavão que invocava imagens de invasores, peregrinos e turistas alemães. De acordo com o jornal alemão, o Tirol estava coberto por nuvens espessas quando Hitler sobrevoou a região, uma referência implícita às tensas relações austro-germânicas. Depois de cruzar o Passo do Brennero e entrar na Itália, diz-se que o céu ficou claro. Hitler uniu-se a seu piloto na cabine de comando para admirar as Dolomitas. O relatório não menciona que grande parte dessa cadeia montanhosa ficava no Tirol do Sul; para Hitler, isso deixara de ser um problema, pois ele acreditava que renunciar a esse território era o preço de uma aliança com a Itália.[34] O avião sobrevoou duas vezes a laguna e o Adriático, um reconhecimento implícito de que a Itália era a potência inquestionável no Adriático e no Mediterrâneo. Havia uma razão mais corriqueira para esse giro: uma chegada antecipada poderia perturbar o protocolo diplomático. Finalmente, o avião pousou no aeroporto San Nicolò, pontualmente, como se poderia esperar dos alemães.[35]

O *Völkischer Beobachter* também cobriu a viagem do Duce a Veneza, sugerindo que não havia diferença entre os dois líderes. Mussolini, acompanhado de seu genro janota, Galeazzo Ciano, responsável pela assessoria de imprensa do governo, e de Fulvio Suvich, o subsecretário de Estado no Ministério do Exterior italiano, um homem de convicções contrárias à Alemanha, viajara de sua casa de férias em Riccione, no Adriático, para a Villa Pisani, em Stra, um requintado casarão adornado com afrescos do artista barroco Tiepolo. O local tinha grande significado histórico, pois Napoleão havia se hospedado lá na época em que dominava a maior parte da Europa. Agora, era a vez de Mussolini, determinado a transformar a Itália em uma grande potência, receber Hitler, o estadista inexperiente. O jornal de Mussolini, *Il Popolo d'Italia*, destacou que, na viagem até Veneza, o próprio Duce dirigira seu automóvel, uma metáfora para a ideia de que ele controlava não apenas o destino da Itália, mas também o da Europa.[36]

Para a imprensa fascista, Mussolini era naturalmente superior a Hitler. Isso ficava evidente em artigos como o do jornalista fascista Filippo Bojano, que escreveu em tom desdenhoso que a viagem a Veneza era a primeira de Hitler ao exterior, e afirmou que "Mussolini e Hitler governam dois povos fortes, [ambos dotados] de uma tradição antiga e sólida, um passado glorioso, e portadores de muita esperança e confiança no fututo".[37] Mas não terminou aí a história da cobertura da imprensa fascista à visita de Hitler: para atrair o público italiano antigermânico, o *Il Popolo d'Italia* publicou também um artigo sobre a visita a Munique de uma delegação da Associação Cultural Dante Alighieri, que tinha sólidos vínculos com o fascismo. O artigo destacou, como se podia prever, que a bela arquitetura de Munique fora inspirada na Itália, enfatizando assim a superioridade cultural deste país sobre a Alemanha. Ao mesmo tempo, afirmava também que cada cidadão da Baviera bebia oito litros de cerveja por dia, um flagrante exagero, sugerindo que todos os bávaros, e, por conseguinte, os nazistas, eram bêbados incivilizados.[38]

Vale a pena dedicar um pouco mais de tempo à coreografia da chegada de Hitler, que reflete as relações de poder entre o anfitrião italiano e seu convidado alemão.[39] Os jornais internacionais não tardaram a noticiar esse detalhe. O correspondente ítalo-americano do *New York Times* em Roma, Arnaldo Cortesi, por exemplo, um homem que demonstrava certa simpatia pelo fascismo, enfatizou a superioridade de Mussolini sobre Hitler.[40] Alguns detalhes pequenos, mas dignos de nota, revelaram o sentimento de superioridade de Mussolini. Por exemplo, ao contrário do acordo fechado com o Ministério do Exterior alemão para que se mantivesse a informalidade do encontro, Mussolini vestia um uniforme pomposo e botas de equitação. Hitler, por outro lado, trajava um casacão bege com cinto, calças listradas, uma camisa branca e gravata. Quando desceu desajeitadamente do avião, trajava um chapéu Fedora amarrotado. Em relatos da ocasião e em outros posteriores, as vestimentas de Hitler foram ridicularizadas, pois o faziam parecer um trabalhador de escritório ou "um camponês que veste sua melhor roupa para ir à cidade", conforme descreveu sarcasticamente mais tarde o então embaixador francês na Alemanha, André François-Poncet.[41] É questionável se os trajes civis de Hitler o faziam parecer um tolo em comparação com o uniformizado Mussolini. O líder alemão, ainda no processo de consolidação do Terceiro Reich, usava um terno porque este o apresentava como uma pessoa civil que, a despeito de buscar uma política externa revisionista e presidir um regime brutal, obedecia às convenções internacionais. Essa vestimenta era, assim, um símbolo que buscava assegurar ao público alemão conservador, incluindo o fraco presidente do Reich, Paul von Hindenburg, que Hitler era um sujeito sensato, e não uma pessoa beligerante e irascível inclinada a promover uma guerra mundial. Ademais, seu traje civil transmitia sua civilidade ao público internacional, inclusive na Itália.[42]

Enquanto Hitler usou a saudação nazista para cumprimentar Mussolini, este se limitou a um aperto de mãos. A recusa do ditador italiano em cumprimentar o alemão com a saudação fascista pode ser vista como um ato de distanciamento, sugerindo que o Duce não considerava Hitler um líder fascista em pé de igualdade com ele.[43] Os dois líderes ficaram em posição de sentido para ouvir uma banda militar tocar o hino alemão, seguido pela *Giovinezza*, o hino fascista. Um Hitler envergonhado e inseguro sorria durante toda a cerimônia: Mussolini havia claramente roubado a cena. De acordo com o antialemão Suvich, Hitler tinha lágrimas nos olhos ao ver seu ídolo italiano naquele momento.[44]

Depois da cerimônia de boas-vindas, Mussolini caminhou com seu convidado até uma lancha que aguardava para conduzi-los a Veneza. Hitler, em uma demonstração de deferência para com o estadista mais antigo, deu um passo para o lado a fim de permitir que Mussolini entrasse na lancha primeiro, mas este, colocando o braço no ombro de Hitler, em um gesto de polida superioridade, insistiu que ele o precedesse.[45]

A organização do encontro seguiu rigorosamente o protocolo diplomático. Por exemplo, tão logo o avião de Hitler pousou, foi enviado um telegrama em nome dele a Vittorio Emanuele III, rei da Itália desde o assassinato de seu pai, em 1900. Esse gesto diplomático refletia a tradição de monarcas prestarem tributo a seus pares quando em visita a outros países. Em seu amável telegrama, publicado alguns dias depois no *Völkischer Beobachter* e endereçado a "Vossa Majestade", Hitler expressava a esperança de que sua visita pudesse "contribuir para o bem-estar dos dois países amigos e para a paz mundial". Esse era um típico exemplo da propaganda de paz do líder alemão e de seu entusiasmo genuíno por uma aliança ítalo-germânica, pela qual o rei, que havia conduzido a Itália na Primeira Guerra Mundial contra a Alemanha e o Império Austro-Húngaro, não demonstrava muito interesse.[46]

Multidões aparentemente entusiasmadas – parte integrante de todas as cerimônias fascistas – tinham sido mobilizadas pelo regime e ladeavam as margens quando Mussolini e Hitler cruzaram rapidamente as águas e entraram em Veneza. Uma frota de torpedeiros italianos, trazendo oficiais e marinheiros no deque, saudou a lancha dos dois líderes, uma exibição destinada a não deixar pairar qualquer dúvida de que a Itália era uma grande potência naval, determinada a dominar o Mediterrâneo. Hitler e a delegação alemã desceram no Grand Hotel,[47] do empresário Giuseppe Volpi, que havia servido como ministro das finanças de Mussolini entre 1925 e 1928.[48]

Nos bastidores da cerimônia de boas-vindas espreitavam tensões. Por exemplo, Elisabetta Cerruti, esposa do embaixador Cerruti, fora abordada pelo gerente do Grand Hotel, que desejava orientações sobre as preferências alimentares de Hitler. Ela recomendou que o chefe servisse pudins ao líder alemão, que tinha uma incurável queda por doces. Inesperadamente, veio à tona que o cozinheiro do Grand Hotel era judeu. Preocupado com as consequências políticas de uma possível indisposição estomacal de Hitler causada pela comida preparada por um judeu, o gerente transferiu o cozinheiro, durante o período da visita do alemão, para o Hotel Excelsior, no Lido, também pertencente a Volpi.[49]

O PRIMEIRO ENCONTRO

No trajeto de Veneza a Stra, foram colocadas bandeiras italianas e faixas com os dizeres "Duce, Duce", a fim de impressionar Hitler com o poderoso culto a Mussolini. Veneza levou o *Völkischer Beobachter* a publicar algumas reflexões históricas: tratava-se do local ideal para o primeiro encontro de Hitler com o Duce, porque supostamente Veneza e seu império marítimo sempre mantiveram boas relações com a Alemanha, mas não com a Áustria, que havia alegadamente subjugado a região do Vêneto até sua incorporação ao reino da Itália em 1866. Para o jornal nazista, era, portanto, historicamente inevitável que Alemanha e Itália acabassem se tornando aliadas.[50] No caminho para Stra, Hitler navegou ao lado do Palazzo Vendramin, onde o compositor Richard Wagner, o maior ídolo de Hitler depois de Mussolini, morrera em 1883. Quando as lanchas chegaram à nova estrada que conectava Veneza ao continente, a delegação passou para os automóveis e viajou "através de extensas aldeias onde se sente a satisfação e a ordem do Estado fascista", conforme afirmação do *Völkischer Beobachter*. Não é necessário dizer que a propaganda fascista havia usado a viagem como palco para ostentar a aclamação dos italianos ao Duce. Após cerca de vinte minutos, os veículos chegaram a Stra. Mussolini já aguardava seu convidado nos degraus em frente ao casarão.[51]

O almoço na Villa Pisani deve ter sido um sacrifício supremo para todos os envolvidos, pois Stra havia sido assolada por uma onda de calor responsável por um aluvião de enormes mosquitos.[52] As conversas subsequentes entre Hitler e Mussolini ocorreram sem a presença de intérpretes ou de quaisquer outros funcionários, com o objetivo de criar uma atmosfera de intimidade entre os dois líderes. Ademais, Mussolini sentia-se orgulhoso em exibir seu conhecimento de alemão.[53] Mais tarde, Neurath fez uma compilação de algumas anotações sobre esses dois encontros, com base naquilo que Hitler contara a ele. A ausência de secretários nessas reuniões visava sugerir que as conversas eram pessoais e não seguiam as rígidas convenções da burocracia diplomática endossadas pelos ministros do exterior da Alemanha e da Itália.[54]

Vamos analisar mais detalhadamente o teor da primeira conversa entre Hitler e Mussolini. Realizada em uma atmosfera de calor insuportável, ela durou duas horas e meia e teve como foco principal a questão da Áustria. Um Hitler irado exigiu participação nazista no governo austríaco, mas declarou que "a questão do *Anschluss* [anexação] não interessava a ele" naquele momento. Por fim, o alemão pediu a Mussolini para "retirar seu apoio à [independência da] Áustria". O líder fascista não comentou a solicitação. Para Hitler, abriu-se um enorme fosso entre a imagem idealizada de Mussolini e a crua realidade de que o Duce estava em busca dos interesses da Itália, e não de uma aliança ideológica com os supostos parentes nazistas do fascismo.[55]

Enfatizando mais uma vez a superioridade de Mussolini, foi realizado no dia seguinte um grande desfile, assistido por 70 mil pessoas, na Praça de São Marcos, símbolo do império marítimo de Veneza e da pretensão do Duce pelo *mare nostrum*. O desfile envolveu a milícia fascista, jovens fascistas e veteranos de guerra, inclusive os que haviam sido feridos. A presença dos feridos era um nítido lembrete da perene sombra da Grande Guerra, mas podia também ser interpretada como um símbolo de que as feridas da guerra estavam curadas. Novamente, Mussolini vestia uniforme, e Hitler, um terno civil. O assistente de Hitler, Fritz Wiedemann, que desprezava as conquistas militares da Itália, declarou mais tarde que o desfile fora desorganizado. Na tentativa de avistar os líderes, duas formações da milícia invadiram a área da banda militar. De acordo com Wiedemann, no momento em que observava um navio de guerra italiano através da janela de seu quarto de hotel, Hitler fez pouco da milícia fascista, definindo-a como ineficiente. Os marinheiros haviam pendurado suas roupas de baixo para secar nos mastros, reforçando assim a opinião desfavorável dos alemães sobre as forças armadas italianas.[56]

O humor de Hitler não melhorou. Depois do desfile, ele visitou a Bienal de Arte Moderna, uma das vitrines da modernidade do regime fascista.[57] O líder alemão, extremamente hostil à arte moderna, passou a maior parte do tempo no pavilhão alemão, onde admirou a arte nazista, autorizada oficialmente, mas ficou indignado com as salas repletas daquilo que via como "arte degenerada".[58]

O almoço subsequente nas dependências do Clube de Golfe de Veneza, no Lido, foi ofuscado por mais tensões. Esse era um local improvável para o encontro dos dois líderes, que faziam questão de enfatizar suas origens humildes. O clube, fundado na década de 1920, servia à anglofilia de muitos italianos abastados, entre eles Ciano.[59] A *signora* Cerruti, sentada ao lado de Hitler, lembrou mais tarde que alguém havia colocado sal no café e que a comida estava repugnante. Teria sido esse um protesto

O PRIMEIRO ENCONTRO

silencioso do cozinheiro judeu do Grand Hotel contra as políticas antissemitas de Hitler? Depois de um almoço transcorrido em um silêncio embaraçoso, os dois ditadores caminharam juntos para o campo de golfe e se sentaram em um banco próximo à sede do clube para sua segunda conversa. Esta durou uma hora e meia e foi observada pelos convidados do almoço.[60] Era como se interesses estratégicos comuns fornecessem a Mussolini e Hitler certa base para entendimento. De acordo com a síntese feita por Neurath, Hitler acreditava que ele e o Duce haviam encontrado "uma aproximação significativa de ideias", já que ambos expressavam críticas fortes à França e à Liga das Nações. Já no final da conversa, os dois concordaram que relações ítalo-germânicas mais próximas eram essenciais e que "a questão da Áustria" não deveria ser um obstáculo.[61]

Depois do retorno de Hitler à Alemanha, a revista nazista *Illustrierter Beobachter*, uma publicação de aparência atraente, publicou um ensaio fotográfico feito pelo fotógrafo pessoal do líder alemão, Heinrich Hoffmann. O retrato que o fotógrafo fez do encontro apresentava os dois ditadores em animado colóquio; não foi uma coincidência, pois os fotógrafos dos dois líderes sugeriram que eles tinham algo em comum e representavam a Nova Ordem.[62]

Na presença de Hitler, Mussolini, diplomaticamente experiente, escondeu seu desapontamento com o chanceler do Reich e não o contradisse. Nos bastidores, o Duce relatou seu desprezo pelo líder alemão a Cesare Maria De Vecchi, um dos *quadrumviri* que ajudara a organizar a Marcha Fascista sobre Roma e embaixador da Itália na Santa Sé.[63] No final, Hitler convidou Mussolini a visitar a Alemanha.[64]

Como seria de se esperar, a imprensa nazista comemorou a primeira visita de Hitler ao exterior como um estrondoso sucesso. Em uma coletiva de imprensa em 15 de junho de 1934, em Veneza, o chefe de imprensa do Reich, Otto Dietrich, declarou que o encontro de grande significado histórico foi dominado pelo "espírito de amizade" e por um "laço ideológico". Mas ressaltou que "o fascismo é italiano, o nacional-socialismo é alemão".[65] Essa ênfase nas diferenças nacionais era fundamental para os nazistas, um movimento ultranacionalista, e sugere que só as analogias ideológicas tornavam improvável uma aliança ítalo-germânica.

Depois da encenação de desfiles e encontros, o destaque da visita ficou por conta de um discurso de Mussolini à noite, na Praça de São Marcos, lotada por uma multidão entusiasmada que, aparentemente, atendia a uma ordem das autoridades para comparecer. Dirigindo-se ao "povo de Veneza", o Duce, interrompido por entusiásticos aplausos, elemento típico dos comícios fascistas, citou a Batalha de Vittorio Veneto, a maior vitória da Itália sobre o Império Austro-Húngaro no final da Primeira Guerra Mundial, para lembrar a Hitler que fora a Itália, e não a Alemanha, que vencera a guerra. Mussolini exibiu sua aptidão retórica e se vangloriou para Hitler das conquistas políticas do fascismo, antes de, finalmente, mencionar seu convidado alemão com algumas afirmações vagas sobre os esforços conjuntos de Alemanha e Itália para manter a paz na Europa.[66] Multidões haviam sido despachadas para Veneza em trens especiais, parte da encenação de um espetáculo fascista promovido pelo regime para sugerir unanimidade entre o líder e seus seguidores. Eles aplaudiam o uniformizado Mussolini, não o líder nazista, ainda de terno. O discurso foi uma lição para Hitler e, uma vez mais, refletiu a superioridade de Mussolini como decano da extrema direita europeia. Significativamente, enquanto Mussolini ocupava o centro das atenções, discursando do terraço do Palazzo Reale, Hitler teve que observar a partir do terraço da Procuratie Nuove. O ditador alemão não discursou e, assim, foi marginalizado. O jornal de Mussolini, *Il Popolo d'Italia*, definiu o discurso como uma "demonstração inesquecível do povo em favor do Duce" e minimizou o papel de Hitler.[67]

De acordo com os diários de Alfred Rosenberg, responsável pelo escritório político do partido nazista no exterior (*Außenpolitisches Amt*), obstinado adversário do Ministério do Exterior, a admiração de Hitler por Mussolini e pelo espetáculo fascista era genuína. Na verdade, Hitler não tinha como dizer o contrário aos nazistas do primeiro escalão, pois ele, durante mais de uma década, expressara sua admiração pelo líder fascista, encontrando algumas vezes oposição de outros líderes nazistas. Desse modo, a exibição fascista teve significado político. Hitler contou a Rosenberg que os italianos amavam e respeitavam o Duce tanto quanto estimavam o papa, e acrescentou que Mussolini havia posado como um César, sugerindo acreditar na importância do espetáculo.[68]

Conforme outra fonte, no entanto, os sentimentos de Hitler em relação a Mussolini eram mais ambíguos. Em sua última noite em Veneza, o líder nazista disse a Hassell que a imagem de Mussolini que ele havia idealizado era fundamentalmente diferente da figura real. Supostamente, Hitler disse a Hassell: "Agora, não vejo a hora de estar de volta a Berlim amanhã à noite, aos círculos do dr. Goebbels, nos quais me sinto à vontade".[69] Foi enviado a todas as missões diplomáticas alemãs um memorando oficial que destacava a atmosfera amigável e as relações alegadamente cordiais entre Mussolini e Hitler. Neurath, talvez em uma atitude típica de um diplomata de carreira, absteve-se por completo de mencionar o termo "fascismo", tampouco se alongou sobre as similaridades ideológicas entre o fascismo e o nazismo.[70] Um comunicado oficial emitido pelos governos italiano e alemão manteve-se ainda mais vago, afirmando que as conversas continuariam, com base no contato pessoal entre Mussolini e Hitler, uma admissão de que o relacionamento entre eles permanecia tenso.[71]

A última manhã de Hitler em Veneza, em 16 de junho de 1934, começou com uma visita à Basílica de São Marcos. Nas primeiras horas do dia, a praça estava completamente deserta, com exceção dos pombos. De repente, apareceram alguns garotos alemães e saudaram Hitler com gritos de "Heil Hitler!". Os famosos pombos da Praça de São Marcos se assustaram e alçaram voo, um presságio pouco animador para uma aproximação entre Itália e Alemanha. Desse modo, a visita de Hitler terminou com uma nota burlesca.[72]

IV

Para a despedida oficial, Mussolini acompanhou Hitler até o avião, acompanhado por uma banda militar que executou o hino alemão seguido das canções dos partidos nazista e fascista. Após a decolagem, em uma homenagem a Mussolini, os aviões voaram em círculo sobre o campo de aviação e depois rumaram para o norte. Enquanto nuvens carregadas pairavam sobre os Alpes durante a viagem com destino à Itália, o *Völkischer Beobachter* sugeriu em sua enfeitada cobertura da partida de Hitler que, após o bem-sucedido encontro de Veneza, o céu agora estava claro. O artigo menciona que Hitler sobrevoara o Tirol do Sul, outra referência ao conflito não resolvido sobre aquela região. Supostamente, no momento em que o líder alemão sobrevoava o Tirol austríaco, foi saudado por multidões, sugerindo que uma anexação da Áustria pela Alemanha fazia parte da agenda nazista.[73]

O plano de Hitler de criar um laço consistente com Mussolini no contexto de um novo estilo diplomático não obtivera sucesso. Esse fato não escapou à atenção dos diplomatas britânicos. O embaixador da Grã-Bretanha na Itália, por exemplo, Sir Eric Drummond, relatou ao Ministério das Relações Exteriores, preocupado com uma potencial aproximação entre Itália e Alemanha, que Mussolini havia ignorado o comportamento perturbado e sentimental de Hitler em relação a ele. A informação de Drummond foi baseada em uma conversa com Suvich, e seu relatório minimizou a importância do encontro Hitler-Mussolini.[74]

E qual foi o veredito de Hitler em relação ao encontro? Os artigos de Renzetti nos fornecem uma rara visão da opinião do Führer sobre seu primeiro encontro com o Duce. Logo depois de retornar da Itália, o ditador alemão convidou Renzetti para um almoço, do qual participaram importantes oficiais nazistas, como Rudolf Hess, delegado de Hitler, Hans Frank, advogado nazista, Otto Dietrich, o chefe de imprensa do Reich, e Theodor Habicht, que no devido tempo viria a desempenhar um papel notório na Áustria. Em um relatório confidencial, ao qual provavelmente Mussolini teve acesso, Renzetti parafraseava as observações de Hitler, que havia exagerado em suas exaltações: "Homens como Mussolini só nascem uma vez a cada mil anos [...] Eu, e isso é natural, senti-me um tanto embaraçado ao lado do Duce, mas estou feliz por ter conseguido conversar com ele durante um longo tempo [e] ter escutado suas ideias [...] Que grande orador é Mussolini [...]! E que grande autoridade sobre o povo!"

A adulação de Mussolini por Hitler e sua demonstração de entusiasmo sobre o encontro de Veneza deveriam, assim esperava ele, chegar ao Duce por meio de Renzetti. Aqui, a estratégia do ditador alemão era minimizar a atitude reservada de Mussolini em relação a ele. (De fato, conforme as memórias irremediavelmente pró-fascistas da viúva de Mussolini, escritas por um *ghostwriter* no pós-guerra, o Duce esteve longe de se entusiasmar com Hitler em Veneza).[75]

De acordo com os relatórios do embaixador Cerruti para Mussolini, em muitas outras ocasiões o líder nazista falara com animação sobre o encontro de Veneza. Isso deixou perplexos alguns nazistas, já que Hitler era normalmente bastante reservado. No entanto, as aparências não retratavam a realidade. Depois que um tabloide alemão vazou a notícia de uma iminente visita de Mussolini à Alemanha, o Ministério do Exterior alemão postergou a visita indefinidamente, e o chefe de imprensa do Reich, Dietrich, em suas orientações diárias à imprensa alemã, falou aos editores que suprimissem relatos sobre qualquer viagem potencial.[76]

V

Após seu retorno, a política doméstica passou a ocupar cada vez mais os pensamentos de Hitler. Em 17 de junho de 1934, o vice-chanceler, Franz von Papen, deu uma palestra na Universidade de Marburgo, redigida por seu assessor conservador Edgar Ernst Jung. No discurso, Papen, que participara ativamente da condução de Hitler ao poder, criticou o terror nazista e o contínuo enfraquecimento do Estado alemão pelos nazistas.[77] Ainda assim, Papen enviou a Hitler um telegrama amável de Marburgo, transmitindo suas sinceras congratulações pelo "transcurso brilhante do encontro de Veneza, que mostrou o quanto a nova Alemanha era foco das atenções e do interesse de todo o mundo político". Para a direita nacional-conservadora alemã, Mussolini personificava as esperanças da Alemanha por uma restauração e pela integração do partido à burocracia do Estado. Tais esperanças foram rapidamente dissipadas.[78] Hitler e os nazistas ficaram furiosos com o discurso de Papen e o censuraram. Mussolini, por sua vez, solicitou o texto completo ao embaixador Cerruti, porque era "um sinal eloquente da confusão mental e do sentimento de inquietação [que estava] vindo à luz na Alemanha".[79] Provavelmente, as tensões internas do Terceiro Reich não desagradavam ao Duce, pois ele esperava que elas pudessem desviar a atenção dos nazistas da política exterior, em especial da agressiva política relativa à Áustria.

Em 21 de junho de 1934, Hitler visitou o enfermo presidente do Reich, Hindenburg, na fazenda deste em Neudeck, na região oriental da Prússia. O objetivo formal da visita era relatar a ele o resultado do encontro de Veneza. A exemplo de muitos funcionários alemães do alto escalão, Hindenburg tinha uma opinião desfavorável sobre a Itália. Ele havia declarado anteriormente: "o senhor Mussolini pode ser um excelente político e [um] competente chefe de governo, mas existe algo que ele nunca conseguirá: transformar os italianos em bons soldados e a Itália em um aliado leal".[80] Na verdade, Hitler foi pedir ao presidente permissão para agir contra a SA, que estava pressionando por uma segunda onda da revolução nazista e ameaçando minar a estabilidade do Terceiro Reich e o poder do Exército. Poucos dias depois, em 30 de junho de 1934, Hitler e a SS eliminaram a SA como força política e assassinaram seus líderes, valendo-se de falsas acusações de traição contra o líder da SA, Ernst Röhm. Os conservadores oponentes dos nazistas, entre os quais figuravam o ex--chanceler general von Schleicher e sua esposa, além de outros 150 a 200 homens, incluindo Jung, foram fuzilados. Papen foi efetivamente colocado em prisão domiciliar.[81]

A opinião internacional reagiu escandalizada ante a assim chamada Noite das Facas Longas, com seus flagrantes assassinatos políticos que, mais tarde, foram legalmente sancionados. Na Itália, entretanto, a imprensa valeu-se de materiais alemães oficiais, sem fazer qualquer comentário sobre eles, um claro gesto de simpatia para com os nazistas. Assim, o jornal de Mussolini, *Il Popolo d'Italia*, justificou a repressão brutal.[82] É importante registrar que apenas o *Osservatore Romano*, órgão oficial do Vaticano, condenou abertamente os assassinatos. Cerruti chegou a relatar a Mussolini, em 3 de julho de 1934, que, de acordo com rumores, Hitler havia recebido conselhos do Duce em Veneza no sentido de reafirmar sua autoridade "e retomar as rédeas da liderança totalitária na Alemanha". Na verdade, a eliminação de Röhm demonstrou a implacabilidade de Hitler, que superava em muito a de Mussolini: este não assassinou os críticos fascistas ou rivais, como Roberto Farinacci, o ex-secretário radical do partido fascista.[83]

Hitler não havia agido sob influência do suposto conselho de Mussolini, mas tais rumores devem ter agradado ao Duce, porque sugeriam que Hitler era ainda seu discípulo. Em seu relato a Mussolini depois da justificativa de Hitler para a onda de assassinatos em frente ao Reichstag, em meados de julho de 1934, Renzetti colocava em dúvida que Röhm tivesse planejado uma revolução, mas ainda assim justificava a violência.[84] De acordo com as memórias escritas no pós-guerra pela irmã de Mussolini, ansiosa por minimizar o papel do irmão, o Duce ficou completamente chocado com a crueldade de Hitler contra Röhm e a SA.[85] A Noite das Facas Longas confirmou a brutalidade dos nazistas e sua disposição para empregar a violência sempre que necessário, e as ações implacáveis de Hitler foram gradativamente colocando Mussolini na sombra. A consolidação do poder por Mussolini e os fascistas levara alguns anos após a nomeação do Duce como primeiro-ministro, enquanto Hitler afirmou sua posição com rapidez e truculência muito maiores.

Ao mesmo tempo, Mussolini estava cada vez mais consciente da determinação de Hitler a invadir a Áustria, e, de fato, advertiu o governo austríaco por intermédio do *chargé d'affaires* italiano em Viena a manter os nazistas sob vigilância, pois o líder alemão desejava unir seu país natal ao Reich.[86] Mussolini rejeitava a demanda alemã, pois via a república alpina como um Estado amortecedor entre a Alemanha e a Itália. Ademais, os interesses estratégicos e econômicos ítalo-germânicos no sudeste da Europa, nos Estados sucessores da monarquia Habsburgo, eram uma questão permanente entre os dois países. A maioria dos austríacos desejava a união com a Alemanha, porém, os aliados haviam rejeitado essa alternativa depois da Grande Guerra. Em um ambiente político de extrema polarização, os socialistas e o Partido Social Cristão lutaram entre si, a partir do final da década de 1920, em uma atmosfera que lembrava uma guerra civil. Em 1933, o chanceler social-cristão, Engelbert Dollfuss, criou um regime autoritário que exibia afinidade com Mussolini. A nomeação de Hitler como chanceler do Reich encorajou o partido nazista austríaco a pressionar pelo *Anschluss* da república alpina à Alemanha, lançando mão de violência e terror que acabaram provocando o banimento do partido. Ao mesmo tempo, os socialistas também fizeram pressão sobre o regime de Dollfuss. Sua insurreição, em fevereiro de 1934, foi suprimida pelo Exército austríaco.[87]

Na esteira da revolta socialista, Dollfuss tentou reafirmar seu poder, tornando clara a afinidade com Mussolini, a fim de proteger a soberania da Áustria. Assim, poucos dias depois do encontro de Veneza, ele agradeceu ao governo italiano a posição firme assumida por este nas conversas com Hitler sobre a questão da Áustria.[88] De fato, Dollfuss gozava de relações cordiais com Mussolini, e sua esposa e filhos chegaram a se hospedar, no verão de 1934, na casa do Duce no Adriático. Essas férias foram brutalmente interrompidas: em 25 de julho, membros da SS austríaca assassinaram Dollfuss em Viena. O *putsch* foi reprimido rapidamente pelo governo austríaco e se tornou um constrangimento internacional para a Alemanha nazista.[89]

Um Mussolini furioso interpretou o assassinato como uma afronta pessoal, já que coube a ele contar à senhora Dollfuss que ela enviuvara.

Mussolini enviou imediatamente quatro divisões italianas à fronteira com a Áustria, um sinal claro para Hitler de que a Itália iria garantir a soberania austríaca.[90] O Duce atribuiu a culpa diretamente a Hitler, e os diplomatas italianos obtiveram apoio da França, da Grã-Bretanha e dos Estados Unidos para um protesto formal contra a Alemanha, que parecia estar isolada no palco diplomático europeu.[91]

Na época do golpe nazista na Áustria, Hitler desfrutava do festival Wagner em Bayreuth. Ele ficou envergonhado com o amadorismo do *putsch* e foi pego de surpresa pela reação de Mussolini. É evidente que, quando das discussões em Veneza, Hitler havia interpretado equivocadamente o silêncio do Duce como uma aprovação tácita às demandas nazistas pela Áustria.[92] Ele nomeou o católico Franz von Papen como embaixador em Viena,[93] um sinal para Mussolini de que a Alemanha buscaria uma política mais moderada em relação à Áustria. O Ministério do Exterior alemão, demonstrando sua preocupação com a deterioração das relações ítalo-germânicas, criou um arquivo especial sobre as reações italianas ao golpe nazista. Nesse arquivo, ficou preservado um artigo alarmante do *Il Popolo d'Italia* condenando o nazismo como uma perigosa insensatez, desprezado em todas as partes do mundo. Outros jornais fascistas foram ainda mais agressivos. O *Il Popolo di Roma*, por exemplo, defendeu a ideia de que o termo "nazismo" era sinônimo de assassinato e pederastia. Tal opinião motivou protestos formais por parte da diplomacia alemã.[94] Mais ainda, em 30 de julho de 1934, a polícia de fronteira italiana enviou um telegrama a Roma, afirmando que Hitler havia sobrevivido a uma tentativa de assassinato no festival de Bayreuth. Embora tal rumor fosse falso, o policial de fronteira que enviou o telegrama deve ter calculado que notícias sobre um atentado à vida de Hitler seriam bem recebidas pelo governo italiano.[95]

Muitos funcionários que ocupavam posições de mando no governo alemão, como Ulrich von Hassell, acreditavam que o assassinato de Dollfuss causara um dano irreparável. Mussolini, que até bem pouco tempo era um convicto defensor de um acordo com a Alemanha, cedia cada vez mais à facção pró-França dentro do Ministério do Exterior italiano, que defendia um acordo com a França como forma de criar uma frente contra o revisionismo alemão.[96] Nos meses que se seguiram ao golpe nazista na Áustria, ele condenou publicamente a Alemanha nazista. Um Mussolini furioso, melindrado com a conclusão de Hitler sobre a tomada do poder pelos nazistas em agosto de 1934, não se conteve. Consideremos o discurso do Duce em Bari, em 6 de setembro de 1934: nele, Mussolini ridicularizou as teorias nazistas sobre raça e descartou os alemães como povo incivilizado em comparação com a civilização romana antiga, um conhecido lugar-comum italiano. Ele protestou, dizendo: "Trinta séculos de história nos permitem encarar com soberana compaixão algumas doutrinas defendidas do outro lado dos Alpes por descendentes de um povo que não sabia escrever [...] no tempo em que Roma tinha César, Virgílio e Augusto".[97] Em resposta a essas bravatas antigermânicas, Hitler fez pouco da Itália. Por exemplo, de acordo com o prefeito de Hamburgo, Carl Vincent Krogmann, em um jantar em 17 de agosto de 1934, Hitler definiu o Exército italiano como não confiável, e o povo italiano como racialmente inferior.[98]

A despeito dessas tensões, os governos italiano e alemão não romperam as relações diplomáticas, pois ainda se viam mutuamente como úteis aliados potenciais na revisão da ordem pós-1919. No final de 1934, o relacionamento entre Hitler e Mussolini era tenso, beirando a hostilidade. Embora Mussolini tivesse que aceitar, de má vontade, que a Áustria acabaria anexada à Alemanha, ele tentou postergar o *Anschluss* pelo maior tempo possível, e até mesmo cancelou o envio de aviões italianos para a Alemanha. Iniciou, então, negociações com os governos francês e britânico a fim de conter a Alemanha. Tal atitude não foi tomada porque o Duce fosse contrário ao revisionismo de Hitler, mas sim porque ele desejava certificar-se de que seria capaz de colocar em prática seu plano de estender as possessões da Itália na África, mais especificamente na Etiópia, onde os italianos haviam sofrido uma de suas mais traumáticas derrotas, em 1896, na batalha de Adwa.[99]

Cumpre observar que, mesmo nessa atmosfera de tensão, para além dos contatos oficiais mantiveram-se os vínculos entre Mussolini e seus seguidores na Alemanha, com o propósito de melhorar as relações ítalo-germânicas. Em 15 de novembro de 1934, por exemplo, o Duce recebeu Louise Diel, uma jornalista alemã que havia promovido o culto a Mussolini na Alemanha. Ela conseguira cair nas graças de Hitler a fim de ajudar a melhorar as relações ítalo-germânicas, superestimando seu próprio papel, a exemplo de tantos outros autonomeados contatos não oficiais entre os ditadores, inclusive Renzetti. Durante sua audiência com o Duce, Diel pediu-lhe que autografasse uma cópia de seu recente livro ao estilo hagiográfico sobre ele, para o qual ele escrevera um prefácio. Diel acrescentou que o autógrafo não era para ela mesma, mas sim para Hitler. Mussolini, desejoso por manter abertas as opções de avanço em suas relações com o líder alemão, escreveu uma dedicatória para "Hitler, chanceler do Reich". A fim de demonstrar superioridade, o Duce não se dirigiu a Hitler como "Führer", pois tinha inveja da posição superior do alemão. Em 20 de dezembro de 1934, a jornalista entregou essa cópia a Hitler, que ficou radiante com o presente antecipado de Natal de seu ídolo italiano. Em 1º de fevereiro de 1935, o líder alemão finalmente enviou a Mussolini um telegrama de agradecimento, o qual, consciente de sua posição, assinou como "Führer e chanceler do Reich".[100]

Apesar de missões como a de Diel, as relações oficiais entre Itália e Alemanha continuaram tensas. Em uma audiência com o Duce, em 5 de dezembro de 1934, Hassell escutou violentas críticas à Alemanha. Mussolini reclamou enfaticamente que a Polônia, que muitos consideravam uma inimiga natural da Alemanha após ter obtido porções consideráveis do território alemão na esteira do Tratado de Versalhes, recebia inúmeros elogios na imprensa alemã, enquanto a Itália só recebia censuras. (A Polônia havia assinado um pacto de não agressão com a Alemanha em janeiro de 1934, um dos primeiros feitos diplomáticos de Hitler.) Mussolini chegou mesmo a acusar a Alemanha de preparar uma guerra contra a Itália. O chefe de uma delegação enviada pelo Exército alemão, que visitou a Itália no início de dezembro de 1934, apresentou uma interpretação plausível para a atitude extremamente hostil de Mussolini: o Duce sabia, evidentemente, que a Alemanha não estava preparando uma guerra contra a Itália, mas usou essa acusação mordaz como forma de advertir que ele não apoiaria o rearmamento alemão. Era magistral a habilidade de Mussolini para alterar seu comportamento e sua demonstração de emoções, como fúria, raiva e amabilidade. Nessa situação em particular, a fúria calculada do Duce era um indicativo de que a Itália não precisava apoiar-se na Alemanha, mas, ao contrário, podia chegar a um acordo com a França sobre o desarmamento, com prejuízo para a nação alemã. O interesse geral de Mussolini nessa situação era maximizar a posição diplomática da Itália no período preparatório para a planejada invasão da Etiópia.[101]

O PRIMEIRO ENCONTRO

Mas o Duce tinha outras razões para exibir essa atitude contrária à Alemanha no final de 1934. Ele invejava Hitler, que ia progressivamente roubando-lhe a cena no palco da diplomacia. Além do mais, as declarações anti-Itália exibidas em toda a Alemanha, retratando a Itália como uma nação ineficiente, fraca e inferior, haviam ofendido o Duce, decidido a transformar seu país em uma terra de guerreiros. O embaixador alemão diagnosticou corretamente que Mussolini estava sofrendo de uma "permanente patologia dos nervos", porque temia que a ascensão do Terceiro Reich pudesse marginalizar a Itália e, com isso, solapar os planos italianos para a invasão da Etiópia, uma ambição de longa data dos imperialistas italianos e um projeto assumido por Mussolini e pelos fascistas com especial determinação e implacabilidade.[102]

O futuro da Itália parecia estar com a França, e não com a Alemanha. Assim, em janeiro de 1935, a Itália assinou um acordo com o governo francês. A França, representada pelo ministro do Exterior, Pierre Laval, efetivamente deixou a Itália livre para agir na Etiópia, um país que constava havia muito da lista de desejos italiana. Laval esperava que essas concessões afastassem Mussolini de Hitler e assegurassem uma frente ocidental contra o Terceiro Reich. O Duce, determinado a maximizar seu espaço de manobra no período preparatório para a invasão da Etiópia, declarou então ao embaixador francês na Itália que o fascismo e o nazismo eram apenas vagamente unidos por sua rejeição comum ao comunismo. Assim, considerações de caráter geopolítico continuaram a moldar o relacionamento entre a Itália fascista e a Alemanha nazista.[103]

Mussolini logo passou a buscar uma estratégia de segurança coletiva do Ocidente, tentando unir França, Grã-Bretanha e Itália como um bastião contra o Terceiro Reich. No entanto, as ambições do Duce em relação à Etiópia rapidamente solaparam todas as esperanças por uma aliança ocidental anti-Hitler e, ao longo dos anos de 1935 e 1936, estabeleceram os alicerces para aquilo que desde muito tempo parecia altamente improvável por uma perspectiva diplomática: a aproximação entre ele e Hitler.

Durante 1933 e 1934, os dois primeiros anos de Hitler no poder, cresceu a rivalidade entre o líder nazista e o italiano, enquanto Hitler e os nazistas consolidavam seu poder com brutalidade e profundidade muito maiores do que os fascistas de Mussolini jamais conseguiram. Se Hitler havia emprestado de sua leitura idealizada da Itália de Mussolini aspectos estratégicos da tomada do poder, no final de 1934 ele já não tinha qualquer necessidade de seguir os conselhos do Duce. Muito mais do que uma ideologia comum, o que os dois regimes compartilhavam eram objetivos estratégicos, a saber, a aniquilação da ordem pós-1919 e sua substituição por uma nova ordem expansionista. No entanto, a despeito do primeiro encontro entre Hitler e Mussolini, em Veneza, as tensões vinham ganhando contornos tais depois do *putsch* nazista na Áustria que a Itália e a Alemanha estavam a poucos passos de uma guerra. Conforme revelara a encenação fascista do encontro Hitler-Mussolini em Veneza, com sua constante ênfase no poder do líder italiano, essa era uma aliança improvável. Entretanto, no decorrer de poucos anos, os objetivos geopolíticos expansionistas de Hitler e Mussolini começariam a ganhar coesão, a ponto de possibilitar relações mais amigáveis entre os dois países.

3

A SEGUNDA APROXIMAÇÃO
Setembro de 1937

I

Após a rápida consolidação do poder nazista, Hitler passou a se concentrar cada vez mais na política externa e a buscar com autoconfiança a revisão do Tratado de Versalhes. Em março de 1935, a Alemanha reintroduziu o alistamento compulsório para o serviço militar e anunciou que possuía uma Força Aérea: ambos em flagrante violação do Tratado de Versalhes. Mussolini não demorou a reagir. Ele convidou Pierre Laval e o primeiro-ministro britânico, Ramsay MacDonald, para uma visita a Stresa, uma pequena cidade às margens do lago Maggiore, no norte da Itália. O local do encontro era bastante significativo, pois conferia prestígio a Mussolini, que gostava de se ver como mediador da guerra e da paz na Europa. O Duce procurou obter vantagens com a preocupação anglo-francesa em relação ao rearmamento da Alemanha e se apresentou como o defensor de uma aliança antinazista. A expectativa global do ditador italiano em Stresa era de que uma aliança com as duas potências ocidentais contra Hitler lhe garantiria liberdade para agir na Etiópia.[1]

A exemplo de Hitler, Mussolini também desejava revisar o Tratado de Versalhes e conquistar territórios. Desde o início de sua atuação como primeiro-ministro, o Duce havia buscado uma política externa agressiva, pois para ele, e para outros tantos políticos italianos – atuais e anteriores –, guerra, serviço militar e sacrifício de sangue transformariam a Itália em uma grande potência e uma nação de guerreiros, além de também redimir as esmagadoras derrotas militares do passado. Mussolini reafirmou esse sentimento, enfatizando a genealogia italiana até suas origens no Império Romano, por meio do culto à *romanità*. Mussolini era um brilhante homem de espetáculos que usava com frequência uma linguagem belicista agressiva, mesmo sabendo que a Itália carecia de recursos militares para enfrentar uma longa guerra. No entanto, sua ênfase no espetáculo e na retórica no palco diplomático não fazia dele um bufão, como sugeriram alguns estudiosos, entre os quais o historiador Denis Mack Smith. Ao contrário, sua retórica, quase sempre extremamente eficaz, era um meio de lidar com o limitado poder militar da Itália.[2]

No encontro de Stresa, em abril de 1935, o Duce atuou de forma a assegurar que o foco da declaração final estivesse voltado para a manutenção da paz na Europa, desviando assim a atenção do leste da África. Ele interpretou equivocadamente o resultado do encontro como uma aprovação tácita da França e da Grã-Bretanha para sua planejada invasão da Etiópia.[3] Uma conquista bem-sucedida desse Estado no leste africano, próximo às colônias italianas de Somalilândia e Eritreia, estabelecidas antes da Grande Guerra, permitiria que o ditador fascista vingasse a derrota italiana de 1896 em Adwa, e também afirmasse a posição da Itália como grande potência frente ao nascente Terceiro Reich, garantindo para o país um *spazio vitale* (espaço vital). Ademais, a vitória na Etiópia daria novo impulso para o regime fascista, unindo os italianos em apoio ao grito de guerra da expansão estrangeira.[4]

Nada parecia mais improvável do que uma aliança da Itália fascista com a Alemanha nazista, uma vez que a Frente de Stresa isolou o Terceiro Reich. A conclusão do Tratado Franco-Soviético de Assistência Mútua, em maio de 1935, e, no mesmo mês, do Tratado de Aliança Checoslováquia- -União Soviética, assim como o anúncio, em junho de 1935, de acordos militares franco-italianos, reforçaram o sentimento de isolamento e bloqueio da Alemanha. Isso garantiu para a Itália um conveniente efeito colateral: as tropas francesas foram deslocadas da fronteira italiana e do norte da África para a fronteira alemã, o que permitiu que a Itália movimentasse suas próprias tropas da fronteira da França para o leste da África.[5]

A SEGUNDA APROXIMAÇÃO

Não demorou para que a Frente de Stresa se desmanchasse, pois Mussolini começou a perceber que sua planejada conquista da Etiópia não contava com o apoio incondicional de França e Grã-Bretanha. O Duce procurou uma alternativa e, ao longo de 1935 e 1936, passou a apontar suas antenas na direção de Hitler. Mais tarde, alguns historiadores afirmaram que Mussolini não tinha certeza se, para construir um império italiano no Mediterrâneo, a Itália deveria se alinhar com a Alemanha nazista ou com a França e a Grã-Bretanha, que haviam sido aliadas dos italianos durante a Primeira Guerra Mundial. Alguns comentaristas, principalmente a historiadora Rosaria Quartararo, apontaram a aparente hesitação de Mussolini como uma incerteza estratégica e afirmam que Roma manteve igual distância de Paris e Londres, por um lado, e de Berlim, do outro. De acordo com essa escola de pensamento, muitos políticos britânicos ficaram impressionados com as conquistas de Mussolini no cenário doméstico e com o sufocamento da esquerda por ele promovido, mas, ao mesmo tempo, irritavam-se com a ameaça da Itália à supremacia britânica no Mediterrâneo e no leste da África. Por isso, não permitiram que o Duce avançasse sobre a Etiópia, convocando a Liga das Nações a submeter a Itália a sanções comerciais. Para estudiosos como Quartararo, foi então a relutância da Grã-Bretanha em conceder à Itália seu quinhão de um império colonial, ironicamente em uma época em que outras potências imperiais europeias começavam a considerar a descolonização, que jogou Mussolini nos braços de Hitler. Entretanto, esse entendimento confunde causa e efeito e minimiza a responsabilidade de Mussolini pela guerra contra a Etiópia. Ao mesmo tempo, essa interpretação defectiva mostra que, antes de mais nada, foram as considerações de poder e não simplesmente uma ideologia comum que determinaram as atitudes de Mussolini em relação a Hitler, do mesmo modo que definiram a opinião deste último sobre o Duce.[6]

O que fica claro é que não havia qualquer incerteza estratégica por parte do Duce. A conquista da Etiópia era prioridade, e ele atuou habilmente no registro da diplomacia europeia, o que acabou conduzindo-o aos braços de Hitler. A propaganda italiana, por intermédio de metáforas conhecidas desde antes da ascensão do fascismo, acusava os britânicos, que afinal de contas eram a principal potência colonial do mundo, de hipocrisia, já que a Itália, uma nação jovem e "proletária", merecia sua pequena fatia da África. Não foram os britânicos, mas sim Mussolini, logo acompanhado por Hitler, que juntos destruíram a ordem internacional liberal pós-1919 com suas políticas externas revisionistas e cada vez mais agressivas. Um importante precedente para sua atitude beligerante fora estabelecido pela invasão japonesa da Manchúria, em 1931, que expusera a impotência da Liga das Nações para manter sua ideia de uma ordem internacional pacífica.[7]

Outra razão para o fracasso de Stresa foi a relutância dos três signatários a entrar em guerra contra Hitler. Em menos de dois meses, em junho de 1935, a declaração de Stresa ficou obsoleta, pois a Grã-Bretanha, sem consultar a Itália e a França, assinou um acordo naval com a Alemanha que garantia ao Terceiro Reich o direito de rearmar sua marinha até a dimensão de 35% da Marinha Real, excedendo claramente o que havia sido acordado no Tratado de Versalhes. Tratava-se de um nítido reconhecimento pela Grã-Bretanha de que o rearmamento da Alemanha nazista era legítimo e de que os aliados ocidentais haviam sido demasiadamente rigorosos com os alemães em Versalhes.[8] A demanda da Itália pela Etiópia, por sua vez, era vista na Grã-Bretanha como pura agressão, uma opinião defendida com particular veemência por Robert Vansittart, subsecretário permanente do Ministério das Relações Exteriores.[9]

Enquanto planejava a invasão da Etiópia, Mussolini lançou suas antenas na direção de Hitler, a fim de preparar-se para a eventualidade de a Itália vir a ser isolada no cenário internacional. Os dois ditadores se comunicavam indiretamente, por intermédio dos diplomatas e, em especial, por meio dos canais não oficiais já estabelecidos. Em um significativo gesto de boa vontade, Mussolini aceitou a solicitação de Hitler, transmitida por Renzetti, para a substituição do embaixador Cerruti, que o líder alemão acusara de deturpar deliberadamente suas políticas nos relatórios para Mussolini, a fim de minar uma aproximação ítalo-germânica. Ao mesmo tempo, no entanto, em uma afronta direta a Hitler, Mussolini imediatamente nomeou Cerruti para a embaixada em Paris, onde o diplomata expressava abertamente sua opinião negativa sobre o Terceiro Reich.[10]

Em 1935 e 1936, diversos visitantes externos à burocracia estatal dos governos italiano e alemão ajudaram a melhorar as relações ítalo-germânicas. Uma audiência do editor Sven von Müller, de Hamburgo, com Mussolini, realizada em julho de 1935, ilustra a mudança radical por que passava o relacionamento do Duce com Hitler. Durante a audiência, o cortês ditador fascista estava à vontade, já que costumava usar esse tipo de encontro como exibição de seu poder. Mussolini recebeu educadamente o convidado na porta de entrada de seu enorme escritório na *Sala del Mappamondo* do Palazzo Venezia, em Roma. Certamente, ele sabia que Müller relataria o encontro a Hitler, e, de fato, as anotações do editor sobreviveram nos arquivos da Chancelaria do Reich. Mussolini fez uma preleção para Müller sobre a planejada invasão da Etiópia e protestou contra os judeus, que entendia não terem um adequado caráter fascista. Essas declarações refletiam o desejo de Mussolini de se apresentar como ideologicamente próximo de Hitler. Embora o Duce gostasse de dizer a seus ouvintes o que eles queriam ouvir, suas considerações coincidiram com um deslocamento gradual na direção do desenvolvimento de uma ideologia racial italiana, conforme o país se preparava para uma guerra colonial na África. Em uma reviravolta significativa, Mussolini demonstrou outra vez seu interesse em estreitar os laços com Hitler ao admitir que a "Áustria, como uma segunda nação alemã, *não poderia perpetuamente seguir uma política direcionada contra o Reich*". Essa foi uma concessão implícita de que a Itália aceitaria a supremacia da Alemanha sobre a Áustria desde que Hitler garantisse um categórico apoio à Itália durante a campanha da Etiópia. Ao contrário de declarações anteriores, Mussolini enfatizou as "ideias básicas comuns ao fascismo e ao nacional-socialismo" (um ano antes, depois do *putsch* nazista na Áustria, ele havia ridicularizado o nazismo). Como era próprio do Duce, suas observações foram deliberadamente vagas e podiam ser com facilidade mal interpretadas pelas autoridades graduadas alemãs, inclusive Hitler, como um ponto de inflexão nas relações ítalo-germânicas.[11]

Outras reuniões fora dos canais diplomáticos ajudaram a refinar o relacionamento ítalo-germânico. A fim de sondar a posição da Alemanha quanto à planejada campanha da Etiópia, Mussolini enviou a Berlim o professor Guido Manacorda (um célebre germanista italiano que desfrutava de conexões próximas com o Vaticano e com o próprio Mussolini). Hitler falou com o acadêmico durante mais de uma hora e meia. Uma audiência assim longa com o líder nazista era uma honra significativa. Depois de retornar à Itália, Manacorda foi recebido por Mussolini duas vezes. Aparentemente, Hitler havia assegurado a Manacorda que a Alemanha não tomaria parte em qualquer potencial sanção da Liga das Nações contra a Itália. Isso, por sua vez, tranquilizou Mussolini quanto a um apoio da Alemanha à Itália na guerra da Etiópia.[12] Depois de longos preparativos em termos de material e tropas, e dias após a audiência de Manacorda com o líder nazista, a Itália invadiu a Etiópia, em 3 de outubro de 1935, encontrando resistência feroz. No entanto, apesar de sua bravura, as forças etíopes pouco puderam fazer contra os métodos extremamente brutais dos italianos, que incluíram, com autorização de Mussolini, o uso de gás venenoso.[13]

O governo britânico, principal crítico da campanha da Itália na Etiópia, percebeu, com preocupação, o emergente envolvimento ítalo-germânico. Em 15 de outubro de 1935, por exemplo, o embaixador britânico na Alemanha, Sir Eric Phipps, relatou ao secretário do exterior, Sir Samuel Hoare, que opiniões anti-Itália haviam sido amplamente observadas em meio à população alemã durante a campanha da Etiópia. Phipps declarou que "os próprios italianos são malvistos na Alemanha e desprezados por não serem confiáveis e carecerem de virtudes militares. A tutela italiana da Áustria é ressentida, e a traição da Tríplice Aliança, em 1914, ainda lembrada". Contudo, as esperanças de Phipps de que o sentimento popular alemão anti-italiano seria um obstáculo ao crescente relacionamento ítalo-germânico logo caíram por terra.[14]

Hitler e os nazistas também tinham plena consciência do persistente sentimento popular anti-italiano existente na Alemanha. Essa é uma das razões pelas quais a estratégia do ditador nazista em relação à Itália apresentou duas características contrastantes durante a campanha da Etiópia. Embora a Alemanha não tenha participado das sanções impostas pela Liga das Nações contra a Itália logo após a invasão, ao mesmo tempo o Terceiro Reich enviou armas ao governo etíope a fim de prolongar a guerra. Essa tática aprofundou a cisão entre a Itália e as potências ocidentais, cuja atenção estava mais voltada para a campanha italiana na Etiópia do que para os projetos revisionistas da Alemanha. Isolado pelas potências ocidentais, a opção que restou a Mussolini foi cultivar relações mais fortes com a Alemanha nazista. Ele chegou mesmo a ceder na questão da independência da Áustria. Assim, em janeiro de 1936, o Duce disse a Hassell que a Itália estaria disposta a aceitar a Áustria como Estado satélite da Alemanha desde que a independência austríaca fosse mantida formalmente. Mussolini confirmou que a Frente de Stresa estava morta. Hitler e outras autoridades alemãs do alto escalão inicialmente não acreditaram nas promessas do ditador fascista, pois ainda não haviam esquecido a mobilização de tropas italianas na fronteira austríaca depois do fracassado golpe nazista de 1934.[15]

Mussolini desejava superar o isolamento da Itália e manteve seu movimento de aproximação com o Terceiro Reich. Para entender a estratégia de Mussolini em relação à Alemanha, vale analisar mais detalhadamente outro encontro ocorrido fora dos canais diplomáticos. Em 31 de janeiro de 1936, o Duce recebeu em Roma o jornalista e oficial da SS Roland Strunk. O convidado do ditador italiano era um homem fascinante, que havia coberto partes da campanha da Etiópia para o *Völkischer Beobachter* e que, mais tarde, viria a morrer em um duelo. Mussolini pareceu ainda mais sociável do que na audiência com Müller e insistiu que a Itália e a Alemanha partilhavam de uma ideologia comum antibolchevista. Como era próprio do Duce, ele se recusou a detalhar tal ideologia. Chama atenção o fato de Mussolini ter afirmado, pela primeira vez, que sempre fora amigo de Hitler, "um grande homem, um gênio e um líder genuíno". Esse uso calculado de uma linguagem emotiva era uma hábil tática para lisonjear Hitler, que, desde o início da década de 1920, ansiava pelo reconhecimento de Mussolini. Um ano antes, essas insinuações de amizade teriam sido impensáveis.[16]

Tais declarações amistosas reforçaram a convicção de Hitler de que a Itália não interviria se a Alemanha remilitarizasse a Renânia. Em março de 1936, tropas alemãs cruzaram o Reno. A remilitarização da Renânia pela Alemanha, flagrantemente ilegal sob as determinações do Tratado de Locarno, dissipou quaisquer esperanças por uma frente ocidental antinazista, como Mussolini havia previsto, e foi um movimento muito bem-sucedido de Hitler, que viu crescer sua popularidade na Alemanha e lhe garantiu posição de destaque no cenário internacional.[17]

A essa altura, ainda não havia nada de inevitável em uma cooperação mais próxima. Nas camadas inferiores à alta política começavam a emergir redes ítalo-germânicas. Por exemplo, como mostrou recentemente Benjamin G. Martin, intelectuais e artistas italianos e alemães começavam a consolidar entre si laços de proximidade, em uma tentativa de desafiar a suposta hegemonia cultural das democracias ocidentais, que eles denunciavam como decadentes, com uma nova ordem cultural europeia nazifascista. Esses contatos, a exemplo dos que ocorriam entre acadêmicos, sem dúvida alguma ajudaram a estabelecer vínculos mais próximos entre Itália e Alemanha. No entanto, essas redes de "poder sutil" não tornavam inevitável uma aliança política da Alemanha nazista com os fascistas.[18]

A estratégia de Hitler em relação à Itália continuou ambígua. Assim, ele não comunicou ao governo italiano a proposta da Alemanha, de fevereiro de 1936, para se reintegrar à Liga das Nações. O Terceiro Reich nunca levou a sério essa reintegração; os rumores sobre um possível retorno a Genebra não passaram de tentativas de acalmar os britânicos e foram habilmente disseminados em um momento no qual Mussolini ameaçava tirar a Itália da Liga, porque esse organismo internacional estava considerando a imposição de sanções de petróleo contra a Itália. No final das contas, não foi imposta nenhuma sanção, porque França e Grã-Bretanha não queriam afastar ainda mais a Itália. Mussolini ficou furioso com a ação unilateral de Hitler, que tinha feito com que o líder nazista parecesse mais sensato do que ele próprio.[19]

A marcha de Hitler na Renânia e a efetiva rendição da garantia italiana à independência da Áustria em troca do apoio alemão na campanha da Etiópia marcaram um ponto de inflexão no relacionamento entre os dois ditadores. A partir desse momento, Mussolini buscaria uma cooperação mais íntima com a Alemanha, sem cortar por completo seus vínculos com a Grã-Bretanha. A hábil comunicação indireta de Mussolini com Hitler via intermediários levou o líder nazista a acreditar que o Duce estava se tornando mais amistoso em relação à Alemanha e a ele mesmo. O ditador italiano chegou a atuar em um registro emotivo para atrair Hitler. Em 20 de abril de 1936, por exemplo, ele enviou ao líder nazista um telegrama cumprimentando-o por seu aniversário. A recíproca ocorreu em 28 de julho de 1936, com o envio telegráfico dos "melhores votos" de Hitler ao Duce. Se os sentimentos amistosos expressos nesses telegramas eram verdadeiros ou não é uma questão discutível. O que importa é que eles foram devidamente arquivados e, dessa forma, assumiram um significado oficial. Tais trocas ajudaram a consolidar a ideia, inicialmente dentro da burocracia estatal da Itália e da Alemanha, de que Mussolini e Hitler estavam prestes a se tornar amigos.[20]

Inegavelmente, os dois líderes desejavam submeter o Tratado de Versalhes a uma revisão e expandir seus territórios, mas só isso não era

A SEGUNDA APROXIMAÇÃO

uma base suficientemente forte para uma aliança sólida. Mais do que predeterminado por uma ideologia compartilhada, o relacionamento entre Mussolini e Hitler continuava subordinado aos interesses estratégicos de ambos os lados. Embora Hitler ainda desejasse ardentemente a amizade e o reconhecimento de Mussolini, os dois líderes priorizavam a expansão territorial a uma aliança motivada ideologicamente. Como sinal de uma aproximação, a Alemanha foi a primeira nação a reconhecer o Império Italiano, proclamado depois da queda de Adis Abeba, em maio de 1936. As sanções da Liga das Nações foram suspensas em julho de 1936. Todos esses eventos representaram uma vitória estrondosa que proporcionou um colossal impulso ao fascismo e, acima de tudo, ao culto a Mussolini, o qual chegava agora ao ápice de sua popularidade.[21]

A alegação de Mussolini de que Itália e Alemanha eram unidas por um denominador comum antibolchevismo foi logo colocada à prova quando, em maio de 1936, a Frente Popular venceu as eleições na França, depois da vitória eleitoral, em fevereiro, de seus homólogos na Espanha. Após o golpe nacionalista do general Francisco Franco contra o governo da Frente Popular espanhola, em julho de 1936, Itália e Alemanha intervieram em favor de Franco. Logo a Itália seria o protagonista estrangeiro com maior número de tropas na guerra, chegando a ter perto de 50 mil soldados em ação em fevereiro de 1937, entre os quais cerca de 29 mil da milícia fascista. A Alemanha forneceu principalmente transporte aéreo. O compromisso assumido por Mussolini de enviar tropas italianas para a Espanha reduziu ainda mais a capacidade da Itália de conter o avanço nazista sobre a Áustria. De fato, em julho de 1936, a Áustria aceitou formalmente que era um estado alemão, já que Mussolini havia sacrificado a proteção da Itália à independência austríaca em nome de um avanço nas relações ítalo-germânicas.[22] Nem todo o alto escalão do governo da Itália concordava com essas políticas, e não cessara o fluxo de artigos contra a Alemanha publicados na imprensa italiana.[23]

A despeito dessa ambiguidade, as visitas cada vez mais constantes de autoridades nazistas à Itália eram um claro indicativo da melhora nas relações ítalo-germânicas. Um desses visitantes foi o príncipe Filipe de Hesse. Em agosto de 1936, o príncipe, atuando em nome de Hitler, examinou com Mussolini a possibilidade de uma intervenção conjunta de Itália e Alemanha na Espanha. Todavia, tais missões não tiveram toda a importância mais tarde alegada por alguns historiadores. Da mesma forma, não se deve atribuir significância exagerada aos acordos policiais ítalo-germânicos de março e abril de 1936, que previam uma maior cooperação entre as forças policiais dos dois países. Mais do que um reflexo direto de uma aliança ideológica entre a Itália e a Alemanha, esses acordos foram, antes de mais nada, um instrumento que os dois regimes revisionistas utilizaram para sinalizar à comunidade internacional, em especial à França e à Grã-Bretanha, que eles estavam se tornando mais próximos, sob o disfarce de um combate ao bolchevismo. Deve-se acrescentar que, naquele momento, as relações ítalo-soviéticas eram amistosas, embora não fossem próximas, e o antibolchevismo de Mussolini carecia da intensidade e da paixão do de Hitler.[24]

No verão de 1936, Mussolini começou a exteriorizar mais claramente seu crescente sentimento pró-Alemanha. Em junho, como um símbolo da aproximação ítalo-germânica, Ciano, o genro profundamente oportunista do Duce, dotado de inclinações germânicas, foi nomeado ministro do Exterior. Ao mesmo tempo, Suvich, defensor da Áustria, foi relegado a uma posição secundária. Mas isso não foi tudo. Em setembro de 1936, Hans Frank, presidente da Academia Alemã de Direito, visitou Mussolini em Roma. Frank, em nome de Hitler, convidou o Duce a visitar a Alemanha, o que foi, na verdade, uma reiteração do convite feito pelo líder nazista em 1934. A visita de Frank foi outro exemplo das comunicações entre Hitler e Mussolini realizadas fora dos canais diplomáticos, por meio de enviados pessoais. O Duce aceitou o convite do ditador alemão. Merece destaque o fato de Mussolini ter exigido que esse encontro fosse, mais do que uma tradicional visita de Estado, um símbolo marcante das novas relações de camaradagem entre as duas nações e seus povos.[25] Aqui vemos uma manifestação daquilo que Mussolini entendia ser uma frente conjunta nazifascista contra o alegado domínio das decadentes democracias ocidentais. Entretanto, apesar das tentativas de fascistas e nazistas no sentido de apresentar esse relacionamento como uma nova forma de diplomacia, a visita não aconteceu em um contexto histórico isolado de influências externas. Aspectos do espetáculo foram emprestados dos rituais das visitas de Estado que haviam surgido ao longo dos séculos, e, assim, os dois regimes se esforçaram para apresentar o relacionamento Mussolini-Hitler como diferente em estilo e substância.[26]

A SEGUNDA APROXIMAÇÃO

II

Foi significativo o fato de Mussolini ter aceitado o convite, pois ele normalmente não estava disposto a ir além das fronteiras italianas, preocupado com a possibilidade de não ter o controle nas mãos fora da Itália e correr o risco de uma exposição a protestos antifascistas, bem como de parecer ridículo, como acontecera na conferência de Locarno, em 1925.[27] Ademais, sua recusa geral de viajar ao exterior era para o Duce uma afirmação de poder simbólico, pois ele considerava que a Itália era uma nação tão importante que outros estadistas e diplomatas deveriam visitá-lo em Roma. Ao aceitar o convite de Hitler, Mussolini emitiu a mensagem de que seu relacionamento com o ditador alemão e com a Alemanha era especial.[28] Dada a admiração de Hitler, o Duce calculou que seria acolhido com uma recepção triunfante, a qual fortaleceria sua autoconfiança e o culto a ele, tanto na Itália como no exterior. Sua insistência em um encontro cara a cara refletia também sua determinação de desafiar a ordem pós-guerra e, acima de tudo, o fato de que ele era apenas chefe de governo e, portanto, não tinha direito a uma visita de Estado. Na qualidade de hábil estrategista, Mussolini, empregando mais uma vez uma linguagem emotiva, contara a Hans Frank que sentia "profunda admiração por Hitler". O Duce chegou a declarar que o "Führer tinha sido sempre um ideal" para ele, mesmo antes de 1933. Essa era uma flagrante distorção das atitudes então negativas do líder italiano em relação aos nazistas.[29]

A real motivação do entusiasmo de Hitler por Mussolini em 1936 merece um exame mais detalhado. Naquele momento, o ditador nazista desejava ir à guerra a qualquer custo, a fim de cumprir seu plano de conquistar espaço vital no Oriente, conforme evidenciado por seu memorando de agosto de 1936 sobre o Plano Quadrienal, segundo o qual a economia de guerra da Alemanha deveria estar pronta para a guerra dentro de quatro anos.[30] Apesar de cortejar o Duce, Hitler fez dos planos para uma aliança com a Itália um instrumento de pressão sobre a Grã-Bretanha. Em outubro de 1936, o esnobe Joachim von Ribbentrop, ex-vendedor de vinho espumante alemão, assumiu a embaixada em Londres. A missão de Ribbentrop, de cultivar uma aliança com a Grã-Bretanha, fracassou, mas a adulação nazista aos britânicos sugere que a aliança nazifascista não era ideologicamente inevitável, como Mussolini percebera naquela ocasião. No mesmo mês, Ciano, em sua primeira viagem internacional oficial como ministro do Exterior, visitou Hitler no retiro deste nas montanhas da Baviera. Foi uma grande honra concedida ao ministro do Exterior italiano. Hitler mostrou a Ciano a vista panorâmica das montanhas austríacas, uma ilustração cênica da demanda alemã pela Áustria. Ciano sabia como tirar proveito da aparentemente ilimitada afeição pessoal de Hitler por Mussolini e transmitiu as saudações do Duce, não sem acrescentar, com grande exagero, que o líder italiano sempre demonstrara simpatia em relação a seu congênere alemão.[31]

O resultado concreto da missão de Ciano no Reich foi um protocolo confidencial ítalo-germânico, assinado em 23 de outubro de 1936. Longe de se unirem em uma aliança militar, as duas potências consideravam o bolchevismo uma ameaça. Em retribuição ao reconhecimento do Império Italiano pela Alemanha, a Itália saudou expressamente a normalização das relações austro-germânicas, uma renovação eufemística da proposição de que a Itália não mais obstruiria o caminho para uma anexação final da Áustria pela Alemanha.[32]

Um exame mais detalhado dos artigos da imprensa nazista sobre a visita de Ciano revela a lógica estratégica que norteou o estratagema alemão para uma aproximação ítalo-germânica. O *Völkischer Beobachter*, por exemplo, não se debruçou sobre uma ideologia comum de fascistas e nazistas. Ao contrário, o jornal nazista enfatizou que a organização da visita de Ciano tinha ido muito além dos protocolos diplomáticos obsoletos, pois ele havia conversado diretamente com líderes nazistas e falado a 20 mil membros da Juventude Hitlerista.[33] Esse estilo de ação, baseado na convivência com uma organização política de massa, foi uma poderosa afirmação do relacionamento especial entre Itália e Alemanha, um gesto ameaçador sugerindo que estava sendo forjada uma aproximação ítalo-germânica a fim de ameaçar a suposta hegemonia das potências ocidentais. Na verdade, a cooperação ítalo-germânica ficou restrita à Guerra Civil Espanhola. Dois dias depois, Ribbentrop e o embaixador japonês em Berlim assinaram o Pacto Anticomintern, cujo alvo implícito era a União Soviética. Inicialmente, a Itália não participou. No entanto, em um discurso proferido em 1º de novembro de 1936 na Praça da Catedral, em Milão, Mussolini declarou: "Os encontros de Berlim resultaram em um acordo entre os dois países sobre problemas específicos que são particularmente agudos nos dias de hoje. Mas esse acordo [...] esse eixo vertical Berlim-Roma não é um diafragma, mas sim um Eixo por meio do qual todos os Estados europeus animados pelo desejo de colaborar e pacificar podem colaborar".[34]

Milão era um local cheio de simbologia, pois o fascismo havia sido fundado naquela cidade. Mas era também o local onde, em 1848, o povo se levantara contra os austríacos, então comumente denominados *tedeschi*, ou alemães. Embora Mussolini tenha elogiado o reconhecimento do Império Italiano pela Alemanha, pouco disse sobre paralelos ideológicos entre fascismo e nazismo, o que refletia o paradoxo do fascismo, um movimento ultranacionalista que não podia reconhecer débitos para com estrangeiros ou similaridades com eles. Ademais, tal imprecisão revelava a natureza estratégica do relacionamento ítalo-germânico. Essa não era uma aliança total, e, ao empregar um termo vago como "Eixo", uma metáfora usada anteriormente pelo primeiro-ministro húngaro Gyula Gömbös, e mencionar a possibilidade de outros Estados europeus se juntarem a esse eixo, Mussolini salvaguardou um considerável espaço de manobra para buscar outras alianças, embora a guerra na Etiópia tivesse tornado improvável um pacto com a França e a Grã-Bretanha. Ademais, o fato de Mussolini ter citado Berlim antes de Roma era um reconhecimento implícito de que a Alemanha dominaria essa união, pois o Terceiro Reich havia dado provas de ser o regime mais dinâmico e radical. Examinando as razões de Mussolini para anunciar uma vaga cooperação com a Alemanha nazista, Schieder sugeriu recentemente que esta última se tornou o foco e a espinha dorsal ideológica da política externa do ditador italiano. No nível doméstico, a proclamação pública do Eixo por Mussolini significava que seu governo ditatorial era endossado por Hitler. Tal fato daria um impulso significativo à jornada dos italianos rumo a uma sociedade totalitária.[35]

Embora perspicaz quanto às ramificações domésticas do discurso de Mussolini, a interpretação de Schieder encobre as muitas dissonâncias remanescentes entre Itália e Alemanha, sobretudo que o Duce recusava-se terminantemente a se comprometer com o Terceiro Reich e desejava evitar o rompimento dos vínculos com a Grã-Bretanha. Para Mussolini, o Eixo não dizia respeito apenas à cooperação ítalo-germânica, mas era acima de tudo uma metáfora para a oposição ao bolchevismo por parte das potências revisionistas europeias.[36] O historiador D. C. Watt caracterizou esse relacionamento como uma mescla de mito e realidade que era mais forte em um nível retórico ou propagandístico do que no político-diplomático. Ainda assim, a retórica e a propaganda logo levaram os principais protagonistas desse relacionamento – ou seja, Mussolini, Hitler e seus funcionários, bem como o público doméstico e internacional – a acreditar na existência de uma sólida relação ítalo-germânica. O mito da aliança foi assim gradativamente convertendo-se em política.[37]

Esse era um relacionamento entre dois lados desiguais. A Alemanha superava a Itália não apenas no campo político, mas também no econômico. Em especial após as sanções impostas pela Liga das Nações contra a Itália, esta foi se tornando mais e mais economicamente dependente da Alemanha. Em 1936, 20% das exportações italianas iam para a Alemanha, um aumento substancial perto dos 11% de 1932. As exportações para a Itália de bens alemães, particularmente carvão e outras matérias-primas, também tiveram um crescimento acentuado, de 14% em 1932 para 27% no período 1936-1938, atingindo 40% em 1940.[38] Como consequência do anúncio do Plano Quadrienal em outubro de 1936, a Itália começou a despachar seus trabalhadores para o Reich. Após negociações realizadas em 1937, mais de 30 mil lavradores italianos, em sua maioria desempregados em uma época de elevado desemprego na Itália, foram enviados para o norte. Essa era uma prática humilhante que ilustra bem o grau de pobreza em que se encontrava a Itália, em acentuado contraste com a retórica fascista de conter a emigração italiana. Considerações pragmáticas, como a redução do desemprego italiano e o fortalecimento da balança comercial da Itália com a Alemanha por meio dos salários dos operários italianos e, acima de tudo, o valor simbólico do envio de trabalhadores à Alemanha, prevaleceram sobre a rejeição ideológica de Mussolini à migração italiana. A propaganda fascista comemorou o envio dos trabalhadores como símbolo da aproximação ítalo-germânica. Alguns milhares deles seguiram em 1938 e ajudaram a construir a fábrica da Volkswagen em Wolfsburg. Apesar de a propaganda comemorar essa troca de trabalhadores como emblema tangível do Eixo, a vida na Alemanha não era fácil para esses italianos. As autoridades alemãs desencorajavam o contato dos imigrantes com os alemães, e os operários italianos ficavam alojados em campos separados. Eram vítimas de pesados preconceitos anti-italianos, quase sempre beirando o racismo, como ocorrera com os muitos cidadãos italianos que haviam migrado para a Alemanha desde antes da Primeira Guerra Mundial.[39]

A estratégia de Mussolini de fazer Hitler esperar por uma aliança formal serviu apenas para aumentar o desejo dos nazistas. Ao mesmo tempo, a recusa da Alemanha em enviar tropas terrestres para a Espanha desapontou Mussolini, que havia se agarrado à ideia de que garantir a vitória de Franco seria uma forma de a Itália se mostrar uma grande potência. Depois do fracasso em fechar uma aliança com a Grã-Bretanha, nazistas influentes intensificaram sua adulação a Mussolini. Assim, em meados de janeiro de 1937, Göring visitou a Itália. O governo italiano organizou uma pomposa programação para o general da Força Aérea e sua esposa, incluindo audiências com o rei e Mussolini, banquetes, uma caçada e um feriado em Capri. O governo italiano foi um anfitrião tão bom que até mesmo providenciou para Göring, um viciado em drogas, quatro caixas do fármaco Eucodal, à base de morfina. Mais tarde, porém, o secretariado de Mussolini explicou que a droga destinara-se, na verdade, à senhora Göring. Para que o Eixo se convertesse em uma aliança militar verdadeira, Göring enfatizou que a Alemanha estaria disposta a reconhecer a fronteira do Passo do Brennero e a reconhecer o Tirol do Sul como parte da Itália. Ao mesmo tempo, insistiu que, mais cedo ou mais tarde, a Áustria teria que voltar a unir-se com a Alemanha.[40]

Hitler deu continuidade à sua tentativa de aproximação com Mussolini no discurso que proferiu em 30 de janeiro de 1937 no Reichstag, por ocasião do quarto aniversário de sua nomeação como chanceler do Reich. O discurso foi proferido em uma linguagem pacífica, mas repleto de demandas por uma paridade da Alemanha na Europa, bem como de propaganda antibolchevista. O líder nazista expressou também sua esperança por relações mais próximas com a Itália. Mussolini instruiu o embaixador italiano a dizer a Hitler o quanto ele apreciara o discurso ao escutá-lo no rádio. Trata-se da exibição, pelo ditador fascista, de suas habilidades diplomáticas de sedução.[41]

Hitler logo respondeu, depois da tentativa fracassada de assassinato do vice-rei italiano da Etiópia, marechal Rodolfo Graziani. As tropas italianas retaliaram com uma violência sem precedentes, dizimando vilarejos inteiros e torturando e matando cerca de 20 mil pessoas, embora alguns registros deem conta de um número de mortos ainda maior. Tão logo soube da tentativa de assassinato, em 20 de fevereiro de 1937, Hitler enviou um telegrama a Mussolini expressando sua "profunda indignação" com a tentativa de assassinato e seu alívio em saber que Graziani, um dos principais representantes do mais importante projeto colonialista do fascismo, havia sobrevivido. Mussolini imediatamente agradeceu a Hitler pelo telegrama.[42]

Ao longo de 1937, o fluxo de delegações alemãs com destino à Itália aumentou de forma tão drástica que Hitler emitiu uma ordem determinando que apenas aqueles autorizados diretamente por ele teriam permissão de viajar para lá.[43] Como as tropas italianas na Espanha vinham sofrendo pesadas derrotas nas mãos dos republicanos em março de 1937, o que na época era visto como um golpe pessoal para Mussolini, o embaixador Attolico também se queixou a Ciano sobre o número crescente de delegações italianas rumo a Berlim que ele tinha que hospedar.[44] Os contatos cada vez mais numerosos entre funcionários de ambos os regimes, embora fossem quase sempre pouco mais do que férias gratuitas com itinerários turísticos, ainda assim ajudavam a perpetuar a ideia de que a Itália e a Alemanha tinham um futuro comum na conformação de uma Nova Ordem na Europa.[45]

No entanto, persistia a excentricidade do relacionamento ítalo-germânico. Até então, seus principais protagonistas, Mussolini e Hitler, tinham se encontrado apenas uma vez, em 1934. Fascistas do alto escalão não demoraram a fazer comentários sobre esse arranjo incomum. Em uma carta de abril de 1937 para Ciano, Grandi, o embaixador italiano na Grã-Bretanha, descreveu suscintamente o Eixo. Ele esperava que o Eixo forçasse a Grã-Bretanha, temerosa de que a Alemanha nazista se tornasse poderosa demais, a se alinhar à Itália. Afirmou que "Itália e Alemanha assumiram um compromisso, mas ainda não se casaram. Depende de você a realização ou não desse casamento". A importância de Grandi foi exagerada por historiadores como De Felice, que de certa forma minimizaram a responsabilidade da Itália pela aliança com a Alemanha, culpando a Grã-Bretanha pelo pacto subsequente com o Terceiro Reich. Depois da guerra, Grandi falsificou os textos de seus discursos, em meio a seus papéis particulares, a fim de deixar clara sua ideia preferida de que a Itália era o "peso determinante" entre as potências ocidentais e o Terceiro Reich, uma visão apologética que se tornou popular no país depois de 1945.

A SEGUNDA APROXIMAÇÃO

Na verdade, ficava cada vez mais improvável uma aliança da Itália com a Grã-Bretanha, já que Mussolini se tornava cada vez mais beligerante e, gradativamente, era levado a marchar ao lado do Terceiro Reich.[46]

De fato, em um discurso proferido em Palermo diante de centenas de milhares de pessoas, em 20 de agosto de 1937, Mussolini enfatizou a solidariedade entre os dois países do Eixo. Ele falou para o público siciliano, que escutava em pé sob um calor escaldante: "Não se chega a Roma ignorando Berlim ou contra Berlim, e não se chega a Berlim ignorando Roma ou contra Roma".[47] A visita iminente do Duce à Alemanha, no contexto de um número cada vez maior de declarações reais e fictícias pró-Eixo, seria o mais expressivo espetáculo de propaganda concebível, a fim de reforçar a ideia do Eixo não só para o público italiano e o alemão, que não acreditavam na possibilidade de tal aliança, dados os persistentes estereótipos nacionais, mas também para outras potências, sobretudo a França e a Grã-Bretanha.

III

O fato de Mussolini aceitar o convite de Hitler foi também extraordinário para a Alemanha, pois no passado recente o país não havia recebido muitas visitas de Estado importantes, em decorrência de seu relativo isolamento internacional por vários anos após o fim da Grande Guerra.[48] Os regimes fascista e nazista planejaram a visita de Mussolini de setembro de 1937 como um símbolo afirmativo da crescente aliança ítalo-germânica, sem dúvida alguma para deixar o vaidoso Duce feliz, mas também para apresentar os dois regimes como uma frente unida contra a alegada hegemonia das democracias "plutocráticas". A propaganda apresentava os líderes não como uma aliança tradicional de homens de Estado, mas sim como uma aliança do povo italiano com o alemão, conduzidos por Mussolini e Hitler. Por isso, a propaganda nazista descrevia a visita de Mussolini como a apoteose da vontade dos povos da Itália e da Alemanha e uma "demonstração popular de paz", temas conhecidos em uma época em que a maioria das pessoas, para as quais a Primeira Guerra Mundial ainda era uma lembrança viva, rejeitava outro conflito de grandes proporções. O Duce ficou claramente impressionado com a organização e confidenciou mais tarde à sua amante, Clara Petacci, que "eles não ofereceram uma recepção semelhante nem a reis, nem a imperadores, nem a ninguém".⁴⁹

Encenou-se um espetáculo monumental com o propósito de consolidar o relacionamento entre o Duce e Hitler. Como Mussolini insistia, por pedantismo, em ser reconhecido como "o criador de uma nova Itália", Goebbels estava determinado a adular o Duce por meio de um espetáculo grandioso.⁵⁹ Tal espetáculo mostraria ao mundo, em especial aos aliados ocidentais, que a Itália e a Alemanha estavam firmemente unidas. De fato, a visita foi um dos maiores e mais dispendiosos eventos da propaganda na curta história do Terceiro Reich.⁵¹

Persistiam tensões que o itinerário subestimou completamente: Hitler ainda tinha esperanças de uma aliança anglo-germânica, e Mussolini ainda não parecia disposto a estabelecer uma aliança formal com os nazistas. Para o ditador nazista, a visita representava uma oportunidade única para exibir o poderio militar da Alemanha, enquanto Mussolini, por sua vez, esperava ser enaltecido, o que daria um extraordinário impulso para seu ego e seu regime. Conforme François-Poncet reportou a Paris, tanto a Itália como a Alemanha queriam evitar alienar a Grã-Bretanha, razão pela qual a tônica geral do encontro foi a propaganda de paz.⁵²

Tanto a imprensa italiana como a alemã deram ampla cobertura à visita do Duce, projetando uma imagem de unidade. As recentes hostilidades jornalísticas ítalo-germânicas eram coisa do passado.⁵³ Para deleite dos funcionários consulares italianos, os jornais alemães lisonjearam Mussolini.⁵⁴ Para Wilhelm Weiβ, do *Völkischer Beobachter*, a visita de Mussolini foi, de longe, muito mais significativa do que as visitas de Estado regulares, por causa do "destino político comum e das ideias ideológicas sobre o Estado" dos dois países. Essa forma de propaganda gerava significado político ao reforçar a mensagem central da exibição nazista: unidade e amizade entre Mussolini e Hitler, entre a Itália e a Alemanha e entre os povos italiano e alemão, em marcante contraste com as democracias liberais, que haviam fracassado. Merece particular destaque a observação de Weiβ sobre "a vontade política e os objetivos ideológicos comuns" de Itália e Alemanha, que haviam "sempre provado ser mais fortes e mais decisivos na história do que os parágrafos de quaisquer decisões de aliança possíveis".⁵⁵

No entanto, o jornal nazista teve dificuldades para explicar o fato de que, para o fascismo, pelo menos naquela época, a questão racial (*Volks-*

tumsfrage) não era tão fundamental como o racismo o era para o projeto nazista. Portanto, o autor nazista foi obrigado a insistir que fascismo e nazismo, apesar de compartilharem do sentimento de antibolchevismo e antiliberalismo, não eram iguais. Todavia, o artigo culminou com estas palavras: "Hoje, quando Adolf Hitler e Benito Mussolini trocarem um aperto de mãos, essa nova ordem dos continentes [terá] encontrado uma expressão simbólica".[56] Assim, o tema da amizade entre os dois ditadores encobriu as tensões políticas entre Itália e Alemanha e uma proximidade ideológica entre fascismo e nazismo vagamente enunciada. Enquanto, por um lado, tais artigos não foram além da superficialidade, a estratégia nazista de destacar as semelhanças entre fascismo e nazismo, como "o compartilhamento da mesma vontade política e meta ideológica" atendeu ao objetivo da visita, retratando Mussolini e Hitler como líderes de uma Nova Ordem.[57]

Outras projeções de uma união com a Itália também deram destaque à singularidade desse laço ao apontar suas supostamente profundas raízes históricas, uma vez que a amizade entre Itália e Alemanha remontaria à Idade Média. Em um livro comemorativo, por exemplo, Fred Willis, um funcionário da propaganda nazista, salientou a inevitabilidade histórica do encontro dos dois ditadores. Conferindo um caráter pessoal ao relacionamento ítalo-germânico, Willis declarou que o laço entre Mussolini e Hitler dava continuidade à suposta amizade do primeiro-ministro italiano Francesco Crispi com o chanceler alemão Otto von Bismarck, ambos os quais haviam comandado a transformação da Itália e da Alemanha em Estados nacionais, impulsionado sua expansão imperial e selado a Tríplice Aliança dessas duas nações com o Império Austro-Húngaro. Para Willis, portanto, não era uma coincidência o fato de que, quase cinquenta anos após a visita de Crispi a Bismarck em Berlim, "Bismarck e Crispi [viam] seu trabalho confirmado por seus netos", uma referência a um lugar-comum da época segundo o qual Crispi e Bismarck teriam sido predecessores de Mussolini e Hitler. Ao mesmo tempo, Willis enfatizava uma importante diferença de estilo: em 1887, o encontro dos dois chefes de governo fora uma "visita ministerial", mas o de Mussolini e Hitler tinha mais substância, a saber, "o compromisso de dois grandes povos com um novo espírito!". A fim de manter sua abordagem quanto à inevitabilidade histórica da amizade ítalo-germânica, Willis precisou omitir fatos inconvenientes, como a saída da Itália da Tríplice Aliança durante a Grande Guerra e as diversas guerras travadas entre alemães e italianos desde os dias do Império Romano.[58]

Para os nazistas, o propósito dessa exibição ímpar de unidade e amizade, com raízes no passado, era ameaçar a velha ordem europeia pós-1919 com uma Nova Ordem baseada na conquista territorial. Esse desafio agressivo exigia um novo estilo de diplomacia. Assim, o chefe de imprensa do Reich, Otto Dietrich, em um livro fotográfico comemorativo da visita de Mussolini a Hitler, fez pouco caso do velho estilo de "visitas de funcionários políticos com frases diplomáticas e gestos educados, com jantares de gala [...] com comunicados oficiais e promessas irrelevantes, mas discursos evasivos". Ao contrário, o encontro do Duce com o ditador alemão teria se caracterizado por vínculos emotivos entre os líderes e "os povos se unindo [...] em uma missão de corações".[59]

A propaganda italiana bateu em um diapasão semelhante e afirmou que o segundo encontro entre Hitler e Mussolini seria um "evento decisivo na história da Europa" e muito mais do que uma visita de Estado tradicional, mais especificamente um "encontro de duas nações". Na esperança de criar um sentimento de empolgação entre seus leitores, supostamente céticos em relação a uma aliança com a Alemanha, o jornal *Il Popolo d'Italia* preparou-os para a viagem de Mussolini e descreveu os meticulosos preparativos dos alemães para recebê-lo, como a suntuosa reforma das acomodações reservadas a ele em Munique.[60]

Com o objetivo de transmitir para as *piazze* da Itália os destaques da visita do Duce, foram instalados alto-falantes. Em 24 de setembro de 1937, uma enorme multidão de apoiadores do fascismo, escolhidos a dedo, acompanhou a partida, na estação Roma Termini, de Mussolini e de sua comitiva, da qual faziam parte o secretário do partido fascista, Achille Starace, o ministro da Cultura Popular, Dino Alfieri, o secretário de Mussolini, Osvaldo Sebastiani, e Ciano. Os auxiliares de Mussolini planejaram meticulosamente a partida do Duce e enviaram convites para funcionários do Estado, do Exército e do partido, com instruções específicas de que funcionários fascistas vestissem suas camisas pretas, a fim de sugerir uma imagem da determinação e beligerância dos fascistas. À medida que o trem de Mussolini atravessava a Itália a caminho da fronteira com a Áustria, grandes multidões de italianos saudavam seu líder nas estações ao longo da rota, quando a composição reduzia a velocidade perto das estações. O partido fascista organizara essas demonstrações supostamente populares para transmitir uma imagem de unânime apoio popular ao fascismo e ao Eixo com a Alemanha.[61]

Dessa forma, a propaganda forjou e definiu, mas não restringiu, o relacionamento entre Mussolini e Hitler.[62] Para isso, o programa incluiu muitos desfiles, banquetes e passeios, deixando pouquíssimo tempo para discussões políticas sérias entre os dois líderes.[63] Esse arranjo não passou despercebido pelos britânicos. George Ogilvie-Forbes, um importante diplomata da embaixada britânica em Berlim, relatou posteriormente ao secretário do Exterior, Anthony Eden: "Quaisquer que tenham sido as ações das equipes subordinadas, é duvidoso que Herr Hitler e o Signor Mussolini possam ter tido tempo para discutir seus problemas comuns mais do que apenas superficialmente". Ao mesmo tempo, diplomatas britânicos importantes interpretaram como símbolo de ameaça o fato de o Duce posar junto com Hitler.[64]

IV

Nos bastidores, alguns aspectos da viagem do Duce chegaram às raias do ridículo, e nem todos os participantes da delegação de Mussolini concordaram totalmente com o espetáculo. Na longa viagem de trem à Alemanha, o ditador italiano foi acompanhado por seu instrutor de equitação e esgrima. Uma das principais tarefas do instrutor era ajudar o Duce na difícil empreitada de calçar e descalçar suas botas de equitação. Além do próprio Mussolini, diplomatas, funcionários fascistas e alguns jornalistas selecionados a dedo, estava no trem um grupo de funcionários barrigudos e grisalhos da estrada de ferro. Eles passaram a maior parte do tempo comendo espaguete e chegaram até mesmo a tirar o uniforme e as botas para se sentirem mais confortáveis durante a longa viagem.[65]

Embora o ministro da Cultura Popular, em um grande esforço para exibir uma perfeita coreografia da visita, tivesse ordenado aos jornalistas da imprensa escrita e radiofônica que usassem o uniforme fascista ou o militar e levassem consigo algum traje noturno formal,[66] um exame mais detalhado das estratégias da propaganda fascista revelam outras fissuras na fachada do Eixo. Mario Appelius, correspondente especial do *Il Popolo d'Italia*, fez um relato da viagem de Mussolini para seus leitores, mas não se demorou no fato de que o trem atravessou o Tirol do Sul, onde a maioria da população era germanófona, no início da manhã, quando ainda estava escuro do lado de fora. Passar nesse horário foi um hábil estratagema, o qual evitou que Mussolini fosse obrigado a testemunhar um embaraçoso silêncio por parte dos tiroleses do sul, que desejavam muito a unificação com a Alemanha, embora Hitler tivesse renunciado publicamente à demanda alemã pelo Tirol do Sul na década de 1920. Às 6h20, o trem parou na fronteira ítalo-austríaca. Três anos antes, Hitler não pudera cruzar essa fronteira, o símbolo mais tangível das tensas relações ítalo-germânicas, e teve que viajar de avião para a Itália. Apesar de ter afirmado, em 1936, que a Itália acabaria aceitando a anexação do Estado alpino pela Alemanha, a Itália ainda garantia formalmente a independência da Áustria, o que Mussolini enfatizou ao parar na estação de Innsbruck. Na estação, trajando o uniforme fascista, ele trocou um aperto de mãos com o ministro do Exterior austríaco, representando um regime cada vez mais adepto ao fascismo, antes de reverenciar a bandeira austríaca com a saudação fascista. O *New York Times* relatou que foi entregue ao Duce uma carta da viúva de Dollfuss. O gesto de Mussolini foi uma hábil manobra na direção dos italianos do primeiro escalão que faziam críticas a uma aliança com o Terceiro Reich.[67]

A maioria dos jornais alemães não mencionou a parada de Mussolini na Áustria. O editor de um jornal de Berlim que o fez foi repreendido por um funcionário da propaganda nazista por esse indesejável lembrete da discórdia ítalo-germânica. Em sua edição de 26 de setembro de 1937, o *Il Popolo d'Italia* publicou uma reportagem sobre a parada de Mussolini em Innsbruck. Porém, para evitar ofender os alemães, o artigo saiu nas páginas internas em vez da primeira página. O trem do Duce continuou na direção da fronteira austro-germânica, veementemente contestada pela Alemanha, em Kufstein/Kiefersfelden. Nessa localidade, Mussolini recebeu as boas-vindas de Rudolf Hess, delegado de Hitler, que estava acompanhado de membros da embaixada italiana em Berlim, de diplomatas alemães, entre os quais o chefe de protocolo do Ministério do Exterior, e da Wehrmacht. O trem partiu então rumo a Munique, cidade natal do partido nazista e capital do movimento nazista (*Hauptstadt der Bewe-*

gung). Multidões exultantes, agitando bandeiras italianas e com a suástica, ladeavam a estrada de ferro até a capital da Baviera. Muitas pessoas, a maior parte delas pertencente a uma ou outra organização do partido nazista, haviam sido recrutadas para saudar o líder italiano.[68] O regime aumentou significativamente a segurança nos lugares visitados por Mussolini. Jornais britânicos, mais tarde arquivados por diplomatas alemães, detalharam os rígidos esquemas de segurança da SS. De acordo com o *Daily Telegraph*, o Duce viajava em um "trem à prova de bala", e milhares de guardas da SS flanqueavam a estrada de ferro até Munique. Havia aí uma forte implicação de que a aliança Mussolini-Hitler era vazia e que a maioria dos alemães tinha opinião negativa sobre os italianos e o próprio Mussolini, razão que justificaria a necessidade de tamanha repressão.[69] De fato, antes da chegada do Duce, o regime confinara suspeitos políticos no campo de concentração de Dachau. Munique estava repleta de policiais à paisana, pois os nazistas temiam pela segurança de Mussolini e de Hitler dentro da Alemanha.[70]

Até onde sugerem as limitadas evidências sobre a opinião popular, muitos alemães mantinham suas reservas em relação a Mussolini e aos italianos. Agentes do exilado Partido Social-Democrata (*Sopade*) haviam escutado casualmente conversas na estação ferroviária de Munique poucos dias antes da chegada de Mussolini. O palco armado para a chegada do Duce era tão monumental que as bilheterias da estação ferroviária tiveram que ser transferidas de lugar. Quando um camponês que perdera seu trem em virtude da impossibilidade de encontrar a bilheteria reclamou em voz alta, foi imediatamente preso, pois o regime desejava retratar todos os alemães como apoiadores entusiasmados de uma aliança ítalo-germânica. Outro passageiro dissera: "Eu acho que eles [os italianos] não estão diferentes hoje; veremos" – outra referência à suposta traição da Itália à Alemanha na Grande Guerra. Nem mesmo a maciça e coordenada propaganda nazista era capaz de transformar esse ressentimento profundamente arraigado.[71] A fim de suprimir tais vozes dissidentes, as autoridades nazistas e os empregadores forçaram as pessoas comuns, entre elas veteranos de guerra e mulheres, a se perfilar ao longo das ruas para exibir entusiasmo em relação a Mussolini e ao Eixo, sob o risco de perderem o emprego, ou algo ainda pior, caso contrariassem as ordens.[72]

Sobejavam as tensões também nos bastidores, e não apenas no nível popular. De acordo com o jornal da SS *Das Schwarze Korps*, um amplo e rígido esquema de segurança era necessário para impedir que as multidões alvoroçadas esmagassem Mussolini e Hitler, dada a grande popularidade dos dois. O jornal da SS não se furtou a mostrar a superioridade alemã sobre a Itália, gabando-se de que os oficiais italianos da comitiva de Mussolini haviam admirado profundamente a natureza disciplinada da SS e do Exército alemão. Apoiando-se em um poderoso estereótipo, a reportagem sugeria que os alemães eram soldados muito melhores do que os italianos.[73]

V

Assim como na viagem de Hitler à Itália em 1934, a propaganda nazista documentou maciçamente os movimentos do ditador, dessa vez com foco em Mussolini como o convidado de honra. Depois de dois dias de chuva intensa, o céu havia clareado para a chegada do Duce, declarou a imprensa alemã. Soldados, junto com tropas da SA, SS e do Serviço de Trabalho do Reich, cercados por membros da Juventude Hitlerista e da Liga das Moças Alemãs (BDM, na sigla em alemão), aguardavam Mussolini do lado de fora da estação central de Munique. Centenas de milhares de moradores de Munique, ao lado de fascistas italianos locais, trajando suas camisas pretas, também esperavam o Duce na parte externa da estação em ansiosa expectativa, agitando bandeiras tricolores da Itália que o regime havia distribuído. Meia hora antes do horário programado para a chegada de Mussolini, os membros mais influentes do partido nazista, entre os quais Goebbels e o líder SS do Reich, Heinrich Himmler, começaram a entrar em cena. Seguindo a coreografia dos comícios do partido nazista, Hitler foi o último a chegar, intensificando o suspense. O público ficou em silêncio, na expectativa da iminente chegada do Duce. Finalmente, o trem de Mussolini entrou na estação no horário previsto. A plataforma havia sido apropriadamente convertida em um palco adornado com loureiros, esculturas romanas, bandeiras alemãs e italianas e uma enorme passadeira vermelha que se estendia do ponto da plataforma onde o Duce desembarcaria até a praça do lado de fora da estação. Uma banda militar executou o "Hino a Roma" (*Inno a Roma*), composto por Giacomo Puccini em 1919 e tocado frequentemente pelos fascistas para celebrar sua *romanità*. De acordo com Nicolaus von Below, ajudante da Força Aérea de Hitler, que estava a dois metros de distância dos dois líderes na plataforma, ambos pareceram satisfeitos com seu primeiro encontro em mais de três anos. Ao contrário do que acontecera em 1934, os dois ditadores se saudaram mutuamente com o braço direito estendido, simbolizando a unidade fascista, e depois trocaram um aperto de mãos antes de sair da estação caminhando sobre o tapete vermelho. Depois de uma salva de tiros em homenagem a Mussolini, os dois ditadores passaram em revista as tropas de honra enquanto uma banda executava o hino fascista, a *Giovinezza*, e o hino nacional da Alemanha. Mussolini e Hitler foram então conduzidos de automóvel através de um arco triunfal, adornado com a letra "M" e especialmente erigido para a visita. Atrás deles vinham outros carros, cada um dos quais compartilhado por um líder nazista e um fascista, para transmitir a ideia de que a aliança não se limitava a Hitler e Mussolini, mas se estendia a outras autoridades do alto escalão, assim como aos povos alemão e italiano. O itinerário foi adornado com pilares, fasces e bandeiras, elementos que criavam a atmosfera de um espetáculo magistral.[74]

No entanto, a despeito dos meticulosos preparativos para o desfile, a cerimônia de boas-vindas foi manchada por uma gafe hilária. Hitler ficou furioso porque a solenidade fracassara no objetivo de criar a impressão de que o povo alemão apoiava unanimemente a aliança do Eixo. A razão foi que os agentes da SS, excessivamente zelosos, haviam cercado de forma tão hermética as ruas com cordas que o povo não conseguia chegar perto dos automóveis dos líderes. Mais tarde, o ditador alemão repreendeu Himmler pela total ineficiência da organização. Em um relatório irônico, o Ministério da Cultura Popular da Itália também lamentou o sofrível controle da multidão por parte dos nazistas, sugerindo a superioridade italiana.[75]

Todos os elementos do itinerário simbolizavam a amizade entre os dois ditadores e suas respectivas nações. Por exemplo, Mussolini e Hitler mantiveram uma conversa de uma hora, regada a chá e bolos, no apartamento do alemão em Munique, seu primeiro colóquio privado desde o encontro em Veneza. Nenhum registro oficial dessa conversa sobreviveu. Paul Schmidt, o intérprete do Ministério do Exterior, estava presente, mas seus serviços foram dispensados, pois os dois ditadores conversavam em alemão. Mais tarde, Schmidt relembrou quão decepcionante e sem graça Hitler parecia em comparação com o vívido, brilhante e espirituoso Mussolini. Em vez de discutir uma estratégia futura, a conversa ficou no nível da superficialidade.[76] Preocupações estratégicas mais amplas ficaram subordinadas à pompa e à circunstância do espetáculo.

Um vislumbre da essência das conversas de Mussolini com o ditador nazista pode ser inferido daquilo que o Duce contou depois para Vicco von Bülow-Schwante, o chefe do protocolo do Ministério do Exterior alemão. O Duce sabia que o diplomata alemão faria chegar seus comentários ao líder nazista. Assim, ele afirmou que havia estabelecido junto com Hitler os alicerces para uma aliança ítalo-germânica. Somente um pacto nazifascista seria capaz de derrotar o bolchevismo, e a Guerra Civil Espanhola seria um teste para essa aliança. As observações de Mussolini, inclusive as de caráter racista, foram calculadas para deixar em Hitler e nos nazistas a impressão de que a Itália seria um aliado inabalável. Chama atenção o fato de Mussolini, nas conversas com Bülow-Schwante, ter tratado em mais detalhes suas ideias racistas, afirmando não ter qualquer problema com os judeus. Insistiu, contudo, que a questão racial tinha para ele elevada prioridade. Aqui, o ditador italiano tentava impressionar os nazistas, revelando o racismo cada vez mais acentuado do regime fascista.[77]

Nenhum pacto foi assinado durante a visita. Ernst von Weizsäcker, diretor do departamento político do Ministério do Exterior alemão, observou mais tarde que a visita fora um pomposo espetáculo, no qual quase todo mundo exibiu seus uniformes. Ele comentou, em tom de piada, que, "dadas as muitas medalhas que os italianos distribuíram aqui, poderíamos facilmente ter hoje um banquete de Ação de Graças". Ao mesmo tempo, expressou suas dúvidas quanto ao real entusiasmo das pessoas comuns com uma aliança ítalo-germânica, dado seu forte ressentimento anti-italianos.[78] No entanto, se considerarmos o papel central da propaganda e da pompa e circunstância na criação do Eixo, os comentários de Weizsäcker passam ao largo da questão essencial.

Como gesto de amizade, e em linha com o protocolo de visitas de Estado reais, o Duce concedeu uma honraria a Hitler: a posição de cabo honorário da milícia fascista. Tal ato simbolizava a origem humilde dos dois ditadores como líderes verdadeiramente populares, ambos os quais

A SEGUNDA APROXIMAÇÃO

haviam servido seus países na guerra na categoria de cabos, em lados opostos. A questão sobre se foi ou não um gesto de bom tom conferir ao ditador nazista a posição de cabo honorário foi levantada por uma autoridade do Ministério da Cultura Popular da Itália, que lembrou que Hitler fora mais conhecido nos círculos conservadores da República de Weimar pela desdenhosa alcunha de "cabo boêmio".[79] De qualquer modo, Goebbels, sem sombra de dúvida arrebatado pela pompa e circunstância da solenidade, ficou aliviado ao perceber que, depois do encontro de Veneza, Mussolini e Hitler finalmente tinham encontrado uma via de ligação pessoal mútua.[80]

O espetáculo continuou, com sua potente exibição de unidade entre Mussolini, Hitler e suas respectivas nações. Em um almoço oficial no quartel-general do partido nazista, uniram-se aos dois ditadores diplomatas autoridades nazistas de destaque, entre eles Himmler, Rosenberg, Goebbels e Hess, além de representantes do governo italiano, como Ciano e Starace. Renzetti, que então ocupava o posto de cônsul-geral em Berlim, também estava presente, bem como o príncipe Filipe de Hesse. Esse arranjo sugeria que o Eixo, embora dominado por Mussolini e Hitler, deveria também estreitar as relações entre os membros da tradicional burocracia italiana e alemã, junto com as mais novas elites dos partidos nazista e fascista. Dados os problemas de idioma e o ambiente formal, é improvável que os convidados italianos e alemães tenham entabulado uma conversa animada. As fotografias de Heinrich Hoffmann mostram os dois líderes relaxando em um sofá, como dois amigos.[81] Após o almoço, formações do partido e da SS apresentaram uma marcha em passo de ganso durante uma hora, obedecendo a uma elaborada coreografia desenvolvida ao longo de algumas semanas por Himmler e seus homens, com o objetivo, dessa vez, de exibir a disciplina e a força do Exército alemão.[82] Mussolini ficou tão impressionado com o passo de ganso que posteriormente introduziu-o na Itália com o nome de *passo romano*. Esse é um exemplo da apropriação italiana de uma tradição alemã, da mesma forma como a adoção do *Heil Hitler* pelos nazistas havia sido, de fato, uma cópia da saudação fascista romana. Agora, a Alemanha nazista era claramente um modelo para a Itália.

As expectativas de que o encontro seguisse um estilo de diplomacia distintamente novo não foram atendidas por completo. Depois do desfile, por exemplo, em conformidade com o protocolo diplomático, Hitler fez uma breve visita de retribuição a seu convidado e conferiu a Mussolini a Ordem de Mérito da Águia Alemã com diamantes, uma nova honraria muito mais prestigiosa do que a de cabo honorário, que o líder nazista acabara de receber do Duce. Além disso, o Führer concedeu outra distinção a Mussolini: um alfinete de lapela do partido nazista em ouro, uma demonstração de estima ainda mais especial. A afirmação, articulada durante toda a visita e também depois dela pela propaganda fascista e nazista, de que o relacionamento Hitler-Mussolini era tão excepcional e diferente da ordem diplomática pós-Versalhes que poderia dispensar o protocolo diplomático tradicional mostrou-se, assim, errada. Ao contrário, a exemplo do fascismo de um modo mais geral, o programa da visita combinou o velho e o novo, ressaltando que o fascismo era uma concessão das elites tradicionais a formas mais novas de política radicalmente de direita.[83]

Nos bastidores do espetáculo, surgiram mais rivalidades e tensões entre os dois líderes e seus respectivos regimes. Por exemplo, o ditador nazista, um artista amador, caminhou junto com seu convidado até a nova Casa da Arte Alemã, onde o regime exibia sua arte de "sangue e solo", em contraste com o modernismo que Hitler vira na Bienal de Veneza de 1934. Mussolini, que não era grande apreciador das artes, deve ter considerado essa visita um suplício e suspirou aliviado quando o circuito terminou, depois de menos de uma hora. Em seguida, os dois líderes partiram em trens distintos para assistir às manobras de outono da Wehrmacht em Mecklenburg, onde os nazistas exibiram suas forças armadas ao potencial aliado italiano. Hitler, o anfitrião caloroso, conduziu seu convidado em uma carreata até a estação, de onde os dois líderes partiram em trens separados.[84] Esse arranjo revelava que, por baixo da aparência de unidade – o tema central da visita –, os dois líderes preferiam estar no convívio de suas próprias comitivas.

VI

O objetivo fundamental dos nazistas era exibir a Mussolini a força e a união popular da Alemanha, a fim de conquistá-lo para uma aliança militar. François-Poncet não deixou de perceber esse ponto e destacou as poderosas manobras militares em seu relato para o ministro do Exterior da França, para quem uma aliança ítalo-germânica era motivo de preocupação.[85] Em Mecklenburg, os dois ex-cabos, na qualidade de representantes de milhões de europeus que haviam combatido na Primeira Guerra Mundial, observaram com admiração o Exército alemão. Uma batalha simulada, envolvendo tanques, aviões e artilharia, deixou Mussolini bastante impressionado. Para conferir importância à cooperação militar entre os dois países, Hitler recebeu em seu trem oficiais italianos de alta patente, enquanto Mussolini encontrou-se com líderes militares alemães. Ironicamente, muitos dos oficiais italianos que Hitler recebeu haviam combatido contra a Alemanha na Grande Guerra, entre eles o chefe do estado-maior, marechal Pietro Badoglio, um dos oficiais responsáveis pela devastadora derrota italiana em Caporetto, em 1917. Todos esses fatores tornavam improvável uma aliança militar. A fim de minimizar a importância dessas tensões, Giorgio Pini, do *Il Popolo d'Italia*, alardeou que o Eixo era fundamentalmente diferente da Tríplice Aliança, e mais profundo do que ela, culminando com a afirmação de que a Alemanha de Hitler "não é a Alemanha de Guilherme II".[86] Junto com a Itália, a Alemanha poderia remodelar a Europa. Saindo de Mecklenburg, os dois líderes viajaram, novamente em trens separados, a Essen, o "arsenal do Reich". A propaganda nazista deu amplo destaque ao supostamente unânime entusiasmo dos trabalhadores da fábrica da Krupp com os ditadores, sugerindo que a classe trabalhadora alemã apoiava de forma integral a aliança com o líder da ex-inimiga Itália.[87]

Deixando Essen, os líderes viajaram em trens separados com destino a Berlim. O regime tomara providências para que multidões entusiásticas flanqueassem a estrada de ferro. Durante os últimos quinze minutos da viagem, os dois trens rodaram em trilhos paralelos, um exatamente ao lado do outro, uma poderosa metáfora para os marcantes paralelos entre os líderes, seus regimes e seus povos, e, sem dúvida alguma, uma poderosa exibição da engenharia e da eficiência alemãs. Poucos minutos antes do horário programado para a chegada à estação próxima ao Estádio Olímpico, o trem de Hitler ultrapassou o de Mussolini e parou na estação exatamente um minuto mais cedo, permitindo que o ditador nazista recebesse seu convidado na plataforma. Essa ultrapassagem simbolizava que Hitler e os nazistas haviam suplantado Mussolini e os fascistas como o principal regime de direita do mundo. Ao sair da estação, os dois líderes entraram em um carro aberto que percorreu o eixo Leste-Oeste, uma pomposa via pública recém-projetada por Albert Speer, decorada com milhares de bandeiras italianas e alemãs, rumo à avenida Unter den Linden e ao distrito governamental da Wilhelmstrasse, onde Ogilvie-Forbes viu "quatro fileiras de pilares brancos iluminados sustentando águias douradas" e "bandeiras gigantes da Itália e da Alemanha", para cuja confecção haviam sido produzidos 55 mil metros quadrados de tecido.[88]

Hitler havia orientado o cenógrafo do Reich, Benno von Arent, a projetar as decorações para um grande desfile. No total, as recepções para Mussolini em Berlim custaram mais de 1 milhão de Reichmarks.[89] Para Erich Ebermayer, um roteirista e, portanto, especialista em espetáculos, a exibição nazista foi eficaz: "Tudo teve proporções gigantescas: o mar de bandeiras, as pilastras, as saudações, o tempo, as barreiras, o medo de uma tentativa de assassinato".[90] O espetáculo era fundamental para o engendramento de uma aliança ítalo-germânica, que ainda não fora formalizada.

Uma parte essencial do espetáculo eram as multidões entusiásticas alinhadas ao longo das ruas. Elas não estavam ali como meros espectadores, mas sim como participantes indispensáveis. O regime havia transportado a Berlim quase 1 milhão de pessoas provenientes de todas as regiões da Alemanha para saudar Mussolini, muito mais do que o regime fascista reunira em Veneza em 1934. Trabalhadores e estudantes ganharam o dia de folga para poder comparecer aos desfiles (e para garantir que o sistema de transporte público da cidade desse conta das multidões aguardadas para os eventos).[91]

No entanto, por trás da fachada de entusiasmo popular havia várias camadas de repressão e controle por parte dos nazistas, de acordo com agentes do *Sopade*, ansiosos por identificar a insatisfação dos trabalhadores com o regime. A Frente do Trabalho Alemã, por exemplo, obrigara seus membros – trabalhadores e empregadores alemães – a comparecer às cerimônias. E os empregados de um grande banco de Berlim receberam uma carta, poucos dias antes da chegada de Mussolini, ordenando que participassem das celebrações com "disciplina absoluta". Os trabalhadores que se recusaram a participar foram punidos e seu salário do dia foi descontado. Cada grupo de trabalhadores recebeu instruções detalhadas sobre onde ficar para saudar Mussolini. Muitas pessoas se queixaram de não conseguir ver o Duce, porque três a quatro fileiras de homens da SS – no total 60 mil, conforme estimativa de Ogilvie-Forbes – isolavam os ditadores da multidão, o que realça as preocupações com a segurança.[92] Todavia, a propaganda nazista não foi inteiramente malsucedida. Mesmo os rigorosos agentes do *Sopade* admitiram: "O inculto está hoje preparado para reconhecer que Mussolini é amigo da Alemanha. Ao mesmo tempo, resta ainda ressentimento em consequência da última guerra".[93]

Ambiguidade, em vez de um entusiasmo absoluto, caracterizava a opinião das pessoas comuns em relação a Mussolini e à Itália. Ogilvie-Forbes observou que as multidões não estavam muito entusiasmadas com Mussolini, mas, ao contrário, demonstravam "um estado de espírito feliz de feriado, ansiosas por ver o espetáculo". Ademais, acrescentou ele com discernimento, "o homem da rua enxergava o pacto italiano sem entusiasmo e com certa apreensão". No entanto, a propaganda maciça deixou alguma impressão positiva nos alemães e tornou-os mais receptivos a uma aliança com a Itália, à medida que "o medo de problemas no Mediterrâneo dava lugar a um sentimento de autoestima diante do espetáculo da união de duas nações poderosas se estendendo do Báltico ao Mediterrâneo oriental". François-Poncet, a exemplo de Ogilvie-Forbes, mostrou-se apreensivo com os efeitos do espetáculo no engendramento de um Eixo ítalo-germânico forte. Para ele, a importância da visita residia na reunião simbólica de Mussolini e Hitler, que, para a Itália e a Alemanha, era mais do que um encontro diplomático comum, e sim uma representação do laço que unia os povos italiano e alemão.[94]

Em um jantar oficial realizado na Chancelaria do Reich, ao qual compareceram autoridades políticas e convidados da alta sociedade da Alemanha e da Itália, os dois líderes levantaram brindes, um aspecto fundamental dos banquetes de Estado, embora Hitler fosse abstêmio e Mussolini não bebesse quase nada. O ditador nazista elogiou o italiano, chamando-o de "o gênio criador da Itália" e enfatizou que os encontros dos dois eram diferentes das reuniões diplomáticas usuais, pois suas nações estavam unidas pelos "reais interesses da vida" (*realen Lebensinteressen*), uma ameaça velada de que ambas as nações estavam determinadas a expandir seus territórios. Mussolini reforçou os comentários de Hitler.[95] A imprecisão dos brindes refletia a natureza obscura das relações ítalo-germânicas, pois nenhum pacto foi assinado e nenhuma discussão política mais profunda foi realizada durante a visita.

VII

A visita de Mussolini culminou com um comício em 28 de setembro de 1937, ao qual compareceu uma multidão de cerca de 650 mil pessoas, número que Hitler, superestimando a popularidade de sua união com o Duce, afirmou ter reunido pelo menos 1 milhão. O local foi Maifeld, na parte externa do estádio construído para as Olimpíadas de Berlim de 1936. Hitler louvou a "manifestação de que participaram 115 milhões de cidadãos de dois povos movidos pelo mais altivo sentimento, e acompanhada por centenas de milhares de ouvintes mais ou menos interessados em todo o mundo! [...] Da revolução comum do fascismo e do nacional-socialismo, emergiu hoje não apenas uma ideia comum, mas também uma ação comum".[96] Depois do discurso vibrante mas, em última análise, vago de Hitler, o Duce falou em alemão, exibindo sua vaidade, mas também sua ligação com a nação anfitriã. Mussolini agradeceu à Alemanha a recusa desta em apoiar as sanções da Liga das Nações contra a Itália. Para o ditador fascista, o Eixo havia nascido no outono de 1935. Insistiu ainda que o Eixo entre os dois países "contra o bolchevismo, a expressão moderna da mais negra e bizantina lei do terror", e seus respectivos povos era consistente. "Nenhum governo, em nenhuma parte do mundo, é objeto da aclamação do povo em tal extensão como os governos da Alemanha e da Itália." Esses dois países criariam uma Nova Ordem na Europa. Os espectadores que compareceram ao Maifeld ficaram impressionados com a clara pronúncia alemã de Mussolini. Olgivie-Forbes sugeriu que o discurso do Duce em alemão foi um símbolo de laços ítalo-germânicos mais próximos. Na verdade, as palavras gritadas ao microfone foram quase ininteligíveis para os ouvintes que acompanharam o discurso pelo rádio.[97]

Houve uma cena hilária: a teatralidade de Mussolini e sua poderosa retórica se manifestaram debaixo de uma forte tempestade, o que levou o público a se preocupar com o tempo em vez de ouvir as elaborações do Duce sobre o Eixo. Sempre prontos para uma boa piada, os berlinenses começaram a parodiar a exclamação popular "Duce! Duce!" como "*Dusche! Dusche!*", a palavra alemã para chuveiro. Os discursos foram seguidos por um desfile militar iluminado por uma "cúpula de luz", elemento típico dos rituais nazistas, e pela execução dos hinos nacionais da Itália e da Alemanha e do hino do partido nazista. O evento terminou em uma enorme debandada, porque, tão logo o desfile acabou, a multidão correu para as saídas a fim de fugir da chuva. Foram tantas as pessoas que tentaram entrar na estação de metrô mais próxima do Estádio Olímpico que há relatos de que algumas foram pisoteadas até a morte, um fato inconveniente que o regime manteve em segredo.[98]

Longe de ser o resistente guerreiro fascista, Mussolini pegou um resfriado sério em Maifeld. Hitler recomendou ao Duce um banho quente, mas não havia água quente no apartamento do ditador italiano, o que o levou a colocar em dúvida a eficiência alemã. Depois veio à tona que um técnico obediente havia interrompido a entrada de água quente, em cumprimento a uma regulamentação do governo que determinava o fechamento no fornecimento de água quente em todos os edifícios públicos no final da tarde. Mussolini acabou tomando banho no luxuoso Hotel Adlon, localizado nas imediações.[99]

Toda a propaganda de que "a união faz a força" foi recebida com certa preocupação pelos diplomatas britânicos. Por baixo da aparência de amizade ítalo-germânica, Ogilvie-Forbes diagnosticou tensões entre a Itália e a Alemanha. Arrebatado pelo espetáculo da propaganda, ele argumentou que eram as semelhanças ideológicas básicas, e não os interesses estratégicos e políticos comuns, que aproximavam os dois regimes, mas questionou a suficiência desses paralelos ideológicos para a formação de uma aliança militar. Ademais, conflitos recentes entre Itália e Alemanha, como a Frente de Stresa e a ruptura das relações ítalo-germânicas após o fracassado golpe nazista na Áustria, estavam ainda vivos na memória de todas as pessoas. Na opinião de Ogilvie-Forbes, estava claro que, depois do grande sucesso dessa visita, nem alemães nem italianos poderiam dar-se ao luxo de permitir o resfriamento de sua nova amizade, bem como do relacionamento amistoso entre os dois ditadores fascistas. Ogilvie-Forbes concluiu com uma nota sombria. A retórica de paz propalada por Mussolini e Hitler não passava de simples propaganda.[100] De fato, a fim de lembrar a todos o real objetivo nazista em uma união com a Itália, houve um colossal e bem organizado desfile para impressionar Mussolini.[101]

Quando a delegação nazista se despediu de Mussolini e dos fascistas na estação Lehrter, em Berlim, Heinrich Hoffmann tirou uma fotografia de um Duce alegre, que falava através de uma janela aberta do trem com um Hitler pensativo. Essa foto foi um tributo à vaidade do ditador italiano, pois Hitler, em pé na plataforma, precisava olhar para cima para falar com Mussolini. No entanto, o último golpe foi do Führer. Outra foto tirada por Hoffmann exibe-o acenando para o trem de Mussolini enquanto este se afasta da estação.[102] Goebbels, lisonjeado por ter recebido do próprio Duce uma foto autografada, afirmou que o ditador fascista estava chorando quando o líder nazista se despediu dele na estação. "O lugar desses dois homens é um ao lado do outro", frisou Goebbels.[103] Hitler ficou emocionado quando seus convidados italianos partiram. Em seu diário, Goebbels conferiu ao Eixo um traço de humanidade que ligaria a Itália e a Alemanha. Nenhuma aliança militar formal fora concluída, mas para Goebbels o relacionamento ítalo-germânico se manifestava por meio de uma imagem emotiva da amizade dos dois ditadores e de seus povos.[104] Os alemães ladearam a estrada de ferro desde Berlim até a fronteira com a Áustria, saudando o Duce à medida que seu trem cruzava o Reich.[105]

Embora os dois líderes tenham declarado que o encontro ultrapassara as normas diplomáticas tradicionais, Mussolini seguiu o protocolo ao enviar a Hitler um telegrama depois de cruzar a fronteira austro-germânica, que ainda era um obstáculo às boas relações ítalo-germânicas. O Duce afirmou que sua estada na Alemanha o havia convencido da "indissolubilidade da [...] amizade". Conforme escreveu Mussolini de forma cativante, mas calculada, a visita havia aumentado sobremaneira sua admiração pelas conquistas de Hitler e seu sentimento de amizade pelo líder nazista. O ditador fascista aproveitou a oportunidade para convidar Hitler a visitar a Itália. Como o telegrama foi publicado na imprensa italiana e na alemã, os comentários de Mussolini reforçaram a mensagem do encontro de uma cooperação mais próxima entre Itália e Alemanha.[106]

O Duce sabia que sua ostensiva atitude pró-Alemanha tinha seus críticos, mesmo entre os apoiadores do fascismo. Na viagem de volta a Roma, Mussolini parou em Verona para se encontrar com o poeta Gabriele D'Annunzio, o herói do Fiume que havia, de algum modo, pavimentado o caminho para a tomada do poder pelos fascistas, e que era um notório oponente de uma aliança da Itália com a Alemanha. O encontro, coberto pelo *Il Popolo d'Italia*, deixou para os apoiadores do fascismo a mensagem de que o futuro da política externa italiana ainda estava em aberto.[107]

Na chegada a Roma, Mussolini foi recebido com um colossal espetáculo. Trabalhadores estatais e do partido tiveram o dia livre para poder dar as boas-vindas ao Duce. Os edifícios públicos foram iluminados e adornados com bandeiras. A cerimônia reforçou para Mussolini o sentimento de ter triunfado em sua visita, o que o deixou mais convencido a respeito de uma aliança com a Alemanha. Ele se dirigiu ao povo italiano gabando-se de que agora a amizade ítalo-germânica estava cravada no âmago das duas nações. Embora enfatizasse a solidariedade entre "as duas revoluções", permaneceu vago em relação a planos para uma colaboração formal entre italianos e alemães. Nenhum pacto fora assinado na Alemanha. Contudo, o deslumbrante espetáculo lá ocorrido foi gradativamente se tornando uma profecia autorrealizável para Mussolini, que, de tão impressionado com Hitler e o Reich, declarou aos italianos que se desenvolvera no coração do povo da Itália fascista e da Alemanha nazista uma intensa amizade, a qual permaneceria sólida.[108] Um artigo sobre a opinião pública, conservado nos arquivos do Ministério da Cultura Popular, alardeou que as multidões italianas ficaram em estado de êxtase com a visita de Mussolini à Alemanha, recebendo-o com entusiasmo. Essa foi uma descrição realista da recepção popular ao Duce em Roma, claramente o resultado de um cuidadoso trabalho de teatralização e controle das massas por parte dos fascistas, o que incluía pressão e coerção.[109] Refletindo a nova amizade entre Itália e Alemanha, a emissão radiofônica da cerimônia de boas-vindas ao Duce em Roma foi transmitida por todas as estações de rádio alemãs.[110]

Logo após o retorno de Mussolini a Roma, Ciano confirmou, em uma conversa com o embaixador alemão, que o Duce havia apreciado demais a estada em Berlim e que desejava ardentemente fortalecer o Eixo.[111] Em seu próprio diário, Ciano se mostrou mais cético e colocou em dúvida se a aliança entre os dois regimes seria suficiente "para unir de forma significativa dois povos em polos opostos em termos de raça, cultura, religião e gostos". Não obstante, no entender de Ciano, o Eixo era não apenas uma manobra política, e sim a busca de uma ideologia comum, reforçada pelas opiniões políticas de Mussolini.[112]

Embora alguns de seus comentários pró-Hitler e pró-alemães não passassem de cálculos táticos, Mussolini ficou genuinamente impressionado com a recepção que tivera na Alemanha. Em 4 de outubro de 1937, ele escreveu ao rei que sua viagem tivera "o caráter demonstrativo pretendido". O Duce tentava convencer o rei quanto a uma aliança com a Alemanha, e disse a ele que "o povo alemão havia demonstrado um comportamento muito simpático".[113] Mussolini claramente acreditava que seus laços com Hitler, o líder da mais poderosa ditadura de direita, fortaleceria seu ego e seu regime. Um mês depois de retornar de Berlim, o Duce confidenciou a Clara Petacci que ele sentira genuína admiração pelos alemães, sugerindo que o espetáculo nazista fora bem-sucedido em seduzir o ditador italiano. Ele vangloriou-se, dizendo a Petacci que, juntas, a Itália e a Alemanha conquistariam o mundo e afirmou:

> Eles são leais e sentiram o poder do regime [fascista]. Eles compreendem que, se um fracassar, os dois fracassarão: nós estamos intimamente unidos. E eles perceberam que a Itália é séria. Eles são um povo encantador. Eles sabem como fazer as coisas em grande escala. Imagine, eles ainda estão falando sobre mim [...] As pessoas comuns estão completamente dominadas. Eles sentiram minha força.[114]

Mussolini sentiu uma enorme satisfação com o fato de Hitler e os alemães terem reconhecido que a Itália era uma grande potência, e disse a Petacci: "A Itália não está mais com a França e a Inglaterra". A demonstração nazista de unidade fora tão eficaz que até convenceu o Duce de que ele era mais popular na Alemanha do que Hitler.[115]

Aqui estava o reconhecimento por parte de Mussolini de que a Alemanha nazista era um aliado desejável e, por consequência, mais poderoso do que a Itália, uma significativa mudança na maneira de pensar do Duce. Em marcante contraste com o encontro de Veneza, em 1934, o ditador fascista não podia mais menosprezar Hitler. Não obstante, em um artigo para o *Il Popolo d'Italia*, publicado de forma anônima no início de outubro, após seu retorno da Alemanha, Mussolini sugeriu que o fascismo era espiritualmente superior ao nazismo, pois fora a primeira doutrina e o primeiro movimento a subir ao poder. Apesar da ênfase que colocou no destino comum de Itália e Alemanha, Mussolini afirmou de forma categórica que cada nação teria seu próprio movimento fascista, o que reduziu as esperanças de que a Itália viesse a se aliar com o Terceiro Reich por razões puramente ideológicas.[116] Tanto para Mussolini como para Hitler, a visita abriu um novo capítulo na política exterior dos dois países e revelou para o mundo os vínculos cada vez mais próximos entre seus regimes. Para Goebbels e Hitler, depois da Etiópia, o Duce fora quase inevitavelmente impelido a uma aliança com a Alemanha. Não restava assim ao ditador italiano outra opção a não ser aliar-se com o Terceiro Reich, o que, segundo Goebbels, era a melhor base para uma amizade. Esta ficaria a cargo dos nazistas, de modo que, desde o princípio, a aliança nazifascista foi dominada pelos alemães.[117]

No entanto, a imprensa fascista alimentava a ilusão de que os dois países, e de fato os dois líderes, estavam em pé de igualdade. Em 1º de outubro de 1937, o jornal de Mussolini, *Il Popolo d'Italia*, anunciou que Hitler visitaria a Itália em breve. Tratava-se de uma inversão de papéis entre os ditadores. Nos anos 1920 e início da década de 1930, Hitler tentara desesperadamente marcar uma audiência com Mussolini em Roma, o que o Duce protelou até 1934. Apenas três anos depois, era Mussolini quem convidava Hitler a visitar a Itália. Contudo, os funcionários da propaganda alemã responsáveis por orientar o conteúdo dos jornais dissuadiram os editores de abordar a visita de Hitler à Itália, pois permaneciam as tensões subjacentes à cintilante superfície da propaganda nazista. Prevendo perguntas como por que nenhum tratado formal fora assinado e por que não fora feito nenhum comunicado oficial, um funcionário da propaganda lembrou aos editores que todas as respostas importantes se encontravam nos discursos feitos por Hitler e Mussolini em Maifeld. Ele insistiu ainda que a marcante exibição de unidade entre Alemanha e Itália tornava desnecessário um tratado formal. Desse modo, o espetáculo diplomático se sobrepôs às declarações formais, conferindo peso à afirmação propagandística de que o relacionamento Hitler-Mussolini inaugurava um novo estilo de diplomacia. O motivo real para a não assinatura de um acordo concreto foi que Mussolini, embora atraído pela ideia de uma aliança com Hitler, evitava romper os laços com a Grã-Bretanha. Ele acreditava que essa tática poderia engrandecer a posição diplomática da Itália.[118]

Nazistas do alto escalão, entre eles Goebbels, continuaram não acreditando que os italianos se manteriam fiéis ao Eixo. Quando o Duce, depois de retornar à Itália, enviou a Hitler um retrato autografado, dedicado "em sincera amizade", Goebbels comentou com sarcasmo: "Esperamos que também em leal [amizade]. Bem, vamos esperar e ver".[119] Nazistas de grande proeminência admiravam Mussolini e seu regime, sem compreender por completo as complexidades e contradições internas deste, mas permaneciam hostis em relação ao povo italiano, chegando a encará-lo algumas vezes como racialmente inferior.

No entanto, o esforço concentrado dos nazistas para cultivar uma aliança ítalo-germânica não deixou de causar impacto sobre os alemães. Embora seja notoriamente difícil avaliar a opinião pública durante o período do Terceiro Reich, cumpre notar que centenas de milhares de alemães participaram das comemorações da visita de Mussolini, quer por curiosidade, por entusiasmo ou em razão da pressão nazista. Suas queixas quanto aos custos elevados demais da visita foram acompanhadas por um tremendo respeito pela aptidão dos nazistas para a realização de uma organização perfeita. Paradoxalmente, embora muitos alemães rejeitassem a adulação aos italianos pelos nazistas, a visita de Mussolini ajudou a consolidar as atitudes do povo em relação ao regime do Terceiro Reich, mesmo entre aqueles que criticavam algumas políticas nazistas específicas. Agentes do *Sopade* citaram um cidadão de Munique que morava em casa própria, para quem Mussolini era desagradável e não merecia confiança. Ele reclamou sem parar da prodigalidade dos gastos nazistas com a visita de Mussolini, mas, ao mesmo tempo, admirou a pompa militar e cerimonial. O homem disse: "Mussolini terá que olhar à sua volta; os italianos não seriam capazes de [organizar] algo assim. Hitler está mostrando a eles [o caminho] [...] Ele sabe exatamente o que pensar do italiano; quer mostrar a ele que nós alemães somos uma potência". Estava absolutamente claro que a Alemanha era agora uma grande potência militar, menos de cinco anos depois da nomeação de Hitler como chanceler do Reich. Mussolini não tinha mais o direito de menosprezar Hitler.[120]

Na Itália, a propaganda do regime defendia uma cooperação mais próxima com a Alemanha nazista e lançou um livro comemorativo, *Il Duce in Germania*, que reproduzia algumas das fotos que Hoffmann havia tirado dos dois líderes. Gherardo Casini, diretor-geral da imprensa italiana, escreveu o prefácio, no qual afirmava que os italianos acompanhavam o entusiasmo do Duce com a amizade ítalo-germânica, uma amizade cravada "no coração dos dois povos". Na verdade, apesar de uma propaganda italiana cada vez mais intensa em favor da Alemanha, a maioria dos italianos mantinha certa reserva quanto a essa aliança.[121]

A despeito da ambígua recepção popular, a visita de Mussolini à Alemanha tocou os observadores estrangeiros, sugerindo que o principal objetivo da visita – retratar Itália e Alemanha como aliados leais, unidos por uma ideologia comum e pelos laços de proximidade dos dois ditadores – fora alcançado. Tratava-se do encontro face a face de dois ditadores responsáveis por dois regimes que desafiavam os acordos do pós-guerra. A coreografia do encontro projetou uma imagem poderosa e ameaçadora de dois ditadores, gozando do apoio unânime de seus povos, conduzindo a Europa na direção de uma Nova Ordem de conquistas e dominação. Cada vez mais, Mussolini acreditava que o destino o havia ligado a Hitler, um sentimento desde muito tempo acalentado pelo próprio Hitler. Na era da propaganda de massa, tudo isso criou uma imagem potente da força e da unidade ítalo-germânicas. Contudo, mal-entendidos, tensões e suspeitas mútuas estavam profundamente arraigados na união de Mussolini e Hitler, assim como no relacionamento entre os dois regimes, e viriam a ser um obstáculo nos anos seguintes.[122]

4

PRIMAVERA PARA HITLER
Maio de 1938

I

Em 5 de outubro de 1937, semanas depois de Mussolini retornar da Alemanha, o presidente dos Estados Unidos, Franklin D. Roosevelt, pronunciou seu "discurso da quarentena". Nele, o americano advertiu a Itália fascista e a Alemanha nazista, mas também o Japão, de que a comunidade internacional não toleraria agressão. Embora o ministro do Exterior alemão acreditasse que o alvo da advertência de Roosevelt tivesse sido principalmente o Japão, a preocupação internacional com a aproximação entre Mussolini e Hitler era palpável.[1]

A visita do ditador fascista à Alemanha coincidira com uma ampla mudança na política externa alemã do revisionismo para um expansionismo aberto. Na esteira da partida do Duce, em 5 de novembro de 1937, Hitler informou aos comandantes em chefe das Forças Armadas que a Alemanha deveria anexar a Áustria e a Checoslováquia em 1938 e se preparar para uma guerra em larga escala, visando conquistar espaço vital, no período 1943-1945. Os planos de Hitler, resumidos pelo coronel Friedrich Hoβbach, mais tarde se tornaram objeto de grande controvérsia. O ditador nazista, preocupado com um pólipo na garganta que temia pudesse ser câncer, sentia que seu tempo estava se esgotando. No entanto, para a liderança da Wehrmacht, que concordava amplamente com os objetivos de Hitler, o cronograma do líder era demasiado arriscado. De fato, na visão de muitos generais alemães, a França e a Grã-Bretanha interviriam e derrotariam a Alemanha, que ainda não estava preparada para uma guerra em larga escala. Durante o encontro com Hoβbach, Hitler pouco falou sobre a Itália, de onde se pode deduzir que a ditadura de Mussolini não desempenhava papel essencial em sua estratégia. Ademais, ele sabia que, para os militares presentes no encontro, o Exército italiano não merecia credibilidade. Um historiador sugere que, para Hitler, o principal objetivo do flerte com Mussolini era pressionar a Grã-Bretanha a aliar-se com a Alemanha. Tal objetivo, contudo, mostrara-se irrealista, e a amizade com o ditador italiano já desenvolvera uma energia política própria durante e após a visita do Duce à Alemanha.[2]

A radicalização da política externa alemã foi acompanhada por uma crescente repressão aos judeus e aos excluídos sociais, como os sem-teto e os supostos criminosos "inveterados" dentro da Alemanha. Em meio aos preparativos para a guerra, Hitler afastou de seus postos o general Werner von Fritsch e o marechal de campo Werner von Blomberg, duas autoridades-chave do Exército que se mostravam cautelosas demais em relação à agressiva política externa do líder alemão. Assim, no início de 1938, Hitler se tornou comandante supremo do Exército. Em um telegrama ao ditador nazista, Mussolini declarou que essa tomada do comando supremo era um evento "destinado a reafirmar as relações de camaradagem entre nossas Forças Armadas e nossos regimes". O telegrama refletia o respeito do líder italiano, mas também sua inveja frente às medidas radicais que Hitler pôde tomar, pois, na Itália, o rei continuava sendo o comandante em chefe das Forças Armadas e a figura de proa para muitos oficiais. Hitler respondeu entusiasticamente e declarou que era sua "tarefa consolidar as relações politicas e ideológicas que já existem entre a Alemanha e a Itália". O objetivo desses telegramas, que foram publicados nas imprensas italiana e alemã e formulados em uma linguagem vaga e estereotipada, era alimentar o ímpeto do Eixo.[3]

Reproduzindo o rearranjo que promovera na liderança militar, Hitler substituiu o diplomata de carreira Neurath pelo bajulador Ribbentrop. Essa nomeação, a despeito da lenta nazificação do Ministério do Exterior desde 1933, foi um gesto importante, cujo significado sugeria que já era tempo para uma diplomacia nova, agressiva e não burocrática, que seguiria e implementaria cegamente os desejos de Hitler.[4] Ele também usou essa reestruturação como forma de ratificar o relacionamento especial com Mussolini, de modo semelhante à substituição por parte deste último do embaixador Cerruti em 1935. Assim, o embaixador Hassell foi substituído por Hans Georg von Mackensen, homem bem relacionado nos círculos militares e diplomáticos por ser filho de um marechal de campo e genro de Neurath. Apesar de Ciano e Ribbentrop não se suportarem, uma circunstância pouco recomendável do ponto de vista de uma cooperação ítalo-germânica mais próxima, tanto Ciano como Mussolini saudaram o rearranjo, ecoando as opiniões de nazistas do primeiro escalão que havia muito acusavam Hassell de minar uma aliança ítalo-germânica.[5]

Merece destaque o fato de o regime fascista na Itália também ter se tornado mais radical na esteira da viagem de Mussolini à Alemanha. A viagem fortalecera o culto à sua liderança. O Duce acreditava ter encontrado na Alemanha nazista o aliado mais conveniente, com o qual a Itália teria um destino comum, a saber, a guerra contra a França e a Grã-Bretanha que proporcionaria aos italianos um *spazio vitale*. O expansionismo fascista foi contrabalançado em casa por uma forte arrancada rumo ao "totalitarismo" e à militarização da vida doméstica, assim como por um impulso em favor da autocracia.[6] Um dos primeiros indicativos diplomáticos tangíveis dessa dinâmica radical foi a adesão da Itália ao Pacto Anti-Comintern com a Alemanha e o Japão. O alvo implícito desse tratado era a União Soviética e, em uma cláusula secreta, obrigava a Alemanha e o Japão a manterem a neutralidade caso um deles entrasse em guerra com a União Soviética. Essa era uma perspectiva improvável para a Itália fascista. Esse foi o golpe final nas esperanças de França e Grã-Bretanha quanto a uma retomada da Frente de Stresa contra a Alemanha. No entanto, o Ministério da Propaganda e Cultura italiano instruiu os editores dos jornais a evitarem destacar que a Itália havia assinado o pacto, o que ainda reflete a política inconsistente e cada vez mais impraticável de Mussolini no sentido de manter o país como um "peso determinante".[7]

Mas isso não era tudo. Em outro ataque à ordem de Versalhes, a Itália deixou a Liga das Nações, em dezembro de 1937. Não causa surpresa que a imprensa alemã tenha dado ampla cobertura a esse evento, que parecia confirmar a adesão da Itália ao Terceiro Reich. Ao mesmo tempo, um gesto pequeno, mas não menos significativo, deu realce à cooperação ítalo-germânica na direção de uma Nova Ordem. Em conformidade com a natureza performática da amizade ítalo-germânica, Mussolini recebeu, na mesma semana na qual a Itália saiu da Liga, um presente generoso do prefeito superior de Hanover: um garanhão hanoveriano castrado, propriedade da célebre Academia de Cavalaria de Hanover, junto com um par de esporas de prata. O Duce, que era um cavaleiro entusiástico, mas não especialmente competente, ficou encantado, e a aceitação por ele de um cavalo da cavalaria alemã poucos dias depois de a Itália ter deixado a Liga indicava que o futuro do país seria ao lado da Alemanha.[8]

Em um novo impulso rumo à criação de um Estado totalitário na sombra do Terceiro Reich, o partido, liderado por Achille Starace, lançou uma campanha antiburguesia que logo assumiu um viés racista e antissemita. Por exemplo, o regime instruiu os italianos a evitarem em público o tratamento formal em segunda pessoa, "*lei*", e adotarem o coloquial "*voi*". Contudo, o ímpeto fascista pela remodelação da vida dos italianos não parou por aí. Os apertos de mão, considerados anti-higiênicos, deviam ser substituídos pela saudação romana. Muitos italianos, incluindo aqueles do círculo íntimo de Mussolini, como Ciano e sua esposa, mas também Clara Petacci e seus familiares, mantiveram seu estilo de vida burguês e nem sempre obedeciam a essas regras, que alguns viam como tolas tentativas de imitar os nazistas. O partido, no entanto, a exemplo da justificativa usada para a adoção do *passo romano*, afirmava que essas práticas tinham origem na Roma antiga.[9]

Apesar de todas essas manifestações favoráveis aos alemães, Mussolini e Ciano continuaram a conduzir em público uma política externa dúbia, a fim de aumentar o prestígio da Itália, embora tal política fosse cada vez mais irrealista depois da aproximação durante a visita do Duce à Alemanha. Em janeiro de 1937, a Itália assinara o chamado Acordo de Cavalheiros com a Grã-Bretanha, um reconhecimento mútuo do *status quo* no Mediterrâneo. Funcionários da propaganda italiana instruíram os editores dos jornais a comentar o episódio de forma "sóbria e respeitável", mas, um tanto paradoxalmente, ordenaram que eles retratassem o acordo como um lance de gênio de Mussolini, o qual consolidaria o Eixo com a Alemanha nazista e traria estabilidade à Europa.[10]

Para além dessa retórica, no final das contas Mussolini desejava, a exemplo de Hitler, ir à guerra. Para o Duce, ecoando um sentimento nacionalista amplamente alentado na Itália, a guerra tinha uma qualidade transformadora que converteria os italianos em um povo mais forte e coeso. A guerra realizaria os objetivos do Ressurgimento (*Risorgimento*) e converteria a Itália em uma grande potência.[11] No entanto, Mussolini hesitava em comprometer o país em uma aliança militar com a Alemanha, ainda que não por falta de vontade. Ao contrário, ele titubeava porque a Itália, que tinha um grande contingente de tropas envolvidas na Guerra Civil Espanhola, carecia de recursos militares e econômicos para enfrentar as potências ocidentais. Essa é a razão pela qual Mussolini precisava manter suas manobras diplomáticas. Contudo, essa tática se tornava cada vez mais inviável, por causa da crescente dependência econômica da Itália em relação à Alemanha e da ligação ideológica do Duce com Hitler.[12] Foi no contexto de um vínculo ideológico cada vez maior, mas que continuava ambíguo e nebuloso, que os preparativos para a segunda viagem de Hitler à Itália começaram para valer. Ao contrário de 1934, essa foi uma visita de Estado oficial que teve como anfitrião o rei Vittorio Emanuele III, e não Mussolini. Tal arranjo viria a gerar confusão, tensão e cenas absurdas durante a viagem de Hitler.

II

No final de novembro de 1937, obedecendo às ordens de Mussolini, Ciano formou uma comissão de funcionários do alto escalão do partido, da propaganda, do Estado e da polícia para planejar a visita de Hitler. O objetivo da comissão era sobrepujar o espetáculo alemão exibido quando da estada de Mussolini no Terceiro Reich, de modo a convencer o público doméstico italiano e alemão, bem como o internacional, especialmente na França e na Grã-Bretanha, de que a Itália era uma grande potência, unida ao Terceiro Reich.[13] As diversas agências envolvidas estavam obcecadas em criar um retrato de apoio popular unânime ao Eixo ainda mais marcante do que o projetado pelos nazistas em 1937. A fim de registrar seus esforços e justificar os elevados custos do evento, elas deixaram um vasto número de documentos, os quais permitem uma análise muito mais detalhada da visita de Hitler à Itália do que da de Mussolini à Alemanha em 1937.[14]

Como o regime desejava transmitir a imagem de uma Itália poderosa, eficiente e próspera, uma das primeiras tarefas da comissão foi a compilação de uma longa lista de reformas a serem realizadas nas casas que margeavam a linha férrea desde Roma até Nápoles, por onde Hitler passaria. Muitas fachadas estavam tão desgastadas que os proprietários foram obrigados a pintá-las ou cobri-las com bandeiras. O abismo entre a propaganda e a realidade mais corriqueira, do qual a criação das aldeias de Potemkin* é um exemplo indiscutível, trespassaria a coreografia fascista da visita de Hitler como um fio condutor. Por exemplo, não menos do que 11.671 bandeiras italianas e 11.264 alemãs seriam exibidas ao longo da linha férrea; os números quase idêntico sugeririam que Itália e Alemanha eram iguais. O único lugar onde as bandeiras italianas apareceriam em número superior às alemãs era em Bolzano, no Tirol do Sul, pois as autoridades temiam uma manifestação exagerada de entusiasmo em relação a Hitler por parte da população germanófona local.[15]

Várias instituições estatais e do partido tentaram se superar mutuamente nos zelosos preparativos para a visita de Hitler, o que gerou algumas vezes resultados risíveis. Como se a quantidade quase igual de bandeiras não fosse uma evidência matemática suficiente para os esforços do governo italiano pela exibição da unidade nazifascista, o regime estava determinado a distribuir mais 1.910.000 estandartes italianos e alemães nas províncias que o trem de Hitler atravessaria. Não obstante, a despeito de toda essa dedicação fervorosa, o Ministério das Finanças, em uma carta ao mesmo tempo colérica e hilária, queixou-se ao gabinete do primeiro-ministro, em 29 de março de 1938, de que os gabinetes de muitos prefeitos haviam solicitado bandeiras em tamanho errado, criando despesas desnecessárias e lançando dúvidas sobre a eficiência do Estado fascista.[16]

Refletindo a propaganda de unidade, as imprensas italiana e alemã começaram a anunciar a visita no final de fevereiro de 1938 com grande espalhafato, reforçando a mensagem transmitida durante a visita de Mussolini, segundo a qual os dois países finalmente se tornariam aliados.[17] Para Hitler, a visita à Itália ia além das convenções de uma visita de Estado e deveria demonstrar e reforçar seu relacionamento especial com Mussolini. Significativamente, ele informou a Ribbentrop que não aceitaria

---

* A expressão "aldeias Potemkin" se refere a um artifício de propaganda, geralmente usado em política, cujo intuito é passar a impressão de que algo, como regra, é bom, mesmo que a realidade não seja assim. (N. T.)

convites para nenhuma outra visita de Estado. Desse modo, Ribbentrop e seu novo subsecretário de Estado, Ernst von Weizsäcker, instruíram o Ministério do Exterior alemão a planejar a viagem como um evento único. Arranjos protocolares especiais refletiriam essa singularidade, parte do novo estilo diplomático nazista que espelhava rigorosamente o fato de a política externa do nazismo ter se voltado do revisionismo para a agressão aberta.[18]

Como reflexo das tensas relações com a Santa Sé, ficou decidido que Hitler não visitaria o Vaticano. Pio XI, cuja posição em relação ao racismo nazista e aos ataques nazistas à doutrina católica fora manifestada na carta encíclica *Mit brennender Sorge*, de 1937, também não queria se encontrar com Hitler.[19] Em um gesto claro, antes da chegada do ditador alemão a Roma, o papa deixaria a cidade rumo à sua residência em Castel Gandolfo, nas colinas Albanas. Ele ordenou também o fechamento dos museus do Vaticano, para impedir que Hitler os visitasse. O jornal do Vaticano, *Osservatore Romano*, que tinha grande circulação na Itália, declarou que a retirada do papa para Castel Gandolfo não era o gesto de uma "diplomacia menor", mas sim uma questão de bem-estar, "porque o ar de Castel Gandolfo o faz sentir-se bem, enquanto o [ar de Roma] o faz sentir-se mal". Essa foi uma mal disfarçada rejeição à visita de Hitler, envolta em um mínimo de cortesia diplomática.[20] Na Itália, apenas alguns anos após a conclusão dos Tratados Lateranenses de 1929, a rejeição pelo papa de uma aliança entre a Itália e o Terceiro Reich guardava um peso político significativo. De fato, Ciano ficou tão preocupado com a oposição do Vaticano ao Eixo que instruiu a embaixada italiana em Berlim a sugerir que Hitler emitisse uma declaração para aplacar a irritação da Igreja com o Terceiro Reich. O líder nazista se recusou a fazê-lo. Assim, no início de abril de 1938, Mussolini adotou uma postura anti-Hitler com o jesuíta Pietro Tacchi-Venturi, seu contato extraoficial com o Vaticano, e sugeriu a excomunhão do ditador alemão. O objetivo do Duce com essa atitude era manter boas relações com o Vaticano, que, a despeito de alguns conflitos, endossava o regime fascista desde 1929.[21] Por fim, para aliviar as tensões com o Vaticano, no final de março de 1938 Ciano emitiu uma ordem confidencial isentando as igrejas e os edifícios de propriedade do Vaticano de serem iluminados ou adornados com bandeiras durante a visita de Hitler. De fato, o ditador nazista evitou visitar igrejas enquanto esteve na Itália.[22]

III

Apesar da ordem de Hitler a Ribbentrop para que a visita se diferenciasse das visitas de Estado, os detalhes práticos dos preparativos foram deixados a cargo do departamento de protocolo do Ministério do Exterior alemão, acostumado com um estilo mais tradicional do que o desejado por Hitler. Desse modo, parte do planejamento formal baseou-se em antecedentes de visitas de Estado reais e imperiais, sobretudo porque era o rei, e não Mussolini, o anfitrião oficial. Nos bastidores, espreitavam algumas tensões não resolvidas entre os rituais monárquicos e os rituais fascistas.[23] Ao contrário da visita de Hitler à Itália em 1934, a delegação alemã era enorme, refletindo o caráter especial da nova visita. Na qualidade de convidado do rei, o líder nazista ficaria hospedado no Palácio do Quirinal, a residência romana oficial do monarca.[24]

Apesar dos meticulosos preparativos dos italianos, o Ministério do Exterior alemão informou a seu congênere italiano, por meio de um memorando confidencial que beirou o pedantismo, as singulares solicitações de Hitler quanto às acomodações e dieta. No desjejum, deveriam ser servidos a ele chocolate quente e bolos. Um cardápio vegetariano deveria ser oferecido, assim como, ocasionalmente, um prato italiano. Água mineral com gás e pão preto seriam fornecidos pela Alemanha. O quarto de Hitler precisava ser silencioso. Sua cama deveria ser confortável, com um cobertor de pelo de camelo e uma almofada em formato de cunha. Uma mesinha de cabeceira com um abajur deveria ser colocada à direita da cama. Como se essa lista não fosse exaustiva o bastante, o memorando recomendava também que o quarto do líder nazista fosse decorado com flores frescas e que lhe fossem disponibilizados livros ilustrados sobre as edificações da Roma Antiga. O ponto dessas demandas, não inteiramente incomuns no período preparatório das visitas de Estado, é que, em 1938, o governo alemão sentia-se suficientemente confiante para ditar ao Ministério do Exterior italiano como Hitler deveria ser tratado. A hierarquia entre os dois ditadores havia mudado: era Hitler e não Mussolini quem ocupava a vanguarda da direita europeia. A história dos preparativos da visita de Estado do líder nazista não sugere, portanto, uma dicotomia entre estilo e substância. Ao contrário, o estilo refletia e forjava a substância política.[25]

Outros detalhes também espelharam questões políticas. Por exemplo, diferentemente de 1934, quando ainda estava consolidando o poder nazista, Hitler usaria um uniforme durante toda a visita. Os membros diplomáticos da delegação alemã oficial foram equipados com uniformes especiais, produzidos para a ocasião pelo cenógrafo do Reich, Benno von Arent, que havia criado as ornamentações de rua quando da visita de Mussolini a Berlim, em 1937. O fato de os uniformes terem sido concebidos por um cenógrafo não foi mera coincidência, pois indica a importância do espetáculo para a criação de uma imagem de unidade. No entanto, os uniformes se transformaram em motivo de riso, e alguns membros da delegação alemã eram da opinião de que eles se assemelhavam a trajes para uma festa a fantasia. Hitler, ansioso por deixar uma impressão melhor do que a de sua visita anterior à Itália, levou a sério o código de vestimenta e acabou ordenando que ninguém usasse fardas brancas, para evitar transmitir a ideia de que os alemães estavam se comportando como colonizadores em relação à Itália. A ordem do ditador nazista refletia o sentimento de superioridade dos alemães, mas também demonstrava o embaraço dele próprio e de outros líderes nazistas em sua primeira visita de grande vulto à Itália. O medo de ofender Mussolini e o regime italiano foi palpável durante toda a visita.[26]

IV

Precisamos interromper nossa história aqui, pois eventos em curso na Áustria ofuscaram os preparativos para a visita de Hitler à Itália. A despeito da garantia dada por Mussolini, em 1936, de que a Itália reconhecia a Áustria como parte da esfera de influência dos nazistas, oficialmente os italianos ainda afiançavam a independência austríaca. Contudo, como Hitler se preparava para uma guerra, desejava colocar a Áustria sob o controle total dos alemães, concluindo, desse modo, a tomada do poder pelos nazistas no Grande Reich Germânico. Assim, em fevereiro de 1938, depois de um vigorosa intimidação por parte de Hitler, o chanceler austríaco, Kurt von Schuschnigg, sucessor de Dollfuss, legalizou o partido nazista austríaco e nomeou o nazista Arthur Seyβ-Inquart como ministro do Interior. Schuschnigg convocou então um referendo sobre a independência da Áustria. Hitler temia que os austríacos votassem a favor da independência. Depois de um aumento da violência nazista na Áustria, o referendo foi cancelado. Em 11 de março de 1938, atendendo a um pedido do partido nazista austríaco, tropas alemãs chegaram a Viena sob o pretexto de pacificar o país.[27]

Hitler sabia que a Itália ainda estava profundamente envolvida na Guerra Civil Espanhola e, portanto, era improvável que resistisse ao avanço da Alemanha contra a Áustria. No entanto, na noite de 11 de março de 1938, ele fez chegar uma carta pessoal a Mussolini por intermédio do príncipe de Hesse. Tal gesto deveria indicar que a aprovação do ditador italiano à invasão era verdadeiramente importante para Hitler, em total contraste com a atitude tomada por ele quando do fracassado *putsch* nazista de 1934 na Áustria.[28] Nessa carta, Hitler pedia desculpas a Mussolini por informá-lo tardiamente sobre uma decisão que "já havia se tornado irrevogável". Ele, então, explicava por que não restava à Alemanha outra opção senão invadir a Áustria. A explicação foi dissimulada de forma tal que fazia a invasão alemã parecer benéfica para a Itália. Acima de tudo, a Alemanha reconheceria para sempre a fronteira do passo do Brennero, assegurando Mussolini, desse modo, da renúncia à demanda territorial alemã pelo Tirol do Sul. Já no final da carta, Hitler mostra-se pesaroso por não poder discutir essas questões pessoalmente com o ditador italiano, e assina "em eterna amizade". Mais tarde, um comunicado oficial italiano deu a conhecer a entrega da carta de Hitler a Mussolini. A missiva foi também publicada na Alemanha depois do *Anschluss*. O objetivo dos dois relatos era criar a impressão de que Hitler havia consultado Mussolini e reafirmado a unidade fascista-italiana. Na verdade, o ditador alemão não esperou a resposta do Duce; ele ordenou a invasão muito antes de ouvir o relato do príncipe, que fora instruído a reportar imediatamente a Berlim a reação do líder italiano. O príncipe só telefonou para Hitler depois que este já tinha dado suas ordens.[29] Na conversa por telefone com Hitler, gravada pela agência de escutas telefônicas de Göring, o príncipe relatou que Mussolini havia "recebido toda a questão de forma muito amigável" e enviado "calorosas saudações" para Hitler. "A Áustria era um fato consumado", declarara Mussolini. Hitler ficou muito satisfeito e pediu a Hesse: "Fale a Mussolini que nunca esquecerei isso" e que ele estava disposto "a enfrentar quaisquer circunstâncias" com Mussolini. Essas declarações se tornaram frases feitas do relacionamento Hitler-Mussolini. O ditador nazista queria fazer crer ao italiano que se sentia verdadeiramente em débito para com o Duce, pois sabia que este ficara furioso com a exposição da fraqueza da Itália durante o *Anschluss*.[30]

Para reforçar sua gratidão a Mussolini, Hitler repetiu em um telegrama de 13 de março de 1938 a frase "Mussolini, eu nunca me esquecerei de você por isso". Esse telegrama foi amplamente publicado na Alemanha e na Itália.[31] O líder fascista manteve a correspondência em seus arquivos pessoais, um indicativo de que faria Hitler cumprir a promessa. Tal atitude coloca em dúvida se o Duce acreditava mesmo na lealdade inabalável de Hitler.[32] Mussolini só respondeu no dia seguinte, afirmando secamente que sua posição era determinada pela amizade dos dois países. Enquanto, em seu telegrama de agradecimento, Hitler havia se dirigido de forma educada a "Vossa Excelência", o irado Mussolini, que, para salvaguardar sua reputação, não teve outra opção senão aceitar o *Anschluss* e ser polido em relação a Hitler, endereçou sua resposta a "Hitler-Viena". A resposta do Duce foi publicada na imprensa italiana, mas também nos jornais alemães, porque os nazistas interpretaram-na erroneamente como uma aprovação da ação unilateral da Alemanha.[33]

Hitler nunca esqueceu a não intervenção de Mussolini em março de 1938 e usou-a posteriormente para rejeitar quaisquer críticas ao líder italiano entre os funcionários nazistas. O ditador alemão, gozando dos louros da vitória em Viena, declarou ao correspondente do *Il Popolo d'Italia*: "Nossa amizade está além de todas as formalidades [...] Estamos prontos para mostrar nossa amizade e gratidão, se a Itália precisar algum dia".[34] Na verdade, mesmo no momento em que Hitler manifestava publicamente seu reconhecimento e reafirmava a amizade especial ítalo-germânica que dispensava todas as formalidades diplomáticas, o relacionamento era turvado por mal-entendidos na esfera privada. Na verdade, Mussolini ficou furioso com o sucesso de Hitler e sua própria incapacidade de agir unilateralmente. Um Duce tomado pela inveja confidenciou a Clara Petacci que "as cenas de fanatismo por Hitler [na Áustria] foram realmente desconcertantes. Nem mesmo nós sulistas chegamos tão longe". Mussolini, portanto, acreditava na força da Alemanha. Deve-se acrescentar que o ditador fascista, em meio à crise austríaca, encontrou tempo para manter relações sexuais com Petacci.[35] Refletindo a opinião ambivalente de Mussolini, que oscilava entre o sentimento de raiva e inveja na esfera privada e o apoio a Hitler na esfera pública, o Ministério da Cultura e Propaganda italiano orientou a imprensa do país a minimizar os eventos dramáticos do *Anschluss* e evitar referências à carta enviada por Hitler ao Duce em 11 de março de 1938.[36]

Diplomatas franceses e britânicos interpretaram com certa preocupação a passividade de Mussolini, pois acreditavam que uma aliança ítalo-germânica estava para ser concretizada e acabara de lançar um ataque à ordem liberal-internacionalista pós-1919. Os relatórios não deixavam dúvidas quanto à postura subserviente da Itália nessa aliança. Por exemplo, Nevile Henderson, o embaixador britânico em Berlim, disse a seu colega americano em 12 de março de 1938 que Mussolini era "o perdedor final entre as grandes potências da Europa". Henderson acrescentou sarcasticamente que "se o Eixo permanecesse, a Itália seria o rabo do cachorro". Para François-Poncet, Mussolini era um tolo "agora condenado à subserviência à Alemanha".[37]

As políticas pró-Hitler adotadas por Mussolini não gozavam de ampla aprovação entre os líderes fascistas. Dentro do governo italiano e nas altas esferas do fascismo, as tensões nos bastidores das exibições públicas de harmonia eram nítidas. A fim de apresentar o apoio de certo modo forçado da Itália ao *Anschluss* como resultado lógico da política exterior fascista, o Grande Conselho do Fascismo, uma assembleia consultiva formada por fascistas notáveis, aprovou a política pró-Hitler de Mussolini. Na reunião, Italo Balbo, um dos *quadrumviri* do fascismo e governador-geral da Líbia, atacou a Alemanha. Mussolini repreendeu-o e afirmou que a Itália também teria anexado um território com maioria italófona se fosse capaz de fazê-lo, uma referência ao irredentismo italiano.[38] As atas da reunião concluíram que a anexação alemã refletia o desejo da maioria dos austríacos. Por intermédio do príncipe de Hesse, Mussolini e Ciano, ansiosos por manter sua reputação, buscaram também a aprovação de Hitler para a publicação de uma versão editada da carta deste para o Duce, a qual o Führer concedeu alegremente. O protocolo da reunião foi publicado no dia seguinte no *Il Popolo d'Italia*, junto com a "carta histórica" de Hitler para Mussolini.[39]

Como as tropas alemãs marcharam sobre a Áustria em 12 de março de 1938, sem encontrar resistência, não restou a Mussolini outra opção senão engolir as notícias – em total contradição com suas promessas anteriores de garantir a soberania austríaca. Assim, em seu discurso à Câmara dos Deputados poucos dias depois, o Duce apresentou o *Anschluss* como historicamente inevitável. Declarou que a fronteira do passo do Brennero era inviolável, uma clara mensagem à Alemanha de que a Itália defenderia o Tirol do Sul. Mussolini anunciou que estava disposto a uma colaboração mais próxima com a Alemanha e repetiu que, muito mais do que uma aliança diplomática, o Eixo era a expressão da vontade de milhões de alemães e italianos, inevitavelmente congregados por suas histórias paralelas.[40] Nos bastidores, o ditador fascista ordenou a intensificação das obras no Vallo del Littorio, uma fortificação das fronteiras alpinas da Itália com a França e a Alemanha. Esse era outro exemplo da atitude ambígua de Mussolini com respeito à Alemanha, em constante alternância entre entusiasmo e hostilidade, da mesma forma que sua atitude pessoal em relação a Hitler, que oscilava entre admiração e inveja. Uma interpretação perspicaz do discurso de Mussolini foi feita por William Phillips, o embaixador americano na Itália, que relatou a Washington, DC, que o objetivo do discurso do Duce fora tranquilizar autoridades e intelectuais fascistas, os quais se ressentiam cada vez mais do fato de a Itália, o primeiro país fascista, desempenhar agora um papel inferior ao da Alemanha.[41]

No entanto, com a aproximação da visita de Hitler, a propaganda fascista passou a promover uma aliança com a Alemanha nos jornais, nos noticiários e no rádio, a fim de ofuscar essas tensões. Até onde as limitadas evidências sugerem, a maioria dos italianos ainda estava sob o impacto da poderosa propaganda antigermânica promovida na Primeira Guerra Mundial, associando corretamente a aliança com a Alemanha ao belicismo e seus efeitos adversos sobre o padrão de vida.[42] De fato, tanto a polícia política como os informantes do partido fascista passaram a ter opinião hostil a uma aliança com a Alemanha. Muitas pessoas acreditavam que tal aliança significaria guerra. Por exemplo, em 1º de abril de 1938, a polícia política reportou que panfletos antigermânicos haviam sido distribuídos em Nápoles, no exato momento em que a visita de Hitler à cidade era anunciada.[43]

Mussolini sabia que o Eixo era impopular junto à vasta maioria dos italianos, uma das razões pelas quais ele frequentemente falava em mudar de lado e continuava mantendo relações com a Grã-Bretanha. O que ele pensava na esfera privada é mais difícil de perceber, pois, como já vimos, suas opiniões com respeito a Hitler e à Alemanha oscilavam. O Duce preferia uma aliança com Hitler, porém, a inveja do poder maior deste último, associada à necessidade de contrabalançar sua própria admiração pelo Führer com as atitudes mais cautelosas das autoridades estatais e fascistas, frequentemente o levava a expressar opiniões contrárias aos alemães. No final de abril de 1938, por exemplo, ele disse a Ciano que a Itália "destruiria a Alemanha por pelos menos dois séculos" se os alemães ousassem invadir o Tirol do Sul. Esse comentário sugere que Mussolini não acreditava na renúncia de Hitler à demanda por esse território. Mas isso não passava de pura retórica. A Itália não tinha nem a intenção de aniquilar a Alemanha, nem capacidade para tal.[44]

Todavia, Mussolini manteve seu empenho público pela aliança com Hitler. Em 18 de março de 1938, por exemplo, ele recebeu uma delegação de veteranos de guerra alemães liderados por Carl-Eduard, duque de Saxe-Coburgo-Gota, membro do partido nazista e neto da rainha Vitória. Ciano ridicularizou a "compleição física realmente infeliz" do duque e concluiu que nem todos os alemães eram "os gigantes descritos por Tácito". Mussolini proferiu um discurso no qual traçou fortes paralelos entre a Itália e a Alemanha e terminou com uma saudação a Hitler e à grande nação alemã.[45] Ao contrário da Alemanha, a Itália não podia celebrar triunfos da política externa conseguidos sem derramamento de sangue. Contingentes de italianos ainda combatiam na Espanha, sofrendo elevado número de baixas, como na batalha de Guadalajara, em março de 1937, contra o Exército Popular Republicano. No total, a Itália perdeu mais homens na Guerra Civil Espanhola do que na guerra na Etiópia, com 3.819 mortos e cerca de 11 mil a 12 mil feridos, de acordo com números oficiais – embora esses números devam ser lidos com cautela, porque o regime fascista glorificava a morte em batalha como uma forma de transformar a Itália em uma nação de guerreiros.[46] Em um discurso no Senado em 30 de março de 1938, Mussolini manteve sua retórica beligerante, vangloriando-se de que a Itália estaria pronta para a guerra, mas evitando cuidadosamente assumir um compromisso formal tanto com a Alemanha quanto com a Grã-Bretanha. Segundo Mussolini, se a Itália entrasse em guerra outra vez, ele comandaria pessoalmente o Exército. Desse modo, Mussolini e o rei tornaram-se ambos marechais do Império, um gesto que agradou ao fútil ditador fascista, invejoso da posição de Hitler como comandante supremo da Wehrmacht.[47]

Para reforçar sua tática de criar conflitos públicos entre Grã-Bretanha e Alemanha, Mussolini renovou o Acordo de Cavalheiros com a Grã-Bretanha em abril de 1938, pois o governo de Chamberlain esperava conter o Terceiro Reich por meio de uma aliança mais próxima com a Itália, uma política controversa dentro do gabinete britânico da época. Contudo, os britânicos insistiram que as tropas italianas saíssem da Espanha para que o acordo fosse ratificado. Mussolini se recusou e, assim, o tratado praticamente se resumiu a um mero exemplo dos dotes teatrais do Duce. Ele estava preparado para ir à guerra ao lado da Alemanha e, ao mesmo tempo, tentava maximizar a posição da Itália invocando a retórica do "peso determinante". Ao contrário da interpretação mais tarde difundida por alguns historiadores, foi por opção própria que Mussolini, apoiado por alguns fascistas do alto escalão, mas não todos, empurrou a Itália para uma aliança com a Alemanha de Hitler.[48] Depois de sua triunfante visita à Alemanha e seu comportamento pró-Alemanha por ocasião do *Anschluss*, o espaço de manobra do Duce no cenário internacional, já consideravelmente reduzido após o ataque italiano à Etiópia, diminuiu ainda mais.

V

Não obstante os desentendimentos nos bastidores, os dois regimes agiram em cooperação no sufocamento das dissidências durante a visita de Hitler à Itália. Muito antes do *Anschluss*, a polícia italiana, comandada desde 1926 por Arturo Bocchini, já transmitira diversas instruções voltadas à manutenção da segurança pública durante a visita de Hitler, a fim de proteger os ditadores contra potenciais tentativas de assassinato e gerar uma sensação de ordem nos comícios assistidos por multidões.[49] Essas instruções tiveram como base regulamentações anteriores da polícia para a manutenção da segurança em eventos de massa, um instrumento-chave do governo fascista. Milhares de soldados seriam deslocados para Roma e Nápoles e colocados à disposição das autoridades policiais. Foram dadas ainda outras instruções detalhadas. Nas estações, verificavam-se os documentos de identidade e a bagagem dos passageiros que viajavam de trem.[50]

Como vimos, na esteira do tratado da polícia, em 1936, as agências de repressão dos regimes fascista e nazista haviam começado a trabalhar em cooperação, inicialmente contra os comunistas. Já no começo de outubro de 1937, semanas depois de Mussolini ter retornado da Alemanha, uma circular confidencial da Direção Geral da Segurança Pública orientou os prefeitos italianos a manter sob vigilância todos os alemães que se encontravam na Itália. Foi necessária a preparação de listas de alemães, indicando se se tratava de apoiadores do nazismo, antinazistas ou judeus.[51]

Essa crescente cooperação logo ganhou dinâmica própria e levou as autoridades dos dois lados a acreditarem que uma aliança seria benéfica para as duas nações. No final do outono de 1937, Heinrich Müller, figura proeminente da Gestapo, encontrou-se com Guido Leto, autoridade da polícia italiana a cargo da cooperação com a congênere alemã, que logo se tornaria diretor da divisão de segurança pública da polícia política.[52] Seguindo a sugestão da Gestapo, eles concordaram em examinar a confiabilidade política de todos os alemães expatriados que viviam na Itália. A polícia italiana, assistida por membros da organização estrangeira do partido nazista na Itália, destacados para o quartel-general da polícia provincial (*questura*), compilou o primeiro esboço de uma lista de cidadãos alemães que viviam na Itália. Em uma demonstração de típica paranoia nazista, a Gestapo acreditou que emigrantes da Alemanha, entre eles exilados políticos e cerca de 8 mil judeus, seriam uma ameaça potencial durante a visita de Hitler. A despeito do sentimento antissemita cada vez mais acentuado de muitos fascistas proeminentes e do próprio Mussolini, a Itália, que parecia ser um país mais humano que o Terceiro Reich, acolhia refugiados judeus da Alemanha desde que estes não estivessem envolvidos em atividades antinazistas.[53]

A polícia alemã repassava aos italianos informações sobre judeus alemães antifascistas que estavam na Itália com uma frequência cada vez maior, resultando em uma ampla estigmatização dos judeus alemães pelas autoridades italianas. Autoridades do alto escalão da polícia nazista, entre eles Himmler, amigo pessoal de Bocchini, e Reinhard Heydrich, chefe da polícia de segurança (*Sicherheitspolizei*), ajudaram a coordenar as prisões. Em 2 de dezembro de 1937, a embaixada alemã em Roma ordenou que os consulados alemães na Itália preparassem relatórios detalhados sobre alemães suspeitos residentes em seus distritos consulares. Mas isso não era tudo. Durante a visita de Hitler, a polícia italiana deteve cerca de quinhentos judeus alemães e levou-os em "prisão provisória" por solicitação da polícia alemã. Planos detalhados das detenções tiveram a aprovação de Mussolini, conforme revela um documento da província de Florença, arquivado pelo secretariado do Duce no final de 1938. De acordo com o prefeito Ruggiero Palmeri, uma delegação da polícia alemã havia solicitado que um total de 122 suspeitos – judeus alemães e austríacos do sexo masculino – fossem detidos em 1º de maio na província de Florença. A exemplo das providências tomadas pelos nazistas durante a visita de Mussolini, as autoridades italianas empregaram então prisões preventivas para gerar uma imagem de ordem, unidade e apoio popular unânime.[54]

A cooperação policial decorreu relativamente sem percalços, apesar de todas as tensões em outras áreas da política. Em 30 de março de 1938, por exemplo, o cônsul alemão em Leghorn reportou à embaixada em Roma que um certo Ekkehard W., um pintor de cenários, não era politicamente confiável. Ele mudara-se para a Itália após a Grande Guerra e não tinha um endereço permanente. Não fica claro se W. foi detido durante a visita de Hitler, mas essa possibilidade não deve ser descartada. Além dos quinhentos judeus alemães, um número desconhecido de alemães não judeus foi preso pelas autoridades italianas durante a visita de Hitler. Súplicas desesperadas às autoridades pela soltura dos judeus, como uma apresentada pelo principal rabino de Merano e arquivada pelo secretariado de Mussolini, foram ignoradas.[55] O regime, temeroso de ser visto pela imprensa internacional como antissemita e, desse modo, intimamente ligado aos alemães, negou com veemência que os alvos das batidas policiais fossem especificamente os judeus alemães.[56]

Também os antifascistas italianos sentiram a mão pesada da repressão do Estado, pois a polícia italiana, alarmada com rumores sobre planos de atentados antifascistas à vida de Hitler, intensificou sua vigilância. Em 3 de maio de 1938, depois da chegada do ditador nazista à Itália, a polícia de fronteira de Bolzano enviou um telegrama urgente ao chefe da polícia, Bocchini, detalhando a prisão de Gherardo M., supostamente originário da região dos Sudetos, a qual era fonte de crescentes atritos diplomáticos entre a Alemanha e as potências europeias. Ele portava dois revólveres e munição. Embora o telegrama não afirmasse explicitamente que ele tivesse intenções de matar Hitler, a polícia italiana entregou-o à polícia alemã.[57]

Um estado de pânico antissemita deu o tom dos relatórios das autoridades italianas nos meses que antecederam a visita de Hitler, refletindo o crescente antissemitismo do regime em uma época de avanço nas relações bilaterais com a Alemanha (isso não significa dizer que as políticas antissemitas cada vez mais presentes no regime fascista devam ser entendidas como resultado direto de contatos mais próximos com a Alemanha nazista, um tema que será explorado em mais detalhes no próximo capítulo). O prefeito de Módena, por exemplo, declarou que "os judeus maçons comunistas" – uma referência à crença fascista em uma conspiração mundial de judeus, bolchevistas e maçons – haviam pagado a dois judeus a considerável soma de 10 mil liras, mais do que o preço de um Fiat Topolino, por um ataque ao trem de Hitler. Principalmente depois do *Anschluss*, alguns antifascistas passaram a comunicar, por meio de cartas anônimas remetidas às instituições fascistas e a Mussolini, sua insatisfação com a política pró-Alemanha do Duce, bem como com a visita de Hitler. É ilustrativo o caso de um missivista que se autodenominava Alfa, "o chefe do Esquadrão da Morte", um jovem desempregado, com formação universitária: em 28 de março de 1938, ele postou em Nápoles uma carta ameaçadora endereçada ao Duce, que foi devidamente recebida pelo secretariado especial do líder. O missivista acusava Mussolini de viver com pompa e circunstância enquanto o povo italiano sofria com a miséria econômica (uma acusação não totalmente infundada, dado o padrão de vida em declínio na Itália). Ele aconselhou Mussolini a evitar ir a Nápoles com seu amigo Hitler, "o assassino do pequeno grande chanceler austríaco", uma referência ao assassinato de Dollfuss em 1934 pelos nazistas. As autoridades ficaram alarmadas e iniciaram uma investigação, embora não haja evidências de que tenham encontrado o missivista.[58]

VI

Sob as aparências da exibição fascista de unidade com a Alemanha nazista, muitas pessoas – inclusive integrantes da nata da sociedade italiana e mesmo da monarquia, bem como parte das Forças Armadas e membros do Vaticano e do partido fascista – ainda desconfiavam da adulação de Mussolini a Hitler. Consideremos um incidente ocorrido no final de março de 1938 e trazido à atenção do prefeito de Florença. Ele relatou ao Ministério do Interior que haviam sido descobertos na cidade panfletos antigermânicos. Em 27 de abril de 1938, depois de exaustivas investigações, o autor dos panfletos foi identificado como Giacomo L., um sujeito de 40 anos que fora despedido do partido fascista em 1923 por desobediência à disciplina do partido, a fim de evitar que ele quisesse, a exemplo de muitos dos integrantes dos esquadrões fascistas, levar a revolução um passo adiante, seguindo a linha de um fascismo mais violento, intransigente e "original". Ele foi detido pelas autoridades transportando consigo panfletos antigermânicos. Assim, mesmo alguns importantes apoiadores do fascismo viam como uma traição ao movimento a aproximação com a Alemanha nazista, que, afinal de contas, fora inimiga na Primeira Guerra Mundial.[59]

Para calar essas vozes críticas, os dois regimes despenderam esforços significativos de propaganda. O Ministério da Cultura Popular, chefiado por Alfieri, tentou superar o planejamento de Goebbels quando da visita de Mussolini à Alemanha, refletindo a rivalidade existente entre os regimes. Em um memorando de abril de 1938, um funcionário da propaganda ordenou o rigoroso monitoramento de correspondentes italianos e estrangeiros. Estes últimos receberiam comunicados oficiais diários para orientar seus artigos. Os correspondentes alemães recebiam um tratamento particularmente afável por parte dos italianos e, mais tarde, escreviam artigos elogiosos.[60] Alguns, porém, reclamaram a Alfieri da inferioridade dos preparativos italianos em comparação com aqueles dos alemães no ano anterior. Por exemplo, um correspondente lamentou que as fachadas de importantes edifícios em Roma estivessem iluminadas em cores tão brilhantes que impossibilitavam sua filmagem pelas equipes de câmera.[61]

Como seria de se esperar, a rivalidade nacional ditou o tom de boa parte dos preparativos para a visita de Hitler. No início de março de 1938, chegou aos ouvidos de Ciano que, em Florença, grupos escolares estavam sendo ensinados a cantar o hino alemão. Após a reação furiosa de Ciano, Guido Buffarini Guidi, subsecretário de estado do Ministério do Interior, temia que a visita de Hitler fosse uma vitória para a Alemanha, mas não para a Itália. Portanto, promulgou um decreto em 24 de março de 1938, logo após o *Anschluss*, proibindo que canções alemãs fossem cantadas na Itália durante os eventos oficiais da visita de Hitler.[62] A comissão de Ciano planejou de forma meticulosa cada parada do itinerário do ditador nazista, representando os italianos como firmemente unidos com Mussolini e o fascismo em seu apoio a uma aliança com a Alemanha. Alinhadas com a política visual do regime, lembranças da visita, como folhetos e livros, precisavam ser aprovadas pelo Ministério da Cultura Popular, que tentava, assim, controlar a representação visual do encontro Hitler-Mussolini.[63]

Desavenças e tensões espreitaram durante todo o período dos preparativos, e logo algumas autoridades nazistas começaram a perturbar os funcionários italianos com solicitações autoritárias que podiam ser interpretadas como arrogância dos alemães. Houve um episódio emblemático a esse respeito. Em 27 de abril de 1938, Erwin Ettel, o líder do setor do partido nazista para expatriados alemães residentes na Itália, exigiu que a cidade de Roma limpasse as ruas repletas de lixo nas imediações dos escritórios do partido nazista na via Salaria, pois Hitler poderia passar por ela no período da visita. A Câmara Municipal de Roma só respondeu depois da chegada de Hitler à Itália e declarou com rispidez que a rua estava em perfeita ordem e, portanto, não requeria qualquer serviço.[64]

Tomando como exemplo as estratégias adotadas pela imprensa durante a visita de Mussolini à Alemanha, os jornais alemães e italianos estimularam o interesse de seus leitores sobre a iminente chegada de Hitler. Tal ocasião daria ao regime fascista a oportunidade de representar um espetáculo ainda mais grandioso que o da viagem de Mussolini à Alemanha. Em 29 de abril de 1938, por exemplo, seguindo as diretrizes dos funcionários da propaganda, o *Il Popolo d'Italia* dedicou sua primeira página à visita de Hitler, fornecendo aos leitores um *dramatis personae* de seu imenso séquito. A delegação alemã era consideravelmente maior que a de Mussolini um ano antes e incluía, entre outros, Himmler e Goebbels.[65] O regime fascista submeteu a rígido controle as reportagens e fotografias da visita publicadas pelo jornais, a fim de criar uma sensação de unânime apoio dos italianos a uma aliança com a Alemanha. Desse modo, o Ministério da Cultura Popular proibiu os jornalistas italianos de publicar imagens não autorizadas.[66] Obedecendo a um decreto real, o dia 3 de maio de 1938, data da chegada de Hitler à Itália, bem como os dias 5 e 9 do mesmo mês, foram declarados feriados nacionais nas regiões visitadas pelo ditador alemão. A exemplo da visita de Mussolini à Alemanha, esses feriados públicos conferiram um caráter festivo ao evento e atraíram espectadores, mesmo aqueles que não eram apoiadores apaixonados do fascismo.[67] Entretanto, nem todos estavam tão entusiasmados com a visita de Hitler como as autoridades fascistas esperavam, o que levou o Ministério da Propaganda e Cultura a orientar os editores de jornais a publicar notícias de que ainda havia quartos de hotel disponíveis em Roma para o período da visita.[68]

Jornalistas italianos, seguindo as diretrizes do regime, publicaram artigos exaltando a aliança ítalo-germânica. Filippo Bojano, por exemplo, declarou que "Itália e Alemanha [são] garantidoras da paz mundial", enquanto outros jornalistas publicaram histórias sobre o nazismo. Em 2 de maio de 1938, o dia da partida de Hitler de Berlim, o *Il Popolo d'Italia* ofereceu a seus leitores uma poderosa metáfora do Eixo ao sugerir que a estrada de ferro de Berlim a Roma estava coberta por "um mar de bandeiras italianas e alemãs ao longo do caminho entre as duas capitais", uma expressão da "inabalável solidez do Eixo". Também foram apresentadas aos leitores fotografias dos dois encontros anteriores de Hitler com Mussolini, exibindo os dois líderes juntos como um símbolo humano de sua amizade e do Eixo. Interpretada de modo diferente, a imagem dos dois ditadores se encontrando em meio a seus povos era o símbolo ameaçador de uma Nova Ordem na Europa, e a visita de Hitler, de dimensões colossais, superou em muito os preparativos habituais de outras visitas de Estado da época.[69]

A mídia alemã também cobriu a visita passo a passo. Uma edição especial do *Italien-Beobachter*, a revista do setor do partido nazista italiano encarregado dos expatriados alemães, citou pomposas declarações pró-Eixo feitas por Hitler, Mussolini e outros fascistas e nazistas influentes. O periódico associou líderes nazistas a fascistas, uma estratégia midiática para destacar a unanimidade historicamente inevitável entre Itália e Alemanha.[70]

Em consequência dessas fabulosas proclamações feitas pela imprensa, pessoas comuns inundaram a embaixada da Alemanha com solicitações de ingressos para alguns dos eventos planejados. Em 12 de abril de 1938, por exemplo, Cesare S., da Calábria, escreveu uma carta lisonjeira, afirmando que sempre desejara ver os dois líderes. Enquanto alguns missivistas mostravam-se entusiasmados a respeito da aliança com a Alemanha, outros enfatizavam a pompa e circunstância. Também os turistas alemães que estavam na Itália solicitaram ingressos. Vejamos o caso de Paul H., um ex-hussardo que ficara cego na Primeira Guerra Mundial. Ele escreveu à embaixada alemã e pediu ingressos para testemunhar a visita de Hitler a Roma e Nápoles. O pedido dele foi atendido, enquanto a maioria dos outros solicitantes recebeu uma resposta padrão, instruindo-os a procurar a chancelaria da embaixada para solicitar pessoalmente os bilhetes.[71]

Outros aproveitaram a visita de Hitler para obter favores das autoridades. Tais práticas, mais do que quaisquer laços emocionais profundos dos italianos com Mussolini, refletem a antiga tradição de pedir favores aos monarcas em ocasiões especiais. Por exemplo, dias antes da visita de Hitler, uma jovem alemã, casada com um carregador de bagagens italiano, deu à luz um filho. Ela o batizou como "Adolfo Benito" e solicitou imediatamente, por intermédio da embaixada alemã, que Hitler fosse o padrinho da criança. Como o menino era um cidadão italiano, a embaixada se recusou a encaminhar o pedido ao ditador nazista. Em vez disso, abriu uma poupança na qual depositou 2 mil liras, quantia consideravelmente superior ao salário mensal médio de um trabalhador, alegando que o dinheiro viera do próprio Hitler. Não fica claro se a jovem alemã era ou não uma apoiadora apaixonada do Eixo, como tampouco é possível dizer se eram pró-nazistas os professores de um orfanato na Apúlia que receberam 500 liras da embaixada após enviarem uma carta favorável a Hitler. Todas essas pessoas sabiam que a visita de Hitler representava uma ocasião formidável para enviar a ele cartas com solicitações.[72]

VII

Com a questão austríaca resolvida, Hitler pôde viajar de trem à Itália, ao contrário de 1934. A partida previsivelmente pontual em 2 de maio de 1938, às 16h44, foi objeto de cuidadosa coreografia. A estação Anhalter, em Berlim, foi adornada com suásticas e bandeiras italianas. Dezenas de milhares de berlinenses saíram às ruas. Antes de embarcar, Hitler trocou algumas palavras com membros do braço do partido fascista italiano em Berlim.[73] Multidões saudaram o comboio em seu caminho com destino ao passo do Brennero. Em 3 de maio de 1938, o duque de Pistoia, representando a Casa de Savoia, e Starace, na qualidade de delegado do partido fascista, deram oficialmente a Hitler as boas-vindas à Itália. Esse arranjo deu visibilidade ao fato de que o regime de Mussolini representava uma concessão das velhas elites com o fascismo. Ele refletia também o estilo ambivalente que dominaria o itinerário da visita de Hitler – estilo esse que misturava elementos tradicionais de uma visita de Estado com outros mais novos, os quais projetavam o desafio agressivo dos dois ditadores a fim de criarem uma Nova Ordem.[74] De modo semelhante, o tamanho colossal da delegação alemã deixava transparecer a percepção de Hitler de que sua visita à Itália era mais importante do que uma tradicional visita de Estado. Faziam parte da delegação, no lugar de uma primeira-dama alemã oficial, as esposas de nazistas do alto escalão, entre elas Frau Ribbentrop, Frau Hess e Frau Frank. Ao todo, foram necessários três trens especiais para levar a enorme delegação à Itália.[75]

É significativo o fato de os jornais alemães terem estranhamente se calado sobre a reação da população do Tirol do Sul quando o trem de Hitler atravessou a região. Como parte de uma hábil coreografia italiana, Hitler desceu do trem para uma breve caminhada na plataforma em Bolonha, em vez de Bolzano, a capital do Tirol do Sul. Embora Bolonha fosse uma cidade que ostentava uma longa tradição socialista, as autoridades acreditavam que teriam mais condições de controlar a multidão ali do que em Bolzano, onde o regime temia manifestações pró-nazistas por parte da população germanófona. De fato, as autoridades italianas do Tirol do Sul estavam tão preocupadas com as ondas de manifestações pró-alemãs que o prefeito Giuseppe Mastromattei proibiu a distribuição dos cartazes com o *slogan* "Heil Hitler" impressos especificamente para a visita do ditador nazista. Contudo, essas tentativas de suprimir expressões de apoio a Hitler foram bastante ineficazes, como revela um telegrama de Trento, enviado pouco depois da passagem do trem especial do líder alemão. De acordo com o telegrama, o povo se manteve contido durante a passagem do trem de Hitler pelas estações ferroviárias do Tirol do Sul, pois estava submetido a uma rígida vigilância e pressão. Situação contrária foi observada ao longo da linha férrea, onde camponeses gritaram *slogans* de apoio conforme o trem passava. Segundo os relatos da propaganda fascista, quanto mais o trem se movia para o sul, mais entusiásticas se mostravam as massas. Em Verona, por exemplo, o partido fascista local declarou que

30 mil pessoas haviam saudado Hitler em uma enorme assembleia (*grandiosa adunata*).[76] De acordo com Goebbels, o ditador nazista, portando a insígnia de um cabo honorário da milícia fascista, ficou impressionado com a radiosa recepção.[77]

Embora houvesse, sem dúvida alguma, apoiadores fascistas em meio à multidão, está em curso um apaixonado debate entre os historiadores sobre a natureza do consentimento ao fascismo. Em vez de sugerir uma dicotomia em branco e preto entre coerção e consentimento, a maioria dos historiadores hoje concorda que o fascismo, por intermédio de diversos meios de coerção, terror e controle, criou uma imagem propagandística de consenso. Observações semelhantes podem ser feitas em relação ao nazismo. É difícil dizer se as multidões eram ou não genuinamente entusiásticas, mas elas se tornaram protagonistas essenciais, e não simplesmente espectadores passivos, no grandioso espetáculo que foi a visita de Hitler à Itália.[78]

Se as manifestações de um sentimento antialemão foram ou não representativas é um ponto discutível. Importante é o fato de que o secretariado especial de Mussolini arquivou muitos protestos contra a visita de Hitler que foram enviados por italianos comuns. Tais protestos eram, portanto, conhecidos das autoridades e, provavelmente, do próprio Mussolini. Os missivistas se basearam em um aspecto fundamental do culto a Mussolini, de acordo com o qual o Duce estava disponível para ouvir esses pedidos e tomar uma atitude em relação a eles.[79] As cartas eram anônimas em sua maioria, o que revela o temor dos remetentes quanto a potenciais represálias por criticarem o principal projeto da propaganda de Mussolini por uma aliança com Hitler. Um homem que viajara pelo país nas semanas posteriores à visita do líder nazista escreveu ao Duce em 20 de maio, compartilhando sua preocupação com a impopularidade de uma aliança com a Alemanha. Ele afirmou que não houve absolutamente entusiasmo algum em Roma por Hitler. Um grafite nas proximidades da Piazza Venezzia, visto pelo missivista às 23h da noite anterior à chegada de Hitler, dizia: "Roma recebe do Reich a escória, com mastros, tripés e policiais [*sbirraglia*]". Como seria de se esperar, esse texto rude provocou o riso de todos que por lá passavam. Se tais declarações puderam ser rabiscadas nas paredes próximas ao gabinete de Mussolini, então as medidas de segurança do regime foram ineficazes. Isso sugeria que falhara o projeto fascista de converter os italianos em ardentes devotos e, de forma mais geral, que faltava ao regime controle sobre a sociedade italiana.[80]

Esses incidentes não foram isolados. Em um bar em Catânia, as pessoas até mesmo falavam abertamente contra a Alemanha, e dizia-se que a maioria dos veteranos de guerra em toda a Itália manifestava especial oposição aos alemães. Um dos missivistas apresentou uma conclusão honesta sobre a visita de Hitler. Ele escreveu mais tarde a Mussolini que o resultado da visita fora "custos, custos e custos, com sacrifício do povo. Um cenário que não exibiu a verdadeira opinião da Itália e de Roma". O missivista lamentou que muitas pessoas tivessem sido detidas durante a visita de Hitler, um herege alemão e anticatólico.[81]

O ditador nazista chegou a Roma na mágica atmosfera de uma noite de final de primavera. O edifício da estação em Ostiense fora reformado para recebê-lo. Foi o rei, e não Mussolini, o primeiro a lhe dar as boas-vindas com a saudação militar, e não a romana. A despeito das alegações da propaganda em contrário, a viagem de Hitler foi uma visita de Estado a ser recebida pelo chefe de Estado. Essa organização demonstrou também que o poder de Mussolini no âmbito doméstico era muito menor que o de Hitler. Em uma foto no jornal de Mussolini, *Il Popolo d'Italia*, Vittorio Emanuele aparece oculto atrás de outra autoridade, talvez um reflexo do despeito de Mussolini por não ser ele o chefe de Estado.[82] Nas páginas internas dessa mesma edição, o jornal fascista reproduziu uma carta enviada ao editor do *The Times* por G. M. Trevelyan, um historiador italófilo do partido Whig. Nessa carta, Trevelyan elogiava o Tratado de Páscoa com a Grã-Bretanha. A reprodução da carta foi um lembrete implícito para os leitores italianos insatisfeitos com as políticas pró-Alemanha de Mussolini e para os observadores internacionais, principalmente na Grã-Bretanha, de que o ditador italiano não estava ainda disposto a firmar uma aliança formal com a Alemanha. O Duce continuava a manter a aparência ilusória de que a Itália ainda tinha opções em aberto, também uma insinuação dirigida à delegação alemã, ansiosa por assinar um tratado com a Itália.[83]

Durante a chegada cuidadosamente coreografada de Hitler, não demorou a surgir outro conflito, dessa vez relacionado a imagens e protocolo. O líder nazista ficou insatisfeito por ter de embarcar em uma carruagem puxada por cavalos ao lado do monarca, e não do Duce. Ele ficou tenso na presença de Vittorio Emanuele e, mais tarde, fez chegar ao conhecimento de Mussolini quão constrangido ele se sentira, pois o rei insistira em manter uma conversa em francês, um idioma que Hitler não falava e pelo qual tinha aversão.[84] A carruagem de Vittorio Emanuele, puxada por cavalos, era um meio de transporte antiquado – ao contrário dos velozes automóveis Mercedes de Hitler e dos aviões de Mussolini. Ademais, o ditador nazista opunha-se à monarquia, que ele via como uma forma ultrapassada de governo, oposição agravada pelo suposto casamento entre membros das dinastias governantes. Ele chegou a sugerir ao Duce que abolisse a monarquia. Aparentemente, Mussolini ficou irritado com esse conselho não solicitado, pois fez com que sentisse inveja da posição política mais consistente do líder alemão. Não surpreende que Vittorio Emanuele não tenha se afeiçoado a Hitler e, mais tarde, tenha dito a Ciano e Mussolini que o ditador alemão solicitara uma mulher durante sua primeira noite em Roma, causando grande confusão entre os cortesãos, que acreditaram que ele desejava uma prostituta; na verdade, diz-se que Hitler pedira uma mulher para ajeitar sua roupa de cama, caso contrário ele não conseguiria dormir. Ciano duvidou da veracidade desses rumores e culpou os sentimentos antialemães do monarca.[85]

Tampouco outros membros da delegação nazista caíram nas graças da corte italiana. Ao mesmo tempo que elogiaram a "atmosfera revolucionária" do Palazzo Venezia, Himmler e Hess desdenharam com grosseria da antiquada etiqueta da corte, que os fazia se sentirem socialmente inseguros.[86] Goebbels foi ainda mais longe e exigiu que "todo esse bando de cortesãos" fosse fuzilado. A reação de Hitler ao desconforto que sentiu na companhia do rei foi desenvolver uma obsessão pela monarquia italiana. Depois de retornar à Alemanha, ele disse a um de seus ajudantes militares que a corte italiana e a maior parte do corpo de oficiais italiano eram um bando de degenerados. Mesmo quase quatro anos mais tarde, em janeiro de 1942, ele ainda criticava para seu séquito a monarquia italiana e a incapacidade do fascismo de destruí-la. O duque de Pistoia, que o recebera no passo do Brennero, era "uma verdadeira linguiça". O ditador alemão disse sentir pena do "pobre Duce", cuja revolução chegara cedo demais: teria sido muito melhor para os fascistas se, a exemplo do que ocorrera na Alemanha em 1918, uma revolução socialista tivesse abolido a monarquia. A profunda desconfiança dos nazistas em relação à monarquia e ao Exército da Itália, elementos centrais do Estado fascista, dificilmente constituiriam uma base sólida para uma cooperação mais íntima com a Itália. A imagem idealizada de Mussolini como o homem forte da Itália, um poderoso mito nazista desde a década de 1920, fora, assim, destruída pelo papel proeminente do rei. Ao menos sob esse aspecto, a visita de Hitler foi contraproducente, pois revelou claramente para ele e para outros líderes nazistas a debilidade estrutural do regime de Mussolini.[87]

Apesar de tais opiniões desdenhosas sobre a Casa de Savoia, as esposas dos líderes nazistas quiseram ser recebidas na corte pela rainha Elena. Tal solicitação causou inquietação entre os esnobes diplomatas alemães, que temiam que elas não soubessem fazer a reverência, o que os levou a pedir à esposa do embaixador alemão, Winifred von Mackensen, que ensinasse a elas a etiqueta da corte. Infelizmente, a maioria das esposas dos nazistas era obesa demais para conseguir fazer uma reverência, e algumas se recusaram a fazê-lo em frente da rainha, pois se consideravam superiores pelo fato de ela ter nascido em Montenegro. Frau von Ribbentrop, ansiosa por ser a primeira dama da delegação, quis se sentar no lugar de honra, à direita da rainha, mas esta, visivelmente irritada pela imposição de receber as esposas, limitou-se a fazer um gesto para que Frau von Mackensen se juntasse a ela, e ignorou as mulheres nazistas.[88] Eva Braun, a amante de Hitler, que o acompanhara à Itália, não participou da recepção. O líder alemão não queria ter uma parceira oficial, pois desejava manter o mito de que devotava toda a sua energia à Alemanha, de modo que ela teve que ficar no hotel em Roma. Além de registrar suas impressões sobre a Itália em um filme, que mais tarde mostrou a Hitler, ela passou a maior parte do tempo fazendo compras.[89]

No caminho desde a estação até o Palácio do Quirinal, foi exibido um espetáculo com roteiro cuidadosamente elaborado, destacando as supostas raízes do fascismo na Roma Antiga, uma linhagem de longa data que o nazismo não podia reclamar para si. O *Italien-Beobachter* imprimiu o roteiro de Hitler para ilustrar um ensaio do diretor do Instituto Arqueológico Alemão em Roma sobre a "rua festiva [...] que não pode ser encontrada em nenhum outro lugar no mundo".[90] Hitler entrou em Roma como um líder triunfante através da Porta San Paolo. As ruas estavam adornadas com suásticas e bandeiras italianas. O cortejo ruidoso passou pelo Obelisco de Axum, um símbolo do novo Império Italiano saqueado como espólio de guerra na Etiópia, e também pelo Palatino e pelo Arco de Constantino. Aqui começava a Via dell'Impero, um projeto fascista, e no caminho Hitler foi conduzido de automóvel pelo Coliseu e pelo Foro Romano. Todas essas vistas eram iluminadas, em acordo com os amplos preparativos, pelos mais modernos projetores. O objetivo era enfatizar a herança romana do fascismo de modo a destacar sua superioridade em relação ao novo nazismo, que carecia de uma tradição assim profunda. Depois do foro, o cortejo passou pelo monumento ao rei Vittorio Emanuele II, símbolo da história recente da Itália como nação jovem, tal qual a Alemanha, e pelo Palazzo Venezia, a residência de Mussolini. Para desalento de Hitler, o cortejo não parou ali, e seguiu na direção do Palácio do Quirinal. Um historiador que escrevia para a revista oficial da cidade de Roma situou a chegada triunfal de Hitler em uma crônica mais longa de entradas na Cidade Eterna. Ele a comparou com a entrada triunfal do imperador Carlos V em 1536, depois de sua vitória na batalha de Túnis. O autor omitiu a associação mais imediata que a maioria dos romanos tinha com Carlos V: o Saque de Roma, em 1527, pelos mercenários alemães de Carlos V, que destruíram e saquearam a cidade. Desse modo, a entrada de Hitler em Roma podia também ser interpretada como um mau presságio para uma aliança ítalo-germânica.[91]

Embora a coreografia da visita estivesse centrada na figura de Mussolini e Hitler, o cortejo da estação ao Palácio do Quirinal exibiu pares de autoridades do partido e do Estado, como Ribbentrop e Ciano, Goebbels e Alfieri, que seguiram Hitler e o rei em carruagens separadas. A exemplo do que ocorrera em Berlim em 1937, esse arranjo visava reafirmar o Eixo, colocando lado a lado líderes fascistas e seus congêneres nazistas. De acordo com Goebbels, o rei era extremamente reservado e formal, ao contrário do "bravo e sagaz" Mussolini. E Goebbels duvidava também da confiabilidade dos italianos "em uma emergência grave" e invejava a grandiosa história da Roma Antiga, história esta que a Alemanha só conseguiria superar com grandes vitórias. Goebbels ficou irritado com o fato de o Exército e a milícia fascista, preocupados com a segurança, terem isolado tão hermeticamente as ruas com cordas, isolando a multidão e impedindo um contato mais próximo de Hitler com os romanos, como a SS e a polícia haviam feito em Munique um ano antes.[92]

O humor de Hitler melhorou sobremaneira tão logo ele pôde conversar com Mussolini, que, em conformidade com o protocolo diplomático, fez uma rápida visita ao líder nazista no Palácio do Quirinal. Uma segunda conversa com Hitler ocorreu no mesmo dia, no gabinete de Mussolini no Palazzo Venezia, mas o encontro durou apenas meia hora. Esse arranjo foi emblemático, porque o propósito geral da visita de Hitler não era a discussão de questões políticas, mas sim a reafirmação da exibição de unidade e amizade entre o líder nazista e o Duce, bem como entre as respectivas nações. No final do encontro, Hitler entregou ao ditador italiano um telescópio e um certificado, comprometendo a Alemanha a financiar um enorme observatório na Itália. Esse presente simbólico ajudaria Mussolini a enxergar o futuro de uma forte aliança ítalo-germânica. Apesar do investimento alemão subsequente, no valor de mais de 1 milhão de Reichmarks, o observatório, um projeto de prestígio cujo andamento o próprio Hitler monitorava, nunca foi concluído. Seu destino se tornou um símbolo das vicissitudes das relações ítalo-germânicas.[93]

Nenhum dos dois lados estava pronto a se comprometer com um tratado que os obrigaria a se apoiarem mutuamente em aventuras militares. Contudo, isso não significa que a visita tenha sido mera propaganda ou exibição. Ao contrário, ela criou uma poderosa imagem de amizade e unidade, que logo adquiriu uma dinâmica política própria. Nenhuma ata das conversas de Mussolini com Hitler sobreviveu: a maioria dos documentos italianos das conversas entre os dois ditadores havia sido destruída pelo bolor no final da guerra.[94] Todavia, os diários de Goebbels revelam que Hitler ficara feliz com a disposição de Mussolini em cooperar com a Alemanha.[95] No entanto, o governo italiano se recusava a assinar com a Alemanha uma aliança militar, que era planejada por Hitler pelo menos desde o *Anschluss* e depois do fracasso em conseguir um acordo com a Grã-Bretanha. Ciano apresentou a Ribbentrop uma contraproposta de tratado que, de acordo com Weizsäcker, era "um acordo de paz com um inimigo [e não] um pacto de lealdade com um amigo". Em particular, o governo italiano desejava manter-se fora do conflito que então emergia entre Alemanha e Checoslováquia pelos territórios de população germanófona do Estado multinacional, pois a Itália precisava de tempo para se preparar para uma guerra em larga escala.[96] A delegação alemã se recusou a assinar. Depois do encontro Hitler-Mussolini, Goebbels e outros nazistas proeminentes foram convidados a se juntar aos ditadores no imponente gabinete de Mussolini, o que, a exemplo do que ocorria com outros visitantes de Mussolini, deixou neles a perene sensação do poder e da determinação do Duce.[97]

Para além da pompa e da circunstância, espreitava o ridículo e a hostilidade. Goebbels anotou em seu diário, por exemplo, que a milícia fascista e o Exército italiano não se apresentaram corretamente nas cerimônias, o que levou Mussolini a repreender seus líderes na frente dos convidados nazistas.[98] Uma exibição de unidade e amizade, em vez de discussões políticas privadas e abrangentes, dominou, assim, a visita de Hitler, seguindo o padrão estabelecido durante a viagem do ditador italiano à Alemanha, em setembro de 1937. O espetáculo eclipsou o roteiro, que combinava o protocolo das visitas de Estado com novos elementos da diplomacia fascista. Em conformidade com o protocolo, Hitler visitou as sepulturas dos reis Vittorio Emanuele II e Umberto I no Panteão, bem como o monumento a Vittorio Emanuele II, em que havia também o túmulo do soldado desconhecido. De acordo com o itinerário preparado pelo adido militar alemão, as duas cerimônias aconteceram com um intervalo de quinze minutos entre elas, sugerindo que não passaram de mera formalidade.[99]

No geral, Hitler e os nazistas ficaram bastante impressionados com a organização fascista, como o colossal desfile da Ballila, a organização da juventude fascista. À noite, atento a um novo estilo diplomático que se vangloriava por organizar as multidões, Hitler discursou perto do Foro Romano, um local escolhido com o propósito de conferir legitimidade histórica à aliança ítalo-germânica. O público que assistiu ao discurso de Hitler era formado por cerca de 6.500 alemães residentes na Itália, que foram convidados pelo braço italiano do partido nazista. Mussolini tomou parte na cerimônia, enfatizando uma suposta linhagem histórica entre fascismo e nazismo, embora Hitler não tenha feito referência à aliança com a Itália em seu discurso. Em vez disso, ele apresentou os expatriados alemães que viviam na Itália como nacionais-socialistas inflexíveis. Assim, Hitler gabou-se perante o Duce de contar com o apoio de todos os alemães, mesmo aqueles que viviam no exterior.[100]

O programa com atividades demais deixou exaustos o líder alemão e a delegação nazista; e a natureza ambígua das relações ítalo-germânicas norteou a escolha das palavras nos brindes trocados entre Hitler e o rei no jantar de gala no Palácio do Quirinal. Embora os dois líderes tenham mencionado a amizade ítalo-germânica em suas trocas de cortesias diplomáticas, não definiram os contornos da colaboração ítalo-germânica.[101] Após o jantar de Estado, as delegações partiram em um trem noturno para Nápoles, onde o rei deu as boas-vindas a Hitler na estação. Cerca de 10 mil funcionários uniformizados foram destacados para garantir a segurança e fazer com que os criminosos da Camorra mantivessem a discrição, o que reflete a preocupação do fascismo com a repressão ao crime.[102] O rei acompanhou a delegação até o porto, onde embarcaram no navio de guerra *Cavour*, um símbolo do poder italiano no Mediterrâneo. O *Il Popolo d'Italia* vangloriou-se do poder da Marinha italiana, exibido por meio de uma manobra de mergulho simultânea dos submarinos que conquistou a admiração alemã (*ammirazione tedesca*). De fato, desde o final da década de 1920, os líderes da Marinha alemã, ao contrário de seus congêneres do Exército, admiravam a Marinha italiana como símbolo de uma nova e dinâmica Itália. O almirante Erich Raeder, comandante supremo da Marinha, acreditava mesmo que a Marinha italiana logo teria condições de dominar o Mediterrâneo.[103]

A despeito de todos os esforços investidos na organização da visita de Hitler, alguns eventos chegaram às raias da comicidade. Por exemplo, o final da visita a Nápoles. Aqui, um espetáculo de gala foi montado no Teatro San Carlo, com dois atos de *Aida*, de Verdi, originalmente composta para a inauguração da Ópera do Cairo. As autoridades que escolheram essa ópera orientalista, dois anos depois da conquista da Etiópia pela Itália, devem tê-la considerado uma representação adequada do império colonial italiano. A exemplo de outros eventos do roteiro, a distribuição dos assentos gerou uma longa correspondência entre as autoridades italianas, com membros da corte reivindicando os melhores lugares, enquanto o prefeito insistia que os policiais deveriam ter prioridade, o que destaca as preocupações com a segurança.[104]

Outras falhas revelaram os aspectos ridículos do espetáculo: Hitler, em traje de gala para o espetáculo de ópera, foi informado de que deveria passar as tropas em revista, sem tempo para vestir o uniforme. Há uma fotografia na qual o ditador alemão saúda as tropas com o braço direito estendido e a mão esquerda no colete branco, ao lado do rei totalmente uniformizado. Essa imagem trouxe à tona memórias indesejadas da vestimenta de Hitler em Veneza, em 1934. Se esse pequeno desvio foi ou não resultado de um plano deliberado da corte para ridicularizar Hitler é algo discutível. A ira de Hitler atingiu em cheio o chefe de protocolo do Ministério do Exterior alemão, que foi obrigado a renunciar. Claramente, as meticulosas regras de vestuário preparadas pelos diplomatas alemães, que estabeleceram cinco diferentes conjuntos de trajes para cada membro da delegação alemã, não foram inteiramente obedecidas.[103]

Uma parte essencial do espetáculo era exaltar o poderio das Forças Armadas italianas. Assim, além das manobras da Marinha e da Força Aérea, foi realizado um enfadonho desfile militar na Via dell'Impero, em Roma. A primeira página do *Il Popolo d'Italia* e do *Völkischer Beobachter* mostraram Hitler, Mussolini, o rei e a rainha assistindo ao desfile de 50 mil soldados marchando no *passo romano*. A fotografia evidencia as tensões: Mussolini e Hitler saudaram as tropas com o braço direito estendido, enquanto o rei fez uma saudação militar. No entanto, o desfile obteve a aprovação do ditador alemão, embora alguns oficiais alemães tenham deplorado o fato de os italianos ainda usarem armas de artilharia da Primeira Guerra Mundial, uma confirmação do forte sentimento anti-italiano no Exército alemão e das preocupações quanto à eficiência militar da Itália. O auxiliar de Hitler na Força Aérea afirmou posteriormente que o líder nazista não ficara de forma alguma impressionado com o desempenho do Exército italiano durante sua visita. Por outro lado, vinha de longa data a grande admiração de Göring e outros líderes da Luftwaffe pela Força Aérea italiana graças a seu notável avanço tecnológico, e eles acreditavam que ela teria condições efetivas de combate. Hitler chegou mesmo a admitir que uma aliança com a Itália desagradava ao povo alemão. Ele afirmou que a única base para uma amizade ítalo-germânica eram suas boas relações com Mussolini, como haviam demonstrado os eventos no período que antecedeu ao *Anschluss*. Mas a única opção para Hitler era uma aliança com a Itália, pois a Grã-Bretanha não estava pronta para ceder às exigências dele por um equilíbrio no rearmamento alemão, uma narrativa dúbia, mas provavelmente verdadeira dos sentimentos do ditador nazista em relação a Mussolini e à Itália.[106]

A ênfase no poderio italiano foi acompanhada de marcantes demonstrações da superioridade cultural da Itália sobre a Alemanha. Por exemplo, Mussolini e Hitler visitaram a Mostra Augustea della Romanità, uma importante exposição fascista realizada por ocasião do 2.000º aniversário do imperador Augusto, projetada para legitimar o governo de Mussolini, o fundador da Terceira Roma. Guiado por um curador fluente em alemão, Hitler admirou reproduções de colunas triunfais romanas que haviam sido descobertas na Alemanha. O líder nazista estava desesperadamente ansioso por salientar a história comum entre as antigas tribos germânicas e os romanos, razão pela qual visitou novamente a exposição na manhã seguinte, já que a chuva havia provocado o adiamento de manobras militares. As guerras entre as tribos germânicas e os romanos foram convenientemente ignoradas na manifestação da unidade ítalo-germânica.[107]

Mais demonstrações da superioridade cultural italiana foram oferecidas a Hitler, ávido por cultura, ao continuar sua excursão por Roma guiado pelo proeminente arqueólogo Ranuccio Bianchi Bandinelli, também fluente em alemão. As atrações turísticas incluíram as Termas de Diocleciano, o túmulo reconstruído de Augusto e a Galleria Borghese, que ostentava muitas das pinturas renascentistas prediletas de Hitler e dos nazistas.[108] De acordo com o relato de Bianchi Bandinelli no pós-guerra, os dois líderes não gostavam um do outro: Mussolini, falando alemão fluente, mas com um sotaque acentuado, tratou Hitler de modo brusco, enquanto o líder nazista foi atencioso mas nunca realmente amistoso para com o Duce. O ditador fascista ficou irritado com o fato de Hitler dirigir sua atenção apenas para as explicações de Bianchi Bandinelli, e não para ele.[109] O periódico oficial da cidade de Roma, em um ato de condescendência, elogiou o patrocínio da Alemanha nazista ao trabalho de campo arqueológico na Roma Antiga como uma importante contribuição à "salvação da civilização europeia". No entanto, esse elogio podia ser interpretado também como a incapacidade da Itália de Mussolini de financiar a "salvação" dos monumentos da Roma Antiga, sendo, portanto, obrigada a depender cada vez mais da poderosa Alemanha.[110]

A exemplo de muitos turistas que visitam a Itália, a delegação nazista ficou totalmente esgotada com a excursão pelos tesouros artísticos de Roma e se sentiu socialmente insegura. Nesse aspecto, a recepção realizada em homenagem a Hitler no Capitólio foi emblemática. Ali, o *governatore* fascista, príncipe Piero Colonna, deu as boas-vindas ao ditador nazista com palavras aprovadas por Ciano, que tentou controlar a coreografia da visita de Hitler. Em seu discurso, Colonna relembrou ao líder alemão a história antiga de Roma, que "atraía as grandes mentes da Alemanha" e, depois, deu a ele uma réplica em bronze da famosa estátua de Rômulo e Remo.[111] Hitler não se sentiu à vontade no Capitólio, pois Colonna havia reunido membros da nobreza romana.[112]

Entretanto, arrebatado pelos esforços monumentais da propaganda, Hitler confidenciou a Goebbels durante o jantar que havia selado sua amizade com Mussolini. Mais uma vez, o Duce concordou com a anexação da Áustria pela Alemanha e prometeu apoiar a reivindicação alemã pela região dos Sudetos, o que fortaleceu a determinação de Hitler de invadir a Checoslováquia.[113]

Relatos italianos oficiais sobre a visita de Hitler proporcionaram a legitimação histórica do Eixo, com base em uma interpretação seletiva da história ítalo-germânica. Entre os exemplos proeminentes desse estilo estão uma edição especial do principal periódico fascista, *Gerarchia*, e *L'Asse nel pensiero dei due popoli*, de Paolo Orano, publicado em italiano e em alemão. Com um teor semelhante ao dos ensaios fotográficos divulgados por ocasião da visita de Mussolini à Alemanha, Orano afirmou que a amizade entre os dois países remontava ao *Risorgimento*. Citou também o herói popular Giuseppe Garibaldi, que, na verdade, tinha uma atitude ambígua em relação à Alemanha: "A irmandade desses dois povos trará grandes benefícios para a humanidade".[114] Embora fosse uma tentativa interessante de reescrever o passado, o uso de citações selecionadas de Garibaldi para legitimar o Eixo não teve o efeito de eliminar as tensões entre as duas nações.

Os brindes feitos por Mussolini e Hitler em um jantar oferecido pelo Duce no Palazzo Venezia também tentaram conferir alguma substância histórica ao Eixo e à amizade entre eles. Nesse ritual coletivo do brinde, os dois líderes se mantiveram vagos, sobretudo porque o governo italiano se recusara a assinar uma aliança formal com a Alemanha. Os discursos foram transmitidos pelo rádio na Itália e na Alemanha, para que as audiências domésticas pudessem testemunhar esse momento supostamente histórico. Diplomatas estrangeiros acompanharam os discursos com preocupação. Jules Blondel, o *chargé d'affaires* francês, considerou frio o discurso de Mussolini, talvez um reflexo da irritação do Duce com as ações unilaterais de Hitler durante o *Anschluss*. O brinde do ditador nazista, por outro lado, foi mais emotivo. Blondel também observou devidamente as insinuações ameaçadoras contidas no brinde de Mussolini, já que este comparou o Eixo com a insurreição dos povos italiano e alemão contra Napoleão. Tratava-se de uma ameaça velada à França.[115] É significativo que Hitler, em seu brinde, tenha confirmado que o Tirol do Sul pertenceria definitivamente à Itália, assumindo o compromisso de que Itália e Alemanha nunca entrariam em guerra em campos opostos.[116] Autoridades nazistas também ficaram desapontadas com o brinde desanimado de Mussolini a respeito da "indelével amizade de nossos povos", razão pela qual os funcionários responsáveis por direcionar o conteúdo dos jornais determinaram aos editores que não deveriam tecer comentários sobre os discursos. Ao contrário, em vez de resultados políticos tangíveis e de um comunicado oficial, os editores receberam a ordem de enfatizar a singularidade da amizade ítalo-germânica.[117]

Como se não bastasse essa fanfarrice, o espetáculo continuou no dia seguinte, exibindo mais uma vez o poderio militar da Itália em manobras da Força Aérea e do Exército. Aviões de combate italianos voaram com a formação da suástica e, no Foro Mussolini, desfilaram 100 mil participantes. A propaganda alemã, determinada a convencer os leitores dos jornais alemães sobre a aliança com a Itália, elogiou as manobras. A verdade, no entanto, é que foi distribuído um número grande demais de bilhetes, o que causou uma correria para garantir um assento, conforme relatou posteriormente a Mussolini um espectador raivoso que preferiu permanecer anônimo. Ele expressou sua preocupação com a possibilidade de que a organização malfeita tivesse repercussão negativa para a Itália.[118]

Em um reconhecimento implícito da relativa debilidade militar e política da Itália em comparação com o Terceiro Reich, um aspecto essencial do espetáculo foi destacar o refinamento e a superioridade cultural italiana sobre a Alemanha.[119] Esse sentimento dominou também a teatralização da parte final da viagem de Hitler à Itália: oito horas carregadas de atividades em Florença, em 9 de maio de 1938, encerraram a visita do ditador nazista. Após uma triunfante cerimônia de boas-vindas, Mussolini acompanhou Hitler ao Palazzo Pitti. Florença, um local ideal para o "artístico" Hitler, fora enfeitada para a visita com faixas, bandeiras e outras decorações, depois de meses de preparativos por parte do Escritório de Obras Públicas e Urbanismo de Florença, visando a transmitir ao público doméstico e internacional a mensagem de que o fascismo dava continuidade ao glorioso passado renascentista de Florença. Uma cópia do *São*

Jorge de Donatello, representando o poder, a perseverança e a prontidão do homem da Renascença, um modelo para o "Novo Homem" do fascismo e, acima de tudo, um símbolo da superioridade cultural da Itália sobre a Alemanha, foi colocada próximo ao Palazzo Pitti, em uma posição que, assim se esperava, permitisse sua visualização por Hitler e os outros a partir da carreata. As autoridades florentinas gastaram na visita de Hitler a desconcertante soma de 19 milhões de liras, dos quais apenas 1 milhão foi coberto pelo governo central. Dois anos após a curta visita do ditador alemão à capital da Toscana, os órgãos do governo ainda lidavam com os problemas do orçamento, chegando até mesmo a pedir aos proprietários de residências para contribuírem com o pagamento dos custos de recuperação da fachada de seus imóveis para o evento.[120]

Reproduzindo a visita ao santuário nazista dos mártires caídos em Munique, os líderes visitaram a cripta dos caídos na guerra e dos mártires da Revolução Fascista, situada no "templo sagrado da glória italiana", no porão da Santa Croce.[121] Com a ausência do rei, a propaganda fascista pôde destacar o encontro dos "dois líderes". Hitler deu asas à sua paixão pela arte renascentista na galeria Uffizi, acompanhado pelo entediado Mussolini que, aparentemente, visitava o museu pela primeira vez.[122] Um comício na Piazza Signoria saudou os dois ditadores, postados no terraço do Palazzo Vecchio, de onde governantes anteriores tinham sido ovacionados pelo povo de Florença. Durante sua visita a essa cidade, Hitler fez um pronunciamento à Agenzia Stefani, a agência de notícias oficial da Itália, pronunciamento este que foi distribuído para a imprensa mundial. Ele afirmou que admirava verdadeiramente a Itália, bem como seu povo e seu regime; que a visita fora organizada com perfeição; que as Forças Armadas italianas eram eficientes; e, acima de tudo, que o entusiasmo popular (embora obviamente orquestrado pelo regime) deixara-o tocado. O líder alemão admitiu implicitamente que a amizade ítalo-germânica tinha sido uma construção, e também aquela entre ele e Mussolini: "Foi muito bonito [...] Acreditem-me, nossa amizade é de uma espécie que não pode ser criada artificialmente". Desse modo, a encenação da visita havia cumprido um de seus principais objetivos: exibir a Itália fascista como um poderoso aliado para a Alemanha nazista. As agências de notícia oficiais da Alemanha também reproduziram os comentários de Hitler, não deixando dúvidas para os leitores alemães quanto ao genuíno amor de seu líder pela Itália. Nos bastidores dessa propaganda de unidade e amizade, no entanto, espreitavam tensões políticas e estratégicas, desentendimentos e conflitos.[123]

Mais até do que durante a visita de Mussolini à Alemanha, as festividades e a propaganda, com ênfase quase total na unidade e no prestígio, tanto de Mussolini e Hitler como das respectivas nações, criaram uma poderosa imagem de laços de proximidade entre os dois líderes, seus Estados e seus povos, a qual ofuscou os elementos de tensão subjacentes, em especial a conhecida animosidade mútua entre alemães e italianos. A exibição de unidade e amizade teve um efeito político marcante, pois ajudou a desmanchar as tensões, pelo menos superficialmente, tornando o Eixo uma profecia autorrealizável. Assim, o ritual propagandístico não apenas refletiu uma agenda política, como também moldou sua própria realidade política. A pompa e circunstância do espetáculo da propaganda fascista, apesar dos elementos curiosamente sórdidos da visita, levou Hitler a acreditar que a Itália seria um aliado militar competente. Para Mussolini, a visita do líder alemão permitiu que ele apresentasse seu regime como um aliado potencial confiável e valioso, ligado aos alemães por meio de agenda e ideologia políticas supostamente comuns.[124]

VIII

Uma delegação alemã exausta atravessou o Tirol do Sul à noite, para evitar demonstrações pró-Alemanha por parte da população local.[125] Goebbels e Hess concordaram que esse território era o preço de uma aliança com a Itália.[126] Goebbels, entretanto, a exemplo de outros líderes nazistas, continuava cético em relação a uma aliança, razão pela qual afirmou em seu diário que avistara alguns tiroleses do sul germanófonos chorando quando o trem cruzou o passo do Brennero pela manhã. Dessa forma, os funcionários da propaganda proibiram os editores dos jornais alemães até mesmo de mencionar a situação do Tirol do Sul em sua cobertura da viagem italiana de Hitler.[127] Tal orientação obedeceu a um padrão anterior. Até 1938, o Terceiro Reich tentara silenciar os falantes de alemão residentes no Tirol do Sul, pois sua situação era um obstáculo a relações ítalo-germânicas mais próximas. Restam dúvidas quanto a Hitler e Mussolini terem discutido um reassentamento dos tiroleses do sul. O destino destes continuava sem solução e refletia as vicissitudes das relações ítalo-germânicas.[128]

Assim como Mussolini fizera em 1937, Hitler enviou telegramas ao cruzar a fronteira. Outros líderes nazistas, como Goebbels, procederam da mesma forma e escreveram a seus congêneres italianos, a fim de reafirmar a mensagem de que o Eixo não era apenas um pacto entre Mussolini e Hitler, mas também entre outras autoridades e, sobretudo, entre o povo italiano e o alemão.[129] Enquanto o rei recebeu de Hitler uma nota seca, ao Duce coube um telegrama mais entusiástico, escrito em uma linguagem emotiva. Assim escreveu liricamente o ditador nazista:

> Os dias que pude passar junto com você em seu belo país deixaram em mim impressões indeléveis. Eu admiro seu trabalho de edificação do Império. Vi a Itália renovada por você no espírito do fascismo, na glória das Forças Armadas conscientes do poder que têm [...] Sobretudo, esses dias permitiram a mim, Duce, conhecer seu povo [...] A comunhão espiritual dos movimentos fascista e nazista é uma garantia de que a camaradagem que nos une será também transferida para nossos povos.[130]

A despeito de todos os elogios às realizações de Mussolini na edificação do Império e à intrepidez militar da Itália, a declaração de Hitler sobre o relacionamento ideológico entre fascismo e nazismo manteve a típica indefinição. O fato de os dois líderes e as máquinas de sua propaganda reafirmarem o simbolismo da amizade sugere que eles próprios tinham consciência da falta de amplo apoio popular ao Eixo. Decorre daí a afirmação no *Völkischer Beobachter* de que todos os alemães tinham estado na Itália, pois acompanharam a viagem de Hitler passo a passo pela mídia.[131] Por meio da constante repetição pela propaganda fascista e nazista, a amizade Hitler-Mussolini, bem como o Eixo, converteram-se em uma poderosa dinâmica política. Cada vez mais, esse mito se tornava parte constituinte da política fascista e nazista, de modo que é enganoso, na verdade, fazer a distinção entre o mito e a realidade do Eixo.[132]

Uma vez já de volta ao Grande Reich Germânico, Hitler era recebido com entusiásticas, e pouco surpreendentes, manifestações de boas-vindas conforme seu trem avançava na direção de Berlim. Ele havia ordenado que a cerimônia de boas-vindas fosse pelo menos tão arrebatadora quanto sua recepção na Itália. Caso contrário, muitos alemães começariam a duvidar de que Hitler e a Alemanha nazista fossem mais poderosos do que Mussolini e a Itália.[133] De acordo com Goebbels, o Duce dissera a Hitler na cerimônia de despedida: "E nenhuma potência no mundo jamais nos separará". Esse foi um golpe de mestre retórico que o ditador alemão aparentemente levou a sério, pois, segundo Ciano, ele começou a chorar.[134] Mussolini também ficou satisfeito, conforme gabou-se para Clara Petacci. Ele estava convencido de que Hitler e a liderança militar alemã haviam ficado bastante impressionados com as Forças Armadas italianas e com o seu regime, o que o levou a dizer para Petacci que "esses alemães são simpáticos, e Hitler é um sujeito bacana como eu". O líder nazista chegara mesmo a dizer a ele, afirmou o Duce, que "esses foram os dias mais cativantes da minha vida, e eu nunca os esquecerei".[135] Mais uma vez, o espetáculo havia mitigado a maioria das dúvidas e reafirmado a percepção de Mussolini de que o destino da Itália estava em uma aliança com o Terceiro Reich.

No entanto, apesar da exibição de unidade do Eixo durante a visita de Hitler, Mussolini não se rendeu inteiramente a uma aliança com a Alemanha nazista. O correspondente diplomático do *Manchester Guardian* observou que o ditador italiano se mostrara um tanto "reticente" em relação a Hitler, enquanto o líder nazista demonstrara muito mais entusiasmo.[136] De fato, a afirmação do *Manchester Guardian*, baseada em informações privilegiadas, provavelmente do Ministério das Relações Exteriores britânico, foi confirmada pelas ações de Mussolini depois que Hitler partiu de Florença. O Duce retornou a Roma, de onde viajou para Gênova via porto de Gaeta a bordo do *Cavour*, em uma tentativa de enfatizar as demandas da Itália sobre o Mediterrâneo. Em 14 de maio de 1938, ele fez um pronunciamento na Piazza della Vittoria, em Gênova, acompanhado de perto pela imprensa internacional. Após uma mudança radical quanto à legitimidade do *Anschluss*, Mussolini declarou que "a amizade com a Alemanha" resistiria. No entanto, de modo significativo, ele lembrou a seu público o recém-assinado Acordo de Cavalheiros com a Grã-Bretanha. Assim, o Eixo entre Itália e Alemanha não era a única opção para a Itália, uma insinuação dirigida a Hitler e aos italianos contrários a uma aliança com a Alemanha. O Ministério do Exterior alemão compreendeu essa afirmação e concluiu que a visita de Hitler a Roma fracassara em seu objetivo de desobstruir o caminho para uma aliança com a Itália.[137]

No âmbito internacional, persistiam reservas quanto à solidez do Eixo. Aos olhos de Jules Blondel, por exemplo, o Eixo era muito mais uma necessidade para italianos e alemães do que um relacionamento baseado em afeição. O relatório de François-Poncet para o ministro do Exterior francês foi ainda mais severo. Ele escreveu que Hitler não conseguira conquistar Mussolini. Contudo, apesar da avaliação desapaixonada que fez da afinidade Hitler-Mussolini, François-Poncet concluiu que a representação de amizade por parte dos dois significava uma ameaça para a paz na Europa.[138]

As reações na Alemanha e na Itália também eram ambíguas, a despeito do volume colossal de propaganda. Algumas instituições nazistas mantinham o tom crítico. O jornal da SS *Das Schwarze Korps*, por exemplo, lembrou a seus leitores o papel da Itália na Primeira Guerra Mundial, mas concluiu, dando voz à propaganda do Eixo, que já era tempo de se colocar um ponto final em todas essas tensões. Se até mesmo membros da elite intelectual da SS ainda se mostravam tão críticos, era sinal de que os alicerces sobre os quais se apoiava o relacionamento ítalo-germânico eram bastante instáveis.[139]

Na Itália, muitos apoiadores do fascismo continuavam ambíguos quanto a uma aliança com a Alemanha, senão contrários a ela. De acordo com uma conversa entre um diplomata alemão e um informante de dentro do regime fascista, a opinião pública italiana se mostrara hostil em relação a Hitler antes da visita dele, a qual ocorrera logo depois do *Anschluss*. A forte vigilância policial não ajudara a melhorar esse humor. No entanto, o autor do memorando, ansioso por cair nas graças de seus superiores, afirmou que o brinde levantado por Hitler no Palazzo Venezia, no qual ele abria mão da reivindicação alemã pelo Tirol do Sul, havia conquistado os italianos para uma aliança com a Alemanha. O autor destacou um importante aspecto da coreografia da visita. Assim como em 1937, dado o caráter especial das relações ítalo-germânicas, nenhum comunicado oficial foi emitido, contrariando a praxe diplomática. Tratava-se de outra expressão da demanda de Hitler e Mussolini por uma Nova Ordem que, embora vaga, representava uma tentativa, nem sempre bem-sucedida, de ignorar as convenções do protocolo diplomático e criar um novo protocolo em substituição a ele.[140]

Relatórios do partido fascista sobre a opinião pública arquivados após o retorno de Hitler à Alemanha sugerem que a nascente aliança com a Alemanha nazista continuava impopular. Por exemplo, de acordo com um relatório de 25 de maio de 1938 da província de Milão, o povo encontrava-se preocupado porque Hitler estava determinado a entrar em guerra contra a Checoslováquia. De fato, o espetáculo na Itália havia encorajado o líder alemão a elevar o tom de sua política externa, passando do revisionismo para a agressão.[141]

Assim, a propaganda, com sua ênfase quase total na unidade e no prestígio, tanto dos ditadores como de suas nações, foi bem-sucedida em criar uma exibição ameaçadora da solidariedade ítalo-germânica. Não apenas perplexidade e temor caracterizavam as atitudes italianas em relação à Alemanha. O comportamento hostil da opinião pública foi em grande medida consequência da oposição de Pio XI às políticas nazistas para com a Igreja e da incapacidade do regime fascista em chegar ao âmago do espírito dos italianos. Contudo, conforme vimos, a teatralização fascista da visita de Hitler como a apoteose de uma aliança nazifascista levou milhões de italianos às ruas, aos comícios e a outras manifestações, tendo sido, assim, fundamental para a criação de uma aliança ítalo-germânica.[142] A parceria cada vez mais concreta entre Hitler e Mussolini logo conduziria a Europa às raias da guerra.

5

RUMO À GUERRA

1938-1939

I

Nos meses posteriores ao retorno de Hitler da Itália, o dinamismo gerado pelos encontros de 1937 e 1938 entre ele e Mussolini levou o Eixo a um ponto do qual nenhum dos dois líderes poderia recuar sem comprometer seu prestígio. Um amplo acordo ideológico era tensionado por diferenças estratégicas e, sem dúvida, pela impopularidade de uma aliança ítalo-germânica entre grande parte da população das duas nações. O relacionamento Hitler-Mussolini foi logo colocado à prova no verão e outono de 1938, depois que a visita do ditador nazista à Itália reafirmou a determinação deste de dar uma guinada em sua política externa, passando do revisionismo para a agressão. A maciça exibição de poder e unidade do fascismo durante a visita de Hitler levara-o a superestimar os recursos militares da Itália. Em contraste, autoridades militares alemãs do alto escalão, tais como o adido militar na embaixada alemã em Roma, Enno von Rintelen, fizeram uma avaliação mais realista e destacaram a debilidade das forças armadas italianas. Essas opiniões enfureceram Hitler, que havia interiorizado a posição de que uma aliança com a Itália atendia aos interesses da Alemanha. Quando, no inverno de 1938-1939, a inteligência militar alemã produziu um memorando sobre as forças e as debilidades do serviço militar italiano, ele ordenou que todas as cópias fossem destruídas.[1]

A despeito da ambiguidade das relações nazifascistas, Mussolini e Hitler foram gradativamente se convencendo de que seus destinos estavam ligados. No final de 1938, o Eixo, que àquela altura não era uma aliança militar, mas sim uma exibição da unidade e amizade ítalo-germânicas, serviu pela primeira vez de instrumento decisivo contra as "democracias plutocráticas" na Europa. Foi Hitler quem definiu a agenda, e não Mussolini.

Refletindo a dinâmica daquilo que se tornara uma profecia autorrealizável, as interações entre os funcionários do Eixo, indo além do esperado pelo Tratado da Polícia de 1936, começaram a crescer. Tais contatos incluíram visitas mútuas de organizações jovens fascistas e nazistas e intercâmbios acadêmicos e culturais, contudo, nenhum contato formal entre os exércitos. Um claro exemplo desses contatos cada vez mais intensos é um acordo firmado no final de 1938 entre autoridades italianas e alemãs sobre a restrição da concessão de medalhas a representantes do outro país, pois o número de medalhas conferidas havia atingido níveis excessivos.[2] O aumento das conexões ítalo-germânicas pode também ser identificado a partir do número crescente de passageiros nos voos da Lufthansa, a empresa aérea alemã, entre Berlim e Roma. Entre 1933 e 1937, os números mais do que dobraram, embora relativamente a uma base inicial pequena. Dado o elevado custo de uma viagem aérea, a maioria desses passageiros era formada por turistas ricos, homens de negócios e autoridades políticas.[3]

Na Itália, o regime levou adiante sua determinação de criar uma sociedade totalitária.[4] A retórica do Eixo converteu-se na ordem do dia. Por exemplo, quando da realização de um congresso ítalo-germânico do direito, em Roma, em junho de 1938, até mesmo Giuseppe Bottai, ministro da Educação Nacional, editor do *Critica Fascista* e contrário a uma aliança com a Alemanha, aplaudiu o discurso de Hans Frank. Ciano comentou sarcasticamente em seu diário que mesmo autoridades fascistas críticas à Alemanha nazista admitiam a mudança de direção na política externa, uma admissão de que algumas autoridades fascistas se limitavam a apoiar da boca para fora a aliança com a Alemanha. O ponto crucial desse episódio é que a aliança com a Alemanha era incerta e problemática, mas Mussolini e Hitler, junto com alguns líderes fascistas e nazistas – embora não todos –, cada vez mais a interiorizavam.[5]

Foi em meio a essa intensificação dos contatos no Eixo que Hitler provocou uma grave crise diplomática na Europa central, fazendo demandas territoriais pela Checoslováquia, um estado multinacional criado no rescaldo de 1918. Mais de 3 milhões de alemães da região dos Sudetos viviam ali, em áreas próximas à fronteira alemã, e sentiam-se cada vez mais tiranizados pelo governo checoslovaco, a despeito de diversas concessões. Após o *Anschluss*, eles tinham esperanças de uma anexação pelo Reich, e os nazistas logo começaram a apoiar o partido alemão dos Sudetos, comandado por Konrad Henlein. Em um discurso em Karlsbad, no final de abril de 1938, Henlein exigira autonomia para os alemães dos Sudetos, uma demanda implícita pela incorporação daquele território ao Reich.[6] Determinado a tomar a região dos Sudetos, que ostentava uma expressiva indústria armamentista, Hitler invocou o direito dos alemães que ali viviam à autodeterminação nacional, um princípio wilsoniano consagrado no acordo de paz pós-1919. Muitos oficiais militares nazistas do alto escalão, ao mesmo tempo que concordavam amplamente com os planos expansionistas de Hitler, guardavam preocupações sobre o momento oportuno de colocá-los em ação e seu potencial para desencadear uma guerra, uma vez que a Checoslováquia era formalmente aliada da França. Uma intervenção britânica seria provável, apesar do forte sentimento de oposição a uma guerra que predominava na Grã-Bretanha.[7]

O papel de Mussolini na crise da região dos Sudetos tem sido objeto de um acalorado debate. Claramente, ele percebia a crise como uma oportunidade de elevar a posição de poder da Itália, razão pela qual declarou seu inabalável apoio à Alemanha em diversas ocasiões. Restavam ao Duce poucas opções depois do decisivo divisor de águas que foi sua mudança de posição na recente questão do *Anschluss*. Mesmo se, a exemplo de seus antecessores liberais, gostasse de bancar o estadista independente em relação a outras potências durante o maior tempo possível, Mussolini havia jogado suas fichas como aliado de Hitler. Não é verdadeiro, conforme afirma De Felice, que o ditador fascista tenha inicialmente evitado qualquer comprometimento durante a crise checoslovaca e que só se envolvera em meados de setembro de 1938, depois do agressivo pronunciamento de Hitler no comício do partido em Nuremberg, no qual o líder nazista insistiu na anexação da região dos Sudetos. De acordo com essa interpretação tendenciosa, Mussolini só teria intervindo quando se tornou provável uma guerra na Europa.[8]

Na verdade, o ditador fascista estava inclinado a entrar em uma guerra, mas sua capacidade de agressão, como vimos, era obstruída pela localização geográfica da Itália, por sua relativa debilidade militar e pela carência de recursos naturais. Embora favorável a uma aliança com a Alemanha, ele continuava, portanto, apostando no registro diplomático a fim de atuar como o "peso determinante" entre as potências ocidentais e a Alemanha. Alguns historiadores entendem o flerte de Mussolini com a Alemanha como prova de seu oportunismo, enquanto outros descartam qualquer menção à sua falta de comprometimento como uma minimização apologética de sua inegável agressividade e seu desejo de se aliar à Alemanha nazista. O que fica claro é que o Duce era beligerante e, ao mesmo tempo, um especialista em manobrar as vicissitudes da política internacional.[9]

A intenção de Mussolini de ir à guerra com as potências ocidentais cristalizara-se muito antes. Ele sabia que a Itália não tinha capacidade de combater uma longa guerra contra França e Grã-Bretanha, porque o país estava desgastado pela campanha na Etiópia e pelo envolvimento em curso na Guerra Civil Espanhola. Ademais, ele sabia também que muitos italianos se opunham a uma guerra ao lado da Alemanha. As ações de Mussolini durante a crise da Checoslováquia foram agressivamente pró-alemãs e refletiram sua preferência por combater ao lado de Hitler. Ao mesmo tempo, ele esperava que essa beligerância conduzisse a uma radicalização do regime fascista no âmbito doméstico, garantindo que a Itália não ficasse atrás da Alemanha na mobilização das massas.[10] Fundamentalmente, o espaço de manobra de Mussolini estava limitado ao extremo pela crescente dependência econômica da Itália em relação à Alemanha. Até a implementação das sanções da Liga das Nações durante a guerra na Etiópia, o país importava da Grã-Bretanha a maior parte do carvão que utilizava, mas logo passou a depender do carvão alemão, aumentando para 60,7% em 1937 as importações vindas da Alemanha.[11]

Assim, as três principais interpretações da política externa fascista, quais sejam, a priorização da política do "peso determinante", a ênfase na veia teatral de Mussolini e o realce de suas intenções agressivas, não são mutuamente excludentes.[12] Em primeiro lugar, a exemplo de outros líderes que o precederam, o Duce acreditava na qualidade transformadora da guerra, que tornaria os italianos mais fortes e masculinos. O abismo entre a propaganda de que a guerra purificaria a nação italiana e a dura realidade da fraqueza geopolítica gerou uma dinâmica agressiva, impelindo Mussolini cada vez mais na direção de uma luta armada. Em segundo lugar, o Duce entendia que era inevitável uma aliança com a Alemanha de Hitler contra as "decadentes" potências ocidentais, que desrespeitavam a posição da Itália no Mediterrâneo. Terceiro, o ditador italiano menosprezava a multinacional e liberal-democrata Checoslováquia, criada como resultado do acordo pós-guerra, que ele odiava. Para Mussolini, a anexação pela Alemanha da aliada francesa Checoslováquia reduziria a influência francesa na bacia do Danúbio e aumentaria a influência da Itália no sudeste da Europa, trazendo Checoslováquia, Romênia e Iugoslávia (conhecidos como países da Pequena Entente, apoiada pela França) para a esfera italiana. Os principais objetivos de Mussolini eram o posicionamento da Itália como potência hegemônica no Mediterrâneo e a consolidação do império africano. Mas ele recebia conselhos contraditórios de diplomatas, ministros e oficiais militares, que, por sua vez, tentavam adivinhar o que o líder fascista desejava ouvir. Ademais, ele oscilava com frequência entre o apoio integral aos alemães e algumas declarações aparentemente mais razoáveis em favor dos britânicos.

Não obstante, impressionado por Hitler, o Duce acreditava cada vez mais que suas metas teriam melhores chances de ser atingidas ao lado dos alemães e, assim, intensificou a crise checa ao declarar reiteradas vezes seu inabalável apoio à Alemanha. Essa era também uma estratégia para ameaçar Grã-Bretanha e França, para as quais uma aliança dos dois países revisionistas e agressivos, liderados por Mussolini e Hitler, representava uma preocupação crescente. Para manter o ímpeto de sua retórica belicista e alimentar a presunçosa crença fascista na condição de grande potência da Itália, Mussolini uniu-se a Hitler na propaganda contrária à Checoslováquia e defendeu a demanda nazista pela região dos Sudetos, sustentada por informações solicitadas ao ditador alemão. Em agosto de 1938, com a escalada da crise checoslovaca, insuflada pela propaganda nazista, o embaixador italiano, Bernardo Attolico, agindo sob as instruções de Mussolini, disse a Ribbentrop que a Itália combateria ao lado da Alemanha se a França interviesse militarmente na crise checa (embora Mussolini não esperasse de fato, naquele momento, que a França e a Grã-Bretanha entrariam na guerra). Attolico chegou mesmo a dizer a Ribbentrop que Alemanha e Itália eram basicamente aliadas que mais cedo ou mais tarde assinariam um tratado militar formal. O relacionamento do

Eixo estava desenvolvendo um dinamismo perigoso. O papel de Mussolini na crise dos Sudetos foi o de um agressor, e não de um moderador.[13]

Com a escalada da crise em setembro de 1938, foi essencial o papel de Mussolini no apoio a Hitler para levar avante a agressão alemã, e uma análise mais detalhada dos intercâmbios entre eles conta uma história diferente das origens da Segunda Guerra Mundial, frequentemente focada na incapacidade de França e Grã-Bretanha de aplacar Hitler. No entanto, a coordenação ítalo-germânica da política externa e da propaganda nem sempre operou sem percalços. Embora o governo italiano buscasse no Terceiro Reich informações sobre sua estratégia na crise dos Sudetos, ele nem sempre as obtinha, em virtude da desconfiança e das suspeitas dos alemães. Por exemplo, no começo de setembro de 1938, Mussolini queixou-se a Ciano de que o governo alemão não havia fornecido informações concretas sobre os planos para um ataque à Checoslováquia.[14]

O primeiro-ministro britânico, Neville Chamberlain, procurou obter de Hitler, em setembro de 1938, uma solução pacífica para a crise checa. A exemplo de outras autoridades britânicas, Chamberlain tinha uma atitude ambígua em relação a Hitler e Mussolini. Embora o sistema político conservador britânico se mostrasse amplamente atraído pela postura anticomunista de Berlim e Roma, a ameaça de uma frente ítalo-germânica comum, cristalizada durante a crise dos Sudetos, era demasiado perturbadora. Em vez de arriscar uma guerra com as duas potências revisionistas, Chamberlain preferia negociar o destino da Checoslováquia e aplacar Hitler. Afinal de contas, o primeiro-ministro e o governo da Grã-Bretanha eram guiados pela crença de que a opinião pública britânica não estaria pronta a apoiar uma guerra pela integridade territorial de um país distante sobre o qual a maioria das pessoas conhecia muito pouco, e que não desempenhava um papel estratégico relevante para os interesses britânicos.[15]

II

Com o adensamento das nuvens sobre a Europa, um número cada vez maior de alemães, de acordo com o serviço de segurança (SD, na sigla em alemão) da SS, mostrava-se preocupado com uma guerra, de onde se conclui que cinco anos de propaganda nazista beligerante não foram suficientes para preparar a população para um conflito.[16] Agentes sociais-democratas chegaram a diagnosticar uma psicose de guerra na Alemanha.[17] Nesse contexto, Hitler aproximou-se de Mussolini, que o ajudaria, assim esperava o alemão, a criar uma frente unida e, desse modo, fortalecer a posição da Alemanha. O ditador alemão enviou então o príncipe de Hesse com um memorando a Mussolini em 7 de setembro de 1938.[18] Em seu comunicado ao Duce, Hitler afirmou que uma ação militar alemã contra a Checoslováquia era inevitável, em razão da crescente repressão imposta aos alemães dos Sudetos. Diante de situação semelhante, Mussolini agiria da mesma forma. A despeito dessa consulta, Hitler estava determinado a entrar em guerra, com ou sem a Itália. Tal decisão fora facilitada pelas declarações italianas de apoio já em maio de 1938, quando Mussolini assegurara implicitamente a Hitler seu apoio na crise da Checoslováquia.[19] Fazendo lembrar ao ditador fascista o apoio da Alemanha durante a guerra da Etiópia, Hitler reafirmou sua expectativa por uma ajuda do Duce.[20] Isso criou uma situação na qual nenhum dos dois líderes podia romper os laços com o outro lado sem abalar sua dignidade.

Entretanto, alguns italianos que ocupavam posições de influência ou autoridade expressaram reservas quanto a uma aliança com a Alemanha nazista. Consideremos uma conversa entre um diplomata italiano anônimo e o agente diplomático alemão em Washington, DC, em 2 de setembro de 1938, momento em que se tornava cada vez mais iminente uma guerra na Europa. O funcionário italiano insistiu que não havia como a Itália intervir militarmente ao lado da Alemanha. Se ela o fizesse, França e Grã-Bretanha, junto com os Estados Unidos, sustentariam uma guerra ideológica contra os "Estados totalitários", o que, muito provavelmente, terminaria em uma derrota italiana. Idealmente, a guerra teria de ser de curta duração, com uma rápida vitória alemã sobre a Checoslováquia. A França e a Grã-Bretanha não teriam condições de derrotar a Alemanha graças aos excelentes preparativos realizados pelos alemães. Essa era uma visão irrealista, pois mesmo os oficiais alemães do alto escalão, embora apoiando a princípio o objetivo de Hitler de invadir a Checoslováquia, alimentavam dúvidas quanto à prontidão da Alemanha para a guerra. O *chargé d'affaires* alemão acreditou que os comentários do diplomata italiano refletiam rigorosamente a politica oficial italiana e encaminhou um relatório ao Ministério do Exterior alemão. De fato, o diplomata deixou subentendidos os dilemas da política externa italiana. Agravados pela desaceleração econômica que atingira o país no final da década de 1930, os recursos militares e econômicos da Itália minguavam progressivamente por causa da guerra da Etiópia e do corrente envolvimento italiano na Espanha. Desse modo, algumas autoridades alemãs colocavam em dúvida as declarações de Mussolini sobre entrar na guerra ao lado do parceiro do Eixo, destacando a ambiguidade das opiniões alemãs sobre uma aliança com a Itália.[21]

Contudo, a sofisticada atuação de Mussolini segundo o registro diplomático e suas exibições de hesitação entre uma inabalável solidariedade aos alemães e uma atitude mais sensata em relação aos britânicos não passou despercebida pelos diplomatas britânicos. Eles ainda acreditavam que uma aliança formal entre Itália e Alemanha poderia ser evitada. Em 15 de setembro de 1938, por exemplo, um graduado diplomata britânico relatou ao secretário do Exterior, lorde Halifax, que Ciano expressara o desejo de "exercer uma influência moderada" e denunciara as declarações radicalmente pró-nazistas feitas pelo adversário de Mussolini, Roberto Farinacci, um fascista e antissemita radical, em um comício do partido nazista em setembro de 1938, em Nuremberg. Sua aparição foi um poderoso símbolo de um Eixo cada vez mais próximo. Embora as questões fossem mais complexas, a percepção do Ocidente quanto aos laços ítalo-germânicos, que eram progressivamente mais estreitos, demonstrava o poder da propaganda do Eixo.[22] Uma típica manifestação dessa exibição de unidade foi a afirmação feita pelo *Il Popolo d'Italia* em 10 de setembro da "reafirmação da indestrutibilidade do Eixo Roma-Berlim".[23] A imagem de Mussolini e Hitler como um par ditatorial tornou-se, assim, um ameaçador instrumento de política externa.

Poucos expressaram seu temor de uma aliança Mussolini-Hitler de maneira mais enfática do que Winston Churchill, o notório deputado conservador, que se opunha veementemente a uma conciliação com Hitler. Em um artigo para o semanário americano *Collier's*, publicado em 3 de setembro de 1938, Churchill expressou sua admiração de longa data por Mussolini, que ele via como o homem que salvara a Itália da esquerda. Ele afirmou que uma aliança entre o Duce e Hitler teria consequências terríveis e deveria ser impedida, até por meios militares, se necessário.

Churchill acrescentou também que Hitler representava uma ameaça muito maior para a paz do que Mussolini, que, no final das contas, era o líder da vulnerável Itália. Embora a declaração de Churchill refletisse uma opinião típica dos britânicos sobre os italianos, vistos com um misto de condescendência e menosprezo, ele destacou tensões estratégicas entre a Itália e a Alemanha, tal como o caso não resolvido do destino dos tiroleses do sul, que se voltavam para a Alemanha em busca da "libertação do jugo italiano". Churchill avaliou, antes de chamar atenção para a opinião desfavorável da maioria dos alemães em relação à Itália, que a impotência de Mussolini frente aos alemães fora brutalmente exposta durante o *Anschluss*.[24]

Todavia, com a crescente preocupação dos britânicos com uma guerra na Europa, Mussolini e Hitler, bem como seus chefes do estado-maior, intensificaram a exibição de uma frente comum do Eixo. Nessa atmosfera ameaçadora, Chamberlain enviou o visconde Runciman à Checoslováquia com o objetivo de buscar uma solução para a crise, que se agravava rapidamente. A ideia de Runciman de conferir autonomia à região dos Sudetos dentro da Checoslováquia foi, como seria de se esperar, rejeitada por Hitler. Nessa conjuntura crítica, Chamberlain propôs um encontro com o ditador nazista a fim de impedir uma guerra na Europa. Por uma questão de prestígio, Hitler recebeu Chamberlain em Berghof, Berchtesgaden, para onde, pela primeira vez na vida, o primeiro-ministro viajou de avião. A posição de Hitler foi bastante fortalecida pelo apoio de Mussolini, pois, em 15 de setembro de 1938, o dia do encontro do ditador nazista com Chamberlain, a imprensa alemã publicou a tradução de um artigo de Mussolini para o *Il Popolo d'Italia*, no qual o Duce, um jornalista com olho clínico para manchetes efetivas, reafirmou quase exatamente as opiniões de Hitler, conforme observaram deslumbrados diplomatas alemães. Expressando-se por meio de uma carta aberta a Runciman, o Duce repudiou a Checoslováquia, definindo-a como um Estado multinacional inviável, "um Estado crocodilo ou Estado linguiça", que violara brutalmente o direito dos alemães dos Sudetos à autodeterminação como nação. Ele declarou que Hitler não planejava uma invasão, mas apenas exigia, com justiça, um plebiscito entre os alemães dos Sudetos. Além disso, o Duce afirmou que o "jogo realmente não valia o preço a pagar".[25] Aqui se via novamente a figura dos dois ditadores lado a lado, expondo uma frente ameaçadora contra Grã-Bretanha e França.

Durante a reunião, Hitler assegurou a Chamberlain que as demandas alemãs estavam restritas à região dos Sudetos, e não à Checoslováquia como tal, e que seria aceitável para os alemães a transferência gradual do território dos Sudetos à Alemanha. Chamberlain concordou.[26] Em toda a Europa sentiu-se um palpável alívio porque a guerra fora evitada. Oficiais do alto escalão do Exército italiano compartilhavam dessa opinião, pois sabiam que a Itália não tinha condições de enfrentar uma guerra, conforme relatou o embaixador britânico em Roma a lorde Halifax em 16 de setembro de 1938.[27]

Uma análise mais detalhada das evidências disponíveis sugere que Mussolini subiu o tom de sua retórica pró-germânica quando Hitler ampliou suas demandas territoriais. Antes de um pronunciamento em Trieste, programado para 18 de setembro de 1938, o Duce solicitou a Hitler mais detalhes sobre sua estratégia para a região dos Sudetos, de modo que ele pudesse incorporar essas informações ao discurso. A resposta alemã não demorou a chegar. Hitler agradeceu efusivamente a Mussolini o apoio à posição alemã e exigiu "uma solução radical imediata" para a crise dos Sudetos. Caso contrário, a exemplo do que acontecera na Espanha antes da intervenção conjunta de Itália e Alemanha ao lado de Franco, "o elemento bolchevique ganharia terreno".[28] Nesse discurso em Trieste, Mussolini ecoou a posição assumida pela Alemanha e fez um apelo à Grã-Bretanha para que esta facilitasse uma solução pacífica para a crise dos Sudetos. O Duce apimentou seu discurso com uma pesada dose de retórica antissemita contra "o problema judeu", refletindo o avanço gradual de uma legislação racial oficial na Itália, o que muitos viam como uma manifestação do Eixo com a Alemanha. Hitler havia anteriormente demonstrado satisfação com o anúncio de uma legislação antissemita, a princípio relacionada à exclusão dos judeus da educação estatal. Fundamentalmente, ao contrário de subsequentes alegações apologéticas, a legislação racial italiana, nascida do Manifesto dos Cientistas Raciais de julho de 1938, não foi uma resposta à pressão nazista. Ao mesmo tempo, ela representou um poderoso símbolo do progressivo alinhamento da Itália com o Terceiro Reich, como um baluarte contra as "plutocráticas" democracias ocidentais e um bloco de poder com planos para uma nova ordem europeia. Discursando diante de milhares de pessoas, mobilizadas pelo regime, o Duce reafirmou o Eixo com uma ameaça velada às potências ocidentais, dizendo que "a posição da Itália já está definida".[29]

A mensagem de Mussolini não passou despercebida pelos diplomatas ocidentais. Foi incisiva, em particular, a interpretação dada por Jules Blondel: o discurso de Mussolini fora suficientemente vago a fim de não o comprometer a uma aliança com Hitler, menos ainda a uma guerra ao lado da Alemanha. Além disso, as referências à paz feitas pelo Duce refletiram o fato de que suas intenções beligerantes não contavam com o apoio da opinião pública na Itália. Na Alemanha, de acordo com um relato de François-Poncet, o discurso do ditador fascista surtira o efeito desejado de agradar a Hitler, que o interpretara como uma expressão do inabalável apoio de Mussolini à posição assumida pela Alemanha na crise dos Sudetos.[30]

Não foi uma coincidência o líder italiano ter proferido discursos semelhantes conforme a crise dos Sudetos ganhava contornos mais graves. Em Verona, ele afirmou que a crise gerava a oportunidade para a criação de uma Nova Ordem na Europa. Também não foi por acaso que os pronunciamentos do Duce ocorreram nas regiões italianas que anteriormente haviam pertencido ao Império Austro-Húngaro. O local servia como lembrete a Hitler, que então avançava sobre a Europa central, de que aquelas regiões eram parte integrante da Itália.[31] A exemplo do discurso em Trieste, esses eventos foram organizados como manifestações de massa fascistas e transmitidos via rádio. Apesar dos esforços concertados no sentido de exibir a unidade do Eixo e glorificar a guerra, as falas de Mussolini não conseguiram mobilizar o entusiasmo italiano para a batalha, conforme observou astutamente Blondel.[32] Embora não estivessem em curso quaisquer preparativos militares importantes na Itália, a retórica beligerante do ditador fascista continuou. Em 25 de setembro de 1938, depois de se encontrar com Ciano e o príncipe de Hesse, que lhe havia transmitido a gratidão de Hitler, Mussolini disse a Ciano que estava pronto para entrar em guerra ao lado da Alemanha, mas apenas se a Grã-Bretanha interviesse, pois tal intervenção imprimiria à crise dos Sudetos um claro toque ideológico, o que o forçaria a honrar suas promessas feitas à Alemanha nazista. Na verdade, evidentemente, uma guerra contra a Grã-Bretanha estava além da capacidade da Itália.[33]

Foi a demonstração de solidariedade ítalo-germânica feita por Mussolini que ajudou a encorajar Hitler a elevar suas demandas. Chamberlain logo percebeu isso quando se encontrou com o ditador nazista pela segunda vez, em 22 de setembro de 1938, em Bad Godesberg. Hitler exigiu que a região dos Sudetos fosse transferida para a Alemanha em 1º de outubro de 1938. Chamberlain rejeitou o plano, pois entendia que já fizera concessões suficientes ao líder alemão.[34]

Com a escalada da crise dos Sudetos, o governo italiano subiu o tom de sua retórica beligerante. Por exemplo, Ciano disse ao embaixador britânico em Roma, lorde Perth, que a crise precisava ser resolvida em um "estilo totalitário", uma ameaça velada a Grã-Bretanha e França.[35] No entanto, apesar de toda essa beligerância, alguns alemães que ocupavam postos no alto escalão, entre eles Göring, acreditavam que Hitler cometera um erro fatal ao rejeitar o acordo com Chamberlain, acordo este que estabelecia a entrega da região dos Sudetos e seu setor armamentista à Alemanha. Para Göring, o risco de uma guerra contra França e Grã-Bretanha, que a Alemanha não teria condições de vencer, era grande demais.[36]

Mas Hitler deixou de lado essa cautela. Com a Europa às portas da guerra, ele fez lembrar a Goebbels, em 28 de setembro de 1938, que o Duce havia confrontado com sucesso a França e a Grã-Bretanha em 1935-1936. Certamente, ele, Hitler, poderia fazer a mesma coisa. Goebbels gabou-se: "Dois homens como eles – como podem Inglaterra e França enfrentá-los?".[37] Mais tarde, no mesmo dia, uma divisão da Wehrmacht desfilou pelo distrito governamental de Berlim, onde estavam localizadas diversas embaixadas. O som ameaçador dos soldados marchando com suas botas de cano alto não visava angariar o apoio da opinião pública para a guerra, mas sim exibir a prontidão da Alemanha para a guerra.[38] No mesmo dia, Perth pediu a Ciano que solicitasse a Mussolini para "fazer uso das comprovadas relações de amizade entre ele e o Führer" e ajudar a impedir uma guerra por meio da intermediação do conflito. A referência de Perth à "comprovada" amizade entre Mussolini e Hitler é significativa, pois demonstra a eficácia das exibições do Eixo.

A intervenção de Mussolini junto a Hitler foi decisiva. Estimulado por Göring, o hábil Duce encorajou o ditador alemão a aceitar a proposta britânica para uma solução do conflito por meio de negociação internacional. Hitler recuou na última hora e aceitou a ideia de uma conferência de quatro potências, a qual Mussolini abraçou com entusiasmo, pois esse arranjo de quatro potências, que já fora proposto pelo Duce em 1933, reconhecia oficialmente a Itália como a quarta grande potência na Europa, ao lado de Grã-Bretanha, França e Alemanha. Os representantes do governo checoslovaco não foram convidados para a conferência. O ataque à Checoslováquia, programado para 1º de outubro de 1938, seria adiado.[39]

Contrariando, no entanto, as intenções de Mussolini de converter a Itália em uma nação de guerreiros, muitos italianos, de acordo com o *chargé d'affaires* francês em Roma, creditaram ao Duce o engendramento da conferência de última hora para evitar a guerra e expressaram a esperança de que ele exercesse uma influência moderadora sobre Hitler.[40] Mussolini desejava a guerra, mas não se sentia à vontade para simplesmente se lançar de cabeça ao lado de Hitler. Embora quase sempre não informado do desastroso estado da máquina de guerra italiana, ele não era estúpido a ponto de ignorar a grave deficiência que a atingia. O Duce sabia que a longa costa litorânea da Itália era vulnerável a ataques e que o país podia facilmente ser bloqueado. Grande parte dos recursos militares italianos ainda estava comprometida na Espanha. Claramente, a Itália carecia de recursos e só poderia combater ao lado de um aliado poderoso. A consciência de compartilhar de uma missão comum inclinava inegavelmente o ditador fascista na direção de Hitler, bem como a agressividade do líder nazista. Para Mussolini, a guerra era uma forma de transformar a Itália de um país de garçons tocadores de bandolim em uma nação de guerreiros. Mas o Duce era realista e, portanto, hesitava, em 1938, em entrar em guerra, mudando sempre de posição. De modo geral, a política externa do líder fascista em 1938 foi ambivalente, caracterizada por uma forte tendência ideológica e agressiva, de um lado, e um poderoso senso de realidade, de outro.[41]

III

O acordo entre França e Grã-Bretanha para uma reunião em Munique, o berço do nazismo, deu prestígio ao Terceiro Reich. O Duce, acompanhado por Ciano, deixou Roma na noite de 28 de setembro de 1938. O Ministério da Cultura Popular italiano orientou os editores dos jornais a enfatizarem a conferência como um "triunfo pessoal" de Mussolini, dando a entender que partira dele a ideia da reunião. Alfieri proibiu terminantemente os editores de cobrirem as manifestações que acompanharam a partida do Duce, pois elas poderiam ser mal interpretadas como um sinal de pacifismo. No nível simbólico, o fato de Mussolini ir para a Alemanha pela segunda vez em um ano sugeria a marcha ascendente do poder alemão, enquanto a posição da Itália refletia um envolvimento cada vez maior com a nação de Hitler.[42]

Porém, uma análise mais detalhada da opinião pública italiana revela que havia ampla oposição às declarações emotivas do Duce em favor da Alemanha. Em 29 de setembro de 1938, por exemplo, Starace expressou ao secretário do partido em Milão sua preocupação a respeito de um relatório sobre a opinião pública que ele recebera havia pouco tempo. O informante havia se infiltrado na classe trabalhadora milanesa, cuja atitude em relação ao regime era, na melhor das hipóteses, ambígua. No relatório, ele lamentou: "O povo não acredita na amizade com a Alemanha", acrescentando que a classe trabalhadora não entendia a sustentação ideológica da amizade fascista com o Terceiro Reich.[43]

A despeito de toda a expectativa para o evento de Munique, que presenciara uma robusta exibição da unidade do Eixo, continuaram nos bastidores as tensões entre Itália e Alemanha. Uma clara indicação dessas tensões foi que, a exemplo do que fizera em sua viagem à Alemanha em 1937, o Duce cruzou à noite o Tirol do Sul, evitando assim quaisquer encontros inconvenientes com a população local germanófona. O trem de Mussolini chegou nas primeiras horas de 29 de setembro de 1938 ao passo do Brennero, onde recebeu as boas-vindas do delegado de Hitler, Rudolf Hess. O trem seguiu via Innsbruck para Kufstein, na antiga fronteira com a Áustria. Foi nesse local, e não no antigo território austríaco, que Hitler saudou o Duce, pois o líder nazista desejava evitar ferir as suscetibilidades do ditador italiano apenas seis meses após o *Anschluss*. Um pequeno detalhe do uniforme de Mussolini não escapou à atenção de observadores próximos: em vez de sua boina fascista, ele ostentava um boné de pala semelhante ao de Hitler. O acessório de cabeça diferente sugeria sua maior proximidade com o ditador nazista.[44] O Duce e Ciano viajaram então no trem de Hitler até Munique. A viagem deu aos ditadores tempo para coordenar sua estratégia para a conferência. Ao contrário de 1937, quando a delegação italiana viajara em trem próprio, a viagem de Mussolini no trem de Hitler revelava a mudança na dinâmica de poder entre os ditadores e seus respectivos países. Ela também apresentava a união dos dois líderes contra britânicos e franceses. Era uma demonstração ameaçadora, que sugeria que os dois ditadores combateriam juntos caso França e Grã-Bretanha não atendessem às demandas de Hitler. Mapas com os territórios reivindicados pelos alemães já estavam estendidos no vagão-restaurante do líder nazista.[45] Assim como um ano antes, quando da primeira visita de Mussolini à Alemanha, a população perfilou-se ao longo da linha férrea no caminho para Munique, que estava decorado com bandeiras da suástica e faixas com a palavra "Duce!". Agora, em setembro de 1938, havia uma atmosfera de guerra, embora muitos alemães esperassem verdadeiramente que ela pudesse ser evitada.[46]

A cerimônia nazista de boas-vindas na estação de Munique seguiu a mesma coreografia da visita de Mussolini em 1937: crianças em idade escolar não tiveram aulas no período da manhã e saudaram os ditadores com bandeiras italianas e da suástica. Milhares de guardas da SS foram alocados para proteger os líderes, um reflexo, como no ano anterior, da preocupação com a segurança. Significativamente, ao contrário da pompa e circunstância adotadas na chegada do Duce, o primeiro-ministro francês, Édouard Daladier, e o britânico, Neville Chamberlain, só foram saudados por Hitler no local da conferência. Entretanto, conforme observou o correspondente do *The Times*, as multidões aplaudiram Chamberlain no trajeto através das ruas de Munique, refletindo a esperança na consecução da paz.[47]

O local da conferência, no quartel-general do partido nazista, contribuiu para alimentar o prestígio de Hitler: os líderes francês e britânico haviam concordado em entrar na cova do leão alemão. Enormes faixas nas cores das bandeiras francesa e britânica adornavam uma das entradas do edifício, enquanto as bandeiras da suástica e da Itália tremulavam na outra, um lembrete visual das duas frentes opositoras que participavam da conferência. Sentinelas da SS, portando rifles sobre os ombros, guardavam o local.[48]

O poder na Europa parecia ter se deslocado das democracias ocidentais na direção dos dois Estados europeus do Eixo, e Munique era mais uma amostra da incapacidade da Liga das Nações para resolver conflitos na Europa ou em qualquer outro lugar. O vestuário dos principais protagonistas do espetáculo ilustra esse ponto: Daladier e Chamberlain vestiam trajes civis, que pareciam representar os tempos passados do parlamentarismo liberal, enquanto Mussolini e Hitler usavam uniformes, o que conferia a eles um aspecto militar e masculino. Na abertura dos trabalhos,

Hitler creditou a Mussolini a iniciativa de propor a reunião. Mas a atmosfera desagradou ao Duce porque, para ele, reproduzia as redundantes negociações parlamentares. No entanto, o multilíngue Duce fez *bella figura* e conversou educadamente em inglês com Chamberlain. Isso teve efeito imediato sobre alguns dos delegados alemães, que logo se lembraram dos Tratados de Páscoa anglo-italianos e da possibilidade de uma cooperação mais próxima entre italianos e britânicos.

No final, todas as quatro potências concordaram que a Alemanha ocuparia a região dos Sudetos no início de outubro. Embora esse acordo tivesse sido preparado por Göring e outras autoridades alemãs, como o antigo ministro do Exterior von Neurath, e Weizsäcker, Mussolini o apresentou como ideia sua, o que irritou profundamente Ribbentrop. A apresentação do compromisso como um projeto próprio foi um brilhante sucesso para o ditador italiano, pois elevou a reputação da Itália no âmbito internacional e fez Hitler aparecer como moderado, já que o plano para o desmantelamento da Checoslováquia tinha sido oficialmente colocado em pauta pelo Duce, e não pelo líder nazista.[49]

O desempenho de Mussolini foi tão convincente que, mais tarde, levou François-Poncet e proeminentes historiadores a acreditar que a Itália estava ainda batalhando pela política do "peso determinante".[50] Não obstante, o líder italiano não marcou um encontro especial com Chamberlain, pois não queria melindrar Hitler. A conferência terminou com o desmantelamento da Checoslováquia, sem que o governo checo tivesse sido consultado. O líder nazista assinou uma declaração anglo-germânica, preparada por Chamberlain, por meio da qual os dois lados se comprometiam a "nunca entrar em guerra entre si novamente". Na verdade, Hitler ficou furioso por ter sido obrigado por Chamberlain a assinar um tratado internacional, uma forma de diplomacia que ele desprezava, maculando, assim, seu triunfo militar contra a Checoslováquia.[51]

Foi nesse ponto que a ideia de uma amizade entre os dois ditadores pareceu ganhar ímpeto. François-Poncet lembrou mais tarde como Hitler alardeara orgulhosamente sua amizade com o Duce. Mussolini, de longe o estadista mais experiente, fizera o ditador nazista sentir-se inferior. Hitler, arrebatado pela presença do líder italiano, tentara imitar os gestos do Duce e até franzir as sobrancelhas como ele. De acordo com François-Poncet, não existia ali uma amizade verdadeira.[52]

A viagem de volta de Mussolini para a Itália foi acompanhada pelo extasiado aplauso de alemães e italianos que creditavam a ele o mérito de salvaguardar a paz. O roteiro da viagem sobreviveu nos arquivos do Ministério da Cultura Popular. Nas paradas em Verona, Bolonha e Florença, as autoridades fascistas locais organizaram manifestações populares para o Duce.[53] Exceto por seu sucesso depois da invasão italiana da Etiópia, provavelmente o prestígio de Mussolini nunca fora tão grande na Itália quanto depois de Munique. O rei, demonstrando concordância com a estratégia do líder fascista, viajou até Florença para lhe dar as boas-vindas. Estimulado por essa onda de aclamação popular, Mussolini discursou do terraço do Palazzo Venezia para uma enorme multidão. Disse que havia trabalhado com afinco em Munique para a manutenção da paz, embora, na verdade, ele desejasse ser visto como um guerreiro e não como o salvador da paz.[54]

Munique reforçou a crença de Mussolini em sua própria missão, que deveria ser ao lado de Hitler. Conforme se gabara para Clara Petacci, o líder nazista, "um sentimental", tinha lágrimas nos olhos quando o encontrou. Ainda assim, para compensar esse sentimento de inferioridade em relação ao poder de Hitler, escarnecera do ditador alemão porque "ele não tem uma esposa". Sem dúvida alguma, o Duce estava se vangloriando quando assumiu o crédito pelo resultado da conferência de Munique, pois tentava compensar o fato de que era Hitler e não ele quem dominava a política europeia na época. Sua crença na Nova Ordem coincidia por enquanto com a de Hitler, razão pela qual ele disse a Petacci que "neste ponto, as democracias precisam se render às ditaduras".[55] Mussolini chegou mesmo a afirmar, em um discurso para o conselho nacional do partido fascista, em 25 de outubro de 1938, que a Itália "desempenhava um papel preponderante e decisivo" na política europeia pela primeira vez desde a unificação nacional. Essa foi uma afirmação dúbia, porque Munique fora um triunfo diplomático e não militar, já que o Exército e a economia do país continuavam despreparados para uma guerra.[56]

Até onde as escassas evidências sugerem, a opinião pública italiana continuava hostil a uma aliança com a Alemanha. Um folheto do clandestino Partido Comunista italiano, datado de 16 de novembro de 1938 e devidamente arquivado pela polícia, fornece uma boa ideia de como os italianos antifascistas viam o crescente entrelaçamento entre Itália e

Alemanha. O panfleto afirmava que mesmo os apoiadores do fascismo se opuseram à passividade do ditador fascista durante o *Anschluss*, e lamentavam amargamente o fato de Mussolini estar reproduzindo na Itália o modelo da Alemanha nazista:

> Toda vez que Mussolini se curva a Hitler e avilta a Itália perante a Alemanha, nós temos que sinalizar para os fascistas se, nesse ritmo, não chegaremos à completa submissão de nosso país [...] Depois disso, Hitler [...] torna-se progressivamente o chefe de Mussolini, que, de qualquer modo, define as características determinantes de nosso país segundo o opressivo modelo alemão; o *passo romano* é a imitação do passo de ganso alemão, da mesma forma que as novas teorias sobre raça são cópias servis do racismo alemão.[57]

Relatórios reunidos pelo partido fascista nas províncias italianas para atenção da liderança do partido, determinada a manter o apoio popular, destacam uma atitude ainda mais crítica de muitos italianos a respeito do regime fascista e de uma aliança com a Alemanha, que, conforme opinião amplamente disseminada, conduziria à guerra. No final dos anos 1930, a retórica agressiva e beligerante do fascismo desagradava cada vez mais à opinião popular, desiludida com as promessas não cumpridas do regime no sentido de reformar o Estado, elevar o padrão de vida e reduzir a desigualdade na sociedade por meio do corporativismo estatal.[58] O entusiasmo popular pelos supostos esforços de paz de Mussolini sugeria que a política fascista de transformar os italianos em guerreiros fracassara. Além disso, indicava que a maioria dos italianos sabia que o país não estava preparado para outra guerra. No entanto, o feito do Duce ao conseguir o reconhecimento da Itália como grande potência na Europa encontrava ampla aprovação.[59]

As reações populares à estratégia pró-Alemanha de Mussolini merecem mais atenção. Mesmo antes de Munique, centenas de italianos haviam escrito ao ditador fascista implorando que ele fizesse Hitler adotar uma postura mais moderada. Um engenheiro de Roma, membro do partido fascista, aconselhara o Duce a dizer a Hitler que os territórios dos Sudetos deviam ser ocupados pelas forças italianas até que um plebiscito fosse realizado, e que ele deveria então ir até Chamberlain e fazê-lo aceitar essa oferta. O engenheiro, refletindo a propaganda fascista, expressara sua esperança de que "Hitler provavelmente aceitará [isso], já que o considera um bom amigo [...] em razão da promessa formal que você lhe fez de ficar ao lado dele no caso de uma conflagração".[60] Depois de Munique, o secretariado do Duce recebeu ainda mais notas de congratulação de italianos de todas as classes e gerações. Algumas centenas de cartas e telegramas aduladores foram arquivados pelo secretariado. Mussolini não tinha tempo para lê-los, mas era informado do teor geral da correspondência, que o elogiava como um homem da Providência e salvador da paz, uma reputação da qual ele se ressentia. A carta de uma estudante da província de Varese, no norte da Itália, era emblemática a esse respeito: "Caro Duce, Piccola Italia, filha de um antigo *ardito*[*] de coração forte, eu agradeço a Vossa Excelência Chefe do Governo, porque o senhor selou a paz. Eu acredito que todas as crianças ficarão felizes se tiverem um pai como eu [...]".[61] O amplo alívio porque a guerra fora evitada sugere que o fascismo havia falhado em seu propósito central de transformar os italianos em uma nação de valentes guerreiros.[62]

A exemplo de sua congênere italiana, a propaganda nazista não foi capaz de converter os alemães em apoiadores entusiastas de uma guerra europeia ou inabaláveis defensores da aliança com a Itália. Um relatório da Sopade da região sudoeste da Alemanha fez referência ao alívio generalizado: "Graças a Deus, não há guerra". Alguns alemães chegaram mesmo a afirmar que Hitler faria melhor ao resolver a difícil situação dos tiroleses do sul que viviam sob o jugo de Mussolini, em vez de concentrar seus esforços nos alemães da região dos Sudetos.[63] Outro relatório foi enviado por agentes da Sopade de Danzig, uma cidade livre sob mandato da Liga das Nações, cujo governo pressionava por sua incorporação ao Reich. Aqui, três homens de classe média baixa conversavam em um restaurante sobre a conferência de Munique. Eles repudiaram Mussolini, classificando-o como um oportunista que ansiava por manter a paz simplesmente porque a Itália não estava pronta para a guerra.[64]

A despeito da poderosa exibição de unidade em Munique, da intensificação do intercâmbio cultural e acadêmico, da cooperação policial e do comércio entre os dois países, as relações ítalo-germânicas continua-

---

[*] Nome dado a soldados das tropas de assalto italianas na Primeira Guerra Mundial. (N. E.)

vam tensas tanto no âmbito oficial como no popular. Não havia qualquer aliança militar.[65] Ao mesmo tempo, a aliança de Mussolini e Hitler tornara-se uma ameaça. Em Munique, os dois juntos haviam forçado França e Grã-Bretanha a fazerem concessões territoriais à Alemanha. Nesse aspecto, Munique marcou um ponto de inflexão no relacionamento dos dois ditadores. A colaboração entre eles e a elevação propagandística dessa colaboração à categoria de amizade havia garantido a Hitler condições de desmantelar a Checoslováquia. Daquele ponto em diante, ficou difícil para ambos os lados, se não impossível, abandonar o Eixo.[66]

Políticos como Chamberlain acreditavam que Hitler não faria outras demandas territoriais depois de Munique, uma opinião amplamente compartilhada na Grã-Bretanha, conforme sugerem a triunfante recepção a Chamberlain no retorno para casa e o discurso "paz para nosso tempo" feito por ele. Outros políticos britânicos influentes, sobretudo Churchill, discordavam fundamentalmente e continuaram a fazer alertas sobre uma aliança ítalo-germânica.[67] A violenta natureza do nazismo logo veio à tona, quando, a fim de implementar os resultados de Munique, tropas alemãs rapidamente tomaram a região dos Sudetos, acompanhadas por uma onda de terror nazista que incluiu a prisão de 10 mil opositores do nazismo.[68]

IV

Quanto a Mussolini, o ímpeto de Munique desencadeou ainda mais sua agressividade. Dias depois de retornar à Itália, sua política externa, cujo foco era o relacionamento com a Alemanha nazista, foi aprovada pelo Grande Conselho do Fascismo. A retórica beligerante foi acompanhada por uma arrancada rumo a um estado totalitário. Por exemplo, no início de 1939, a Câmara dos Deputados se tornou a Câmara do Fáscio e da Corporação, na prática, um organismo destinado a carimbar as decisões de Mussolini. Os ataques a judeus se intensificaram. Assim, em outubro de 1938, o Grande Conselho anunciou as leis raciais, baseadas no Manifesto Racial de julho de 1938, de acordo com o qual os italianos eram arianos. Mussolini endossara o manifesto, que fora escrito por cientistas raciais.[69] Já em 7 de setembro de 1938 fora promulgada uma lei que expulsava todos os judeus estrangeiros e despojava aqueles judeus que se naturalizaram depois de 1º de janeiro de 1919 de sua cidadania italiana. Mas isso não era tudo. Outra lei de setembro de 1938 determinou que todos os professores e alunos judeus fossem expulsos das escolas e universidades italianas.[70]

Mais tarde, muitos afirmaram que essas leis raciais severas eram de certo modo uma imitação direta da legislação antissemita do nazismo, se não uma imposição dos nazistas. Tal interpretação sustenta implicitamente a opinião de que a Itália fascista era uma ditadura relativamente inofensiva se comparada com o Terceiro Reich. Fica bastante claro que as leis raciais refletiam o desejo de Mussolini de demonstrar a proximidade ideológica da Itália com Hitler.[71] Assim, as leis foram aprovadas pelo Conselho de Ministros sob a presidência de Mussolini em 10 de novembro de 1938, um dia depois do mais brutal ataque dos nazistas aos judeus até então: a *Kristallnacht*, ou Noite dos Cristais. No *pogrom* de novembro, ativistas nazistas assassinaram mais de mil judeus e atearam fogo a casas e empresas de judeus, bem como a sinagogas. Obedecendo a ordens diretas de Hitler, cerca de 30 mil judeus do sexo masculino foram levados para campos de concentração. A mensagem brutal da *Kristallnacht* foi que não era mais desejada a presença dos judeus na Alemanha nazista. Indubitavelmente, a escolha do momento para a promulgação da legislação antissemita da Itália sugere que Mussolini queria aparecer como aliado ideológico de Hitler e mostrar à França e à Grã-Bretanha sua determinação de buscar uma aliança com o Terceiro Reich. Essa percepção, contudo, não significa que as leis raciais italianas se resumiam a uma mera exibição.[72]

Mussolini aprovou o massacre sem quaisquer reservas e disse a Ciano que teria agido de modo ainda mais radical contra os judeus do que os nazistas fizeram. No dia seguinte, entretanto, o ditador fascista refreou ligeiramente seus comentários antissemitas e expressou preocupação com a possibilidade de que, após essa explosão da violência nazista contra os judeus, os católicos pudessem ser os próximos na linha de fogo do Terceiro Reich, o que minaria o apoio ao Eixo na Itália. De fato, protestos de Pio XI contra a discriminação de judeus batizados foram um obstáculo à promoção da popularidade da aliança ítalo-germânica. Embora os católicos não fossem um alvo sistemático dos nazistas, a afirmação de Mussolini denota que ele não ignorava a considerável impopularidade do Eixo na Itália.[73]

Uma análise mais cuidadosa da gênese das leis raciais revela que não havia pressão alemã sobre a Itália fascista para que esta adotasse a legislação pela *difesa della razza*. As leis entraram em vigor em 17 de novembro de 1938, depois de assinadas pelo rei. A assinatura do monarca sugere que a legislação racial era apoiada não apenas pelos fascistas da linha dura como também por forças conservadoras, motivadas, pelo menos em parte, por séculos de ódio católico aos judeus. A lei determinava a expulsão dos judeus do Exército e do serviço público, bem como de bancos e de empresas de seguro. Ademais, ela proibia o casamento entre italianos "arianos" e pessoas de outras raças e oferecia uma definição de "judeu" claramente racista.[74]

Ademais, embora dessem amplo apoio às leis raciais italianas, os funcionários da propaganda nazista orientaram os editores dos jornais alemães a não as retratar como uma imitação das leis de Nuremberg, a fim de evitar transmitir a impressão de uma atitude de superioridade por parte dos nazistas. Mas, ao mesmo tempo, muitas autoridades nazistas acreditavam que as leis italianas não eram suficientemente duras.[75] Assim, não resta qualquer dúvida de que existiam diferenças fundamentais entre o antissemitismo nazista e a sorrateira discriminação fascista contra os judeus. Mussolini era racista, e a legislação contra os judeus era racista, ultrapassando em muito as fronteiras do ódio dos católicos aos judeus. No entanto, as raízes das leis antissemitas italianas estavam no racismo colonial contra os muçulmanos e a população negra das colônias italianas da África, e faziam parte de uma trajetória mais ampla do racismo imperialista. Todavia, a despeito da incontestável importância do antissemitismo sob o fascismo, ele nunca foi tão determinante para o regime de Mussolini como foi para o Terceiro Reich. Na Itália, o antissemitismo era uma estratégia particular de exclusão racial, mas não a parte fundamental de uma agenda de extermínio racial. O regime fascista empregou as leis raciais para granjear apoio, com consequências devastadoras para os judeus que viviam na Itália. Entretanto, diferentemente da Alemanha nazista, o racismo nunca foi a característica definidora do regime.[76]

Apesar dessas marcantes demonstrações de aparente proximidade ideológica com a Alemanha nazista, Mussolini resistia a assinar uma aliança formal com os alemães.[77] Em vez disso, refletindo sua temeridade política e seu oportunismo, em meio às desesperadas tentativas britânicas para afastar a Itália do Terceiro Reich, foi assinada em 16 de novembro de 1938 uma declaração anglo-italiana, que reafirmava o espírito de distensão. De acordo com Ciano, Mussolini afirmara que essa declaração não mudaria sua atitude em relação à Alemanha nazista, que fazia parte de sua estratégia na Europa continental, enquanto a política em relação à Grã-Bretanha integrava a estratégia do Duce para o Mediterrâneo. Embora o ditador fascista desejasse, no final das contas, entrar em guerra com a Grã-Bretanha pelo controle do Mediterrâneo, a Itália não tinha condições de correr o risco de tal conflito. Uma distensão com os britânicos daria também ao Duce maior poder de negociação com os alemães. Aqui, ele operava no registro diplomático, com sua retórica do "peso determinante". Assim, Mussolini concordou com uma visita oficial de Chamberlain a Roma em janeiro de 1939. Quando o embaixador alemão, curioso com o anúncio da visita, questionou Ciano sobre o convite, o ministro do Exterior respondeu enigmaticamente que "o programa italiano era não seguir um programa". Tratava-se de uma descrição irônica do desejo da Itália fascista de usar o mito de sua versatilidade diplomática para incrementar seu poder, ainda que, depois de Munique, a proximidade da Itália com a Alemanha nazista tivesse se tornado tão forte a ponto de não haver um caminho de volta factível para o Duce.[78]

Como a Itália carecia de poder para provocar uma guerra contra a Grã-Bretanha pela supremacia no Mediterrâneo, a França foi entrando progressivamente na linha de fogo de Mussolini. Ele acreditava que a Itália venceria com facilidade uma guerra contra a França, uma nação degenerada e ainda mais enfraquecida pelo governo da Frente Popular. O agressivo discurso contrário aos franceses que Ciano proferiu na Câmara em 30 de novembro de 1938 foi um símbolo da postura italiana contra a França. Estavam presentes diplomatas estrangeiros, entre eles o novo embaixador francês, François-Poncet, que acabara de ser transferido de Berlim na esperança de que pudesse exercer uma influência moderadora sobre o Duce e afastá-lo de Hitler. Aplausos organizados e turbulentos interromperam o discurso algumas vezes, e vozes em coro demandaram a retomada de Córsega, Savoia e Nice, territórios havia muito tempo reivindicados pelos nacionalistas italianos, entre os quais Giuseppe Garibaldi, que nascera em Nice.[79] Mas o discurso de Ciano, que reforçou os laços da Itália com a Alemanha, não obteve o efeito desejado, pois o governo francês não levou a sério essas ameaças.[80]

Foi nessa atmosfera de crescente beligerância de italianos e alemães que Chamberlain visitou a Itália em janeiro de 1939. Para alimentar seu prestígio, Mussolini pedira que o britânico solicitasse o encontro. Acompanhado de lorde Halifax, o primeiro-ministro visitou Roma sob o olhar atento dos diplomatas alemães. Chama atenção o fato de que, a caminho da Itália, Chamberlain e sua delegação conferenciaram com o governo francês em Paris, uma poderosa mensagem para Mussolini de que os britânicos não abandonariam sua aliança com a França, apesar da propaganda italiana cada vez mais acentuada contra esse país.[81]

Ao contrário da viagem de Hitler em 1938, o governo italiano organizou a visita de Chamberlain em uma escala significativamente menor. O itinerário seguiu o protocolo de uma visita diplomática tradicional e incluiu audiências com o rei e o papa, além da colocação de coroas de flores no Panteão e na tumba do soldado desconhecido no monumento a Vittorio Emanuele II. O congraçamento com as multidões, um aspecto fundamental do programa da visita de Hitler, não recebeu muita ênfase. Outro detalhe diferenciou a visita de Chamberlain da do ditador nazista: as autoridades fascistas foram orientadas a usar trajes civis. Mussolini até mesmo vestiu casaca para uma recepção e uma ida à ópera. É importante observar que o Ministério da Cultura Popular instruiu a imprensa italiana a tratar Chamberlain com simpatia, mas também a enfatizar a solidez e a eficiência do Eixo. Assim, para o governo italiano, o propósito da visita de Chamberlain era afirmar a condição da Itália como uma grande potência.[82]

Ciano e Mussolini, com as tropas de soldados e um número relativamente pequeno de civis, deram as boas-vindas a Chamberlain e Halifax com uma "entusiástica recepção" na estação ferroviária.[83] Os diplomatas britânicos e alemães observaram a satisfação das pessoas comuns em ver Chamberlain e Halifax. Os relatos insinuaram que a maioria dos italianos preferia uma aliança com a Grã-Bretanha a uma com a Alemanha. Essa simpatia popular pelos britânicos era digna de nota. Ao contrário de Alemanha e Itália, a Grã-Bretanha e a Itália nunca haviam estado em guerra em lados opostos. De fato, os britânicos haviam apoiado a unificação nacional da Itália e haviam sido seus aliados na Primeira Guerra Mundial.[84]

As atas do Ministério das Relações Exteriores revelam a versatilidade de Mussolini como estadista. Nas conversas com Chamberlain, realizadas no gabinete do Duce no Palazzo Venezia, ele se mostrou sensato e polido.

No entanto, os britânicos ficaram surpresos com as reiteradas afirmações de Mussolini de que Hitler era um homem honrado que tinha intenções pacíficas.[85] E, no brinde que levantou a Chamberlain em um banquete de Estado, o ditador fascista chamou a Grã-Bretanha de "uma grande nação amiga" e falou sobre "a amizade entre nossos dois países".[86] Mas, apesar dessas palavras amistosas, Chamberlain percebeu que deveria intensificar as negociações militares com a França.[87] Embora Mussolini tivesse proposto à França, por meio de canais não oficiais, uma distensão, sua tentativa de separar França e Grã-Bretanha havia fracassado.[88] A visita de Chamberlain teve o efeito desejado por Mussolini de levantar suspeitas no governo da Alemanha, e o embaixador alemão logo expressou a Ciano suas preocupações em relação a uma colaboração anglo-italiana. Um detalhe burocrático sugere que o Eixo era sólido: Ciano enviou a Hitler cópias das atas das conversas entre Mussolini e Chamberlain. Porém, esse gesto poderia também ter pressionado o ditador nazista a levar a Itália mais a sério em seus planos para uma maior expansão territorial.[89]

V

A expansão territorial era a prioridade de Hitler, e ele precisava do apoio de Mussolini. Em 30 de janeiro de 1939, no sexto aniversário de sua nomeação para chanceler do Reich, o líder nazista proferiu um longo discurso no Reichstag. Em uma parte frequentemente citada desse discurso, Hitler ameaçou exterminar os judeus se um dia viesse a ocorrer outra guerra mundial. Esse comentário do ditador alemão estabeleceu a agenda para o antissemitismo do regime, que se tornou cada vez mais violento e alvo de ideias rivais de diferentes setores das instituições políticas do Terceiro Reich. Ele procurou também aumentar a pressão sobre outros países para que aceitassem refugiados judeus da Alemanha. Na ocasião, os diplomatas britânicos consideraram que o elemento central do discurso de Hitler fora a aliança com a Itália. De fato, dias após o flerte de Mussolini com Chamberlain, o líder nazista dedicou longo tempo de um discurso à manifestação de sua opinião sobre o Duce. Hitler invocou as referências usuais à amizade historicamente inevitável entre Alemanha e Itália. Com Mussolini, ele resgataria a "Europa do ameaçador extermínio bolchevique". O ditador nazista chegou até a elogiar o Exército italiano a fim de aumentar a pressão sobre a Itália para que pactuasse uma aliança com a Alemanha. Afinal de contas, a Itália era o único potencial aliado da Alemanha depois da rejeição da Grã-Bretanha aos avanços dos alemães. Goebbels confirmou essa ideia em seu diário: "Carta branca para a Itália: em uma guerra, independentemente de que espécie, ao lado de Mussolini. Nós não temos outra escolha". Assim, não restou outra opção a Hitler senão cultivar uma aliança com o Duce, em especial depois que a propaganda nazista sobre Mussolini e o fascismo adquiriu uma dinâmica poderosa.[90]

Não causa surpresa o fato de Mussolini e Ciano terem ficado satisfeitos com o discurso de Hitler, pois o líder alemão havia reconhecido publicamente o papel político fundamental da Itália na estratégia nazista. Em um telegrama enviado a Hitler em 31 de janeiro de 1939, o Duce estende suas "mais cordiais e amistosas congratulações, inspiradas pela profunda amizade leal que, por meio do Eixo, une nossos dois povos no presente e no futuro, em um sólido laço". O Grande Conselho do Fascismo sancionou oficialmente o discurso de Hitler em 3 de fevereiro de 1939, ecoando o progressivo alinhamento da Itália com o Terceiro Reich.[91]

A despeito das declarações pró-nazistas feitas por Mussolini e outros líderes fascistas, Hitler não teve escrúpulos em agir unilateralmente quando a Alemanha nazista marchou sobre a Checoslováquia em 15 de março de 1939. O ditador alemão nem mesmo consultara Mussolini, que se queixou amargamente a Ciano, dizendo que logo seria motivo de riso para o povo italiano: "Todas as vezes que Hitler ocupa um Estado, ele me envia uma mensagem". Assim como fizera na véspera do *Anschluss*, Hitler enviou o príncipe de Hesse para apresentar ao Duce um *fait accompli*. Não restou outra opção a Mussolini senão engolir a notícia. O avanço alemão sobre a Europa central era mais um golpe na estratégia italiana de dominar a bacia do Danúbio. Nos bastidores, o ditador fascista, desesperado para evitar uma humilhação, confidenciou a Clara Petacci que, "na situação de Hitler, eu teria feito o mesmo". Ciano encontrou Mussolini irritado e deprimido, e, para compensar sua frustração, o Duce atacou, dizendo que a Itália destruiria a França sem a ajuda da Alemanha. O ditador italiano sabia que tinha um papel secundário em relação a Hitler, de modo que não passou para a imprensa as notícias trazidas por Hesse, pois temia que o povo italiano, amplamente hostil a uma aliança com a Alemanha, o ridicularizasse como o lacaio de Hitler. De fato, um relatório do partido fascista sobre a opinião pública na província de Roma, datado de 30 de março de 1939, destacou preocupações com a possibilidade de a Itália se converter em uma "tenência de Hitler" (*luogotenenza di Hitler*). O ditador nazista, consciente da ira de Mussolini, tentou aplacá-lo por intermédio de Hesse e, mais tarde, via diplomatas, reiterando seu apoio incondicional à Itália.[92]

Além da fúria por ter sido marginalizado por Hitler, Mussolini temia que o rompimento do Acordo de Munique por parte do líder alemão pudesse induzir uma intervenção de França e Grã-Bretanha e provocar uma guerra para a qual, todos em Paris e Londres sabiam, a Itália não estava preparada. Como resultado de sua assombrosa temeridade política, Mussolini foi obrigado a permanecer em silêncio. Essa atitude passiva começou a atrair críticas dos italianos do alto escalão: de acordo com Ciano, o rei havia humilhado Mussolini depois da marcha de Hitler sobre Praga ao compartilhar o rumor de que o Duce era conhecido em Munique como o *Gauleiter* italiano. O irado Duce confidenciou a Ciano, em um raro momento de análise política comparativa, que ele poderia ser tão bem-sucedido quanto Hitler se não tivesse que se reportar ao rei. Mas Mussolini sabia também que não tinha o poder necessário para confrontar a monarquia.[93] Em sua frustração, o Duce ordenou o envio de tropas para a fronteira ítalo-germânica no Vêneto. Os trabalhos de construção no Vallo del Littorio foram intensificados.[94]

Considerando-se a inveja e a irritação de Mussolini e as triunfantes conquistas territoriais de Hitler na Áustria e de grandes porções da Checoslováquia, é tentador argumentar que a política do Duce em relação ao ditador alemão era definida por seu eterno temor da Alemanha nazista. Inegavelmente, a motivação ideológica desempenhou certo papel no progressivo envolvimento de Mussolini com a Alemanha.[95] O que realmente unia os dois líderes e seus respectivos regimes era uma atração pelo expansionismo e pela guerra, e isso a despeito da impopularidade de uma guerra entre a ampla maioria dos alemães e italianos. As agressivas declarações pró-Eixo de Mussolini, que comprometiam a Itália a apoiar a Alemanha nazista, deram a ele a oportunidade de pressionar pela guerra, a qual mobilizaria o povo italiano em apoio a ele. Uma renúncia a essa política pró-Alemanha teria minado sua credibilidade. Assim, em 21 de março de 1939, o Grande Conselho do Fascismo se reuniu em uma atmosfera de crescente sentimento antigermânico e de cansaço de guerra, sentimento este que os relatórios do partido fascista sobre a opinião pública registraram em todo o país. As atas publicadas enfatizaram o inabalável compromisso da Itália com o Eixo. Alguns *gerarchi* fascistas, como Giuseppe Bottai, discordavam da postura pró-Eixo de Mussolini, pois acreditavam que a Alemanha havia despojado a Itália de sua influência internacional.[96]

Hitler, norteado por sua admiração por Mussolini, mas também pela carência de outros aliados satisfatórios, sabia como adular o Duce e apelou para a emoção a fim de pressioná-lo a se comprometer a uma aliança militar com o Terceiro Reich. Desse modo, continuou a enviar a Mussolini um sem-número de cartas amistosas.[97] Uma longa missiva que Hitler enviou ao Duce por ocasião do vigésimo aniversário da criação das *Fasci italiani di combattimento*, em 23 de março de 1939, revela esse uso da diplomacia emocional. Nessa carta, assinada "com inquebrantável amizade", Hitler enfatizou o papel pioneiro do líder italiano na criação do fascismo e na reedificação do Império Romano. Tratava-se de um reconhecimento implícito para o vaidoso Mussolini de que o fascismo precedera o nazismo. Empregando um tropo que se tornara conhecido na retórica do Eixo, Hitler afirmou que havia, "ademais, uma ampla afinidade na evolução de nossas duas ideologias e de nossas duas revoluções". Essa formulação tipicamente vaga de paralelos ideológicos entre fascismo e nazismo mascarava as tensões estratégicas que espreitavam por trás da pomposa retórica do Eixo. De fato, a iniciativa de uma aliança formal partira dos alemães, e Mussolini trabalhou com afinco para tentar aumentar seu poder de negociação.[98]

Assim como Hitler, também Mussolini não tinha outro aliado satisfatório. Acima de tudo, nenhum dos dois líderes podia se dar ao luxo de renunciar à retórica do Eixo e deixar de buscar uma aliança nazifascista, sem com isso perder a credibilidade. Emergiu, desse modo, uma perigosa dinâmica.[99] Em um discurso agressivo proferido em um comício do partido fascista, em 26 de março de 1939 no Foro Mussolini, em Roma, o Duce enfatizou a afinidade ideológica entre os dois regimes, declarando: "O Eixo não é apenas um relacionamento entre dois Estados; é o encontro de duas revoluções que se apresentam como clara antítese de todos os outros conceitos de civilização moderna". Como as forças do general

Franco estavam prestes a tomar Madri, o último bastião do governo da Frente Popular, Mussolini articulou uma retórica antifrancesa com ameaças veladas aos britânicos, afirmando que o Mediterrâneo era um "espaço vital" para a Itália.[100]

Como uma guerra em larga escala seria arriscada demais, a Itália começou a concentrar sua atenção na Albânia, um país estrategicamente importante e, havia muito tempo, alvo das ambições territoriais italianas. O cansaço de guerra na Itália continuava forte. Quando o rei abriu a Câmara do Fáscio e da Corporação em 29 de março de 1939, ele falou sobre paz, e não sobre guerra, o que veio a aumentar a irritação de Mussolini com a monarquia.[101] Um relatório do partido fascista sobre a opinião pública mostrou que muitos italianos haviam recebido favoravelmente o discurso do monarca. Dizia-se que as pessoas comuns em Roma queixavam-se do "comportamento da Alemanha e do excessivo poder que ela adquiriu e continuará a adquirir". O relatório continuava: "Há aqueles que se queixam de que a Itália já está a caminho de se tornar um dos Estados clientes de Hitler, porque ela não está mais em condições de romper a aliança com o Eixo, mesmo se assim o desejar. O povo, entretanto, acredita que a atitude da Alemanha será a causa indireta da guerra e não perde a oportunidade de expressar sua hostilidade". Uma aliança com a Alemanha apenas traria à Itália guerra e infortúnio. A propaganda fascista pró-alemã não fora inteiramente bem-sucedida, de acordo com telegramas de diplomatas alemães a Berlim.[102]

A despeito de tensões não resolvidas, uma indicação clara de que a retórica de guerra havia colocado o governo italiano e o alemão no centro das atenções foi o encontro de 5 de abril de 1939, em Innsbruck, dos generais Alberto Pariani, chefe do estado-maior (*Stato Maggiore dell'Esercito*) e subsecretário de guerra, e Wilhelm Keitel, chefe do Alto Comando da Wehrmacht (*Oberkommando der Wehrmacht*), para discutir detalhes de uma aliança militar. Essas foram, de fato, as primeiras conversas ítalo-germânicas formais entre os chefes do estado-maior, e nenhum dos lados abriu o jogo. Pariani não mencionou os planos para a invasão da Albânia, e Keitel manteve silêncio sobre a Polônia, o próximo alvo da agressão alemã. Hitler temia que alguns generais italianos pudessem vazar informações às potências ocidentais e, portanto, proibiu Keitel de revelar qualquer detalhe para os italianos.[103]

Dois dias mais tarde, em 7 de abril, o Duce ordenou a invasão da Albânia. As tropas italianas marcharam sobre o país na Sexta-feira Santa de 1939. Alguns observadores da época, tais como François-Poncet, mas também alguns historiadores, mais tarde interpretaram essa invasão como um imitativo ato de revanche do invejoso Mussolini contra as invasões unilaterais da Áustria e da Checoslováquia executadas por Hitler.[104] Mas essas interpretações ignoram o fato de que a invasão da Albânia não foi apenas um ato de inveja e rivalidade. Ela foi sobretudo uma clara demonstração da agressividade do fascismo e de sua convicção fundamental de que a guerra era necessária para fortalecer a nação italiana. Com efeito, foi Ciano que estimulou a anexação em março de 1938, pois esperava lucrar financeiramente e elevar seu perfil político por meio da invasão.[105] No entanto, se Mussolini pretendia impressionar Hitler com a guerra na Albânia, sua estratégia fracassara. Goebbels reconheceu com indiferença que o Duce havia aprendido muito com a estratégia nazista: "Mussolini toma medidas drásticas na Albânia. Ele aprendeu muito conosco para sua argumentação. A consciência do mundo enfurece-se em Paris e Londres. Mas ninguém considera uma ação contrária".[106] A campanha da Albânia foi mal preparada e consumiu muito mais tempo do que Mussolini havia previsto. Ela revelou o imenso abismo entre a retórica presunçosa do Duce e o lamentável desempenho militar italiano. Ademais, a aventura albanesa acionou o sinal de alarme para britânicos e franceses, que declararam solidariedade à Grécia e à Turquia, preocupados com a possibilidade de a Itália logo vir a fazer demandas por esses países.[107]

Em meados de abril de 1939, com a inevitabilidade cada vez maior de uma guerra europeia, o presidente dos Estados Unidos, Franklin D. Roosevelt, voltou a fazer um apelo a Mussolini e Hitler pela manutenção da paz na Europa. Mas o pedido foi ignorado. Ao contrário, a visita de Göring a Roma reforçou a sensação de que havia uma poderosa frente ítalo-germânica.[108] A despeito da desconfiança nazista em relação à Itália, destacada em um relatório de Heydrich para Ribbentrop, Mussolini e Hitler continuaram usando sua suposta amizade para intensificar a ameaçadora reputação de formarem uma dupla ditatorial. Consideremos a troca cordial de telegramas por ocasião do quinquagésimo aniversário do ditador alemão. Mussolini, o rei, Ciano e os líderes militares italianos enviaram telegramas ao líder nazista. As respostas de Hitler para Mussolini e o rei foram publicadas na imprensa alemã. Enquanto o telegrama enviado ao rei foi seco, a radiante resposta para o Duce terminou com "a garantia dos inabaláveis laços com você e a Itália fascista, criados por você".[109]

O uso dessa repetitiva retórica de amizade era típico do relacionamento Hitler-Mussolini e reforçava a convicção dos dois ditadores de que estavam marchando juntos para a criação da Nova Ordem. Esse padrão gerou uma dinâmica que tornou impossível uma mudança de tática por parte de qualquer um deles.[110] Uma retórica semelhante norteou o discurso de Hitler no Reichstag em 28 de abril de 1939, discurso este que incluiu uma resposta irônica a uma nota do presidente Roosevelt e um esboço das demandas do líder nazista pela Polônia. O comentário de Hitler de que relações mais próximas com o Japão e a Itália eram "o objetivo permanente da liderança do Estado alemão" foi uma clara indicação para Mussolini de que já chegara a hora de uma aliança formal, bem como um lembrete da ameaça potencial que representava uma aliança de todas as potências revisionistas, que, juntas, estavam determinadas a criar suas próprias Novas Ordens.[111]

VI

Antes do início das negociações para uma aliança formal, Mussolini afirmara que a Itália precisava de pelo menos três anos de paz a fim de se preparar para uma guerra generalizada. Por ora, a Itália de Mussolini mantinha a relação de amizade com a Grã-Bretanha, uma vez que o Duce esperava que isso pudesse fortalecer a posição italiana na negociação com os alemães.[112] Permaneciam tensões não resolvidas entre Itália e Alemanha, sobretudo em relação ao Tirol do Sul.[113] Ao mesmo tempo, no início de maio de 1939, o novo papa, Pio XII, sugeriu uma conferência das quatro potências de Munique, mais a Polônia, para discutir o destino de Danzig e as demandas territoriais italianas na França. A exemplo do que acontecera durante a crise dos Sudetos, Mussolini e Hitler coordenaram suas estratégias. O ditador nazista recusou a conferência multilateral e fez chegar ao conhecimento do Vaticano que primeiro precisava consultar Mussolini, mais um sinal de fortalecimento do Eixo.[114]

Ciano e Ribbentrop se encontraram em Milão em 6 e 7 de maio de 1939 para tratar de uma aliança militar. Mussolini e Hitler, líderes que diziam estar à frente da política externa de seus respectivos países, deixaram as negociações detalhadas a cargo de seus ministros do Exterior, uma estratégia que confirmava a posição especial dos dois, indiferente à burocracia. Essa aliança seria o terceiro pacto ítalo-germânico na história moderna, depois do pacto ítalo-prussiano na Guerra Austro-Prussiana de 1866 e da Tríplice Aliança, da qual a Itália se retirara em 1915. Ribbentrop planejara originalmente um pacto tripartite com Japão e Itália, mas esse tratado não se materializou em razão das negociações inconclusivas com os japoneses.[115] Ao contrário de outros tratados militares, o ítalo-germânico era ofensivo e não defensivo, refletindo a natureza agressiva dos dois regimes. Itália e Alemanha tinham objetivos diferentes. Para Ribbentrop, o Pacto Anti-Comintern existente com o Japão e o isolamento da União Soviética eram as principais metas de uma aliança formal com os italianos. Quanto à Itália, o pacto com o Reich garantiria a paz durante uns poucos anos vindouros, a fim de facilitar o rearmamento.[116]

A exemplo de ocasiões anteriores, a escolha do local foi bastante significativa. Originalmente, o encontro havia sido programado para acontecer em Como, na costa do pitoresco lago homônimo. Mas Mussolini logo decidiu mudá-lo para Milão, a fim de transmitir a mensagem marcante de que o fascismo era popular entre todos os italianos, inclusive os da classe trabalhadora. A mudança de local foi uma reação a afirmações feitas na imprensa francesa de que a população da capital da Lombardia, em sua grande maioria pertencente à classe trabalhadora, opunha-se ao fascismo. Um relatório de 4 de maio de 1939, elaborado pelo partido fascista milanês, confirmou a suspeita de Mussolini. O relatório dava detalhes da insatisfação popular com as políticas econômica e externa do regime. A glorificação da guerra pelo fascismo e o fluxo constante de propaganda pró-alemã haviam, assim, fracassado em criar ressonância. Nesse clima adverso, a crescente escassez de café, um alimento básico para os italianos, pesou contra a reputação do regime, levando o Ministério da Cultura Popular a iniciar uma campanha na imprensa a fim de explicar, de forma um tanto hilária, a necessidade de se abolir o hábito de beber café.[117]

Para minimizar a extensão da oposição popular ao Eixo e dar demonstrações de uma frente ítalo-germânica comum, Mussolini redigiu um comunicado diplomático que foi enviado a diplomatas e jornalistas estrangeiros. Ele enfatizava "as recepções extraordinariamente calorosas" dos milaneses a Ribbentrop, que fora saudado por "uma multidão de centenas de milhares de pessoas". A afirmação feita pelo Duce de que o Eixo visava à paz, e não à guerra, era uma confirmação amarga da reputação atribuída a ele na Itália após Munique como o salvador da paz na Europa. Funcionários do Ministério da Cultura Popular instruíram os editores dos jornais a enfatizar o poder do Eixo, pois este era, agora, baseado no apoio unânime dos povos italiano e alemão. Este último ponto tinha a finalidade de projetar a imagem de que a aliança ítalo-germânica era nova e diferente de outras alianças militares em substância e estilo, pois estava alicerçada sobre a amizade de Mussolini e Hitler e dos povos italiano e alemão.[118]

Em Milão, o regime fascista havia mobilizado multidões cheias de entusiasmo, de acordo com o oficial da SS Eugen Dollmann, um mulherengo atraente que, nessa ocasião, atuava como intérprete de Ciano. Ribbentrop foi acolhido, assim, com uma recepção triunfante. Segundo Ciano, as delegações italiana e alemã negociavam em um ambiente amigável e descontraído. Era tão cordial a atmosfera que alguns diplomatas alemães mais jovens até mesmo deixaram de bater os calcanhares. Conforme as atas alemãs das negociações, Ciano parafraseou sarcasticamente o mantra do Duce de que o Eixo "deve sempre falar sobre paz e se preparar para a guerra". Isso sugere que Ciano havia introjetado a diplomacia performática de Mussolini. A imprudente mistura de temeridade, oportunismo e retórica pró-Eixo intensificou ainda mais o ímpeto político do Eixo e comprometeu a Itália com a Alemanha nazista em uma demonstração de amizade e unidade que tornou difícil, se não impossível, que britânicos e franceses as diferenciassem.[119]

Enquanto progrediam as conversas entre Ribbentrop e Ciano, Mussolini, em uma exibição pública de apoio ao Eixo, visitou a feira alemã do livro em Roma, em 7 de maio de 1939. Essa exposição fora organizada pelo Ministério do Reich para Esclarecimento Popular e Propaganda, encabeçado por Goebbels, e foi realizada no Mercado de Trajano, uma referência simbólica à *romanità*. As imprensas nazista e fascista fizeram uma ampla cobertura da visita do Duce e enfatizaram os laços culturais e intelectuais historicamente inevitáveis entre as duas nações, laços estes que haviam sido formalizados no Tratado Cultural de novembro de 1938. Com exceção de um único conjunto de livros alemães sobre Dante, a exposição foi composta esmagadoramente por literatura nazista, motivando queixas italianas de que os alemães não apreciavam o bastante a cultura da Itália e destacando a rivalidade cultural e política entre as duas nações.[120]

Havia ainda outros sinais de tensão. Uma semana depois da conclusão das conversas entre Ribbentrop e Ciano, em 15 de maio de 1939, trabalhadores deram sinais de divergência em um comício em Turim, no qual o Duce discursou. A capital piemontesa era um viveiro do monarquismo, bem como do descontentamento da classe trabalhadora. Apesar dos árduos preparativos de segurança, que incluíram a prisão de supostos inimigos do regime, os trabalhadores da fábrica da Fiat em Mirafiori deram uma recepção extremamente fria ao Duce, expressando sua insatisfação com a deterioração de seus meios de subsistência e com a política externa. Um relatório da polícia política, elaborado dias antes da visita de Mussolini, havia alertado sobre a atitude antigermânica dos trabalhadores. Além disso, de acordo com o relatório, os trabalhadores haviam expressado sua preocupação de que a Itália viesse a se tornar um Estado satélite nazista caso Mussolini mantivesse sua política externa beligerante e pró-Alemanha.[121]

Porém, essas vozes dissonantes não impediram a conclusão de uma aliança formal. Ciano, ao receber o esboço alemão do tratado, escreveu em seu diário: "Nunca li um pacto semelhante: ele é dinamite pura" – mais tarde entendido como indicativo de seu distanciamento de Mussolini.[122] Depois de quinze dias, em 22 de maio de 1939, Ciano e Ribbentrop assinaram o tratado na presença de Hitler, na Chancelaria do Reich. Mussolini estava ausente, porque uma nova viagem à Alemanha em tão curto espaço de tempo teria prejudicado ainda mais sua reputação no âmbito doméstico. De fato, o local da cerimônia de assinatura reforçava a ideia de que era a Alemanha, e não a Itália, a potência superior. O nome da aliança, Pacto de Aço, exibia a base agressiva e supostamente robusta da aliança, que era implicitamente diferente das alianças sigilosas pré-1914. (Inicialmente, Mussolini preferira o termo "Pacto de Sangue", refletindo sua crença na qualidade transformadora da guerra.) Um folheto emitido pelo Ministério da Cultura Popular afirmava ser essa uma aliança que se distinguia dos pactos anteriores. O panfleto localizava a história do pacto em 1935-1936, ocasião em que a Alemanha apoiara a Itália na campanha da Etiópia, e o apresentava como historicamente inevitável. Documentos, incluindo diversas declarações favoráveis ao Eixo feitas por Mussolini e Hitler, bem como comunicados da agência de notícias Stefani, foram usados para ilustrar essas afirmações. Mais importante, o folheto reproduzia o endosso do rei ao pacto, incluindo os telegramas enviados por ele a Hitler e Ciano congratulando-os pela assinatura do pacto. Tratava-se de uma estratégia para representar o pacto como a realização dos desejos da nação italiana como um todo, e não apenas dos fascistas. Hitler e Mussolini receberam amplo espaço no panfleto. O ditador nazista enfatizava a "indestrutível semelhança da Itália fascista com a Alemanha nacional socialista, consagrada em um tratado solene", enquanto o líder italiano, ecoando um sentimento similar, afirmava que havia "a permanente união de nossas vontades". Como costumava ocorrer, essas declarações permaneciam vagas e pomposas.[123] Outras mensagens de propaganda foram ainda mais longe. Por exemplo, o *Italien Beobachter* deu a uma reportagem de capa o título "Unidos na Vida e na Morte!", atribuindo ao pacto um significado existencial. A reportagem de capa do *Il Popolo d'Italia* enfatizou o poderio militar do Império Italiano, afirmando em tom de ameaça que "contra o poder do Eixo não há nada a se fazer". Goebbels, ainda duvidando que os italianos honrariam o tratado, tomou nota do júbilo de Hitler por selar a aliança com a Itália.[124]

Se o estilo da propaganda do pacto enfatizava a unidade, a mesma característica se observava na substância do tratado. O pacto prescrevia consulta mútua quanto às políticas externa e militar. Isso não passava de tomar o desejo por realidade, dada a desconfiança que caracterizava a relação entre os dois países e seus respectivos líderes, que não haviam se consultado em várias ocasiões anteriores, como no *Anschluss* e na invasão da Albânia. A pedido de Mussolini, essa cláusula foi substituída por um parágrafo que comprometia os dois signatários a entrarem em guerra se um dos dois se envolvesse em situações semelhantes às de guerra. Essa cláusula ia muito além de outros tratados militares defensivos e refletia a natureza agressiva do Eixo.[125]

Por meio de uma combinação da ostentação de Mussolini com a incompetência de Ciano nas negociações, a Itália havia efetivamente dado carta branca ao Terceiro Reich.[126] Para Hitler, o pacto lhe garantia apoio para a planejada invasão da Polônia. Muito embora Mussolini e Ciano afirmassem mais tarde que não sabiam dos planos nazistas de um ataque à Polônia, as anotações feitas por Ribbentrop durante as conversas expõem claramente a possibilidade de guerra com aquele país.[127] No entanto, dias após a assinatura do pacto, Mussolini entrou em pânico. Depois de dezessete anos de regime fascista, a Itália não estava preparada para uma guerra moderna, sobretudo por causa da carência de equipamentos e do treinamento insuficiente das tropas e dos oficiais. O Duce enviou então à Alemanha o general Ugo Cavallero, com um memorando no qual estipulava que a Itália precisava de paz por pelo menos três anos. O mito de um Duce preocupado com a paz e de uma cláusula secreta do Pacto de Aço que comprometeria Itália e Alemanha a um período de três ou quatro anos de paz tornaram-se parte da estratégia mais ampla das elites políticas e diplomáticas italianas pós-1945 a fim de dissociar a Itália da responsabilidade pela aliança do Eixo e pela Segunda Guerra Mundial.[128]

VII

De posse do Pacto de Aço, Hitler e seu estado-maior prepararam o ataque à Polônia. Mussolini hesitou. Ele recusou o pedido do ditador nazista para uma reunião em junho de 1939 e propôs, em vez disso, outra conferência internacional, com o intuito de aumentar o prestígio italiano. Ainda assim, garantiu a Hitler, no final de julho de 1939, que a Itália estaria pronta para a guerra, se a Alemanha considerasse que o momento havia chegado.[129] Mas o líder fascista sabia que uma invasão alemã da Polônia provocaria um ataque francês e britânico à Alemanha, dando início a uma guerra na Europa para a qual a Itália não estava suficientemente preparada. Apesar de toda a dissonância estratégica, Hitler enviou a Mussolini um telegrama cordial de aniversário "em leal confiança", em 29 de julho de 1939, com a Europa à beira de mais uma guerra.[130]

A essa altura, um nervoso Duce enviou Ciano para um encontro com Ribbentrop a fim de comunicar sua opinião de que uma guerra com o envolvimento da Itália teria de ser adiada por pelo menos quatro anos. Ribbentrop respondeu a Ciano que a Itália poderia invadir territórios nos Bálcãs e que uma guerra de grandes proporções, com envolvimento britânico e soviético, era improvável. Os diários de Ciano e as atas de seu encontro com Ribbentrop e Hitler em Berghof, em 12 e 13 de agosto de 1939, ilustram sua crescente desilusão com o Terceiro Reich, que o fez retornar a Roma "enojado da Alemanha".[131] As atas de Ciano foram publicadas em 1953 nos documentos diplomáticos italianos, editadas sob os auspícios do Ministério do Exterior italiano, em meio a um sentimento amplamente disseminado na Itália de negação da culpa pela Segunda Guerra Mundial. A posição predominante da Alemanha nazista na aliança militar e a fraqueza militar da Itália permitiram que, depois de 1945, as elites políticas italianas negassem responsabilidade pela política externa ambígua do país, que fora parte de uma estratégia diplomática de longa duração para transformar a Itália em uma grande potência e que colocara a Europa à beira da guerra. Embora, também de acordo com as atas alemãs, Ciano tenha insistido que Mussolini precisava de um período de dois a três anos de preparativos para um confronto com a França e a Grã-Bretanha, tal adiamento não fora acordado durante as negociações do Pacto de Aço.[132] A hesitação da Itália prejudicou sua reputação com Hitler. Ele acreditava que, agora como em 1914, ela era uma aliada pouco confiável e desleal. Goebbels chegou a acusar a Itália de "completa traição". No entanto, os dois líderes e seus respectivos países estavam agora presos um ao outro e não conseguiram se distanciar do Eixo depois da assinatura do Pacto de Aço.[133]

Uma sequência de cartas trocadas entre Mussolini e Hitler, redigidas com a contribuição de suas equipes militares e diplomáticas, não convenceram o Duce a apoiar o ataque nazista à Polônia. A publicação dessas cartas no importante volume de 1953 da edição oficial de documentos diplomáticos italianos, editado pelo proeminente historiador Mario Toscano, foi outro aspecto do esforço conjunto das elites políticas e acadêmicas italianas, muitas das quais haviam sido cúmplices do regime fascista, para dissociar a Itália da beligerante Alemanha. Lidas fora do contexto da formação do Eixo, as cartas sugerem que Mussolini ainda hesitava entre Grã-Bretanha e Alemanha, tentando guardar seu apoio para o lado vencedor. Mas está errada essa representação de Mussolini como mero oportunista que tentava impedir uma guerra na Europa, em vez de um agressor movido ideologicamente, que tinha interesse em aumentar o poder italiano.[134] Na verdade, a manifestação de seu compromisso com o Eixo nas cartas dirigidas ao líder nazista encorajara ainda mais este último a ir à guerra.[135]

A despeito de uma ampla conformidade ideológica entre Mussolini e Hitler, o autointeresse nacional orientou a política do ditador nazista no período que antecedeu o ataque à Polônia. O Pacto Molotov-Ribbentrop, um tratado de não agressão firmado entre a Alemanha e a União Soviética, revela que deliberações estratégicas com o arqui-inimigo do nazismo, a Rússia bolchevique, eram na época tão importantes para Hitler quanto sua aliança com a Itália. Apesar de fazer parte de uma aliança formal com Mussolini, Hitler deixara de consultar o Duce antecipadamente e lhe apresentara o pacto de não agressão com a União Soviética como outro *fait accompli*, em 25 de agosto de 1939.[136] O ditador fascista, preocupado com a possibilidade de a Itália ser arrastada para a guerra, não teve outra opção senão elogiar o pacto germano-soviético como uma boa estratégia para neutralizar a França e a Grã-Bretanha. Ele reiterou para Hitler que a Itália não teria condições de ajudar a Alemanha no caso de um ataque à Polônia.[137]

Hitler ficou frustrado com o que entendeu ser um retrocesso inesperado e imediatamente rogou a Mussolini, em uma breve nota, que lhe informasse quais eram as exigências italianas para entrar na guerra ao lado da Alemanha.[138] A longa lista de materiais bélicos a serem fornecidos pelos alemães, que o Duce enviou a Hitler em 26 de agosto de 1939, aparentemente foi escrita após consulta aos chefes do estado-maior. As demandas, incluindo um pedido de 6 milhões de toneladas de carvão e 2 milhões de toneladas de aço, eram tão exageradas que a Alemanha não poderia atendê-las, o que deu a Mussolini uma conveniente desculpa para permanecer fora da guerra.[139]

A recusa do ditador italiano em entrar na guerra deixou Hitler irritado, mas as cartas enviadas ao Duce tinham de expressar uma retórica educada que empregava a conhecida metáfora da propaganda do Eixo, segundo a qual os dois países lutavam por uma causa comum.[140] Dados os anos de oratória pró-Eixo, que se tornou um aspecto essencial da propaganda nazista, não restara a Hitler outra escolha senão manter um relacionamento superficialmente cordial com Mussolini. Qualquer outra opção teria minado a credibilidade do regime nazista, razão pela qual o líder alemão exigiu que sua correspondência com Mussolini no período preparatório à invasão alemã da Polônia deveria permanecer secreta.[141]

A correspondência trocada entre os ditadores parece um intercâmbio de sutilezas no qual nenhum dos lados expressa abertamente seus planos e pontos de vista. Por exemplo, em 27 de agosto de 1939, Hitler expressou sua esperança de que em breve a Itália entrasse na guerra. Segundo o ditador nazista, o mínimo que o Duce poderia fazer seria enviar mais trabalhadores italianos para a Alemanha. Hitler rogou a Mussolini que mantivesse em segredo a neutralidade da Itália, mas Ciano, fazendo o jogo diplomático a fim de manter a posição da Itália, com o apoio do próprio Mussolini, assegurou a franceses e britânicos a neutralidade italiana.[142] Outro aspecto surpreendente nessa correspondência é que Mussolini e Hitler trocaram mais cartas do que nunca no final de agosto de 1939, ocasião em que uma guerra na Europa parecia iminente. A despeito das frequentes referências ao Eixo, as missivas ilustravam o amplo abismo existente entre uma aliança justificada ideologicamente e a divergência estratégica característica do pacto Mussolini-Hitler. Apesar de todas as manifestações de amizade entre os dois Estados e seus respectivos líderes, as relações permaneciam obscuras. De fato, o líder nazista acusava oficiais italianos do alto escalão e a família real de criarem uma barreira entre a Itália e a Alemanha. Ele até mesmo acreditava que a assinatura do Tratado de Assistência Mútua Anglo-Polonês, em 25 de agosto de 1939, fora motivada pela relutância aberta da Itália em entrar na guerra ao lado da Alemanha. A convicção de Hitler quanto à existência de uma conspiração italiana contra ele e Mussolini criou, assim, um entrave nas relações ítalo-germânicas.[143] No final, o interesse nacional prevaleceu no Eixo, unido pela crença nas demonstrações de unidade, amizade e de uma ideologia comum.

A exigência de Mussolini por outra conferência de paz foi totalmente ignorada na Chancelaria do Reich, bem como em Londres, o que dá uma ideia da posição marginal que a Itália ocupava, ao contrário da arrogante retórica do "peso determinante" propalada pelo Duce.[144] Hitler estava determinado a entrar em guerra com ou sem a Itália, uma mostra de que a preocupação por uma aliança com os italianos nunca estivera no centro da política externa do líder alemão. Enquanto as tropas alemãs cruzavam a fronteira com a Polônia nas primeiras horas do dia 1º de setembro de 1939, Hitler escreveu outra vez para Mussolini. Em um gesto que ajudou o líder italiano a preservar as aparências, o alemão agradeceu os esforços diplomáticos do Duce, mas insistiu que a Alemanha conseguiria seguir adiante sem a ajuda da Itália. O ditador nazista concluiu a carta com um apelo por uma futura colaboração entre fascismo e nazismo. Mussolini fez com que a carta fosse publicada na imprensa escrita e lida no rádio, pois ela sugeria o reconhecimento do apoio italiano à Alemanha.[145] Contudo, em outra carta enviada no mesmo dia, Hitler, irritado com a declaração dos italianos de que eles não entrariam na guerra, delineou os motivos pelos quais havia rejeitado a sugestão de Mussolini por uma conferência de paz internacional.[146] Era de tal modo desfavorável a opinião de algumas autoridades alemãs sobre seus aliados italianos que Ribbentrop enviou um telegrama a todos os membros do serviço diplomático alemão, em 2 de setembro, afirmando, sem conseguir convencer, que a política ítalo-germânica baseava-se em um "acordo claro e total entre o Führer e o Duce", e ameaçando os críticos com severas punições.[147]

Quando França e Grã-Bretanha declararam guerra à Alemanha em 3 de setembro de 1939, após recusa dos alemães em evacuar a Polônia, a Itália não interveio, a despeito das disposições do Pacto de Aço. Vinte e um anos após o fim da Primeira Guerra Mundial, tinha início mais uma guerra europeia, trazendo à tona o objetivo principal do nazismo: uma guerra pela conquista de espaço vital no Oriente e a criação de uma nova ordem racial na Europa. Antes de partir para seu quartel-general militar, Hitler escreveu a Mussolini, afirmando que a guerra era "uma luta de vida e morte" e ecoando os comentários que fizera no Reichstag em 1º de setembro de 1939. Haveria uma vitória total ou uma derrota total. Hitler lembrou a Mussolini que "o destino ainda nos unirá", sugerindo que a Itália era cada vez mais dependente da Alemanha. Ele advertiu que "se a Alemanha nacional-socialista fosse destruída pelas democracias ocidentais, a Itália fascista enfrentaria um futuro muito difícil". Aqui ficava um lembrete de que a Itália havia violado de forma irrefutável as disposições do Pacto de Aço. A terminologia usada por Hitler refletia ainda a flagrante repetição da recusa dos italianos em honrar sua aliança com a Alemanha em 1914.[148]

Nessa situação embaraçosa, que expusera a fraqueza italiana, Mussolini ordenou que o termo "não beligerância" (*non belligerenza*) fosse usado no lugar de "neutralidade". Essa terminologia refletia o caráter fundamental da guerra para o fascismo.[149] Relatórios a respeito da opinião pública, compilados pela polícia política, diagnosticaram o desejo generalizado entre a população de que a Itália mantivesse a paz, assim como críticas cada vez mais acentuadas à Alemanha.[150] Ao contrário da alegação apologética de que desejava preservar a paz, Mussolini visava à guerra, mas a Itália não estava pronta para intervir. A retórica beligerante e o alarde do poderio militar italiano continuaram.[151] A falta de coordenação, apoio mútuo e ação militar conjunta no outono de 1939 revela que, a despeito de todo seu apelo ideológico e propagandístico, o Eixo era tenso, ambíguo e cheio de contradições internas.

Embora Mussolini tivesse genuíno interesse em uma aliança com Hitler, ele tentara ingenuamente colocar Londres contra Berlim, mas, no fim das contas, os britânicos perceberam a manobra. A culpa pela aliança italiana com Hitler é do próprio Mussolini e de sua camarilha, e não dos britânicos. Ao mesmo tempo, o Duce hesitava constantemente e perseguia uma forma de política na qual ele reagia a eventos – como a crise dos Sudetos – à medida que estes surgiam, o que dificulta sobremaneira a identificação de um padrão consistente em sua prática política. O resultado dessa política contraditória e quase sempre amadorística foi uma aliança altamente ambígua e desprovida de estratégia comum, menos ainda objetivos comuns. Todo esse caos, criado por ditadores com pouca experiência em diplomacia e facilitado por seus *staffs* bajuladores, viria a ter terríveis consequências para a Europa nos anos seguintes.[152]

6

CAMINHO SEM VOLTA
1939-1941

I

Em um período de quatro semanas, a Alemanha nazista tomou Varsóvia e, dias depois, derrotou a Polônia, cujos territórios foram divididos entre o Terceiro Reich e a União Soviética. Mussolini oscilava entre respeito e inveja por Hitler, o qual, assim pensava o Duce, colocara-o em uma situação embaraçosa ao desencadear uma guerra europeia para a qual a Itália não estava preparada.[1] Na frente ocidental, a despeito da declaração de guerra à Alemanha por parte de França e Grã-Bretanha, não houve importantes operações militares. Ao contrário de Hitler, que se retirara da vida social, Mussolini prosseguia com suas atividades diárias, que incluíam jogar tênis e se encontrar com Clara Petacci. Ao mesmo tempo, o líder italiano aumentou consideravelmente os gastos públicos em armamentos, que em 1941 atingiram 23% do produto nacional bruto, quase o dobro do que fora gasto no ano anterior.[2] Embora mantivesse sua retórica pró--Alemanha, Mussolini disse a Petacci: "Vamos primeiro ver como Hitler cumpre suas promessas", fazendo lembrar a ela que o ditador nazista não cumprira a promessa feita anteriormente de não invadir o que restara das terras checas após a conferência de Munique.[3]

Estimulado pelo rápido avanço da Alemanha na Polônia – avanço este acompanhado de violência dos alemães contra os judeus poloneses –, Mussolini disse a Ciano, em 24 de setembro de 1939, que em breve a Itália entraria na guerra. As atitudes do ditador fascista em relação a Hitler oscilavam entre o entusiasmo por uma vitória alemã à invejosa esperança de que França e Grã-Bretanha pudessem derrotar o Terceiro Reich, pois ele temia que nenhum espólio restasse à Itália caso a Alemanha continuasse com suas vitórias avassaladoras. Quando Hitler comemorou, em seu pronunciamento de 6 de outubro de 1939 no Reichstag, o triunfo alemão na Polônia, Mussolini exultou, pois acreditou, erroneamente, que a Itália poderia servir de intermediária na negociação entre a Alemanha e os Aliados, depois da previsível recusa francesa e britânica a uma proposta não muito confiável de Hitler para uma negociação de paz.[4] Ao mesmo tempo, o Ministério da Cultura Popular continuava a invocar a implausível retórica do "peso determinante" na Itália e orientou os editores dos jornais a publicarem textos simpáticos ao Terceiro Reich, adotando simultaneamente um tom moderado em relação a britânicos e franceses, cuja linha Maginot o ditador fascista e seus generais acreditavam que os alemães não conseguiriam cruzar.[5]

No contexto da não beligerância italiana, os alemães do alto escalão continuaram céticos em relação à aliança com a Itália, pois essa atitude fazia lembrar a recusa do país em entrar na Primeira Guerra Mundial, em 1914, e levantava fortes dúvidas quanto à confiabilidade dos aliados italianos. A esse respeito, foi digno de nota um comentário agressivamente contrário à Itália feito pelo *Gauleiter* saxônico Martin Mutschmann em novembro de 1939, e que foi em seguida levado ao conhecimento de Ciano. Mutschmann advertira, em um grupo de caça, que os amigos desleais da Alemanha eram muito mais perigosos do que seus inimigos. Tratava-se de uma referência implícita à Itália. Embora Mutschmann não tivesse qualquer influência na política externa alemã, seus comentários nada diplomáticos refletiam uma opinião emblemática sobre os desleais e traidores italianos.[6] A admiração de Hitler por Mussolini, embora desgastada pela "não beligerância", contrastava assim com as opiniões de outros líderes nazistas e autoridades estatais, bem como dos alemães comuns, todos avessos aos italianos.[7]

Como o regime fascista desejava manter sua solidariedade ideológica com a Alemanha nazista, o Grande Conselho do Fascismo aprovou em dezembro de 1939 a expressão "não beligerância" (*non belligerenza*) cunhada por Mussolini.[8] No entanto, alguns líderes fascistas expressavam abertamente suas opiniões contrárias aos alemães. Por exemplo, em seu discurso de 16 de dezembro de 1939 na Câmara do Fáscio e da Corporação, Ciano fez alguns comentários implicitamente antialemães e acusou a Alemanha de causar a guerra na Europa. Mussolini permitiu, se não encorajou, as afirmações de Ciano contra os alemães, a fim de manter a ilusão de que a Itália era ainda na Europa o "peso determinante" entre as democracias ocidentais e a Alemanha nazista, muito embora o Duce estivesse determinado a entrar na guerra como aliado dos alemães. Conforme revelam os diários de Goebbels, essa mensagem não passou despercebida pela liderança nazista.[9]

No entanto, seria errado colocar Mussolini sozinho no centro dessa análise da posição assumida pela Itália no início da Segunda Guerra Mundial. Não foi apenas ele que hesitou em entrar na guerra. Ciano, o rei e diversos líderes fascistas e militares mostraram-se também relutantes, pois consideravam que a Itália simplesmente não estava preparada para se envolver em um conflito de grandes proporções. Apesar dos vários anos de bravatas, rearmamento e retórica beligerante dos fascistas, a Itália continuava em uma posição militar relativamente frágil.[10]

As autoridades alemãs não tardaram a tecer comentários sobre a debilidade da Itália. Vejamos em detalhes um memorando de Johannes von Plessen, um conselheiro da embaixada alemã em Roma, escrito em 3 de janeiro de 1940. O texto é uma análise franca sobre as relações ítalo-germânicas desde 1935, redigido por um diplomata preocupado com as relações diplomáticas de seu país no longo prazo. Para Plessen, Itália e Alemanha eram adversários históricos. Depois da guerra da Etiópia e da ocupação alemã da Renânia, as relações só haviam melhorado "por razões decorrentes de uma situação difícil dos dois países" e não por qualquer "semelhança entre o fascismo e o nacional-socialismo". As conquistas territoriais da Alemanha desde o *Anschluss* haviam irritado muito o Duce, enquanto os alemães que ocupavam postos no alto escalão temiam outro 1915, ou seja, que a Itália mudasse de lado. Em uma avaliação realista, Plessen acrescenta que a aliança carecia de apoio popular em ambos os países. Alguns italianos, adverte ele, temiam até mesmo que a Alemanha pudesse logo vir a reivindicar territórios italianos. Exclusivamente os interesses nacionais, e não a lealdade à Alemanha nazista, determinariam a decisão de Mussolini sobre entrar ou não na guerra. Plessen conclui que a aliança com a Alemanha era a única opção realista para o ditador fascista. Não há evidências de que a embaixada alemã tenha encaminhado a Berlim esse relatório crítico, já que o diagnóstico sombrio e franco de Plessen sobre as relações ítalo-germânicas sugere que os alicerces da aliança continuavam instáveis – em nítido contraste com a propaganda.[11]

Passando para a questão de como os italianos viam a aliança com a Alemanha durante o período da *non belligerenza*, fica claro que muitos setores da sociedade italiana permaneciam céticos, quando não hostis, quanto a entrar na guerra ao lado dos alemães. Por exemplo, um relatório do partido fascista sobre a opinião pública na província de Údine, datado de 7 de fevereiro de 1940, deixa poucas dúvidas sobre a hostilidade da população em relação a tomar parte na guerra ao lado da Alemanha.[12] Funcionários do consulado alemão, que mantinham contato mais próximo com pessoas comuns do que com diplomatas, faziam uma avaliação semelhante da opinião pública italiana. No final de fevereiro de 1940, por exemplo, o cônsul alemão em Palermo reportou à embaixada alemã uma conversa que mantivera com um fascista do alto escalão da capital siciliana. Para o fascista local, mesmo depois de passados dezoito anos desde que Mussolini assumira o posto de primeiro-ministro, o regime ainda não havia conseguido trazer a Sicília sob seu controle. O informante acrescentou que, quando o governo italiano declarara *non belligerenza*, em setembro de 1939, o Ministério do Interior havia perguntado três vezes ao prefeito de Palermo qual tinha sido a reação da população local, o que realça as preocupações do regime com o cansaço de guerra por parte da sociedade.[13]

Nessa situação, Mussolini despediu líderes sêniores do exército e do partido, notadamente Starace. Com essas destituições, o Duce transferiu para os líderes do Exército e do partido a culpa pelo fracasso em preparar o país para a guerra – o que se tornara claro depois da mobilização parcial em setembro de 1939.[14] Ao contrário de Hitler, Mussolini conhecia muito pouco sobre estratégia militar e não foi capaz de perceber que as Forças Armadas italianas sofriam havia muito tempo de sérios problemas estruturais, incluindo uma liderança incompetente e uma cultura militar antiquada e inadequada para enfrentar uma guerra moderna. Embora Mussolini fosse o líder das três Forças Armadas e, portanto, tivesse tido autoridade para demitir o general Alberto Pariani, chefe do Estado-maior do Exército, e o general Giuseppe Valle, chefe do estado-maior da Força Aérea, em 1939, as Forças Armadas continuavam intimamente ligadas à monarquia. O rei, e não o Duce, detinha o direito de declarar guerra, e só depois de muita relutância ele transferiu parcialmente seu comando supremo a Mussolini no início do verão de 1940. Essa posição contrastava nitidamente com a de poderoso comandante supremo da Wehrmacht ocupada por Hitler.[15]

Com o final do tumultuoso ano de 1939 e o início de 1940, Mussolini e Hitler retomaram a comunicação direta por meio da troca de correspondência escrita. Na linguagem estereotipada dos telegramas e das cartas, que se tornaram parte da exibição de unidade e amizade, os dois líderes destacam a solidariedade do Eixo. Merece atenção o fato de ter partido de Hitler, ainda sentimentalmente ligado ao Duce, a despeito do desapontamento com a recusa deste em entrar na guerra, a iniciativa de escrever;[16] e isso porque o ditador fascista sentira-se envergonhado com a incapacidade da Itália em tomar parte nas hostilidades. Só no início de janeiro de 1940 ele escreveu ao líder nazista uma carta substancial. Mussolini estava em uma posição defensiva e sentia-se obrigado a justificar perante o ditador alemão a *non belligerenza*, afirmando que, após um "período de espera", a Itália entraria na guerra. Tratava-se de um reconhecimento de que ele sabia que sua recusa em participar dos combates em setembro de 1939 havia deixado Hitler seriamente irritado. A fim de minimizar sua posição defensiva e acentuar sua irritação com o pacto de não agressão firmado pela Alemanha com a União Soviética, Mussolini adotou um tom agressivo e arrogante, fazendo lembrar a Hitler seus "quarenta anos de experiência política". O Duce continuou: "Sou um revolucionário nato e não mudei minhas opiniões, e digo a você que os princípios de nossa revolução não podem ser permanentemente sacrificados às necessidades táticas de um momento político decisivo".[17]

Havia, no entanto, mais em jogo entre os dois líderes que a *non belligerenza*. Mussolini escrevera a Hitler no contexto da Guerra Soviético-Finlandesa, também conhecida como Guerra de Inverno. Voluntários italianos apoiavam os finlandeses contra os soviéticos, que haviam atacado a Finlândia no final de novembro de 1939. Seguindo o pacto de não agressão firmado em agosto de 1939 entre o Terceiro Reich e a União Soviética, a Alemanha apoiou os soviéticos, seus adversários ideológicos, enquanto a Itália fascista, sobretudo por causa da condenação pelo papa Pio XII ao ataque soviético, apoiou a Finlândia e tentou até mesmo enviar aviões de combate e voluntários. Essa guerra, a exemplo do pacto nazi-soviético de não agressão, estava minando uma das argumentações centrais da aliança do Eixo, que era o combate conjunto do bolchevismo, e, desse modo, gerava considerável tensão sobre a aliança ítalo-germânica. Para Ciano, o alinhamento com os finlandeses e a adoção de uma posição antissoviética era também uma forma de se distanciar da aliança com a Alemanha nazista. Depois de certa hesitação, Mussolini apoiou a campanha de Ciano contra a União Soviética, porque temia que o pacto de não agressão nazi-soviético pudesse depreciar o Eixo e, com isso, degradar ainda mais a posição da Itália, que se encontrava atada na incômoda situação de não beligerância. Em última análise, no entanto, não restava à Itália uma alternativa realista além da busca da aliança com o Terceiro Reich, que, demonstrando sua superioridade em relação à nação de Mussolini, bloqueou o envio de aviões italianos aos finlandeses.[18]

Hitler, envolvido com a preparação de outras campanhas alemãs, não respondeu imediatamente ao Duce. Tal fato deixou Mussolini nervoso. Diplomatas alemães do alto escalão acreditavam que a carta do líder fascista contribuíra muito pouco para elevar sua reputação de aliado leal; ao contrário, havia ampla convicção dentro do Ministério do Exterior alemão de que Mussolini, apesar da fachada de solidariedade com a Alemanha, ainda mantinha em aberto suas opções.[19]

Algumas pessoas viram na carta de Mussolini a Hitler a prova evidente de que ele tentava manter distância do Terceiro Reich. Mas essa interpretação é errônea. Para o ditador fascista, seus inimigos eram os franceses e os britânicos, e não os alemães. Na verdade, então, a carta de Mussolini foi uma tentativa inconclusa de retardar o ataque da Alemanha à França e Grã-Bretanha, não porque estivesse interessado em manter a paz, mas sim porque sabia que a Itália ainda não estava preparada para intervir. O Duce acreditava que um ataque alemão imediato contra a França e a Grã-Bretanha deixaria a Itália sem nenhum espólio, o que, portanto, deitaria por terra o objetivo de longa data dos fascistas e nacionalistas italianos: transformar a Itália na principal potência do Mediterrâneo.[20]

Hitler, em vez de responder diretamente à carta de Mussolini, recorreu ao costumeiro método da comunicação indireta, em parte para fazer saber ao Duce quão ocupado ele estava, e em parte para expressar sua insatisfação com a política de *non belligerenza* do ditador fascista. Assim, em fevereiro, ele enviou a Roma o príncipe de Hesse, com a missão de organizar um encontro dos dois ditadores que reafirmaria a exibição de amizade e unidade demonstrada nos encontros anteriores à guerra. Outro encontro Hitler-Mussolini projetaria também a poderosa imagem do relacionamento especial entre os dois ditadores, cujo objetivo era estabelecer uma Nova Ordem na Europa, e poderia, portanto, dispensar os mecanismos da rotina diplomática. Enquanto isso, a Itália suspendeu as exportações de armamentos para os britânicos, que, por sua vez, logo implementaram um bloqueio naval do fornecimento alemão à Itália.[21]

Em meio à crescente pressão pela intervenção italiana, no final de fevereiro de 1940, no momento em que estava sendo concluído um acordo comercial ítalo-germânico, o presidente Roosevelt enviou à Europa o subsecretário de Estado, Benjamin Sumner Welles. Roosevelt esperava que essa missão de paz pudesse persuadir Mussolini a ficar fora da guerra, ou retardar de forma significativa a entrada da Itália no conflito. Embora Ciano, cada vez mais preocupado com a possibilidade de a intervenção ao lado da Alemanha ser arriscada demais para a Itália, tenha se mostrado receptivo à proposta de Welles de desvincular a Itália da aliança com os alemães, Mussolini, deixando claro seu plano de finalmente entrar em guerra ao lado da Alemanha, foi rude com o diplomata americano. Os diálogos subsequentes de Welles em Berlim tampouco tiveram êxito, pois Hitler não via motivo para pôr fim à guerra em um momento em que a campanha alemã ia tão bem.[22]

Enquanto a Alemanha preparava seu ataque à Dinamarca e à Noruega a fim de se antecipar a uma ocupação aliada desses países estrategicamente importantes – a Noruega era essencial para o acesso alemão ao minério de ferro sueco através do porto de Narvik –, o bloqueio naval britânico começou a afetar suprimentos indispensáveis para a Itália feitos por mar, sobretudo o fornecimento de carvão. A tão esperada resposta de Hitler à carta enviada por Mussolini em janeiro foi entregue em mãos em Roma por Ribbentrop, que foi friamente recepcionado por Ciano na estação ferroviária. O fato de a carta do ditador nazista ser ainda mais longa que a de Mussolini refletia a crença do líder alemão em sua superioridade. Ele sugeriu um encontro com o Duce e colocou pressão sobre ele. Hitler ameaçou: "O resultado da guerra determina também o futuro da Itália". A menos que ela estivesse satisfeita em ser "um modesto Estado europeu", deveria entrar logo na batalha. É notável a linguagem estereotipada dessa carta, com referências ao "destino de nossos dois países, nossos povos, nossas revoluções" que estão "indissociavelmente ligadas". Os dois ditadores e os respectivos estados-maiores envolvidos na redação dessas cartas haviam introjetado a propaganda de unidade e amizade e a utilizavam como fachada para minimizar as tensões. A resposta de Mussolini à carta de Hitler foi reservada, embora tenha transmitido a seu congênere alemão a impressão de que entraria logo na guerra, sobretudo porque sabia que a Itália, depois do início do bloqueio naval britânico, dependia do fornecimento de carvão alemão.[23]

Mussolini, sob pressão cada vez maior em virtude de suas manifestações de solidariedade ao Eixo, estava cada vez mais determinado a marchar ao lado da Alemanha, esperando assim conseguir, pelo menos, algum espólio na França e promover a tão esperada guerra contra os britânicos no Mediterrâneo.[24] Desse modo, ele concordou em se encontrar com Hitler no passo do Brennero.[25] O local, a meio caminho entre Roma e Berlim, refletia a convicção de Mussolini de que ele e Hitler ainda eram iguais.

Nos bastidores, a preocupação do líder fascista com uma Alemanha todo-poderosa provocou a intensificação dos trabalhos de construção no Vallo del Littorio. Mais dinheiro foi empregado na fortificação da fronteira com a Alemanha do que com a da França. Embora os funcionários da propaganda italiana proibissem os editores dos jornais de mencionar os trabalhos de fortificação em curso, estes não escaparam à atenção dos líderes políticos e militares alemães, alimentando, assim, as tensões por trás da fachada da aliança ítalo-germânica.[26]

II

O encontro entre Mussolini e Hitler, em 18 de março de 1940, no passo do Brennero, que era a fronteira ítalo-germânica desde o *Anschluss*, serviu como exibição da unidade do Eixo. Um pequeno detalhe conferiu prestígio à Itália de Mussolini: o encontro ocorreu no lado italiano da fronteira.[27] As tensões quanto ao futuro do Tirol do Sul, adjacente ao passo do

Brennero, seguiam sem solução, a despeito da renúncia oficial de Hitler à reivindicação alemã por esse território e de planos nazistas subsequentes, sob os auspícios do líder SS do Reich Heinrich Himmler, para organizar o reassentamento dos tiroleses do sul. Na esteira dos acordos ítalo-germânicos de junho de 1939, esses planos incluíam a chamada "opção" para que os tiroleses do sul escolhessem no final do ano entre permanecer na Itália ou ser deslocados para a Alemanha ao longo dos três anos seguintes. Esta última era a opção preferida dos nazistas, e a vasta maioria dos tiroleses do sul escolheu-a, embora menos de um terço deles tenha de fato partido para a Alemanha. A transferência da população começou a estagnar no verão de 1940, pois os recursos do Terceiro Reich eram cada vez mais destinados para a guerra.[28]

O que chama a atenção no agendamento da reunião do Brennero é que o governo alemão tenha tido condições de convocá-la em um espaço de tempo tão curto, um reflexo da arrogância e superioridade dos alemães, mas também de preocupações com o potencial enfraquecimento do Eixo pela missão de Welles. Ao mesmo tempo, a falta de aviso prévio e o fato de Hitler ter deixado claro que só tinha noventa minutos fizeram Mussolini acreditar que a Alemanha estava decidida a não retardar um ataque à França e à Grã-Bretanha. Essa percepção o colocou sob uma pressão ainda maior por cumprir sua promessa de entrar na guerra, para não se arriscar a perder o que restava da credibilidade do regime, no âmbito doméstico e também no internacional.[29]

Ao contrário das visitas anteriores do Duce à Alemanha, não houve pompa e circunstância quando Mussolini e Ciano saíram de Roma em 17 de março de 1940, de trem. Esse arranjo refletia a hesitação do ditador fascista e sua consciência de que a aliança com a Alemanha era impopular. Antes de partir para o passo do Brennero, ele dissera a Petacci: "Não tenho muita confiança no resultado de minha viagem".[30] Os governos da Itália e da Alemanha só emitiram comunicados de imprensa na última hora, a fim de criar suspense no público doméstico e no internacional.[31] Diversas autoridades italianas, incluindo a polícia, documentaram meticulosamente a viagem de trem de Mussolini, que chegou ao passo do Brennero quarenta minutos antes de Hitler.[32] As delegações foram recebidas por uma forte nevasca. Por razões de segurança, a movimentada estação ferroviária ficou fechada para todos os outros trens. Nem mesmo os trens de carga que transportavam o suprimento essencial de carvão alemão para a Itália foram autorizados a passar. A encenação, portanto, teve precedência sobre todo o resto.[33]

Enquanto esperava o trem do ditador nazista, em um frio congelante, o Duce se imbuiu de um espírito pró-Hitler e declarou a Ciano sua adoração pelo Führer.[34] Na realidade, o interesse estratégico importava mais para Mussolini do que a solidariedade ao Eixo. Isso não passou despercebido aos alemães do alto escalão; Weizsäcker, por exemplo, caracterizou sarcasticamente a atitude do líder fascista em relação à Alemanha da seguinte forma: "Especialistas já disseram que Mussolini tem o cérebro dividido em duas metades que funcionam separadamente [uma da outra]: uma racional latina e outra inspirada pelo fascismo".[35]

Um comunicado emitido pela agência de notícias alemã (Deutsches Nachrichtenbüro) dá uma descrição perspicaz da reunião do Brennero, encoberta pela propaganda nazista. Segundo o relatório, o encontro teria sido realizado em um ambiente mais discreto do que o das reuniões triunfais anteriores entre Mussolini e Hitler em função da guerra, embora a propaganda alemã tenha conferido peso ao relacionamento dos ditadores, afirmando que esse era o quinto encontro entre os dois e que estaria sendo acompanhado pelo mundo "com uma tensão de tirar o fôlego" (*in atemloser Spannung*). O fato de ter sido divulgado um comunicado oficial, diferentemente do que ocorrera após os encontros de 1937 e 1938, sugere que, em decorrência das pressões da guerra, a reunião do Brennero foi uma negociação de tipo empresarial, e não uma reexibição do novo estilo de diplomacia que estreara na Alemanha em 1937 e se repetira na Itália em 1938. Por razões similares, não houve a presença de grandes multidões. Uma guarda de honra saudou o líder nazista na estação do passo do Brennero, que estava adornada com bandeiras alemãs e italianas. Ao descer do trem, Hitler apertou a mão de Mussolini. Uma banda militar tocou o hino nacional alemão e a *Giovinezza*, enquanto os ditadores passavam em revista a guarda de honra, antes de embarcarem no trem de Mussolini, que estava na plataforma oposta. A reunião realizada no trem do Duce foi um gesto de deferência, sobretudo porque fora Hitler o anfitrião de Mussolini na conferência de Munique, de modo que sua visita ao lado italiano da fronteira mais uma vez reforçava a ideia de que os dois líderes eram iguais. Começaram imediatamente as conversas entre os dois ditadores, que estavam acompanhados por seus ministros das Relações Exteriores. O relatório oficial é deliberadamente vago a respeito da essência das conversações, empregando a retórica habitual sobre uma frente ítalo-germânica comum contra as "potências ocidentais plutocráticas". O comunicado acrescenta que a reunião havia sido preparada "com a mesma firme determinação e, ao mesmo tempo, absoluta discrição" características do Eixo. Essa observação ambígua era uma referência implícita ao fato de que Ciano, aparentemente agindo sob as ordens de um invejoso Mussolini, havia alertado o embaixador belga sobre o planejado ataque alemão ao seu país. Embora essa informação não tivesse prejudicado significativamente a investida alemã, a denúncia de Ciano confirmara as suspeitas dos nazistas sobre a falta de lealdade da Itália.[36]

Em última análise, Goebbels era o encarregado do relatório propagandístico sobre o encontro, e ele tratou de dissipar os rumores de que a reunião poderia conduzir a negociações de paz com os Aliados. Ele orientou, portanto, a imprensa alemã a manter a concisão nos relatos sobre a reunião.[37] Para o ministro da Propaganda, o encontro demonstrara a lealdade de Mussolini. Em seguida, Goebbels instruiu a imprensa alemã a intensificar a propaganda do Eixo, que fora reduzida depois da opção italiana pela não beligerância.[38] Previsivelmente, a cobertura na imprensa alemã exaltou o Eixo. Um artigo no *Berliner Morgenpost*, o jornal campeão de vendas, por exemplo, repetiu a mensagem do encontro Mussolini-Hitler como um ataque "àqueles idiotas dos países da Europa ocidental, que recentemente têm tagarelado sobre o afastamento das potências do Eixo".[39]

Um tom semelhante foi adotado pela imprensa italiana. O *Il Popolo d'Italia* retratou o encontro como "a histórica conferência ítalo-germânica", ilustrando o texto com uma fotografia de Mussolini e Hitler passando em revista a guarda de honra. Posteriormente, o Ministério da Cultura Popular instruiu a imprensa italiana a evitar qualquer referência à paz e a enfatizar a orientação cada vez maior da Itália em direção à Alemanha.[40] No entanto, o jornal foi vago sobre as reações populares ao Eixo dentro da Itália, já que a liderança fascista tinha consciência da impopularidade de uma guerra ao lado da Alemanha. O jornal mencionou brevemente a chegada de Mussolini a Roma na noite de 18 de março de 1940, afirmando que as multidões haviam aguardado na estação de Roma até 23h45 para lhe dar uma calorosa recepção com "uma manifestação vibrante".[41] Como ocorrera nos encontros de 1937 e 1938 entre os ditadores, embora em menor escala, a reunião reforçou a ideia de que Mussolini e Hitler marchavam lado a lado.

No entanto, o que se passou nos bastidores, na atmosfera claustrofóbica do vagão do trem, foi mais complexo. Mais tarde, Mussolini queixou-se a Ciano sobre o papel dominante de Hitler, que refletia a força da Alemanha e a debilidade da Itália.[42] As atas oficiais, italianas e alemãs, resumiram a conversa. Esses documentos, que circularam entre diplomatas e políticos, tornaram-se parte da demonstração de unidade e amizade que caracterizava o relacionamento Mussolini-Hitler. Contrariando as expectativas, a conversa durou mais do que o previsto, porque Hitler, atingindo o ponto fraco da vaidade e da beligerância de Mussolini, fez uma longa preleção sobre a supremacia militar da Alemanha e aumentou a pressão sobre a Itália para que ela entrasse na guerra. Assim, de acordo com a ata alemã, antes mesmo que o ditador nazista concluísse a frase "Se a Alemanha perder...", o líder fascista interveio imediatamente: "Então a Itália também perdeu!". Hitler aproveitou-se da crença de longa data dos estadistas italianos de que a Itália deveria tornar-se uma grande potência e repetiu sua advertência anterior ao Duce: "Se a Itália se contentar com uma posição de segunda classe no Mediterrâneo, então não precisará fazer nada, mas se quiser ser uma potência mediterrânea de primeira linha, a Inglaterra e a França sempre estarão em seu caminho". Hitler, em uma atitude de superioridade, delineou as duas alternativas estratégicas da Itália. Ela poderia adiar sua intervenção até a derrota dos Aliados e se contentar com uma pequena porção do espólio, ou, se a guerra entre a Alemanha e os Aliados se prolongasse, poderia atacar e fazer a balança pender para uma vitória alemã. Tratava-se de uma referência curiosa à política italiana do "peso determinante". Não restou a Mussolini outra opção senão reafirmar que a Itália não tinha condições de enfrentar uma guerra prolongada, mas prometia, por sua vez, que estaria pronta para atacar dentro de alguns meses. Ao contrário do que ocorrera nas conversas anteriores (das quais não há registros tão detalhados), Hitler e Mussolini tocaram na essência de sua aliança ao falar sobre o pacto nazista de não agressão com a União Soviética, o inimigo mortal do fascismo e do nazismo. O líder alemão confirmou sem rodeios que o pacto de curto prazo dos nazistas com os soviéticos era uma necessidade política e assegurou ao ditador fascista que "para a Alemanha, há apenas um aliado e um amigo, que é exclusivamente a Itália". Mesmo para seus principais protagonistas, a aliança do Eixo tinha a ver igualmente com estratégia e com ideologia. De fato, Mussolini não tinha muita escolha senão entrar na guerra ao lado do Terceiro Reich, por causa da crescente dependência econômica da Itália em relação à Alemanha e do impacto de sua própria retórica beligerante em favor dos alemães. O ditador fascista acabou admitindo a Hitler que a Itália tinha que entrar na guerra, por causa "da honra e dos interesses" do país.[43]

Não é necessário dizer que a reunião não conseguiu eliminar os preconceitos existentes, tanto dentro das elites políticas italianas e alemãs como entre as pessoas comuns. Conforme registrou em seu diário Michele Lanza, diplomata da embaixada italiana em Berlim, os alemães do alto escalão continuaram a duvidar da capacidade da Itália para entrar na guerra. Esse sentimento levou Ribbentrop a emitir um regime linguístico (*Sprachregelung*) pouco convincente em comunicado para as missões diplomáticas alemãs: "A conversa exaustiva e cordial entre o Führer e o Duce confirmou novamente a clara e imutável atitude positiva da Itália em relação à Alemanha nesta guerra, e o acordo total sobre a posição futura dos dois países foi observado".[44] Em contrapartida, no entanto, Luca Pietromarchi, outro diplomata italiano, concluiu em seu diário que "as conversas continua[va]m genéricas".[45]

As dúvidas de Hitler persistiam. Assim, depois de encerradas as conversas, ele se recusou a enviar a Mussolini as atas da reunião redigidas por Schmidt. O ditador nazista temia que elementos não confiáveis dentro do governo italiano pudessem vazá-las para os Aliados. Depois de o Duce solicitar as atas em diversas ocasiões ao embaixador alemão, Hitler elaborou uma versão editada, omitindo detalhes estratégicos. Ao mesmo tempo, ele acusou a família real italiana de ter informado à família real britânica, no verão de 1939, que a Itália permaneceria neutra no caso de um ataque alemão à Polônia. Hitler acreditava que essa informação havia levado os britânicos a garantir a soberania polonesa, o que deu início à guerra europeia em setembro de 1939. De modo geral, a aliança ítalo-germânica ainda carecia de consolidação.[46]

O encontro de Mussolini com Hitler reafirmou a adesão do ditador fascista à Alemanha nazista. Essa tendência foi articulada por meio de manchetes arrogantes no *Il Popolo d'Italia* sobre "a eficiência da aliança ítalo-germânica confirmada pela reunião do Brennero", embora tal linguagem tenha sido alvo de críticas por parte de líderes do fascismo e do Exército.[47] Ao retornar do passo do Brennero para Roma, o oportunista Ciano gabou-se a Sumner Welles, dizendo que o encontro não mudara em absoluto a posição da Itália em relação à Alemanha ou aos Aliados.[48] Mussolini, ao contrário, enviou ao rei um telegrama sobre seu encontro com o líder nazista. Então, em 31 de março de 1940, em um memorando secreto enviado ao rei, a Ciano e aos líderes das Forças Armadas, o Duce esboçou sua determinação de entrar na guerra. Reproduzindo as visões de seus predecessores liberais, cujas estratégias haviam também sido moldadas pela carência de recursos naturais da Itália, o ditador fascista afirmou que o país só seria capaz de enfrentar uma guerra breve ou uma "guerra paralela". Essa estratégia permitiria à Itália tirar vantagem dos avanços militares da Alemanha, tomar territórios nos Bálcãs e no norte da África e se converter em uma grande potência. Era palpável o temor de que o tempo se esgotaria sem que a Itália conquistasse territórios se ela não interviesse logo. Essa preocupação era especialmente acentuada dado o contínuo sucesso militar do Terceiro Reich, que derrotou a Dinamarca em abril de 1940 e a Noruega em junho do mesmo ano.[49] A exemplo do que fizera em seus projetos militares anteriores, Hitler não informou antecipadamente a Mussolini sobre os ataques alemães, apresentando-os a ele como um *fait accompli*.[50] O líder fascista saudou a invasão alemã como mais um golpe para os franceses e particularmente para os britânicos, a quem os alemães haviam resistido com sucesso em Narvik, o porto norueguês de onde o minério de ferro sueco era despachado para a Alemanha. O entusiasmo de Mussolini com o avanço alemão e a derrota "das grandes democracias" foi ecoado pelo *Il Popolo d'Italia*.[51]

III

Estimuladas por uma grande euforia gerada pelas vitórias bélicas alemãs no oeste e no norte da Europa, diversas autoridades italianas, inclusive o próprio rei, começaram a acalentar a ideia de uma guerra curta ao lado da Alemanha. Eles acreditavam que havia chegado o momento de a Itália finalmente realizar suas ambições e se tornar uma grande potência. A propaganda pró-Eixo foi significativamente intensificada. Artigos no emblemático periódico fascista *Gerarchia* alardeavam o "destino do Eixo".[52] Ao mesmo tempo, observadores dos Aliados, como o correspondente diplomático do *The Times*, observaram um crescente tom avesso aos Aliados na imprensa italiana depois do encontro do Brennero, após "ordens de enaltecer a Alemanha".[53]

Em 2 de abril de 1940, em uma reunião do Conselho de Ministros, Mussolini falou de forma entusiástica a respeito de Hitler como "um homem calmo, perfeitamente calmo, seguro de si".[54] Para o oportunista Ciano, que começara a se distanciar do comportamento pró-Hitler de Mussolini, o Eixo forjara-se, mais do que tudo, sobre a crença do líder fascista no alemão e, embora os diários de Ciano devam ser lidos com certa dose de desconfiança, fica claro que Mussolini, se quisesse manter sua reputação, não tinha outra opção senão entrar na guerra, dados os anos de propaganda pró-Eixo. Ao longo das semanas seguintes, a despeito de certa hesitação, aumentou a determinação do ditador fascista de entrar na guerra. Acima da inveja e fascinação que sentia pelas conquistas de Hitler, reforçadas durante as conversas do Brennero, Mussolini temia que não restassem territórios para a Itália caso ela não entrasse logo na guerra – uma opinião então compartilhada por muitos líderes políticos e militares italianos.[55]

A crescente pressão doméstica sobre Mussolini limitava consideravelmente seu espaço de manobra. Em contraste com a demonstração de beligerância, um relatório do partido fascista sobre a opinião pública em Milão sugeria que algumas pessoas, diante do declínio do padrão de vida, esperavam que o Duce fosse a salvaguarda da paz, como o fora durante a crise dos Sudetos.[56] O descontentamento com a falta de direção do regime também era ampla em outras partes da Itália, tanto no meio rural como no urbano, e em todas as camadas da sociedade. O partido fascista e suas autoridades eram alvos de grande dose de escárnio e amplamente considerados corruptos e inúteis. Até mesmo alguns membros do partido expressavam suas dúvidas sobre a direção do regime. Por exemplo, foi pequena a presença nas celebrações do aniversário da fundação do *Fasci di combattimento* realizadas em 1940, cinco dias após o encontro do Brennero. De acordo com a polícia política milanesa, embora as pessoas demonstrassem admiração pelas vitórias alemãs, elas se opunham à guerra ao lado da Alemanha.[57]

Ao mesmo tempo, a liderança fascista associava a pontos de vista pacifistas e antifascistas as cada vez mais difundidas manifestações de atitudes contrárias à Alemanha, refletindo a opinião de que o Terceiro Reich havia fomentado a dinâmica radical e beligerante do fascismo desde o final da década de 1930. Consideremos um incidente ocorrido em abril de 1940 em um cinema milanês. Aqui, um informante da polícia presenciou uma poderosa exibição de antifascismo no cinema Odeon, supostamente frequentado por uma burguesia endinheirada. Durante a projeção do filme *Sei mesi di guerra* (*Seis meses de guerra*), um documentário sobre a guerra, eclodiram aplausos em meio à plateia quando cenas de Chamberlain foram exibidas na tela. Por outro lado, algumas pessoas no público começaram a vaiar cenas de Hitler. A polícia prendeu alguns dos manifestantes, que representavam grupos considerados suspeitos pelos regimes, entre eles "alguns estrangeiros, um judeu, profissionais, um estudante e nada menos que um patrício milanês". Alegadamente, o mesmo filme fora recebido de forma mais favorável em uma área de classe operária de Milão. Trata-se de uma reivindicação duvidosa, motivada pelo sentimento antiburguesia e antissemita dos fascistas. Esse episódio emblemático revela, no entanto, que a associação cada vez mais próxima do regime com a Alemanha nazista fracassara amplamente em produzir eco.[58]

Mussolini, pressionado a agir em razão de sua retórica beligerante, mas refreado pela falta de preparação da Itália para a guerra, protestou contra a situação em uma conversa com Clara Petacci. Em 11 de abril de 1940, dias após a derrota da Dinamarca para a Alemanha, ela encontrou o Duce de mau humor. Ele logo a repreendeu por ter se atrasado e então lançou-se em uma crítica mordaz contra o povo italiano, típica de sua visão desdenhosa sobre a própria nação: "Eu odeio essa ralé de italianos! [...] Essa tão prezada serenidade dos italianos está começando a me enojar. Eles são covardes e fracos; eles estão com medo: esses suínos burgueses que tremem por sua barriga e sua cama!"[59].

Até mesmo o culto a Mussolini, uma das mais importantes forças integradoras que mantinham unido o regime, ficou comprometido. Corriam rumores de que o rei logo substituiria o Duce como chefe de governo, lançando dúvidas sobre a profundidade da crença que o ditador e o fascismo haviam conseguido infundir nos italianos.[60] Nesse contexto sombrio, conforme sugeriu Paul Corner, o ímpeto de Mussolini para a guerra era provavelmente a única solução capaz de mantê-lo no poder, já que a guerra lhe dava a oportunidade de desviar a atenção do povo italiano da grave crise do regime. Uma guerra bem-sucedida lhe permitiria estabelecer finalmente o Estado totalitário, livrar-se da monarquia e sedimentar seu governo de uma vez por todas.[61]

Depois das céleres vitórias da Alemanha, Mussolini estava, mais do que em qualquer outro momento até então, em uma posição marginal e subordinada a Hitler. Depois de um período sem qualquer troca de comunicações, em razão tanto do ressentimento de Hitler pelo fracasso de Mussolini em intervir na guerra como da inveja deste último pelos sucessos do ditador alemão, Hitler enviou ao Duce uma série de cartas arrogantes em abril e maio de 1940. Nessas missivas, o líder nazista voltava a enfatizar a causa comum e a amizade dos dois, uma forma de aumentar a pressão para que Mussolini entrasse na guerra. Com as sucessivas vitórias da Alemanha, Hitler usou as cartas para se vangloriar da superioridade dos alemães sobre os Aliados e, implicitamente, sobre a Itália.[62] De fato, os preparativos italianos para a guerra careciam de organização em virtude de falhas estruturais, amplificadas pela falta de clareza da estratégia do Duce. As Forças Armadas italianas estavam despreparadas para a guerra moderna e ainda dependiam sobremaneira de peças de artilharia da Primeira Guerra Mundial. A burocracia lenta e inflada do Ministério da Guerra impedia também uma preparação efetiva para a batalha. Por exemplo, foram necessários seis meses para que os burocratas aprovassem um coquetel Molotov antitanque desenvolvido em julho de 1940. No final, só 73 divisões, em vez das mais de 120 que a liderança do Exército havia previsto, estavam mobilizadas na primavera de 1940.[63]

A fim de aumentar a pressão sobre Mussolini, Hitler empregou uma linguagem emotiva. Um bom exemplo a esse respeito é a carta enviada por ele em 18 de abril de 1940:

> O significado dessas operações para nós, e especialmente para mim, só é compreendido no mundo por um homem além de mim, e esse homem é você, Duce. Certa vez, você teve a coragem de conduzir sua ação na Abissínia sob a mira dos ingleses. Minha situação até hoje não é diferente; mas decidi também não seguir o senso comum durante essas horas mais difíceis, senão apelar ao poder da honra, ao senso do dever e, finalmente, ao coração.

Somente a versão italiana dessa missiva emotiva, traduzida em típico estilo fascista, com Hitler tratando Mussolini como *"voi"* em vez de *"lei"*, sobreviveu nos arquivos alemães. Uma nota em um arquivo adjacente afirma que o rascunho original alemão permanecera em poder do ditador nazista "porque essa carta contém algumas mensagens privadas". Com sua linguagem em tom emotivo Hitler havia expressado dúvida e temor sobre a disposição de Mussolini em apoiá-lo na guerra.[64]

Em decorrência da pressão emocional cada vez maior do ditador alemão sobre o Duce e, sem dúvida, das estonteantes vitórias da Alemanha, aumentou ainda mais a determinação do líder fascista de intervir na guerra. No entanto, seu regime não conseguiu mobilizar totalmente a economia italiana para a guerra, sobretudo por causa da debilidade estrutural, incluindo carência de matéria-prima e insuficiência de recursos de produção, mas também porque Mussolini temia que um esforço armamentista faria o consumo cair, colocando, desse modo, sua legitimidade em risco. Vale examinar com mais detalhes esse aspecto. Começando com questões de escala, a economia italiana era substancialmente menor do que a alemã, estando o PIB italiano em 1940 na casa dos 147 bilhões de dólares, enquanto, no mesmo ano, o alemão era de 387 bilhões de dólares, o britânico, 316 bilhões de dólares, o soviético, 417 bilhões de dólares e o americano, 943 bilhões de dólares. Outros números revelam que a mobilização bélica italiana permaneceu limitada durante toda a guerra, comparada com a dos outros principais protagonistas. Em 1940, apenas 12% do PIB italiano foi gasto em armas, em agudo contraste com os 40% da Alemanha e os 44% da Grã-Bretanha. Como vimos anteriormente, a Itália quase dobrou esse número em 1941, passando para 23%, mas o regime fascista nunca conseguiu exceder tal proporção, que caiu para 22% em 1942 e 21% em 1943. Em comparação, a despeito de discussões sobre a possibilidade de esses números terem sido inflados pelos nazistas para gerar repercussão, a Alemanha aumentou radicalmente seu gasto militar para 52% do PIB em 1941, 64% em 1942 e 70% em 1943. Porém, a mobilização econômica parcial foi apenas um dos problemas com que se deparou a Itália. A classe administrativa manteve-se distante da população e tinha pela monarquia um sentimento de lealdade mais forte do que por Mussolini. Ademais, em um país no qual as conexões pessoais eram importantes, muitos recrutas bem relacionados conseguiram evitar ser convocados.[65]

Outro obstáculo potencial à beligerância de Mussolini era a Igreja católica, que então opunha-se à entrada da Itália na guerra. Em um artigo de abril de 1940, escrito para o *Osservatore Romano*, do Vaticano, o antifascista Guido Gonella critica o ataque alemão à Noruega e à Dinamarca, dois países neutros. Portanto, a Alemanha era considerada brutal e um aliado inadequado para a Itália. A postura negativa do Vaticano em relação a uma intervenção italiana preocupava profundamente o regime, pois a Igreja tinha considerável apelo sobre a opinião pública.[66]

Nesse contexto, Mussolini movia-se lentamente rumo à guerra. Um reflexo digno de atenção da política cada vez mais favorável à Alemanha do Duce foi a decisão que ele tomou, na primavera de 1940, de substituir o embaixador Attolico, que os nazistas consideravam insuficientemente comprometido com a aliança. Antes de deixar Berlim, em maio de 1940, Attolico teria dito a um diplomata alemão: "Todos querem que eu diga que a Itália é forte. Eu creio ser mais honesto e pessoalmente mais sincero dizer que ela é fraca. Não permita que a Itália entre na guerra cedo demais, caso contrário, você se arrependerá". A substituição de Attolico foi um sinal marcante para a comunidade internacional de que Mussolini estava determinado a marchar ao lado de Hitler, pois a troca de embaixadores era um aspecto simbólico central das vicissitudes do relacionamento ítalo-germânico. Hitler preferia para o lugar de Attolico o fascista linha-dura Roberto Farinacci, mas Ciano, temendo que o radicalmente antissemita e pró-Alemanha Farinacci pudesse forçar uma intervenção italiana imediata na guerra, optou por Alfieri, um mulherengo bem apessoado, ex-ministro da Cultura Popular, ex-embaixador na Santa Sé e ligado a Ciano.[67]

O padrão da correspondência trocada entre Hitler e Mussolini durante a primavera de 1940 mostrava, de um lado, cartas cheias de bazófia do líder nazista, cujo objetivo era manter pressão sobre o Duce para a entrada na guerra e, do outro lado, as promessas do ditador fascista de uma iminente intervenção italiana. Enquanto a Alemanha preparava o passo seguinte da guerra, o ataque à Europa ocidental, os alemães do alto escalão continuavam a duvidar da confiabilidade dos italianos e destacavam a crescente disputa entre Mussolini e Ciano sobre a Itália dever ou não marchar ao lado da Alemanha.[68]

Em 19 de maio de 1940, dias após a Alemanha invadir França, Luxemburgo, Bélgica e Holanda, invasões que seguiam em ritmo extremamente acelerado, Mussolini alardeou a Hitler que "o povo italiano [...] está agora convencido de que o período de não beligerância não pode durar muito mais".[69] Não restavam opções para o ditador fascista, que rompera as pontes com a França e a Grã-Bretanha. Todos os anos de retórica beligerante e de propaganda pró-Eixo dos fascistas haviam colocado o Duce sob considerável pressão para agir. A decisão de Mussolini de intervir foi também facilitada por relatórios da polícia política e do partido fascista, segundo os quais a população italiana finalmente considerava oportuna uma breve intervenção na guerra. Um relatório do partido fascista da Província de Roma, datado de 17 de maio de 1940, exemplifica bem essa questão. Ele afirmava:

> Não se fala de outra coisa senão da iminente intervenção italiana [...] O espírito do povo se revela mais claramente por toda parte em vista da intervenção [...] As vitórias alemãs fazem todos estremecerem de felicidade, e as pessoas se sentem agora perto da realização do que inicialmente parecia um sonho inatingível: a emancipação total do Mediterrâneo e a supremacia sobre ele. Hoje, são todos francófobos e anglófobos. Deseja-se correr imediatamente para a guerra porque olhos ávidos repousam sobre Nice, Savoia, Córsega, Malta, Chipre e Corfu.[70]

Nitidamente, os autores desse relatório e de outros semelhantes haviam interiorizado a retórica fascista sobre a iminência da intervenção italiana e a propaganda pró-Alemanha. Se o povo italiano havia de fato aceitado que uma guerra breve atenderia aos interesses da Itália, conforme afirmou um historiador, é um ponto discutível e improvável, dada a postura da Igreja contra a guerra. O mais importante é que esses relatórios provavelmente corroboraram a decisão de Mussolini de forçar a intervenção na guerra, pois ele pensava que tinha o apoio do povo italiano.[71]

Além da influência dos relatórios da polícia e do partido a respeito da opinião pública, a decisão de Mussolini de marchar com a Alemanha pode ter sido consideravelmente reforçada pelas centenas de cartas em favor de uma intervenção italiana na guerra, escritas por italianos comuns, enfeitiçados pelo culto ao Duce, e devidamente arquivadas pelo secretariado do ditador. Não se pode afirmar se os remetentes aprovavam de fato a guerra ou apenas apoiavam o regime da boca para fora. O que mais importa é que as cartas foram usadas pelos burocratas fascistas e por Mussolini como evidência de que o povo italiano desejava a guerra. Uma carta que retrata bem esse aspecto foi a enviada a Mussolini por Arturo S., de Nola, uma pequena cidade próxima a Nápoles. Nela, o missivista expunha os dogmas centrais da propaganda fascista, o antibolchevismo e a "hegemonia gananciosa da Inglaterra e da França". Arturo refletia uma tradição de longa data, segundo a qual a Itália era uma nação proletária que só se tornaria uma grande potência por meio da guerra. Ele se oferecia, então, como voluntário para estar entre os primeiros a lutar contra britânicos e franceses.[72]

Mas havia muito mais. Em 19 de maio de 1940, dias após a rendição da Holanda, o secretariado de Mussolini mostrou a ele um lote de cartas com teor favorável à Alemanha, enviadas por italianos comuns – homens e mulheres. Mais uma vez, é digno de nota o arquivamento dessas cartas em favor da guerra pelos secretários do Duce. Uma delas foi escrita por Rosa S., de Údine. Ela afirmava que "nós não podemos esperar mais" pela "guerra contra as odiosas democracias". Outra carta, endereçada ao ditador fascista por um veterano de guerra italiano que vivia nos Estados Unidos e desejava manter o anonimato por temer represálias em seu novo país, sugeria que o encontro do Brennero estava diretamente ligado à iminente guerra da Itália contra França e Grã-Bretanha, ao lado da "Alemanha[,] nosso amigo mais leal". Mesmo que, na realidade, não houvesse qualquer vínculo direto entre a reunião do Brennero e a entrada da Itália na guerra, essa carta sugere que a propaganda fascista conseguira levar algumas pessoas a acreditar que o encontro pessoal entre Mussolini e Hitler fora o principal fórum para essa importante decisão.[73]

O secretariado do ditador fascista arquivava as cartas nas seguintes categorias: pró-Alemanha, pela guerra e contra a guerra. Esse sistema de arquivamento sugere que Mussolini e seus secretários estavam cientes da natureza divergente da opinião pública italiana.[74] Uma carta anônima, escrita por um grupo de irredentistas do Trieste, presumivelmente temerosos da potencial supremacia alemã sobre a principal cidade portuária do antigo império Habsburgo, manifestava desilusão com o curso favorável à Alemanha adotado por Mussolini. Além disso, a carta culpava o relacionamento do Duce com Hitler pela iminente entrada da Itália na guerra. Ela advertia: "Você se posicionou ao lado de Hitler, sem Deus e fora da lei, aquele que agora todos odeiam – nós não confiamos mais em você!".[75]

Mussolini foi obrigado a intervir, sobretudo porque a campanha alemã na França progredia rapidamente. A evacuação britânica de Dunquerque, que começara em 26 de maio de 1940, tornava ainda mais provável uma vitória alemã sobre a França e a Grã-Bretanha. O fato de Hitler gabar-se dos impressionantes avanços da Alemanha na França, "dias de grande contentamento histórico", colocou Mussolini sob pressão ainda maior para intervir. Embora sua decisão de tomar parte na guerra já estivesse cristalizada, o ditador fascista assegurou a seu congênere nazista, em 30 de maio, logo depois da rendição da Bélgica, sua "amistosa camaradagem" e falou a ele sobre "o anúncio de minha decisão de entrar na guerra em [...] 5 de junho". Era palpável o receio do Duce de que não restasse à Itália nenhum espólio. Assim, marchar ao lado da Alemanha nazista refletia tanto a ideologia beligerante de Mussolini quanto o objetivo de longa data das elites políticas italianas de garantir que a Itália fosse uma grande potência.[76]

Seguindo o padrão já estabelecido para sua correspondência com Mussolini como demonstração de amizade e unidade, a resposta de Hitler foi uma afirmação emotiva de sua relação de camaradagem com o Duce, temperada com comentários tais como "profundamente tocado". Juntos, eles moldariam "a nova face da Europa". O fato de Hitler não precisar explicar os contornos da Nova Ordem era uma concessão à natureza estereotipada de seu relacionamento com Mussolini. A solicitação do ditador nazista para que a Itália adiasse a intervenção por alguns dias refletia o temor dos alemães de que uma intervenção imediata dos italianos pudesse comprometer uma vitória célere da Alemanha sobre a França. Desse modo, permaneciam as tensões entre as duas potências do Eixo Uma análise do diário de guerra do chefe do estado-maior do Exército alemão (*Chef des Generalstabes des Heeres*), general Franz Halder, ajuda no entendimento dessa questão: ele afirmou suscintamente que a Alemanha não daria qualquer apoio militar à Itália.[77]

IV

Depois de muita hesitação e pouco antes da derrota final impingida à França pela Alemanha nazista, Mussolini declarou guerra à França e à Grã-Bretanha, em 10 de junho de 1940, no terraço do Palazzo Venezia.

Esse foi um importante ponto de inflexão. Em uma sinistra coincidência, era o dia do aniversário do assassinato do socialista Giacomo Matteotti por matadores fascistas em 1924, evento que lançara o nascente regime de Mussolini em uma profunda crise.[78] Ciano já havia declarado aos embaixadores francês e britânico o início das hostilidades. Um deprimido François-Poncet, que havia tentado, em vão, dissociar Mussolini de Hitler, advertiu Ciano de que os alemães seriam "mestres severos".[79]

Discursando para uma multidão aparentemente entusiasmada, reunida no exterior do Palazzo Venezia, o Duce apresentou a declaração de guerra como um confronto da Itália e da Alemanha com as "democracias plutocráticas e reacionárias do Ocidente", a consequência inevitável da obstrução imposta por elas à existência da nação italiana. É significativo que Mussolini tenha tentado legitimar sua decisão de entrar na guerra ao lado da Alemanha traçando uma trajetória histórica até seu discurso de 1937 em Berlim, afirmando que "quando se tem um amigo, marcha-se com ele afinal". Não é necessário dizer que o Duce não fez qualquer menção ao embaraçoso período da *non belligerenza*. Mas ele tentou também apelar àqueles italianos desfavoráveis a uma aliança com a Alemanha ao mencionar o rei. Quando pronunciou o nome de Hitler, a multidão, previsivelmente, aplaudiu. Aqui, finalmente, cerravam-se fileiras, conforme anunciado nos encontros de 1937 e 1938 entre os dois ditadores e suas respectivas nações, unidos na guerra.[80]

A despeito desse sentimento favorável à guerra, ficava claro que o regime fascista fracassara em preparar o Exército e o povo para as hostilidades. No dia seguinte à declaração de guerra, Maria Carazzolo, uma adolescente de Montagnana, nas proximidades de Pádua, viu em um trem que se dirigia a Pádua soldados que haviam sido convocados. Às 17h, sirenes de ataque aéreo começaram a soar, antes que a declaração de Mussolini fosse transmitida nas ruas. Apesar dessas manifestações bombásticas, Maria encontrou outros bastante incrédulos. Ela escutou a seguinte conversa no trem, ao retornar para sua pequena cidade: "E agora, onde estamos nós, hein?" "Na guerra?" "Sim".[81]

Foi ambígua a reação de Hitler à declaração de guerra da Itália contra a França e a Grã-Bretanha. Ele imediatamente congratulou Mussolini via telegrama pela "histórica decisão mundial" e assegurou ao Duce a "indissolúvel comunhão de luta do povo alemão com o italiano". Ele enviou também um telegrama ao rei, para reafirmar os laços entre Itália e Alemanha. O *Il Popolo d'Italia* publicou os dois telegramas na primeira página, a fim de sugerir o consenso existente entre Alemanha e Itália. No entanto, permanecia incerto se a guerra ajudaria a superar as tensões entre os dois países.[82]

A verdadeira opinião de Hitler sobre Mussolini era bastante diferente. Diante de seu ajudante de ordens, major Gerhard Engel, e de generais da Wehrmacht, ele proferiu um contundente veredito das manobras táticas e oportunistas do líder fascista: "Essa é a pior declaração de guerra desse mundo [...] Nunca imaginei que o Duce fosse tão primitivo [...] Estive pensando ultimamente sobre a ingenuidade dele [...] no futuro, precisaremos ser ainda mais cuidadosos frente aos italianos nas questões políticas". Engel demonstrou a ampla desilusão dos alemães em relação aos aliados italianos. Comentou ele: "Na verdade, um problema embaraçoso: primeiro, eles são covardes demais para participar, e, agora, estão se apressando para tomar parte nos espólios da guerra".[83]

Tais pontos de vista eram também encontrados em relatórios oficiais sobre a opinião pública na Alemanha. Os estrondosos sucessos do Exército alemão no início de 1940 haviam levado à exaltação do orgulho nacional mesmo entre aqueles que costumavam reclamar de determinadas políticas do regime.[84] No entanto, apoiar Hitler não significava necessariamente apoiar uma aliança de guerra com a Itália. No dia da declaração de guerra da Itália, circulou entre as autoridades da liderança nazista um relatório do SD sobre a opinião pública. De acordo com o relatório, alguns alemães acreditavam que a *non belligerenza* italiana produzira certos benefícios para os alemães, pois os Aliados tinham sido obrigados a reservar algumas de suas tropas para fazer frente a uma potencial intervenção italiana, em vez de empregá-las contra a Alemanha. Outros, entretanto, mostraram-se sarcásticos e afirmaram que fora necessário enviar cadeiras para a Itália, já que os soldados italianos tinham ficado de prontidão por um tempo demasiadamente longo enquanto aguardavam a guerra durante o período de *non belligerenza*.[85]

Como as Forças Armadas italianas não estavam suficientemente preparadas para invadir a França, a campanha italiana contra a França só começou de fato depois que os franceses pediram um armistício à Alemanha. A Itália desejava conquistar a maior quantidade possível de territórios franceses antes que o armistício franco-germânico entrasse em vigor, em 25 de junho de 1940. Contrariando conselhos de autoridades graduadas do estado-maior, o Exército italiano recebeu ordens de atacar a França diretamente através dos Alpes. Em decorrência da arrogância de Mussolini, a campanha inicial da Itália foi desastrosa e prenunciou em muitos aspectos os problemas que as Forças Armadas italianas enfrentariam durante a guerra. Em cinco dias de batalha, mais de 600 soldados italianos foram mortos, 2.500 ficaram feridos e outros 2.500 sofreram com ulcerações produzidas pelo frio, porque não tinham uniformes de inverno. A Itália conseguiu ocupar apenas uma pequena faixa do sul da França – para escárnio do estado-maior alemão, que viu confirmadas suas ideias preconcebidas sobre as escassas habilidades militares italianas.[86]

Um sentimento de inferioridade e inquietação levou Mussolini a oferecer a Hitler tropas de *bersaglieri* de elite para lutar ao lado da Alemanha. Além disso, o Duce, que acreditava na possibilidade de reforjar os italianos por meio da guerra, considerava necessário o sacrifício de alguns milhares de homens. O ditador fascista temia que, se não houvesse vítimas italianas, a Alemanha nazista não permitiria que ele tomasse parte nos espólios.[87] A despeito de suas opiniões ambíguas a respeito da tática de Mussolini, Hitler não hesitou em aceitar, e deu ao Duce conselhos sobre como ganhar a guerra: "É de fato apenas o espírito, Duce, e a determinação que definem o homem e que, ao mesmo tempo, são suas armas mais poderosas".[88]

Desde a entrada da Itália na guerra, o papel de Mussolini no período que antecedeu o 10 de junho de 1940 tem sido objeto de muita controvérsia. Um historiador afirmou mais tarde que o ditador fascista queria "declarar guerra, e não participar dela".[89] Para Churchill, primeiro-ministro britânico desde maio de 1940, a resposta era mais clara. Em sua transmissão radiofônica de dezembro de 1940 para o povo italiano, Churchill afirmou que a guerra havia eclodido entre a nação britânica e a italiana, tradicionais aliadas desde o *Risorgimento*, "por causa de um homem". Fora Mussolini o responsável por arrastar a Itália para a guerra.[90] Porém, a despeito da retórica de Churchill e de sua reafirmação da amizade anglo-italiana, não foi apenas o Duce o culpado pela entrada da Itália na guerra, embora, depois de terminado o conflito, as observações do primeiro-ministro britânico tenham servido de álibi para os milhões de italianos que haviam sido cúmplices do regime fascista e de sua política beligerante, entre eles o próprio rei e autoridades da diplomacia, do governo e do partido. Na verdade, a estratégia de guerra italiana foi moldada por uma combinação dos objetivos agressivos de Mussolini e do mais cauteloso de Badoglio, chefe do estado-maior, que também queria guerra contra França e Grã-Bretanha se a oportunidade surgisse, mas acreditava, a exemplo, talvez, de diversos generais alemães do alto escalão no período que antecedeu a crise dos Sudetos, que as Forças Armadas e a economia ainda não estavam preparadas para a guerra.[91] Como a propaganda fascista havia alardeado a iminente queda da França entre maio e o início de junho de 1940, muitos italianos começaram a ver nesse momento uma oportunidade de ouro para a Itália lutar uma guerra curta e decisiva. Mesmo o Vaticano, apesar de sua postura reservada anterior, começara a manifestar apoio a uma guerra breve.[92] No conjunto, então, em junho de 1940, muitos italianos do alto escalão, e não apenas Mussolini, consideravam que chegara o momento para uma guerra breve e decisiva.[93]

Era deficiente a coordenação militar das potências do Eixo. Antes da entrada da Itália na guerra, houve apenas algumas reuniões dos generais italianos e alemães do Alto Comando. Durante o ataque alemão à Bélgica e à Holanda, Hitler, com nazistas proeminentes, como Göring, insistira em uma coordenação mais próxima da estratégia militar da Alemanha e da Itália, porém, o apoio italiano interessava muito pouco ao estado-maior alemão, já que a campanha alemã estava indo muito bem. Isso revelava tensões dentro da liderança alemã. Àquela altura, o almirantado alemão se opunha à cooperação com a marinha italiana.[94] Mesmo depois de a Itália entrar na guerra, não houve uma coordenação efetiva da estratégia militar com o aliado nazista. Alguns oficiais do Exército alemão haviam anteriormente manifestado desdém pelos italianos, considerados por eles uma raça inferior. De acordo com um memorando de janeiro de 1940, emitido pelo Alto Comando do Exército alemão, por exemplo, os italianos eram soldados ruins, dadas as "debilidades racialmente originadas" e as "alterações de humor dos sulistas". Haviam fracassado as tentativas fascistas para converter os italianos em um "povo de soldados" (*Soldatenvolk*). Somente uma liderança forte poderia ajudar, afirmava o memorando, sugerindo assim que Mussolini era um ditador fraco. Em meio a essas tensões, a exibição propagandística da amizade entre Hitler e o Duce servia como força integradora da tensa aliança ítalo-germânica; daí a solicitação do ditador nazista para um encontro pessoal com Mussolini, em Munique, em 18 de junho de 1940. A escolha do local demonstrava mais uma vez a superioridade da Alemanha.[95]

V

Na viagem de trem para a Alemanha, Ciano achou Mussolini deprimido, porque Hitler derrotara a França sem uma substancial participação italiana e agora estava determinado a tomar a Grã-Bretanha. O discurso crítico do Duce contra os afáveis italianos era uma admissão de fracasso: o fascismo falhara em converter a Itália em uma nação de guerreiros.[96] Como nas visitas anteriores de Mussolini ao Reich, multidões entusiasmadas ladeavam a ferrovia desde o passo do Brennero até Munique. Às 15h em ponto, o trem chegou a Munique, conforme o *Il Popolo d'Italia* alardeou na típica retórica fascista, insinuando que a Itália era um aliado leal, eficiente e confiável. Para compensar sua situação inferior, o ditador italiano usou o uniforme de Primeiro Marechal do Império (Hitler trajava sua túnica cinza simples). Além disso, a guerra produzira um nítida diferença hierárquica entre Hitler, determinado a dominar a Europa, e Mussolini, cujas tropas não haviam, até aquele momento, participado de batalhas importantes contra França e Grã-Bretanha.[97]

Uma grande multidão saudou o líder fascista na estação. Ao contrário do encontro no Brennero, durante o período não beligerante da Itália, os dois regimes invocaram entre suas respectivas nações o conhecido motivo do encontro dos ditadores, para reafirmar sua postura supostamente comum contra França e Grã-Bretanha. Mario Roatta, chefe adjunto do estado-maior do Exército italiano, e Wilhelm Keitel, chefe do Alto Comando da Wehrmacht, participaram da reunião, sugerindo a observadores domésticos e estrangeiros que, ao contrário da realidade, havia uma frente militar comum.[98] A exemplo dos encontros anteriores entre Hitler e Mussolini, esperava-se que a coreografia dissipasse essas tensões. No quartel-general do partido nazista, os dois ditadores conversaram sem um intérprete. Não existem registros diretos da conversa. De acordo com Ciano, Mussolini se sentira embaraçado (*impacciato*), porque Hitler fez uma longa preleção sobre as estrondosas vitórias da Alemanha. Tal evento levou o amargo e invejoso Duce a perceber que o líder alemão não apoiaria as demandas territoriais italianas na França.[99]

De fato, depois de duas horas de preleção a Mussolini, foi permitida a entrada de Ribbentrop, Ciano, Roatta e Keitel no gabinete de Hitler. O líder nazista se recusou terminantemente a permitir que a Itália participasse das negociações alemãs do armistício com a França. Além de Savoia, Mussolini e outras autoridades italianas que compartilhavam dos sonhos de uma Nova Ordem imperial, esperavam tomar Djibouti, a Tunísia e a Córsega, bem como assumir o controle da esquadra francesa e aumentar a presença italiana na África. A realidade, no entanto, foi mais dura, pois Hitler, ansioso por garantir que a França ocupada cooperasse com o Eixo, recusou-se a fazer tais concessões à Itália. No final, depois do armistício italiano com a França, a Itália teve que se contentar com uma pequena zona desmilitarizada e uma área de ocupação ainda menor no sul da França.[100]

Obedecendo ao protocolo que eles haviam estabelecido e visando a ajudar Mussolini a salvar sua reputação, Hitler acompanhou o Duce até a estação ferroviária e despediu-se dele na plataforma. Os dois trocaram um longo aperto de mãos através da janela do trem. Membros da Juventude Hitlerista gritavam "*Heil Duce*", sugerindo que o relacionamento Duce-Führer expressava o desejo dos jovens, assim como o fascismo e o nazismo de modo mais geral, em contraposição à ultrapassada era da democracia liberal, representada pelos adversários franceses e britânicos.[101] Diferentemente da ampla cobertura feita na imprensa fascista, o *Völkischer Beobachter* manteve o foco no estonteante sucesso da Alemanha na campanha francesa e dedicou apenas uma coluna na primeira página ao encontro entre Mussolini e Hitler. Essa estratégia editorial insinuava que o papel da Itália na guerra nazista era marginal.[102]

Em seu caminho de volta para a Itália, Mussolini viveu uma situação que o fez lembrar que a guerra era real, pois seu trem foi detido por um alarme de ataque aéreo. Em uma carta subsequente, o ditador nazista manifestou seu temor de que o Duce pudesse ser morto em um bombardeio. Isso refletia a preocupação de Hitler com a possibilidade de que a Itália não permanecesse por muito tempo na aliança com a Alemanha caso o Duce não estivesse no comando. O líder alemão deu assim ao ditador fascista, como "presente pessoal", dois vagões de artilharia com metralhadoras de defesa antiaérea. Ao mesmo tempo, ele recusou a oferta de fornecimento de tropas e aviões feita por Mussolini. Para não causar embaraço ao Duce, Hitler assegurou a ele que os dois enfrentavam a Grã--Bretanha juntos.[103]

Para Mussolini, foi humilhante a recusa do líder nazista da ajuda militar italiana. Ela reforçou sua preocupação constante com a possibilidade de a Itália não conseguir conquistar recompensas significativas com a guerra, e muito menos tornar-se uma grande potência.[104] A fim de aplacar a opinião pública e não prejudicar sua reputação, Mussolini publicou no *Il Popolo d'Italia* um relato sobre o encontro de Munique, no qual não teve outra opção senão afirmar que Hitler o tratara como um igual. O Duce sustentou que, em Munique, eles ficaram caminhando de um lado para o outro no gabinete do ditador nazista, ocasionalmente observando mapas abertos sobre uma mesa enorme, a fim de estabelecer suas esferas de interesse. Mas não se tratava de uma brincadeira de crianças, e sim da dura realidade da guerra. Mussolini fez lembrar a seus leitores que marchar ao lado da Alemanha era a única opção para a Itália e que logo o país colheria frutos.[105]

No entanto, em relação a Hitler, o Duce era obrigado a manter a propaganda de amizade. Como um menininho com inveja dos brinquedos de outra criança, o ditador fascista alardeou que estavam quase concluídos os preparativos italianos para um ataque aos britânicos no Egito. O iminente armistício com a França não lhe deixava outro teatro de guerra possível e imediato além do norte da África. Referências à sua causa comum ou à "revolução" nunca eram explicitamente feitas, em razão dos diferentes objetivos estratégicos da Itália e da Alemanha. A internalização de uma retórica do Eixo com suas frases prontas tornara-se um aspecto integral do relacionamento Hitler-Mussolini, a fim de dissimular as dissonâncias. Não foi, portanto, uma coincidência que Mussolini tenha descrito no *Il Popolo d'Italia* o fato de Hitler presenteá-lo com uma metralhadora antiaérea como "mais um símbolo da indissolúvel irmandade de armas que mantém unidos o Grande Reich Germânico e a Itália Imperial, na paz e na guerra".[106]

Enquanto o ditador fascista tinha muito pouco a exibir, o líder nazista deleitava-se naquele que era talvez o maior triunfo de sua carreira. Em 22 de junho de 1940, a França assinou o armistício com a Alemanha em uma cerimônia humilhante que contou com a presença de Hitler, em

Compiègne, no mesmo vagão de trem no qual os alemães tinham sido obrigados a se render em novembro de 1918. O regime nazista, cujas raízes estavam fincadas na derrota alemã de 1918, supostamente provocada por uma coalizão de judeus, bolcheviques e socialistas que havia apunhalado o Exército alemão pelas costas, apagara finalmente a suposta desgraça nacional daquele ano e restaurara a honra da Alemanha.[107] Mussolini ficou profundamente irritado com a cerimônia, que confirmava o papel marginal da Itália.[108] Após a assinatura de um armistício separado da Itália com a França, alguns membros da liderança militar italiana, temerosos com a possibilidade de serem ainda mais marginalizados, passaram a defender uma cooperação mais formal com as Forças Armadas alemãs. O Exército alemão, porém, continuava relutante.[109]

Autoridades alemãs, tais como o adido militar em Roma, Enno von Rintelen, continuavam duvidando da condição de bons combatentes dos italianos. Em um relatório de 3 de julho de 1940 sobre a visita de Mussolini à frente alpina, Rintelen reproduziu a ordem do dia do Duce, na qual este gabava-se de um suposto rápido avanço italiano. Rintelen comentou ironicamente que "as palavras grandiloquentes desse decreto não têm qualquer relação com o que foi conquistado". Para ele, o deplorável desempenho militar da Itália era consequência de uma liderança ineficiente, e não dos soldados italianos comuns, uma avaliação realista da situação.[110]

Também o ataque italiano aos britânicos, em Malta, não obteve muito sucesso. Logo, a Força Aérea Real Britânica revidou com bombardeios em cidades do norte da Itália, entre elas Milão e Turim, o que desnudou a falta de organização dos preparativos do regime para a guerra. Os ataques aéreos dos britânicos enfureceram o Duce, que requisitou imediatamente a Hitler metralhadoras antiaéreas.[111] Embora os ataques britânicos tivessem sido relativamente pequenos, eles produziram um efeito devastador no moral do povo italiano, confirmando a visão britânica de que o fascismo não mantinha controle firme sobre a população.[112]

VI

Após a conquista da França, a atenção de Hitler se voltou para a Grã-Bretanha. Em seu discurso de 19 de julho de 1940, no Reichstag, ao qual Ciano compareceu a fim de enfatizar a aliança ítalo-germânica, o ditador nazista fez uma oferta final de paz aos britânicos, afirmando que ele sempre desejara a amizade com a Inglaterra. Mussolini temia que os britânicos pudessem aceitar a proposta e, assim, privá-lo da oportunidade de entrar na guerra. Mas a preocupação do Duce não se justificou: os britânicos rejeitaram imediatamente a oferta do líder nazista, considerada por eles tão frágil que não podia ser levada a sério. Hitler sabia que o público alemão se mostrava muito pouco entusiasmado em relação à aliança com os italianos, motivo pelo qual fez apenas uma vaga menção ao apoio da Itália à Alemanha. Ao mesmo tempo, a fim de agradar a Mussolini, a quem chamava de "gênio", o líder alemão renovou suas declarações sobre as semelhanças históricas da Itália fascista e da Alemanha nazista. Com o propósito de fomentar a aliança com a Alemanha, o Ministério da Cultura Popular italiano instruiu os editores dos jornais a fazerem uma ampla cobertura do discurso.[113]

Depois do início da Batalha da Grã-Bretanha, em julho de 1940, não havia na Itália qualquer entusiasmo pela guerra. Um relatório do partido fascista sobre a opinião pública em Milão, datado de 14 de agosto de 1940, diagnosticou que "a população está bastante abatida", e concluiu que a maioria das pessoas desejava retomar sua vida normal.[114] Durante o verão de 1940, quando parecia provável uma vitória alemã sobre a Grã--Bretanha, o governo italiano foi gradativamente reduzindo o ritmo dos trabalhos de fortificação na fronteira ítalo-germânica, pois desejava mais do que nunca evitar ofender o poderoso aliado. Um historiador sugere que essa atitude foi decorrente de uma intervenção direta de Hitler sobre Mussolini, mas não existe evidência clara que sustente essa hipótese.[115] A expectativa geral de que a Alemanha nazista derrotaria a Grã-Bretanha levou o Duce a investir contra o norte da África. Aqui, no início de setembro de 1940, os italianos avançaram sobre o Egito, então controlado pelos britânicos, despertando forte esperança de que a Itália logo viria a controlar o canal de Suez e, com isso, o Mediterrâneo e as rotas comerciais britânicas para a Índia.[116]

A propaganda manteve o ímpeto do Eixo. Nesse aspecto, a assinatura do Pacto Tripartite com o Japão, em 27 de setembro de 1940, fortaleceu consideravelmente a imagem do Eixo. Tratava-se de um manifesto global por uma Nova Ordem, conduzida por Itália e Alemanha, na Europa, e pelo Japão, na Ásia. Na verdade, a gênese desse pacto foi consideravelmente mais complexa, e as três potências não compartilhavam de uma ideia concreta quanto à guerra e ao futuro. Por exemplo, alguns líderes japoneses temiam que a Alemanha, que, segundo suas previsões, logo dominaria a Europa, pudesse estender suas garras para a Ásia. Assim, o alvo do pacto não era apenas os Estados Unidos; ele também apresentava um mecanismo que permitia aos japoneses determinarem sua esfera de interesse contra potenciais demandas alemãs sobre possessões francesas e holandesas no sudeste da Ásia.[117]

Não tardou, todavia, para que as campanhas do Eixo perdessem o ímpeto. No outono de 1940, o progresso da campanha alemã para tomar a Grã-Bretanha, ajudada por alguns aviões de caça italianos que Mussolini impusera à Alemanha, estagnou. Não havia ainda qualquer coordenação real dos estados-maiores italiano e alemão, refletindo a crua realidade do Eixo sob a superfície do relacionamento Hitler-Mussolini.[118]

Em 4 de outubro de 1940, Mussolini e Hitler se encontraram no passo do Brennero, depois de uma visita a Roma e Berlim de Ramón Serrano Suñer, que logo assumiria o cargo de ministro do Exterior espanhol. Em meio à euforia da vitória do Eixo, parecia provável que Franco, que desejara tomar colônias francesas no norte da África, entre elas o Marrocos e partes da Argélia e Gibraltar, logo marcharia com o Eixo contra a Grã-Bretanha. Contudo, Hitler rejeitara a intervenção espanhola, pois não queria colocar em risco um pronto armistício alemão com os franceses.[119] Esse era o terceiro encontro dos dois ditadores no período de um ano, uma poderosa demonstração de que a Itália e a Alemanha agora combatiam juntas. Os planos para o encontro foram inicialmente mantidos em sigilo, mas os italianos vazaram informações para a imprensa internacional, o que confirmava as dúvidas de Goebbels a respeito da confiabilidade das autoridades italianas.[120]

De acordo com um artigo do *New York Herald Tribune*, escrito em meio ao temor americano quanto ao rumo da guerra, os trens dos líderes foram blindados, uma sugestão de que os dois ditadores, assim como os italianos e alemães em geral, poderiam ser alvo de ataques aéreos britânicos. O ministro do exterior alemão, preocupado com a recepção internacional à exibição de unidade e amizade, arquivou o artigo. Conforme o texto da publicação americana, granadeiros sicilianos, com milicianos e membros da organização jovem fascista Ballila, aguardavam o Duce na plataforma. Depois da chegada de Hitler, eles trocaram as saudações cordiais habituais, seguidas da execução dos hinos nacionais e da revista à guarda de honra. A coreografia dos encontros dos dois ditadores tornara-se institucionalizada. Após dez minutos, Mussolini e Hitler, acompanhados por Ribbentrop e Ciano, embarcaram no trem do Duce e as persianas foram levantadas. Policiais impediam que as pessoas se aproximassem demais do trem. Três horas mais tarde, o Duce e o Führer foram vistos comendo juntos no vagão restaurante, depois de abertas as persianas. Hitler, de acordo com um correspondente americano, parecia impaciente, enquanto Mussolini não parava de sorrir. Todos esses rituais haviam se tornado parte integrante do relacionamento Hitler-Mussolini e visavam ajudar a dissipar as tensões estratégicas entre Itália e Alemanha. Significativamente, além dos dois ditadores, estavam presentes Ciano, Keitel e Roatta, conferindo à reunião a atmosfera de um gabinete de guerra do Eixo. Não existe registro da conversa privada entre Hitler e Mussolini durante o almoço. Contudo, as atas das conversas oficiais sobreviveram. Como de costume, um Hitler arrogante dominou as conversações, embora ele tivesse sido obrigado a admitir, pela primeira vez desde o início da guerra, que a invasão da Grã-Bretanha havia estagnado. Esse evento foi motivo de deleite para o invejoso Duce, que se vangloriou do ataque italiano aos britânicos no norte da África, iniciado no começo de setembro de 1940. A ajuda da Alemanha não era necessária, declarou Mussolini, mas acrescentou a advertência de que os tanques alemães poderiam ser úteis em um estágio posterior.[121]

O objetivo dessa reunião, bem como dos encontros anteriores dos dois líderes, não era discutir questões políticas. Ao contrário, as próprias reuniões, com sua coreografia, resultavam em uma exibição para os públicos alemão, italiano e internacional que reforçava a aliança ítalo-germânica em três níveis: o de Mussolini e Hitler; o das burocracias italiana e alemã; e o dos Aliados. O Ministério da Cultura Popular instruiu mais tarde os editores a enfatizar a solidariedade ítalo-germânica e acentuar o eco internacional do encontro. Embora não citadas na reunião, eram grandes demais as tensões nos dois lados para que fosse feita uma declaração mais específica. Os dias de encontros públicos entre Mussolini e Hitler haviam ficado para trás. Apesar da propaganda do Eixo sobre o encontro histórico dos dois líderes, não houve harmonia. O *Il Popolo d'Italia* alardeou que os ditadores haviam concordado com uma "guerra implacável" contra a Grã-Bretanha.[122]

VII

Essas demonstrações ritualizadas de amizade e unidade não eliminavam necessariamente as tensões, menos ainda facilitavam a cooperação estratégica, conforme revela o caso do ataque italiano à Grécia no outono de 1940. Existem várias interpretações da gênese desse ataque. A mais proeminente considera a investida italiana contra a Grécia um revide de Mussolini a Hitler. No final de setembro de 1940, o governo italiano descobriu que a Alemanha estava prestes a enviar uma missão à Romênia, país rico em petróleo, apesar da Segunda Arbitragem de Viena, de agosto de 1940, intermediada por Itália e Alemanha para resolver disputas territoriais entre a Romênia e a Hungria. A Alemanha planejava garantir os campos de petróleo, visando à coordenação de uma intervenção conjunta de romenos e alemães contra a União Soviética. Aí estava um conflito entre Itália e Alemanha pela hegemonia na bacia Danúbio-Bálcãs – para a Itália, a única área rica em matérias-primas essenciais que ela podia acessar diretamente.[123] As afirmações feitas por Ciano em seus diários sobre a notícia de que tropas alemãs passaram a entrar na Romênia a partir do início de outubro de 1940 era mais um dos famosos *faits accomplis* de Hitler. De acordo com Ciano, cuja opinião é respaldada por alguns historiadores, foi esse incidente que levou o invejoso Mussolini a ordenar o ataque italiano à Grécia. Esse ataque demonstraria que o Duce era capaz de confrontar Hitler.[124]

Há dois problemas com essa interpretação. Primeiro, Ribbentrop informara a Mussolini e Ciano, durante sua visita de setembro de 1940 a Roma, sobre os planos alemães em relação aos campos de petróleo da Romênia.[125] Conforme relatou o então embaixador alemão, o governo italiano ficou extremamente desapontado com essa clara demonstração da superioridade alemã. Ademais, o avanço da Alemanha sobre a Romênia, que se pensava estar sob a esfera de influência da Itália, reforçava o sentimento de Mussolini de que já era mais do que tempo de a Itália ir em frente com sua guerra, pois, de outra forma, a Alemanha poderia açambarcar todo o espólio.[126] Segundo, o Duce planejava havia muito um ataque à Grécia, tendo inclusive subornado generais gregos na esperança de que eles pudessem ser mais receptivos a uma invasão italiana, que fora planejada para a primavera de 1940. Hitler havia pedido ao Duce que postergasse o ataque, pois preferia concentrar as forças do Eixo na frente ocidental, em vez de abrir outro teatro de guerra. Era uma resposta seca, sugerindo que a Alemanha não se envolveria nos Bálcãs até depois da derrota da Grã-Bretanha. Além do mais, o ataque italiano aos britânicos no norte da África havia retardado a invasão da Grécia, gerando uma estratégia militar italiana confusa e arriscada.[127] Ciano, depois de se desentender com o sogro em 1943, modificou as passagens de seu diário que diziam respeito à sua própria responsabilidade quanto ao ataque à Grécia e colocou a culpa no Duce.[128] A exemplo da retórica do "apenas um homem" de Churchill, essa visão tornou-se um álibi conveniente para a liderança militar italiana, que, após 1943, pôde lavar as mãos e lançar sobre Mussolini toda a culpa pela investida contra a Grécia. No entanto, outros observadores da época, tais como o *chargé d'affaires* americano na França de Vichy, em relatório enviado ao secretário de Estado Cordell Hull, no início de novembro de 1940, acreditavam que Mussolini havia ordenado o ataque à Grécia a fim de afirmar o prestígio italiano, no momento em que Hitler negociava uma colaboração mais próxima entre franceses e alemães.[129]

Dada a estranha natureza de seu relacionamento com o Duce, o ditador nazista tentou arregimentar apoio de outros líderes da extrema direita europeia para a guerra contra a Grã-Bretanha. Assim, ele percorreu o sul da Europa no final de outubro de 1940, tentando convencer a Espanha franquista e a França de Vichy, regimes que ele considerava suficientemente interessados em se unir à guerra contra a Grã-Bretanha em troca de territórios, marchando ao lado da Alemanha. Em 22 de outubro de 1940, Hitler encontrou-se com o vice-presidente do Conselho de Ministros de França de Vichy, Pierre Laval, que, em meados da década de 1930, tentara em vão conter a Alemanha nazista na Frente de Stresa com a Grã-Bretanha e a Itália. Laval desejava preservar as colônias africanas da França e tentava evitar o pagamento de pesadas reparações à Alemanha, portanto, estava aberto a uma cooperação militar com os alemães. Hitler foi então à fronteira espanhola em Hendaye para se encontrar com Franco, o ditador que ele e Mussolini haviam ajudado a vencer a Guerra Civil Espanhola. Contrariando os mitos franquistas do pós-guerra, Franco mostrou-se bastante tentado a combater ao lado dos alemães, mas, depois da Guerra Civil, a Espanha não estava em condições de fazê-lo. O líder nazista considerou excessivas as demandas de Franco pelos territórios franceses e Gibraltar, em especial tendo em vista o objetivo do líder alemão de conquistar o apoio dos franceses. Os dois ditadores sentiam uma intensa aversão mútua. Hitler ficou tão irritado com o comportamento de Franco que mais tarde confidenciou a Mussolini que "preferia perder três ou quatro dentes" a manter outra rodada de negociações com o Caudilho, "um homem que não estava à altura da tarefa de construção política e material de seu país". Essa crítica a Franco significava provavelmente também uma estratégia de Hitler para assegurar ao Duce que o relacionamento entre eles era especial.[130]

No retorno à Alemanha, Hitler fez uma parada em Montoire para se encontrar com o marechal Philippe Pétain, o envelhecido presidente de França de Vichy, a fim de envolver a França na guerra contra a Grã-Bretanha. A despeito de sua fascinação pelo herói da Grande Guerra, o ditador nazista não conseguiu obter um compromisso formal dos franceses para cooperação com o Eixo. Na longa viagem de volta, ele contou a seus generais que invadiria a União Soviética em 1941. Enquanto seu trem cruzava a Europa em 25 de outubro, o Führer, de mau humor em virtude dos resultados inconclusivos daquela fatigante viagem, tomou conhecimento do conteúdo de uma carta que Mussolini havia escrito para ele em 19 de outubro em sua casa de férias em Rocca delle Caminate. Dessa vez, era o Duce que apresentava a Hitler o *fait accompli* da invasão italiana da Grécia, um importante ponto de inflexão na guerra da Itália e no relacionamento ítalo-germânico. Mussolini já havia estabelecido a data do ataque à Grécia para 28 de outubro, dia do aniversário da Marcha sobre Roma de 1922. O líder nazista, furioso com a falta de coordenação do ditador italiano e preocupado com os desastrosos efeitos dessa guerra arriscada para a campanha alemã, decidiu, em vez de retornar a Berlim, tomar um desvio através dos Alpes cobertos de neve para se encontrar com o Duce em Florença. A capital da Toscana era a cidade italiana preferida de Hitler, e a escolha desse local projetava a imagem de harmonia do Eixo. Embora Hitler soubesse que não poderia interromper a invasão italiana da Grécia, ele queria prender a Itália em uma cooperação mais estreita com a França. Mussolini demonstrou reservas, pois temia que tal cooperação pudesse anular as demandas italianas por territórios franceses. Acima de tudo, outro encontro com Mussolini era um poderoso símbolo da solidariedade do Eixo diante da Grã-Bretanha e dos Estados Unidos, onde o presidente Roosevelt, cada vez mais determinado a intervir na guerra, concorreria a uma terceira reeleição em 5 de novembro de 1940. A abrupta decisão – se não uma ordem – de Hitler de se encontrar com o Duce deixou pouco tempo para o governo italiano preparar o encontro.[131]

VIII

Em 28 de outubro de 1940, o trem de Hitler cruzou o passo do Brennero nas primeiras horas da manhã, evitando novamente contato direto com a população germanófona do Tirol do Sul. A imprensa controlada pelos nazistas relembrou a visita triunfante do ditador alemão à Itália em 1938, projetando imagens da amizade cordial dos dois líderes e suas nações. O aniversário da Marcha sobre Roma trouxe à tona algumas reflexões históricas de um jornalista nazista, atestando solidamente a centralidade do relacionamento Duce-Führer: "Todas as pessoas sentem que a Itália na guerra celebrará esse aniversário de sua revolução com novos feitos dos dois homens em cujas mãos repousa hoje o destino da Europa, e que novos eventos decisivos terão que seguir os encontros políticos das últimas semanas".[132]

Ao contrário, em Milão, a poeta antifascista Magda Ceccarelli De Grada viu "bandeiras medíocres nas janelas" e caracterizou o feriado fascista como "uma festa morna", ressaltando a falta de entusiasmo dos milaneses pelo regime.[133] Apesar do prazo escasso, o regime fascista havia reunido uma multidão entusiasmada na estação de Bolonha, por onde o trem de Hitler passou de manhã. Gritos de "Hitler! Hitler" e "Duce! Duce!" fizeram lembrar ao público doméstico e internacional a triunfante visita do líder nazista à Itália em 1938.[134]

No final da manhã, duas horas depois de ter recebido a notícia da invasão da Grécia pelos italianos, Hitler chegou à estação de Santa Maria Novella, que estava enfeitada com bandeiras italianas e da suástica. Mussolini e Ciano aguardavam na plataforma seus convidados alemães. Foram trocadas as habituais saudações cordiais, e Mussolini imediatamente contou a Hitler que tropas italianas haviam acabado de cruzar a fronteira grega. O líder nazista manteve a calma, apesar de estar furioso. Esse era o oitavo encontro dos dois ditadores. Além dos dois realizados no passo do Brennero, Mussolini estivera na Alemanha três vezes, e essa era a terceira visita de Hitler à Itália. Aí estava uma poderosa sugestão de que os dois líderes eram iguais. O correspondente do *New York Times* relatou que aviões da Força Aérea italiana zumbiam sobre a cidade, uma demonstração do poder aéreo da Itália, mas também uma ilustração implícita do potencial dos ataques aéreos britânicos.[135]

Apesar da chuva que caía sobre a cidade, Mussolini e Hitler deslocaram-se em carro aberto até o Palazzo Venezia, a fim de evocar o espírito do encontro de Florença em 1938. Na Piazza Signoria, multidões mobilizadas pelo regime fascista exigiram a aparição dos dois ditadores no terraço. O encontro de Florença evocava o poder, o esplendor e a glória do Renascimento e visava conferir um espírito de legitimidade histórica a Mussolini e Hitler.[136] A propaganda fascista destacou o entusiasmo popular pelos "dois líderes" e afirmou, em seu estilo característico, que houvera "acordo total sobre as questões correntes".[137] A fim de encobrir as tensões, a propaganda do Eixo foi intensificada.[138]

Uma análise mais detalhada da conversa entre Mussolini e Hitler, mantida na presença de seus ministros do Exterior e do intérprete Paul Schmidt, revela que ela seguiu o padrão definido dos encontros anteriores. O líder nazista, como era habitual, monopolizou a conversa, mas não abordou a invasão da Grécia. No geral, as conversas foram inconclusivas, a exemplo das anteriores. A principal preocupação do ditador fascista era obter a maior fatia possível da França e de seu império, mas o líder alemão se recusou a fazer concessões. Embora as atas alemã e italiana, compiladas por Schmidt e Ciano, respectivamente, exalem um ar de harmonia, elas revelam também algumas tensões. Por exemplo, enquanto os registros alemães deixam por completo de mencionar a opinião de Hitler sobre a campanha italiana na Grécia, os de Ciano fazem uma breve referência à expressão de solidariedade do ditador alemão para com a Itália na campanha da Grécia e sua oferta de divisões de paraquedistas para ocupar Creta.[139] Uma fachada de harmonia disfarçava desentendimentos estratégicos. De fato, o diário de guerra do Alto Comando da Wehrmacht afirma de modo lacônico que nenhum representante do Exército italiano esteve presente no encontro de Florença.[140]

A campanha da Itália na Grécia foi um desastre. Mal concebida, a ofensiva italiana não tardou a estagnar. A Grécia, comandada pelo ditador general Ioannis Metaxas, logo começou a empurrar os italianos para fora. O lamentável desempenho militar geral da Itália na campanha da Grécia não ajudou a melhorar sua reputação como parceira do Eixo. Hitler ficou furioso com a invasão italiana e disse ao general Halder: "Os italianos podem fazer isso por conta própria".[141]

A Alemanha, desse modo, violando o Pacto de Aço, não declarou guerra à Grécia imediatamente. A frustração alemã em relação à Itália não passou despercebida pelos diplomatas americanos. Leland B. Morris, por exemplo, o *chargé d'affaires* americano em Berlim, relatou ao secretário de Estado Hull que a Alemanha ainda mantinha relações diplomáticas com a Grécia. Morris se perguntava se a Alemanha deixara deliberadamente de intervir ao lado da Itália a fim de dar uma lição em Mussolini, expondo a debilidade militar italiana.[142] Era uma interpretação astuta. Hitler chegou mesmo a afirmar na frente do Alto Comando da Wehrmacht que ele perdera "qualquer propensão a uma estreita colaboração militar com a Itália", uma declaração que os oficiais esmagadoramente anti-italianos devem ter considerado muito interessante.[143] Também as pessoas comuns, de acordo com um relatório do SD sobre a opinião pública, datado de novembro de 1940, culpavam o deficiente desempenho italiano pelo fracasso da Alemanha em ganhar a guerra. Essa efetiva escolha da Itália como bode expiatório da sina da Alemanha em guerras tinha por fundamento os estereótipos anti-italianos predominantes dentro de amplas camadas da sociedade alemã.[144]

Depois de anos de propaganda pró-Mussolini, não restava a Hitler outra opção senão manter sua admiração pública pelo Duce. Ele falou então a Goebbels: "Só Mussolini é um homem de verdade". Para a liderança nazista, bem informada sobre a derrocada do apoio popular ao regime do ditador fascista, era real o perigo de que a Itália viesse a abandonar a aliança com a Alemanha se Mussolini perdesse seu poder. É importante salientar, no entanto, que Hitler excluía Mussolini dos italianos, que ele considerava preguiçosos, covardes e ineficientes.[145]

Entretanto, a reputação do Duce perante os nazistas não melhorou. Em meados de novembro de 1940, a contraofensiva grega, apoiada pela Força Aérea Real Britânica, forçou os italianos de volta para a Albânia. Sem o auxílio dos alemães, a Itália não pôde derrotar a Grécia. O número de vítimas dá uma ideia da alarmante magnitude da ineficiência do planejamento e da liderança da Itália. Durante a campanha da Grécia, que durou até abril de 1941, a Itália empregara cerca de 500 mil homens e oficiais. Desses, 38.832 soldados foram mortos ou desapareceram, 50.874 foram feridos, 12.368 desenvolveram ulcerações produzidas pelo frio e 52.108 ficaram temporariamente fora de ação.[146] Outro desastre, o afundamento pelos britânicos de um número significativo de navios da esquadra italiana em Taranto, confirmam ainda mais a inépcia militar da Itália. Refletindo sua supremacia militar, as autoridades militares e políticas da Alemanha passaram a adotar um tom oficioso nas negociações com os italianos, o que Badoglio sentiu em seu encontro com Keitel em Innsbruck, nos dias 14 e 15 de novembro de 1940, a primeira reunião do período da guerra entre o chefe do Alto Comando da Wehrmacht e seu congênere italiano, o Comando Supremo.[147]

A decisão de Hitler, tomada antes desses desastres militares italianos, de que a Alemanha combateria ao norte dos Alpes e a Itália ao sul tornou-se obsoleta após esses eventos.[148] A opinião de Hitler sobre Mussolini parecia inalterada quando ele conversava com autoridades italianas, mas o comportamento do líder nazista e dos oficiais do Exército alemão em relação à Itália tornou-se mais agressivo em meio à desastrosa campanha italiana na Grécia. Embora exagerada, com o propósito de causar impacto, a descrição feita por Ciano de seu encontro com Hitler em 20 de novembro de 1940, em Viena, por ocasião da entrada da Hungria no Pacto Tripartite (com Eslováquia e Romênia), captura a essência dos sentimentos do líder nazista pelo Duce. De acordo com Ciano, os olhos de Hitler marejaram quando ele fez lembrar ao ministro do Exterior que enviara de Viena a Mussolini o famoso telegrama no dia do *Anschluss*, prometendo que jamais esqueceria o apoio do ditador fascista. A exibição de afeto do Führer pelo líder italiano articulava-se a um cálculo racional cujo objetivo era preservar a reputação de ambos. Depois de anos de propaganda do Eixo, nenhuma outra estratégia era viável, exceto persistir na aliança ítalo-germânica.[149]

Na verdade, não há dúvida de que Hitler dominava o relacionamento e podia, de certo modo, dar ordens a Mussolini. Consideremos a carta endereçada ao Duce, entregue a Ciano no luxuoso Hotel Imperial, em Viena. Ela fora redigida na emotiva linguagem de amizade, agora adotada como padrão. Hitler prometeu ajudar a Itália nos Bálcãs. No entanto, era palpável sua fúria contra Mussolini. Ele escreveu sobre "implicações psicológicas e militares muito profundas". A carta mais parece uma ordem para que os italianos consolidem a posição do Eixo no Mediterrâneo antes de iniciar outra campanha. Se Hitler sentia-se confiante em ser curto e grosso com Mussolini, isso era um reflexo da superioridade militar da Alemanha e da crescente dependência econômica e estratégica da Itália em relação ao Terceiro Reich. Ao ler a carta, antes de admitir que fora repreendido pelo líder nazista, o Duce fingiu indiferença diante de Ciano, na tentativa de manter sua dignidade.[150]

Não restou a Mussolini outra alternativa senão responder defensivamente a Hitler e, como um garoto travesso que admite sua culpa diante do professor, reconhecer que "tive [...] minha semana negra, mas meu espírito está tranquilo". Ao mesmo tempo, ele assegurou vagamente ao Führer que a Itália estava enfrentando uma difícil situação militar, mas afirmou que o povo italiano, impelido pelo malsucedido início da campanha, estava preparado para fazer sacrifícios a fim de vencer a guerra. A substituição de Badoglio pelo general Ugo Cavallero, que tinha uma posição mais favorável à Alemanha, refletia a determinação do Duce no sentido de aparecer como um aliado convicto e leal.[151] Em meio a essas humilhações no campo militar, Mussolini fez um pronunciamento para os líderes provinciais do partido fascista em 18 de novembro de 1940. Utilizando uma retórica conhecida, mas não convincente, ele afirmou que Itália e Alemanha formavam um bloco inseparável, conduzido por ele e Hitler.[152]

O lamentável desempenho militar da Itália na Grécia gerou mais descrédito para o país entre os alemães comuns, conforme relatórios do SD sobre a opinião pública do final de 1940. Um relatório de 21 de novembro de 1940 ilustra bem esse aspecto. Segundo o documento, os alemães demonstraram reações conflitantes em relação ao discurso de Mussolini, visto amplamente como subserviente a Hitler. O texto citava um sentimento bastante difundido sobre os italianos: "Em vez de falar tanto, eles deveriam lutar". Além disso, a promessa de Mussolini de convocar mais italianos para o Exército gerou desaprovação entre os alemães, pois o Duce admitiu que apenas uma pequena parcela dos homens aptos para o serviço militar havia sido convocada. Para os autores do relatório do SD, avessos aos italianos, essa falta de mobilização de guerra era inaceitável. Aí estava um retrato do bravo e viril soldado alemão, que se sacrificava, enquanto o covarde e efeminado soldado italiano esquivava-se de seu dever patriótico.[153] Outro aspecto importante dos relatórios era que muitas pessoas acreditavam, não inteiramente sem razão, que a Alemanha fora obrigada a resolver o problema criado pelo desastroso desempenho militar da Itália. Muitos alemães também desprezavam o desempenho das forças italianas e lamentavam as declarações arrogantes de Mussolini, que não encontravam sustentação nas realizações militares dos soldados. Os autores desses relatórios do SD haviam internalizado estereótipos anti-italianos e sabiam que seus leitores dentro da liderança nazista seriam receptivos a tais opiniões.[154]

No entanto, por questões de prestígio, Mussolini mostrara-se relutante em aceitar a oferta de tropas alemãs para resgatar a Itália no Mediterrâneo, que ele considerava fazer parte da esfera de interesse de seu país. Foi só no final de 1940 que a Itália aceitou aviões de carga alemães que ajudaram a transportar tropas italianas até a frente grega.[155] É significativo que a Luftwaffe tenha se recusado a colocar seus aviões sob comando italiano, afirmando que a Alemanha não estava em guerra com a Grécia. A despeito de sua relutância inicial às tropas alemãs, Mussolini finalmente teve de admitir, indiretamente, que o Mediterrâneo não era, afinal de contas, *mare nostrum*.[156]

Como se isso não bastasse, chegou à Alemanha no final de dezembro de 1940 outro pedido italiano por assistência. Dessa vez, a demanda era por uma divisão de tanques e pouco menos de 7.850 caminhões, 800 tanques e 2.640 metralhadoras antiaéreas. A Itália não conseguia combater na guerra por conta própria.[157] Mesmo estando seus limitados recursos totalmente comprometidos na Grécia, no norte da África os italianos tentavam desde setembro invadir o Egito, então controlado pelos britânicos, mas sofreram uma derrota esmagadora nas proximidades de Sidi Barrani, para um exército anglo-indiano relativamente pequeno. Essa campanha desviou dos Bálcãs tropas e material.[158] A Itália não se saía muito melhor na Etiópia, onde, em abril de 1941, um pequeno contingente de tropas africanas sob comando britânico impôs uma humilhante derrota aos italianos. As colônias italianas remanescentes, na Eritreia e na Somalilândia, também foram ocupadas pelos britânicos, colocando por terra o projeto de prestígio cultivado pela Itália havia muito tempo de um Império da África Oriental.[159]

A estratégia de Mussolini de uma guerra paralela fracassara espetacularmente. A própria concepção fora falha desde o início. Conforme argumenta o historiador Giorgio Rochat, havia duas condições necessárias para uma guerra paralela: primeiro, uma rápida vitória alemã sobre a Grã-Bretanha, e, segundo, a capacidade das Forças Armadas italianas para ocupar territórios em outras localidades e usar esses territórios como base para negociações com os Aliados. Nenhum dos dois objetivos foi atingido pela Itália de Mussolini, sobretudo porque a liderança política e militar italiana não conseguira priorizar e esclarecer seus alvos e suas estratégias.[160]

Nos bastidores, após os reveses italianos, algumas autoridades alemãs exigiram uma efetiva subordinação das Forças Armadas da Itália ao comando alemão. Por exemplo, depois do Natal de 1940, Otto von Bismarck, emissário alemão em Roma que, com sua esposa sueca, usufruía de um elevado padrão de vida nos círculos diplomáticos de Roma, sugeriu uma cooperação militar ítalo-germânica mais estreita, na qual os alemães, mais fortes, controlariam efetivamente os italianos, mais fracos. Bismarck, neto do homônimo Chanceler de Ferro, advertiu, no entanto, que tal movimento deveria ser feito discretamente, a fim de evitar melindrar os italianos e minar o prestígio do Duce, antecipando as preocupações de Hitler sobre manter um bom relacionamento com Mussolini. Da mesma forma, em um relatório de 2 de janeiro de 1941, Enno von Rintelen traçou um retrato sombrio das Forças Armadas italianas a fim de justificar sua proposta de os alemães exercerem uma influência mais forte sobre elas. O Exército italiano padecia de uma liderança ineficiente, uma estratégia insuficiente e da "baixa resiliência do soldado italiano". Embora patriotas e capazes de combater heroicamente, os soldados italianos careciam da vontade "de perseverar sozinhos em uma função difícil e também de se defender até a última bala". Além desses típicos estereótipos anti-italianos, tais comentários mostravam que o Eixo estava comprometido desde o início.[161]

Mas isso não era tudo. Em janeiro de 1941, o contra-almirante Kurt Fricke sugeriu abertamente que as Forças Armadas italianas passassem a se subordinar ao comando alemão. Hitler rejeitou tais solicitações em razão de sua afeição pessoal por Mussolini, que ele considerava, acertadamente, o elo fundamental entre os parceiros do Eixo. Assim, o ditador nazista proibiu todas as autoridades militares e políticas de "tomar qualquer ação que pudesse melindrar o Duce e, com isso, provocar a perda do mais valioso vínculo do Eixo, qual seja, a confiança mútua dos dois chefes de Estado". Essa ordem era digna de nota, pois revelava que, para Hitler, era seu relacionamento com o Duce que mantinha o Eixo unido. Ele temia que, sem o líder fascista, a aliança com a Itália sucumbisse, uma admissão implícita de que ela carecia de uma base sólida. A ordem de Hitler orientaria a atitude das autoridades nazistas em relação à Itália nos anos seguintes, pelo menos no nível oficial. Não é necessário dizer que ela não conseguiu eliminar o sentimento latente de aversão aos italianos da liderança alemã e do povo alemão em geral.[162]

Havia outro fator por trás da ordem do líder nazista. Qualquer demonstração ostensiva da superioridade militar alemã poderia levar Mussolini a mudar de opinião e voltar à mesa de negociação com os britânicos. Embora esse fosse um cenário bastante irrealista, ele revela que Hitler sabia o quanto sua aliança com Mussolini repousara sobre alicerces instáveis desde o início. Nesse contexto, não restava à Alemanha nazista alternativa senão fornecer assistência militar.[163]

Em conformidade com a determinação de Hitler, os funcionários da propaganda nazista instruíram a imprensa alemã a apoiar a campanha italiana e a refrear quaisquer críticas, pois isso poderia alimentar a crise doméstica do regime fascista. Hitler sugeriu em diversas ocasiões um encontro com Mussolini, a fim de discutir o futuro da estratégia do Eixo, em especial a desastrosa situação da campanha italiana nos Bálcãs, mas o envergonhado líder fascista hesitou em aceitar, pois fracassara miseravelmente sua promessa de converter a Itália em uma potência global com um império no Mediterrâneo. O general Cavallero, em uma carta para seu filho, chegou a comparar o desastre com a Batalha de Caporetto. O Duce temia receber outra repreensão de Hitler, o que seria uma admissão de seu fracasso como líder político e militar. Ingenuamente, ele esperava que o desempenho militar da Itália logo melhorasse, tornando, assim, desnecessária a assistência militar alemã.[164]

IX

Contrariando sua ordem anterior de não melindrar o Duce, o líder nazista não fez qualquer segredo de seu desapontamento com Mussolini. Assim, em dezembro de 1940, Alfieri observou devidamente que Hitler deixara de perguntar sobre Mussolini, ao contrário do que era de hábito. O Führer submeteu Alfieri a uma enxurrada de críticas agressivas à campanha italiana, antes de oferecer o apoio militar alemão e insistir que o Duce deveria ir encontrá-lo em Berghof, alegadamente porque lá estavam todos os mapas necessários. No entanto, Hitler não desejava dar a impressão de que, de fato, determinava a ida de Mussolini ao Berghof, e se ofereceu para encontrá-lo no passo do Brennero. Esse gesto permitiu que o líder fascista preservasse sua reputação, já que ao ditador nazista só restava a opção de manter a aliança com a Itália.[165]

Os dois ditadores haviam trilhado um caminho sem volta na aliança do Eixo. Eles mantinham a retórica do Eixo e afirmavam que eram amigos. Ambos haviam internalizado o Eixo e acreditavam que, sem eles, essa aliança se desintegraria. Decisões importantes sobre estratégia militar eram assim o domínio dos dois líderes. Para o bem ou para o mal, Mussolini, responsável por um país cada vez mais insatisfeito com seu regime, estava atado a Hitler, que, por sua vez, tinha domínio sobre a situação. Todas essas demonstrações de unidade e amizade os haviam colocado em uma situação difícil. Não apenas o Eixo se desintegraria sem eles, mas, com isso, também a ideia de uma Nova Ordem. Ambos haviam se comprometido totalmente entre si e careciam de outros aliados. A carta de Hitler para Mussolini por ocasião da véspera do Ano-Novo de 1940 ilustra bem esse aspecto. O ditador nazista declarou que tinha "sentimentos de amizade muito mais calorosos, pois posso imaginar que os últimos acontecimentos deixaram você mais solitário diante de pessoas realmente insignificantes, mas também mais receptivo à camaradagem honesta de um homem que se sente conectado a você nos dias bons e ruins, para o bem ou para o mal".

A tentativa de Hitler no sentido de aplacar o sentimento de inferioridade de Mussolini não caiu bem, já que as referências condescendentes do ditador nazista à perseverança de famosos líderes alemães, como Frederico, o Grande, aprofundaram a afronta. Manifestando ter ciência da crise doméstica do fascismo, Hitler renovou sua oferta para um encontro com Mussolini.[166] Não é necessário dizer que o Duce mostrou-se relutante, pois temia ser repreendido por causa do desastre grego. Alfieri advertiu-o de que o Führer ficaria furioso caso ele não fosse logo encontrá-lo. Uma hesitação mais prolongada teria consequências desastrosas para a Itália, porque ela não tinha condições de combater sem a ajuda dos alemães.[167]

Poucos meses depois da entrada da Itália na guerra, Mussolini transformara-se em mera sombra de sua antiga personalidade ditatorial. Finalmente, o encontro dos ditadores foi agendado para 19 de janeiro de 1941, no Berghof de Hitler. O local era sinal da perda de prestígio do Duce, que insistiu na manutenção de sigilo, pois não desejava parecer inferior e fraco. Ele até mesmo sondou o embaixador alemão quanto à possibilidade de chegar em Berchtesgaden à noite, de modo que sua chegada passasse despercebida. Em decorrência da desastrosa situação militar da Itália, foi marcante o contraste desse encontro com os ocorridos antes da guerra, que tinham sido uma apoteótica demonstração da amizade dos dois ditadores e de suas nações.[168] A exemplo das viagens anteriores à Alemanha, o trem de Mussolini, levando uma grande delegação de proeminentes autoridades militares e políticas, cruzou a fronteira à noite, para evitar contato direto com os tiroleses do sul.[169] Dada a desoladora situação da aliança ítalo-germânica, não houve uma grandiosa cerimônia de boas-vindas, ao contrário dos encontros anteriores, e Hitler foi receber o Duce em uma pequena estação ferroviária nas proximidades de Salzburg. A Gestapo havia impedido a presença de estranhos na estação e nos arredores. Conforme lembrou mais tarde Alfieri, o ditador fascista fez um grande esforço para se manter sorridente, mas sentia-se claramente embaraçado em pedir assistência militar a Hitler. Os dois líderes viajaram então no carro de Hitler até o Berghof, onde passaram duas horas conversando a sós. Assim como nas ocasiões anteriores, autoridades alemãs e italianas foram reunidas em outros carros, a fim de facilitar as conversações e representar a amizade ítalo-germânica.[170]

Depois, em uma conversa privada com Alfieri, Mussolini disse que Hitler demonstrara grande emoção, pois tinha os olhos marejados de lágrimas, quando ele, Mussolini, confidenciou-lhe, durante o colóquio dos dois, a adversa situação militar da Itália. O Duce, ofendido com o comportamento paternalista de Hitler, disse a Alfieri: "Ele estava ansioso demais para me fazer sentir e apreciar sua bondade, sua generosidade, sua força e sua superioridade. Com a sinceridade e deliberada honestidade de seu esforço para me poupar de constrangimento, ele só conseguiu me ofender. Seria melhor que ele não tivesse chamado a atenção tão cedo. Nós ainda não sabemos quais são as intenções finais dos Deuses das batalhas".[171]

Depois de um almoço entediante, Hitler pediu a Mussolini que usasse sua influência sobre Franco para fazer a Espanha entrar na guerra, uma solicitação que não se concretizou. As conversas dos dois ditadores foram complementadas por outras entre Ciano e Ribbentrop e entre Keitel e o general Alfredo Guzzoni, subsecretário de guerra e principal representante do Comando Supremo. Como sempre, foi Hitler quem mais falou durante os dois dias da estada de Mussolini, de modo que o encontro foi mais um monólogo do Führer que uma genuína conversa entre aliados. Pela primeira vez, contudo, os líderes mantiveram uma discussão detalhada sobre estratégia militar, discussão esta que, como se podia esperar, foi dominada por Hitler. No entanto, o ditador nazista não informou Mussolini sobre seu plano de invadir a União Soviética. O Führer, obedecendo à sua rotina no Berghof, submeteu seus convidados italianos a um longo jantar, no qual ele dominou as conversações, e à exibição de um filme de Leni Riefenstahl e de documentários de guerra que exibiam a superioridade militar alemã. Hitler gostava muito desses filmes; Mussolini teve de brigar com o sono. Enquanto nos encontros anteriores os dois ditadores haviam se tratado como iguais, o encontro no Berghof representou um ponto de inflexão nesse relacionamento. Ambos tentaram continuar posando como amigos, mas ficava claro que Mussolini, embora Ciano o tivesse achado "eufórico", definitivamente desempenhava um papel secundário.[172]

Ao Duce não restava outra opção senão manter sua aliança com Hitler. Alguns dias depois de regressar da Alemanha, em 22 de janeiro de 1941, os britânicos e os australianos tomaram dos italianos o porto de Tobruque, na Líbia. Cerca de 25 mil italianos foram feitos prisioneiros. Essa e outras derrotas desastrosas da Itália no norte da África levaram Hitler – consciente de que não conseguiria invadir a Grã-Bretanha – a enfrentar os britânicos no Mediterrâneo. Tropas alemãs foram assim enviadas para o norte da África em fevereiro de 1941.[173]

A reunião no Berghof de Hitler selou o fracasso da estratégia de Mussolini, que era conquistar rapidamente *spazio vitale* no Mediterrâneo, enquanto os alemães combatiam os Aliados em outras frentes. O encontro expôs a nova e clara hierarquia entre os dois ditadores.[174] A Itália tornara-se efetivamente dependente da Alemanha. A fim de manter a aparência de uma paridade ítalo-germânica, as autoridades da propaganda italiana instruíram os editores dos jornais a cobrir o encontro como um "encontro normal".[175] Portanto, ao contrário das presunçosas coberturas das reuniões anteriores entre Hitler e Mussolini, os jornais italianos e alemães publicaram artigos brandos, usando a propaganda estereotipada do Eixo.

Estavam no passado os dias em que esses encontros representavam uma nova diplomacia olho no olho de dois regimes que forjavam uma Nova Ordem na Europa. De acordo com um relatório do SD sobre a opinião pública, datado de 23 de janeiro de 1941, os alemães não demonstraram muito interesse pelo último encontro Hitler-Mussolini.[176] O mito da dupla ditatorial começava a desaparecer. A Itália do Duce havia perdido seu ímpeto em consequência de uma fatídica combinação de incompetência militar com a imatura atitude de Mussolini em relação a Hitler e a carência italiana de recursos militares.

Alemães do alto escalão, tais como Goebbels, tinham consciência da posição cada vez mais difícil do regime fascista. Em 29 de janeiro de 1941, ele escreveu em seu diário: "A situação na Itália desperta algumas preocupações [...] O fascismo está verdadeiramente no lado perdedor [...] Fortes sinais de corrupção [...] Todas as esperanças dirigidas para o Reich. Mussolini perdeu boa parte de [sua] reputação". As opiniões de Goebbels sobre a Itália eram compartilhadas pelas pessoas comuns, de acordo com o SD: os alemães começaram a descrever os boletins de guerra italianos como "relatórios espaguete", pois eles eram longos e finos.[177] Um diagnóstico mais sério do relacionamento ítalo-germânico foi oferecido por Weizsäcker, que observou que, desde a primeira visita de Hitler à Itália, em 1934, a iniciativa por uma aliança havia partido da Alemanha, enquanto a Itália reagira sempre reservadamente em relação aos avanços alemães. A hesitação de Mussolini significava que os italianos estavam sendo cada vez mais conduzidos pelos alemães. De fato, a guerra paralela da Itália convertera-se em uma *guerra subalterna*.[178]

As derrotas esmagadoras dos italianos em 1940 provocaram uma mudança profunda no relacionamento Hitler-Mussolini, o relacionamento entre uma Itália fraca e uma Alemanha forte, determinada a se tornar a principal potência da Europa, onde havia conquistado grande parte das regiões norte e ocidental em campanhas relâmpago. Embora o Eixo não tivesse conseguido derrotar a Grã-Bretanha, a vitória dele, dominado pela Alemanha, parecia provável. Tudo isso havia exposto a demonstração de amizade e unidade com a Itália como uma farsa, mas os dois líderes e seus regimes continuavam a promovê-la para manter a reputação. A voragem de destruição que eclodiu na esteira da aliança ítalo-germânica, encabeçada por Mussolini e Hitler, foi devastadora.

7

A DERROCADA
1941-1943

I

Em 30 de janeiro de 1941, logo após o fatídico encontro em Berghof, o qual marcara o fim da "guerra paralela" da Itália, Hitler discursou no Sportpalast de Berlim, no aniversário de sua nomeação como chanceler do Reich. Ele declarou: "O Duce e eu não somos judeus nem estamos interessados em lucro. Quando trocamos um aperto de mãos, esse é um aperto de mãos de homens honrados!". A fim de minimizar dúvidas sobre a aliança com a Itália, o ditador nazista reafirmou a natureza especial de seu relacionamento com o líder fascista e o contrapôs implicitamente ao de Churchill e Roosevelt, visto pelo Führer como parte de uma conspiração mundial dos judeus.[1] De acordo com um relatório do SD, o "povo alemão" acolheu bem o discurso de Hitler, pois seus comentários francos sobre a série de derrotas italianas e sua simultânea declaração de lealdade à Itália sugeriam que o lamentável desempenho militar daquele país não tinha maior importância para a campanha alemã.[2]

A despeito dos fracassos militares da Itália, Mussolini continuava demonstrando inabalável convicção em uma vitória do Eixo. Uma mudança de retórica teria minado completamente seu regime. Vamos considerar o discurso que ele proferiu em 23 de fevereiro de 1941 a um público de fascistas romanos no Teatro Adriano, semanas após a queda de Tobruque.

Esse pronunciamento era um ritual anual que visava legitimar o governo fascista com suas alegadas raízes no Império Romano. A exemplo do discurso de Hitler no Sportpalast, Mussolini investiu contra os inimigos da Itália, "o mundo maçônico, democrata e capitalista". Tivesse estado a Itália preparada para combater, disse o Duce, ela o teria feito em setembro de 1939 ao lado da Alemanha nazista. O ditador italiano chegou mesmo a afirmar que a não beligerância do país havia facilitado as triunfantes vitórias alemãs de 1939 e 1940. Essa era uma justificativa implícita de sua estratégia da guerra paralela, que havia fracassado espetacularmente. As tentativas desesperadas de Mussolini de legitimar a guerra com referências a Garibaldi e Mazzini não foram convincentes, porque os heróis do *Risorgimento* tinham, evidentemente, sido apoiados pela Grã-Bretanha em seus esforços de criação de uma Itália unida. Previsivelmente, os comentários do Duce foram acompanhados de um barulhento aplauso, sugerindo que o regime fascista estava no rumo correto.[3] De acordo com a análise do SD sobre a recepção ao discurso do líder fascista na Alemanha, os alemães haviam notado que Mussolini finalmente fizera referências ao lamentável desempenho militar da Itália, reconhecendo a liderança alemã na Europa.[4]

Era palpável a preocupação de Hitler com o comportamento italiano na guerra. Em 5 de fevereiro de 1941, ele enviou a Mussolini uma carta em tom paternalista redigida "com o sentimento de ansiedade em fazer a coisa certa para ajudar você, Duce, a superar uma situação que deve estar tendo implicações psicológicas adversas e permanentes não apenas para o resto do mundo, mas também para seu próprio povo". Hitler temia que a Itália abandonasse o Eixo se o regime de Mussolini fosse derrubado. Este último, que desejava provar o valor da Itália envolvendo mais homens nos esforços de guerra, encaminhou a carta ao rei, insistindo que as preocupações de Hitler sobre a campanha italiana estavam corretas. Tratava-se de mais uma evidência de que a aliança ítalo-germânica estava comprometida e era um peso cada vez maior para a Alemanha.[5]

Apesar disso, as autoridades militares alemãs e italianas haviam internalizado a importância de Mussolini e Hitler como o par de ditadores que estava dando nova forma à Europa por meio do Eixo. Questões importantes finalmente seriam resolvidas por eles, acreditavam as autoridades diplomáticas e militares. Alfieri, por exemplo – como parte de uma estratégia mais ampla para se eximir de qualquer culpa em relação à guerra e colocá-la nos ditadores –, afirmou, em suas memórias pós-guerra, que ele havia incentivado Mussolini, em junho de 1941, a fazer uso de seu relacionamento com Hitler para alavancar a posição da Itália na aliança com a Alemanha.[6]

A situação militar da Itália se deteriorava dia a dia. A Alemanha temia cada vez mais uma derrota de seu principal aliado e foi impelida a ajudar os italianos no norte da África, além de desenvolver planos para uma intervenção na Grécia. Em 12 de fevereiro de 1941, o general Erwin Rommel, agindo sob ordens de Hitler, chegou a Trípoli com a Corporação Africana da Alemanha. Rommel, que havia lutado contra a Itália na Primeira Guerra Mundial, distinguindo-se em 1917 na Batalha de Caporetto, tinha sobre aquele país uma opinião amplamente negativa. Era, portanto, uma grande ironia que um ex-inimigo fosse convocado para ajudar a salvar o Império da Itália. Significativamente, antes de partir para a Líbia, Rommel havia se apresentado a Mussolini, em Roma, pois estava oficialmente sob o comando italiano, uma concessão às suscetibilidades do Duce.[7]

Coincidindo com a chegada de Rommel à África, Hitler emitiu uma diretiva para a Wehrmacht sobre a "conduta das tropas alemãs no palco de guerra italiano". As tropas alemãs não deveriam exibir qualquer "arrogância ofensiva" em relação aos italianos, advertiu o líder nazista. Hitler confirmava, assim, as suspeitas dos soldados alemães de que a Itália estava mal equipada em decorrência do "limitado desempenho da economia de guerra" e que as tropas italianas lutavam contra uma "consistente superioridade do inimigo". Era palpável a preocupação do Führer em não humilhar Mussolini ainda mais. Desse modo, todas as tropas alemãs na Líbia deveriam se submeter ao comando tático dos italianos, embora continuassem formalmente subordinadas ao Alto Comando do Exército alemão. O decreto do ditador nazista foi uma tentativa desesperada de impor boas relações com os aliados italianos.[8] Não é necessário dizer que os soldados alemães continuaram a fazer comentários desdenhosos sobre seus aliados italianos, pois estereótipos anti-italianos profundamente arraigados dentro do Exército alemão eram exacerbados pela percepção de que a Alemanha estava sendo obrigada a resgatar a Itália.[9]

Como se vê, não poderia ter sido maior o descaso de Rommel e seus homens com as ordens italianas. Ele desconsiderou também as ordens alemãs e avançou sobre o Egito, onde esperava massacrar os britânicos. As tropas de Rommel, em cuja esteira os judeus do norte da África dominado pelo Eixo e outros grupos étnicos tornaram-se objeto de perseguição racial, quase chegaram ao Canal de Suez, despertando esperanças de que a Alemanha pudesse ganhar acesso aos campos de petróleo do Oriente Médio.[10] Mas seria impreciso retratar Rommel, que mais tarde viria a ser glorificado na cultura popular britânica e alemã, como o herói que solucionou a confusão criada pelos italianos covardes e desgovernados. Na verdade, as tropas italianas, embora sob um comando ineficiente, frequentemente lutaram com bravura na campanha do norte da África.[11]

Como a Itália já havia passado da derrota ao desastre, Hitler empenhava-se em evitar fazer declarações públicas sobre o fracasso militar do país. Relatórios secretos sobre a queda no apoio ao regime fascista transitavam pelas escrivaninhas de autoridades do alto escalão. Por exemplo, em 31 de março de 1941, Rintelen diagnosticou um "sentimento de pesar e vergonha" em meio a amplas camadas da sociedade italiana, na esteira da série de reveses militares. O adido militar havia identificado um estado de extremo desalento na opinião pública.[12] Mais ou menos na mesma época, missões diplomáticas alemãs na Itália receberam um lote de cartas antigermânicas que ignoravam sutilezas diplomáticas. Um correspondente anônimo, por exemplo, afirmava: "Maldito seja Hitler e malditos sejam todos os alemães".[13]

Não demorou para a aliança enfrentar outro teste. Em 25 de março de 1941, o governo iugoslavo e o príncipe regente Paul haviam se rendido à pressão alemã e assinado uma adesão ao Pacto Tripartite. A adesão da Iugoslávia ao pacto era essencial para o plano alemão de invasão da Grécia. Mas, alguns dias depois, um *coup d'état* de oficiais sérvios do Exército iugoslavo que se opunham a uma aliança com a Alemanha depôs Paul. Hitler, furioso, ordenou a imediata invasão da Iugoslávia. À meia-noite, ele enviou um telegrama a Mussolini, explicando a inevitabilidade do ataque alemão. A exemplo de ocasiões anteriores, o ditador nazista apresentou a seu congênere fascista um *fait accompli* ao pedir ao Duce que suspendesse a ofensiva italiana contra a Grécia e, em vez disso, mobilizasse as tropas para garantir a fronteira entre Iugoslávia e Albânia. Sem ter outra opção, Mussolini foi obrigado a recorrer à habitual afirmação estereotipada de que "a crise atual conduzirá a um sucesso total e decisivo do

Eixo". Ecoando sua convicção na Nova Ordem, apesar do fracasso militar, ele falou ao embaixador alemão que já era mais do que hora de "limpar essa última estrutura estatal artificial criada em Versalhes sob o patrocínio de Wilson". Pouco tempo depois, a Iugoslávia foi desmantelada. Ante Pavelić, o ultranacionalista croata que se encontrava na Itália, e seu Ustaše não tardaram a estabelecer na Croácia um regime de terror que perseguiu e assassinou dezenas de milhares de judeus e várias centenas de milhares de sérvios. Seu regime foi apoiado por alemães e italianos, que logo se viram atacados por guerrilheiros e responderam com extrema brutalidade, deportando para campos de concentração aqueles que suspeitavam ser guerrilheiros. Na Eslovênia, cujas regiões sul e oeste foram anexadas pela Itália, mais de 100 mil pessoas foram deportadas para campos italianos. Na ilha de Rab, por exemplo, a taxa de mortalidade chegou a 19%.[14]

A despeito de toda a violência, a Itália fracassara miseravelmente em seu objetivo de dominar o Mediterrâneo. Pior ainda, foi necessária a ajuda da Alemanha, o que ampliou os atritos entre os dois aliados. Claramente, o Mediterrâneo não era mais domínio da Itália de Mussolini, mas, ao contrário, estava destinado a ser dominado pela Alemanha nazista. No início de abril de 1941, os alemães invadiram a Grécia e logo instauraram um regime de terror na zona de ocupação, incluindo exploração econômica, fome e uma feroz repressão à resistência grega. No final de abril, depois de pesados combates, os britânicos, estacionados na área continental da Grécia, foram obrigados a evacuar quase 60 mil soldados. Finalmente, em maio de 1941, os britânicos e seus aliados sofreram uma esmagadora derrota em Creta, que os alemães haviam invadido em uma operação aérea.[15]

Em vez de criticar abertamente Mussolini, que fora de fato forçado a enterrar seu sonho imperial de um *spazio vitale*, Hitler adotou uma atitude condescendente. Um bom indicativo dessa postura é o discurso que ele proferiu em 4 de maio de 1941 no Reichstag, uma celebração dos triunfos alemães nos Bálcãs. O ditador nazista foi obrigado a atender a dois públicos: Mussolini e a liderança italiana, de um lado, e, mais importante, o povo alemão, de outro. A fim de elevar o moral do líder fascista, ele destacou o mérito da contribuição da Itália na guerra dos Bálcãs, reconhecendo o número "extremamente elevado de vítimas" (*die überaus große Blutlast*) do país desde o ataque à Grécia, em outubro de 1940. De maneira não plausível, Hitler acrescentou que "a mobilização de forças alemãs não foi, portanto, uma ajuda para a Itália contra a Grécia", mas sim um ataque preventivo contra os britânicos.[16]

Mussolini, que escutara o discurso de Hitler no aparelho de rádio, não se impressionou. Mas não foi só o discurso que o irritou. No dia anterior, ele soubera que Rommel ameaçara os soldados italianos na Líbia com "encaminhamento aos tribunais militares". O Duce pediu a Farinacci, provavelmente o líder fascista mais favorável aos nazistas, que redigisse uma carta ao Führer protestando contra o comportamento das tropas alemãs. No final, a carta não foi enviada, sobretudo porque o ditador fascista ficou parcialmente satisfeito com as tíbias declarações em favor dos italianos no discurso de Hitler. Outra razão pela qual a carta de Farinacci não foi enviada foi o fato de que, no fim das contas, Mussolini desejava zelosamente resguardar de outros líderes fascistas seu acesso exclusivo a Hitler.[17]

Com a crescente dependência da Itália em relação ao apoio militar e às matérias-primas da Alemanha, alemães em postos do alto escalão começaram a exigir um *quid pro quo* por parte dos italianos. Como Itália e Alemanha carecessem de divisas, o comércio entre as duas nações era realizado, desde a década de 1930, por meio de compensações. Conforme já vimos, muitos trabalhadores italianos foram enviados ao Reich desde 1937. Em junho de 1940, quando a Itália entrou na guerra, 80 mil italianos estavam trabalhando na Alemanha. Esses números logo aumentariam drasticamente. Em janeiro de 1941, as autoridades italianas receberam uma solicitação alemã de 54 mil operários italianos dos setores de construção e mineração. Sob considerável pressão dos alemães, o governo italiano ofereceu 150 mil trabalhadores. Porém, em 19 de junho de 1941, as autoridades alemãs, em uma demonstração de sua superioridade, exigiram outros 100 mil. Dada a dependência da Itália em relação ao apoio militar e econômico da Alemanha, não restava outra alternativa ao regime fascista senão atender às solicitações.

O regime recrutou operários em toda a Itália e os enviou à Alemanha. Os trabalhadores receberam a promessa de que seriam bem tratados lá. Mas, na verdade, eles enfrentavam amiúde condições extremamente duras, o que não surpreende, considerando-se as privações da guerra e a aversão aos italianos da maioria dos alemães. Logo começaram a chegar reclamações relativas a maus-tratos, alojamentos inadequados e, acima de tudo, alimentação ruim. Em resposta, as autoridades italianas e alemãs planejaram importar da Itália mantimentos para os trabalhadores, que seriam preparados por cozinheiros italianos. No entanto, dado o enorme número de trabalhadores italianos, esse esquema ambicioso não pôde ser concretizado, e os operários tiveram que se contentar com batatas em vez de macarrão. Mas os problemas não terminaram aí. Alegações dos alemães de que muitos trabalhadores italianos mantinham relações sexuais com mulheres alemãs logo se transformaram em um sério conflito político.[18]

Merece atenção especial um incidente ocorrido em setembro de 1941 em Recklinghausen, no Vale do Ruhr: uma mulher alemã acusada de ter praticado sexo com um trabalhador italiano teve os cabelos raspados e o rosto besuntado com asfalto. De acordo com o governo italiano, essa humilhação pública fora causada, sobretudo, por um comunicado anti-italiano emitido antes pelo *Kreisleiter* do partido nazista local. No comunicado, a autoridade nazista afirmara: "Uma mistura nunca é desejável, mas a mistura de sangue de uma garota alemã com o de um estrangeiro de sangue similar e de trabalhadores de territórios ocupados (noruegueses, dinamarqueses etc.) e mesmo de povos inimigos (ingleses) é mais desejável do que a mistura com estrangeiros de sangue alienígena (os italianos devem ser considerados assim)".[19]

Mas esse incidente era apenas a ponta do *iceberg*. As punições duras e, amiúde, totalmente arbitrárias impingidas aos trabalhadores italianos pela polícia alemã, incluindo detenção em campos de educação para o trabalho (*Arbeitserziehungslager*) controlados pela Gestapo, levaram Ciano a protestar junto ao embaixador alemão em setembro de 1941. Mussolini estava furioso com os maus-tratos impostos aos trabalhadores italianos, pois isso deixava ainda mais evidente a condição de vassalagem da Itália. Depois de longas negociações e da intervenção de Hitler, os dois lados concordaram em entregar no passo do Brennero os trabalhadores passíveis de punição ou processos disciplinares, onde as autoridades italianas se ocupariam deles. O sistema por meio do qual o Estado italiano efetivamente implementou as punições definidas pela Alemanha nazista provocou enorme descontentamento na Itália, pois enfatizava ainda mais a posição subordinada do país. Apesar de muitos protestos junto ao governo alemão, Mussolini e a liderança italiana não tinham poder para melhorar o suplício dos trabalhadores italianos.[20] Em novembro de 1941, depois da intervenção de Hitler, Ribbentrop foi obrigado a assegurar a

Alfieri a atitude quase sempre positiva do povo alemão em relação à Itália, uma afirmação duvidosa. Contrariando diretamente os relatórios nazistas oficiais sobre a opinião pública, ele declarou que a maioria dos alemães acreditava na aliança com a Itália e afirmou de forma questionável que só "elementos incorrigíveis que não conseguem seguir a política do Führer" mantêm opiniões contrárias aos italianos. Essa correspondência, à qual Mussolini teve acesso, era emblemática da desconfiança, do desconforto e da hostilidade cada vez maiores dentro da aliança ítalo-germânica, tanto no nível popular como no oficial.[21]

II

Em maio de 1941, Hitler tinha problemas mais urgentes a resolver do que o destino dos trabalhadores italianos na Alemanha, pois haviam se intensificado os preparativos para o ataque alemão à União Soviética. Quando, na noite de 10 de maio, Rudolf Hess, o delegado do Führer, preocupado com uma guerra em duas frentes, voou para a Escócia, o líder alemão e a elite nazista ficaram chocados. Rumores de possíveis negociações de paz com a Grã-Bretanha colocavam em sério risco a aliança do Terceiro Reich com a Itália e com outros Estados do Eixo. Hess ingenuamente esperara que pudesse negociar uma paz em separado com os britânicos.[22] Em decorrência disso, Hitler enviou Ribbentrop a Roma para consultar Mussolini. O Duce reagiu com alegria a esse infortúnio alemão, pois a escapada do delegado do Führer à Escócia era um duro golpe para a reputação do Terceiro Reich, tanto no âmbito doméstico como no internacional. No entanto, para evitar melindrar o governo alemão, o Ministério da Cultura Popular proibiu a imprensa italiana de publicar detalhes da viagem de Hess.[23]

Em sua conversa com Ribbentrop, Mussolini tocou no assunto da planejada invasão da União Soviética, mas o alemão não forneceu quaisquer detalhes, já que a Itália não desempenhava um papel proeminente na principal campanha de uma guerra racial da Alemanha nazista, que visava criar espaço vital. Mas o Duce já sabia havia tempos do plano alemão para atacar a União Soviética e desejava muito participar.[24] A fim de reafirmar a demonstração de unidade com a Itália, que reforçaria o poderio militar da Alemanha, Ribbentrop programou, em nome de Hitler, um encontro dos dois ditadores no passo do Brennero. Ele deveria acontecer tão logo o caso Hess desaparecesse do noticiário.[25] Mais uma vez, Hitler convocou Mussolini para uma reunião com pouca antecedência, sem comunicar a ele os detalhes da agenda. Isso deixou o Duce furioso, pois não lhe restava outra opção senão engolir a humilhação.[26] A diplomacia burocrática não estava de forma alguma funcionando nesse contexto, e a organização acidental do encontro era um entrave para conversas mais substanciais.

Em 2 de junho de 1941, o tráfego na movimentada ferrovia do Brennero foi paralisado. Durante a viagem até a fronteira, Mussolini e Ciano trocaram fofocas sobre a liderança nazista com Bismarck. Mais tarde, Ciano registrou que "Göring perdeu muito de sua influência sobre Hitler porque ele o adverte demais e os ditadores não gostam disso". Mussolini estava "de bom humor, mas agora não vê motivo para essa conversa precipitada".[27] A exemplo das viagens anteriores, o trem do líder fascista partira de Roma à noite e cruzara o Tirol do Sul nas primeira horas da manhã, para evitar qualquer contato com os tiroleses do sul. A principal preocupação de Mussolini era de que a Alemanha, a fim de angariar apoio francês para a planejada invasão da União Soviética, quisesse apressar um tratado de paz com a França sem conceder à Itália uma parcela suficiente dos territórios franceses – com consequências potencialmente devastadoras para a reputação interna de seu regime. Assim, o encontro com Hitler foi realizado em uma atmosfera reservada, em resposta à reação esmagadoramente hostil da população à aliança do Eixo, tanto na Itália quanto na Alemanha. Um relatório do SD sobre a opinião pública admitiu mais tarde que o povo alemão mostrou pouco interesse pela reunião do Brennero. Possivelmente como uma desculpa para esse efetivo fracasso da propaganda do Eixo, o relatório afirmava que as reuniões Mussolini-Hitler haviam se tornado rotineiras.[28] Ao contrário do padrão habitual das viagens do Duce para a Alemanha, o *Il Popolo d'Italia* informou que, em seu caminho de volta a Roma, Mussolini havia sido recebido com aplausos arrebatadores na estação de Bolzano, orquestrados pelo regime, quando seu trem fez uma parada supostamente não planejada. Em meio aos esquemas de reassentamento em curso da população de língua alemã, tratava-se de um lembrete evidente de que o Tirol do Sul seria definitivamente italiano.[29]

Dada a bem ensaiada coreografia das reuniões Hitler-Mussolini, autoridades italianas e alemãs responsáveis pelo planejamento do encontro tiveram muito pouco a preparar. Um artigo no *New York Times* refletia a preocupação dos americanos com o resultado da reunião, pois encontros anteriores entre o Duce e o Führer sempre haviam supostamente conduzido a importantes eventos na guerra. Nesse aspecto, o *New York Times* fora influenciado pela propaganda fascista e nazista, segundo a qual os dois ditadores tomavam todas as principais decisões sobre a estratégia do Eixo.[30]

Mussolini e Hitler conversaram a sós durante menos de duas horas. De acordo com o ditador fascista, o Führer "falou, sobretudo, a respeito do caso Hess". Ciano, Ribbentrop e Paul Schmidt se juntaram a eles no momento em que Hitler fazia sua preleção a Mussolini. Como sempre, o líder nazista dominou as conversas e fez um demorado relato sobre a estratégia alemã, sendo, vez ou outra, interrompido pelo Duce. Este contou mais tarde a Ciano que Hitler chorara ao falar sobre a viagem de Hess, sugerindo que o ditador alemão o considerava um amigo íntimo.[31] Não causa surpresa o fato de nenhum plano estratégico detalhado ter sido discutido no passo do Brennero, e a coreografia dos encontros Mussolini-Hitler continuou sendo um verniz para a frágil aliança ítalo-germânica.[32]

De acordo com as atas oficiais, um Hitler desconfiado deixara seus aliados italianos no escuro quanto aos planos de atacar a União Soviética, embora tenha feito menção aos planos alemães de purgar a Europa dos judeus. O ditador alemão afirmou que provavelmente os judeus seriam enviados a Madagascar depois da guerra, um plano que teria provocado a morte de milhares deles no caminho até lá. Contudo, tal projeto já havia sido arquivado pela liderança nazista. A perseguição nazista aos judeus aumentara significativamente depois da eclosão da guerra, com uma marginalização cada vez maior daqueles que permaneceram na Alemanha, incluindo deportações, a segregação em guetos e o assassinato de judeus poloneses. O fato de Hitler não ter discutido com Mussolini, supostamente seu principal aliado, a invasão da União Soviética confirma a ideia de que ele não considerava o Duce um associado-chave no projeto central do nazismo de criar um espaço vital racialmente homogêneo na Europa oriental. Na verdade, conforme os diários de Goebbels, o ditador nazista havia dado a Mussolini informações gerais sobre a planejada invasão, sem detalhes estratégicos.[33]

Depois do encontro, intensificaram-se os planos alemães para invasão da União Soviética, conhecidos pelo codinome "Operação Barbarossa". Essa era uma campanha planejada desde o princípio com o propósito de conquista, aniquilação e dominação racial, visando destruir o "bolchevismo judaico". Foi uma guerra de violência genocida conduzida contra civis e judeus soviéticos, seguindo a notória Ordem dos Comissários assinada por Hilter em 6 de junho de 1941. A meta dos nazistas era a conquista de espaço vital e a escravização do povo eslavo, parte de um projeto para a criação de uma Nova Ordem na Europa.[34] Embora as propagandas nazista e fascista alegassem que Itália e Alemanha marchavam em direção a uma Nova Ordem, essa futura Nova Ordem era, na realidade, motivo de disputa entre os dois países. Figuras proeminentes como Bottai, ministro da Educação Nacional, acreditavam que a Itália, na condição de farol da civilização ocidental, tinha mais legitimidade ao reivindicar o direito de estabelecer uma Nova Ordem na Europa do que a Alemanha, um país jovem, governado por bárbaros até a chegada dos romanos. Mas a Alemanha indubitavelmente tinha mais poder do que a Itália para implementar suas ideias.[35]

Quando as tropas alemãs invadiram a União Soviética nas primeiras horas da manhã de 22 de junho de 1941, em um ataque que tomou de surpresa Stalin e o Exército Vermelho, Mussolini dormia em sua residência de férias no Adriático. Subitamente, tocou o telefone: Ciano estava na linha com notícias urgentes. Ele recebera uma longa carta de Hitler, endereçada ao Duce, e leu-a para o sonolento ditador fascista, traduzindo-a simultaneamente com a ajuda de Bismarck, o diplomata alemão. Assinando a carta "com saudações cordiais e camaradas", Hitler fingia não ter consultado Mussolini anteriormente "porque a decisão final só será tomada hoje às 7 horas da noite". Na carta, Hitler aborda a oferta anterior de ajuda militar feita por Mussolini e recusa-a temporariamente, pois preferia que a Itália combatesse a Grã-Bretanha nas outras frentes. No final, a Itália foi autorizada a lutar contra a União Soviética na seção sul da nova frente oriental, ao lado de Romênia e Hungria. Mussolini insistira na participação militar italiana sobretudo por uma questão de prestígio, mas aqui Hitler sugeria que a Itália não era um aliado essencial na Operação Barbarossa. Na verdade, não restava outra alternativa ao Duce senão expressar sua concordância com a estratégia do ditador nazista, especialmente porque Bismarck escutava a conversa telefônica.[36]

249

O jornal *Il Popolo d'Italia* vangloriou-se da "pronta solidariedade italiana". Mas precisava haver mais do que o compartilhamento de uma ideologia antibolchevista para que a Itália participasse do ataque à União Soviética, uma vez que a Itália fascista gozara anteriormente de boas relações com Moscou.[37] Mussolini, apoiado pelos líderes de seu Exército, acreditava em uma vitória alemã e esperava que uma significativa participação italiana na guerra contra a União Soviética, depois do devastador e humilhante fracasso da "guerra paralela", reabilitaria a Itália como grande potência, dando a ela condições de reconstruir seu império. Não há como afirmar se tudo isso, e também a promessa feita a Hitler de "marchar com o povo alemão até o fim", era fruto de um delírio.[38] Mussolini não tinha outra opção senão marchar ao lado da Alemanha a qualquer custo. A inveja do sucesso alemão na guerra era equiparada à constatação de Mussolini de que a Itália só poderia realizar suas ambições territoriais na condição de aliada da Alemanha. Ademais, o Duce esperava que uma vitória ítalo-germânica contra a União Soviética provocasse a derrota dos britânicos, pois as potências do Eixo finalmente teriam condições de atacar a Grã-Bretanha e seus aliados no Oriente Médio a partir do Cáucaso.[39]

Em meio às notícias do rápido avanço alemão na União Soviética, só restava ao invejoso Mussolini olhar para trás e remoer os destroços daquilo que um dia fora o carro-chefe de um Império Italiano. Mesmo no Tirol do Sul, os sonhos imperialistas do fascismo não podiam ser realizados, já que o programa de reassentamento alemão estava quase completamente paralisado. O foco do gabinete de Himmler encarregado de repatriar os alemães, o Comissário do Reich para Fortalecimento da Nação Alemã (*Reichskommissar für die Festigung Deutschen Volkstums*), estava agora voltado para a União Soviética. Era tal a inveja de Mussolini pelos sucessos alemães que ele investiu contra Hitler e chegou a dizer a Ciano que estava preparado para defender militarmente o Tirol do Sul contra os alemães. Frustrado com sua posição de subordinação a Hitler, o Duce disse a Ciano que esperava ou um acordo de paz ou uma guerra longa, pois esses dois cenários ajudariam a Itália a recuperar sua posição na Europa.[40]

Mais distante do nível dos ditadores e dos políticos e militares que os circundavam, a invasão alemã da União Soviética pegou de surpresa muitos italianos e alemães comuns.[41] Contudo, boletins dando conta do rápido avanço do Eixo logo abriram caminho para esperanças de uma pronta vitória. Quando chegaram à Alemanha notícias da ajuda italiana na Operação Barbarossa, o SD identificou opiniões tipicamente hostis: "Se os italianos desfilarem por muito mais tempo, será o fim da guerra contra a Rússia! Na Alemanha, nós só desfilamos após a vitória".[42]

Na Itália, a campanha contra o bolchevismo encontrou apoio na Igreja católica, o que ajudou a mobilizar muitos italianos, mesmo aqueles que demonstravam reservas ou oposição ao regime.[43] A esse respeito, vale a pena considerar que o secretariado de Mussolini recebeu uma enxurrada de cartas enviadas por italianos comuns em apoio à campanha soviética. Uma dessas cartas foi enviada por um monge capuchinho de Termini Imerese, na Sicília. Em 22 de junho de 1941, ele escreveu a Mussolini parabenizando-o pela "guerra santa" e pela "defesa da civilização cristã e destruição do mundo bolchevique". Como o Eixo vencera seu primeiro ataque ao bolchevismo na Guerra Civil Espanhola, o monge afirmou que a aliança se provaria na campanha soviética.[44] A guerra contra a União Soviética deu um breve impulso à ditadura fascista, que vinha se desintegrando desde o início da guerra.[45] Nesse sentido, o adido militar alemão na Itália relatou em 25 de junho de 1941 que os italianos haviam recebido bem as notícias da Operação Barbarossa, uma vez que desejava reforçar a ideia de cooperação entre o povo italiano e o regime.[46]

No entanto, a condição de subordinação da Itália era evidente para as autoridades da propaganda alemã, que negavam que os italianos tivessem um papel importante na Operação Barbarossa. Um artigo publicado na edição de julho de 1941 da *La Svastica*, um periódico da propaganda alemã dirigido a leitores italianos, afirmava que a Barbarossa era uma guerra da "Europa em armas contra o bolchevismo". Outro artigo destacava a contribuição de outros aliados nazistas, como a Finlândia e a Romênia, mas não a da Itália. Ainda assim, o relato terminava com a estereotipada menção a Mussolini e Hitler como os líderes "da civilização e liberdade europeias".[47]

No entanto, continuavam divididas as opiniões dentro da liderança italiana sobre a aliança com a Alemanha. Em meados de julho de 1941, Mussolini repreendeu Alessandro Pavolini, o sucessor de Alfieri como ministro da Cultura Popular, por causa de um artigo que havia sido publicado por Giovanni Ansaldo, um jornalista do círculo de Ciano. Ansaldo escrevera que Hitler estava comandando a guerra na União Soviética. Esse fato óbvio enfureceu Mussolini, já que confirmava seu papel secundário.[48] Mais uma vez, em meio a notícias dos sucessos da Alemanha na União Soviética, ele investiu contra os alemães, afirmando veementemente: "Eu prevejo uma crise inevitável entre os dois países". Sua raiva se converteu em delírio, e ele declarou que a região do Vêneto devia ser fortificada, pois os alemães poderiam em breve atacar a Itália por ali.[49]

Seguindo os planos militares da primavera de 1941, e apesar das oscilações de humor de Mussolini, a Itália logo mobilizou o Corpo Expedicionário Italiano na Rússia (*Corpo di Spedizione italiano in Russia*, CSIR). Este ficou subordinado ao comando estratégico alemão e dependia em grande medida das linhas de suprimento alemãs. No total, as forças italianas eram formadas por 62 mil homens e compunham um pequeno contingente da tropa de 690 mil soldados de outros Estados do Eixo, incluindo a Romênia. Ao todo, o número de soldados italianos, embora subsequentemente tenha sido aumentado para 230 mil, formando o Exército Italiano na Rússia (*Armata italiana in Russia*, AMIR) foi ofuscado pelos mais de 3 milhões de soldados da Wehrmacht que lutaram na frente oriental.[50] Ao contrário do poderoso mito de que o comportamento das tropas italianas na frente oriental foi caracterizado por uma atitude compassiva para com a população civil e pela suspeita em relação aos alemães, engajados em uma guerra racial, alguns soldados italianos se envolveram em crimes de guerra, incluindo a execução de prisioneiros de guerra. Predominou uma atitude racista em relação à população soviética, sobretudo pela crença amplamente disseminada de que aquela guerra era uma cruzada contra o bolchevismo aplaudida por muitas organizações católicas, embora o Vaticano permanecesse neutro. Assim, os avanços das tropas italianas na União Soviética aumentaram, por um curto período, a reputação interna do regime fascista, especialmente porque coincidiram com vitórias do Eixo no norte da África.[51] Contudo, os alemães do alto escalão ainda duvidavam da confiabilidade e estabilidade da Itália de Mussolini. O SD identificou rumores de que a mobilização das tropas tinha sido acompanhada por protestos contra o Duce e seu regime em Roma e Nápoles.[52]

Em meio à euforia da vitória alemã, Hitler, movido por um estado de espírito de generosidade, aceitou a oferta italiana de tropas, pois esse seria "um símbolo da guerra de libertação perseguida por você, Duce, e por mim". Para o ditador nazista, a mobilização de tropas italianas tinha apenas propósito propagandístico, simbolizando a cooperação entre a Alemanha e a Itália. Hitler perguntou a Mussolini: "Será que não seria psicologicamente certo nós dois nos encontrarmos em algum momento em algum lugar na frente de batalha?". Embora Hitler tivesse pouco interesse em fazer concessões à Itália, um encontro com o Duce reforçaria a poderosa exibição de unidade em um momento em que a Europa parecia estar dominada pelo Eixo. O líder fascista concordou com essa estratégia performática, pois o encontro "de um ponto de vista político e moral teria grande repercussão para nossos dois povos e para o resto do mundo".[53]

III

Em público os dois líderes mantinham sua demonstração de união, a fim de projetar o Eixo. Isso não passou despercebido pela imprensa internacional. No dia 7 de agosto de 1941, o filho de Mussolini, Bruno, morreu quando seu avião de bombardeio caiu em um voo de teste. Hitler imediatamente enviou ao Duce um telegrama de condolências, o que o *New York Times* retratou como um sinal da solidariedade ítalo-germânica.[54] No entanto, Roosevelt e Churchill logo passaram a ocupar as manchetes como um par alternativo de amigos, que abraçava a democracia liberal contra a ameaça do Eixo. A bordo de um navio da Marinha, na baía de Placentia, ao largo da costa da ilha de Terra Nova, eles assinaram em 14 de agosto a Carta do Atlântico, uma robusta demonstração dos objetivos de guerra compartilhados por Grã-Bretanha e Estados Unidos e do apoio material e financeiro dos americanos à Grã-Bretanha por meio de um programa de "empréstimos" conhecido como Lend-Lease. Nos bastidores, a aliança entre Churchill e Roosevelt, um pacto determinado pela necessidade, tampouco estava livre de atritos, mas os dois discutiam estratégia militar e pareciam ter uma afeição mútua, ao contrário de Hitler e Mussolini.[55]

Em 23 de agosto de 1941, Mussolini embarcou em um trem rumo à Alemanha. Como era habitual, o trem do Duce cruzou o Tirol do Sul durante a noite. Ele fez uma parada no passo do Brennero, onde o ditador fascista e a delegação italiana foram saudados com honras diplomáticas e militares. O governo alemão tinha mantido em segredo a visita de Mussolini, a fim de criar uma sensação diplomática com essa apoteose da Nova Ordem.⁵⁶ Do passo do Brennero, o trem cruzou a Alemanha e prosseguiu rumo à Prússia Oriental, chegando na manhã de 25 de agosto a uma pequena estação perto do quartel-general de Hitler, nas proximidades de Rastenburg, também conhecido como Toca do Lobo. O ditador alemão, acompanhado por uma tropa de líderes militares e autoridades nazistas do alto escalão, estava à espera do Duce, que desembarcou do trem trajando seu uniforme de marechal, conforme relatou mais tarde o *Il Popolo d'Italia*. O traje vistoso de Mussolini contrastava acentuadamente com a túnica simples do líder nazista.⁵⁷

O *bunker* sombrio e escassamente mobiliado de Hitler, onde os ditadores fizeram uma reunião privada, oferecia um forte contraste com as residências burguesas de Mussolini. Depois de sua habitual e arrogante "apresentação detalhada dos eventos militares", o Führer elogiou apenas de passagem a contribuição da Itália à campanha soviética, mas, por outro lado, fez "repetidos elogios às tropas finlandesas que [estavam] lutando de forma admirável". Mussolini ficou sem palavras e mais tarde expressou "seu forte desejo de que as Forças Armadas italianas participassem em maior medida das operações contra os soviéticos". Mas Hitler não deixou restarem dúvidas de que era ele o chefe e se recusou a ceder às exigências italianas pela incorporação de mais territórios franceses. A assinatura da Carta do Atlântico aumentara a pressão sobre o Eixo, pois os dois líderes passaram a esperar a entrada dos americanos na guerra. Com sua visão personalista da história, Hitler e Mussolini, aspirando à "construção da Nova Ordem Europeia", representavam a alternativa de extrema direita a Churchill e Roosevelt. Apesar dessas tensões estratégicas, militares e pessoais, os ditadores continuavam amistosos entre si a fim de manter a fachada do Eixo.⁵⁸

Assim como nos encontros dos ditadores em setembro de 1937 e maio de 1938, o roteiro foi intenso, deixando pouco tempo para Hitler, Mussolini e as autoridades da equipe militar, entre eles Cavallero e Keitel, discutirem estratégia. A programação revela a verdadeira natureza desses encontros: eventos performáticos destinados a manter a aparência de uma íntima aliança do Eixo e projetar essa imagem para o público doméstico e para os Aliados. Nessa linha, o *Il Popolo d'Italia* alardeou que não existiam outros estadistas, uma referência implícita a Churchill e Roosevelt, que podiam falar tão abertamente entre si como faziam os dois ditadores.[59] A exemplo das ocasiões anteriores, a coreografia alemã do encontro colocou juntas em alguns eventos as delegações italiana e alemã, a fim de projetar a imagem de uma atitude comum de Itália e Alemanha, lutando lado a lado por uma Nova Ordem.[60] De resto, as delegações permaneciam separadas.[61]

Duas conclusões podem ser tiradas desse arranjo. Primeiro, ao contrário da ideia popular de que Mussolini e Hitler eram amigos, o sentimento de superioridade do Führer e o de inveja do Duce dificilmente poderiam ser conciliados. Ao mesmo tempo, o ditador nazista tinha poucas opções, exceto expressar admiração pelo líder italiano, mas, por outro lado, desejava manter sua credibilidade. Apenas um mês antes, em um monólogo noturno diante de sua comitiva, Hitler havia elogiado o Duce e o fascismo como um modelo estratégico para o nazismo. Ele falou em tom de exaltação, embora com certa nota de desesperança, sobre a beleza da Itália, e reconheceu sua insatisfação com a monarquia italiana.[62] Segundo, haviam aumentado as tensões em relação à estratégia militar, e a delegação italiana não estava em condições de determinar o roteiro. Contudo, as lideranças italiana e alemã precisavam manter o ímpeto de sua aliança, a fim de evitar perder a credibilidade no âmbito doméstico e sofrer um duro golpe em sua reputação no cenário internacional, em especial diante de britânicos e americanos. Ademais, a coreografia, com seu minucioso planejamento das viagens, requeria grande aporte de mão de obra e equipamentos técnicos, tais como trens, que seriam mais bem empregados nas frentes de batalha. Os esforços para manter a exibição de unidade e amizade prevaleceram, assim, sobre as exigências militares da guerra.[63]

Hitler e Mussolini voaram para a frente oriental, admirando as tropas alemãs e italianas que lutavam juntas, alegadamente em harmonia. Tratava-se de um símbolo poderoso da suposta superioridade tecnológica e militar do Eixo, mas também poderia ser visto como uma forma de arrogância e desprezo em relação aos soldados envolvidos no combate. Na realidade, na frente oriental as tropas alemãs, e especialmente as italianas, dependiam sobremaneira de cavalos.[64] No voo de volta da Ucrânia, onde os ditadores haviam passado em revista as tropas italianas, um irritado Mussolini, que suportara preleções de um Hitler prepotente diante das tropas italianas, decidiu colocar o líder nazista em seu lugar. Depois da decolagem, ele anunciou que queria pilotar o enorme avião Condor de

Hitler e logo tomou um assento na cabine de comando ao lado do comandante. Assim que o Duce assumiu os controles, o avião começou a balançar. Os passageiros, inclusive Hitler, começaram a temer por suas vidas, pois Mussolini, apesar da retórica fascista sobre suas habilidades na aviação, não era um piloto particularmente competente. No caso de uma emergência real, o piloto alemão teria reassumido os controles, o que refletia a natureza das relações ítalo-germânicas. O *La Svastica* publicou uma fotografia do Duce na cabine de comando. Para não deixar dúvidas sobre ser a Alemanha e não a Itália a principal potência, a imagem mostrava Mussolini na cadeira do copiloto.[65]

Um exame mais detalhado das maneiras pelas quais a visita foi relatada na imprensa desnuda mais tensões e rivalidades. Por exemplo, a fim de enfatizar o prestígio do Duce, a agência de notícias italiana Stefani orgulhosamente exibiu Mussolini pilotando o avião de Hitler. Isso sugere que, afinal de contas, o Duce era de fato o estadista mais sênior, que literalmente detinha o destino de Hitler em suas mãos.[66] Goebbels proibiu os jornais alemães de reproduzir as reportagens italianas, pois considerava que a imagem de Mussolini pilotando o avião de Hitler descontentaria os leitores do país. Em conformidade com a exigência, o artigo do *Völkischer Beobachter* foi extremamente curto.[67]

Mussolini e Hitler comeram e conversaram com seus soldados em uma cozinha de campanha, sugerindo que os dois eram líderes militares corajosos que se juntavam às suas tropas na linha de frente, ao contrário de Roosevelt e Churchill, que tinham se encontrado em ambiente relativamente pacífico ao largo da costa de Terra Nova. A contraposição entre Mussolini e Hitler como representantes da Nova Ordem no auge do poder do Eixo, de um lado, e Churchill e Roosevelt como defensores da nascente aliança liberal democrática entre Grã-Bretanha e Estados Unidos, de outro, foi feita na época pelos jornais americanos. Assim, em sua reportagem sobre o encontro de Mussolini e Hitler, o *New York Times*, baseando-se no comunicado oficial, interpretou o encontro como uma resposta ao encontro de Churchill e Roosevelt, um ponto também destacado pelo Royal Institute of International Affairs, que regularmente compilava um resumo da imprensa estrangeira para o governo britânico.[68]

Também para os nazistas, o encontro dos ditadores serviu como contra-ataque àquele de Churchill e Roosevelt. Um relatório do SD sobre a resposta do público alemão a essa reunião captou as típicas vozes avessas aos italianos dentro da Alemanha, mas lamentou que "apenas uma parte da população contrapõe o encontro dos estadistas à reunião de Churchill e Roosevelt". Pode-se concluir a partir desse relatório que a propaganda nazista em torno do encontro não repercutira particularmente junto ao povo alemão.[69]

O que se passava para além do nível oficial revelava tensões profundamente arraigadas. Durante a visita dos ditadores à frente oriental, um diplomata italiano escutou uma autoridade alemã chamando Mussolini de *Gauleiter* da Itália. O Duce não tinha ilusões e disse a Ciano que "há certos registros fonográficos na Alemanha". No primeiro registro, o sentimental Hitler falava em tom entusiasmado sobre a Itália como "aliado leal". No segundo, que o ditador nazista reproduzia "após as vitórias", prosseguiu Mussolini, "a Europa seria dominada pela Alemanha". Se a guerra da Alemanha não fosse bem-sucedida, concluiu o Duce, Hitler tocaria o terceiro disco, e, nesse cenário, "nossa colaboração seria mais útil".[70]

Evidentemente, o Duce sabia que, por trás da fachada da propaganda do Eixo, o relacionamento entre a Itália e a Alemanha era, sobretudo, baseado em interesses estratégicos, e não em um laço ideológico ou pessoal. A frustração de Mussolini era palpável. Ele presidia um país em crise, enquanto a Alemanha de Hitler se encontrava no auge de seu poder. O crescente descontentamento popular solapava o regime fascista. Um problema particularmente grave para os italianos era o suprimento de alimentos, após a introdução, em 1941, do racionamento. A ração oficial diária em 1941 era de meras 1.010 calorias, e muitas pessoas, inclusive funcionários do partido fascista, recorriam ao mercado negro. Percebia-se claramente que o regime perdera o contato com a população; e a liderança alemã, bem como o público alemão em geral, tinha consciência do frágil estado do regime fascista. Por exemplo, um relatório do SD, datado de 6 de novembro de 1941, identificou tensões crescentes entre o partido fascista e facções leais ao rei, paralelamente a um cansaço geral com a guerra. Mussolini tentou transferir a culpa para um de seus bodes expiatórios favoritos: a burguesia, que ele acusava de ser egoísta e indiferente à nação italiana.[71] Como o partido fascista, altamente burocrático e ineficiente, não conseguia lidar com a situação, o beligerante Duce, dando voz à sua crença na qualidade redentora da guerra, insistia que mais italianos precisavam morrer na guerra contra a União Soviética.[72]

Na campanha soviética de 1941-1942, as tropas italianas alcançaram alguns êxitos militares junto com o contingente muito maior de tropas alemãs. Em meio a esses avanços, as relações entre os Exércitos italiano e alemão e seus soldados eram em geral boas, contrariando o mito surgido posteriormente de que, na frente oriental e em outros lugares, os alemães sempre tratavam mal seus companheiros italianos. Para o Exército italiano, tais sucessos eram amargamente necessários depois de tantos reveses humilhantes sofridos desde que a Itália entrara na guerra. Apesar dos êxitos italianos iniciais na frente oriental, que animaram o espírito de Mussolini, o envolvimento da Itália na Operação Barbarossa tinha importância secundária para Hitler,[73] que, a exemplo da liderança militar alemã, considerava a nação do Duce parte de uma cruzada europeia mais ampla contra o bolchevismo, da qual faziam parte tropas de países como Finlândia, Hungria e Romênia. O ditador nazista não fazia segredo disso e, uma vez mais, só mencionou de passagem a participação italiana na guerra em um discurso proferido para um público que lotava o Sportpalast, em 3 de outubro de 1941. Por outro lado, conforme devidamente reportado a Roma pelo embaixador italiano, o líder alemão elogiou a bravura das tropas romenas e finlandesas. Um relatório do SD, que captava a opinião dos alemães sobre o discurso, registrou que a maioria dos ouvintes havia interpretado o elogio de Hitler a romenos e finlandeses como uma crítica a seu aliado italiano.[74]

Mussolini ficou irritado com o discurso de Hitler. Seu plano de elevar a reputação da Itália por meio da intervenção na União Soviética fracassara.[75] Desse modo, no final de outubro de 1941, ele ofereceu o envio de mais tropas à frente oriental, a fim de demonstrar a determinação da Itália de se imolar por meio da guerra. O Duce desconsiderou as reservas de seus generais, destacando assim seu crescente distanciamento da realidade. Ao mesmo tempo, refletindo a desconfiança do ditador fascista em relação aos alemães, prosseguiam os trabalhos no Vallo del Littorio. Isso provocou protestos dos alemães, porque o aço importado da Alemanha estava sendo usado em construções, e não na produção de armas. Os trabalhos de construção continuaram até outubro de 1942, quando Mussolini, em uma posição ainda mais fraca, ordenou que fossem suspensos.[76] Intensificando essas tensões, a dependência da Itália em relação ao suprimento alemão de alimentos, petróleo e carvão continuava sendo um ponto de discórdia, mesmo após a assinatura dos acordos econômicos ítalo-germânicos secretos em fevereiro de 1941. As autoridades alemãs responsáveis por esse fornecimento estavam divididas quanto a realizar outros envios de matérias-primas, cada vez mais escassas dada a enorme extensão da campanha alemã, aos pouco confiáveis italianos. Por sua vez, aumentava a impaciência dos funcionários italianos em relação aos crescentes débitos alemães no processo de compensação, que estavam impondo pressão adicional sobre a economia da Itália. Queixas sobre as insaciáveis demandas alemãs por trabalhadores italianos também refletiam as tensões ítalo-germânicas.[77] Nesse contexto, Mussolini avistou uma chance de exercer algum poder sobre a Alemanha e, assim, começou a forçar a retirada dos trabalhadores italianos da Alemanha a fim de reduzir os débitos alemães com a Itália e empregar essa mão de obra nos esforços de guerra. Em fevereiro de 1943, depois de intenso desentendimento entre os membros da liderança nazista, muitos dos quais desejavam continuar explorando a mão de obra italiana para o esforço de guerra, Hitler permitiu o retorno dos trabalhadores. Ainda assim, no outono de 1943, cerca de 120 mil operários italianos continuavam no Reich.[78]

Quando a campanha na União Soviética atingiu o clímax, com o ataque a Moscou, Hitler fez um pronunciamento em Munique, em 8 de novembro de 1941, comemorando o *Putsch* da Cervejaria de 1923. Depois de investir contra Churchill, um "ébrio enlouquecido", o ditador nazista justificou a invasão da União Soviética como uma cruzada europeia e, usando os clichês de sempre, ressaltou o destino semelhante de Itália e Alemanha, afirmando que o vínculo entre ele e Mussolini era indestrutível. Tratava-se de uma mensagem de apoio muito necessária ao líder italiano.[79] Logo depois, em 18 de novembro, a Grã-Bretanha iniciou uma ofensiva contra as potências do Eixo no norte da África. Tanto a Itália como a Alemanha sofreram pesadas baixas. Um dos projetos mais importantes do Eixo, a campanha no norte da África, estava assim prestes a fracassar.[80]

Com a chegada do inverno rigoroso, a campanha alemã na Rússia logo perdeu o ímpeto, e os velozes avanços da Alemanha sofreram um revés a poucos passos das portas de Moscou. Ciano comentou o caso regozijando-se do azar alheio.[81] A mobilização de mais contingentes de tropas italianas na frente oriental, vistas pelos alemães como tropas auxiliares, expôs as tensões entre as facções pró-Eixo dentro das Forças Armadas italianas e aqueles mais céticos, que consideravam o rei, e não Mussolini, a principal autoridade na Itália.[82] Depois da guerra, um oficial alemão que trabalhava para a Divisão de História Militar do Exército dos Estados Unidos, endossando preconceitos populares anti-italianos, declarou que a cooperação militar ítalo-germânica na frente oriental fora ofuscada por problemas de comunicação, bem como pela presunção dos italianos e pela falta de compreensão por parte deles da "sóbria voz de comando alemã".[83]

IV

Hitler havia percebido que nem o Eixo, nem os Aliados teriam condições de vencer a guerra em curto tempo, sobretudo por causa da probabilidade cada vez maior de uma intervenção americana. Assim, a Alemanha organizou o acesso de alguns estados pequenos, como Romênia, Finlândia, Dinamarca e Eslováquia, ao Pacto Anti-Comintern, em novembro de 1941, em uma tentativa de manter o ímpeto da cruzada liderada pela Alemanha contra o bolchevismo e a Grã-Bretanha. O papel da Itália e do Japão como principais aliados do Terceiro Reich foi confirmado, mas o fato de o encontro ter sido em Berlim não deixava qualquer dúvida de que era a Alemanha, e não a Itália, a potência dominante do Eixo. Depois do ataque japonês a Pearl Harbor, Itália e Alemanha declararam guerra aos Estados Unidos.[85]

Essa era a guerra em duas frentes pela qual Hitler esperava havia muito tempo. Ele acreditava que os Estados Unidos estariam tão enfraquecidos por causa de Pearl Harbor que os ataques alemães a comboios americanos no Atlântico logo levariam a uma derrota dos Estados Unidos, antes que eles tivessem tempo para se rearmar completamente. Ademais, para Hitler, essa guerra seria o acerto de contas final com o "bolchevismo judaico".[86] Desse modo, ele declarou guerra aos Estados Unidos em 11 de dezembro de 1941, quatro dias depois do ataque japonês a Pearl Harbor. Ele anunciou uma aliança militar formal composta por Itália, Alemanha e Japão, cujo alvo, no entanto, eram apenas a Grã-Bretanha e os Estados

Unidos, uma vez que, a despeito de toda a retórica anticomunista, os japoneses permaneciam neutros na guerra contra a União Soviética. Enquanto Hitler anunciava no Reichstag a declaração alemã de guerra contra os Estados Unidos, Mussolini tornava pública a declaração da Itália no terraço do Palazzo Venezia. Ainda que não tivesse havido uma coordenação combinada da política externa italiana com a alemã, a simultaneidade do discurso dos ditadores sugeria sua união. Em Roma, os aplausos foram escassos, já que, após todos os reveses militares, mesmo os apoiadores do regime nas ruas começavam a perder a confiança, em especial agora que a Itália estava em guerra contra um país que, havia tempos, era o destino dos italianos que buscavam uma vida melhor.[87]

Logo após a declaração de guerra aos Estados Unidos, Hitler assumiu o comando supremo do Exército alemão, pois culpava seus generais pela desaceleração da campanha soviética. Mussolini, apesar de invejar a capacidade do líder nazista de exercer poder sobre o Exército, saudou a notícia com admiração pelo implacável Hitler.[88] A convicção deste último em uma conspiração "judaico-bolchevista" por trás de Roosevelt o fez levar adiante com mais determinação sua decisão básica de exterminar os judeus da Europa, tomada em meio à euforia da vitória do verão e outono de 1941. Os nazistas vinham assassinando judeus em larga escala desde o início da Operação Barbarossa, e a coordenação nazista dos assassinatos em massa vinha se intensificando. Hitler acreditava firmemente que não seria possível vencer a guerra a menos que os judeus fossem exterminados. Em 20 de janeiro de 1942, o regime formalizou a abrangente política de extermínio em uma conferência realizada em um casarão elegante no Wannsee, em Berlim. A guerra nazista norteava-se cada vez mais pelo racismo e pela busca de espaço vital, empurrando assim para uma posição marginal a aliança com a Itália.[89]

Com o aumento dos problemas do Eixo no norte da África, a ofensiva alemã no Oriente foi paralisada já nas proximidades dos portões de Moscou, em dezembro de 1941. A propaganda alemã dirigida aos leitores italianos insistia que, ao contrário de Napoleão em 1812, o Eixo logo venceria a guerra contra a Rússia. Um invejoso Mussolini recebeu com satisfação a notícia dos reveses alemães, mas, movido por um ímpeto de beligerância e vaidade, aumentou o número de tropas italianas na frente oriental.[90] No entanto, a rivalidade e a tensão entre os dois regimes e seus líderes não se restringiam ao âmbito da estratégia militar. As autoridades italianas estavam insatisfeitas com a efetiva paralisação do reassentamento dos tiroleses do sul. Ademais, no Estado Independente da Croácia, estabelecido em abril de 1941 e declarado pelos italianos como parte de sua esfera de interesse, logo eclodiram conflitos entre os italianos e os alemães, que haviam ocupado a região mais próspera no norte do país. Mussolini acreditava mesmo que os alemães queriam controlar a Croácia, comprometendo ainda mais o que restava da solidariedade do Eixo. A assinatura de uma convenção militar secreta entre as Forças Armadas italianas e alemãs e o Exército e a Marinha do Japão, em 18 de janeiro de 1942, delineando as esferas de influência e as zonas operacionais de cada potência, não resolveu essas tensões.[91]

V

Em meio à grave crise do regime e do partido, Mussolini desejava dar ao regime um novo e radical ímpeto. Desse modo, no final de dezembro de 1941, ele substituiu o ineficaz secretário do partido Adelchi Serena por Aldo Vidussoni, um jovem fascista radical que adquirira renome na Guerra Civil Espanhola e na milícia da universidade. O Duce esperava que Vidussoni mobilizasse o partido fascista para o esforço de guerra, mas, confirmando a expectativa de autoridades alemãs, esse esquema fracassou.[92] Com a sorte da Itália na guerra se deteriorando cada vez mais, Mussolini, que havia muito tempo sofria de úlcera, lutava por sua saúde, o que ajudou a aprofundar a ruína de sua reputação como um líder jovem e vigoroso. Além disso, no final de 1942, seu caso com Clara Petacci tornou-se amplamente conhecido na Itália. O fato de Mussolini ter efetivamente protegido de ações penais membros da família de Petacci envolvidos em escândalos de corrupção contribuiu sobremaneira para a perda de seu apelo popular.[93]

Hitler reagiu aos crescentes problemas políticos e militares da Itália fascista com desdém e também preocupação com a possibilidade de os italianos se tornarem um passivo ainda maior, já que o Eixo lutava em duas frentes. Por exemplo, em uma longa carta datada de 29 de dezembro de 1941, o ditador nazista reafirmou solenemente o espírito do destino compartilhado por eles: "Essa é a saudação de um homem cujo destino pessoal e étnico está tão intimamente ligado com o seu e o da Itália fascista". Mas Hitler não pôde se furtar a dar a Mussolini instruções diretas sobre como organizar as linhas de suprimento para a frente do norte da África. Embora Hitler envolvesse suas instruções em adulações, elogiando o Duce como "o criador do Novo Estado Romano", a carta era de fato uma severa repreenda. Para o líder nazista, seu relacionamento com Mussolini perdera sua natureza exclusiva. Assim, sem o Duce saber, o Führer, que estava inspirado a escrever naquele dia, enviou cartas igualmente calorosas a outros aliados, como o marechal Antonescu, da Romênia, e o almirante Horthy, líder húngaro.[94]

Fingindo que seu regime tinha a Itália sob controle, Mussolini pediu um encontro a Hitler.[95] De acordo com Ciano, o ditador fascista não percebera que o respeito do Führer por ele se esvaía rapidamente, embora acreditasse também que Hitler adotara um tom muito mais amigável em relação a ele depois do revés alemão às portas de Moscou.[96] A insegurança e a inveja de Mussolini explicam por que só no final de janeiro de 1942 ele escreveu uma breve resposta ao líder alemão, usando uma iminente viagem de Göring à Itália como desculpa para não ter dado plena atenção à carta de Hitler.[97]

Em meio a uma recuperação do Eixo no Mediterrâneo liderada pela Alemanha, Göring, que a exemplo de Ribbentrop desejava deixar uma marca na aliança com a Itália, chegou a Roma em 28 de janeiro de 1942 e foi recebido pelo Duce no Palazzo Venezia. Hitler e Göring insistiam em um envolvimento militar maior da Itália no norte da África. Contudo, a conversa logo se converteu em uma discussão sobre o declínio do fascismo. Mussolini repetiu seu mantra usual de que o partido fascista tinha a população sob controle. Em razão da desconfiança dos alemães, Ciano teve dificuldades em obter uma cópia das atas alemãs da reunião. O comportamento pretensioso de Göring não colaborou para melhorar a atmosfera.[98]

Enquanto Göring vivia em alto estilo na Itália (ele e sua comitiva gastaram a desconcertante soma de 124.692,30 libras durante sua estadia, incluindo mais de 100 mil libras no luxuoso Excelsior Hotel em Roma e mais de 15 mil libras por uma refeição oferecida em sua homenagem),[99] Hitler falava poeticamente sobre Mussolini na Toca do Lobo. Relembrando sua visita de 1938 à Itália, ele investiu contra a nobreza e o corpo de oficiais da Itália, descrevendo um almirante como "um verdadeiro sapo da corte" (*eine richtige Hofkröte*). Falando em um tom monótono, o ditador nazista acusou os oficiais de serem decadentes e de desfrutarem de refeições de alta gastronomia mesmo na frente de batalha, enquanto os soldados comuns recebiam pouco mais que uma sopa aguada. Diante de seu séquito, o Führer expressou pena por Mussolini, já que ele devia respeito ao rei e à corte. Tratava-se de declarações condescendentes que arruinavam mais ainda a reputação do Duce entre a liderança nazista. Se o fascismo tivesse chegado ao poder um ano depois, especulou Hitler, os comunistas teriam deposto o rei, e Mussolini teria tido condições de impor sua agenda fascista sem precisar respeitar a monarquia. Era uma reafirmação sentimental da crença de Hitler na personalidade de Mussolini; porém, o entusiasmo do Führer pelo regime declinava havia muito tempo, refletindo os infortúnios militares da Itália.[100]

Mussolini estava cada vez mais iludido de que a Itália ainda poderia vencer a guerra. Ele recebeu grande número de cartas de congratulações pela Páscoa de 1942: soldados, civis, homens, mulheres e crianças escreveram ao Duce para lhe desejar uma feliz Páscoa e expressar seu desejo de uma vitória italiana, normalmente sem fazer referências à relação do ditador fascista com Hitler. Para a maioria dos missivistas, muitos deles membros de uma ou outra organização fascista, a propaganda sobre a aliança com a Alemanha não deitara raízes. O secretariado de Mussolini recebeu tantas cartas que elas foram arquivadas em sete volumosas pastas. É digno de nota um pequeno detalhe sobre algumas das cartas enviadas por soldados: elas foram escritas em formulários fornecidos pelo braço de Dopolavoro das Forças Armadas (*Dopolavoro Forze Armate*) para cartas destinadas ao lar, com uma citação de Mussolini gravada em relevo. A citação escolhida sugeria que a Aliança com a Alemanha era inevitável em um tempo de crise: "O que quer que aconteça, a Itália marchará com a Alemanha, lado a lado, até o fim. Aqueles que tentaram imaginar qualquer outra coisa se esquecem de que a aliança entre a Alemanha e a Itália não é apenas uma aliança entre dois Estados ou dois exércitos, mas sim entre dois povos e duas revoluções, destinada a moldar o século". Um missivista que usou esse formulário foi Ferruccio C. Ele escreveu ao Duce em 29 de março de 1942, desejando-lhe "fé, esperança, coragem" até a vitória.[101] Ainda que Mussolini não lesse essas cartas, informações dessa correspondência afirmativa e adulatória, orquestrada por grupos fascistas locais, sugeriam a ele que a Itália ainda poderia vencer a guerra.

Nesse meio-tempo, Rommel, passando por cima do Comando Supremo italiano, iniciara uma ofensiva na Líbia e reconquistara muitos territórios anteriormente perdidos na guerra. Sua Corporação Africana e os italianos retomaram na sequência Tobruque, em 21 de junho de 1942, enquanto Roosevelt e Churchill conferenciavam na Casa Branca. A retomada de Tobruque foi uma vitória sensacional, que despertou em Mussolini esperanças de entrar triunfalmente no Egito, como haviam feito os romanos antigos. Ciano encontrou o Duce "de ótimo humor" (*di ottimo umore*). Mas, então, Hitler promoveu Rommel a marechal de campo, em um telegrama no qual a contribuição militar da Itália não foi reconhecida. Um Mussolini furioso e mesquinho logo promoveu o general Cavallero a marechal de campo como um *quid pro quo*.[102]

No final de junho de 1942, após o triunfo de Rommel em Tobruque, Mussolini voou para a Líbia. Ele pilotou o próprio avião, a fim de exibir sua virilidade. Uma segunda aeronave, que levava seu chefe de cozinha e barbeiro, caiu. Logo que o Duce chegou, a ofensiva do Eixo começou a paralisar. Mussolini ficou na Líbia durante três semanas e visitou hospitais de campanha e Tobruque. No entanto, ele não visitou a frente de batalha nenhuma vez, o que o adido militar alemão, Rintelen, que viajava com o Duce, observou com dureza. Em 20 de julho de 1942, o ditador fascista retornou para Roma, irritado com o moroso avanço da ofensiva. Ele deixou sua bagagem na Líbia, na esperança de logo retornar para comemorar uma vitória italiana. Suas malas ficaram por lá.[103]

VI

Como a guerra na frente oriental encontrava forte resistência por parte dos soviéticos, o número de vítimas alemãs aumentava vertiginosamente. Até março de 1942, mais de 1,1 milhão de soldados alemães, cerca de um terço das forças mobilizadas em 1941, haviam sido mortos ou feridos ou desapareceram em ação na frente oriental.[104] Esses reveses intensificaram ainda mais as tensões com a Itália, vista pelos alemães do alto escalão como um problema cada vez maior. Nesse contexto, diplomatas alemães e italianos sugeriram um encontro dos ditadores com o propósito de reafirmar o Eixo. Contudo, algumas autoridades permaneciam céticas quanto ao resultado de mais um encontro entre Mussolini e Hitler. Por exemplo, Alfieri escreveu para Weizsäcker no final de março de 1942, dizendo que um encontro não ajudaria a resolver tensões estratégicas. Na verdade, seria útil "por razões psicológicas gerais". Aí estava um diagnóstico astuto da verdadeira importância dessas reuniões de guerra. Seu principal objetivo não era a solução de problemas políticos, nem a coordenação da estratégia militar de Itália e Alemanha, mas sim a projeção de uma poderosa imagem do par de ditadores determinado a criar uma Nova Ordem.[105] Um arrogante Ribbentrop instruiu o embaixador alemão a impor aos italianos que tal encontro devia ser realizado no Schloss Klessheim, o imponente palácio barroco nas imediações de Salzburg, construído no século XVIII para os príncipes arcebispos de Salzburg e extravagantemente ornamentado para receber Mussolini e sua comitiva. Essa localização permitiria que o líder nazista chegasse rapidamente a seu quartel-general militar. Na verdade, Hitler, exausto com a condução da guerra, precisava de umas férias em Berghof.[106]

Mussolini, agindo como o estadista mais velho, inicialmente recusou-se a obedecer à ordem de Hitler de ir ao Reich. Mas este último logo adulou o Duce naquele que seria seu discurso final no Reichstag. Nele, o ditador nazista admitiu que a campanha alemã na frente oriental sofrera pesados reveses por causa do rigoroso inverno russo, supostamente mais gelado do que o de 1812, quando Napoleão fracassara em sua tentativa de conquistar a Rússia. Hitler chamou Mussolini de "um homem também invulgarmente abençoado" na batalha comum dos dois contra o "bolchevismo judaico". O Duce acabou concordando com a data proposta pelos alemães.[107]

Antes da partida para Salzburg, Mussolini reuniu os prefeitos em Roma para discutir sua preocupação com o fato de o regime estar perdendo controle em decorrência da crise de alimentos e das notícias das derrotas. A admissão pública de Hitler de que a Alemanha não teria condições de derrotar rapidamente a União Soviética havia chocado muitos italianos e aumentado a pressão sobre o regime fascista. Nessa atmosfera sombria, o Duce deixou Roma em 28 de abril de 1942, na companhia de Ciano, uma vez mais sem conhecer a agenda da reunião.[108]

Conforme a bem ensaiada rotina dos encontros dos ditadores, Hitler deu as boas-vindas a Mussolini, Ciano e sua delegação em uma estação ferroviária próxima a Salzburg e depois os acompanhou até o Schloss Klessheim. Já estavam distantes os dias dos encontros triunfantes envolvendo o público alemão e o italiano. De acordo com Goebbels, aquele encontro era apenas "um dos contatos regulares entre dois chefes de governo". Seguindo o padrão habitual, Hitler e Mussolini conversaram durante duas horas sem a presença de intérpretes. O resumo da conversa feito pelo líder fascista sobreviveu nos arquivos italianos. Ele considerava esse documento tão importante que o manteve guardado até sua morte, porque as atas sugerem que ele permaneceu passivo – dando a entender que fora Hitler o principal culpado pelo que saíra errado na guerra. O ditador nazista fez ao Duce um "relato emotivo e dramático" da campanha na Rússia.[109] Depois da conversa privada, as delegações se juntaram aos ditadores, e Hitler fez sua tediosa preleção habitual. A exemplo de ocasiões anteriores, Mussolini tinha pouco a dizer, exceto admitir que a Itália enfrentava uma profunda crise, com uma catastrófica escassez de alimentos. A ênfase na unidade encobriu uma discussão de problemas estratégicos graves. Entretanto, pela primeira vez em uma conversa com o Duce, Hitler foi obrigado a admitir algumas deficiências militares da Alemanha, já que a campanha na União Soviética ficara paralisada no inverno de 1941-1942. De fato, era necessário "um coração corajoso".[110]

Embora a atmosfera no Klessheim tivesse sido cordial, Ciano observou que "a cordialidade dos alemães é sempre inversamente proporcional à sua sorte". Ele percebeu também que Hitler tinha "muito cabelo branco", dadas as exigências da guerra sobre o líder nazista.[111] Nesse meio-tempo, Keitel e Cavallero mantiveram conversas separadas e, da mesma forma, inconclusivas. A exemplo dos encontros entre Hitler e Mussolini, essas reuniões serviam para manter a fachada do Eixo e produziam poucos resultados consistentes.[112] As conversas prosseguiram no dia seguinte no Berghof, cenário da humilhação do Duce pelo Führer no ano anterior. Hitler apresentou seu plano de atacar os britânicos em Malta, mas insistiu que primeiro eles precisavam ser derrotados no norte da África. No fim das contas, o plano do Eixo para invadir Malta fracassou. De acordo com as atas compiladas pelo Exército alemão, Mussolini não pronunciou uma única palavra. Entediado, não parava de consultar seu relógio. Sua passividade refletia a posição de debilidade da Itália.[113]

A cobertura do encontro por parte da imprensa foi muito mais assertiva do que depois dos encontros recentes entre Mussolini e Hitler, e reforçava as declarações sobre a solidez do Eixo em meio a tensões crescentes.[114] De fato, o *The Times*, a voz do sistema britânico que enfatizava as tensões dentro da aliança do Eixo, comentou o comunicado oficial, sobre a amizade e "irmandade em armas" ítalo-germânicas e expresso em uma linguagem vaga, dizendo que essa era uma estratégia dos italianos e dos alemães para dissipar rumores de que a Itália logo sairia da guerra.[115] A superioridade alemã sobre a Itália igualava-se a um sentimento cada vez maior entre os italianos do alto escalão de que a Itália precisava se afirmar diante do parceiro do Eixo. Um reflexo dessas tensões era a persistente falta de uma efetiva coordenação estratégica e militar, em marcante contraste com a coordenação feita pelo Combined Chiefs of Staff dos Aliados, estabelecido em 1942.[116]

VII

No final de junho de 1942, teve início uma nova ofensiva alemã. Tropas avançaram na direção do Cáucaso, região rica em campos de petróleo, e também da Crimeia e de Stalingrado. Em setembro de 1942, Alfieri recebeu notícias do avanço do Sexto Exército alemão, comandado pelo general Friedrich Paulus, em Stalingrado. Ele escreveu um telegrama para Hitler a fim de congratulá-lo pela queda de Stalingrado. Esse telegrama foi prematuro, pois os soviéticos, que haviam aumentado maciçamente a produção de armamentos e mobilizado mais de 1 milhão de soldados para enfrentar o Sexto Exército da Alemanha, logo cercaram as tropas do Eixo, incluindo um contingente italiano.[117]

No entanto, a ofensiva do Eixo na União Soviética levou alguns fascistas a acreditar que ainda poderiam vencer a guerra. A esse respeito, é particularmente digno de nota um relatório de Vidussoni sobre sua visita à Alemanha e à frente oriental no outono de 1942. Nesse relatório, escrito de acordo com a retórica fascista do sacrifício, em papel com o *slogan* fascista "Vencer" (*Vincere*) gravado em relevo, e endereçado a Mussolini,

Vidussoni alardeava que as tropas italianas na frente oriental tinham um notável espírito de batalha. Ele relatou também que os judeus estavam sendo "tratados com severidade", o que incluía o fuzilamento. Entretanto, ao contrário da propaganda, as relações dos soldados italianos com os alemães não eram "muito cordiais". O ponto alto do relatório de Vidussoni foi uma visita ao quartel-general de Hitler. Segundo Vidussoni, o Führer havia elogiado a contribuição italiana à campanha da frente oriental e transmitido seus mais calorosos desejos de boa fortuna ao Duce. Sem sombra de dúvida, foram declarações estereotipadas. Vidussoni expressou admiração pelo poder do partido nazista, poder este muito maior do que o do partido fascista. Mussolini deve ter acolhido com prazer o relatório, pois reafirmava sua ilusão de que a guerra podia ser vencida. Contudo, essas esperanças não encontravam respaldo na realidade, dada a estrutura constitucional da Itália, na qual o rei era o chefe de Estado e o partido estava efetivamente fundido com os órgãos do Estado. Sobretudo por causa dessa diferença fundamental entre a Itália fascista e a Alemanha nazista, Mussolini não tinha condições de levar adiante uma guerra mais efetiva e mobilizar a sociedade para os esforços de guerra.[118]

Embora a Itália estivesse muito longe de conquistar seu *spazio vitale* e a Alemanha sofresse pressão cada vez maior na frente oriental, a exibição de unidade persistia, e o fluxo de visitantes alemães a Roma e de italianos ao Reich não cessou. Assim, em 11 de outubro de 1942, Mussolini recebeu Himmler, um dos arquitetos do massacre de judeus então em andamento. Em um relatório para Ribbentrop, encaminhado a Hitler, Himmler fez um relato detalhado de sua audiência com o Duce. Ele encontrara o ditador gozando de boa saúde, o que reflete a preocupação dos líderes nazistas com o estado físico de Mussolini, um reflexo da convicção dos nazistas de que, sem o Duce, a Itália abandonaria a aliança. Depois de um breve bate-papo, a conversa se voltou para a campanha nazista contra os judeus. Intelectuais fascistas, como Giovanni Preziosi, havia muito tempo investiam contra os judeus, e o regime recém-intensificara suas campanhas antissemitas. (Por exemplo, na edição de setembro de 1942 de sua *Vita italiana*, Preziosi defendera uma solução total para o "problema judeu"). Himmler falou a Mussolini sobre a deportação em massa de judeus da Alemanha e dos territórios ocupados, mas, na linguagem eufemística própria do nazismo, não mencionou o extermínio em massa de judeus promovido pelos nazistas, afirmando, em vez disso, que os judeus morriam por não estarem habituados a um trabalho físico árduo, embora Himmler admitisse que muitos judeus, inclusive mulheres e crianças, haviam sido fuzilados em razão de sua suposta atividade guerrilheira. Mussolini estava de pleno acordo com essa estratégia.[119] De fato, ele apoiava integralmente o extermínio de judeus pelos nazistas. Em maio de 1942, o Duce já havia ordenado o expurgo de judeus da costa da Dalmácia, anexada pela Itália. Além disso, em agosto de 1942, ele concordara com a demanda alemã de confinar os judeus croatas na zona italiana de ocupação e entregá-los aos alemães ou ao Ustaše, o que significava deportação e morte.[120]

A partir do outono de 1942, as iniciativas partiam cada vez mais dos Aliados. Alguns números oferecem um indicativo da escala. Já em 1941, o PIB conjunto das potências aliadas era quase o dobro do das nações do Eixo. Ao longo de 1942, essa tendência se manteve e, em 1943, a disparidade havia aumentado a ponto de o PIB conjunto dos Aliados chegar a duas vezes e meia o dos países do Eixo. Em 1941, as forças combinadas do Eixo e dos Aliados (incluindo os Estados Unidos) contavam com cerca de 12 milhões de homens cada. Mas em 1942, sobretudo por causa da enorme mobilização do Exército Vermelho, as Forças Armadas aliadas tinham mais de 19 milhões de homens em armas, contra os 15 milhões de soldados que lutavam pelo Eixo. A diferença entre as forças dos Aliados e do Eixo continuou aumentando. Desse modo, em 1943, os Aliados tinham mobilizado mais de 25 milhões de homens, enquanto as forças do Eixo contavam com menos de 17 milhões. Dados esses fatores econômicos, seria extremamente difícil para o Eixo ganhar a guerra, e é tentador argumentar, sem defender uma interpretação econômica determinística, que Mussolini e Hitler cada vez mais tentavam conseguir algo que estava além de sua capacidade.[121]

Percebendo o decadente destino político de Mussolini, Hitler tornou-se ainda mais sentimental: qualquer coisa que não fosse emprestar apoio moral ao Duce e manter seus laços com ele contribuiria para aprofundar o enfraquecimento do Eixo.[122] Em outubro de 1942, na carta costumeira por ocasião do aniversário da Marcha sobre Roma, o ditador nazista expressou seu "indissolúvel vínculo com você e a conexão entre o movimento nacional-socialista e o fascista". Ele afirmou que desde o início dos anos 1920 fora um ardente admirador e seguidor do líder fascista, e reiterou sua convicção de que "dois homens e duas revoluções determinam a face da nova era", insistindo que as únicas diferenças entre eles eram "as circunstâncias das raças marcadas por sangue e história e o espaço vital determinado geopoliticamente". A despeito de todas as suas diferenças e das esferas estratégicas de interesse diversas, Hitler declarou que o suposto paralelo histórico de Itália e Alemanha uniria inevitavelmente os dois países, conduzidos "pela amizade de dois homens, que um dia viria a ser uma amizade histórica". Aqui, o Führer reiterava sua crença na importância de seu relacionamento com Mussolini e desejava passar a ele o sentimento de ser ainda um igual; mas, na verdade, como vimos, o Duce perdera havia muito tempo o poder de ação na Itália e em sua relação com Hitler. Contudo, o líder nazista desejava visitar Mussolini na Itália, mas, em decorrência da guerra, tal visita seria impossível, advertiu ele, sugerindo um encontro no passo do Brennero em novembro. A ordem implícita do Führer para que o Duce fosse encontrá-lo era mais uma expressão de sua superioridade.[123]

A pressão sobre o Eixo aumentou. Em 23 de outubro de 1942, apenas dois dias depois de Hitler enviar a carta a Mussolini, os britânicos, liderados por Bernard Montgomery, lançaram um ataque contra as forças de Rommel, conquistando a vitória em El Alamein. As forças de Rommel foram obrigadas a recuar com pesadas perdas de 30 mil homens. Mas isso não foi tudo: algumas semanas depois, os Aliados desembarcaram com mais de 60 mil homens na África do Norte francesa, o que representou uma importante guinada na campanha no norte da África.[124]

Quando os Aliados tomaram a iniciativa, forçaram o Eixo a recuar e despertaram esperanças no governo britânico de que a Itália logo seria derrotada. Churchill já havia afirmado em dezembro de 1941 que "o fogo deveria ser voltado contra a Itália". Assim, o bombardeio britânico sobre áreas da Itália começou de fato no final de 1942, após ataques anteriores em menor escala (em 1940 e 1941, haviam ocorrido apenas 119 ataques ao todo na Itália; e de janeiro até setembro de 1942, houve apenas um ataque contra civis, na cidade de Savona, na Ligúria, com 34 ataques a portos e bases da Força Aérea Real Italiana.[125] Esta não conseguira estabelecer defesas aéreas suficientes, e o regime não preparara abrigos e serviços de defesa civil suficientes. Portanto, o efeito dos bombardeios em larga escala do final de 1942 foi devastador, incluindo seis ataques a Gênova, sete a

Turim e um contra Milão, as principais cidades do triângulo industrial da Itália. Os bombardeios fizeram aumentar ainda mais o descontentamento popular e deixaram ainda mais exposta a ineficiência do regime.[126]

Alguns dos panfletos jogados pelos Aliados sobre as cidades culpavam diretamente a aliança de Mussolini com Hitler pela miséria da população italiana que sofria o bombardeio aliado. Esses panfletos chamaram a atenção do Ministério do Exterior alemão, para onde foram enviados pelos cônsules alemães, refletindo a preocupação com a falta de apoio popular dos italianos à aliança com a Alemanha. Durante um bombardeio de outubro de 1942 a Gênova, por exemplo, os britânicos jogaram um folheto no qual se via uma caricatura de Mussolini fazendo um discurso no terraço do Palazzo Venezia para tropas italianas que marchavam em direção à "Rússia, à Líbia e à morte". No desenho, o Duce é retratado como uma marionete de Hitler, que está puxando as cordas – uma representação perspicaz, embora exagerada, da natureza do relacionamento Mussolini-Hitler. Outro folheto, em um toque inteligente, afirmava que na Nova Ordem nazista os italianos ficariam no patamar mais baixo e receberiam menos ração do que praticamente qualquer outro povo na Europa. Os italianos estavam morrendo unicamente "para a glória de Mussolini e o benefício do Reich". Em suma, de acordo com o panfleto, uma vitória aliada era iminente, e seriam os italianos comuns que mais sofreriam.[127]

Tensões e a situação militar cada vez mais difícil dos dois países, com a Alemanha também submetida a severos bombardeios por parte dos Aliados, dificultavam outro encontro entre os dois ditadores. Boatos de negociações secretas de paz entre os italianos e os Aliados em Lisboa ajudaram a aumentar as tensões, embora líderes nazistas, como Ribbentrop, descartassem tais rumores, classificando-os de esforços anglo-americanos urdidos com o propósito de minar a aliança com a Itália. A partir de 1942, houve de fato algumas tentativas italianas, tanto de líderes militares, como Badoglio, quanto de líderes fascistas, como Grandi, então servindo como ministro da Justiça, de sondar a disposição dos britânicos para um acordo de paz em separado. No entanto, o governo britânico, especialmente o secretário do Exterior Anthony Eden, comprometido com uma rendição incondicional da Itália, não levou a sério essas iniciativas de paz, mesmo porque os britânicos esperavam que o fascismo implodisse de dentro para fora.[128]

Enquanto Hitler e o regime nazista ainda controlavam com mãos firmes a sociedade alemã, sobretudo porque se serviam de um bom equilíbrio entre várias formas de coerção, direta e indireta, por um lado, e da manutenção de um consenso superficial, por outro, o poder de Mussolini e do partido fascista, paralisado por uma pesada burocracia, começou a minguar ainda mais. O apoio cada vez menor ao regime, as crescentes tensões nas elites governantes italianas e o fracasso militar pareciam selar o destino de Mussolini. Com o aumento da pressão sobre o regime do Duce, o papel de Vittorio Emanuele III como fiador do Estado italiano tornou-se mais importante. O Vaticano, empresários proeminentes e a monarquia se tornavam, a cada dia, mais receptivos à ideia de colocar um fim no envolvimento da Itália na guerra. Contudo, esse foi um processo gradual.[129]

Em novembro de 1942, Ciano viajou para a Alemanha logo depois que os Aliados desembarcaram na África do Norte francesa, o que tornava uma invasão aliada da Sicília cada vez mais provável. Hitler recebeu Ciano, que representava o adoentado e cansado Mussolini, em seu escritório no quartel-general do partido nazista, adornado com um busto do ditador fascista. Ciano afirmou em diversas ocasiões durante a conversa que o Duce não tivera condições de estar lá, pois sua presença no quartel-general italiano era indispensável, uma variação da desculpa usada por Hitler para ordenar que Mussolini fosse a Salzburg em abril de 1942. A reunião foi realizada a pedido de Hitler para discutir a posição da França junto com Laval, apenas alguns dias depois de Mussolini ter dito ao embaixador alemão que a paz com a União Soviética e um acordo com a França teriam que ser alcançados logo. Para evitar um desembarque aliado na costa do sul da França, os alemães invadiram a França de Vichy em 11 de novembro de 1942. A Itália finalmente conseguiu ocupar a Córsega e a Savoia.[130]

No entanto, no final de 1942, era amplamente sabido que a Itália perderia a guerra, pois os Aliados cercavam as tropas do Eixo de ambos os lados no norte da África e lançavam um número cada vez maior de bombas sobre a Itália e a Alemanha. Essa opinião ficou clara no memorando de Bismarck para o Ministério do Exterior alemão. Bismarck havia conversado com um informante político italiano do alto escalão, que preferiu permanecer anônimo. Segundo o informante, todas as camadas da sociedade italiana acreditavam em uma derrota do Eixo. O Vaticano, acrescentou ele, esperava uma vitória anglo-americana, embora temesse um triunfo bolchevique. Ainda assim, declarou o informante, o rei apoiava o Duce, embora não tenha ficado claro se a corte continuaria a apoiar Mussolini caso a situação militar continuasse a se deteriorar. Surpreendentemente, como um lembrete para os alemães sobre a aliança militar com a Itália, o informante fez a sinistra previsão de que a Alemanha perderia a guerra se a Itália fosse derrotada.[131]

Em conexão direta com a probabilidade de uma derrota italiana, a autoridade do carismático Mussolini estava em declínio, assim como sua saúde. Nessa situação, o Duce, sofrendo de dores de estômago, recorreu à sua habitual retórica sobre a necessidade de renovação do dinamismo radical do fascismo. Em um discurso proferido em 3 de dezembro de 1942 à nova diretoria do partido fascista, ele falou abertamente sobre a situação crítica da Itália e comparou-a à crise de Matteotti. Todavia, as referências históricas de Mussolini e seus apelos à unidade não conseguiram desfazer a impressão de que seu regime fracassara em converter os italianos em uma classe de guerreiros.[132] No entanto, Goebbels escreveu em seu diário que ficou impressionado com o discurso franco de Mussolini, que disse esperar ansiosamente por uma luta mais dinâmica da parte dos italianos. Depois de ler os relatórios do SD sobre a recepção popular na Alemanha ao discurso do Duce, ele concluiu que o povo alemão ainda respeitava o ditador fascista, embora continuasse cético em relação às realizações do Exército italiano. Trata-se de uma típica internalização da ideia de que Mussolini era o elo indispensável do Eixo.[133]

Nessa atmosfera de cansaço de guerra por parte dos italianos e crescentes dúvidas dos alemães sobre a confiabilidade de seu principal aliado, Hitler de certa forma ordenou que Mussolini fosse ao seu quartel-general da Prússia Oriental. Em dezembro de 1942, o adoentado Duce, que não estava disposto a ser humilhado por Hitler, enviou Ciano em seu lugar, com a tarefa de pressionar os alemães a acabar com a guerra contra a União Soviética, a fim de liberar tropas para os Bálcãs e o norte da África. Ciano afirmou que o ditador nazista não queria realmente entrar "em discussões políticas gerais" com o Duce. Esse foi o sinal mais claro até então de que o relacionamento entre Mussolini e Hitler estava sob pressão. A ideia de Mussolini quanto a uma paz com a União Soviética não tinha respaldo na realidade, em razão das atrocidades em massa lá cometidas pelos alemães e da importância do projeto de espaço vital e dominação racial para os nazistas. A busca frenética do ditador fascista por uma paz separada no leste sugere que, para a Itália, a guerra contra a União Soviética tinha sido fundamentalmente instrumental, e não ideológica, apesar das atrocidades cometidas pelos italianos contra cidadãos soviéticos. A atmosfera no quartel-general de Hitler era deprimente, e Ciano, acostumado ao luxo, ficou incomodado com "a tristeza dessa floresta úmida e o tédio da vida coletiva nos quartéis de comando", sem mencionar "o cheiro da comida, dos uniformes e das botas".[134]

À beira de uma derrota militar, em especial quanto à situação tensa em Stalingrado e à crescente pressão sobre o Oitavo Exército italiano no rio Don, as conversas ítalo-germânicas foram realizadas pela primeira vez em uma atmosfera abertamente hostil. Assim, a delegação militar italiana culpou o planejamento alemão deficiente pelo ataque maciço ao Oitavo Exército, enquanto a delegação militar alemã acusava abertamente os italianos de minarem os esforços de guerra ao desertar para o lado soviético, colocando assim em risco o restante das tropas alemãs em Stalingrado. Hitler deu instruções diretamente à delegação italiana. Ele ordenou a Ciano que pedisse ao Duce para emitir um decreto proibindo os soldados italianos de desertar. Essa era uma ordem para um subordinado.[135] De acordo com relatórios sobre a opinião pública compilados pela polícia política, o senso de subordinação da Itália ao esforço alemão era palpável também entre os soldados rasos italianos. É emblemático nesse sentido um relatório de 23 de fevereiro de 1943, enfatizando que as tropas italianas no norte da África e na Rússia estavam se sacrificando "para cobrir a retirada alemã".[136]

Logo após a conclusão das conversas entre Ciano e Hitler, o Eixo sofreu outras derrotas. Trípoli, um símbolo do colonialismo italiano, tanto sob o Estado liberal como sob o Estado fascista, estava prestes a cair. Isso levou Bottai a especular, em janeiro de 1943, que Mussolini estava prestes a atingir um de seus objetivos. Antes da Primeira Guerra Mundial, época em que se destacara como um importante socialista, Mussolini protestara contra o avanço do primeiro-ministro Giovanni Giolitti na Líbia em 1911. O implacavelmente sarcástico Bottai acreditava que o *slogan* usado por Mussolini em 1911, "Fora da Líbia" (*Via della Libia*) era agora confirmado. Trípoli acabou caindo em 23 de janeiro de 1943.[137] E no início de fevereiro, o Sexto Exército alemão, sob comando do general Paulus, finalmente se rendeu aos soviéticos, embora Hitler tivesse proibido expressamente uma retirada ou uma rendição. Paulus foi feito prisioneiro pelos soviéticos, juntamente com menos de 100 mil soldados alemães sobreviventes.[138]

Ao perceber que a guerra não poderia ser vencida em um curto espaço de tempo, Itália e Alemanha reagiram de maneiras diferentes ao desastre militar. Na Alemanha, os nazistas intensificaram os combates, com Goebbels declarando "guerra total" em fevereiro de 1943. Essa guerra teria que ser lutada até a vitória total, e a Alemanha não deveria render-se de forma alguma. Aumentou drasticamente a repressão nazista contra aqueles considerados párias da comunidade ou forasteiros sociais. Na Itália, o regime fascista simplesmente passou a se desintegrar cada vez mais em meio a essa série de derrotas, à intensificação dos bombardeios aliados e ao descontentamento popular; ao contrário, o regime nazista, cada vez mais repressivo, conseguia manter o controle da sociedade, apesar do crescente descontentamento popular sentido também na Alemanha. As greves da Fiat em Turim nos meses de março e abril de 1943, a primeira ação industrial de grande escala na Europa do Eixo, revelaram que o regime fascista havia perdido o controle sobre a população.[139] No entanto, é incerto se essas greves realmente ameaçaram o regime. O que importa em nosso contexto é que, para Hitler, o fato de o regime fascista não ter conseguido reprimir as greves expôs ainda mais a fraqueza de Mussolini.[140]

Em meio a essa situação crítica, o Duce, a fim de imprimir ao regime um ímpeto radical, intensificou sua retórica agressiva e demitiu o chefe de polícia, Carmine Senise e o secretário do partido, Vidussoni. Mas esses eram gestos de desespero.[141] Além disso, a fim de manter a impressão de infalibilidade e projetar a imagem de um homem determinado e inflexível, Mussolini substituiu Cavallero por Vittorio Ambrosio como chefe do estado-maior. No dia 6 de fevereiro de 1943, em outro gesto extremo, o líder fascista demitiu do gabinete políticos proeminentes que julgava insuficientemente favoráveis aos alemães, entre eles Bottai, Grandi e Ciano. À propaganda alemã restava pouco a fazer além de dar à reestruturação a fachada de uma "concentração de forças", por exemplo, no *Rom Berlin Tokio*, o principal periódico da propaganda do Eixo, publicado em alemão, italiano e japonês.¹⁴² Ciano, por quem Hitler, de longa data, não tinha simpatia, foi nomeado embaixador na Santa Sé. Essa nomeação foi vista como uma poderosa abertura para negociações de paz com os Aliados. A reestruturação do gabinete, a exemplo das substituições de embaixadores realizadas anteriormente, e que tinham sido um importante indicativo das vicissitudes das relações ítalo-germânicas, deu a Hitler e Goebbels a breve e falsa segurança de que Mussolini havia tomado as rédeas outra vez.¹⁴³

No entanto, com o regime fascista à beira da derrota e sob crescente pressão doméstica, nazistas do alto escalão começaram a expressar mais abertamente suas opiniões hostis sobre Mussolini. Tais opiniões haviam sido de certo modo silenciadas na esteira da ordem emitida pelo Führer em fevereiro de 1941, proibindo declarações que pudessem melindrar o Duce. Cada vez mais, o doente ditador italiano era visto pelos líderes nazistas como um peso morto. Goebbels, por exemplo, ameaçou em seu diário que, se a Itália negociasse um armistício separado com os Aliados, Mussolini não teria como esperar qualquer espécie de misericórdia. A preocupação com a possibilidade de, sem o Duce, a Itália abandonar a aliança com a Alemanha era palpável e alimentada por demandas mais autoconfiantes dos italianos no sentido de repatriar os trabalhadores baseados na Alemanha para servirem aos esforços de guerra da Itália.¹⁴⁴

VIII

Mussolini e Hitler não se encontravam desde abril de 1942. Por sua vez, Roosevelt e Churchill se encontraram novamente em janeiro de 1943 em Casablanca, onde discutiram seu plano para combater a Alemanha até sua rendição incondicional, embora, na verdade, os britânicos e os americanos nem sempre concordassem sobre estratégia. Até mesmo o ácido Goebbels reconheceu, com relutância, o impacto extremamente poderoso da reunião Roosevelt-Churchill sobre a opinião internacional.¹⁴⁵ Em virtude da falta de reuniões em meio aos reveses militares, o relacionamento Mussolini-Hitler tinha perdido muito de seu apelo. Em março de 1943, Bismarck fez uma avaliação do relacionamento entre os ditadores, culpando Mussolini por seu fim:

> Também no passado, ele evitou levantar questões de princípio nos diversos encontros com Hitler, e é improvável que faça isso agora. Hitler não pensa nem fala sobre outros assuntos senão os militares, e esse não é um palco favorável para Mussolini. Não se pode dizer que Hitler não cometeu e [ainda não comete] erros, mas ele acabou se tornando competente em assuntos militares. Mussolini permaneceu um amador.[146]

Além da falta de experiência em questões militares, o real motivo para a passividade do Duce em seus encontros com o ditador nazista era a frágil posição da Itália e a ilimitada autoconfiança de Hitler, que beirava a arrogância.[147]

Embora houvesse garantias de que a Itália continuaria sendo um aliado fiel, vale investigar mais detalhadamente a formulação dessas declarações. Por exemplo, quando Giuseppe Bastianini, o novo subsecretário de Estado no Ministério do Exterior, assegurou a Ribbentrop em Roma, no início de março de 1943, que a Itália manteria sua aliança com a Alemanha, ele insinuou que seu país estaria pronto para considerar outras opções. O lado italiano abordou também a ideia de outro encontro Duce-Führer, dessa vez em uma rodada mais ampla com a participação de outros representantes do Eixo, como forma de contrapropaganda à conferência de Casablanca. Hitler recusou, pois tal encontro solaparia os anos de propaganda de unidade e amizade.[148]

Com a maré se voltando cada vez mais contra o Eixo, Hitler continuou a se entregar a reminiscências históricas sobre as origens do nazismo em uma carta a Mussolini escrita em 16 de fevereiro de 1943, que Ribbentrop anotara como "privada". O ditador nazista começava com uma nota pessoal, expressando sua preocupação com a saúde precária do Duce, "porque, afinal, os Estados são governados e, portanto, preservados pelos homens, e não o contrário". Ele alertou o Duce de que uma repetição de 1918, quando a Alemanha teria sido supostamente golpeada pelas costas pelo bolchevismo judaico, deveria ser evitada a qualquer custo. A Alemanha nazista mobilizaria todos os alemães para a guerra total. Hitler pressionou Mussolini a fazer o mesmo na Itália, a fim de evitar a "destruição e [...] aniquilação" da "cultura europeia". O ditador alemão queria se encontrar com o Duce em Klessheim o mais rapidamente possível, e, refletindo sua superioridade, nem sequer se ofereceu para ir à Itália.[149] Adotando a típica retórica fascista, Mussolini assegurou ao líder nazista que a Itália estava disposta a fazer mais sacrifícios. Em tom pessoal, ele agradeceu os comentários gentis de Hitler sobre seus problemas de saúde, mas afirmou que tais enfermidades eram menores em comparação com aquelas causadas pelos plutocratas e pelos judeus. Em um estilo próprio, tendo internalizado a ideia de seus encontros com Hitler, ele concordou que a situação militar deveria ser discutida em uma reunião pessoal.[150]

Além dessas trocas superficialmente amigáveis, o governo alemão adotou uma postura mais agressiva em relação ao aliado italiano, estabelecendo a base para o apontamento sistemático da Itália como bode expiatório dos insucessos militares alemães. Mais precisamente, aí se desenvolveu o mito de que o resgate da Itália no Mediterrâneo pela Alemanha havia exaurido mão de obra e recursos alemães e, portanto, impedido uma célere vitória alemã sobre a União Soviética em 1941. Assim, Ribbentrop se queixou a Alfieri, em 8 de março de 1943, de que o corpo de oficiais italiano, não acatando as ordens do Duce, era responsável pelo medíocre desempenho militar da Itália e, por extensão, pela declinante sorte da aliança do Eixo.[151]

Na superfície, as conferências entre os dois ditadores mantinham a propaganda de unidade e amizade. Uma vez mais, o local da cúpula confirmava a superioridade alemã, e é notável que Hitler não tenha mais ido à Itália desde que ela perdera o ímpeto na guerra. A reunião, simbolicamente marcada para 24 de março de 1943, um dia após o aniversário da fundação das *Fasci di combattimento*, precisou ser reagendada por solicitação de Mussolini em virtude da ofensiva anglo-americana na Tunísia.[152] Um diplomata alemão previu corretamente que, ao contrário do período preparatório para os encontros anteriores, o Duce não levantaria dessa vez questões de princípio, dada a profunda crise política e militar da Itália.[153]

A exemplo dos encontros anteriores entre Hitler e Mussolini durante o período de guerra, com exceção da visita que fizeram à frente de batalha oriental, essa reunião foi realizada em uma atmosfera relativamente secreta, sem qualquer anúncio propagandístico. Contudo, os organizadores alemães mantiveram a exibição de amizade e unidade. Observadores ficaram surpresos com o abatimento físico dos dois ditadores. Ambos pareciam exaustos. De fato, era tal o estado de debilidade de Mussolini que ele foi acompanhado de seu médico e precisou permanecer um dia a mais em Klessheim para descansar.[154]

Refletindo sua convicção de que Mussolini era insubstituível, Hitler orientou seu médico particular, dr. Theo Morell, a examinar o Duce, que sofria de úlcera, sugerindo que os médicos italianos do ditador fascista eram incompetentes. Goebbels, bem informado sobre os movimentos do líder nazista, registrou em seu diário que a atmosfera era boa e Hitler contara a Mussolini "tudo [...] que ele pretendia fazer".[155] Himmler deveria ajudar o Duce a criar divisões especiais a fim de suprimir qualquer dissidência dentro da Itália. Compostas por milicianos que haviam combatido na União Soviética, essas divisões "M" deveriam se tornar o equivalente italiano da SS. Mas nem esses planos conseguiram estabilizar o regime de Mussolini.[156]

Com o propósito de projetar a imagem de que as relações ítalo-germânicas eram mais estáveis do que nunca, o cenário no Schloss Klessheim foi ainda mais imponente do que em 1942. O palácio fora ostensivamente redecorado com tapeçarias, pisos de mármore e tapetes caros. Em todas as portas estavam postados guardas de honra da SS, que batiam os calcanhares quando os membros da delegação passavam.[157] Não há registros diretos das conversas entre Hitler e Mussolini. Em seu relato sobre o encontro de Klessheim, F. W. Deakin baseou-se em entrevistas com Bastianini e nas memórias pós-guerra escritas por este último. Contudo, essas fontes foram eclipsadas pela tentativa de Bastianini de se dissociar após a guerra da aliança com os nazistas.[158] Em vez delas, sobreviveram as interceptações feitas pela inteligência britânica de telegramas enviados para Tóquio pelo *chargé d'affaires* japonês em Roma. De acordo com essas interceptações, Mussolini e Hitler "mantiveram cinco conversas a sós, com duração de dez horas. Eles não seguiram nenhum programa formal". O elevado número de conversas pessoais era incomum, em razão da crise militar da Itália e do fato de os dois líderes perceberem que seus destinos estavam inseparavelmente ligados entre si. De fato, o diplomata japonês afirmou: "A Itália não tem outro caminho senão combater até o fim ao lado da Alemanha".[159]

Ainda que o adoentado Mussolini tenha abordado o tema das negociações de paz com a União Soviética – a única maneira, acreditava ele, de acabar com a guerra em várias frentes –, faltava-lhe poder para confrontar Hitler abertamente. Bastianini desenvolvera um plano para uma frente de

Estados europeus em uma Nova Ordem, que, ele esperava, persuadiria Hitler a concordar em negociar a paz com os soviéticos. Esse plano liberaria as forças italianas para enfrentar britânicos e americanos no Mediterrâneo. Com tal projeto, Bastianini esperava unir Estados do Eixo como Bulgária e Hungria em apoio à Itália, que era afinal a primeira nação fascista e que poderia, diante de uma provável derrota, pelo menos reivindicar a autoria e, assim, a liderança da Nova Ordem. Na verdade, a Nova Ordem, fortemente rivalizada pela Carta do Atlântico e pela resolução tomada pelos Aliados em Casablanca de lutar até a rendição incondicional do Eixo, era desde muito tempo um dos temas favoritos dos intelectuais fascistas e nazistas. Apesar de alguns acordos básicos sobre a necessidade de criar uma nova estrutura geopolítica para a Europa, a ideia da Nova Ordem não conseguiu aliviar as tensões entre Itália e Alemanha. Depois disso, Hitler ridicularizou as ideias de Bastianini, classificando-as de "completamente frágeis" (*stinkfaul*) e mais uma evidência do derrotismo italiano.[160]

A despeito das tensões, o habitual comunicado oficial destacou a "total concordância do Eixo na condução da guerra". Goebbels havia editado o texto, pois acreditava que os comunicados emitidos após os encontros Hitler-Mussolini anteriores tinham sido estereotipados demais. Além disso, o governo italiano discordara da redação. Por ordem de Bastianini, o tom do comunicado foi suavizado, pois uma declaração contundente sobre a Nova Ordem provavelmente não impressionaria o público italiano que vivia a experiência da guerra.[161] Ademais, observadores dos Aliados ressaltaram o tom defensivo do comunicado e enfatizaram a sorte declinante da aliança ítalo-germânica. O Instituto Real Britânico de Relações Internacionais, compilando notícias publicadas pela imprensa do Eixo, foi ainda mais longe e diagnosticou inúmeras dissonâncias estratégicas entre Itália e Alemanha sobre a futura forma da Europa. O resumo citava as discordâncias a respeito das origens da Nova Ordem: a Itália, na qualidade de regime mais antigo entre os dois, reivindicava para si a autoria da invenção.[162]

Em uma profecia autorrealizável, as agências da propaganda do Reich afirmaram que o povo alemão ficara impressionado com a visita de Mussolini. Até mesmo o sentimento de aversão aos italianos havia supostamente desvanecido. Relatórios do SD ecoaram as atitudes anti-italianas de seu autor: muitos alemães ficaram preocupados com a longa duração da cúpula, pois, para eles, isso refletia a grave situação militar. O SD citou também típicas opiniões contrárias aos italianos, incluindo aquelas que reclamavam do "fracasso total do parceiro do Eixo". Outras citações diziam: "O Führer precisou uma vez mais falar duramente com o Duce".[163]

A despeito das tensões crescentes, restavam aos dois regimes poucas opções a não ser manter a aparência do Eixo, por exemplo, por meio da habitual troca de telegramas entre o rei, Mussolini e Hitler no aniversário deste último.[164] Na verdade, para o ditador nazista, a relação Hitler-Mussolini perdera sua natureza especial em vista da série de derrotas da Itália, uma vez que ele também recebia líderes de outros países do Eixo, como Hungria e Romênia, refletindo o interesse dos alemães na manutenção de suas alianças militares.[165]

IX

Mussolini, sofrendo com as fortes dores causadas por seu problema de estômago, proferiu um discurso veemente em 5 de maio de 1943 no terraço do Pallazo Venezia, aniversário do anúncio da vitória sobre a Etiópia, e afirmou que "os sacrifícios de sangue desses tempos difíceis serão compensados pela vitória". Ao saber do discurso do Duce, temperado com a retórica usual sobre a qualidade transformadora da guerra, Goebbels, concordando com sua própria propaganda, acreditou que o encontro com Hitler havia revigorado o líder fascista.[166] Porém, as esperanças de Goebbels por uma recuperação militar foram logo desfeitas, quando os importantes portos de Túnis e Bizerta caíram poucos dias mais tarde. Nem mesmo a mobilização de aviões alemães para ajudar os italianos no norte da África, objeto de um desesperado apelo de Mussolini em um telegrama enviado a Hitler em 30 de abril, pôde sanear a situação militar da Itália.[167] Em 13 de maio de 1943, terminava com uma rendição a aventura africana do Eixo. Ao menos 275 mil soldados alemães e italianos foram feitos prisioneiros de guerra pelos Aliados. Uma invasão aliada do sul da Itália parecia cada vez mais provável. Nesse contexto, o Vaticano procurou saber a opinião do rei e pediu a ele que sugerisse a Mussolini um acordo de paz separado. O Duce recusou, pois a paz era a mais completa contradição ao fascismo.[168]

À medida que o regime fascista se desintegrava, as relações ítalo-germânicas tornavam-se cada vez mais tensas. Por exemplo, em 18 de maio de 1943, Ribbentrop orientou o embaixador alemão a investigar os rumores de que os soldados alemães tinham sido proibidos de usar seus uniformes em Roma.[169] De fato, já estava sendo posto em prática o planejamento militar alemão para o caso de um golpe contra Mussolini depois da queda de Túnis em meados de maio, com Rommel assumindo a responsabilidade por um grupo do Exército.[170]

As tentativas de manter publicamente o ímpeto do Eixo foram ofuscadas pela hostilidade. Uma análise da carta de Hitler para Mussolini, datada de 19 de maio de 1943, revela que já estavam longe os dias das trocas de correspondência com manifesta exibição de amizade, mesmo em tempos de guerra. Na carta, o ditador nazista investia contra o Comando Supremo, "que ignora completamente a situação [...] agora". Embora o Führer termine a carta com a habitual expressão "mais cordiais saudações", a irritação mal disfarçada com os generais italianos era palpável. Para Hitler, Mussolini não era o principal responsável pelo caos militar. Em vez de culpar o Duce, ele culpava o corpo de oficiais e a monarquia. A carta do líder nazista era tão agressiva que Rintelen, encarregado de fazê-la chegar ao Duce, perguntou a Berlim se deveria de fato entregá-la.[171]

Mussolini sabia que seu destino estava intimamente ligado à situação militar. Assim, no início de julho de 1943, prevendo uma crescente pressão política e um possível ataque contra o Duce, um escritório da polícia especial vinculado à presidência do Conselho de Ministros emitiu um memorando secreto com planos detalhados para o reforço dos esquemas de segurança tanto para o gabinete de Mussolini no Palazzo Venezia como para sua residência particular na Villa Torlonia.[172] Como se já não fosse suficiente a escalada da pressão sobre o regime fascista, foi a invasão aliada da Sicília que expôs mais dramaticamente o fato de que os dias do domínio do fascismo sobre a Itália e a Europa estavam contados. Na noite de 9 de julho, os Aliados desembarcaram na Sicília com 1.800 armas de artilharia, 600 tanques e 181 mil homens. Os 28 mil soldados alemães e 175 mil italianos, com 57 mil soldados de apoio, pouco puderam fazer para conter o avanço dos Aliados. O próprio Hitler ordenou que o Exército alemão assumisse a liderança militar na Sicília, o que contribuiu para aumentar as tensões na aliança ítalo-germânica. O desembarque dos Aliados desencadeou solicitações desesperadas dos italianos por maior apoio militar da Alemanha. Hitler ficou furioso e acusou a liderança do Exército italiano de covardia e deslealdade. Embora Hitler prometesse a Mussolini que enviaria mais tropas alemãs para a ilha, ele falou abertamente que a guerra estaria perdida se as forças italianas não lutassem com mais afinco. No dia 17 de agosto, os Aliados alcançaram o Estreito de Messina e chegariam facilmente à península italiana e, portanto, ao continente europeu.[173]

Não causava surpresa a iminente derrota da Itália. O regime fascista, com sua política de coerção e consenso baseada em recompensa e punição, nunca conseguira mobilizar totalmente a população e a economia para um conflito prolongado. A produção de armamentos dá uma boa ideia desse ponto. Por exemplo, entre 1940 e 1943, a Itália produziu menos 11 mil aviões, comparados com os 25 mil produzidos na Alemanha, 26 mil na Grã-Bretanha, 35 mil na União Soviética e 86 mil nos Estados Unidos só no ano de 1943. Nesse aspecto, é também surpreendente que o Estado italiano não tenha mobilizado totalmente os homens para lutar nas Forças Armadas. Entre 1940-1943, havia aproximadamente 4,5 milhões de soldados em uma população de 43 milhões de italianos, em comparação com os 5,2 milhões mobilizados entre 1915-1918 de uma população total de 36 milhões de italianos.[174]

No final, os reforços alemães não foram enviados, demonstrando a preocupação de Hitler e do general marechal de campo Albert Kesselring, responsável pelas tropas alemãs na Itália (*Oberbefehlshaber Süd beim italienischen Oberkommando*), de que os Aliados logo desembarcariam na própria península. Além disso, as tropas alemãs estavam fortemente envolvidas nos outros teatros de guerra. Os dias de amizade tinham ficado para trás.[175]

O domínio de Mussolini na Itália estava chegando ao fim. À medida que os Aliados intensificavam os bombardeios contra a Itália, a propaganda fascista traçava uma imagem sombria. O *Il Popolo d'Italia* advertiu em sua primeira página em 25 de julho de 1943 que "os ingleses pretendem exterminar os italianos".[176] Mas tais histórias não produziam impacto algum sobre a maioria dos italianos, pois já era tarde demais para evitar o avanço aliado. Com o dramático desdobramento dos eventos, nem Mussolini nem os editores responsáveis poderiam ter previsto que essa seria a edição final do emblemático jornal fascista.

Como a situação militar tornava-se desesperadora, fascistas do alto escalão sondaram o rei sobre a possibilidade de demissão de Mussolini de seu cargo de primeiro-ministro. A despeito do fato de os arquivos privados da Casa de Savoia ainda não estarem abertos para os historiadores, os diários de Paolo Puntoni, ajudante do Exército do monarca, publicados depois da guerra, sugerem que o rei, havia muito tempo, demonstrava má vontade para destituir o Duce. O principal interesse de Vittorio Emanuele era salvaguardar a monarquia e sair da guerra, mas ele não procurava restaurar o Estado liberal.[177] É provável que o rei tenha apenas retirado seu apoio a Mussolini quando aumentou a pressão da elite fascista sobre o Duce, embora um gabinete alternativo comandado pelo marechal Badoglio estivesse aguardando para assumir.[178] Em virtude da escalada da pressão, não restava a Mussolini outra opção senão convocar o Grande Conselho do Fascismo pela primeira vez desde 1939. Líderes políticos e militares estavam diante de um grande dilema. Uma coisa era substituir o Duce, mas esse movimento, simultaneamente a um armistício italiano com os Aliados, provocaria duras represálias dos alemães.[179]

Antes da reunião do Grande Conselho, agendada para 24 de julho de 1943, Mussolini foi obrigado a se encontrar com Hitler. Com apenas um dia de antecedência, como Alfieri mais tarde lembrou, foi marcada uma reunião para o dia 19 de julho, deixando pouco tempo para preparativos. O próprio Alfieri teve que viajar rapidamente de Berlim para a região norte da Itália em um avião emprestado do adido aéreo italiano.[180] O líder nazista não estava no melhor dos humores, pois a ofensiva alemã contra os soviéticos nas proximidades de Kursk tinha fracassado, depois daquela que foi uma das maiores batalhas de tanques em toda a guerra.[181] Por ordem de Hitler, a liderança militar alemã havia se preparado para a eventualidade da queda do fascismo. Inicialmente concebidas como operações destinadas a repelir os Aliados na nova frente meridional, esses cenários permitiriam que os alemães atuassem de forma decisiva na ocorrência de tal evento.[182]

O fato de Hitler ter ido à Itália – pela primeira vez desde sua breve viagem a Florença no início da desastrosa campanha italiana na Grécia – conferiu prestígio a Mussolini. Um detalhe merece atenção na cerimônia de boas-vindas oferecida ao ditador nazista no aeroporto de Treviso. O avião de Hitler chegou alguns minutos mais cedo e, portanto, fez um sobrevoo de espera para garantir uma aterrissagem pontual. Mesmo durante uma severa crise, o protocolo diplomático devia ser mantido. Quando a delegação italiana questionou a delegação alemã sobre esse evento, o embaixador Mackensen fez um gracejo, dizendo que o avião estava programado para aterrissar às 9 h, um lembrete implícito da confiabilidade e eficiência dos alemães em oposição ao desleixo italiano.[183]

De Treviso, as delegações viajaram de trem até Belluno, fazendo de carro, num verão escaldante, o trajeto final até a Villa Gaggia, próximo a San Fermo (e não Feltre como afirmam erroneamente alguns relatos), um local escolhido por sua beleza, mas, sobretudo, por seu isolamento e segurança contra os ataques aéreos dos Aliados. Mais tarde, Mussolini resumiu a atmosfera do encontro em suas notas autobiográficas, nas quais procurava se eximir de culpas. Ele queixou-se de que os diplomatas, obcecados pelo protocolo, haviam alongado de forma desnecessária a reunião, que poderia tranquilamente ter sido realizada no aeroporto de Treviso. Isso sugere que o Duce perdera o controle sobre seus diplomatas.[184]

Mussolini, Ambrosio e Bastianini foram superados em número por Hitler e sua comitiva, que incluía diplomatas e autoridades militares. Isso criou uma atmosfera intimidadora. De acordo com as atas alemãs, Hitler iniciou quase imediatamente um longo monólogo sobre a guerra, "uma luta pelo destino da Europa". O Duce estava sentado passivamente em uma poltrona, com as pernas cruzadas, quando Hitler deu início a uma preleção sobre estratégia de guerra e a necessidade de uma "repressão enérgica" na frente doméstica. Finalmente, o ditador nazista lamentou: "O que aconteceu agora na Sicília não pode se repetir!". Mais uma vez, ele culpou a ineficiente liderança italiana pela invasão e lembrou à delegação da Itália que a Alemanha havia fornecido um apoio considerável. O Führer repetiu que os soldados italianos deveriam lutar com maior determinação; caso contrário, mais nenhuma tropa alemã seria enviada para a Sicília. Mussolini não teve coragem de confrontar Hitler com seus planos para um acordo de paz separado com a União Soviética. Essa foi uma oportunidade perdida.[185] Durante o monólogo de Hitler, um mensageiro entrou na sala da conferência e entregou um bilhete a Mussolini: Roma estava sendo bombardeada pelos Aliados, um extraordinário triunfo para eles e uma enorme derrota para o regime italiano, sobretudo para Mussolini, que legitimara seu domínio por meio do culto à *romanità*.[186] Como se nada houvesse ocorrido, Hitler, sem qualquer tato, prosseguiu sua palestra sobre a superioridade do Exército alemão. O protocolo prescrevia almoço, finalmente interrompendo as invectivas do ditador nazista. Alfieri afirma em suas memórias do pós-guerra, colocando toda a culpa sobre Mussolini, que ele e Bastianini haviam falado longamente com o Duce na tentativa de persuadi-lo a confrontar Hitler, uma proposição que o exausto Mussolini rejeitara.[187]

Enquanto Mussolini e Hitler conferenciavam em San Fermo, o papa Pio XII visitou a área operária de San Lorenzo, em Roma, que fora alvo de um bombardeio particularmente pesado. A aparição do papa, realçada por clamorosos aplausos, revelou que o fascismo havia perdido o poder, fato evidenciado ainda mais pela ausência do Duce. Inicialmente, as delegações não quiseram emitir um comunicado oficial, mas Goebbels insistiu que tal texto somaria algum – muito necessário – prestígio a Mussolini. No final, os alemães publicaram um comunicado de uma linha, dizendo que Hitler e Mussolini haviam se encontrado no norte da Itália para discutir a situação militar. O Ministério da Cultura Popular da Itália fez uma declaração ligeiramente mais longa sobre a reunião e, ao mesmo tempo, orientou os editores a evitar relatos sobre a visita do papa às áreas bombardeadas de Roma.[188]

X

Depois de retornar do norte da Itália, o ditador fascista continuou conduzindo suas atividades como de costume. Ele apresentou-se devidamente ao rei em 22 de julho de 1943. Supostamente, o monarca lhe disse que ele deveria renunciar: no entanto, isso é improvável, pois Mussolini sempre contara com o apoio do rei, apesar da série de derrotas militares da Itália. Contudo, a pressão vinda de dentro da liderança fascista logo se mostraria decisiva para a situação do Duce. Fascistas proeminentes, sobretudo Grandi, Bottai e Ciano, planejavam destituí-lo do cargo e haviam sondado o rei antes da reunião do Grande Conselho do Fascismo. Grandi havia apresentado uma moção apelando à unidade nacional, efetivamente pedindo a deposição de Mussolini. Antes da reunião, o adido militar alemão reportara a Berlim que a maioria dos italianos havia perdido a esperança em uma vitória do país. Rintelen previra que, na reunião do Grande Conselho, fascistas do alto escalão pressionariam Mussolini a assumir um papel mais decisivo. Seu prognóstico não poderia ter sido mais impreciso.[189]

Na tarde quente de 24 de julho, o Grande Conselho se reuniu na Sala do Papagaio do Palazzo Venezia (*Sala del Pappagallo*). A reunião começou mais cedo do que de costume, porque Mussolini esperava uma longa discussão. Ele começou com um discurso extenso em que criticou os líderes do Exército por decepcioná-lo. Os generais Emilio De Bono e Cesare Maria De Vecchi, dois dos *quadrumviri* da Marcha do Fascismo sobre Roma, defenderam incisivamente o Exército contra tais acusações. Nessa atmosfera inflamada, Grandi culpou a proximidade de Mussolini com Hitler como uma das principais razões para a terrível situação da Itália e a crise do fascismo. Dezenove membros do Grande Conselho votaram a favor da moção de Grandi, que pedia ao rei para retomar seus poderes constitucionais. Tratava-se de um apelo implícito pela demissão de Mussolini. Houve apenas oito votos contra, de fascistas radicais como Farinacci, e uma abstenção.[190]

Como o poder do Grande Conselho do Fascismo era meramente consultivo, o Duce não acreditou que a votação teria consequências sérias. Assim, ele retornou para casa, a fim de descansar um pouco, e voltou ao Palazzo Venezia pela manhã. Na tarde de 25 de julho, o rei recebeu Mussolini para uma audiência de rotina. Significativamente, o Duce estava usando um traje civil, seguindo uma recomendação da equipe do rei. Como se o código de vestimenta tivesse uma conotação política mais profunda, o rei dispensou Mussolini depois de quase 21 anos no exercício do cargo de primeiro-ministro; ele já havia nomeado o marechal Badoglio como sucessor do Duce. Depois da audiência, Mussolini foi preso e levado de ambulância para um quartel. Assim foi a queda sem *glamour* de um ditador que fizera da exibição um instrumento fundamental de seu exercício de poder. Tarde da noite, Badoglio anunciou pelo rádio a mudança do regime. Ele afirmou que a guerra continuaria. A tática de Badoglio refletia o temor italiano de represálias alemãs pela segunda "traição" da Itália na história recente, conforme observou Ernst von Weizsäcker, o novo embaixador alemão no Vaticano.[191]

Os diários do professor de direito florentino antifascista Piero Calamandrei oferecem um relato vívido da recepção ao anúncio de Badoglio. Calamandrei passava a noite na companhia de amigos e familiares, desfrutando de cigarros e licor, quando ouviu no rádio a notícia da queda de Mussolini. O medo da reação de Hitler imediatamente toldou sua alegria com o fim do fascismo: "Hitler sabe que sua posição pessoal será enfraquecida com a queda do cúmplice".[192] Em 26 de julho de 1943, os jornais publicaram declarações de Badoglio e do rei, este último insistindo que Mussolini havia oferecido sua renúncia. Tinha início uma campanha para deslegitimar o Duce.[193]

Em toda a Itália, algumas pessoas deram vazão à sua raiva acumulada contra o fascismo, destruindo estátuas de Mussolini e saqueando os escritórios do partido fascista, enquanto outras desabafavam sua ira contra a Alemanha. Mas a revolta não terminou aí. Só em Milão, de acordo com uma investigação fascista realizada em 1944, 10 supostos ou verdadeiros membros do movimento fascista foram mortos, 100 feridos, 1.200 desalojados de suas casas e 4.765 demitidos do emprego. Para os fascistas, a súbita queda de seu regime, que tinha, pelo menos até certo ponto, guiado seus valores, suas normas e sua vida cotidiana, foi um pesado golpe e provocou uma crise de identidade.[194]

Mas a ampla maioria dos italianos ficou aguardando mais informações. Maria Carazzolo comemorou a notícia da queda de Mussolini com seus amigos e familiares. Seu tio serviu vinho Marsala para celebrar a ocasião. Ela escutara rumores de que uma multidão havia saqueado uma agência bancária local e destruído bustos do Duce. Maria, a exemplo de outros tantos italianos, também temia sobremaneira as consequências da mudança de regime: "Mas amanhã, como será amanhã?". Refletindo um sentimento semelhante, Magda Ceccarelli De Grada, em Milão, embora acolhesse com satisfação a notícia da queda de Mussolini do poder, manteve-se reservada e preocupada, pois acreditava que Badoglio teria dificuldade para abandonar a aliança de guerra com a Alemanha.[195] O regime autoritário de Badoglio não demorou a implementar um toque de recolher e reprimir ações de greve. Ele desejava acabar com aquela guerra desastrosa, mas sabia que isso provocaria represálias alemãs e a ocupação da Itália. As negociações de paz com os Aliados coincidiram, assim, com promessas feitas aos alemães de que a Itália continuaria marchando como um aliado do Eixo.[196]

A desorganizada queda de Mussolini foi um grande golpe para Hitler, que durante anos afirmara que seu destino estava inextricavelmente ligado ao do Duce. Ademais, a aliança com a Itália, baseada em seu relacionamento pessoal com Mussolini, tinha sido um projeto emblemático do nazismo, e Hitler suspeitava que a Itália logo abandonaria o Eixo, deixando a Alemanha vulnerável a um ataque dos Aliados a partir do sul.[197] Nesse momento, embora a liderança nazista tenha levado algumas horas para entender o que realmente acontecera na Itália, aumentaram as articulações dos estereótipos anti-italianos predominantes no comando nazista. Hitler e Goebbels também temiam que a notícia da queda de seu antigo ídolo, que estivera no poder por quase 21 anos, encorajaria os antinazistas na Alemanha a conspirar contra o regime.[198]

A fim de discutir a crise italiana, Hitler, em um estado de espírito violentamente sórdido, reuniu os membros de seu séquito em seu quartel-general na Prússia Oriental. A queda de Mussolini não era a única crise com a qual o líder nazista precisava lidar. Além dos reveses do Eixo na Sicília e na União Soviética, o bombardeio em massa realizado pelos britânicos a Hamburgo, uma das mais severas séries de ataques aéreos da guerra contra a Alemanha, que custou as vidas de 34 a 40 mil pessoas, deixara ainda mais exposta a vulnerabilidade militar alemã e começara a minar a frente doméstica. Tendo como base planos elaborados meses antes pelas Forças Armadas alemãs, Hitler determinou a ocupação de Roma, incluindo o Vaticano, assim como a prisão do rei e do novo governo de Badoglio. De fato, antecipando as planejadas represálias, o Ministério do Exterior alemão solicitou à embaixada em Roma uma lista de trinta proeminentes autoridades italianas conhecidas por sua notória posição contrária à Alemanha.[199]

No entanto, nem a ocupação nem as prisões foram levadas adiante, pois teriam complicado ainda mais a situação, em especial se o Vaticano fosse invadido pela Alemanha. Em vez de fazer isso, Hitler tirou proveito da difícil posição de Badoglio, que não tinha como se voltar contra a Alemanha, pois isso significaria a imediata ocupação da Itália pelos alemães. Assim, o Exército alemão, cuja presença na Itália fora incrementada desde o verão, começou a enviar reforços para lá. A justificativa para essa medida era uma suposta ajuda ao novo governo italiano. Os alemães não encontraram resistência por parte do Exército italiano. Naquele momento, ao contrário de Hitler, autoridades militares alemãs proeminentes, como o marechal de campo Kesselring, acreditavam que Badoglio e o Exército italiano honrariam a aliança com Alemanha.[200]

Em meio a essa situação caótica, agora que as máscaras haviam caído depois do inglório fim da demonstração de unidade e amizade com a Itália, Hitler fez a Goebbels um relato detalhado de sua real opinião sobre a aliança com Mussolini. De acordo com o ditador nazista, o povo alemão nunca apoiara totalmente a aliança com a Itália e era "demasiadamente italófobo", uma admissão de que a propaganda nazista sobre a aliança com a Itália havia fracassado. Para Hitler, o Duce fora deposto por um grupo de personalidades não confiáveis, sobretudo Ciano, que teriam supostamente atuado em conjunto com o Vaticano e a desprezível monarquia. O regime de Badoglio era fraco e apoiado apenas por "judeus e a escória", embora Goebbels acreditasse que ele conseguiria estabelecer uma ditadura autoritária, apoiada pela monarquia. Hitler afirmou que um novo governo fascista deveria ser instaurado pelos alemães, e que o governo italiano não ofereceria resistência. Desse modo, ele ordenou os preparativos para a libertação de Mussolini e a prisão das elites políticas e militares italianas contrárias à Alemanha. Himmler chegou até mesmo a forçar astrólogos aprisionados pelos nazistas a localizar Mussolini (cujo paradeiro era secreto) por meio de pêndulos, ações que beiravam a idiotice.[201]

A fim de minimizar o impacto da deposição de Mussolini sobre o moral do povo alemão, a imprensa alemã foi instruída a relatá-la com sobriedade, como uma mudança no governo italiano, conforme observou o *The Times*.[202] Se essa estratégia tinha o objetivo de assegurar aos alemães que a guerra ainda poderia ser vencida após a queda do principal aliado de Hitler, ela fracassou. Relatórios do SD revelaram rumores que circulavam na Alemanha de que a queda de Mussolini logo conduziria ao fim da guerra. De acordo com o SD, algumas pessoas chegavam mesmo a culpar Hitler por ter dedicado demasiada energia à amizade com Mussolini, cuja consequência fora a desastrosa situação militar. Assim, a Itália era colocada como bode expiatório dos infortúnios militares da Alemanha.[203]

Se mudarmos o foco dos nazistas para os Aliados, fica claro que a deposição de Mussolini conferiu um grande dinamismo à campanha aliada. Em 27 de julho de 1943, Churchill, invocando sua teoria de "um homem só" e reforçando o clima de aversão aos alemães que imperava na Itália, sugeriu que, depois da queda de Mussolini, o novo governo italiano deveria libertar-se do jugo alemão e unir-se aos Aliados, para evitar que a península italiana fosse destruída completamente por uma guerra brutal.[204]

Nesse meio-tempo, Mussolini fora levado à ilha de Ponza, anteriormente usada para confinamento de antifascistas. Hitler logo fez um gesto público que expressava sua consternação pela situação do Duce. No sexagésimo aniversário de Mussolini, em 29 de julho de 1943, o ditador nazista lhe enviou uma coletânea das obras de Nietzsche, um presente anunciado pela imprensa alemã no momento em que a dissolução do partido fascista e de suas organizações era anunciada na Itália. Um relatório do SD afirmou que pelo menos alguns membros do partido nazista tinham sido tranquilizados pela notícia desse presente, que era uma demonstração da lealdade de Hitler, implicitamente superior à deslealdade italiana.[205] No entanto, algumas autoridades da liderança nazista, refletindo sua atitude ambivalente, reconheceram o fim de Mussolini. Assim, um artigo de primeira página do *Völkischer Beobachter*, o qual também marcava o sexagésimo aniversário do Duce, mais parecia um obituário adulatório ao ex-ditador.[206]

Depois da reunião de 1941 no Berghof, que marcara o fim da guerra paralela, a sorte militar da Itália decaiu ainda mais, e o regime de Mussolini logo entrou em uma grave crise. A dependência italiana em relação ao Terceiro Reich aumentou, mas a demonstração de unidade e amizade fundamentada na aliança Mussolini-Hitler continuava sendo o símbolo mais forte do Eixo, embora a propaganda da aliança ítalo-germânica mudasse ao sabor das vicissitudes da própria aliança. Até 1942, o Eixo, dominado pelos alemães, estava prestes a dominar o mundo. Com as sucessivas derrotas da Itália, que culminaram com a invasão aliada da Sicília, cada vez mais os italianos do alto escalão, incluindo fascistas proeminentes, começaram a se distanciar da aliança com a Alemanha. A guerra tinha sido um ponto central da ideologia e da prática do fascismo, e não foi somente Mussolini que cultivou a aliança com a Alemanha, mas também um grupo mais amplo das elites italianas. O Eixo não era sólido. Ele carecia de uma base estratégica e ideológica e foi comprometido por estereótipos contra a outra nação que se avultaram na Itália e na Alemanha. Para Hitler e a liderança nazista, bem informados como estavam a respeito da crise doméstica do fascismo, a figura de Mussolini fora fundamental para o esforço de guerra, e mais ainda depois da virada da maré em 1942-1943, quando a Alemanha começou a perder o ímpeto nos combates. A convicção de que a Itália só permaneceria no Eixo se Mussolini estivesse no comando era largamente difundida na liderança nazista. As implicações da derrubada do ditador fascista para o povo da Europa, em especial da Itália, seriam dramáticas.

8

O APAGAR DAS LUZES
1943-1945

I

A queda de Mussolini foi uma das mais profundas crises de legitimidade que o regime nazista enfrentou desde sua origem, em 1933, visto que a propaganda nazista alardeara com persistência a mensagem de que a Itália de Mussolini era o principal aliado da Alemanha. A atitude de Hitler em relação ao novo governo italiano caracterizou-se por um misto de hostilidade e desprezo. Quando, poucos dias depois de ser nomeado primeiro-ministro, Badoglio enviou um telegrama ao ditador nazista com a promessa de que a Itália continuaria lutando ao lado da Alemanha, este último não respondeu, pois não estava disposto a negociar com o homem que ele acusava de ter golpeado Mussolini pelas costas. No entanto, a fim de manter a fachada do Eixo, ele recebeu o general Luigi Efisio Marras, o adido militar italiano. Um tenso e desconfiado Führer advertiu Marras das graves consequências para a Itália caso ela abandonasse a aliança com o Terceiro Reich. Embora as conversas tenham sido inconclusivas, cumpre observar que Hitler perguntou a Marras sobre a saúde e o paradeiro de Mussolini. Ele exigiu que o ex-ditador italiano fosse bem tratado, em uma ameaça implícita ao novo governo italiano.[1] Além disso, o líder nazista orientou Georg von Mackensen a solicitar uma audiência com o rei, que, assim esperava ele, permitiria que o embaixador visitasse Mussolini.[2]

Vittorio Emanuele III temia represálias alemãs. Assim, em um gesto de falsa cortesia, ele recebeu Mackensen poucos minutos antes do horário oficial agendado. O rei, que apoiava negociações secretas para um armistício com os Aliados, temia que os nazistas libertassem Mussolini caso descobrissem seu paradeiro; portanto, alegou que não sabia onde o ex-Duce era mantido.[3] Embora rejeitasse uma reunião com o rei na Itália, Hitler sinalizou que estaria disposto a se encontrar com o monarca, com o príncipe herdeiro e com Badoglio juntos. O plano do Führer era prendê-los em retaliação pela deposição de Mussolini, mas o governo italiano, com sagacidade, decidiu postergar tal encontro indefinidamente.[4]

Aumentou a pressão alemã sobre o novo governo italiano para que ele honrasse a aliança com o Terceiro Reich. No final de julho de 1943, como vimos anteriormente, tropas alemãs vinham se infiltrando na Itália, aumentando assim os contingentes alemães já presentes na península. Algumas dessas tropas entraram na Itália através do passo do Brennero, o local de tantas reuniões entre Hitler e Mussolini. O Comando Supremo italiano havia mobilizado tropas italianas na fronteira alemã, provocando uma situação extremamente tensa; e, no final de agosto de 1943, tropas alemãs foram postadas até mesmo do lado italiano da estação ferroviária do Brennero.[5] Com efeito, durante as semanas posteriores à queda de Mussolini, a Alemanha mostrou-se decidida a converter a Itália em um absoluto Estado vassalo, tendo enviado divisões alemãs na direção da península e estabelecido assim os alicerces para uma ocupação no caso de um armistício italiano com os Aliados. O governo italiano ficou impotente, mas ainda proferiu a acusação de que "um certo lado alemão preparava um golpe contra o governo de Badoglio". Ribbentrop, furioso, instruiu a embaixada alemã a rejeitar enfaticamente essas acusações. O tom agressivo dessas trocas diplomáticas não era um bom presságio para o futuro das relações ítalo-germânicas.[6]

Após o colapso de sua exibição propagandística ao lado de Mussolini, Hitler já não tinha necessidade de continuar a demonstração de unidade e amizade entre seus seguidores. Em conversa com Otto Meissner, chefe da Chancelaria Presidencial (*Chef der Präsidialkanzlei*) e, anteriormente, do gabinete do presidente do Reich sob os presidentes Friedrich Ebert e Paul von Hindenburg, o ditador nazista lamentou que, após retornar de sua primeira reunião com Mussolini em junho de 1934, ele não tivesse ouvido o conselho de Hindenburg sobre Mussolini e a Itália: "O velho infelizmente tem razão com sua experiência e sabedoria!".[7] Da mesma forma, Hitler disse a Goebbels que Mussolini fora, afinal de contas, um ditador fraco e era o único culpado pela própria deposição. Ele não seguira a sugestão de Hitler de eliminar a monarquia e cultivar um séquito leal entre outros líderes fascistas. Repetindo um clichê bem conhecido, o líder nazista acrescentou que Mussolini fora vítima de uma conspiração da aristocracia internacional. O príncipe de Hesse era um traidor particularmente maligno segundo Hitler, que efetivamente o colocou em prisão domiciliar.

O objetivo de Hitler de reempossar o ex-Duce cristalizou-se. A prioridade do ditador nazista era defender a Alemanha na nova frente aberta no sul da Europa após o desembarque Aliado na Sicília. Foi por essa razão que ele continuou expressando, de maneira característica, sua admiração por Mussolini, elogiando-o "como o único romano deste tempo, que, infelizmente, não encontrou um povo digno", referindo-se, ao mesmo tempo, com desprezo ao populacho italiano. Mesmo assim, considerações estratégicas importavam mais para Hitler do que a restauração de seu suposto amigo; ele anunciou também que a Alemanha anexaria o Tirol do Sul, que servira de garantia para uma aliança com Mussolini.[8] Dessa forma, de acordo com um relatório que chegou às mãos da equipe pessoal de Himmler no início de agosto, o governo italiano começara a perder o controle sobre a população germanófona, enquanto as tropas da Alemanha marchavam através da região. Quando os tiroleses do sul, fortemente encorajados pelas autoridades alemãs, aplaudiam as tropas, na esperança de que elas desalojassem o Exército da Itália, as autoridades italianas começaram a reprimir os germanófonos, aumentando as profundas tensões dentro da aliança ítalo-germânica, que, sem Mussolini, continuava a existir apenas nominalmente.[9]

Embora as esparsas evidências que sobreviveram a respeito da opinião pública alemã tivessem sempre sugerido um amplo ceticismo em relação à aliança com a Itália, agora os relatórios do SD diagnosticavam um sentimento de aversão aos italianos ainda mais forte. Ainda que o contínuo bombardeio aliado contra as cidades do país fosse o principal motivo de inquietação para a maioria dos alemães comuns, muitos deles acreditavam que a Itália estava de joelhos. Alguns chegavam até mesmo a comparar Badoglio com o príncipe Max von Baden, o último chanceler do Reich Imperial antes da revolução de novembro de 1918. Tais comparações eram, sem dúvida alguma, um completo anátema para os nazistas, e ajudam a explicar a atitude radical da liderança nazista em relação à Itália pós-fascista. Embora Hitler e os nazistas tivessem anteriormente buscado a aliança com a Itália de Mussolini independentemente da opinião pública alemã, agora que a maré da guerra havia virado, eles estavam mais do que nunca determinados a manter o povo alemão sob controle.[10]

A despeito do fato de as relações ítalo-germânicas, depois da deposição do Duce, terem ficado mais tensas do que nunca, os dois lados asseguravam um ao outro, seguindo o clichê habitual, que manteriam a aliança, no mesmo momento em que continuavam as negociações secretas do governo italiano para um armistício com os Aliados. No entanto, a exibição de amizade e unidade entre italianos e alemães, tão fortemente vinculada a Mussolini e Hitler, chegara ao fim. Uma manifestação particularmente perspicaz dessa situação singular foi o encontro de Ribbentrop com seu novo congênere italiano, Raffaele Guariglia, em Tarvisio, na fronteira entre Itália e Alemanha, em 6 de agosto de 1943. Uma análise mais minuciosa da reunião revela a profunda transformação das relações ítalo-germânicas. Antes de cruzar a fronteira e entrar na Itália, guardas da SS armados se juntaram ao trem de Ribbentrop. Todos os documentos secretos alemães haviam sido deixados na Alemanha, pois Ribbentrop, influenciado por uma teoria da conspiração, temia que o novo governo italiano pudesse sequestrá-lo e vazar os documentos para os Aliados. Ao contrário dos encontros anteriores, a delegação italiana não recebeu os convidados alemães com a saudação fascista. Ademais, contrastando com os encontros de Hitler e Mussolini no período de guerra, nenhum comunicado oficial foi emitido. Na verdade, a atmosfera estava tensa, beirando a hostilidade, o que não indicava bons prognósticos para o futuro. Por exemplo, quando questionado sobre o paradeiro de Mussolini, Guariglia respondeu que o governo italiano fora obrigado a prendê-lo como forma de proteção "contra o ódio do povo italiano". No final, o ministro do Exterior da Itália falou rispidamente à delegação alemã que a situação de Mussolini era *"um assunto que não dizia respeito à Alemanha"*.[11]

Com o relacionamento Hitler-Mussolini em frangalhos, Churchill e Roosevelt, que se reuniram no final de agosto de 1943 no Quebec para coordenar o esforço de guerra dos Aliados, começaram a ser vistos como símbolo das crescentes esperanças de que os Aliados levassem a melhor na guerra contra o Eixo.[12] Como o governo italiano temia que os alemães pudessem raptar Mussolini, ele foi transportado através da Itália. Depois de ser mantido em Roma e Ponza, o ex-ditador foi levado, em agosto de 1943, para La Maddalena, uma ilha ao largo da ponta norte da Sardenha. Tratava-se de um local simbólico, já que alguns dos inimigos políticos do fascismo tinham sido confinados lá. La Maddalena fica também perto de Caprera, a ilha onde Garibaldi passara muitos anos de sua vida, às vezes se retirando por completo da política. Foi em La Maddalena que Mussolini finalmente recebeu os volumes de Nietzsche enviados por Hitler. Enquanto a guerra seguia intensa, com mais bombardeios aliados sobre cidades italianas, o ex-Duce começou a escrever um relato sobre sua queda do poder e registrou algumas reflexões filosóficas e políticas a fim de moldar seu próprio legado político, mais tarde publicadas como *Pensieri pontini e sardi* (*Pensamentos pontinhos e sardos*). Finalmente, em 28 de agosto de 1943, enquanto representantes do governo Badoglio negociavam o armistício com os Aliados em Lisboa, Mussolini foi transferido para o Campo Imperatore, um refúgio de esqui no maciço montanhoso do Gran Sasso. Nesse meio-tempo, o governo de Badoglio orquestrou uma campanha de imprensa com o propósito de aniquilar o culto ao Duce. Jornais como o *Corriere della Sera*, por exemplo, publicaram detalhes chocantes do caso amoroso de Mussolini com Clara Petacci, erodindo a imagem do heroico Duce.[13]

II

No dia 3 de setembro de 1943, enquanto Mussolini era mantido no Gran Sasso, o general Giuseppe Castellano assinou o armistício em Cassibile, na Sicília, no mesmo dia em que os Aliados desembarcaram na Calábria, na península italiana. Em 8 de setembro, a despeito de negações anteriores dessas negociações por parte dos italianos, Guariglia informou ao novo enviado alemão, Rudolf Rahn, sobre o armistício. Rahn imediatamente esbravejou: "Esta é uma traição da palavra empenhada". Guariglia rejeitou o termo "traição" e insistiu que o povo italiano havia lutado até o limite de suas forças. Rahn, marcando a ruptura completa das relações diplomáticas, saiu furiosamente do gabinete de Guariglia sem sequer parar para se despedir. Em uma carta endereçada a Hitler, Badoglio justificou o armistício como inevitável para a Itália, já que ela não tinha mais condições de lutar. O líder nazista não respondeu por escrito, mas sim na forma de uma maciça retaliação militar, como veremos.[14]

De imediato, os italianos reagiram com uma mistura de alívio e preocupação. Em Milão, por exemplo, Magda Ceccarelli De Grada escutara em um café rumores sobre o armistício, e vira alemães e italianos brindando a ele. Contudo, seus sentimentos de alegria foram acompanhados do medo de uma invasão alemã: "Mas os alemães? Hitler, o Brennero?". Na pequena cidade de Maria Carazzolo, perto de Pádua, os sinos da igreja badalaram em comemoração. Mas logo a alegria deu lugar ao medo da reação alemã.[15]

Vamos fazer aqui uma pausa momentânea e analisar o significado mais amplo do armistício. Para alguns historiadores italianos, entre eles De Felice e Ernesto Galli Della Loggia, que escreveram na década de 1990, a nação italiana morreu em 8 de setembro de 1943. Sob o ponto de vista do início dos anos 1990, após o colapso do consenso político italiano do pós-guerra, tal interpretação era atraente para historiadores italianos da direita, pois eles tentavam deslegitimar o consenso antifascista da República Italiana; e isso em um momento no qual o magnata das comunicações Silvio Berlusconi, pela primeira vez na Itália do pós-guerra, incluíra o neofascismo em sua coalizão de governo. No entanto, é errônea a interpretação do armistício como a "morte da pátria", pois a Itália já havia perdido sua independência muito antes de 8 de setembro de 1943, em razão da fatídica aliança do fascismo com a Alemanha nazista.[16]

Na época, Churchill e Roosevelt compartilhavam da opinião de que a Itália havia muito deixara de ser verdadeiramente independente. Em uma mensagem conjunta enviada a Badoglio em 10 de setembro de 1943, eles alertaram o governo italiano sobre a brutal reação alemã:

> Hitler, por meio de seu cúmplice Mussolini, levou a Itália à beira da ruína. Ele conduziu os italianos a campanhas desastrosas nas areias do Egito e na neve da Rússia. Os alemães sempre abandonaram as tropas italianas no campo de batalha, sacrificando-as desdenhosamente a fim de cobrir seu próprio

método de retirada. Agora, Hitler ameaça sujeitar todos vocês às crueldades que está perpetrando em tantas outras nações.[17]

Após a proclamação do armistício, autoridades e soldados alemães deram vazão ao sentimento de aversão aos italianos que haviam sido obrigados a reprimir durante todo o tempo em que a Itália permanecera uma aliada. Por exemplo, obedecendo a ordens de Hitler, os adidos militares italianos na Alemanha foram presos em seu trem de repatriamento, em clara violação de sua imunidade diplomática.[18] De forma mais significativa, a Wehrmacht, em uma ação facilitada por sua já maciça presença na península, passou a ocupar de modo formal a Itália e encontrou relativamente pouca resistência por parte de um Exército italiano exausto e desmoralizado, de fato despojado de liderança. Pois, no dia 9 de setembro de 1943, o rei, Badoglio e seu governo, abandonaram Roma e embarcaram em um navio perto de Pescara, o qual os levou para Brindisi, ainda mantida pelo Exército italiano.

A fuga do rei criou um vácuo de poder, já que somente em 11 de setembro o Exército italiano recebeu instruções claras de que os alemães eram agora os inimigos.[19] O caos, a confusão e a incerteza sobre o futuro imediato lançaram uma sombra escura sobre a vida de todos os italianos. Com exceção da região sul da Itália, já ocupada pelos Aliados ou prestes a ser ocupada por eles, a península, incluindo Roma, o símbolo mais potente do Estado-nação italiano, caiu sob a ocupação alemã; e só o Vaticano e a pequena República de San Marino permaneceram independentes. Em todas as outras regiões – no sul da França, nos Bálcãs e no norte e centro da Itália –, o Exército alemão deu aos soldados italianos a opção de continuarem lutando ao lado dos alemães, ou serem desarmados e confinados na Alemanha. Dos 3.488.000 soldados italianos, apenas pouco mais de 1 milhão foram desarmados pelos alemães. Ordens brutais do Alto Comando da Wehrmacht não tardaram, refletindo o ódio pelos "traidores italianos". Ao todo, entre 7.000 e 12.200 oficiais, oficiais não comissionados e soldados comuns italianos foram mortos pelo Exército alemão na esteira do armistício.[20] Apenas algumas tropas italianas, na Itália e no exterior, obedeceram ao vago pedido de resistência de Badoglio contra os alemães. Na ilha de Cefalônia, ocupada pela Itália desde 1940/1941, a feroz resistência italiana contra os alemães em meados de setembro de

1943 provocou maciças represálias alemãs, que deixaram pelo menos 6 mil soldados italianos mortos.[21]

Em obediência a essas ordens rigorosas, cerca de 600 mil soldados italianos foram levados para a Alemanha. Lá, o *status* de prisioneiros de guerra lhes foi negado e eles ficaram conhecidos como "presos militares". Um relatório do SD datado do final de dezembro 1943 citava com aprovação as opiniões hostis de vários alemães em relação aos italianos, chamados desdenhosamente de "suínos de Badoglio". O relatório citava também as queixas de um trabalhador segundo a qual, até 8 de setembro de 1943, qualquer crítica à Itália teria equivalido a um "insulto estatal" (*Staatsbeleidigung*). Um lojista de Stuttgart, citado pelo SD, foi ainda mais longe em sua condenação racista dos italianos ao compará-los aos judeus. Embora o grau de conhecimento do povo alemão quanto ao assassinato em massa dos judeus seja objeto de controvérsia, as observações do lojista de Stuttgart sugerem que os italianos tinham de ser tratados como seres sub-humanos passíveis de assassinato, se necessário.[22]

Embora saudados pela economia de guerra alemã como trabalhadores adicionais, os "presos militares" foram submetidos a um tratamento atroz por parte das autoridades alemãs e de muitos civis, refletindo a convicção nazista de que a Itália havia traído o Terceiro Reich. Na hierarquia dos trabalhadores estrangeiros, os presos militares italianos eram frequentemente colocados abaixo até dos soviéticos. Uma breve análise das condições de saúde dos presos militares italianos forçados a trabalhar na fábrica da Krupp, em Rheinhausen, ilustra os sistemáticos maus-tratos a que eles eram submetidos. Nesse local, em março de 1944, em decorrência da alimentação insuficiente, um quarto dos presos não teve condições de trabalhar.[23]

Mas os problemas não terminavam aí. No total, entre o armistício e o fim da guerra, cerca de 24 mil civis foram presos e deportados para prisões e campos de concentração na Alemanha. Quase metade deles morreu na Alemanha, onde foram colocados nos patamares mais baixos da hierarquia dos prisioneiros. Uma ilustração ainda mais vívida do tratamento abjeto dispensado pelos nazistas aos italianos são as taxas de mortalidade. No campo de concentração de Mauthausen, na Áustria, por exemplo, a taxa de mortalidade geral era de 50,48%, mas, para os italianos, esse número era de 55%.[24]

A principal preocupação de Hitler, além de garantir a ocupação militar da Itália, era descobrir o paradeiro de Mussolini, pois ele não deveria cair nas mãos dos Aliados. Em vez disso, o Duce lideraria um novo regime italiano que legitimaria a efetiva ocupação alemã da península. Em 10 de setembro de 1943, o ditador nazista e Goebbels conversaram sobre suas opiniões a respeito da Itália e de Mussolini. Eles deixaram de lado as máscaras pró-Mussolini. Goebbels, um dos arquitetos da propaganda em favor dos italianos desde os anos 1930, admitiu, reveladoramente, que o povo alemão, ao contrário da liderança nazista, sempre fora cético em relação a uma aliança com a Itália. A propaganda nazista havia fracassado. Para Goebbels os italianos eram, afinal de contas, "um povo de ciganos". Ele admitiu que os nazistas haviam cometido um erro enorme ao buscar a aliança com a Itália "por questões ideológicas".[25]

No mesmo dia, após uma longa hesitação, dada a simultânea intensificação dos bombardeios aéreos dos Aliados contra áreas da Alemanha, Hitler falou via rádio para o povo alemão, que esperava ansiosamente uma explicação de seu líder sobre a "traição" de seu principal aliado. Goebbels e Göring tiveram de forçar o ditador nazista a fazer o discurso, sobretudo porque ele estava indeciso quanto à sua estratégia militar.[26] Nessa transmissão radiofônica, o Führer apontou diretamente o rei, Badoglio e a liderança do Exército como traidores. Eles já teriam minado a autoridade de Mussolini em ocasiões anteriores e, supostamente, impedido que ele entrasse na guerra em setembro de 1939. A fim de manter sua credibilidade, Hitler eximiu enfaticamente Mussolini de qualquer culpa e chamou-o de "amigo", antes de expressar "compreensão [...] pelas extraordinárias dificuldades domésticas enfrentadas pelo Duce", "o mais eminente filho do solo italiano desde o colapso do mundo antigo". A afirmação do líder alemão de que "o colapso da Itália significa pouco militarmente", dada a debilidade do Exército italiano, refletia sua estratégia de apelar para os populares estereótipos de aversão aos italianos de seu público. O *Völkischer Beobachter* chegou a acusar Badoglio de uma "tentativa fracassada de golpe pelas costas", uma referência à poderosa lenda bem conhecida da maioria dos alemães. De acordo com um relatório do SD, o discurso de Hitler foi bem recebido pelo povo alemão. Agentes do SD escutaram algumas pessoas dizerem "No futuro, os italianos só poderão ser vistos como vendedores de castanha [*Maroniverkäufer*] ou condutores de burros", sugerindo que o povo italiano deveria ser tratado severamente no futuro, dada a traição de seu governo à Alemanha.[27]

A vingança alemã contra a Itália era a ordem do dia. O vitriólico sentimento de aversão aos italianos levou Goebbels a declarar que "os italianos perderam qualquer direito a ser um Estado-nação do tipo moderno por causa de sua deslealdade e traição. Eles devem ser severamente punidos, como exige a lei da História". O tom punitivo de Goebbels foi acompanhado por uma severa repressão militar e política a supostos elementos antigermânicos na Itália. Nesse sentido, foi a Alemanha, e não a Itália, que traiu o outro país por meio de repressão e vingança brutais.[28] Territórios que estiveram sob o domínio dos Habsburgos até o final da Primeira Guerra Mundial passaram a ser controlados pelos alemães. Desse modo, o Tirol do Sul, o Trentino e Belluno tornaram-se a Zona Operacional dos Montes Alpinos (*Alpenvorland*) e foram colocados sob o controle do *Gauleiter* do Tirol, Franz Hofer, enquanto as províncias orientais da porção norte da Itália, entre elas Gorizia, Údine, Trieste e Ístria, foram submetidas ao domínio *de facto* de Friedrich Rainer, *Gauleiter* da Caríntia, como Zona Operacional do Litoral Adriático (*Adriatisches Küstenland*). Essa enorme humilhação em nada melhorou a reputação dos alemães entre a população cansada da guerra.[29]

Refletindo os processos decisórios frequentemente caóticos e competitivos do Terceiro Reich, a elite nazista estava dividida quanto aos planos para a Itália sob ocupação alemã. Surgiram duas amplas facções na policracia nazista, a rede de instituições e indivíduos do partido e do Estado "trabalhando para o Führer" e competindo entre si por seus favores.[30] A liderança da Wehrmacht, por exemplo, em função de suas experiências de ocupação militar em outros locais da Europa, defendia uma ocupação formal da Itália, uma estratégia que intensificaria o seu poder e viabilizaria a exploração da economia italiana para o esforço de guerra alemão, ao mesmo tempo facilitando as operações militares contra os Aliados. O Ministério do Exterior, por outro lado, era favorável à manutenção da independência formal da Itália e de sua administração como a de um Estado satélite, para que as outras instituições alemãs fossem obrigadas a submeter ao Ministério todas as suas transações com a Itália, aumentando, assim, o poder deste no regime nazista.[31]

Hitler manteve sua habitual rotina irregular de trabalho e não dava ordens claras, o que reflete sua crença de que os indivíduos e as instituições mais fortes acabariam por prevalecer. Em 10 de setembro de 1943, ele nomeou Rahn "plenipotenciário do Grande Reich Germânico no Governo Nacional Fascista". Rahn, um diplomata de carreira que adquirira experiência como gestor de crise em outros países ocupados pelos nazistas e desempenhara um papel importante na deportação de judeus da França para a Alemanha nazista, recomendou que Hitler controlasse a Itália por meio de um "domínio indireto", semelhante à forma pela qual, acreditava ele, os britânicos estavam administrando a Índia. Assim, Rahn sugeriu delegar às instituições italianas o maior poder possível, pois isso aumentaria o prestígio do novo governo italiano e pouparia grande esforço aos alemães, uma vez que não precisariam exercer tanta repressão. No entanto, a Wehrmacht logo recebeu de Hitler uma ordem contraditória, concedendo autoridade suprema na Itália ao marechal de campo Kesselring e a outros comandantes militares. Previsivelmente, tal atitude gerou atritos entre o Exército e outras instituições alemãs. Por exemplo, a Organização Todt, de Albert Speer, uma organização paramilitar e de engenharia notória pelo uso de trabalho forçado, e Fritz Sauckel, *Gauleiter* da Turíngia e plenipotenciário do Reich para alocação de mão de obra, determinaram impiedosamente a exploração da economia e da mão de obra italianas para o esforço de guerra alemão, em total conflito com a SS. Essa competição constante conduziu a uma radicalização das políticas de ocupação alemãs, pois a competição pelos favores de Hitler levaram a uma "radicalização cumulativa" das instituições do Estado, do Exército e do partido, todas tentando dominar a Itália – com efeitos devastadores.[32] Não existe ilustração mais radical da natureza da ocupação alemã da Itália do que esta grave estatística compilada pelo historiador militar alemão Gerhard Schreiber: todos os dias entre setembro de 1943 e maio de 1945, em média, 160 italianos de todas as idades, homens e mulheres, morreram em consequência direta ou indireta da ocupação alemã. O número de vítimas é ainda maior se considerarmos os 2.027 italianos mortos em ação nos combates ao lado dos Aliados, os guerrilheiros (*partigiani*) mortos em ação ou assassinados pelos alemães, e os civis italianos mortos em decorrência dos ataques aéreos.[33]

III

Naquela época, não estava claro qual seria o futuro do ex-Duce. De Felice sugere que, movido pelo desespero ao saber do armistício, ele tentara cortar os pulsos, porque temia que os britânicos pudessem prendê-lo e julgá-lo, mas isso nunca foi conclusivamente provado.[34] Como vimos, Hitler estava determinado a libertar Mussolini. Eram duas as considerações que orientavam o Führer. Primeiro, embora tivesse perdido a confiança no ex-ditador, ele precisava continuar tratando-o como amigo em público, para evitar perder a própria credibilidade. Em segundo lugar, ele acreditava que só Mussolini, e não outros líderes fascistas como Farinacci, seria capaz de estabelecer um senso de ordem à Itália, ajudar a Alemanha a explorar a mão de obra e os recursos econômicos da península e, assim, ajudar a manter os Aliados a distância. Desse modo, em 12 de setembro de 1943, após interceptar mensagens de rádio italianas e receber alertas de autoridades italianas que haviam permanecido leais a Mussolini, Hitler descobriu que o ex-ditador estava em Campo Imperatore. Soldados alemães e homens da SS, então liderados por Otto Skorzeny, libertaram-no em um ataque ousado, que usou aviões leves. Para os italianos que permaneceram leais a Mussolini e viam nele o único homem capaz de restaurar a honra da Itália após a traição vergonhosa do rei e de Badoglio, as notícias de sua libertação trouxeram a esperança, beirando o delírio, de que ele conduziria a Itália à vitória ao lado de seu aliado alemão.[35]

O tratamento dado ao Duce após sua libertação parecia refletir a confiança depositada por Hitler sobre ele. Mussolini foi levado para Munique, acompanhado pelo dr. Rüther, um médico militar alemão, que escreveu um relato da missão no final de setembro de 1943, a fim de criar um registro histórico do que os nazistas entendiam ter sido uma missão heroica. O título do relatório, "A transferência de Mussolini para o quartel-general do Führer", sugere que o ex-Duce havia perdido todo o poder independente e que seu destino estava agora nas mãos dos nazistas. Rüther se encontrou com o ditador deposto em um aeródromo ao sul de Roma, para onde fora levado depois de deixar o maciço do Gran Sasso. A vestimenta de Mussolini, um terno civil amassado com o colarinho desalinhado, era uma clara demonstração de sua condição de inferioridade. Um inseguro Mussolini cumprimentou Rüther e outras autoridades alemãs com um aperto de mão, em vez da saudação fascista. Durante o voo que se seguiu, Rüther fez um diagnóstico rápido de seu paciente, que ele considerou mental e fisicamente exaurido, com "a pele enrugada [e] um sutil e ocasional tremor das mãos". Enquanto o avião sobrevoava a Itália ocupada pelos alemães, Mussolini, visando desviar a atenção de seu fracasso como líder político e militar, seguiu conversando. Após o desembarque na escala em Viena, ele tentou esconder o rosto com a gola levantada do casaco e foi levado para o Hotel Imperial através da entrada dos fundos. Esse arranjo contrastava aguda e radicalmente com a pompa e circunstância das visitas anteriores do ex-ditador ao Reich.

Não fica claro se a parada em Viena fez Mussolini lembrar da promessa feita pelo líder nazista após o *Anschluss*, de que ele jamais se esqueceria do apoio do italiano, mas essa possibilidade deve ser considerada. Imediatamente após sua chegada, Mussolini foi convocado para uma conversa telefônica com Hitler, que, mais tarde, em uma conversa com Goebbels disse que o ex-Duce ficara profundamente comovido com sua lealdade. É uma questão passível de discussão se Mussolini de fato se mostrou emotivo. O que mais importa é que a conversa telefônica revigorou nele a crença de que seu relacionamento especial com Hitler fora restabelecido. Na manhã seguinte, o ex-ditador e seus vigias alemães deixaram o hotel por uma entrada lateral. Alguns pedestres supostamente reconheceram o Duce e começaram a aplaudir, o que reanimou o estado de espírito do vaidoso ex-ditador.[36]

Após um curto voo partindo de Viena, o grupo chegou a Munique. A cerimônia de boas-vindas oferecida a Mussolini no aeroporto evocou sua antiga condição de chefe do governo italiano. Para fazer o Duce se sentir um chefe de governo, o regime nazista organizara uma manifestação semelhante àquelas de suas visitas anteriores à capital da Baviera. Saindo de Munique, Mussolini foi levado de avião através da Alemanha devastada pela guerra até o quartel-general de Hitler na Prússia Oriental. A fim de evitar uma chegada antecipada e manter o protocolo, o avião foi obrigado a fazer um sobrevoo extra antes de aterrissar no horário previsto.

O jornal cinematográfico alemão anunciou com grande estardalhaço a chegada de Mussolini ao quartel-general de Hitler. O noticiário mostrava o Duce, depois de desembarcar e ainda trajando um terno civil, cumprimentando com a saudação fascista o ditador nazista uniformizado.

Hitler apertou a mão de Mussolini, em vez de estender a saudação dos nazistas, um gesto que reforçou a mensagem de que o fracassado ex-ditador italiano não era mais um igual do líder alemão. A cena evoca também a memória do primeiro encontro de Hitler com Mussolini em Veneza, quando este último negara ao chanceler do Reich, em trajes civis, a saudação fascista. Agora seus papéis estavam completamente invertidos. Mussolini, preso em um país estrangeiro e separado de seus apoiadores políticos e de sua família, estava inteiramente à mercê da boa vontade de Hitler. Se antes Mussolini oscilara entre a inveja e a admiração por Hitler, o líder nazista sempre manifestara a certeza da atenção e admiração pelo Duce.[37]

Quando o Führer sugeriu que o ex-ditador fascista deveria estabelecer um governo republicano nas zonas italianas ocupadas pelos alemães, não restou a Mussolini outra opção senão concordar. Nos bastidores, embora sensibilizado pela visita do Duce, Hitler continuava profundamente desapontado com ele. Conforme lamentou a Goebbels, Mussolini fracassara em entender as "consequências morais" ao não eliminar traidores como Ciano e Grandi e não abolir a monarquia. Além disso, Hitler negou que o italiano fosse um verdadeiro revolucionário, ao contrário de Stalin e dele mesmo.[38]

Essas declarações condenatórias revelam que a admiração de Hitler por Mussolini, com todo o seu típico conteúdo sentimental subjacente, sempre estivera intimamente relacionada à sua percepção da posição de poder do Duce. Essa foi uma constante desde o início do relacionamento, na esteira da Marcha sobre Roma, quando Hitler vira em Mussolini um ditador poderoso cuja estratégia política era digna de ser imitada, bem como durante o período de intensificação das relações entre os dois, no final dos anos 1930, e durante o declínio de tais relações, por ocasião das fatídicas campanhas da Itália na Segunda Guerra Mundial. Privado de poder, o ex-ditador deixara de ser um igual para Hitler. Mas ainda era útil para o líder nazista como figura de proa em um Estado satélite do nazismo no norte da Itália, razão pela qual a exibição de unidade e amizade foi reavivada pelos nazistas, embora em uma escala menor que antes de 1943. Se Hitler tivesse denunciado Mussolini publicamente, a credibilidade do nazismo, já objeto de intensa pressão em razão do declinante desempenho militar e da campanha de bombardeios dos Aliados, teria sido ainda mais solapada.[39]

A moradia providenciada para o Duce, depois de sua partida do quartel-general de Hitler, reflete sua profunda derrocada. O ex-ditador se reencontrou com sua família em uma casa de hóspedes do Ministério do Exterior alemão no norte da Baviera. Guardas de honra da SS foram postados do lado de fora. Ainda que a presença dos guardas conferisse prestígio, pois sugeria que Mussolini tinha a categoria de chefe de governo, ela era também um símbolo claro da dominação alemã. A vida de Mussolini era banal, e o ex-ditador e sua família sofriam regularmente com o barulho dos oficiais alemães embriagados que residiam no andar de cima.[40] Desse retiro no norte da Baviera, usando um telefone grampeado pelos alemães, o ex-Duce reuniu um grupo de pessoas para formar um novo governo republicano.[41]

A despeito de suas reservas sobre Mussolini, Hitler e os nazistas esperavam que sua restauração pudesse minar a campanha aliada na Itália e alavancar acentuadamente o esforço de guerra nazista. Portanto, Goebbels iniciou uma campanha de propaganda, fornecendo à imprensa da Alemanha uma seleção de detalhes da ousada missão de resgate conduzida pelos alemães. Em sua cobertura da libertação de Mussolini, o *Völkischer Beobachter* contrapôs a "lealdade" alemã à "traição" italiana, revelando detalhes das negociações secretas do governo de Badoglio com os Aliados. Em uma tentativa de reativar o relacionamento Hitler-Mussolini, com o qual os leitores alemães já estavam familiarizados, o jornal cobriu também o encontro dos dois homens na Toca do Lobo.[42]

De acordo com um relatório do SD, essa estratégia foi bem recebida junto a alguns alemães, que acolheram com satisfação a notícia da libertação de Mussolini como prova da lealdade e superioridade dos alemães sobre os italianos. No entanto, o SD citou também vozes enfatizando que a Itália e Mussolini nunca recuperariam sua antiga condição de principal aliado da Alemanha. Em 18 de setembro de 1943, Mussolini proclamou o novo Estado fascista na Itália por meio da Rádio Munique. Um pequeno detalhe é digno de nota: antes de deixar a casa de hóspedes para fazer a transmissão radiofônica, Mussolini teve que pedir emprestada uma camisa preta, em uma tentativa de restaurar seu apelo ditatorial.[43] Nesse pronunciamento, o ex-ditador delineou os temas centrais de seu governo restaurado e fez um relato da última audiência que tivera com o rei. O Duce afirmou que seu novo governo se apoiava na tradição republicana de Mazzini, depois de derrotar a monarquia traiçoeira. Em tom furioso, ele declarou que os traidores deveriam ser eliminados. Empregando uma variação de sua propaganda anterior sobre a qualidade transformadora da guerra, o Duce exigiu que os italianos fizessem sacrifícios para reparar a traição de seu aliado alemão. Contudo, o fato de Mussolini ter feito esse pronunciamento por meio da Rádio Munique tornava ainda mais evidente sua total dependência em relação à Alemanha nazista. Com efeito, um relatório do SD sobre a opinião pública observou que ele era praticamente um "governador do Reich" (*Reichsstatthalter*), uma variação de seu título anterior de *Gauleiter* da Itália.[44] O propósito da recondução de Mussolini não passou despercebido aos observadores aliados. Para o bem informado correspondente diplomático do *The Times*, por exemplo, os nazistas haviam recolocado o Duce no poder a fim de conferir legitimidade àquilo que era efetivamente uma ocupação do norte e do centro da Itália.[45]

De acordo com antifascistas como Piero Calamandrei, que, temendo represálias alemãs, deixara Florença rumo à área rural da Toscana, muitos italianos acharam que alguém havia se passado pelo Duce no rádio, pois a voz dele soara mais grave do que de costume. Mas tais rumores logo deram lugar à terrível realidade da vida sob um fascismo ressuscitado, agora resguardado pela poderosa presença militar alemã no país.[46] A Itália tornara-se efetivamente uma nação dividida, com o domínio alemão no norte e no centro, separados do reino do sul, sob dominação aliada, onde o rei e Badoglio eram as figuras de proa. Era um país profundamente polarizado entre fascistas inflexíveis, *partigiani* e a vasta maioria do povo, cuja preocupação fundamental era a própria sobrevivência.

A despeito da encenação fascista na transmissão radiofônica, Mussolini não conseguiu reabilitar sua reputação entre a liderança nazista, incluindo o próprio Hitler. Ecoando suas queixas de três meses antes, o ditador alemão investiu contra o Duce em uma conversa com Goebbels no dia 20 de dezembro de 1943 e fez uma avaliação realista dos verdadeiros motivos que o levaram a firmar um pacto com a Itália. Com a Alemanha correndo um risco cada vez maior de perder a guerra, os sentimentos anti-italianos de Hitler ficaram ainda mais acentuados, e foram amplificados por Goebbels em seus diários. De acordo com o ministro da Propaganda, Mussolini continuara sendo "o velho marxista", uma enorme ironia dado o flerte anterior do Führer com o Duce. Goebbels concluiu desdenhosamente que "nada pode ser feito nem com a Itália, nem com o movimento fascista". A Itália fracassara e nunca se tornaria uma grande potência. Hitler prosseguiu, explicando suas razões para a aliança com os italianos. Como contrapeso à Grã-Bretanha, o envolvimento com a Itália, poderosamente reafirmado durante as triunfantes visitas dos ditadores em 1937 e 1938, ajudara o Terceiro Reich a tomar territórios como a Áustria e os Sudetos. Hitler afirmou que sempre soubera da deslealdade de Mussolini e do governo italiano; sempre tivera ciência dos grandes esforços do governo anterior de Mussolini para fortificar a fronteira ítalo-germânica. O Führer confirmava assim, uma vez mais, que sua ligação com o Duce fora motivada principalmente por considerações estratégicas, não ideológicas.[47]

Nesse meio-tempo, depois de chegar ao continente italiano, os Aliados no início avançaram através da região sul com bastante rapidez, desembarcando na estrategicamente importante Salerno em 9 de setembro. Depois de combates ferozes e de uma revolta popular, mais tarde lembrada como "Os quatro dias de Nápoles", a cidade de Nápoles foi libertada em 1º de outubro. Ali, tropas alemãs, motivadas pelo sentimento de vingança contra os italianos "traidores", queimaram o acervo da biblioteca da universidade, assim como documentos de arquivos e pinturas.[48] Em meados de outubro de 1943, o rei declarou guerra à Alemanha, mas o Exército italiano permanecia muito menor do que anteriormente. Os aliados só concederam ao reino do sul a condição de "cobeligerante", e não a de aliado, uma curiosa variação da condição de "não beligerante" do final de 1939 e início de 1940.[49] Hitler decidira que a defesa do sul da Itália não era uma prioridade, de modo que os alemães se retiraram para a linha Gustav ao sul de Roma, posição que defenderam em meio a um pesado combate. De lá, a linha de frente só se moveu para o norte depois da queda do mosteiro de Monte Cassino na primavera de 1944, após intensos combates entre os alemães e os Aliados.[50]

IV

O novo Estado chefiado por Mussolini logo veio a ser conhecido como República Social Italiana (*Repubblica Sociale Italiana* ou RSI). Embora o nome do Estado invocasse o espírito radical e violento de um fascismo "social" e republicano, não passava de uma sombra da antiga pompa e glória da Itália fascista. É difícil escrever a história da RSI, pois ela ficou gravada na memória e na historiografia pública por meio da ideia do "alemão diabólico" que teria formado, com um pequeno grupo de bandidos fascistas, uma gangue de "nazifascistas", à qual supostamente se opunha com veemência o "bom italiano". Contudo, essa visão é simplista demais, porque, na verdade, em virtude de uma combinação de fanatismo ideológico, patriotismo extremado e lealdade à aliança com a Alemanha, alguns italianos lutaram lado a lado com os alemães até o amargo fim.[51]

Os italianos, entre eles mulheres e jovens que haviam crescido sob o regime fascista, continuavam a afagar Mussolini, enviando cartas adulatórias a instituições da RSI, que, por sua vez, consideravam-nas uma expressão do entusiasmo popular pelo Duce e, portanto, arquivavam-nas devidamente. Uma dessas cartas, encaminhada a Mussolini por uma jovem fascista de Veneza, em 22 de novembro de 1944, afirmava: "Desejo expressar a você minha inabalável confiança na restauração da Pátria. Se Deus o salvou da horrenda infâmia, é porque sua grande missão para com a Itália e o mundo ainda não foi cumprida". A exemplo das cartas enviadas ao secretariado de Mussolini antes de sua queda, não se pode afirmar com certeza se os missivistas realmente pretendiam dizer o que estava escrito. De fato, o detalhe importante dessas cartas é que reforçavam o sentimento que o ditador tinha de estar cumprindo a justa missão de reabilitar a reputação nacional italiana.[52]

Assim como seu novo regime, a situação de Mussolini dependia inteiramente do apoio alemão. Suas condições de moradia e trabalho ilustravam seu *status* de inferioridade. Contrastando com a pompa de seu antigo gabinete, situado no centro de Roma, os escritórios do governo da RSI ficavam em diversas cidades pequenas nas pitorescas margens do lago de Garda, e o ditador e seu séquito residiam na casa de campo do clã industrial Feltrinelli, em Gargnano. O Ministério do Exterior, o Ministério da Cultura Popular e a agência de notícias Stefani ficavam em Salò (motivo pelo qual a RSI é até os dias de hoje conhecida também como "República de Salò"). A presença da SS e de tropas da Wehrmacht era um sinal claro de que os alemães detinham o controle, assim como o fato de eles terem grampeado as linhas telefônicas e escrutinarem toda a correspondência oficial. A instalação do governo da RSI longe de Roma, o mais poderoso símbolo do fascismo e de sua herança romana, representou uma tremenda perda de prestígio para Mussolini, que agora se tornara de fato pouco mais do que o *Gauleiter* da Itália. No entanto, sentia-se que a proximidade com a Alemanha poderia dar a ele condições de fugir para o Reich no caso de um avanço dos Aliados.

Novamente na companhia da família, o Duce retomou seus hábitos pessoais e de trabalho. Mas essa rotina não conseguia aplacar seu sentimento de profundo fracasso, agora que ele estava à mercê dos caprichos de Hitler e de seus acólitos, que supervisionavam de perto o funcionamento rotineiro da RSI. Os hábitos cotidianos de Mussolini sugeriam que não havia guerra. Não tardou para que muitos jornalistas alemães passassem a se interessar pela vida privada do líder italiano. Alguns, como Kurt Eggers, correspondente da revista da SS, *Das Schwarze Korps*, traçou um complacente retrato do Duce, enquanto outros destroçaram sua imagem como o líder inflexível de uma Itália renascida. Consideremos um artigo de outubro de 1944 escrito por Alexander Boltho von Hohenbach, correspondente da agência de notícias Transocean-Europapress. Hohenbach escarneceu do "*buen ritiro* de Mussolini nas águas, rochas e vegetações subtropicais do lago de Garda". Supostamente, Mussolini dizia a todas as autoridades alemãs com quem se encontrava que acreditava na vitória alemã. Quando fez um relato detalhado dos passatempos do líder italiano, como jogar tênis, brincar com os netos e ler, Hohenbach levantou dúvidas quanto à determinação do Duce de vencer a guerra. Como seria de se prever, o artigo de Hohenbach, apesar de não ter sido publicado pela imprensa, irritou profundamente diplomatas da RSI, como Filippo Anfuso, embaixador na Alemanha, que repudiou o relatório classificando-o como uma "estupidez".[53]

Enquanto isso, a vingança total da RSI dirigiu-se contra os acusados de terem traído o Duce no último encontro do Grande Conselho do Fascismo, entre eles Ciano, que, com a esposa e os filhos, escapara para a Alemanha no final de agosto de 1943, temendo represálias por parte do governo de Badoglio. Logo após a libertação de seu sogro, Ciano foi deportado para a Itália e preso. Edda, esposa de Ciano e filha de Mussolini, tentou trocar a vida do marido pelos diários que ele registrara, cheios de materiais comprometedores sobre Mussolini e Hitler, mas o governo alemão recusou. Ela chegou a escrever cartas para Hitler e para o próprio pai, implorando a eles que poupassem Ciano da pena de morte, mas não obteve sucesso. Após um julgamento espetaculoso em Verona, em 11 de janeiro de 1944, depois que Mussolini se recusou a perdoá-lo, Ciano foi executado juntamente com fascistas proeminentes que haviam votado a favor da moção de Grandi na reunião do Grande Conselho, entre eles Emilio De Bono, um dos *quadrumviri* do fascismo. De acordo com um relatório da SS, as execuções foram realizadas por paramilitares fascistas de uma maneira particularmente brutal. Em um arranjo humilhante, os prisioneiros, amarrados a cadeiras, ficaram com as costas voltadas para o pelotão de fuzilamento. Uma cena horrível foi revelada: em razão da imprecisão dos tiros, os prisioneiros, deitados no chão, tiveram de ser "liquidados com pistolas". Não foi preciso que Hitler ordenasse a execução. De fato, Mussolini considerava que essa ação impiedosa era moralmente necessária para reabilitar o domínio do fascismo e assegurar ao ditador nazista que o fascismo republicano seria duro e intransigente. Para o líder italiano, as execuções, em especial a de Ciano, a quem ele teria facilmente perdoado, eram um poderoso instrumento para demonstrar a seus senhores alemães que ele, o Duce, mantinha a Itália sob controle. Na verdade, Mussolini sabia que havia fracassado como político. Isso pouco contribuiu para amenizar sua depressão.[54]

A motivação de Mussolini para assumir o Estado satélite nazista na Itália ocupada pelos alemães tem gerado considerável controvérsia entre os historiadores. Para De Felice, o Duce se sacrificou pela Itália a fim de poupar a península de uma sorte semelhante à da Polônia, onde os nazistas sistematicamente reprimiram, exploraram e mataram civis. De Felice insinuou que os nazistas desejavam governar a Itália com a mesma brutalidade que haviam empregado na Europa oriental ocupada por eles, cuja população eslava viam como sub-humana. No entanto, embora houvesse algum preconceito racista por parte dos alemães contra os italianos, os nazistas não tinham um plano de motivação racista para a sistemática subjugação da população civil da Itália nem para sua escravização. Apesar da exploração da economia italiana pelos alemães, do recrutamento de trabalhadores para o esforço de guerra e das atrocidades cometidas pelos alemães contra a população civil italiana, os guerrilheiros e os judeus, a ocupação da Itália tinha mais em comum com a dominação nazista de países da Europa ocidental, como a França. A Itália desfrutava, sem dúvida alguma, da condição especial de ex-aliado principal do Terceiro

Reich, mas o ressentimento alemão com a suposta traição dos italianos à Alemanha, associado a estereótipos nacionais, frequentemente tornou mais empedernidas as políticas de ocupação germânicas.[55] Também fica claro que, como em outros países ocupados pelos nazistas, diversas personalidades alemãs do Exército, do Estado e do partido competiam pela autoridade e o controle na RSI. Ao lado da incompetência do governo da RSI, isso gerou uma situação política caótica e cada vez mais violenta.[56]

É esclarecedora a justificativa do próprio Mussolini para sua decisão de assumir a RSI. Mais tarde, ele contou a um confidente que Hitler não lhe deixara outra opção senão se tornar o chefe da RSI, pois, caso contrário, o ditador nazista teria ordenado que as próprias autoridades alemãs governassem o país. Alegadamente, o Führer lhe dissera: "Ou você assume a liderança do Estado italiano, ou eu enviarei funcionários alemães para governar a Itália".[57] Embora essa interpretação apologética deva ser analisada com algum ceticismo – Mussolini estava longe de ser um mero executor passivo das ordens de Hitler –, era bastante limitado o espaço de manobra do Duce. No fim das contas, Mussolini e outros membros da RSI escolheram impor políticas violentas que incluíram a maciça repressão dos *partigiani* e a eliminação de judeus e outros "forasteiros sociais": parte e parcela daquilo que o líder italiano e os fascistas entendiam ser o objetivo puro e radical do fascismo primordial. De modo análogo, seria errado retratar Mussolini como o homem que sacrificou a si mesmo a fim de proteger a Itália contra Hitler e os nazistas. Na verdade, o Duce e seus seguidores foram motivados pelo sentimento de vingança contra aqueles que o haviam traído em 25 de julho de 1943, pelo medo de que os Aliados o considerassem responsável e por uma ambição pessoal de provar a Hitler que ele, Mussolini, ainda tinha condições de governar a Itália e restaurar a honra dos italianos. O último ponto fica claro em cartas que o líder fascista enviou a Hitler no outono de 1943, quando pediu ao Führer permissão para instituir um novo exército italiano, de modo que "a Itália retome seu posto na batalha tão logo quanto possível" ao lado da Alemanha nazista, a fim de reabilitar a nação italiana por meio da guerra.[58]

O tipo de dinâmica letal que o relacionamento nazifascista desencadeou após a restauração de Mussolini pode ser observado mais claramente na perseguição aos cerca de 32 mil judeus que viviam na RSI.[59] Logo após 8 de setembro de 1943, eles se tornaram o alvo da SS, a exemplo dos judeus de outros países da Europa dominados pela Alemanha. Já durante a invasão alemã da Itália em 1943, houve surtos espontâneos de violência contra os judeus; por exemplo, em meados de setembro, membros da unidade de elite Leibstandarte Adolf Hitler assassinaram 54 judeus que tentavam fugir para a Suíça.[60] Quase imediatamente após a ocupação alemã de Roma, Herbert Kappler, chefe da SD e da Sicherheitspolizei em Roma, recebeu uma ordem de Himmler para deportar os judeus da cidade, a maior comunidade judaica da Itália. Alguns historiadores chegam a sugerir que o próprio Hitler deu a ordem para a deportação de 8 mil judeus romanos como reféns para Mauthausen, mas é mais provável que os burocratas do Ministério do Exterior da Alemanha, sob o comando de Ribbentrop, tenham usado a ideia de um "decreto do Führer" (*Führerweisung*) para enfatizar que a deportação era atribuição da SS. Em 16 de outubro de 1943, unidades da SS e da polícia alemã prenderam, em Roma, 1.259 judeus, muitos deles mulheres, crianças e idosos. Ainda que vivessem sob as leis raciais fascistas desde 1938, eles não podiam imaginar que seriam deportados. De acordo com um relatório da polícia italiana, um trem especial com 28 vagões de transportar gado partiu da estação Tiburtina, em Roma, na noite de 19 de outubro, a caminho do passo do Brennero, de onde seguiu para Auschwitz. Dezessete pessoas retornaram após a guerra.[61] A maior parte de alguns milhares de judeus que sobreviveram à invasão se escondeu em mosteiros e no Vaticano, mas não houve protestos públicos por parte de Pio XII.[62]

Existem interpretações bastante diferentes da repressão aos judeus da Itália. Jonathan Steinberg se concentrou nas elites políticas e militares italianas que haviam dificultado as deportações de judeus pelos nazistas em territórios da Croácia, França e Grécia ocupados pelos italianos, antes da queda de Mussolini em julho de 1943. Supostamente, os italianos (*una brava gente*), por causa de sua humanidade inata, não estavam dispostos a entregar os judeus aos alemães. Na verdade, as mesmas autoridades italianas haviam sido capazes de praticar a maior brutalidade contra civis. Ao contrário do esforço envidado no pós-guerra para se retratarem como de boa índole em comparação aos nazistas diabólicos e bárbaros, essas autoridades, ao recusar a entrega de judeus aos alemães, haviam tentado preservar o prestígio italiano diante das tentativas alemãs de intervir nos territórios ocupados pela Itália. Tais autoridades acreditavam também que a sua recusa em entregar os judeus aos nazistas os colocaria em boa posição perante os Aliados, que, pensavam eles, venceriam a guerra.[63] Embora a ordem para as deportações partisse da Alemanha, elas não teriam sido possíveis sem a ajuda de funcionários da RSI, inclusive da polícia, e o oportunismo de alguns italianos comuns que se tornaram cúmplices na perseguição a judeus por meio de denúncias, colocando em dúvida o poderoso estereótipo do pós-guerra que caracterizava os italianos como incapazes de atos desumanos e de antissemitismo.[64]

A interpretação *italiani, una brava gente* é ainda menos convincente se considerarmos que no congresso de Verona, em novembro de 1943, o partido fascista republicano estigmatizou todos os judeus italianos como forasteiros e inimigos. Isso refletia a natureza racista da RSI, bem como a trajetória racista do fascismo italiano em sua fase derradeira. Em 30 de novembro de 1943, Guido Buffarini Guidi, ministro do interior da RSI, ordenou a prisão de todos os judeus em campos. O Gabinete Central da Segurança do Reich e o Ministério do Exterior converteram as autoridades da RSI em cúmplices. Ao todo, cerca de 8 mil judeus foram deportados para a Alemanha. Apenas 837 sobreviveram.[65] Dessa forma, a Itália fascista não estava "fora da sombra do Holocausto" (*fuori dal cono d'ombra dell'Olocausto*), como afirmou De Felice. Pelo contrário, a radicalização da RSI tornou o regime mais próximo do que nunca da Alemanha nazista no que viria a ser a fase final da guerra.[66]

Depois do fracasso de Mussolini em transformar a Itália em uma grande potência, a vida dos italianos estava agora nas mãos de potências estrangeiras. O abjeto malogro do Duce como líder político e militar, agora à mercê de Hitler, era compatível com seu comportamento pessoal. Goebbels concluiu que Mussolini perdera todo o senso da realidade: a despeito da grave situação, ele cercara-se de "uma grandiloquência heroica", passando muito tempo em comunicação com Clara Petacci (que se reunira a ele e se tornara sua única amiga) em vez de lidar com a crise política e militar. O líder italiano, até então um mestre da encenação e da oratória, não foi sequer capaz de proferir um discurso público em Milão, como desejara. Os nazistas tentaram impedir que o pronunciamento acontecesse, pois acreditavam que as pessoas insultariam ou até mesmo agrediriam o Duce, insistindo que os guardas alemães o acompanhassem em público. A fim de preservar sua reputação, Mussolini adiou o discurso.[67]

A condição de inferioridade de Mussolini expressava-se também em sua saúde. Hitler, que ainda acreditava na importância do Duce para o controle alemão sobre a Itália, enviara Georg Zachariae, um médico alemão, para tratar a úlcera do líder italiano, depois de Theo Morell, médico do próprio Hitler, tê-lo examinado em uma ocasião anterior. Morell diagnosticara problemas na flora intestinal do Duce, o que Goebbels entendia ser "a doença típica dos políticos e revolucionários modernos". Em um livro de memórias publicado em 1948 (com forte apologia a Mussolini), Zachariae fez um diagnóstico alarmante de seu paciente. Sofrendo de baixa pressão arterial, anemia e constipação, o emaciado Mussolini sentia dores constantes e estava fisicamente muito debilitado quando Zachariae o encontrara pela primeira vez. O médico prescreveu ao paciente um tratamento à base de vitamina e hormônio, bem como uma nova dieta. Esse tratamento logo restabeleceu a saúde do Duce.[68]

Entretanto, a melhora da saúde de Mussolini e as preocupações de Hitler com o bem-estar do aliado não conseguiam esconder o fato de que o relacionamento dos dois perdera a importância, especialmente se comparado ao de Churchill e Roosevelt, em ascensão depois que os Aliados conseguiram empurrar as potências do Eixo para uma posição defensiva. Um claro ponto de inflexão foi a Conferência de Teerã, realizada no final de novembro e início de dezembro de 1943, na qual o líder britânico e o americano encontraram-se com Stalin e decidiram abrir uma segunda frente contra a Alemanha por meio da invasão da França. Apesar de desacordos estratégicos, essa foi uma robusta representação do relacionamento pessoal entre Churchill e Roosevelt, bem como do papel de Stalin na guerra contra os nazistas.[69] O Ministério da Cultura Popular da RSI não demorou a reagir. Em seu boletim informativo oficioso, *Corrispondenza Repubblicana*, ele repudiou a reunião de Teerã como uma manifestação típica da plutocracia e do comunismo. Vale observar que o relatório não faz qualquer menção ao relacionamento Mussolini-Hitler.[70]

V

Nos bastidores, as tensões entre os senhores alemães e os vassalos italianos estavam mais intensas do que nunca. No final de 1943, o ano mais turbulento no relacionamento Hitler-Mussolini até então, o *Völkischer Beobachter* publicou relatórios de seus correspondentes estrangeiros sobre a situação nos países em que cada um se encontrava. Ludwig Alwens enviou de Milão um relatório. Graças ao resgate de Mussolini pelo Führer, argumentou ele, a República Social Italiana, uma terceira via entre o bolchevismo e o capitalismo, havia reanimado o zelo radical do fascismo primordial. Alwens diagnosticou o defeito de nascença do fascismo, qual seja, que, no início dos anos 1920, ele havia consorciado a burguesia com outros segmentos para combater a esquerda. Não haveria meias medidas: os italianos tinham que "trabalhar e lutar". Outras autoridades alemãs na Itália ficaram alarmadas com os planos defendidos por intelectuais fascistas como Nicola Bombacci e Carlo Silvestri, que, a exemplo de Mussolini, tinham suas raízes na esquerda, de nacionalizar setores-chave, em consonância com o compromisso revolucionário "social" da RSI. Observadores alemães temiam que tais experimentos pudessem reduzir a produção industrial necessária para o esforço de guerra. O próprio Hitler repreendeu os alemães que criticavam esses esquemas e fez saber ao alemão plenipotenciário Rahn que "nós, alemães, precisamos perder o hábito de acreditar que somos obrigados a desempenhar o papel de 'curandeiros' em toda a Europa". Claramente, Hitler ainda se sentia protetor de Mussolini. Embora não mais o considerasse um ator político sério, o Führer ainda acreditava que ofender o Duce debilitaria o domínio alemão sobre a Itália.[71]

No entanto, quanto mais declinava a sorte da Alemanha na guerra, mais agressiva se tornava a opinião de Hitler sobre a Itália, que ele, com frequência cada vez maior, apontava como bode expiatório. No final de janeiro de 1944, o ditador nazista discutiu sua estratégia para a Itália com Goebbels, que partilhava da crescente desilusão de seu líder. Goebbels protestou contra os italianos, classificando-os de "preguiçosos e covardes", e afirmou que Ciano, pouco antes de ser executado, confessara a uma autoridade alemã que, em 1940, havia revelado ao embaixador belga os planos alemães de invadir a Bélgica, aparentemente sob ordens de Mussolini. De acordo com Goebbels, foi essa revelação que marcou o fim definitivo do relacionamento próximo entre Hitler e Mussolini. Goebbels regozijava-se porque "seu líder não tinha mais relações pessoais nem amizade" com o Duce. Como se fosse obrigado a defender sua estratégia anterior, Hitler admitira que o real motivo para a recondução de Mussolini fora reforçar o prestígio alemão "em todo o mundo" e legitimar o que era efetivamente a ocupação alemã da Itália.[72]

No entanto, restavam a Hitler poucas alternativas além de prosseguir com a exibição de unidade e amizade. Assim, em conversas com autoridades italianas, ele ainda expressava sua admiração pelo Duce; por exemplo, quando Anfuso apresentou suas credenciais de embaixador da RSI na Alemanha no final de 1943. A recepção a Anfuso ultrapassou o protocolo diplomático habitual, conforme ele observou em seu relatório para Mussolini, pois lhe fora oferecido um almoço com Ribbentrop antes do chá com Hitler. O ditador nazista repetiu seu aforismo usual de que o Duce era "o maior homem que vocês já tiveram desde a queda do mundo antigo até hoje"[73]. Além disso, a propaganda do Eixo foi mantida tanto na imprensa da Alemanha como da RSI, com o objetivo de legitimar a aliança. No início de abril de 1944, por exemplo, o *Hamburger Fremdenblatt* republicou uma entrevista que Mussolini havia concedido a Paul Gentizon, que escrevia para o *Le Mois Suisse*. Na entrevista, o líder italiano apresentara um relato de sua deposição, da subsequente prisão e do resgate do Gran Sasso. A estratégia editorial de republicar essa entrevista era tranquilizar o leitor alemão, cada vez mais italófobo, quanto à lealdade incansável de Mussolini em relação à Alemanha. O *New York Times* resumiu a entrevista, sugerindo que as posições entre Mussolini e Hitler estavam encerradas.[74] Mas nada poderia estar mais distante da verdade.

VI

Mussolini e Hitler se encontraram no Schloss Klessheim nos dias 22 e 23 de abril de 1944. Essa reunião de primavera seguiu a rotina das reuniões de primavera anteriores que haviam sido realizadas lá, e visava mostrar que o relacionamento Hitler-Mussolini continuava tão sólido como sempre fora, mesmo após a queda do Duce do poder. A exemplo das ocasiões anteriores, o encontro foi realizado em uma atmosfera mais ou menos secreta, e, como nos outros anos, por volta da mesma época da reunião com Mussolini, Hitler convocara outros líderes do Eixo para o Berghof e Klessheim, a fim de manter o ímpeto de uma coalizão liderada pela Alemanha contra o bolchevismo, confirmando, assim, que a aliança com o líder italiano tinha uma importância cada vez menor para o esforço de guerra alemão.[75]

Assim como nos encontros anteriores, pequenos detalhes revelavam as relações de poder. Por exemplo, em decorrência de sua condição de subserviência, Mussolini não viajou em seu trem especial, mas sim em outro fornecido pela Reichsbahn alemã. Ao mesmo tempo, a grande comitiva de Mussolini sugeria que o Duce era o chefe de um Estado soberano, apesar de a pretendida imagem de um líder forte ter sido destroçada pela presença de autoridades da SS e do Exército alemão em seu trem. Ademais, a companhia do dr. Zachariae fazia lembrar a fragilidade do Duce. Estavam distantes os dias das triunfantes partidas de Mussolini de Roma, assistidas por multidões entusiásticas. Em vez disso, o trem partiu de uma pequena estação nas proximidades de Trento, pois considerava-se que, por questões de segurança, o Duce não podia aparecer em público.[76]

Mussolini solicitara um encontro com Hitler, porque esperava que uma conversa pessoal com o líder nazista seria o caminho mais adequado para reduzir a crescente interferência alemã no governo da RSI. Particularmente preocupante era o destino dos "presos militares" e o arrocho da economia italiana por meio da mobilização de trabalhadores forçados. Enquanto, nos primeiros quatro meses de 1944, 23 mil trabalhadores italianos foram recrutados para trabalhar no Reich, o próprio Hitler se gabou, em 25 de abril de 1944, de que "3 milhões podiam ser levados da Itália". Um acordo subsequente entre a RSI e o Terceiro Reich, com o propósito de controlar o recrutamento, não resultou em um número maior de trabalhadores porque Rahn e outras autoridades mostravam-se preocupados com a possibilidade de os recrutamentos colocarem em risco a estabilidade do teatro de guerra italiano como um todo.[77]

Mussolini pode ter tido esperanças de reaquecer sua relação especial com Hitler, mas o fato de ter pedido para fazer as refeições sozinho revela que o relacionamento pessoal entre os ditadores estava arruinado (no final, por uma questão de protocolo, ele fazia as refeições com o líder nazista).[78] A organização dos encontros seguiu os padrões anteriores e incluiu a convencional troca habitual de telegramas. A propaganda continuou enfatizando a amizade ítalo-germânica: invocando a rotina do Eixo, o *Corriere della Sera* falou sobre "as conversas no espírito da antiga amizade", enquanto o *Völkischer Beobachter* enfatizou o plano de Hitler e Mussolini para vencer a guerra "contra os bolcheviques do Oriente e os judeus e plutocratas do Ocidente". Mas o fracasso de tais planos não poderia passar despercebido a nenhum dos presentes.[79] Posteriormente, o Duce contou a Anfuso que não compartilhara da convicção de Hitler na vitória do Eixo, mas que deixara de contradizer o líder nazista porque não tinha poder para fazê-lo.[80]

Pela primeira vez durante o relacionamento entre eles, Hitler permitiu que o defensivo Mussolini falasse por mais tempo. Tratava-se de uma estratégia destinada a expor a fraqueza do Duce e sua completa dependência em relação à Alemanha. Não ajudou o fato de Mussolini ter falado em alemão, idioma do qual ele não tinha perfeito domínio. O Duce foi obrigado a admitir que sua "obra [esteve] sujeita a uma série de fardos". Em outras palavras, seu regime foi incapaz de manter a sociedade sob controle. Além disso, ele confessou a Hitler que o novo Exército Republicano Nacional não conseguira recrutar nova leva de soldados, pois estes temiam que pudessem ser levados para a Alemanha (a maioria dos oficiais de alta patente do Exército alemão não apoiava a criação de um novo Exército italiano, demonstrando sua falta de confiança na Itália). Ainda que a RSI tenha reprimido brutalmente os dissidentes, Mussolini teve que admitir a Hitler que ela carecia de um contingente policial suficiente para obrigar os recrutas a se apresentarem ao quartel. Em vez disso, muitos recrutas fugiram, e alguns se juntaram ao *partigiani*.[81] A conversa prosseguiu, e Hitler, retomando sua atitude padrão de superioridade, fez uma preleção a Mussolini sobre a necessidade de estabilizar a RSI e recrutar mais tropas, as quais deveriam ser treinadas e calejadas na Alemanha. O ditador nazista não deixou que o líder italiano se iludisse: a Alemanha estava no comando. Além disso, citando "razões militares", Hitler ignorou as reclamações cuidadosamente formuladas por Mussolini sobre o comportamento alemão nas zonas operacionais. O Duce e a Itália deveriam continuar lutando contra os aliados, caso contrário, a Itália e o Duce, em função de seu vínculo com o Terceiro Reich, seriam brutalmente aniquilados. Hitler, em mais uma demonstração de superioridade, recusou-se a fazer concessões para os presos militares, embora estivesse disposto a "selecionar indivíduos bons e úteis e colocá-los no Exército".[82]

A despeito do fracasso das conversações no Schloss Klessheim em dissipar as tensões, Mussolini não tinha outra opção senão continuar declarando seu apoio à aliança com Hitler. Antes do retorno à Itália, a revista das tropas de uma divisão do Exército Nacional Republicano, que treinavam sob o comando dos alemães em Grafenwöhr, no Alto Palatinado da Baviera, foi uma das primeiras aparições públicas do Duce desde sua queda do poder. Por isso, seu discurso recebeu ampla cobertura da imprensa da RSI e da Alemanha.[83] O nome da divisão que ele passou em revista era "San Marco", uma referência à gloriosa história de Veneza como uma potência do Adriático e do Mediterrâneo, o que sugeria críticas à renovada investida alemã contra o porto adriático de Trieste. No discurso proferido para as tropas, Mussolini recorreu a um clichê conhecido e afirmou que o novo Exército deveria lutar até a vitória ao lado dos alemães e reabilitar a Itália depois da "terrível vergonha da traição".[84]

Para alguns observadores estrangeiros favoráveis, tais como o embaixador japonês na República de Salò (cujo relatório para Tóquio foi interceptado pelos britânicos), o encontro Mussolini-Hitler fora bem-sucedido em projetar a imagem de uma relação forte e sólida.[85] Contudo, mais do que nunca, não restava aos líderes e seus aparatos de propaganda outra escolha senão continuar martelando essa mensagem. Em 30 de abril, dias após o retorno de Mussolini da Alemanha, Alessandro Pavolini, secretário do partido fascista republicano, proferiu em Milão um discurso que foi transmitido pelo rádio. Olhando em retrospectiva os meses que se seguiram à libertação do Duce, ele exaltou a histórica reunião de Mussolini e Hitler. Pavolini reforçou o mantra do líder fascista, segundo o qual a única maneira de a Itália se reabilitar como nação honrada era a guerra ao lado da Alemanha nazista. Além disso, ele comparou o Exército Republicano Nacional à Expedição dos Mil, de Garibaldi, que lutara contra o domínio Bourbon no Reino das Duas Sicílias em 1860 para promover a unificação italiana. Essa tentativa de legitimar a RSI por meio do *Risorgimento* soou como mera retórica para a maioria dos italianos, cuja única preocupação era sobreviver à guerra, mas, para alguns, ajudou a impulsionar uma campanha fanática com o propósito de purgar a Itália daqueles que haviam traído a nação ao se alinhar a Badoglio e aos Aliados.[86]

Embora Mussolini estivesse amplamente de acordo com a brutal repressão praticada pela Wehrmacht contra os *partigiani*, cuja atividade aumentara, ele se queixava em certas ocasiões às autoridades alemãs da violência excessiva contra *partigiani* e civis, não porque fosse movido por ideias humanitárias, mas porque acreditava que a violência alemã contra mulheres e crianças, especialmente se fossem parentes de fascistas, intensificaria a resistência e deslegitimaria seu regime. Ao mesmo tempo, no entanto, ele permitia que a polícia da RSI e unidades fascistas especiais reprimissem inimigos supostos ou reais.[87]

Cada vez mais desimpedidos por considerações diplomáticas, muitas instituições e autoridades alemãs na Itália mostravam quem era o verdadeiro chefe. Mussolini estava bem informado sobre essa situação, e seu secretariado fez o devido registro de incidentes nos quais as autoridades alemãs demonstravam superioridade. Em 12 de maio de 1944, por exemplo, o Duce recebeu uma mensagem sobre a situação no Tirol do Sul. Antes de seu encontro com Hitler, alegava o correspondente, toda a sinalização oficial na região era bilíngue. No entanto, depois do retorno de Mussolini à Itália, as autoridades alemãs haviam removido as placas italianas. Em uma escola italiana no Tirol do Sul, as autoridades alemãs teriam supostamente proibido que se cantassem canções italianas. Ainda que essas mudanças não obedecessem a ordens diretas de Hitler, o fato de os líderes nazistas locais terem implementado tais políticas ilustra sua aversão pelos italianos e a impunidade que permitia articulá-la tão abertamente.[88]

Tais relatos eram apenas a ponta do *iceberg*. Também o Ministério do Exterior da RSI, oficialmente chefiado pelo próprio Mussolini, recebeu uma série de reclamações de funcionários italianos sobre o comportamento arrogante de instituições e soldados alemães na Itália, que ignoravam as autoridades da RSI. Em outubro de 1943, um correspondente do Ministério escreveu ao Duce implorando que ele apelasse a seus contatos com Hitler para ajudar a melhorar o relacionamento entre a população local e as tropas alemãs, que o funcionário identificara, com certa razão, como "tropas de ocupação". Percebe-se que a crença na influência especial de Mussolini sobre Hitler estava ainda presente entre as autoridades italianas, embora, como vimos, o líder fascista tivesse perdido sua influência junto ao ditador nazista.[89]

Com o avanço das tropas aliadas que subiam através da península após o fim de pesados combates em Monte Cassino, em maio de 1944, o regime de Mussolini logo perdeu o que lhe restava de credibilidade e legitimidade. O símbolo mais claro do fracasso do Duce foi a queda de Roma, cidade que os fascistas abandonaram em 4 de junho de 1944, quando os aliados a libertaram. O diário de Corrado Di Pompeo, um jovem funcionário civil romano, oferece uma boa visão sobre a vida cotidiana na capital naquele dia momentoso. Nas primeiras horas da manhã, Corrado foi acordado por tiros. Seu alívio com o final da ocupação alemã de Roma era palpável: "Todo sofrimento, angústia e sacrifícios são apagados como se apaga uma lousa. Respira-se um ar de liberdade".[90]

Não é necessário dizer que a queda de Roma ecoou mais amplamente. Pouco antes, a Guarda Nacional Republicana, uma milícia radical nos moldes da SS, seguindo sua prática de emitir "notícias diárias" sobre a opinião pública para o gabinete de Mussolini, compilara um relatório secreto sobre a voz do povo na Itália. O relatório, encaminhado para atenção exclusiva de Mussolini e Renato Ricci, comandante da Guarda, estava contaminado pela crença fanática em uma vitória nazifascista, mas ele diagnosticava com muita perspicácia que "para as massas, Roma é Roma", sugerindo que a queda da capital frustrara as esperanças de uma vitória do Eixo.[91]

Depois da queda de Roma, Mussolini ordenou luto oficial. Petacci, que sabia da importância da cidade para o Duce e o fascismo, implorou que ele pedisse a Hitler para reconquistá-la, mas isso não passou de pura ilusão.[92] Muitos fascistas consideravam que o povo italiano mostrara-se indigno do fascismo. Ademais, a queda da Cidade Eterna prejudicara a compreensão sobre si mesmos de muitos fascistas que consideravam Roma o mito fundador. Para algumas autoridades, como os oficiais da Guarda Nacional Republicana que, em 21 de junho de 1944, compilaram um relatório sobre a opinião pública em Gênova, a perspectiva de uma quase certa invasão aliada do restante da Itália suscitava receios entre os apoiadores do fascismo de represálias por parte dos Aliados.[93] Esse sentimento levou alguns a retornarem às origens violentas do fascismo. Alguns fascistas, cada vez mais radicais diante da derrota quase certa, começaram a eliminar brutalmente os antifascistas, que viam na libertação de Roma a esperança de uma pronta derrota da RSI e dos nazistas.[94]

Com o desembarque dos Aliados na Normandia em junho de 1944 e, depois, na costa francesa do Mediterrâneo, em agosto de 1944, a derrota alemã passou a ser apenas uma questão de tempo. Florença, local de duas reuniões entre Mussolini e Hitler, caiu em agosto. Depois dessas vitórias aliadas, a linha de frente permaneceu mais ou menos estável até a primavera de 1945. As brutais represálias alemãs tornaram-se parte do cotidiano dos italianos que viviam na RSI, onde, a partir de junho de 1944, esquadrões fascistas terroristas, conhecidos como Brigadas negras (*Brigate nere*), lutaram lado a lado com os alemães contra os *partigiani*.[95]

Para o Exército alemão e a SS, a atividade dos *partigiani* servia como desculpa para a brutal repressão da população civil. Negados durante muito tempo depois da guerra por veteranos alemães, os massacres promovidos pelos alemães em Fosse Ardeatine, na periferia de Roma, nos dias 23 e 24 de março de 1944 (25º aniversário da fundação das *Fasci di combattimento*), em Sant'Anna di Stazzema em agosto de 1944, na comuna de Marzabotto em setembro e outubro de 1944, entre outros, não foram nada menos que crimes de guerra contra a população civil. Ao todo, embora não seja possível obter números precisos, pelo menos 10 mil civis italianos foram mortos na guerra dos *partigiani* em ataques de represália, sem falar dos mais de 30 mil *partigiani* mortos (alguns chegam a sugerir que 44.720 *partigiani* teriam sido mortos em ação ou assassinados). Essas ações já foram comparadas às atrocidades de guerra cometidas pelos alemães na Polônia e na União Soviética. No entanto, o número de mortos pelos alemães na Itália dificilmente atinge o mesmo nível de mortos na Europa oriental. Além disso, o caso da Itália é também diferente porque os crimes de guerra nem sempre foram deliberadamente planejados pelos alemães a fim de criar um espaço vital racialmente puro. Com efeito, os crimes de guerra alemães na Itália ocorreram como reações brutais à atividade guerrilheira suposta ou real, embora essa constatação não justifique, de modo algum, as atrocidades.[96]

Em essência, o período entre 1943 e 1945 testemunhou três conflitos diferentes, porém simultâneos, na Itália, conflitos estes que mais tarde Claudio Pavone caracterizou, discutivelmente, como uma guerra civil: o primeiro, uma guerra patriótica contra os alemães; o segundo, uma guerra civil entre fascistas e antifascistas; o terceiro, uma guerra de classes do proletariado contra os donos de propriedades. Sem dúvida, a maioria das pessoas comuns, embora inevitavelmente enredada nesses conflitos, estava acima de tudo preocupada com a própria sobrevivência.[97] Mussolini tentou arduamente manter a ilusão de que ainda comandava a Itália e, algumas vezes, posava de salvador da Itália contra a opressão nazista. Embora apoiasse as represálias brutais da Wehrmacht, da SS e dos esquadrões fascistas terroristas contra *partigiani* – reais ou supostos –, ele também se queixava a Rahn, e não a Hitler, das atrocidades da Wehrmacht contra civis, inclusive mulheres e crianças. Contudo, como já vimos, o Duce, sempre disposto a empregar a violência para alcançar seus objetivos, não era guiado por escrúpulos humanitários; em vez disso, ele esperava que suas intervenções impedissem futuras atividades guerrilheiras dos *partigiani*.[98]

Em meio a esse ambiente de terror e destruição, o Duce encontrou tempo e energia para escrever bastante. Esse foi um retorno ao início de sua carreira de jornalista agitador, quando o fascismo emergiu como uma força violenta, revolucionária e dinâmica, cujo impulso, assim ele esperava, a RSI manteria vivo. O jornalismo de Mussolini e as estratégias de divulgação de sua administração tinham por objetivo central negar a ideia generalizada de que ele era o lacaio de Hitler. Por exemplo, um livreto compilado por seu secretariado resumia a cobertura feita pelos jornais italianos daquilo que Mussolini considerava ter sido o "golpe de Estado" de 25 de julho 1943. Uma seção especial é dedicada à fatídica reunião de abril de 1943 no Schloss Klessheim, onde o líder nazista havia lido para o Duce o ato de revolta. A equipe de Mussolini sublinhou as passagens do documento que negavam sua condição de paladino. Outro folheto na compilação da imprensa era intitulado "Imaturidade e culpa do povo italiano". Esse título refletia a convicção central de Mussolini de que a nação italiana o havia decepcionado e, portanto, teria que ser convertida em uma nação de guerreiros por meio da guerra ao lado da Alemanha nazista, bem como de sacrifício e repressão.[99]

Os escritos de Mussolini eram também uma tentativa de controlar e influenciar sua memória após sua morte e derrota. Em meados de julho de 1944, o *Corriere della Sera* publicou suas reflexões sobre sua destituição, as quais escrevera enquanto estava preso. O objetivo de Mussolini era reunir apoio e degradar como traidora a resistência em torno de Grandi e, acima de tudo, do rei e de Badoglio. Mas o líder italiano, escondido no lago de Garda e ouvindo música clássica, como a Sinfonia Pastoral de Beethoven, refletiu também sobre seu relacionamento com Hitler e orgulhosamente anunciou isso a Petacci em 2 de julho de 1944. Em seu *Drama da diarquia* (*Il dramma della diarchia*), um lamento sobre sua própria incapacidade de eliminar a monarquia, Mussolini faz um relato amargo

325

da visita de Hitler à Itália em 1938 e queixa-se rancorosamente de que o rei, na qualidade de chefe de Estado, roubara a cena, embora tivesse ficado "claro que o Führer pretendia, sobretudo, visitar a Roma do Duce". Apesar de uma frustração que às vezes beirava o delírio, Mussolini era suficientemente realista para reconhecer que seria derrotado. Portanto, ele admitiu a Petacci que o Exército norte-americano içara a bandeira dos Estados Unidos no terraço do Palazzo Venezia, local de alguns de seus discursos mais importantes, entre eles a proclamação triunfante do Império Italiano em 1936 e, sem dúvida, as declarações de guerra da Itália em 1940 e 1941.[100]

VII

Com seus planos para a Nova Ordem destroçados, Mussolini e Hitler, em uma tentativa de manter o ímpeto da exibição de unidade e amizade, encontraram-se em 20 de julho de 1944 na Toca do Lobo, na Prússia Oriental. A solicitação partira do governo alemão e era uma ordem mal dissimulada para que Mussolini se colocasse em uma posição de reverência a Hitler. Desde a libertação de Roma, que havia ferido gravemente seu prestígio, o Duce demonstrava relutância em se encontrar com o ditador nazista. Além disso, em 13 de julho de 1944, conforme relatado pelo próprio líder italiano em uma carta a Petacci, Rahn havia de certo modo ordenado a ele que se preparasse para partir imediatamente rumo à Alemanha.[101] O itinerário de Mussolini no caminho para a Prússia Oriental incluía visitas ao Exército Republicano Nacional, que estava em treinamento dentro da Alemanha. O propósito desse roteiro, que recebeu ampla cobertura por parte da imprensa da RSI, era reafirmar mais uma vez o mantra de Mussolini de que a condição de aliada da Alemanha na guerra reabilitaria a reputação da Itália depois da suposta traição de 8 de setembro de 1943.[102]

Mesmo no auge da crise militar e política, os itinerários dos encontros Mussolini-Hitler anteriores eram sempre mantidos, mas dessa vez o atraso na chegada do Duce, em 20 de julho de 1944, sugeria que alguma coisa estava errada. Poucas horas antes, explodira na Toca do Lobo uma bomba, plantada pelo conde Claus Schenk von Stauffenberg como parte de uma conspiração nacional-conservadora para assassinar o ditador nazista. Hitler sobrevivera e, já no final do dia, tinha conseguido reprimir brutalmente a conspiração.[103] Uma cena grotesca seguiu-se. Como seu braço direito fora ferido na explosão, o Führer foi obrigado a cumprimentar Mussolini com o esquerdo. Ele mostrou também ao Duce a cena da tentativa de assassinato e o fez olhar seu uniforme rasgado. As reações do líder italiano ao ataque podem ser reconstruídas a partir de uma melancólica carta de amor que ele enviou posteriormente a Petacci. Embora reconhecesse a desastrosa situação militar da Alemanha, ele escreveu que admirava bastante a bondade de Hitler e, acima de tudo, seu "sangue frio" nas represálias contra os conspiradores. Nas entrelinhas, contudo, Mussolini deixava transparecer sua inveja de Hitler, que sobrevivera ao golpe, enquanto ele fora deposto havia quase um ano.[104] Ao mesmo tempo, vale a pena observar que o secretariado do Duce compilou um grosso dossiê com os relatos da imprensa sobre a tentativa de assassinato, dossiê este que revelava temores de que também Mussolini pudesse ser alvo de um ataque. De fato, dada a resistência muito maior na Itália, tais medos demonstravam lucidez.[105]

O cenário do encontro, nas florestas sombrias e infestadas de mosquitos da Prússia Oriental, contrastava intensamente com o ambiente pomposo de seus muitos encontros anteriores. Como a explosão havia destruído partes do espaço de conferências de Hitler, este foi obrigado a se empoleirar em um caixote e convidou Mussolini a se sentar em uma cadeira bamba. Mesmo nessa situação exótica, a conversa seguiu o padrão determinado. Hitler, que havia retomado sua forma anterior, logo tomou a voz e fez a Mussolini uma longa preleção sobre "premonições de perigos iminentes". Em uma atitude incomum, ele reconheceu que a Alemanha enfrentava uma crise militar, mas que triunfaria no final. Quando a conversa se aproximava do fim, Mussolini finalmente teve a chance de expor sua opinião. Suas observações foram defensivas. O Duce traçou um retrato realista da crescente falta de apoio popular à RSI, exacerbada com a queda de Roma. Por fim, um submisso Mussolini pediu a Hitler que mitigasse o sofrimento dos "presos de guerra", pois um gesto generoso do Führer seria "uma alegria especial" para o Duce e aumentaria o apoio popular à RSI. Hitler estava de bom humor, ostentando sua superioridade. Ele não apenas prometeu libertar e enviar às autoridades da RSI os oficiais navais italianos que tinham sido condenados à morte pelos alemães como também, em um gesto calculado que, assim esperava, aumentaria o prestígio do Duce na Itália, concordou em conceder aos presos militares o *status* de trabalhadores civis.[106]

Na verdade, muitos dos presos militares se opuseram a esse novo *status*, pois temiam ser convocados para o Exército Republicano Nacional. Significativamente, Mussolini não tinha o menor interesse em uma intervenção humanitária em nome de todos os presos militares italianos, mas limitou-se a pedir a Hitler que garantisse um tratamento melhor aos presos que trabalhavam na indústria da guerra, a maioria dos quais, como ele sabia, se recusara a declarar lealdade à RSI. Ademais, a mudança do *status* de preso militar para o de trabalhador civil era muito mais uma exigência da guerra total dos nazistas do que resultado do pedido de Mussolini. Os nazistas esperavam que essa mudança de *status* aumentasse a produtividade desses homens. Assim, embora a mudança de *status* tenha sido uma vitória simbólica para a RSI, as péssimas condições de vida e trabalho dos ex-presos militares não tiveram uma melhora significativa, e, portanto, a intervenção subserviente de Mussolini não produziu resultados expressivos. Mais uma vez, ficou patente sua condição de subordinação.[107]

Ainda assim, depois da fracassada tentativa de assassinato de 20 de julho de 1944, a reunião foi bem-sucedida em manter o ímpeto da amizade do Eixo como o símbolo mais poderoso da Nova Ordem. O *New York Times* chegou até mesmo a reimprimir o habitual telegrama de agradecimento de Mussolini a Hitler.[108] No entanto, por trás das aparências, era cada vez maior o cansaço de guerra. Na Itália, algumas pessoas ficaram desapontadas ao saber que Hitler sobrevivera, pois acertadamente consideravam que isso prolongaria a guerra. Em Milão, Magda Ceccarelli De Grada lamentou em seu diário: "Dois metros, um erro de dois metros, referindo-se ao fato de que Hitler não teria sobrevivido se estivesse mais perto da bomba plantada por Stauffenberg.[109]

Não é necessário dizer que a propaganda em torno da visita de Mussolini à Alemanha não melhorou a atitude da maioria dos italianos em relação à RSI. Em vez disso, com a guerra afetando a vida cotidiana das pessoas de forma cada vez mais profunda, o governo da RSI recebia relatórios derrotistas a respeito da opinião pública. Por exemplo, um relatório de setembro de 1944 emitido pela Guarda Nacional Republicana sobre a opinião pública em Turim, um viveiro da militância operária, lamentava que a maioria da população, em especial a classe trabalhadora, "demonstra abertamente sua hostilidade em relação ao governo social republicano", e, de modo pouco convincente, culpava a propaganda aliada por essa hostilidade.[110]

Apesar de inicialmente aliviados por Hitler ter sobrevivido, muitos alemães começaram a se desesperar com a situação militar. A reputação do ditador nazista ia declinando à medida que os Aliados forçavam o Exército alemão a retroceder para seu território de origem. No início de agosto de 1944, o SD relatou de Stuttgart "que a maioria dos companheiros da nação, mesmo aqueles que até aqui acreditaram inabalavelmente, agora perderam toda a confiança no Líder".[111]

Com os Aliados penetrando na Alemanha a partir do leste e do oeste, a derrota militar estava na ordem do dia. Antigos aliados do Eixo, como a Bulgária e a Romênia, foram invadidos pelos soviéticos no final de 1944, provocando um isolamento quase total da Alemanha nazista. Para Mussolini, no entanto, a única opção era combater ao lado dos alemães. Uma desaceleração do avanço aliado na Itália, juntamente com o apelo do general Alexander para que os *partigiani* suspendessem os ataques de grande escala contra os alemães, deu ao Duce uma breve esperança de conseguir recuperar a iniciativa, razão pela qual ele escreveu uma carta para Hitler em 14 de novembro de 1944. Nessa carta, o líder italiano alardeava que a Itália logo lançaria um ataque contra os Aliados na península e defenderia o estrategicamente importante vale do Pó. Contudo, isso não passava de puro devaneio, sobretudo depois que seu regime fracassara na criação de um efetivo Exército Republicano.[112]

Agora que não restava quase nada a perder, Mussolini, a fim de promover sua reputação e seu ego, arriscava algumas vezes deixar de lado seus senhores alemães. A mais clara demonstração dessa tendência foi um discurso proferido por ele no Teatro Lirico de Milão, em 16 de dezembro de 1944. Esse foi seu primeiro importante discurso público na Itália desde que reassumira o governo. Como vimos, as autoridades alemãs na Itália, alegando questões de segurança, vinham tentando dissuadir o Duce de falar em público, e é digno de nota que tenha levado tanto tempo para que Mussolini agisse à sua própria maneira.[113] O fato de ele ter escolhido Milão não foi mera coincidência. A capital da Lombardia fora a cidade de muitos triunfos políticos do líder italiano, entre estes a fundação das *Fasci italiani di combattimento* em 1919 e a proclamação do Eixo com a Alemanha em 1936. Desse modo, a escolha de Milão conferia ao regime do Duce alguma legitimidade histórica, em especial o mantra de que a RSI representava um retorno ao "verdadeiro" fascismo violento dos primeiros anos. Depois de tanto tempo longe do palanque, Mussolini aproveitou a oportunidade para exibir sua hábil oratória e justificar a história da RSI. Como seria de se esperar, ele investiu contra a suposta traição do rei ao povo italiano, antes de elogiar a aliança com a Alemanha nazista. Além disso, queixou-se amargamente de que "uma parte do povo italiano aceitou a capitulação, por falta de consciência ou exaustão", enquanto, em uma nota mais positiva, a outra parte havia "de imediato permanecido ao lado da Alemanha". O discurso foi aplaudido pelo público selecionado a dedo. Algumas pessoas da plateia consideraram que o Duce, apesar de bastante magro, estava em plena forma. Uma auxiliar da Decima Mas, uma tropa de assalto naval comandada pelo príncipe Junio Valerio Borghese, mais tarde elogiou Mussolini em seu diário, afirmando que "tudo o que foi feito nesses dias trágicos para elevar a honra da Itália e dar à nossa pátria uma nova face e um novo modo de viver em sociedade não pode nunca ser perdido". Alguns fascistas chegaram até mesmo a associar as breves vitórias alemãs na ofensiva das Ardenas com a energia revitalizada do Duce, como demonstrado durante seu encontro com o povo de Milão. (O evento, a chamada "Batalha do Bulge", iniciada em meados de dezembro de 1944 e envolvendo cerca de 200 mil soldados alemães com 600 tanques contra 80 mil soldados americanos com 400 tanques, terminou em fracasso para os alemães em janeiro de 1945).[114]

O discurso de Milão foi o canto do cisne de Mussolini. Sua sorte estava inteiramente nas mãos dos alemães, que, de certo modo, ignoraram sua histrionice. Em uma coreografia cuidadosamente planejada, o Duce apareceu na Piazza San Sepolcro, berço da organização das *Fasci italiani di combattimento*, depois da encenação no Teatro Lirico. Finalmente, em 18 de dezembro de 1944, aniversário do Dia da Fé (*Giornata delle fede*) de 1935, data em que o regime pedira aos italianos que doassem seu ouro, inclusive as alianças de casamento, em favor da nação, como resposta às sanções contra a Itália impostas pela Liga das Nações, ele passou em revista um desfile das tropas de diversas forças armadas da RSI.[115]

A determinação de Mussolini de fazer a Itália parecer uma nação honrosa, que se redimiria por meio de guerra e sacrifício, explica por que, no final de 1944, ele sugeriu a seu filho Vittorio, secretário-geral da filial alemã do Partido Fascista Republicano, que seus 30 mil membros deveriam lutar na milícia Volkssturm. Tratava-se do último contingente alemão, formado por indivíduos anteriormente considerados inadequados para o serviço de guerra, entre eles idosos e adolescentes. Embora não existam provas de que os italianos lutaram na Volkssturm, essa ideia revela o fanatismo e a frágil noção de realidade de Mussolini, que oscilava entre o delírio e a cegueira.[116]

Enquanto para Mussolini e Hitler, apoiados por seus acólitos, a guerra tinha um valor transformador, para a ampla maioria das pessoas que viveram a experiência da guerra esse foi um período pavoroso, caracterizado por medo, fome, incerteza a respeito do paradeiro dos entes queridos e um lancinante desejo de sobrevivência. No total, o período compreendido entre o desembarque aliado na Sicília, em julho de 1943, e a efetiva rendição alemã na Itália, em 2 de maio de 1945, foi de intenso e brutal estado de guerra para os italianos. Morreram pelo menos 330.000 italianos, entre homens, mulheres e crianças, além de 312.000 soldados aliados e ao menos 415.615 soldados alemães, que pereceram nos campos de batalha da península. Na Alemanha como um todo, morreram mais soldados e civis nos meses entre 20 de julho de 1944 e o fim da guerra na Europa, em maio de 1945, do que em todos os anos de guerra anteriores.[117]

Depois do fracasso da ofensiva alemã nas Ardenas em janeiro de 1945, a pressão sobre a Alemanha, vinda do oeste, do leste e, cada vez mais, do sul, gradativamente conduziu ao fim da guerra na Europa. Os regimes tão intimamente associados a Mussolini e Hitler haviam atingido seu objetivo de levar a guerra total ao continente, um conflito que agora adentrava suas respectivas pátrias. Com a guerra perdida, os dois regimes retornaram às suas violentas origens no rescaldo da Primeira Guerra Mundial. O fervor destrutivo de lutar uma guerra total, se necessário até a autoaniquilação, ocupava a mente dos nazistas, que se voltaram contra todos aqueles – cada vez mais também dentro da população civil – considerados uma pedra no caminho da "vitória final".[118] O relacionamento com Mussolini perdeu toda e qualquer importância para Hitler, que, em janeiro de 1945, retirou-se para seu *bunker* situado no subsolo da Chancelaria do Reich, em Berlim, a fim de comandar sua última batalha. Notícias da situação caótica na Alemanha, caracterizada por bombardeios em massa, pela aproximação dos Aliados e pela repressão ainda mais dura dos nazistas, que incluía a aplicação de sentenças de morte a desertores – verdadeiros ou não –, logo conferiu novo ímpeto aos *partigiani* na Itália, que conseguiram interceptar um dos relatórios de Filippo Anfuso para Mussolini, cujo texto levava essas notícias. De fato, em 21 de fevereiro de 1945, o periódico neutro *Basler Nachrichten* fez ampla cobertura da interceptação pelo *Il partigiano*, um jornal milanês clandestino, de outro relatório que desmascarava ainda mais o poder do Duce, revelando que ele não passava de uma sombra de sua glória passada.[119]

De partida da região do lago de Garda, em 18 de abril de 1945, rumo a Milão, para negociar um armistício com os *partigiani* e os Aliados, Mussolini, menos fanático do que Hitler naqueles momentos finais, enviou uma mensagem ao Führer cumprimentando-o pelo aniversário. Em sua última carta oficial, o Duce estendeu votos de felicidades ao líder nazista "por sua missão histórica" contra o judaísmo e o bolchevismo. Em sua resposta, Hitler reafirmou sua convicção central na conspiração judeu-bolchevique, mas se absteve de fazer referências pessoais ou emotivas à amizade com Mussolini. Era o ponto final em uma correspondência iniciada por Hitler, com as cartas que pediam uma fotografia autografada do Duce, e era o próprio Hitler que a terminava.[120]

O fim inglório dos dois ditadores revela algumas diferenças surpreendentes entre suas personalidades e seus regimes. No final de abril de 1945, Mussolini se recusou a assinar um armistício com os *partigiani* na casa do arcebispo de Milão, depois de descobrir que os alemães mantinham conversas separadas com os *partigiani* e os Aliados, os quais haviam finalmente cruzado a fronteira alemã no norte da Itália. Mais uma vez, os alemães o haviam deixado no escuro – mesmo na hora derradeira. Em 25 de abril, imediatamente antes da libertação de Milão, Mussolini deixou a cidade, e Petacci logo se juntou a ele nas proximidades da fronteira suíça. O fato de eles terem viajado em um trem acompanhado por uma unidade militar alemã reflete uma vez mais a total dependência do Duce em relação aos alemães e sua determinação de não cair nas mãos inimigas. Na pequena cidade de Dongo, às margens do lago de Como, Mussolini foi parado e identificado por *partigiani* na manhã de 27 de abril. O fundador do fascismo italiano, o movimento ultranacionalista que prometera converter a Itália em uma grande potência, vestia um casaco do Exército alemão. Petacci estava com Mussolini. Os dois foram fuzilados em 28 de abril, e no dia 29 de abril, o dia da assinatura da rendição alemã aos Aliados na Itália, seus corpos foram pendurados de cabeça para baixo na Piazzale Loreto, em Milão – local de uma atrocidade praticada contra os *partigiani* em 1944 –, depois de uma multidão furiosa ter atacado e mutilado os corpos de Mussolini e Petacci e também os de outros líderes fascistas, entre eles Farinacci e Starace. Esse foi o fim vergonhoso da arrogância de Mussolini na cidade onde ele fundara o fascismo em 1919.[121]

A morte de Hitler também contrastou fortemente com as grandiloquentes exibições da propaganda. Embora tenha sido informado sobre a execução de Mussolini pelos *partigiani*, não se sabe se ele tomou conhecimento dos detalhes macabros da morte de seu antigo ídolo. De qualquer modo, as notícias da morte do Duce confirmaram a intenção de Hitler de cometer suicídio, um plano que ele sempre teve em mente para o caso de uma derrota, a fim de evitar um fim igualmente sinistro. Com as tropas soviéticas se aproximando da Chancelaria do Reich, Hitler atirou contra si, enquanto Eva Braun, com quem ele se casara poucas horas antes, tomou cianeto. O suicídio do Führer foi seguido pelo de outros líderes nazistas, entre eles Goebbels, e de milhares de pessoas comuns para as quais o fim do Terceiro Reich e a ocupação aliada significavam desesperança e desespero. Assim terminava o relacionamento fatal de Mussolini e Hitler, que impôs na Europa um estado de violência, genocídio e destruição sem precedentes.[122] Dada a importância simbólica do passo do Brennero, local de três encontros Hitler-Mussolini durante a guerra, talvez não seja coincidência que as tropas americanas que haviam combatido anteriormente na França e na Alemanha tenham se unido lá aos seus compatriotas que subiram lutando através da Itália.[123]

Em meio à evolução gradual, e ao final rápida, de uma vitória aliada sobre as potências do Eixo, Hitler e Mussolini mantiveram sua exibição de unidade e amizade até o amargo fim. Não restava a eles outra opção senão manter a encenação, embora ela reverberasse cada vez menos junto ao público doméstico e internacional. Além disso, a aliança com a Itália, a nação que "traíra" em 1943 seu aliado alemão depois de uma primeira "traição" em 1915, tornava-se mais e mais insignificante para Hitler.

Após os primeiros três anos de guerra da Itália, que foram um completo desastre, Mussolini convertera-se finalmente no *Gauleiter* das porções do território italiano ocupadas pelos alemães. Mas não se deve dizer que o Duce e seus acólitos da RSI foram meros lacaios do ditador nazista. Ao contrário, o novo regime republicano de Mussolini não devia respeito à monarquia e, assim, prometeu a uma minoria de fascistas fanáticos um retorno às origens da violência das esquadras fascistas e seu compromisso com o estabelecimento de uma Nova Ordem em casa e no exterior. Consequentemente, a RSI deu vida aos elementos mais destrutivos do fascismo, incluindo a deportação de judeus para as câmaras de gás nazistas e a violência e repressão em massa contra os *partigiani*.

Ao contrário de outras nações europeias sob o domínio do nazismo, a condição da RSI era única, pois sempre oscilou entre a de um país ocupado e uma nação aliada, e a manutenção do equilíbrio entre essas duas posições revelou-se uma tarefa impossível para Mussolini.[124] Eram três os motivos para esse *status* ambivalente da RSI. O primeiro foi, inegavelmente, a admiração de Hitler por Mussolini, ainda que em declínio em razão das derrotas militares da Itália. O tratamento dado pelos alemães a Mussolini, pelo menos em público e, em especial, em seus últimos encontros com Hitler na Alemanha, visava conferir prestígio ao Duce na qualidade de chefe de um Estado soberano. O propósito dessa estratégia era mobilizar o apoio popular na Itália para a aliança com a Alemanha e defender a península italiana contra os avanços aliados. Ela fracassou amplamente em mobilizar o apoio popular, mas manteve a linha de frente até os estágios finais da guerra, aumentando a agonia dos italianos que viviam essa experiência de guerra. O segundo motivo foi a estrutura política do Terceiro Reich, na qual a competição entre os nazistas, o Estado e as instituições militares gerou uma situação política caótica sobre a qual Mussolini conseguia exercer mínimo controle, exceto simbolicamente. O terceiro é que todas essas instituições desejavam maximizar seu controle sobre a Itália, por meio da exploração da economia e da população para o esforço de guerra alemão. Isolado no belo lago de Garda, distante dos verdadeiros centros do poder político, o período final de Mussolini no governo converteu a Itália em uma nação profundamente polarizada, que experimentava violência semelhante à de uma guerra civil. A Nova Ordem, o agressivo desafio de Hitler e Mussolini à cultura e à política do internacionalismo liberal, à democracia e ao comunismo, fracassara espetacularmente. A ameaça que emergira das cinzas da Primeira Guerra Mundial, encabeçada por Mussolini e Hitler, fora por fim derrotada, e a rendição incondicional dos alemães aos Aliados cumpriu-se efetivamente em 8 de maio de 1945, quando as armas foram silenciadas na Europa.

CONCLUSÃO

Em uma escadaria do Museu Bardini, em Florença, é exibido com grande destaque um raro tapete persa. Diz-se que, em maio de 1938, em sua tentativa de transmitir aos convidados nazistas uma impressão de superioridade cultural, as autoridades italianas estenderam esse tapete na plataforma da estação de Santa Maria Novella para dar as boas-vindas a Hitler. O uso de tapetes como forma de criar áreas especiais em que apenas governantes têm permissão de pisar assumiu, através dos séculos, a conotação de honra diplomática. Alegadamente, o pé do Führer deixou sua marca: o tapete de Bardini exibe uma ligeira avaria, ao que parece, por causa das esporas do ditador nazista.

A despeito da predileção dele e de Mussolini por botas e uniformes, Hitler, ao contrário do Duce, nunca usava esporas. Ademais, não há evidências claras de que o tapete tenha sido utilizado durante a visita do líder alemão naquela primavera. Contudo, após a guerra, a história de um Hitler grosseiro e destrutivo que invadiu a Itália serviu como poderoso mito para muitos italianos se dissociarem do Eixo e retratarem o Führer como o "alemão diabólico", em marcante contraste com o "bom italiano". Apesar dos crimes de guerra italianos nos Bálcãs e, sobretudo, nas colônias africanas, é evidente que a violência genocida da Alemanha durante a Segunda Guerra Mundial, no cerne do projeto nazista, teve uma extensão completamente diferente das atrocidades da Itália sob o fascismo.[1]

CONCLUSÃO

No entanto, comparações com a taxa de mortalidade provocada pelos nazistas foram empregadas para apagar o envolvimento italiano no Eixo. Quase imediatamente após a queda do fascismo, as elites políticas italianas começaram a distanciar-se elas próprias e a nação italiana, do antigo aliado alemão. Elas podiam corretamente se referir aos crimes de guerra na Europa ocupada pelos nazistas e ao assassinato em massa de judeus na Europa, que mais tarde veio a ser conhecido como Holocausto, como um projeto alemão, muito embora, como já vimos, as autoridades fascistas e alguns italianos comuns tenham tomado parte na discriminação e condenação ao ostracismo de judeus da Itália. Todavia, o "bom italiano" procurava de toda forma se eximir de qualquer culpa. Emblemática a esse respeito foi a opinião do notável filósofo antifascista Benedetto Croce: o nazismo estava profundamente enraizado na história alemã, enquanto o fascismo não passou de meros parênteses na gloriosa história italiana.[2] A Itália, ao contrário da Alemanha, testemunhara um amplo movimento de resistência à ditadura. Esse movimento logo foi içado à condição de mito da *resistenza* popular e, junto com a ideia do "bom italiano", proporcionava uma amnésia amenizadora para os milhões de italianos que, de uma forma ou de outra, haviam se envolvido no projeto fascista. Tais opiniões, embora criticadas por historiadores italianos, ainda hoje ecoam na cultura popular da Itália, como mostra a vinheta do tapete.[3]

Na memória pública do Terceiro Reich, que evoluiu ao longo das décadas desde 1945, existe hoje um reconhecimento claro e inequívoco da responsabilidade alemã pela guerra e pelo Holocausto. A Alemanha pós-guerra foi dividida em quatro zonas de ocupação e, subsequentemente, em duas repúblicas, um arranjo que durou até o fim da Guerra Fria. Os antigos membros do governo do Reich e das elites do partido nazista que não cometeram suicídio foram levados a julgamento pelos Aliados em Nuremberg. A Itália, no entanto, manteve sua integridade territorial e, após uma breve onda de brutal acerto de contas com os fascistas, deixou de persegui-los: não houve qualquer julgamento de crimes de guerra por parte dos Aliados porque, por razões estratégicas, eles decidiram manter o país, com seu robusto Partido Comunista, no lado do Ocidente.[4]

Na Alemanha Oriental comunista, o regime fomentou uma interpretação contundente do fascismo e do nazismo que enfatizava vínculos estreitos entre o fascismo e o capitalismo, mas manteve um embaraçoso silêncio sobre a dimensão racista dessas ditaduras, sobretudo do Terceiro Reich. Essa interpretação servia como forma de ataque às sociedades capitalistas liberal-democratas, em especial a Alemanha Ocidental.[5] Por outro lado, emergiu na Alemanha Ocidental pós-guerra um mito popular contrário aos italianos sobre a Segunda Guerra Mundial, cujo fundamento residia nas décadas de estereótipos nacionais que precederam o surgimento do Eixo e foram reforçados durante a guerra. Nesse aspecto, é típica a atitude adotada por Hitler de apresentar Mussolini como bode expiatório. Vamos considerar uma conversa mantida em fevereiro de 1945 entre o Führer e Martin Bormann, chefe da Chancelaria do partido nazista. De acordo com uma publicação pós-guerra dessas conversas, o líder nazista concluíra categoricamente que sua amizade com Mussolini fora um grave erro: ela servira muito mais aos inimigos da Alemanha do que ao próprio Terceiro Reich. Se a Alemanha perdesse a guerra, acrescentara ele, a aliança com a Itália teria uma significativa parcela de contribuição. A despeito da duvidosa procedência das anotações de Bormann sobre essas conversas, fica claro que Hitler nutria um feroz sentimento racista anti-italiano. Uma variação desses comentários, baseada em preconceitos contra os italianos amplamente difundidos, consolidou-se em uma poderosa lenda na Alemanha após a guerra, segundo a qual sem o envolvimento italiano, em especial no resgate nos Bálcãs, a Alemanha nazista teria tido condições de atacar a União Soviética na primavera e não no verão de 1941, o que teria significado, por sua vez, uma célere vitória alemã antes da chegada do inverno russo. O fato de Hitler usar a Itália de Mussolini como bode expiatório para explicar os reveses militares da Alemanha era semelhante ao mito de um novo golpe pelas costas.[6]

No entanto, a intervenção alemã ao lado da Itália nos Bálcãs não retardou significativamente a invasão da União Soviética; o plano alemão original de atacar a Rússia em maio de 1941 mostrou-se ambicioso e irrealista demais, sobretudo por causa das atrozes condições do solo, que teriam levado a infantaria e a artilharia alemãs a uma paralisação na lama. Em última análise, as intervenções da Alemanha na Grécia e na Iugoslávia retardaram a Operação Barbarossa em meras duas semanas – um período de tempo tão breve que dificilmente seria uma explicação suficiente para a derrota alemã na guerra.[7]

CONCLUSÃO

Atribuir a Mussolini e Hitler a culpa pela aliança fatídica é uma conduta que tem suas raízes no período da guerra, pois, como vimos, foi quando as autoridades diplomáticas e militares da Itália e da Alemanha internalizaram a poderosa propaganda, segundo a qual qualquer decisão importante que afetasse o Eixo teria que ser tomada pelos líderes em suas conferências. Porém, essa interpretação simplista também foi uma maneira conveniente que as elites políticas e militares, bem como os milhões de alemães e italianos que haviam servido na guerra, encontraram para descarregar a responsabilidade pela aliança do Eixo sobre os dois ditadores.

Um dos argumentos centrais deste livro é que o relacionamento Mussolini-Hitler foi muito mais fortuito do que muitas pessoas presumem. Usei esse relacionamento para analisar três questões mais amplas: como estudamos o relacionamento pessoal entre ditadores? Como ditadores representam seu poder na diplomacia? E como a propaganda, a representação e a encenação adquirem ímpeto político? Neste livro, em vez de buscar uma abordagem biográfica convencional, eu tratei dessas questões por meio da desconstrução do relacionamento pessoal entre Mussolini e Hitler. Com o propósito de proporcionar uma compreensão mais clara da desastrosa primeira metade do século XX e de dois dos homens que estiveram no centro dele, eu mostrei como esse relacionamento foi continuamente encenado.[8] Por meio de uma leitura cultural da diplomacia, concentrei-me nas formas segundo as quais eles e suas equipes engendraram e representaram uma exibição de unidade e amizade. Minha ênfase no relacionamento dos dois permitiu uma leitura mais detalhada de suas personalidades, mas também de suas visões políticas e do uso da propaganda, que, em última análise, se tornou tão convincente a ponto de eles próprios acabarem enredados entre si até o amargo final da guerra. No entanto, o relacionamento entre Mussolini e Hitler foi funcional desde o início. Ele não se baseou simplesmente em uma "ideologia comum", mas também em interesses estratégicos, que eram mascarados por declarações emotivas de amizade – especialmente da parte de Hitler – e exibições de unidade. Havia, sem dúvida, um denominador ideológico comum, que incluía revisão e conquista territorial, o uso da violência como meio de fazer política, o anticomunismo e um forte apelo às velhas elites. Entretanto, em suma, não existia uma dicotomia clara entre interesse estratégico e ideologia; ao contrário, os dois fatores se influenciaram mutuamente de formas diferentes, em situações específicas durante os anos 1930 e o início da década de 1940.

Foi essencial para o relacionamento Mussolini-Hitler que ele tenha sido engendrado na era das modernas comunicações de massa, que criaram espectadores em âmbito nacional e reforçaram constantemente as ideias de pertencimento à nação. Nesse contexto, a personalidade de indivíduos como os dois ditadores tornou-se cada vez mais sedutora, em especial por causa da censura imposta pelo Estado na Itália fascista e no Terceiro Reich. A imagem dos amigos ditadores serviu como extensão do culto ao Führer e ao Duce e atou ainda mais um ao outro. O uso de conferências de cúpula que faziam exibições de "amizade" deve ser entendido nesse contexto mais amplo. Durante o mesmo período houve também, portanto, uma mudança palpável entre os líderes democráticos, que passaram a se reunir em conferências de cúpula, uma tendência mais tarde amplificada pelo televisionamento ao vivo. Os encontros do período da guerra entre Roosevelt e Churchill logo se converteram na expressão de uma alternativa liberal-democrata personalizada à amizade ditatorial de Mussolini e Hitler, mas o relacionamento entre o presidente e o primeiro-ministro era baseado muito mais em substância e interesses compartilhados do que em encenação – que era, afinal de contas, um aspecto central do fascismo.[9]

No entanto, o relacionamento entre Mussolini e Hitler não pode ser tratado como simples propaganda. A encenação de unidade, masculinidade e amizade foi essencial para os dois regimes e logo se tornou uma realidade para os ditadores, os membros de suas equipes e, de fato, milhões de europeus. Para esses dois regimes, distinções entre estilo e substância, representação e poder não eram claramente traçadas. Meu exame cuidadoso dos aspectos culturais dos encontros Mussolini-Hitler abriu, portanto, uma perspectiva diferente sobre essa relação política determinante do início do século XX, perspectiva esta que me permitiu concentrar o foco no próprio relacionamento e em seu contexto cultural e social mais amplo. Um exame da organização e coreografia dos encontros dos dois ditadores mostra, pelo menos em certa medida, que eles obedeceram, em especial nos primeiros estágios, a alguns rituais das visitas de Estado. Ao mesmo tempo, os dois regimes, como parte de seu ataque às regras da diplomacia internacional pós-1919, enfatizavam o relacionamento pes-

CONCLUSÃO

soal entre Hitler e Mussolini, relacionamento este que podia abrir mão dos padrões cerimoniais estabelecidos e da burocracia e, em seu lugar, criar um novo estilo de diplomacia baseado na amizade que se contrapunha às outras potências europeias. Em nenhuma outra parte esse aspecto foi mais claramente observado que nos substanciais encontros de 1937 e 1938, tendo tido o primeiro deles importância especial para uma nova era da diplomacia como expressão direta da busca nazifascista por uma Nova Ordem. A exemplo de seus regimes de modo mais geral, a coreografia dos encontros entre Mussolini e Hitler era uma mistura do velho e do novo, de um protocolo diplomático estabelecido e um relacionamento original e único entre dois líderes executivos que dispensavam as formas burocráticas de negociação e representação das relações internacionais, substituindo-as por uma encenação poderosa e cuidadosamente coreografada. Sem defender uma leitura da história simplista e baseada na realidade presente, é sensato refletir sobre quão familiares esses temas me soaram quando eu concluía este livro, em junho de 2017.

Nos bastidores, sempre estiveram presentes mal-entendidos, tensões, rivalidade e tentativas privadas de exibir superioridade nacional. No entanto, a exibição de amizade e unidade conseguiu disfarçar aqueles atritos por meio de arranjos que se mostraram fatais para a paz mundial. A ideia propagandística de amizade logo criou um ímpeto próprio, conduzindo a uma situação na qual Mussolini e Hitler, a despeito de todos os seus desentendimentos, sentiam-se obrigados a acreditar em sua ligação especial. A ideia de amizade tornou-se uma poderosa estrutura, cuja repercussão popular e política refletia as vicissitudes das relações ítalo-germânicas e da guerra, e fez com que a aliança ítalo-germânica parecesse mais sólida do que era na realidade. Aqui estavam dois ditadores que compartilhavam uma ideologia imperialista, expansionista e violenta. Essa exibição política foi colocada em prática pela primeira vez durante a decisiva conferência de Munique, na qual a agressividade de Mussolini e Hitler superou os esforços de França e Grã-Bretanha, países que os dois menosprezavam como decadentes, "plutocráticos" e ultrapassados. Com a deterioração da situação do Eixo na guerra, as reuniões tornaram-se mais discretas, mas os dois regimes ainda mantiveram a exibição de amizade, mesmo nos instantes finais, quando os dois líderes já não conseguiam se aturar mutuamente. Como demonstrei, o relacionamento dos ditadores foi ofuscado por suas pretensões à dominação mundial e por mesquinhas invejas pessoais; despeito e mesquinharia constituíam também uma característica de suas ambições, que provocaram guerra, destruição, morte e violência em uma escala nunca antes vista. Passariam-se décadas antes que os efeitos devastadores causados por essa relação letal fossem superados.

NOTAS FINAIS

ABREVIAÇÕES

ACS   Archivio Centrale dello Stato, Roma
ADAP   Akten zur Deutschen Auswärtigen Politik: Serie C: 1933-1937. Das Dritte Reich: die ersten Jahre, 6 vols., Göttingen, 1971-1981; Serie D: 1937-1945, 13 vols., Baden-Baden, 1950-1970; Serie E: 1941-1945, 8 vols., Göttingen, 1969-1979
ASMAE   Archivio Storico Diplomatico del Ministero degli Affari Esteri, Roma
BAB   Bundesarchiv, Berlim
BAK   Bundesarchiv, Koblenz
BA-MA   Bundesarchiv-Militärarchiv, Freiburg
DBFP   Documents on British Foreign Policy: Second Series, 21 vols., Londres, 1965-1984; Third Series, 10 vols., Londres, 1949-1972
DDF   Documents diplomatiques français 1932-1939, 2e série: 1936-1939, 15 vols., Paris, 1963-1981
DDI   I documenti diplomatici italiani, ed. Ministero degli Affari Esteri: 7^a serie: 1922-1935, 16 vols., Roma, 1953-1990; 8^a serie: 1935-1939, 13 vols., Roma, 1952-2006; 9ª serie: 1939-1943, 10 vols., Roma, 1954-1990; 10ª serie: 1943-1948, 7 vols., Roma, 1992-2000
DRZW   Militärgeschichtliches Forschungsamt (ed.), Das Deutsche Reich und der Zweite Weltkrieg, 10 vols, Stuttgart/Munique, 1979-2008

FRUS   Foreign Relations of the United States, disponível em http://digicoll.library.wisc.edu/cgi-bin/FRUS/FRUS-idx?type=browse&scope=FRUS. FRUS1
IfZ   Institut für Zeitgeschichte, Munique
JCH   Journal of Contemporary History
OO   Benito Mussolini, *Opera Omnia di Benito Mussolini*, ed. Edoardo e Duilio Susmel, 44 vols., Florença, 1959-1980.
PAAA   Politisches Archiv des Auswärtigen Amts, Berlim
PRO   The National Archives, Public Records Office, Kew
QFIAB   Quellen und Forschungen aus italienischen Archiven und Bibliotheken
SD   Sicherheitsdienst
TBJG   Fröhlich, Elke (ed.), *Die Tagebücher von Joseph Goebbels, Teil I: Aufzeichnungen 1923-1941*, 9 vols., Munique, 1998-2006; *Teil II: Diktate 1941-1945*, 15 vols., Munique, 1993-1996
VB   *Völkischer Beobachter*
VfZ   *Vierteljahrshefte für Zeitgeschichte*
WL   Wiener Library, Londres

INTRODUÇÃO

1. Para as atas da reunião, consulte *ADAP*, E, VIII, doc. 128, nota de Schmidt, 21 jul. 1944.
2. Para um estudo das origens do fascismo e do nazismo, consulte MacGregor Knox, *To the Threshold of Power, 1922/33: Origins and Dynamics of the Fascist and National Socialist Dictatorships*, vol. I, Cambridge, 2007.
3. Como em A. J. P. Taylor, *The Origins of the Second World War*, Londres, 1963, p. 56. Obras recentes sobre liderança política incluem Archie Brown, *The Myth of the Strong Leader: Political Leadership in the Modern Age*, Londres, 2014; R. A. W. Rhodes e Paul 't Hart (eds.), *The Oxford Handbook of Political Leadership*, Oxford, 2014.
4. Para a abordagem de "vidas paralelas", consulte Alan Bullock, *Hitler and Stalin: Parallel Lives*, Londres, 1991; Walter Rauscher, *Hitler und Mussolini: Macht, Krieg und Terror*, Graz, 2001; Max Domarus, *Mussolini und Hitler: zwei Wege, gleiches Ende*, Würzburg, 1977; para o papel de Hitler no Terceiro Reich, consulte Ian Kershaw, "'Working towards the Führer': Reflections on the Na-

ture of the Nazi Dictatorship", *Contemporary European History*, v. 2, n. 2, p. 103-18, 1993; para Itália, consulte R. J. B. Bosworth, *Mussolini*, Londres, 2002, p. 7-8.
5. Para a ligação entre militarismo e masculinidade, consulte Christopher Dillon, "'Tolerance Means Weakness': The Dachau Concentration Camp SS, Militarism and Masculinity", *Historical Research*, v. 86, n. 232, p. 373-89, 2013.
6. Para o contexto, consulte MacGregor Knox, "Conquest, Foreign and Domestic, in Fascist Italy and Nazi Germany", *Journal of Modern History*, v. 56, n. 1, p. 1-57, 1984.
7. Cf. Timothy Snyder, *Bloodlands: Europe between Hitler and Stalin*, Nova York, Basic Books, 2010; para uma análise, consulte Richard J. Evans, "Who Remembers the Poles?", *London Review of Books*, v. 32, n. 21, p. 21-2, 2010.
8. Para o contexto, consulte Wolfgang Schieder, *Faschistische Diktaturen: Studien zu Italien und Deutschland*, Göttingen, 2008; para a abordagem tradicional, consulte Christopher Duggan, *The Force of Destiny: A History of Italy since 1796*, Londres, 2007; Denis Mack Smith, *Mussolini*, Londres, 1981; para a importância do estado de guerra na Itália fascista, consulte Giorgio Rochat, *Le guerre italiane 1935-1943: dall'impero d'Etiopia alla disfatta*, Turim, 2005; Patrick Bernhard, "Colonial Crossovers: Nazi Germany and its Entanglement with Other Empires", *Journal of Global History*, v. 12, n. 2, p. 206-27, 2017.
9. Christian Goeschel, "The Cultivation of Mussolini's Image in Weimar and Nazi Germany", em Jan Ruger e Nikolaus Wachsmann (eds.), *Rewriting German History: New Perspectives on Modern Germany*, Basingstoke, 2015, p. 247-66.
10. Para o contexto, consulte R. J. B. Bosworth, "Italian Foreign Policy and its Historiography", em R. J. B. Bosworth e Gino Rizzo (eds.), *Altro Polo: Intellectuals and their Ideas in Contemporary Italy*, Sydney, 1983, p. 65-86; cf. MacGregor Knox, "Il fascismo e la politica estera italiana", em R. J. B. Bosworth e Sergio Romano (eds.), *La politica estera italiana, 1860-1985*, Bolonha, 1991, p. 287-330; consulte também R. A. Webster, *Industrial Imperialism in Italy, 1908-1915*, Berkeley, 1975.
11. Cf. Hans Woller, *Mussolini: der erste Faschist – eine Biografie*, Munique, 2016, p. 177.
12. Para a abordagem tradicional, Friedrich-Karl von Plehwe, *Als die Achse zerbrach: das Ende des deutsch-italienischen Bündnisses im Zweiten Weltkrieg*, Wiesbaden, 1980, p. 11; Elisabeth Wiskemann, *The Rome-Berlin Axis: A History of*

the Relations Between Hitler and Mussolini, Nova York, 1949; D. C. Watt, "The Rome-Berlin Axis, 1936-1940: Myth and Reality", *Review of Politics*, v. 22, n. 4, p. 519-43, 1960.

13. Para essa abordagem, consulte Jeffrey C. Alexander, "Cultural Pragmatics: Social Performance between Ritual and Strategy", em Jeffrey C. Alexander, Bernhard Giesen e Jason L. Mast (eds.), *Social Performance: Symbolic Action, Cultural Pragmatics, and Ritual*, Cambridge, 2006, p. 29-90; para a importância da encenação, consulte Simonetta Falasca-Zamponi, *Fascist Spectacle: The Aesthetics of Power in Mussolini's Italy*, Berkeley, 1997; para estudos comparativos sobre as encenações, consulte Christoph Kühberger, *Metaphern der Macht: ein kultureller Vergleich der politischen Feste im faschistischen Italien und im nationalsozialistischen Deutschland*, Berlim, 2006; Wenke Nitz, *Führer und Duce: politische Machtinszenierungen im nationalsozialistischen Deutschland und im faschistischen Italien*, Colônia, 2013; consulte também Ralph-Miklas Dobler, *Bilder der Achse: Hitlers Empfang in Italien 1938 und die mediale Inszenierung des Staatsbesuches in Fotobüchern*, Munique, 2015.

14. Consulte, entre outros, Sven Reichardt e Armin Nolzen (eds.), *Faschismus in Italien und Deutschland: Studien zu Transfer und Vergleich*, Göttingen, 2005; Thomas Schlemmer e Hans Woller (eds.), *Der Faschismus in Europa: Wege der Forschung*, Munique, 2014; Bernhard, "Colonial Crossovers", *op. cit.*, 2017.

15. Para o debate mais amplo, consulte Michel Dobry, "La thèse immunitaire face aux fascismes: pour une critique de la logique classificatoire", em Michel Dobry (ed.), *Le mythe d'allergie française du fascisme*, Paris, 2003, p. 17-67.

16. Consulte especialmente Roger Griffin, *The Nature of Fascism*, Londres, 1993; Roger Eatwell, "On Defining the 'Fascist Minimum': The Centrality of Ideology", *Journal of Political Ideologies*, v. 1, n. 3, p. 303-19, 1996; Roger Griffin, "Studying Fascism in a Postfascist Age: From New Consensus to New Wave?", *Fascism*, v. 1, n. 1, p. 1-17, 2012; cf. Robert O. Paxton, *The Anatomy of Fascism*, Nova York, 2004; Adrian Lyttelton, "What was Fascism?", *New York Review of Books*, v. 51, n. 16, p. 33-6, 2004.

17. Trabalhos incluem Johannes Paulmann, *Pomp und Politik: Monarchenbegegnungen in Europa zwischen Ancien Régime und Erstem Weltkrieg*, Paderborn, 2000; Naoko Shimazu, "Diplomacy as Theatre: Staging the Bandung Conference of 1955", *Modern Asian Studies*, v. 48, n. 1, p. 225-52, 2014; Brian Vick, *The Congress of Vienna: Power and Politics after Napoleon*, Cambridge,

MA, 2014; Todd H. Hall, *Emotional Diplomacy: Official Emotion on the International Stage*, Ithaca, NY, 2015.

18. Cf. David Reynolds, *Summits: Six Meetings that Shaped the Twentieth Century*, Londres, 2007; Kristina Spohr e David Reynolds (eds.), *Transcending the Cold War: Summits, Statecraft, and the Dissolution of Bipolarity in Europe, 1970-1990*, Oxford, 2016.

19. Consulte, por exemplo, Maria Inácia Rezola, "The Franco-Salazar Meetings: Foreign Policy and Iberian Relations during the Dictatorships (1942-1963)", *e-journal of Portuguese History*, v. 6, n. 2, 2008; para um levantamento das ditaduras latinas do sul da Europa, consulte Giulia Albanese, *Dittature mediterranee: sovversioni fasciste e colpi di Stato in Italia, Spagna e Portogallo*, Bari, 2016.

20. Consulte, por exemplo, Garrett Mattingly, *Renaissance Diplomacy*, Londres, 1955; Paulmann, *Pomp und Politik*, op. cit., 2000.

21. James Joll, *Europe since 1870: An International History*, 4. ed., Harmondsworth, 1990, p. 178; para uma pesquisa recente das alianças, consulte Christopher Clark, *Sleepwalkers: How Europe Went to War in 1914*, Londres, 2013, p. 121-67.

22. Trabalhos recentes incluem Patricia Clavin, *Securing the World Economy: The Reinvention of the League of Nations, 1920-1946*, Oxford, 2013; Mark Mazower, *Governing the World: The History of an Idea*, Londres, 2012; Glenda Sluga, *Internationalism in the Age of Nationalism*, Philadelphia, 2013; Susan Pedersen, *The Guardians: The League of Nations and the Crisis of Empire*, Oxford, 2015.

23. Para obras sobre amizade, consulte Allan Silver, "Friendship and Trust as Moral Ideals: An Historical Approach", *Archives européennes de sociologie*, v. 30, n. 2, p. 274-97, 1989; para coleções recentes de ensaios, consulte Barbara Caine (ed.), *Friendship: A History*, Londres, 2009; Bernadette Descharmes, Eric Anton Heuser, Caroline Krüger e Thomas Loy (eds.), *Varieties of Friendship: Interdisciplinary Perspectives on Social Relationships*, Göttingen, 2011; William M. Reddy, *The Navigation of Feeling: A Framework for the History of Emotions*, Cambridge, 2001, p. 63-111; sobre gestos, consulte Michael J. Braddick (ed.), "The Politics of Gesture: Historical Perspectives", *Past & Present*, v. 203, n. 4, p. 9-35, 2009; para a Conferência de Paz de Paris, consulte Margaret MacMillan, *Peacemakers: The Paris Peace Conference and its Attempt to End War*, Londres, 2001.

24. Para o culto à liderança, consulte Ian Kershaw, *The "Hitler Myth": Image and Reality in the Third Reich*, Oxford, 1987; Stephen Gundle, Christopher Duggan e Giuliana Pieri (eds.), *The Cult of the Duce: Mussolini and the Italians*, Manchester, 2013.
25. Para histórias institucionais sobre "internacionalismo fascista", consulte Michael Ledeen, *Universal Fascism: The Theory and Practice of the Fascist International, 1928-1936*, Nova York, 1972; Marco Cuzzi, *L'internazionale delle camicie nere: i CAUR, Comitati d'azione per l'universalità di Roma, 1933-1939*, Milão, 2005; Jens Steffek, "Fascist Internationalism", *Millennium*, v. 44, n. 1, p. 3-22, 2015; Madeleine Herren, "Fascist Internationalism", em Glenda Sluga e Patricia Clavin (eds.), *Internationalisms: A Twentieth-Century History*, Cambridge, 2017, p. 191-212; para o contexto, consulte também Mark Mazower, *Hitler's Empire: Nazi Rule in Occupied Europe*, Londres, 2008; Benjamin G. Martin, *The Nazi-Fascist New Order for European Culture*, Cambridge, MA, 2016.
26. Para a amizade Roosevelt-Churchill, consulte Jon Meacham, *Franklin and Winston: An Intimate Portrait of an Epic Friendship*, Nova York, 2004; para o contexto, consulte David Reynolds, *The Creation of the Anglo-American Alliance, 1937-1941: A Study in Competitive Co-operation*, Londres, 1981.
27. Para multidões como participantes, consulte Shimazu, "Diplomacy as Theatre", *op. cit.*, 2014.
28. Para o contexto, consulte os ensaios em Paul Corner (ed.), *Popular Opinion in Totalitarian Regimes: Fascism, Nazism, Communism*, Oxford, 2009; consulte também Richard J. Evans, "Coercion and Consent in Nazi Germany", *Proceedings of the British Academy*, v. 151, p. 53-81, 2007.
29. Para as percepções recíprocas de alemães e italianos, consulte, por exemplo, Gian-Enrico Rusconi, *Deutschland-Italien, Italien-Deutschland: Geschichte einer schwierigen Beziehung von Bismarck bis zu Berlusconi*, Paderborn, 2006, p. 107-205; consulte também Christian Goeschel, "A Parallel History? Rethinking the Relationship between Italy and Germany, ca. 1860-1945", *Journal of Modern History*, v. 88, p. 610-32, 2016.
30. Por exemplo, Peter Longerich, *Hitler: Eine Biographie*, Munique, 2015; Volker Ullrich, *Adolf Hitler: Biographie, Band 1: Die Jahre des Aufstiegs, 1889-1939*, Frankfurt am Main, 2013; Wolfram Pyta, *Hitler: Der Künstler als Politiker und Feldherr – eine Herrschaftsanalyse*, Munique, 2015; Wolfgang Schieder, *Mythos Mussolini: Deutsche in Audienz beim Duce*, Munique, 2013; Wolfgang

Schieder, *Benito Mussolini*, Munique, 2014; Woller, *Mussolini*, *op. cit.*, 2016; dois pequenos relatos são Santi Corvaja, *Mussolini nella tana del lupo*, Milão, 1983; Pierre Milza, *Conversations Hitler-Mussolini, 1934-1944*, Paris, 2013.

31. F. W. Deakin, *The Brutal Friendship: Mussolini, Hitler and the Fall of Italian Fascism*, Londres, 1962.
32. Consulte, entre outros, Reichardt e Nolzen (eds.), *Faschismus in Italien und Deutschland*, *op. cit.*, 2005; para um levantamento de obras recentes sobre o Eixo, consulte Christian Goeschel, "'*Italia docet?*' The Relationship between Italian Fascism and Nazism Revisited', *European History Quarterly*, v. 42, n. 3, p. 480-92, 2012.
33. Para a Alemanha nazista como uma forma única de ditadura racial, consulte Ian Kershaw, "Hitler and the Uniqueness of Nazism", *JCH*, v. 39, n. 2, p. 239-54, 2004; para um trabalho comparativo, consulte Ian Kershaw e Moshe Lewin (eds.), *Stalinism and Nazism: Dictatorships in Comparison*, Cambridge, 1997; Michael Geyer e Sheila Fitzpatrick (eds.), *Beyond Totalitarianism: Stalinism and Nazism Compared*, Cambridge, 2009.
34. Renzo De Felice, *Intervista sul fascismo*, ed. Michael A. Ledeen, Bari, 1997, p. 24-5; cf. Gianpasquale Santomassimo, "Il ruolo di Renzo De Felice", em Enzo Collotti (ed.), *Fascismo e antifascismo: rimozioni, revisioni, negazioni*, Bari, 2000, p. 415-29.
35. Para memórias, consulte Filippo Focardi, "'Bravo italiano' e 'cattivo tedesco': riflessioni sulla genesi di due immagini incrociate", *Storia e Memoria*, v. 5, n. 1, p. 55-83, 1996; consulte também Filippo Focardi, *Il cattivo tedesco e il bravo italiano: la rimozione delle colpe della seconda guerra mondiale*, Bari, 2013.
36. Davide Rodogno, *Fascism's European Empire: Italian Occupation during the Second World War*, Cambridge, 2006; Asfa-Wossen Asserate e Aram Mattioli (eds.), *Der erste faschistische Vernichtungskrieg: die italienische Aggression gegen Äthiopien*, Colônia, 2006.
37. Para um relato que adota uma perspectiva europeia, consulte Jens Petersen, *Hitler-Mussolini: die Entstehung der Achse Berlin-Rom 1933-1936*, Tübingen, 1973.
38. *DDI*, 8s, que trata dos anos decisivos 1935-1939, só foi concluído em 2006; 00.
39. *TBJG, Teil I*; *TBJG, Teil II*.
40. Galeazzo Ciano, *Diario 1937-1943*, ed. Renzo De Felice, Milão, 1980; para a autencidade dos diários, consulte MacGregor Knox, *Mussolini Unleashed*,

1939-1941: Politics and Strategy in Fascist Italy's Last War, Cambridge, 1982, p. 291-2; Tobias Hof, "Die Tagebücher von Galeazzo Ciano", *VfZ*, v. 60, n. 4, p. 507-28, 2012.

1 NA SOMBRA DE MUSSOLINI, 1922-1933

1. Kurt G. W. Ludecke, *I Knew Hitler: The Story of a Nazi Who Escaped the Blood Purge*, Londres, 1938, p. 71-7.
2. Mack Smith, *Mussolini*, Londres, 1981, p. 172; para a viagem de Mussolini à Alemanha, consulte Silvana Casmirri, "Il viaggio di Mussolini in Germania nel marzo del '22", *Storia e politica*, v. 12, p. 86-112, 1973, aqui p. 92, n. 23.
3. IfZ, Fb 32, Foreign Ministry to Bavarian Ministry of the Interior, 2 dez. 1923; Ian Kershaw, *Hitler, 1889-1936: Hubris*, Harmondsworth, 2001, p. 186.
4. "Gesprach mit F. C. Holtz am 3.11.1922", reproduzido em Eberhard Jackel e Alex Kuhn (eds.), *Hitler: Sämtliche Aufzeichnungen, 1905-1924*, Stuttgart, 1980, p. 721-2.
5. Cf. Schieder, *Faschistische Diktaturen*, Göttingen, 2008, p. 265-78.
6. Para outro exemplo, consulte Kershaw, *Hitler, 1889-1936*, op. cit., 2001, p. 180.
7. Wiener Library, NSDAP Hauptarchiv, MF 29, reel 26 A: *Fränkische Tagespost*, 17 out. 1922; ibid., *Pester Lloyd*, 12 nov. 1922. *The Times* publicou um relato bastante breve sobre os "fascistas alemães" na Baviera, conduzidos por "Herr Hitler" em 18 de outubro de 1922.
8. Reproduzido em Eberhard Jackel e Alex Kuhn (eds.), *Hitler: Sämtliche Aufzeichnungen, 1905-1924*, Stuttgart, 1980, p. 1027; consulte também Hans-Ulrich Thamer, "Der Marsch auf Rom: ein Modell für die nationalsozialistische Machtergreifung", em Wolfgang Michalka (ed.), *Die nationalsozialistische Machtergreifung*, Paderborn, 1984, p. 245-60, aqui p. 251-2; para a ideia de Hitler como o "Mussolini alemão", consulte Detlev Clemens, "The 'Bavarian Mussolini' e seu 'Beerhall Putsch': British Images of Adolf Hitler, 1920-24", *English Historical Review*, v. 114, p. 64-84, 1999, aqui p. 68.
9. Walter Werner Pese, "Hitler und Italien 1920-1926", *VfZ*, v. 3, p. 13-26, 1955.
10. Adrian Lyttelton, *The Seizure of Power: Fascism in Italy, 1919-1929*, ed. rev., Londres, 2009, p. 100-22.

11. Arthur Moeller van den Bruck, *Das Recht der jungen Völker*, ed. Hans Schwarz, Berlim, 1932, p. 123-5; para o contexto, consulte Stefan Breuer, "Moeller van den Bruck und Italien", *Archiv für Kulturgeschichte*, v. 84, p. 413-38, 2002.
12. O relatório de Tedaldi é reimpresso em *DDI*, 7s, I, doc. 131; cf. Edgar R. Rosen, "Mussolini und Deutschland 1922-1923", *VfZ*, v. 5, p. 17-41, 1957, aqui p. 22-4; para o contexto, consulte Dennison I. Rusinow, *Italy's Austrian Heritage 1919-1946*, Oxford, 1969, p. 166-84; Roberta Pergher, "Staging the Nation in Fascist Italy's 'New Provinces'", *Austrian History Yearbook*, v. 43, p. 98-115, 2012.
13. Stanley G. Payne, "Fascist Italy and Spain", *Mediterranean Historical Review*, 13, p. 99-115, 1998, aqui p. 100-1.
14. James Barros, *The Corfu Incident of 1923: Mussolini and the League of Nations*, Princeton, 1965; Sally Marks, "Mussolini and the Ruhr Crisis", *International History Review*, v. 8, n. 1, p. 56-69, 1986; Mack Smith, *Mussolini*, op. cit., 1981, p. 95; para a Itália e a Liga, consulte Elisabetta Tollardo, *Fascist Italy and the League of Nations*, Basingstoke, 2016, p. 1-5.
15. Wolfgang Schieder, "Das italienische Experiment: der Faschismus als Vorbild in der Weimarer Republik", *Historische Zeitschrift*, v. 262, p. 73-125, 1996.
16. *Corriere Italiano*, 16 out. 1923, reproduzido em Jackel e Kuhn (eds.), *Hitler*, op. cit., 1980, p. 1035-7, aqui p. 1037.
17. *L'Epoca*, 4 nov. 1923, reproduzido em Jackel e Kuhn (eds.), *Hitler*, op. cit., 1980, p. 1051.
18. Consulte a carta de renúncia de Frank em Klaus-Peter Hoepke, *Die deutsche Rechte und der italienische Faschismus: ein Beitrag zum Selbstverständnis und zur Politik von Gruppen und Verbänden der deutschen Rechten*, Dusseldorf, 1968, p. 327; para o contexto, consulte Christoph Klessmann, "Der Generalgouverneur Hans Frank", *VfZ*, v. 19, p. 245-60, 1971, aqui p. 249.
19. Hans Woller, "Machtpolitisches Kalkul oder ideologische Affinitat? Zur Frage des Verhaltnisses zwischen Mussolini und Hitler vor 1933", em Wolfgang Benz, Hans Buchheim e Hans Mommsen (eds.), *Der Nationalsozialismus: Studien zur Ideologie und Herrschaft*, Frankfurt am Main, 1990, p. 42-64, aqui p. 46.
20. Para o contexto, consulte Schieder, "Das italienische Experiment", op. cit., 1996.
21. Consulte WL, NSDAP Hauptarchiv, MF 29, reel 26 A; para a Marcha sobre Roma, consulte Lyttelton, *The Seizure of Power*, op. cit., 2009, p. 64-77.

22. Para o contexto, consulte Richard J. Evans, *The Coming of the Third Reich*, Londres, 2003, p. 176-94; para Ataturk, consulte Stefan Ihrig, *Atatürk in the Nazi Imagination*, Princeton, 2014.
23. Citado em Wolfgang Schieder, "Fascismo e nazionalsocialismo: profilo d'uno studio comparativo", *Nuova rivista storica*, v. 54, p. 114-24, 1970, aqui p. 117; Rosen, "Mussolini und Deutschland 1922-1923"; Alan Cassels, "Mussolini and German Nationalism, 1922-25", *Journal of Modern History*, v. 35, p. 137-57, 1963; para um relato italiano sobre o putsch da Cervejaria que atinge Mussolini, consulte *DDI*, 7s, II, doc. 474, Durini di Monza to Mussolini, 10 nov. 1923.
24. Thamer, "Der Marsch auf Rom", *op. cit.*, 1984, p. 253; para as circunstâncias, consulte também Hans Woller, *Rom, 28. Oktober 1922: die faschistische Herausforderung*, Munique, 1999; Schieder, "Das italienische Experiment", *op. cit.*, 1996; para o culto a Mussolini, consulte Stephen Gundle, Christopher Duggan e Giuliana Pieri (eds.), *The Cult of the Duce: Mussolini and the Italians*, Manchester, 2013; Goeschel, "The Cultivation of Mussolini's Image in Weimar and Nazi Germany", em Jan Ruger e Nikolaus Wachsmann (eds.), *Rewriting German History: New Perspectives on Modern Germany*, Basingstoke, 2015, p. 247-66.
25. Christian Hartmann, Thomas Vordermeyer, Othmar Plockinger e Roman Toppel (eds.), *Hitler, Mein Kampf: eine kritische Edition*, Munique, 2016, II, p. 1723.
26. Filippo Anfuso, *Roma Berlino Salò*, Milão, 1950, p. 42.
27. Para o contexto, consulte Meir Michaelis, "I rapporti tra fascismo e nazismo prima dell'avvento di Hitler al potere (1922-1933): parte prima, 1922-1928", *Rivista storica italiana*, v. 85, p. 544-600, 1973, aqui p. 591.
28. Alfred Rosenberg, "The Folkish Idea of State", em Barbara Miller Lane e Leila J. Rupp (eds.), *Nazi Ideology before 1933: A Documentation*, Manchester, 1978, p. 59-73, aqui p. 64; para o contexto, consulte Kilian Bartikowski, *Der italienische Antisemitismus im Urteil des Nationalsozialismus 1933-1943*, Berlin, 2013, p. 36-7.
29. Michael Palumbo, "Goering's Italian Exile 1924-1925", *Journal of Modern History*, v. 50, n. 1, p. D1035-D1051, 1978; para os artigos, consulte *VB*, 3 mar. 1926, 6 mar. 1932.

30. Schieder, "Das italienische Experiment", *op. cit.*, 1996; Andrea Hoffend, "Konrad Adenauer und das faschistische Italien", *QFIAB*, v. 75, p. 481-544, 1995.
31. Uma visão geral é oferecida por Federico Scarano, *Mussolini e la Repubblica di Weimar: le relazioni diplomatiche tra Italia e Germania dal 1927 al 1933*, Nápoles, 1996.
32. André François-Poncet, *The Fateful Years: Memoirs of a French Ambassador in Berlin, 1931-1938*, Londres, 1949, p. 238; cf. Michael Palumbo, "Mussolini and the Munich Putsch", *Intellect*, v. 106, n. 2397, p. 490-2, 1978.
33. Thamer, "Der Marsch auf Rom", *op. cit.*, 1984; Schieder, "Das italienische Experiment", *op. cit.*, 1996.
34. Jens Petersen, *Hitler-Mussolini: die Entstehung der Achse Berlin-Rom 1933-1936*, Tübingen, 1973, p. 25-6; o relatório de Tolomei é reimpresso em Karl Heinz Ritschel, *Diplomatie um Südtirol: politische Hintergründe eines europäischen Versagens*, Stuttgart, 1966, p. 134-7.
35. O julgamento de fevereiro de 1930 foi um recurso a um julgamento maio 1929; *VB*, 6 fev 1932, "Der politische Hochstapler als 'Kronzeuge' gegen Adolf Hitler", em *Hitler: Reden, Schriften, Anordnungen, Februar 1925 bis Januar 1933*, ed. Christian Hartmann, Munique, 1995, III, p. 70; consulte também PAAA, Botschaft Rom (Quirinal), Geheim, Bd. 10 para recortes de imprensa; para o contexto, consulte Douglas G. Morris, *Justice Imperilled: The Anti-Nazi Lawyer Max Hirschberg in Weimar Germany*, Ann Arbor, 2005, p. 254-72.
36. Para Graefe, consulte Jeremy Noakes, "Conflict and Development in the NSDAP 1924-1927", *JCH*, v. 1, p. 3-36, 1966; para a citação, consulte Petersen, *Hitler-Mussolini*, *op. cit.*, 1973, p. 26.
37. Petersen, *Hitler-Mussolini*, *op. cit.*, 1973, p. 27.
38. De forma mais geral, consulte Ledeen, *Universal Fascism: The Theory and Practice of the Fascist International, 1928-1936*, Nova York, 1972; Beate Scholz, "Italienischer Faschismus als 'Exportartikel': ideologische und organisatorische Ansatze zur Verbreitung des Faschismus im Ausland", dissertação de PhD, Universitat Trier, 2001.
39. Theodor Wolff, "Bei Mussolini", *Berliner Tageblatt*, 11 maio 1930.
40. PRO, GFM 36/263, Capasso Torre to Mussolini, 20 jun. 1931; também reproduzido em Renzo De Felice, *Mussolini e Hitler: I rapporti segreti, 1922-1933, con documenti inediti*, Roma, 2013, p. 189-91.

41. Eberhard Kolb, *Die Weimarer Republik*, Munique, 2002, p. 127; para as reações de Mussolini, consulte Petersen, *Hitler-Mussolini*, *op. cit.*, 1973, p. 37-41.
42. Reproduzido em De Felice, *Mussolini e Hitler*, *op. cit.*, 2013, p. 138; *VB*, 21/22 set. 1930, cópia em IfZ, ED 414, Band 187.
43. Para Renzetti, consulte Schieder, *Faschistische Diktaturen*, *op. cit.*, 2008, p. 223-52.
44. "La Germania non sopportera il trattato di Versailles", *Gazzetta del Popolo*, 29 set. 1930, reproduzido em *Hitler: Reden, Schriften, Anordnungen*, III/3, *op. cit.*, 1995, p. 461-8; para o contexto, consulte Filippo Focardi, "Journalisten und Korrespondenten der italienischen Presse in Deutschland", em Gustavo Corni e Christof Dipper (eds.), *Italiener in Deutschland im 19. und 20. Jahrhundert: Kontakte, Wahrnehmungen, Einflüsse*, Berlim, 2012, p. 53-78, aqui p. 72-3.
45. "Con Adolfo Hitler alla 'Casa Bruna'", *Popolo d'Italia*, 12 maio 1931, reproduzido em *Hitler: Reden, Schriften, Anordnungen, Februar 1925 bis Januar 1933*, ed. Constantin Goschler, Munique, 1994, IV/1, p. 342-6.
46. ACS, SpD, CR 1922-1943, b. 71, "Appunto per l'On Gabinetto", 30 jun. 1931; para detalhes sobre a visita de Göring em 25 abr. 1931, consulte Schieder, *Mythos Mussolini: Deutsche in Audienz beim Duce*, Munique, 2013, p. 363.
47. ACS, SpD, CR 1922-1943, b. 71, reproduzido em *Hitler: Reden, Schriften, Anordnungen*, IV/1, *op. cit.*, 1994, p. 405-6.
48. "A colloquio con Hitler", *Gazzetta del Popolo*, 7 dez. 1931, reproduzido em *Hitler: Reden, Schriften, Anordnungen, Februar 1925 bis Januar 1933*, ed. Christian Hartmann, Munique, 1996, IV/2, p. 240-4; para a saudação, consulte Tilman Allert, *Der deutsche Gruß: Geschichte einer unheilvollen Geste*, Frankfurt am Main, 2005; consulte também Schieder, "Das italienische Experiment", *op. cit.*, 1996, p. 108-9; para vozes nazistas dissonantes no jornal diário do partido nazista, consulte Karl Egon Lönne, "Der 'Völkischer Beobachter' und der italienische Faschismus", *QFIAB*, v. 51, p. 539-84, 1971.
49. De Felice, *Mussolini e Hitler*, *op. cit.*, 2013, p. 190; para o papel negativo da Alemanha no imaginário italiano, consulte Klaus Heitmann, *Das italienische Deutschlandbild in seiner Geschichte, III: das kurze zwanzigste Jahrhundert*, Heidelberg, 2012, I.
50. Meir Michaelis, "I nuclei nazisti in Italia e la loro funzione nei rapporti tra fascismo e nazismo nel 1932", *Nuova rivista storica*, v. 57, p. 422-38, 1973.

NOTAS FINAIS

51. *Mussolinis Gespräche mit Emil Ludwig*, Berlim, 1932; para o contexto, consulte Wolfgang Schieder, "Von Stalin zu Mussolini: Emil Ludwig bei Diktatoren des 20. Jahrhunderts", em Dan Diner, Gideon Reuveni e Yfaat Weiss (eds.), *Deutsche Zeiten: Geschichte und Lebenswelt – Festschrift zur Emeritierung von Moshe Zimmermann*, Göttingen, 2012, p. 123-31.
52. Adolf Hitler, "Geleitwort", em Cav. Vincenzo Meletti, *Die Revolution des Faschismus*, Munique, 1931, p. 7-8, reproduzido em *Hitler: Reden, Schriften, Anordnungen*, IV/1, *op. cit.*, 1994, p. 340-1.
53. Giorgio Fabre, *Hitler's Contract: How Mussolini Became Hitler's Publisher*, Nova York, 2006, p. 8-9.
54. Mack Smith, *Mussolini*, *op. cit.*, 1981, p. 158.
55. Schieder, *Faschistische Diktaturen*, *op. cit.*, 2008, p. 243.
56. Para detalhes sobre as reuniões, consulte Schieder, *Faschistische Diktaturen*, *op. cit.*, 2008, p. 236-41; Mussolini recebeu Renzetti pelo menos 11 vezes entre 1925 e 1933, enquanto Hitler encontrou-se com Renzetti pelo menos 38 vezes entre 1929 e 1934. Os relatórios de Renzetti estão disponíveis em PRO, GFM 36/54 e GFM 36/263 e em BAK, N 1235; consulte também De Felice, *Mussolini e Hitler*, *op. cit.*, 2013, p. 175-214.
57. "Un colloquio con Hitler alla Casa Bruna", *Il Tevere*, 4/5 out. 1932, reproduzido em *Hitler: Reden, Schriften, Anordnungen, Februar 1925 bis Januar 1933*, ed. Christian Hartmann e Klaus A. Lankheit, Munique, 1998, V/2, p. 9-13, aqui p. 11; para Interlandi, consulte Meir Michaelis, "Mussolini's Unofficial Mouthpiece: Telesio Interlandi, *Il Tevere* and the Evolution of Mussolini's Anti-Semitism", *Journal of Modern Italian Studies*, v. 3, p. 217-40, 1998.
58. PRO, GFM 36/263, Renzetti, 20 nov. 1931; também reproduzido em De Felice, *Mussolini e Hitler*, *op. cit.*, 2013, p. 192-3; cf. Petersen, *Hitler-Mussolini*, *op. cit.*, 1973, p. 44-5.
59. Schieder, *Faschistische Diktaturen*, *op. cit.*, 2008, p. 243; para as preocupações do governo alemão sobre uma reunião Mussolini-Hitler, consulte PAAA, Botschaft Rom (Quirinal), Geheim, Bd. 12, telegrama secreto do secretário de Estado Bulow para a embaixada em Roma, 11 dez. 1931.
60. Curzio Malaparte, *Der Staatsstreich*, Leipzig, 1932, p. 219-45; para opiniões similares, consulte Theodor Heuss, *Hitlers Weg: Eine Schrift aus dem Jahre 1932*, nova ed., Tübingen, 1968, p. 127; Hubertus Prinz zu Lowenstein, "Das Dritte Reich", *Vossische Zeitung*, 12 jul. 1930.

61. ACS, SpD, CR, b. 71, Mussolini para a embaixada italiana Berlim, 16 out. 1931; cf. Petersen, *Hitler-Mussolini, op. cit.*, 1973, p. 103; BAK, N 1235, n. 4, cópia da carta de Renzetti para Hitler, 19 out. 1931; para Malaparte e fascismo, consulte Alexander De Grand, "Curzio Malaparte: The Illusion of the Fascist Revolution", *JCH*, v. 7, p. 73-89, 1972.
62. ACS, SpD, CR 1922-1943, b. 71, "Il Capo del Governo", 12 jan. 1932.
63. PRO, GFM 36/263, Renzetti, 12 jan. 1932; também reproduzido em De Felice, *Mussolini e Hitler, op. cit.*, 2013, p. 196.
64. PRO, GFM 36/263, Renzetti, 21 jun. 1932; também reproduzido em De Felice, *Mussolini e Hitler, op. cit.*, 2013, p. 198-9; cf. Petersen, *Hitler-Mussolini, op. cit.*, 1973, p. 104-5.
65. PRO, GFM 36/263, Renzetti a Starace, 12 jun. 1932; também reproduzido em De Felice, *Mussolini e Hitler, op. cit.*, 2013, p. 196-8.
66. Schieder, "Das italienische Experiment", *op. cit.*, 1996, p. 116-7.
67. PRO, GFM 36/263, "Segreteria particolare del Duce al Barone Ottavio Serena di Lapigio, Gabinetto Esteri", 22 jun. 1932; cf. Petersen, *Hitler-Mussolini, op. cit.*, 1973, p. 105.
68. Petersen, *Hitler-Mussolini, op. cit.*, 1973, p. 109; para detalhes sobre a audiência de Göring, consulte Schieder, *Mythos Mussolini, op. cit.*, 2013, p. 365.
69. Consulte o relatório de Renzetti de 23 jan. 1933 em De Felice, *Mussolini e Hitler, op. cit.*, 2013, p. 205-9.
70. PRO, GFM 36/263, relatório de Renzetti, 31 jan. 1933; também reproduzido em De Felice, *Mussolini e Hitler, op. cit.*, 2013, p. 207-9; cf. Petersen, *Hitler--Mussolini, op. cit.*, 1973, p. 112.
71. PRO, GFM 36/263, relatório de Renzetti, 31 jan. 1933; também reproduzido em De Felice, *Mussolini e Hitler, op. cit.*, 2013, p. 209-10; cf. Petersen, *Hitler--Mussolini, op. cit.*, 1973, p. 112-3.
72. Para a ascensão dos fascistas ao poder, consulte Lyttelton, *The Seizure of Power, op. cit.*, 2009; para a Alemanha, consulte Evans, *The Coming of the Third Reich, op. cit.*, 2003, p. 309-90.
73. Fabre, *Hitler's Contract, op. cit.*, 2006, p. 20-8.
74. Petersen, *Hitler-Mussolini, op. cit.*, 1973, p. 123-5.
75. De Felice, *Mussolini e Hitler, op. cit.*, 2013, p. 141, 177; cf. Hans Woller, "I rapporti tra Mussolini e Hitler prima del 1933: politica del potere o affinita ideologica?", *Italia contemporanea*, v. 196, p. 507, 1994.

NOTAS FINAIS

2 O PRIMEIRO ENCONTRO, JUNHO DE 1934

1. Para o contexto, consulte Zara Steiner, *The Triumph of the Dark: European International History 1933-1939*, Oxford, 2011, p. 32-4.
2. Para essa opinião, consulte Renzo De Felice, *Mussolini il Duce*. I: *Gli anni del consenso*, 1929-1936, Turim, 1974, p. 447-67; para uma análise, consulte R. J. B. Bosworth, *The Italian Dictatorship: Problems and Perspectives in the Interpretation of Mussolini and Fascism*, Londres, 1998, p. 95.
3. Para o contexto, consulte MacGregor Knox, *Common Destiny: Dictatorship, Foreign Policy, and War in Fascist Italy and Nazi Germany*, Cambridge, 2000, p. 113-47.
4. Para o papel de Cerruti, consulte Renzo De Felice, *Storia degli ebrei italiani sotto il fascismo*, Turim, 1993, p. 127; para instruções de Mussolini no sentido de contradizer a propaganda antialemã, consulte BAB, R 43 II/1447, Bl. 30, Neurath-Hitler, 2 abr. 1933, também mantido em WL, doc. 675, Neurath-Hitler, 2 abr. 1933; para o pano de fundo, consulte Kilian Bartikowski, *Der italienische Antisemitismus im Urteil des Nationalsozialismus 1933-1943*, Berlim, 2013, p. 29-30.
5. Para antissemitismo na Itália, consulte Frauke Wildvang, *Der Feind von nebenan: Judenverfolgung im faschistischen Italien 1936-1944*, Colônia, 2008, p. 9-16.
6. Jens Petersen, *Hitler-Mussolini: die Entstehung der Achse Berlin-Rom 1933-1936*, Tübingen, 1973, p. 173; ADAP, C, I/2, memorando de Bulow, datado de 1º de junho de 1933; para a política externa fascista, consulte Jens Petersen, "Die Außenpolitik des faschistischen Italien als historiographisches Problem", *VfZ*, v. 22, p. 417-54, 1974; para um relato mais recente, consulte MacGregor Knox, "The Fascist Regime, its Foreign Policy and its Wars: An 'Anti-Anti-Fascist' Orthodoxy?", *Contemporary European History*, v. 4, p. 347-65, 1995.
7. *Vossische Zeitung*, 30 jul. 1933, cópia em BAB, R 8034 III/323, Bl. 35.
8. FRUS, 1933, I, p. 301-6, cônsul-geral George Messersmith para secretário de Estado Cordell Hull, 3 nov. 1933; também citado por Petersen, *Hitler-Mussolini, op. cit.*, 1973, p. 251, n. 98.
9. Ian Kershaw, *Hitler, 1889-1936: Hubris*, Harmondsworth, 2001, p. 490-5; Petersen, *Hitler-Mussolini, op. cit.*, 1973, p. 256-7.

10. ASMAE, Gabinetto del Ministro 1923-1943, Gab. 350, Hitler-Mussolini, 2 nov. 1933; para a visita de Göring, consulte Petersen, *Hitler-Mussolini, op. cit.*, 1973, p. 262-6.
11. Para o contexto, consulte Gunter Wollstein, *Vom Weimarer Revisionismus zu Hitler: das Deutsche Reich und die Großmächte in der Anfangsphase der nationalsozialistischen Herrschaft in Deutschland*, Bonn, 1973.
12. BAB, R 43 II/1448, Bl. 27-8, memorando de Neurath, 27 fev. 1934.
13. "Bilanz einer Studienreise nach Italien", *Der Deutsche*, 23 mar. 1934, cópia em BAB, R 43 II/1448; para o pano de fundo, consulte Petersen, *Hitler-Mussolini, op. cit.*, 1973, p. 340; para um contexto mais amplo, consulte Daniela Liebscher, *Freude und Arbeit: zur internationalen Freizeit- und Sozialpolitik des faschistischen Italien und des NS-Regimes*, Colônia, 2009, p. 319-49.
14. BAB, R 43 II/1448, Bl. 47, Renzetti to Reichskanzler Hitler, 28 mar. 1934.
15. PRO, GFM 36/54, Renzetti to Ciano, 12 abr. 1934; também reproduzido em *DDI*, 7s, XV, doc. 93.
16. PRO, GFM 36/54, Renzetti para Ciano, 29 maio 1934, uma cópia enviada para Mussolini; também reproduzido em *DDI*, 7s, XV, doc. 314; consulte também Petersen, *Hitler-Mussolini, op. cit.*, 1973, p. 339-40.
17. Reproduzido em Giorgio Fabre, *Hitler's Contract: How Mussolini Became Hitler's Publisher*, Nova York, 2006, p. 216.
18. *Ibid.*, p. 95-8; para o artigo de Dinale, consulte *Il Popolo d'Italia*, 3 abr. 1934, p. 2, reproduzido em Fabre, *Hitler's Contract, op. cit.*, 2006, p. 220-1; para ataques anteriores de Dinale, consulte BAB, R 43 II/1448, Bl. 62-3, Ministério do Exterior para embaixada em Roma, 17 mar. 1934.
19. Petersen, *Hitler-Mussolini, op. cit.*, 1973, p. 330.
20. Reproduzido em Max Domarus, *Hitler: Reden und Proklamationen*, I/1, Munique, 1965, p. 372; Petersen, *Hitler-Mussolini*, p. 330; Elisabetta Cerruti, *Ambassador's Wife*, Nova York, 1953, p. 146.
21. *DDI*, 7s, XV, doc. 349, conversa entre Hassell e Suvich, 5 jun. 1934; para o pano de fundo, consulte Petersen, *Hitler-Mussolini, op. cit.*, 1973, p. 332-9.
22. Petersen, *Hitler-Mussolini, op. cit.*, 1973, p. 344; para o convite de Mussolini à imprensa internacional, consulte Denis Mack Smith, *Mussolini*, Londres, 1981, p. 184; *New York Times*, 11 jun. 1934.
23. Para um estudo apologético, consulte Karl Uhlig, *Mussolinis Deutsche Studien*, Jena, 1941.

24. BAK, N 1235/13, Berlim, 7 jun. 1934, XII; para o contexto, consulte Patrick Bernhard, "Italien auf dem Teller: zur Geschichte der italienischen Küche und Gastronomie in Deutschland 1900-2000", em Gustavo Corni e Christof Dipper (eds.), *Italiener in Deutschland im 19. und 20. Jahrhundert: Kontakte, Wahrnehmungen, Einflüsse*, Berlim, 2012, p. 217-36.
25. PRO, GFM 33/1163, "Entzifferung", 15 maio 1934.
26. Camilla Poesio, "Hitler a Venezia: l'immagine del regime e della citta nei primi anni trenta", *Memoria e ricerca*, v. 43, p. 149-50, 2013; para celebrações fascistas, consulte Simonetta Falasca-Zamponi, *Fascist Spectacle: The Aesthetics of Power in Mussolini's Italy*, Berkeley, 1997, p. 9-14; para visitas de Mussolini às regiões, consulte Stephen Gundle, "Mussolini's Appearances in the Regions", em Stephen Gundle, Christopher Duggan e Giuliana Pieri (eds.), *The Cult of the Duce: Mussolini and the Italians*, Manchester, 2013, p. 110-28; para Veneza sob o fascismo, consulte Kate Ferris, *Everyday Life in Fascist Venice, 1929-1940*, Basingstoke, 2012.
27. PRO, GFM 33/1163, "Vorlaufiges Programm", sem data; consulte também PAAA, Botschaft Rom (Quirinal), 695a, "Ministero degli Affari Esteri, Programma di visita del cancelliere germanico a Venezia", s.d.
28. PRO, GFM 33/1163, "Entzifferung", 25 maio 1934.
29. PRO, GFM 33/1163, telegrama, 5 jun. 1934.
30. PRO, GFM 33/1163, "Cito", 13 jun. 1934.
31. *Wall Street Journal*, 14 jun. 1934.
32. O relatório não é endereçado a ninguém, embora seja provável que tenha caído na mesa de Mussolini, a exemplo de outros relatórios de Renzetti. BAK, N 1235/13, Berlim, 13 jun. 1934; também citado em De Felice, *Mussolini il Duce*, I, *op. cit.*, 1974, p. 491.
33. *DDI*, 7s, XV, doc. 401, Berlim, 14 jun. 1934.
34. Para o contexto, consulte Conrad F. Latour, *Südtirol und die Achse Berlim-Rom, 1938-1945*, Stuttgart, 1962; Jens Petersen, "Deutschland, Italien und Südtirol 1938-1940", em Klaus Eisterer e Rolf Steininger (eds.), *Die Option: Südtirol zwischen Faschismus und Nationalsozialismus*, Innsbruck, 1989, p. 127-50.
35. Para uma descrição da viagem, consulte *VB*, 15 jun. 1934.
36. *VB*, 15 jun. 1934; para a viagem de Mussolini, consulte também *OO*, XXVI, p. 263.
37. *Il Popolo d'Italia*, 14 jun. 1934, n. 140.
38. *Ibid.*

39. Para uma análise breve, consulte Nina Breitsprecher, "Die Ankunft des Anderen im interepochalen Vergleich: Heinrich III. von Frankreich und Adolf Hitler in Venedig", em Susann Baller (ed.), *Die Ankunft des Anderen: Repräsentationen sozialer und politischer Ordnungen in Empfangszeremonien*, Frankfurt am Main, 2008, p. 82-105, esp. p. 94-101.
40. *New York Times*, 14 jun. 1934; para Cortesi, consulte John P. Diggins, *Mussolini and Fascism: The View from America*, Princeton, 1972, p. 39, 44.
41. André François-Poncet, "Hitler et Mussolini", em *Les Lettres secrètes échangées par Hitler et Mussolini*, Paris, 1946, p. 12-3; para François-Poncet, consulte Claus W. Schafer, *André François-Poncet als Botschafter in Berlin (1931-1938)*, Munique, 2004, p. 115-280.
42. *Illustrierter Beobachter*, 30 jun. 1934; Robert O. Paxton, *The Anatomy of Fascism*, Nova York, 2004, p. 216.
43. Wolfgang Schieder, *Benito Mussolini*, Munique, 2014, p. 73.
44. *DBFP*, 2ª series, VI, p. 762-4, Sir Eric Drummond para Sir John Simon, 20 jun. 1934; *New York Times*, 14 jun. 1934.
45. *New York Times*, 14 jun. 1934.
46. Reproduzido em Domarus, *Hitler*, I/1, *op. cit.*, 1965, p. 387; para o ritual de troca de telegramas, consulte Simone Derix, *Bebilderte Politik: Staatsbesuche in der Bundesrepublik*, Göttingen, 2009, p. 37; para a opinião do rei sobre Hitler, consulte Denis Mack Smith, *Italy and its Monarchy*, New Haven, 1989, p. 273.
47. PRO, GFM 33/1163, "Telegramm", 5 jun. 1934; *ibid.*, "Entzifferung"; *ibid.*, "Telegramm", 7 jun. 1934.
48. PAAA, Botschaft Rom (Quirinal) 695a, lista de salas sem data; para Volpi, consulte Sergio Romano, *Giuseppe Volpi: industria e finanza tra Giolitti e Mussolini*, Milão, 1979.
49. Cerruti, *Ambassador's Wife*, *op. cit.*, 1953, p. 148.
50. Para o contexto, consulte David Laven, *Venice and Venetia under the Habsburgs, 1815-1835*, Oxford, 2002.
51. VB, ed. do norte da Alemanha, 16 jun. 1934.
52. Filippo Anfuso, *Roma Berlino Salò*, Milão, 1950, p. 42.
53. PRO, GFM 33/1163, "Zusammenkunft in Venedig", Berlim, 23 jun. 1934.
54. Para as atas, consulte *ADAP*, C, III/1, doc. 5, nota de Neurath, 15 jun. 1934; para um resumo, consulte De Felice, *Mussolini il Duce*, I, *op. cit.*, 1974, p. 494-7.

55. *ADAP*, C, III/1, doc. 5, nota de Neurath, 15 jun. 1934; Petersen, *Hitler-Mussolini, op. cit.*, 1973, p. 349.
56. Mack Smith, *Mussolini, op. cit.*, 1981, p. 185; cf. *Il Popolo d'Italia*, 16 jun. 1934; consulte também Breitsprecher, "Die Ankunft des Anderen", *op. cit.*, 2008, p. 100; Fritz Wiedemann, *Der Mann, der Feldherr werden wollte: Erlebnisse und Erfahrungen des Vorgesetzten Hitlers im I. Weltkrieg und seines späteren persönlichen Adjutanten*, Velbert, 1964, p. 62-3.
57. Para o contexto, consulte Ruth Ben-Ghiat, *Fascist Modernities: Italy, 1922-1945*, Berkeley, 2001; consulte também Benjamin G. Martin, *The Nazi-Fascist New Order for European Culture*, Cambridge, MA, 2016, p. 34-5.
58. *VB*, ed. do norte da Alemanha, 16 jun. 1934; R. J. B. Bosworth, *Mussolini*, Londres, 2002, p. 281.
59. Bosworth, *Mussolini, op. cit.*, 2002, p. 281.
60. Cerruti, *Ambassador's Wife, op. cit.*, 1953, p. 149.
61. *ADAP*, C III/1, doc. 5, nota de Neurath, 15 jun. 1934.
62. Para um estudo das fotografias Mussolini-Hitler, consulte Schieder, *Faschistische Diktaturen*, Göttingen, 2008, p. 417-63.
63. Para as atas, consulte PRO, GFM 33/1163, Abschrift, 15 jun. 1934, também reproduzido em *ADAP*, C, III/1, doc. 5; PRO, GFM 36/263, Mussolini para De Vecchi, 22 jun. 1934, também reproduzido em *DDI*, 7s, XV, doc. 430. Sobre De Vecchi, consulte Frank M. Snowden, "De Vecchi, Cesare Maria", em Victoria de Grazia e Sergio Luzzatto (eds.), *Dizionario del fascismo*, I, Turim, 2002, p. 425-8.
64. PRO, GFM 33/1163, "Abschrift", 19 jun. 1934; também reproduzido em *ADAP*, C, III/1, doc. 19, nota de Neurath, 19 jun. 1934.
65. *VB*, 16 jun. 1934, p. 2.
66. Para o discurso, consulte *OO*, XXVI, p. 263-5.
67. *Il Popolo d'Italia*, 16 jun. 1934; no contexto, consulte Falasca-Zamponi, *Fascist Spectacle, op. cit.*, 1997, p. 42-88.
68. Jurgen Matthaus e Frank Bajohr (eds.), *Alfred Rosenberg: die Tagebücher von 1934 bis 1944*, Frankfurt am Main, 2015, p. 135-6 (19 jun. 1934).
69. Ulrich von Hassell, *Römische Tagebücher und Briefe, 1932-1938*, ed. Ulrich Schlie, Munique, 2004, p. 219-20.
70. PRO, GFM 33/1163, "Zusammenkunft in Venedig, Berlin", 23 jun. 1934.
71. Domarus, *Hitler*, I, *op. cit.*, 1965, p. 389; para a versão italiana, publicada em *Il Popolo d'Italia*, 16 jun. 1934, reproduzido em *OO*, XXVI, p. 442.

72. Cerruti, *Ambassador's Wife*, op. cit., 1953, p. 150.
73. *VB*, 17 e 18 jun. 1934.
74. *DBFP*, 2ª series, VI, p. 762-4, Sir Eric Drummond a Sir John Simon, 20 jun. 1934.
75. *DDI*, 7s, XV, doc. 419, relatório de Renzetti, 19 e 20 jun. 1934; também em BAK, N 1235/13, "confidenziale", Berlim, 19 jun. 1934 XII; De Felice, *Mussolini il Duce*, I, op. cit., 1974, p. 496; Rachele Mussolini, *The Real Mussolini as Told to Albert Zarca*, Londres, 1974, p. 144.
76. ASMAE, Serie Affari Politici Germania 1931-1945, b. 20, telegrama de Cerruti para Esteri Roma, 22 jun. 1934, também reproduzido em *DDI*, 7s, XV, doc. 429; Hans Bohrmann (ed.), *NS-Presseanweisungen der Vorkriegszeit*, Munique, 1985, II, p. 238.
77. Para o manuscrito original do discurso de Papen, consulte http://www.bundesarchiv.de/oeffentlichkeitsarbeit/bilder_dokumente/00634/index.html.de, acessado em 31 ago. 2017.
78. Para o telegrama de Papen, datado de 17 de junho de 1934, consulte BAB, R 43 II/971, Bl. 49; consulte também Petersen, *Hitler-Mussolini*, op. cit., 1973, p. 352.
79. Citado em De Felice, *Mussolini il Duce*, I, op. cit., 1974, p. 497.
80. Domarus, *Hitler*, I/1, op. cit., 1965, p. 392; para a citação, consulte Otto Meissner, *Staatssekretär unter Ebert-Hindenburg-Hitler*, Hamburgo, 1950, p. 354.
81. Kershaw, *Hitler, 1889-1936*, op. cit., 2001, p. 512-7.
82. *Il Popolo d'Italia*, 3 jul. 1934, 11 jul. 1934; *ADAP* C, III/1, Doc. 118, Hassell para o Ministério do Exterior, 25 jul. 1934, 243-5.
83. ASMAE, SP Germania 1931-1945, b. 20.
84. PRO, GFM, 36/54, "confidenziale", Berlim, 14 jul. 1934; também reproduzido em Renzo De Felice, *Mussolini e Hitler: I rapporti segreti, 1922-1933, con documenti inediti*, Roma, 2013, p. 245-52.
85. Edvige Mussolini, *Mio fratello Benito*, Florença, 1957, p. 147.
86. *DDI*, 7s, XV, doc. 528, Mussolini para Grazzi, 15 jul. 1934; cf. Bosworth, *Mussolini*, op. cit., 2002, p. 281.
87. Richard J. Evans, *The Third Reich in Power*, Nova York, 2005, p. 619-23.
88. *DDI*, 7s, XV, doc. 458, Dollfuss para Suvich, 27 e 28 jun. 1934.
89. Evans, *The Third Reich in Power*, op. cit., 2005, p. 621-3.
90. De Felice, *Mussolini il Duce*, I, op. cit., 1974, p. 499.

91. PAAA, R 73399, nota de Fischer, 25 jul. 1934.
92. Mack Smith, *Mussolini*, op. cit., 1981, p. 185.
93. *ADAP*, C, III/1, Doc. 122, Nota do Secretário de Estado, 27 jul. 1934.
94. PAAA, R 73399, "Deutsche Botschaft Rom, Weitere Entwicklung der italienischen Stellungnahme zu den Ereignissen in Oesterreich", 29 jul. 1934; consulte *ibid.* para uma cópia de *Il Popolo d'Italia*, 29 jul. 1934; De Felice, *Mussolini il Duce*, I, op. cit., 1974, p. 500-1.
95. ACS, SpD, CR, b. 71, "Comm. Pol. Frontiera (Bolzano) al Ministero Interno, PS", 30 jul. 1934; para o contexto geral, consulte Evans, *The Third Reich in Power*, op. cit., 2005, p. 619-23.
96. *ADAP*, C, III/1, doc. 152, Hassell para o Ministério do Exterior, 8 ago. 1934.
97. De Felice, *Mussolini il Duce*, I, op. cit., 1974, p. 505-6; para o discurso, consulte *OO*, XXVI, p. 318-20.
98. Breitsprecher, "Die Ankunft des Anderen", op. cit., 2008, p. 100; Carl Vincent Krogmann, *Es ging um Deutschlands Zukunft 1932-1939: Erlebtes täglich diktiert von dem früheren Regierenden Bürgermeister von Hamburg*, Leoni, 1976, p. 155-6.
99. Mack Smith, *Mussolini*, op. cit., 1981, p. 186.
100. Louise Diel, *Mussolinis neues Geschlecht: die junge Generation in Italien – unter Mitarbeit von Mussolini*, Dresden, 1934; para o contexto, consulte Schieder, *Mythos Mussolini: Deutsche in Audienz beim Duce*, Munique, 2013, p. 95.
101. *ADAP*, C, III/2, doc. 376, Hassell para Ministério do Exterior, 6 dez. 1934; IfZ, MA 273, "Chef T 3, Bericht über das Ergebnis der Besprechungen in Rom v. 3.–8.12.34", 6288-94; para o contexto, consulte Schieder, *Mythos Mussolini*, op. cit., 2013.
102. *ADAP*, C, III/2, doc. 381, Hassell para o Ministério do Exterior, 6 dez. 1934.
103. Para o contexto, consulte Steiner, *The Triumph of the Dark*, op. cit., 2011, p. 62-161; mais especificamente, consulte G. Bruce Strang, "Imperial Dreams: The Mussolini-Laval Accords of January 1935", *Historical Journal*, v. 44, p. 799-809, 2001; consulte também os ensaios em Bruce G. Strang (ed.), *Collision of Empires: Italy's Invasion of Ethiopia and its International Impact*, Londres, 2013; Charles de Chambrun, *Traditions et souvenirs*, Paris, 1952, p. 188.

3 A SEGUNDA APROXIMAÇÃO, SETEMBRO DE 1937

1. Para uma boa pesquisa, consulte Esmonde Robertson, *Mussolini as Empire Builder: Europe and Africa, 1932-36*, Londres, 1977, p. 93-113; Robert Mallett, *Mussolini in Ethiopia, 1919-1935*, Cambridge, 2015, p. 72-123; Giorgio Rochat, *Le guerre italiane 1935-1943: dall'impero d'Etiopia alla disfatta*, Turim, 2005, p. 15-31.
2. Para um registro recente sobre a política externa de Mussolini, consulte MacGregor Knox, "Fascism: Ideology, Foreign Policy, and War", em Adrian Lyttelton (ed.), *Liberal and Fascist Italy*, Oxford, 2002, p. 105-38; John Gooch, *Mussolini and his Generals: The Armed Forces and Fascist Foreign Policy, 1922-1940*, Cambridge, 2007; para os dotes teatrais de Mussolini, consulte Denis Mack Smith, *Mussolini*, Londres, 1981; para política externa e *romanità*, consulte Denis Mack Smith, *Mussolini's Roman Empire*, Londres, 1976; Romke Visser, "Fascist Doctrine and the Cult of Romanita", *JCH*, v. 27, p. 5-22, 1992.
3. Para o contexto, consulte Jens Petersen, *Hitler-Mussolini: die Entstehung der Achse Berlin-Rom 1933-1936*, Tübingen, 1973, p. 399-401.
4. Para o contexto, consulte Gerhard L. Weinberg, *The Foreign Policy of Hitler's Germany*, I: *Diplomatic Revolution in Europe 1933-36*, Chicago, 1970, p. 207-8; H. James Burgwyn, *Italian Foreign Policy in the Interwar Period, 1918-1940*, Westport, CT, 1997, p. 112-5.
5. Weinberg, *The Foreign Policy of Hitler's Germany*, I, op. cit., 1970, p. 208; Petersen, *Hitler-Mussolini*, op. cit., 1973, p. 402.
6. Consulte Rosaria Quartararo, *Roma tra Londra e Berlino: la politca estera fascista dal 1930 al 1940*, Roma, 1980, p. 271-325, 326-403; para uma análise, consulte Bosworth, *The Italian Dictatorship: Problems and Perspectives in the Interpretation of Mussolini and Fascism*, Londres, 1998, p. 94-6.
7. Cf. Quartararo, *Roma tra Londra e Berlino*, op. cit., 1980; para contexto global, consulte Thomas W. Burkman, *Japan and the League of Nations: Empire and World Order, 1914-1938*, Honolulu, 2008, p. 165-93.
8. Para o pano de fundo, consulte D.C. Watt, "The Anglo-German Naval Agreement of 1935: An Interim Judgment", *Journal of Modern History*, v. 28, p. 155-75, 1956.

9. Petersen, *Hitler-Mussolini*, *op. cit.*, 1973, p. 406, 409; Michael Ceadel, "The First British Referendum: The Peace Ballot, 1934-5", *English Historical Review*, v. 95, p. 810-39, 1980.
10. *DDI*, 8s, I, doc. 419, Renzetti para Ciano, 21 jun. 1935; Petersen, *Hitler-Mussolini*, *op. cit.*, 1973, p. 415-20; consulte também Renzo De Felice, *Mussolini il Duce*. I: *Gli anni del consenso*, 1929-1936, Turim, 1974, p. 665-6; Renato Mori, "Verso il riavvicinamento fra Hitler e Mussolini, ottobre 1935-giugno 1936", *Storia e Politica*, v. 15, p. 70-120, 1976.
11. BAB, R 43 II/1448, Bl. 249-53, "Vertraulicher Bericht. Audienz bei Mussolini", 15 jul. 1935 (ênfase no original); consulte também *ibid.*, Bl. 260, Thomsen para Broschek, 22 jul. 1935; o relatório está também reimpresso em Schieder, *Mythos Mussolini: Deutsche in Audienz beim Duce*, Munique, 2013, p. 297-300.
12. BAB, R 43 II/1448, Bl. 270-8; consulte carta de Manacorda para Mussolini em ACS, SpD, CO 550702, 30 set. 1935; para a audiência de Manacorda com Mussolini consulte *ibid.*, Segreteria particolare del Capo del Governo a prof. Giulio Manacorda, 6 e 8 out. 1935; para a audiência de março de 1937, consulte *ibid.*, *Il Messaggero*, 11 mar. 1937; cf. Petersen, *Hitler-Mussolini*, *op. cit.*, 1973, p. 446, 469; Giuseppe Vedovato, "Guido Manacorda tra Italia, Germania e Santa Sede", *Rivista di studi politici internazionali*, v. 301, p. 96-131, 2009, aqui p. 105.
13. Angelo Del Boca, *La guerra di Abissinia, 1935-1941*, Milão, 1965; Rochat, *Le guerre italiane*, *op. cit.*, 2005, p. 67.
14. *DBFP*, 2ª series, XV, doc. 84, Sir E. Phipps (Berlim) para Sir S. Hoare, 15 out. 1935.
15. *ADAP*, C, IV/2, n. 485, Hassell para Ministério do exterior, 7 jan. 1936; Manfred Messerschmidt, "Aussenpolitik und Kriegsvorbereitung", em *DRZW*, I, p. 535-701, aqui 620-3; consulte também Klaus Hildebrand, *Das Dritte Reich*, Munique, 2009, p. 31-2.
16. *DDI*, 8s, III, doc. 403, conversa entre Hassell e Suvich, 8 mar. 1936; Esmonde R. Robertson, "Hitler and Sanctions: Mussolini and the Rhineland", *European Studies Review*, v. 7, p. 409-35, 1977; a conversa de Strunk com Mussolini está reimpressa em Schieder, *Mythos Mussolini*, *op. cit.*, 2013, p. 301-7, e em Robert H. Whealey, "Mussolini's Ideological Diplomacy: An Unpublished Document", *Journal of Modern History*, v. 39, p. 432-7, 1967 (minhas citações são baseadas na entrevista de Whealey); para o uso de emoções na diplo-

macia, consulte Todd H. Hall, *Emotional Diplomacy: Official Emotion on the International Stage*, Ithaca, NY, 2015.

17. Para o contexto, consulte Alexander Wolz, "Das Auswärtige Amt und die Entscheidung zur Remilitarisierung des Rheinlands", *VfZ*, v. 63, p. 487-511, 2015.

18. Cf. Benjamin G. Martin, *The Nazi-Fascist New Order for European Culture*, Cambridge, MA, 2016, p. 12-73.

19. Para a reação italiana, consulte *DDI*, 8s, III, doc. 395, Attolico a Mussolini, 7 mar. 1936; sobre o contexto, consulte Weinberg, *The Foreign Policy of Hitler's Germany*, I, *op. cit.*, 1970, p. 250-3.

20. Para os telegramas de felicitação de aniversário, consulte ACS, SpD, CR, b. 71.

21. Christopher Duggan, *Fascist Voices: An Intimate History of Mussolini's Italy*, Londres, 2012, p. 279.

22. Knox, "Fascism: Ideology, Foreign Policy, and War", *op. cit.*, 2002, p. 127-8; para a proclamação de Mussolini, consulte *OO*, XXVII, p. 268-9; sobre a Guerra Civil Espanhola e a Itália, consulte John F. Coverdale, *Italian Intervention in the Spanish Civil War*, Princeton, 1975, p. 153-204; Paul Preston, "Mussolini's Spanish Adventure: From Limited Risk to War", em Paul Preston e Ann L. Mackenzie (eds.), *The Republic Besieged: Civil War in Spain, 1936-1939*, Edinburgh, 1996, p. 21-51; Rochat, *Le guerre italiane*, *op. cit.*, 2005, p. 98-126; R. J. B. Bosworth, *Mussolini's Italy: Life under the Dictatorship*, Londres, 2006, p. 401-2.

23. *DDI*, 8s, III, doc. 736, conversa Suvich-Hassell, 23 abr. 1936.

24. Meir Michaelis, "La prima missione del Principe d'Assia presso Mussolini (agosto '36)", *Nuova rivista storica*, v. 55, p. 367-70, 1971; consulte também Jonathan Petropoulos, *Royals and the Reich: The Princes von Hessen in Nazi Germany*, Oxford, 2006, p. 159; sobre a cooperação policial, consulte Renzo De Felice, "Alle origini del Patto d'acciaio: l'incontro e gli accordi fra Bocchini e Himmler del marzo-aprile 1936", *La cultura*, v. 1, p. 524-38, 1963; cf. Patrick Bernhard, "Konzertierte Gegnerbekämpfung im Achsenbündnis: Die Polizei im Dritten Reich und im faschistischen Italien 1933 bis 1943", *VfZ*, v. 59, p. 229-62, 2011; sobre antibolchevismo, consulte Bosworth, *Mussolini's Italy*, *op. cit.*, 2006, p. 285-6.

25. Massimo Magistrati, *L'Italia a Berlino (1937-1939)*, Milão, 1956, p. 55.

26. Para contexto geral, consulte Johannes Paulmann, *Pomp und Politik: Monarchenbegegnungen in Europa zwischen Ancien Régime und Erstem Weltkrieg*, Paderborn, 2000.
27. Sally Marks, "Mussolini and Locarno: Fascist Foreign Policy in Microcosm", *JCH*, v. 14, p. 423-39, 1979.
28. Para a viagem de Mussolini ao exterior, consulte Mack Smith, *Mussolini, op. cit.*, 1981, p. 59-61; Burgwyn, *Italian Foreign Policy, op. cit.*, 1997, p. 31.
29. Para o compromisso de Ciano, consulte Mori, "Verso il riavvicinamento", *op. cit.*, 1976, p. 120; sobre as visitas de Frank em abril de 1936 a Roma, consulte *DDI*, 8s, III, doc. 589, Il Capo di Gabinetto Aloisi al Capo del Governo e Ministero degli Esteri, Mussolini, 4 abr. 1936; *ADAP*, C, V, doc. 255, telegrama, Roma, 4 abr. 1936; *ibid.*, doc. 553, notas sem assinatura encontradas entre os documentos de Frank, 23 set. 1936; para um resumo do encontro de setembro, consulte *DDI*, 8s, V, doc. 101, conversa entre Mussolini e Frank; consulte também as memórias de Frank, escritas em Nuremberg: Hans Frank, *Im Angesicht des Galgens: Deutung Hitlers und seiner Zeit auf Grund eigener Erlebnisse und Erkenntnisse, geschrieben im Nürnberger Justizgefängnis*, Neuhaus bei Schlierconsulte, 1955, p. 211-26; cf. Schieder, *Mythos Mussolini, op. cit.*, 2013, p. 177-80.
30. Consulte Adam Tooze, *The Wages of Destruction: The Making and Breaking of the Nazi Economy*, Londres, 2006, p. 203-43.
31. *DDI*, 8s, V, doc. 277, conversa entre Ciano e Hitler, 24 out. 1936; Manfred Funke, "Die deutsch-italienischen Beziehungen: Antibolschewismus und außenpolitische Interessenkonkurrenz als Strukturprinzip der 'Achse'", em Manfred Funke (ed.), *Hitler, Deutschland und die Mächte*, Kronberg, 1978, p. 823-46, aqui p. 832.
32. Para a conversa de Ciano com Neurath, consulte *DDI*, 8s, doc. 256, 21 out. 1936; para a conversa dele com Hitler, consulte *ibid.*, doc. 277, 24 out. 1936; consulte *ADAP*, C, V, doc. 624, protocolo ítalo-germânico, 23 out. 1936; consulte também *DDI*, 8s, V, doc. 273; cf. Funke, "Die deutsch-italienischen Beziehungen", *op. cit.*, 1978, p. 833.
33. Funke, "Die deutsch-italienischen Beziehungen", *op. cit.*, 1978, p. 836; *VB*, 26 out. 1936.
34. *OO*, XXVIII, p. 69-72; cf. Paul Preston, "Italy and Spain in Civil War and World War 1936-1943", em Sebastian Balfour e Paul Preston (eds.), *Spain*

and the Great Powers in the Twentieth Century, Londres, 1999, p. 151-84, aqui p. 161.
35. Wolfgang Schieder, *Benito Mussolini*, Munique, 2014, p. 25, 71.
36. Para o contexto, consulte Gerhard L. Weinberg, *The Foreign Policy of Hitler's Germany*, II: *Starting World War II 1937-1939*, Chicago, 1980, p. 1; Funke, "Die deutsch-italienischen Beziehungen", *op. cit.*, 1978, p. 836.
37. Cf. D. C. Watt, "The Rome-Berlin Axis, 1936-1940: Myth and Reality", *Review of Politics*, v. 22, n. 4, p. 519-43, 1960.
38. Para os números, consulte Vera Zamagni, *The Economic History of Italy 1860-1990*, Oxford, 1993, p. 267, 270; para o contexto, consulte Brunello Mantelli, "Vom 'bilateralen Handelsausgleich' zur 'Achse Berlin-Rom': der Einfluß wirtschaftlicher Faktoren auf die Entstehung des deutsch-italienischen Bündnisses 1933-1936", em Jens Petersen e Wolfgang Schieder (eds.), *Faschismus und Gesellschaft in Italien: Staat-Wirtschaft-Kultur*, Colônia, 1998, p. 253-79.
39. Sobre propaganda, consulte *Rurali di Mussolini nella Germania di Hitler*, ed. Ufficio Propaganda della Confederazione Fascista dei Lavatori dell'Agricoltura, Roma, 1939; para o contexto, consulte Luigi Cajani e Brunello Mantelli, "In Deutschland arbeiten: die Italiener von der 'Achse' bis zur Europaischen Gemeinschaft", *Archiv für Sozialgeschichte*, v. 32, p. 231-46, 1992, aqui p. 232-3; consulte também Brunello Mantelli, *"Camerati del lavoro": i lavoratori italiani emigrati nel Terzo Reich nel periodo dell'Asse 1938-1943*, Florença, 1992.
40. *DDI*, 8s, VI, doc. 60, dichiarazioni del Ministro Göring nel colloquio con Mussolini, 15 jan. 1937; para o itinerário da visita de Göring, consulte ACS, SpD, CO 532091, "Programma di soggiorno in Italia del Ministro Presidente Generale Göring"; *ibid.*, "provvedimento", 17 jan. 1937; para o contexto, consulte Preston, "Italy and Spain", *op. cit.*, 1999, p. 167-8.
41. BAB, R 43 II/1449, Bl. 34, "Mitteilung des Italienischen Botschafters", 2 fev. 1937; para o discurso de Hitler, consulte Adolf Hitler, *On National Socialism and World Relations: Speech delivered in the German Reichstag, 30 January 1937*, Berlim, 1937; para contexto, consulte Ian Kershaw, *Hitler, 1936-1945: Nemesis*, Harmondsworth, 2001, p. 27-9.
42. Para as represálias italianas, consulte Angelo Del Boca, *Italiani, brava gente? Un mito duro a morire*, Vicenza, 2005, p. 223-5; o estudo mais recente é o de Ian Campbell, *The Addis Ababa Massacre: Italy's National Shame*, Lon-

dres, 2017, p. 327-9; para o conhecimento alemão, consulte Michael Thondl, "Mussolinis ostafrikanisches Imperium in den Aufzeichnungen des deutschen Generalkonsulats in Addis Abeba", *QFIAB*, v. 88, p. 449-87, 2008, aqui p. 470-86; para os telegramas, consulte Bartikowski, *Der italienische Antisemitismus im Urteil des Nationalsozialmus, 1933-1943*, Berlim, 2013, p. 47-8; para cópias dos telegramas, consulte PAAA, Botschaft Rom (Quirinal), 717b, telegramas Hitler-Mussolini, 20 fev. 1937.

43. Jens Petersen, "Vorspiel zu 'Stahlpakt' und Kriegsallianz: das deutsch-italienische Kulturabkommen vom 23. November 1938", *VfZ*, v. 36, p. 41-77, 1988, aqui p. 48; para detalhes das visitas nazistas, consulte ASMAE, SP Germania 1931-1945, b. 49.

44. ASMAE, Rappresentanza italiana a Berlino, 1867-1943, b. 157, Attolico to Ciano, 20 mar. 1937.

45. Para detalhes das visitas dos líderes nazistas à Itália, consulte PAAA, Botschaft Rom (Quirinal), 696b.

46. *DDI*, 8s, VI, doc. 425, Grandi para Ciano, 7 abr. 1937; para uma análise, consulte Knox, "Fascism: Ideology, Foreign Policy, and War", *op. cit.*, 2002, p. 112-3.

47. *OO*, XXVIII, p. 242.

48. Para o contexto básico, consulte Michael Meyer, *Symbolarme Republik? Das politische Zeremoniell der Weimarer Republik in den Staatsbesuchen zwischen 1920 und 1933*, Frankfurt am Main, 2014.

49. Fred G. Willis, *Mussolini in Deutschland: eine Volkskundgebung für den Frieden in den Tagen vom 25. bis 29. September 1937*, Berlim, 1937; Claretta Petacci, *Mussolini segreto: diari 1932-1938*, ed. Mauro Suttora, Milão, 2009, p. 75 (27 out. 1937).

50. *TBJG, Teil I*, IV, p. 292-3 (2 e 3 set. 1937), 324 (23 set. 1937).

51. Wolfgang Benz, "Die Inszenierung der Akklamation: Mussolini in Berlin 1937", em Michael Gruttner, Rüdiger Hachtmann e Heinz-Gerhard Haupt (eds.), *Geschichte und Emanzipation: Festschrift für Reinhard Rürup*, Frankfurt am Main, 1999, p. 401-17.

52. *DDF*, 2e serie, VI, doc. 483, François-Poncet para Delbos, 22 set. 1937.

53. Em maio de 1937, em meio a uma coordenação estreita das políticas ítalo-germânicas, os diplomatas alemães e italianos se encontraram em Roma para coordenar a cobertura de imprensa da Itália e da Alemanha. ASMAE, SP Germania 1931-1945, b. 40, "Ministero della Stampa e la Propaganda al R.

Ministero degli Affari Esteri", 14 maio 1937, "telespresso Asse Roma Berlino e stampa italiana e tedescha".
54. ASMAE, SP Germania 1931-1945, b. 40, "R. Consolato Stoccarda al R. Ministero degli Affari Esteri/R. Ministero della Cultura Popolare", 30 set. 1937.
55. *VB*, 25 set. 1937.
56. Dr. Walther Schmitt, "Benito Mussolini: Mann und Werk", *VB*, 25 set. 1937.
57. *VB*, 25 set. 1937.
58. Willis, *Mussolini in Deutschland*, p. 6-7; para Willis, consulte Schieder, *Mythos Mussolini, op. cit.*, 2013, p. 168; sobre a Tríplice Aliança, consulte Holger Afflerbach, *Der Dreibund: europäische Großmacht- und Allianzpolitik vor dem Ersten Weltkrieg*, Viena, 2002, p. 229-89; para Crispi, consulte Christopher Duggan, *Francesco Crispi, 1818-1901: From Nation to Nationalism*, Oxford, 2002, p. 495-531; para a consagração de Bismarck como precursor de Hitler, consulte Robert Gerwarth, *The Bismarck Myth: Weimar Germany and the Legacy of the Iron Chancellor*, Oxford, 2005.
59. Heinrich Hoffmann, *Mussolini erlebt Deutschland*, Munique, 1937, p. 7; para o contexto, consulte Wenke Nitz, *Führer und Duce: politische Machtinszenierungen im nationalsozialistischen Deutschland und im faschistischen Italien*, Colônia, 2013, p. 338-43.
60. *Il Popolo d'Italia*, 4 set. 1937; *ibid.*, 22 set. 1937; para o mesmo teor, consulte também Virginio Gayda, "Duce und Führer", *Europäische Revue*, v. 13, p. 771-7, 1937.
61. *Il Popolo d'Italia*, 25 set. 1937; para a organização da cerimônia de despedida, consulte ACS, PCM 1941-1943 20/2/13100, viaggio del Duce in Germania, sf. 1, Il Sottosegretario di stato, 23 set. 1937; sobre o contexto, consulte Simonetta Falasca-Zamponi, *Fascist Spectacle: The Aesthetics of Power in Mussolini's Italy*, Berkeley, 1997, p. 84-8.
62. Renzo De Felice, *Mussolini il Duce*. II: *Lo Stato totalitario, 1936-1940*, Turim, 1981, p. 414-5; cf. Weinberg, *The Foreign Policy of Hitler's Germany*, II, *op. cit.*, 1980, p. 281; para a importância dos rituais, consulte Peter Reichel, *Der schöne Schein des Dritten Reiches: Faszination und Gewalt des Faschismus*, Munique, 1992; para a Itália, consulte Emilio Gentile, *The Sacralization of Politics in Fascist Italy*, Cambridge, MA, 1996.
63. PAAA, Botschaft Rom (Quirinal), 695B, Programm für den Besuch des italienischen Regierungschefs Benito Mussolini, set. 1937.

64. *DBFP*, 2ª series, XIX, doc. 225, Sir George Ogilvie-Forbes para Mr. Eden, 6 out. 1937; para Ogilvie-Forbes, consulte Bruce Strang, "Two Unequal Tempers: Sir George Ogilvie-Forbes, Sir Nevile Henderson and British Foreign Policy, 1938-9", *Diplomacy & Statecraft*, v. 5, p. 107-37, 1994.
65. Anfuso, *Roma Berlino Salò,* Milão, 1950, p. 47-9; para o arranjo de assentos na última etapa, consulte PAAA, R 269004, "Platzverteilung im italienischen Sonderzug auf der Fahrt Kiefersfelden-München", s.d.
66. ACS, MinCulPop, Gabinetto, b. 37, sf. 2, "Ministero della Cultura Popolare, appunto per l'On Gabinetto di SE Il Ministro", 9 set. 1937; consulte *ibid.* para uma lista de instruções "Alla Delegazione Italiana Servizio Stampa", s.d.
67. "Nel treno del Duce da Roma a Monaco di Baviera", *Il Popolo d'Italia*, 26 set. 1937; *New York Times*, 26 set. 1937.
68. VB, set. 1937; *Il Popolo d'Italia*, 26 set. 1937; para fotos de alemães aplaudindo, consulte Hoffmann, *Mussolini erlebt Deutschland*, *op. cit.*, 1937, p. 12-3; para o editor de Berlim, consulte Hans Bohrmann (ed.), *NS-Presseanweisungen der Vorkriegszeit*, Munique, 1998, V/3, p. 771-2.
69. *Daily Telegraph*, 25 set. 1937, cópia em PAAA, R 103300, Bl. 14.
70. *Daily Herald*, 25 set. 1937, cópia em PAAA, R 103300, Bl. 9.
71. Klaus Behnken (ed.), *Deutschland-Berichte der Sopade*, Frankfurt am Main, 1980, IV, p. 1221, para o apelo de lorde Mayor, consulte PAAA, R 269004, "Aufruf!", s.d.
72. Behnken (ed.), *Deutschland-Berichte*, IV, *op. cit.*, 1980, p. 1219-23.
73. *Das Schwarze Korps*, 7 out. 1937.
74. Para a cerimônia de chegada, consulte PAAA, R 103298, Bl. 16, *Berliner Tageblatt*, 25 set. 1937; Nicolaus von Below, *Als Hitlers Adjutant 1937-45*, Mainz, 1980, p. 42.
75. Para os preparativos do desfile de Munique, consulte BAB, NS 22/234, "Der Aufmarschstab für den Empfang des Italienischen Regierungschefs", 10 set. 1937; para a opinião de Goebbels, consulte *TBJG, Teil I*, IV, p. 328-9 (26 set. 1937); ACS, MinCulPop, Gabinetto, b. 139, sf. "settembre 1937", Munique, 26 set. 1937.
76. Paul Schmidt, *Statist auf diplomatischer Bühne 1923-45: Erlebnisse des Chefdolmetschers im Auswärtigen Amt mit den Staatsmännern Europas*, Bonn, 1949, p. 365-7.
77. *ADAP*, D, I, doc. 2, memorando de Bulow-Schwante, 2 out. 1937; para uma investigação detalhada dos comentários racistas do Duce, consulte Kilian

Bartikowski e Giorgio Fabre, "Donna bianca e uomo nero (con una variante): il razzismo anti-nero nei colloqui tra Mussolini e Bulow-Schwante", *Quaderni di storia*, v. 70, p. 181-218, 2009.

78. Leonidas E. Hill (ed.), *Die Weizsäcker-Papiere 1933-1950*, Frankfurt am Main, 1974, p. 117-8.
79. Para o texto, consulte Herbert Michaelis e Ernst Schraepler (eds.), *Ursachen und Folgen: vom deutschen Zusammenbruch 1918 und 1945 bis zur staatlichen Neuordnung in der Gegenwart*, Berlim, s.d., XI, p. 507; Schmidt, *Statist auf diplomatischer Bühne, op. cit.*, 1949, p. 366; *Il Popolo d'Italia*, 26 set. 1937; ACS, MinCulPop, Gabinetto, b. 139, sf. "settembre 1937", Berlim, 27 set. 1937.
80. *TBJG, Teil I*, IV, p. 329 (26 set. 1937).
81. Hoffmann, *Mussolini erlebt Deutschland, op. cit.*, 1937, p. 40-1.
82. IfZ, MA 329, "7. Befehl für den Vorbeimarsch am 25.9.1937", 22 set. 1937.
83. *VB*, 26 set. 1937; Max Domarus, *Hitler: Reden und Proklamationen*, I/2, Munique, 1965, p. 734.
84. Para o itinerário, consulte PAAA, Botschaft Rom (Quirinal), 695B, "Programm für den Besuch des Italienischen Regierungschefs, September 1937"; consulte também PAAA, R 269004, "Führerprogramm"; *ibid.*, "Platzverteilung des italienischen Sonderzug [sic!] ab München", s.d.
85. *DDF*, 2e serie, VI, p. 846, M. François-Poncet a M. Delbos, 22 set. 1937.
86. *VB*, 27 set. 1937; *Il Popolo d'Italia*, 27 set. 1937; consulte também Below, *Als Hitler's Adjutant, op. cit.*, 1980, p. 43.
87. Hoffmann, *Mussolini erlebt Deutschland, op. cit.*, 1937, p. 49, 56-9.
88. Schmidt, *Statist auf diplomatischer Bühne, op. cit.*, 1949, p. 367; *DBFP*, 2ª series, XIX, doc. 225, Ogilvie-Forbes to Eden, 6 out. 1937.
89. BAB, R 55/512, "Kostenvoranschlag der dekorativen Ausgestaltung der Stadt Berlin nach Entwürfen des Prof. Benno von Arent", s.d.; Benz, "Die Inszenierung der Akklamation", *op. cit.*, 1999.
90. Erich Ebermayer, "... und morgen die ganze Welt": *Erinnerungen an Deutschlands dunkle Zeit*, Bayreuth, 1966, p. 198 (2 out. 1937).
91. *TBJG, Teil I*, IV, p. 326 (24 set. 1937); para o papel da plateia, consulte Naoko Shimazu, "Diplomacy as Theatre: Staging the Bandung Conference of 1955", *Modern Asian Studies*, v. 48, n. 1, p. 225-52, 2014.
92. Consulte Behnken (ed.), *Deutschland-Berichte*, IV, *op. cit.*, 1980, p. 1219-20; *DBFP*, 2ª series, XIX, doc. 225, Ogilvie-Forbes to Eden, 6 out. 1937.
93. Behnken (ed.), *Deutschland-Berichte*, IV, *op. cit.*, 1980, p. 1220.

94. *DBFP*, 2ª series, XIX, doc. 225, Ogilvie-Forbes para Eden, 6 out. 1937; *DDF*, 2e serie, VI, doc. 502, François-Poncet para Delbos, 29 set. 1937.
95. Para os discursos, consulte ASMAE, Gab. 1923-1943, 681; *OO*, XXVIII, p. 245-7; Max Domarus, *Mussolini und Hitler: zwei Wege, gleiches Ende*, Würzburg, 1977, p. 212-3.
96. Para o discurso de Hitler, consulte Michaelis e Schraepler (eds.), *Ursachen und Folgen*, XI, *op. cit.*, s.d., p. 507-9, aqui p. 508.
97. *DBFP*, 2ª series, XIX, doc. 225, Ogilvie-Forbes para Eden, 6 out. 1937.
98. Para o texto, consulte Michaelis e Schraepler (eds.), *Ursachen und Folgen*, XI, *op. cit.*, s.d., p. 509-12, aqui p. 510-1; consulte também *Ausgewählte Reden des Führers und seiner Mitarbeiter 1937: Rede des italienischen Regierungschefs auf dem Maifeld in Berlin — Sonderausgabe für die Wehrmacht*, Munique, 1937, p. 196-201; para a piada, consulte Below, *Als Hitlers Adjutant*, *op. cit.*, 1980, p. 44; consulte também as memórias do nazista impenitente Reinhard Spitzy, *So haben wir das Reich verspielt: Bekenntnisse eines Illegalen*, Munique, 1988, p. 147.
99. Benz, "Die Inszenierung der Akklamation", *op. cit.*, 1999, p. 413.
100. *DBFP*, 2ª series, XIX, doc. 225, Ogilvie-Forbes a Eden, 6 out. 1937.
101. *VB*, 30 set. 1937.
102. Hoffmann, *Mussolini erlebt Deutschland*, p. 98-9. Para o itinerário, consulte PAAA, Botschaft Rom (Quirinal), 695b, "Programm für den Besuch des italienischen Regierungschefs Benito Mussolini", set. 1937; *Il Popolo d'Italia*, 30 set. 1937.
103. *TBJG, Teil I*, IV, p. 335.
104. *Ibid.*, IV, p. 336.
105. *BZ am Mittag*, 30 set. 1937, cópia em PAAA, R 103298, Bl. 84.
106. *OO*, XXVIII, p. 275.
107. Para o encontro, consulte John Woodhouse, *Gabriele D'Annunzio: Defiant Archangel*, Oxford, 1998, p. 378-9; consulte também a reportagem no *Il Popolo d'Italia*, 1º out. 1937.
108. Para a recepção a Mussolini em Roma, consulte ACS, PCM 1941-1943, 20/2/13100, sf. 2-2-2-5; consulte também ACS, MinCulpop, Gabinetto, b. 37, sf. 2, "Biglietti d'invito per rendere omaggio al Duce al suo rientro"; para o discurso de Mussolini, consulte *Il Popolo d'Italia*, 1º out. 1937.
109. ACS, MinCulPop, Gabinetto, b. 159, sf. "ottobre 1937", carta de 1º out. 1937.

110. ACS, MinCulPop, Gabinetto, b. 159, sf. "settembre 1937", Appunto per SE il Ministro, 30 set. 1937.
111. *ADAP*, D, I, doc. 5, Hassell para Ministério do Exterior, 8 out. 1937.
112. Galeazzo Ciano, *Diario 1937-1943*, ed. Renzo De Felice, Milão, 1980, p. 40 (29 set. 1937).
113. *DDI*, 8s, VII, doc. 393, Mussolini para o rei, 4 out. 1937.
114. Citado em Duggan, *Fascist Voices, op. cit.*, 2012, p. 282; para a versão italiana, consulte Petacci, *Mussolini segreto, op. cit.*, 2009, p. 74 (27 out. 1937); para uma análise dos diários de Petacci, consulte Giorgio Fabre, "Mussolini, Claretta e la questione della razza, 1937-38", *Annali della Fondazione Ugo La Malfa*, v. 24, p. 347-70, 2009; R. J. B. Bosworth, *Claretta: Mussolini's Last Lover*, New Haven, 2017.
115. Petacci, *Mussolini segreto, op. cit.*, 2009, p. 73 (27 out. 1937); Filippo Anfuso, *Da Palazzo Venezia al Lago di Garda (1936-1945)*, Bolonha, 1957, p. 33.
116. *OO*, XXIX, p. 1-2.
117. Weinberg, *The Foreign Policy of Hitler's Germany*, II, *op. cit.*, 1980, p. 282; R. J. B. Bosworth, *Mussolini*, Londres, 2002, p. 329; Kershaw, *Hitler, 1936-1945, op. cit.*, 2001, p. 44-5; *TBJG, Teil I*, IV, p. 334 (29 set. 1937).
118. *Il Popolo d'Italia*, 1º out. 1937; Bohrmann (ed.), *NS-Presseanweisungen der Vorkriegszeit*, V/3, *op. cit.*, 2008, p. 774-5.
119. *TBJG, Teil I*, IV, p. 337 (1º out. 1937).
120. Behnken (ed.), *Deutschland-Berichte der Sopade*, V, *op. cit.*, 1980, p. 26.
121. *Il Duce in Germania*, com prefácio de Gherardo Casini, Milão, 1937, p. 8; para Casini, consulte Guido Bonsaver, *Censorship and Literature in Fascist Italy*, Toronto, 2007, p. 171, 196; para a opinião pública, consulte Simona Colarizi, *L'opinione degli italiani sotto il regime 1929-1943*, 2. ed., Roma, 2009, p. 227.
122. Cf. Watt, "The Rome-Berlin Axis", *op. cit.*, 1960, p. 519; Weinberg, *The Foreign Policy of Hitler's Germany*, II, *op. cit.*, 1980, p. 282; consulte também Elisabeth Wiskemann, *The Rome-Berlin Axis: A History of the Relations Between Hitler and Mussolini*, Nova York, 1949, p. 81-2.

4 PRIMAVERA PARA HITLER, MAIO DE 1938

1. *ADAP*, D, I, doc. 413, Dieckhoff para Ministério do Exterior, 9 out. 1937; para o contexto, consulte David F. Schmitz, *The United States and Fascist Italy, 1922-1940*, Chapel Hill, NC, 1988, p. 182-3.
2. Para o contexto, consulte Gerhard L. Weinberg, *The Foreign Policy of Hitler's Germany*, II: *Starting World War II 1937-1939*, Chicago, 1980, p. 307; para o memorando de Hosbach, consulte *ADAP*, D, I, doc. 19; Messerschmidt, "Außenpolitik und Kriegsvorbereitung", p. 620-1.
3. Para o pano de fundo, consulte Karl-Heinz Jansen e Fritz Tobias, *Der Sturz der Generäle: Hitler und die Blomberg-Fritsch Krise 1938*, Munique, 1994; para o telegrama de Mussolini, consulte Paul Meier-Benneckenstein (ed.), *Dokumente der Deutschen Politik*, Berlim, 1939, VI/1, p. 73; para a versão italiana e o telegrama de Hitler, consulte *OO*, XXIX, p. 458-9.
4. Para o contexto, consulte Zachary Shore, *What Hitler Knew: The Battle for Information in Nazi Foreign Policy*, Oxford, 2002, p. 84.
5. Galeazzo Ciano, *Diario 1937-1943*, ed. Renzo De Felice, Milão, 1980, p. 104 (25 fev. 1938); para Hassell, consulte PAAA, Personalakten 5404; Gregor Schollgen, *Ulrich von Hassell 1881-1944: Ein Konservativer in der Opposition*, Munique, 1990, p. 91-5; para o Ministério do Exterior alemão, consulte Eckart Conze, Norbert Frei, Peter Hayes e Moshe Zimmermann (eds.), *Das Amt und die Vergangenheit: Deutsche Diplomaten im Dritten Reich und in der Bundesrepublik*, Munique, 2010; para uma análise, consulte Richard J. Evans, "The German Foreign Office and the Nazi Past", *Neue Politische Literatur*, v. 56, p. 165-83, 2011.
6. Paul Corner, *The Fascist Party and Popular Opinion in Mussolini's Italy*, Oxford, 2012, p. 226-7.
7. A ordem está reimpressa em Nicola Tranfaglia (ed.), *La stampa del regime 1932-1943: le veline del Minculpop per orientare l'informazione*, Milão, 2005, p. 247; para o pacto, consulte Weinberg, *The Foreign Policy of Hitler's Germany*, II, *op. cit.*, 1980, p. 170-91.
8. *VB*, 12 dez. 1937; *Berliner Börsenzeitung*, 19 dez. 1937; cópias dos dois artigos em BAB, R 43 III/324; Claudia Repin, "Die 'Achse Hannover-Cremona'", *QFIAB*, v. 90, p. 373-414, 2010, aqui p. 376; para a saída da Itália da Liga, consulte Elisabetta Tollardo, *Fascist Italy and the League of Nations*, Basingstoke, 2016, p. 1.

9. Corner, *The Fascist Party*, op. cit., 2012, p. 228; para a campanha, consulte Thomas Buzzegoli, *La polemica antiborghese nel fascismo (1937-1939)*, Roma, 2007.
10. MacGregor Knox, "Fascism: Ideology, Foreign Policy, and War", em Adrian Lyttelton (ed.), *Liberal and Fascist Italy*, Oxford, 2002, p. 128; para as instruções à imprensa, consulte Tranfaglia (ed.), *La stampa del regime*, op. cit., 2005, p. 246.
11. Mack Smith, *Mussolini*, Londres, 1981, p. 216; para o contexto, consulte Silvana Patriarca, *Italian Vices: Nation and Character from the Risorgimento to the Republic*, Cambridge, 2010, p. 133-60.
12. MacGregor Knox, *Hitler's Italian Allies: Royal Armed Forces, Fascist Regime, and the War of 1940-1943*, Cambridge, 2000, p. 5; Paul Preston, "Mussolini's Spanish Adventure: From Limited Risk to War", em Paul Preston e Ann L. Mackenzie (eds.), *The Republic Besieged: Civil War in Spain, 1936-1939*, Edinburgh, 1996, p. 21-51.
13. ACS, PCM 1937-1939, 4.11.3711, b. 2405, sf. 1, carta de Ciano para G Medici del Vascello, 10 nov. 1937; para uma pesquisa descritiva, consulte Maddalena Vianello, "La visita di Hitler a Roma nel maggio 1938", em Istituto romano per la storia d'Italia dal fascismo ala Resistenza (ed.), *Roma tra fascismo e liberazione*, Roma, 2006, p. 67-92, aqui p. 68; para as linhas ferroviárias, consulte ACS, PCM 1937-1939, 4.11.3711, b. 2405, sf. 2, "Commissione interministeriale", s.d.; Paul Baxa, "Capturing the Fascist Moment: Hitler's Visit to Italy in 1938 and the Radicalization of Fascist Italy", *JCH*, v. 42, p. 229, 2007, data erroneamente a origem da comissão como janeiro de 1938; consulte também Arnd Bauerkamper, "Die Inszenierung transnationaler faschistischer Politik: der Staatsbesuch Hitlers in Italien im Mai 1938", em Stefan Voigt (ed.), *Ideengeschichte als politische Aufklärung: Festschrift für Wolfgang Wippermann zum 65. Geburtstag*, Berlim, 2010, p. 129-53.
14. O estudo mais detalhado, esmagadoramente baseado em documentos italianos, é Ralph-Miklas Dobler, *Bilder der Achse: Hitlers Empfang in Italien 1938 und die mediale Inszenierung des Staatsbesuches in Fotobüchern*, Munique, 2015.
15. ACS, PCM 1937-39, 4.11.3711, b. 2405, sf. 5. Bandiere; cf. Baxa, "Capturing the Fascist Moment", op. cit., 2007, p. 230-1.
16. ACS, PCM 1937-39, 4.11.3711, b. 2405, sf. 5, memorando sem data e sem assinatura.

17. ACS, SpD, CR, b. 71, *Il Lavoro Fascista*, 8 jan. 1938; PAAA, Botschaft Rom (Quirinal), Bd. 50, "Postchiffre", 25 fev. 1938; *Il Popolo d'Italia*, 1º mar. 1938.
18. PAAA, R 103297, Vermerk, 21 fev. 1938.
19. *DDI*, 8s, VIII, doc. 461, Pignatti to Ciano, 7 abr. 1938; consulte também ibid., docs. 474-6, Pignatti a Ciano, 11 abr. 1938.
20. *Osservatore Romano*, 2 e 3 maio 1938; para o papel do Vaticano na política externa italiana, consulte John Pollard, "Il Vaticano e la politica estera italiana", em R. J. B. Bosworth e Sergio Romano (eds.), *La politica estera italiana, 1860-1985*, Bolonha, 1991, p. 197-230.
21. Cf. Emma Fattorini, *Hitler, Mussolini, and the Vatican: Pope Pius XI and the Speech that Was Never Made*, Cambridge, 2011, p. 147-51.
22. PAAA, R 103297, Weizsäcker para von Bergen, 26 fev. 1938; sobre o contexto, consulte Fattorini, *Hitler, Mussolini, and the Vatican*, op. cit., 2011, p. 144-5; ASMAE, SP Germania 1931-1945, b. 47, cópia de carta secreta de Ciano para Magistrati, 1º mar. 1938; Baxa, "Capturing the Fascist Moment", op. cit., 2007, p. 238; Archivio Capitolino, Gabinetto del Sindaco Anno 1938, b. 1622, f.1, sf. 1, Ciano para Colonna, 27 mar. 1938; para o nazismo e a Igreja católica, consulte Richard Steigmann-Gall, "Religion and the Churches", em Jane Caplan (ed.), *Nazi Germany*, Oxford, 2008, p. 146-67, aqui p. 148-53; *La Civiltà Cattolica*, 21 maio 1938; David I. Kertzer, *The Pope and Mussolini: The Secret History of Pius XI and the Rise of Fascism in Europe*, Oxford, 2014, p. 276-86.
23. Para o contexto, consulte Catherine Brice, "Riti della Corona, riti del fascio", em Emilio Gentile (ed.), *Modernità italiana: il fascismo italiano*, Roma, 2008, p. 171-90.
24. Denis Mack Smith, *Italy and its Monarchy*, New Haven, 1989, p. 158, 275.
25. PAAA, Botschaft Rom (Quirinal), 694a, "Geheim, Aufzeichnung für den Herrn Deutschen Geschaftsträger"; para o contexto, consulte Jeffrey C. Alexander, "Cultural Pragmatics: Social Performance between Ritual and Strategy", em Jeffrey C. Alexander, Bernhard Giesen e Jason L. Mast (eds.), *Social Performance: Symbolic Action, Cultural Pragmatics, and Ritual*, Cambridge, 2006, p. 29-90.
26. Spitzy, *So haben wir das Reich verspielt*, p. 261; Paul Schmidt, *Statist auf diplomatischer Bühne 1923-45: Erlebnisse des Chefdolmetschers im Auswärtigen Amt mit den Staatsmännern Europas*, Bonn, 1949, p. 383-4; para o código de vestimenta, consulte PAAA, Botschaft Rom (Quirinal), 694a, "Anzugsordnung";

para uma relação oficial da delegação alemã, consulte R. Ministero degli Affari Esteri Gabinetto, *Reise des Führers in Italien – Viaggio del Führer in Italia*, Roma, 1938.
27. Para o contexto, consulte Richard J. Evans, *The Third Reich in Power*, Nova York, 2005, p. 648-52.
28. Weinberg, *The Foreign Policy of Hitler's Germany*, II, *op. cit.*, 1980, p. 299.
29. *ADAP*, D, I, doc. 352, Hitler para Mussolini, 11 mar. 1938; consulte também *DDI*, 8s, VIII, doc. 296; consulte também o interrogatório do príncipe de Hesse em 1º mar. 1948 por Robert Kempner, IfZ, Zs 918; para o contexto, consulte Georg Christoph Berger Waldenegg, "Hitler, Göring, Mussolini und der 'Anschluss' Osterreichs an das Deutsche Reich", *VfZ*, v. 51, p. 147-82, 2003, aqui p. 171-5; para o comunicado italiano, consulte *FRUS*, 1938, I, p. 430, embaixador na Itália para o secretário de Estado, 12 mar. 1938.
30. *Trial of the Major War Criminals before the International Military Tribunal*, XXXI, p. 368-70, 2949-PS; consulte também Jonathan Petropoulos, *Royals and the Reich: The Princes von Hessen in Nazi Germany*, Oxford, 2006, p. 183-4.
31. Consulte *Il Popolo d'Italia*, 14 mar. 1938.
32. ACS, SpD, CR, b. 71, telegrama Hitler-Mussolini, 13 mar. 1938.
33. *Il Popolo d'Italia*, 15 mar. 1938; para a versão alemã, consulte Meier-Benneckenstein (ed.), *Dokumente der Deutschen Politik*, *op. cit.*, 1939, VI/1, p. 146, n. 2.
34. *Il Popolo d'Italia*, 16 mar. 1938; Schmidt, *Statist auf diplomatischer Bühne*, *op. cit.*, 1949, p. 382.
35. Claretta Petacci, *Mussolini segreto: diari 1932-1938*, ed. Mauro Suttora, Milão, 2009, p. 241-6 (13 mar. 1938).
36. Tranfaglia (ed.), *La stampa del regime*, *op. cit.*, 2005, p. 248-9.
37. *FRUS*, 1938, I, p. 425-6, Wilson para o secretário de Estado, 12 mar. 1938; *ibid.*, p. 428, Wilson para o secretário de Estado, 12 mar. 1938.
38. Para o Grande Conselho do Fascismo, consulte Alberto Aquarone, *L'organizzazione dello Stato totalitario*, Turim, 1965, p. 159-62; Aldo Cecconi, "Il Gran Consiglio del fascismo", *Passato e presente*, v. 19, p. 53-81, 1989.
39. *Il Popolo d'Italia*, 13 mar. 1938.
40. Para a reunião do Grande Conselho, consulte *OO*, XXIX, p. 65-6; Ciano, *Diario*, *op. cit.*, 1980, p. 112 (13 mar. 1938); para o discurso de Mussolini, consulte *OO*, XXIX, p. 67-71; para a publicação editada da carta de Hitler,

consulte Meier-Benneckenstein (ed.), *Dokumente der Deutschen Politik*, *op. cit.*, 1939, VI/1, p. 135-7.

41. *FRUS*, 1938, I, p. 450-1, embaixador Phillips para secretário de estado, 16 mar. 1938; para a perspectiva dos intelectuais, consulte Ruth Ben-Ghiat, *Fascist Modernities: Italy, 1922-1945*, Berkeley, 2001, p. 124, 158; para o Vallo del Littorio, consulte Malte Konig, *Kooperation als Machtkampf: das faschistische Achsenbündnis Berlin-Rom im Krieg 1940/41*, Colônia, 2007, p. 238-9.
42. Edward R. Tannenbaum, *Fascism in Italy: Society and Culture 1922-1945*, Londres, 1972, p. 282-3; para um estudo breve sobre a aversão dos italianos aos alemães em um período anterior, consulte Federico Niglia, *L'antigermanismo tedesco italiano: da Sedan a Versailles*, Florença, 2012, p. 89-128.
43. ACS, Min. Interno, Pol. Pol. (1928-1944), Materia, p. 5, memorando sem assinatura, 1º abr. 1938; para a opinião pública, consulte Simona Colarizi, *L'opinione degli italiani sotto il regime 1929-1943*, 2. ed., Roma, 2009, p. 256; consulte, de forma mais geral, Paul Corner, "Fascist Italy in the 1930s: Popular Opinion in the Provinces", em Paul Corner (ed.), *Popular Opinion in Totalitarian Regimes: Fascism, Nazism, Communism*, Oxford, 2009, p. 122-48; Alberto Aquarone, "Public Opinion in Italy before the Outbreak of World War II", em Roland Sarti (ed.), *The Ax Within: Italian Fascism in Action*, Nova York, 1974, p. 212-20.
44. Ciano, *Diario*, *op. cit.*, 1980, p. 130 (24 abr. 1938); Mack Smith, *Mussolini*, *op. cit.*, 1981, p. 218.
45. *OO*, XXIX, p. 72, Ciano, *Diario*, *op. cit.*, 1980, p. 114 (18 mar. 1938); para o duque, consulte Klaus-Peter Hoepke, *Die deutsche Rechte und der italienische Faschismus: ein Beitrag zum Selbstverständnis und zur Politik von Gruppen und Verbänden der deutschen Rechten*, Dusseldorf, 1968, p. 283-4, 298-303; Karina Urbach, *Go-Betweens for Hitler*, Oxford, 2015, p. 165-216.
46. Renzo De Felice, *Mussolini il Duce. II: Lo Stato totalitario, 1936-1940*, Turim, 1981, p. 465.
47. Mack Smith, *Mussolini*, *op. cit.*, 1981, p. 219; para o discurso, consulte *OO*, XXIX, p. 74-82.
48. Mack Smith, *Mussolini*, *op. cit.*, 1981, p. 219; cf. De Felice, *Mussolini il Duce*, II, *op. cit.*, 1981, p. 466.
49. Para Bocchini e a polícia, consulte Mimmo Franzinelli, *I tentacoli dell'Ovra: agenti, collaboratori e vittime della polizia politica fascista*, Turim, 1999.

50. Consulte os diversos decretos em ACS, MI, DGPS, DAGR, Massime S1, b. 193, sf 1c; scf. 2c; para o contexto, consulte Michael R. Ebner, *Ordinary Violence in Mussolini's Italy*, Cambridge, 2011, p. 48-71; para os comícios, consulte Simonetta Falasca-Zamponi, *Fascist Spectacle: The Aesthetics of Power in Mussolini's Italy*, Berkeley, 1997.
51. ACS, MI, DGPS, DAGR, Massime S1, fasc. 48, "Visita in Italia del Fuhrer del Reich", 4 out. 1937; consulte também Vianello, "La visita di Hitler a Roma", *op. cit.*, 2006, p. 72-3; para o contexto, consulte Patrick Bernhard, "Konzertierte Gegnerbekämpfung im Achsenbündnis: Die Polizei im Dritten Reich und im faschistischen Italien 1933 bis 1943", *VfZ*, v. 59, p. 229-62, 2011.
52. ACS, MI, DGPS, DAGR, Massime S1, fasc. 48, Muller para Leto, 23 nov. 1937.
53. Klaus Voigt, *Zuflucht auf Widerruf: Exil in Italien 1933-1945*, Stuttgart, 1989, I, p. 17-65, 141-252.
54. Para o contexto, consulte *ibid.*, I, p. 122-40; consulte também Klaus Voigt, "Jewish Refugees and Immigrants in Italy, 1933-1945", em Ivo Herzer (ed.), *The Italian Refuge: Rescue of Jews during the Holocaust*, Washington, DC, 1989, p. 141-58, aqui p. 144-5; Klaus Voigt, "Refuge and Persecution in Italy, 1933-1945", *Simon Wiesenthal Annual*, v. 4, p. 3-64, 1987, aqui p. 22-5; ACS, SpD, CO 183298, "telegramma no. 20821", 27 abr. 1938.
55. PAAA, Botschaft Rom (Quirinal), 694b, consulado alemão em Livorno para embaixada alemã, 30 mar. 1938; ACS, SpD, CO 183258, telegrama de Rabbi Giosue Gruenwald, 4 maio 1938; consulte também ACS, MI, DGPS, Dagr, 1938, b. 17.
56. *New York Times*, 29 abr. 1938.
57. Consulte, por exemplo, ACS, SpD, CO 183298, telegrama urgente da polícia de fronteira de Bolzano para Bocchini, 3 maio 1938.
58. ACS, SpD, CO 183298, Prefetto Passerini (Modena), 1º maio 1938; para a carta de ameaça, consulte ACS, MI, DGPS, DAGR, PS 1938, b. 17, Il Capo della Compagnia della Morte to Mussolini, 28 mar. 1938.
59. ACS, SpD, CO 183298, "telegramma no. 20820", 27 abr. 1938; sobre a impopularidade da aliança na Alemanha, consulte Corner, *The Fascist Party*, *op. cit.*, 2012, p. 242.
60. ASMAE, MinCulPop, b. 128, sf C/1, "Viaggio Fuhrer in Italia, servizi giornalistici, communicati stampa"; para os correspondentes alemães, consulte *ibid.*, sf D, "tessere"; sf F, "'apporti riservati"; consulte também ACS, Min-

CulPop, Gab. B. 159, Varie, Maggio 1938, "Appunto per il Sig. Ministro", 9 maio 1938.
61. ACS, MinCulPop, Gab., b. 63, "relazione", 25 abr. 1938; *ibid.*, Direzione generale per la cinematografia, "appunto per SE Il Ministro", s.d.; para uma relação dos correspondentes estrangeiros e sua distribuição entre os vários pontos do itinerário de Hitler, consulte ASMAE, MinCulPop, b. 126.
62. Archivio Capitolino, Gabinetto del Sindaco Anno 1938, b. 1622, f. 1, sf. 1, Ciano para Starace etc., 10 mar. 1938; *ibid.*, Buffarini Guidi para Colonna, 24 mar. 1938.
63. Consulte a correspondência em ACS, PCM 1937-39, 4.11.3711, b. 2414. Os planos da comissão, que regulavam até mesmo a distribuição de entradas para os eventos, preenchem pouco menos de vinte grossas pastas arquivadas pela Presidenza del Consiglio dei Ministri, consulte ACS, PCM 1937-39, 4.11.3711.
64. Archivio Capitolino, Gabinetto del Sindaco Anno 1938, b. 1621, f. 1, sf. 1, Ettel para Cav. Bertini, 27 abr. 1938; *ibid.*, memorando para o gabinete de Colonna, 3 maio 1938.
65. ACS, Agenzia Stefani, b. 70, "Riservata per il Sig. Presidente", 28 abr. 1938.
66. *Ibid.*
67. *Il Popolo d'Italia*, 29 abr. 1938; para o decreto, consulte também ACS, PCM, 1937-39, 4.11/3711, b. 2414, sf. 15.
68. ACS, Agenzia Stefani, b. 70, "riservata per il Sig. Presidente", 29 abr. 1938; para o contexto, consulte Christopher Duggan, *Fascist Voices: An Intimate History of Mussolini's Italy*, Londres, 2012, p. 206-7.
69. *Il Popolo d'Italia*, 30 abr. 1938; consulte também *ibid.*, 1º e 2 maio 1938; cf. Schieder, *Faschistische Diktaturen*, Göttingen, 2008, p. 417-63.
70. VB, 30 abr. 1938, cópia em BAB, R 901/58672; "Führerbesuch!", *Italien-Beobachter*, s.d. [1938], p. 2.
71. PAAA, Botschaft Rom (Quirinal), 694a, Cesare S. para a embaixada alemã, 12 abr. 1938; *ibid.*, Paul H. para a embaixada alemã, 27 abr. 1938; cf. Duggan, *Fascist Voices, op. cit.*, 2012.
72. PAAA, Botschaft Rom (Quirinal), 694c, Kanzler, 3 jul. 1938; *ibid.*, "Quittung", 13 jun. 1938; *ibid.*, Kanzler, 3 jul. 1938; cf. Duggan, *Fascist Voices, op. cit.*, 2012.
73. Deutsches Nachrichtenbüro, n. 120, 2 maio 1938, cópia em BAB, R 901/58673.

74. Para detalhes, consulte *VB*, 4 maio 1938; para o contexto, consulte Brice, "Riti della Corona", *op. cit.*, 2008.
75. PAAA, Botschaft Rom (Quirinal), 694a, "Anlage 4 Geheim!, Reihenfolge der Zuge"; Nicolaus von Below, *Als Hitlers Adjutant 1937-45*, Mainz, 1980, p. 98.
76. Para os trens, consulte PAAA, Botschaft Rom (Quirinal), 694a, "Anlage 4, Reihenfolge der Zuge, Geheim"; para o itinerário, consulte IfZ, Fk 7181-1, "Staatsbesuch des Führers und Reichskanzlers in Italien, Mai 1938, Zeitfolge"; para *adunate*, consulte Mabel Berezin, *Making the Fascist Self: The Political Culture of Interwar Italy*, Ithaca, NY, 1997, p. 165; *Il Popolo d'Italia*, 3 e 4 maio 1938, "Sul Treno Speciale del Fuhrer"; ACS, SpD, CO 183298, Prefetto Mastromattei para MinCulPop e gabinete do Ministério do Interior, 30 abr. 1938; *ibid.*, Ispettore Generale Andreani to Bocchini, 3 maio 1938.
77. *TBJG, Teil I*, V, p. 284-5 (3 maio 1938), 285-6 (4 maio 1938).
78. Consulte Richard J. Evans, "Coercion and Consent in Nazi Germany", *Proceedings of the British Academy*, v. 151, p. 53-81, 2007; Paul Corner, "Italian Fascism: Whatever Happened to Dictatorship?", *Journal of Modern History*, v. 74, p. 325-51, 2002; consulte também os ensaios em Roberta Pergher e Giulia Albanese (eds.), *In the Society of Fascists: Acclamation, Acquiescence, and Agency in Fascist Italy*, Basingstoke, 2012; para as massas como participantes, consulte Naoko Shimazu, "Diplomacy as Theatre: Staging the Bandung Conference of 1955", *Modern Asian Studies*, v. 48, n. 1, p. 225-52, 2014.
79. Para cartas a Mussolini, consulte Christopher Duggan, "The Internalisation of the Cult of the Duce: The Evidence of Diaries and Letters", em Stephen Gundle, Christopher Duggan e Giuliana Pieri (eds.), *The Cult of the Duce: Mussolini and the Italians*, Manchester, 2013, p. 129-43.
80. Cf. De Felice, *Mussolini il Duce*, II, *op. cit.*, 1981, p. 531; para a repressão fascista, consulte Ebner, *Ordinary Violence*, *op. cit.*, 2011.
81. ACS, SpD, CO 183258, carta anônima, 20 maio 1938; *ibid.*, carta sem data.
82. *VB*, 5 maio 1938.
83. *Il Popolo d'Italia*, 4 maio 1938.
84. Para o rei e Hitler, consulte Petacci, *Mussolini segreto*, *op. cit.*, 2009, p. 318 (10 maio 1938).
85. Para a ordem de meios de transporte, consulte ACS, Ufficio del prefetto di palazzo, anni 1871-1946, Anno 1938, filza 322 bis, Ufficio del Grande Scuderie, Servizio per l'arrivo in Roma del Fuhrer, 3 maio 1938; Ciano, *Diario*,

op. cit., 1980, p. 134 (7 maio 1938); Mack Smith, *Italy and its Monarchy*, *op. cit.*, 1989, p. 275-6.

86. Ciano, *Diario*, *op. cit.*, 1980, p. 134 (8 maio 1938); Anfuso, *Roma Berlino Salò*, Milão, 1950, p. 68.
87. Hildegard von Kotze (ed.), *Heeresadjutant bei Hitler 1938-1943: Aufzeichnungen des Majors Engel*, Stuttgart, 1974, p. 23 (22 maio 1938); Werner Jochmann (ed.), *Adolf Hitler: Monologe im Führerhauptquartier 1941-1944 – die Aufzeichnungen Heinrich Heims*, Hamburg, 1980, p. 246-8; *TBJG, Teil I*, V, p. 288-90 (6 maio 1938).
88. Eugen Dollmann, *The Interpreter: Memoirs of Doktor Eugen Dollman*, Londres, 1967, p. 115-6; para uma lista das esposas a serem recebidas, consulte ACS, Ufficio del prefetto di palazzo, 1871-1946, 1938, filza 322 ter, embaixada alemã para Primo Maestro delle Cerimonie di Corte, 27 abr. 1938.
89. Heike B. Gortemaker, *Eva Braun: Leben mit Hitler*, Munique, 2010, p. 214-5.
90. "Führerbesuch!", *Italien-Beobachter*, *op. cit.*, s.d. [1938], p. 33-4; para o pano de fundo, consulte Alex Scobie, *Hitler's State Architecture: The Impact of Classical Antiquity*, University Park, PA, 1990, p. 24.
91. Para as fotografias, consulte Federico Mastrigli, "Roma Pavesata", *Capitolium*, v. 13, p. 219-34, 1938; para a instalação das iluminações, consulte Archivio Capitolino, Gabinetto del Sindaco Anno 1938, b. 1623, f., sf.1 (consulte também neste arquivo Ettore Salani, *Le illuminazioni straordinarie a Roma e a bordo delle navi da Guerra in occasione della visita del Fuehrer: note sui risultati ottenuti da alcuni nuovi tipi di apparecchiature e sugl'insegnamenti che non sono derivati* (maio de 1938)); Luigi Huetter, "Gli ingressi trionfali di Roma", *Capitolium*, v. 13, p. 235-45, 1938; cf. Scobie, *Hitler's State Architecture*, *op. cit.*, 1990, p. 24; Dobler, *Bilder der Achse*, *op. cit.*, 2015, p. 176-81; para o contexto de entradas mais amplo, consulte Johannes Paulmann, *Pomp und Politik: Monarchenbegegnungen in Europa zwischen Ancien Régime und Erstem Weltkrieg*, Paderborn, 2000, p. 337-400.
92. *TBJG, Teil I*, V, p. 285-6 (4 maio 1938).
93. Domarus, *Hitler: Reden und Proklamationen*, I/2, Munique, 1965, p. 857; BAB, R 2/4509, Bl. 97, Kostenrechnung, 24 ago. 1938; consulte também Peter Kohler, "Das 'Mussolini-Observatoriumsprojekt'", *Jenaer Jahrbuch zur Technik- und Industriegeschichte*, v. 10, p. 413-34, 2007.
94. Pietro Pastorelli (ed.), *Le carte del Gabinetto del Ministro e della Segreteria generale dal 1923 al 1943*, Roma, 1999, p. 30.

95. *TBJG, Teil I*, V, p. 285-6 (5 maio 1938).
96. Ernst von Weizsäcker, *Memoirs of Ernst von Weizsäcker*, Londres, 1951, p. 130; Ciano, *Diario, op. cit.*, 1980, p. 133 (5 maio 1938); consulte também PAAA, R 29647, memorando de Weizsäcker, 9 maio 1938.
97. D. C. Watt, "An Earlier Model for the Pact of Steel: The Draft Treaties Exchanged between Germany and Italy during Hitler's Visit to Rome in May 1938", *International Affairs*, v. 3, p. 185-97, 1957; consulte também D. C. Watt, "Hitler's Visit to Rome and the May Weekend Crisis: A Study in Hitler's Response to External Stimuli", *JCH*, v. 9, p. 23-32, 1974; *Il Popolo d'Italia*, 5 maio 1938; *TBJG, Teil I*, V, p. 287 (5 maio 1938).
98. *TBJG, Teil I*, V, p. 287 (5 maio 1938).
99. VB, 5 maio 1938; PAAA, Botschaft Rom (Quirinal), 694a, nota de um adido militar, 2 maio 1938; consulte também ACS, ufficio del Primo Aiutante di Campo Generale di Sua Maesta il Re e Imperatore, Quinquennio 1936-1940, b. 664, "Visita del Fuhrer alle RR. Tombe del Pantheon, Milite Ignoto, Ara Caduti Fascisti", 4 maio 1938.
100. Domarus, *Hitler*, I/2, *op. cit.*, 1965, p. 855-6; para o relatório da agência de notícias oficial alemã, consulte BAB, R 901/58675, Bl. 2-5.
101. *Il Popolo d'Italia*, 5 maio 1938.
102. ACS, Min, Interno Direz. Generale di Pubblica Sicurezza, Divisione Affari Generali e Riservati (Dagr), Massime, fasc. S1 (servizi di vigilanza), "Viaggio in Italia di S.E. Hitler", b. 193, sf. 4c; a R Questura di Napoli preparou também um folheto sobre "Disposizioni e servizi per le manifestazioni del 5 Maggio 1938-XVI", 29 abr. 1938.
103. *Il Popolo d'Italia*, 6 maio 1938; *TBJG, Teil I*, V, p. 289 (6 maio 1938), VB, 7 maio 1938; Jens Petersen, "Die Stunde der Entscheidung: das faschistische Italien zwischen Mittelmeerimperium und neutralistischem Niedergang", em Helmut Altrichter e Josef Becker (eds.), *Kriegausbruch 1939: Beteiligte, Betroffene, Neutrale*, Munique, 1989, p. 131-52, aqui p. 145-6; Gerhard Schreiber, *Revisionismus und Weltmachtstreben: Marineführung und deutsch-italienische Beziehungen 1919-1944*, Stuttgart, 1978, p. 121-34.
104. Consulte a correspondência em ACS, PCM 1937-39, 4/11.3711, b. 2113, sf. 7/1, 7/2.
105. Schmidt, *Statist auf diplomatischer Bühne, op. cit.*, 1949, p. 386; para as regras de vestimenta, consulte PAAA, Botschaft Rom (Quirinal), 694a, "Anzugsordnung".

106. Below, *Als Hitlers Adjutant*, *op. cit.*, 1980, p. 99-100; Fritz Wiedemann, *Der Mann, der Feldherr werden wollte: Erlebnisse und Erfahrungen des Vorgesetzten Hitlers im I. Weltkrieg und seines späteren persönlichen Adjutanten*, Velbert, 1964, p. 137; para a opinião da Luftwaffe, consulte Petersen, "Die Stunde der Entscheidung", *op. cit.*, 1989, p. 146.
107. Sobre a *Mostra*, consulte Friedemann Scriba, "Die Mostra Augustea della Romanita in Rom 1937/38", em Jens Petersen e Wolfgang Schieder (eds.), *Faschismus und Gesellschaft in Italien: Staat-Wirtschaft-Kultur*, Colônia, 1998, p. 133-58; consulte também Aristotle Kallis, "'Framing' *Romanità*: The Celebrations for the *Bimillenario Augusteo* and the *Augusteo-Ara Pacis* Project", *JCH*, v. 46, p. 809-31, 2011.
108. Scobie, *Hitler's State Architecture*, *op. cit.*, 1990, p. 30-1.
109. Ranuccio Bianchi Bandinelli, *Diario di un borghese*, nova ed., Roma, 1996, p. 122-6.
110. "Roma nel Mondo: rassegna della stampa germânica", *Capitolium*, v. 13, p. 43, 1938.
111. Archivio Capitolino, Gabinetto del Sindaco Anno 1938, b. 1621, f. 1, sf. 1, Colonna para Ministério do Exterior, 27 abr. 1938; consulte também *Bozzetti di addobbo dell'urbe per la visita del Führer/Die Ausschmückungsentwürfe der Stadt Roms für den Besuch des Führers*, Roma, 1938, p. 2.
112. Archivio Capitolino, Gabinetto del Sindaco Anno 1938, b. 1623, f. 1, sf.2, programa, 6 maio 1938; consulte também *VB*, 8 maio 1938; Below, *Als Hitlers Adjutant*, *op. cit.*, 1980, p. 99.
113. *Il Popolo d'Italia*, 7 maio 1938; Weinberg, *The Foreign Policy of Hitler's Germany*, II, *op. cit.*, 1980, p. 308-9; *TBJG, Teil I*, V, p. 292 (7 maio 1938).
114. Citado em Paolo Orano (ed.), *L'Asse nel pensiero dei due popoli/Die Achse im Denken der beiden Völker*, Roma, 1938, p. 11-2; *Gerarchia*, v. XIII, n. 6, 1938; para o contexto, consulte Arnold Esch e Jens Petersen (eds.), *Deutsches Ottocento: die deutsche Wahrnehmung Italiens im Risorgimento*, Tübingen, 2000.
115. Para os discursos, consulte *VB*, 9 maio 1938; *Il Popolo d'Italia*, 8 maio 1938; para os brindes, consulte Orano (ed.), *L'Asse/Die Achse*, *op. cit.*, 1938, p. 129-30; para as reações dos nazistas, consulte *TBJG, Teil I*, V, p. 294 (8 maio 1938); para a reação dos franceses, consulte *DDF*, 2e serie, IX, doc. 298, M. Blondel to Georges Bonnet, 8 maio 1938.
116. Weinberg, *The Foreign Policy of Hitler's Germany*, II, *op. cit.*, 1980, p. 308-9.

117. Para o brinde de Mussolini, consulte *OO*, XXIX, p. 94-6; Hans Bohrmann e Karen Peter (eds.), *NS-Presseanweisungen der Vorkriegszeit*, Munique, 1999, VI/2, p. 451-2.
118. *VB*, 9 maio 1938; *Il Popolo d'Italia*, 9 maio 1938; *TBJG, Teil I*, V, p. 296 (9 maio 1938); ACS, SpD, CO 183258, carta anônima para o Duce, 9 maio 1938.
119. Para contexto geral, consulte Benjamin G. Martin, *The Nazi-Fascist New Order for European Culture*, Cambridge, MA, 2016.
120. Para relatos detalhados, consulte D. Medina Lasansky, *The Renaissance Perfected: Architecture, Spectacle, and Tourism in Fascist Italy*, University Park, PA, 2004, p. 83-98; Roberto Mancini (ed.), *Apparati e feste per la visita di Hitler e Mussolini a Firenze (1938)*, Florença, 2010, p. 101-56; Roger J. Crum, "Shaping the Fascist 'New Man': Donatello's *St George* and Mussolini's Appropriated Renaissance of the Italian Nation", em Claudia Lazzaro e Roger J. Crum (eds.), *Donatello among the Blackshirts: History and Modernity in the Visual Culture of Fascist Italy*, Ithaca, NY, 2005, p. 133-44, aqui p. 136-8; para os preparativos, consulte os arquivos no Archivio storico del Comune di Firenze, Gabinetto del podestà, CF 5173; Visita del Fuhrer a Firenze. Servizi d'Onore Florence, 1938; Archivio Storico (ed.), *Firenze 9 maggio 1938*, Florença, 2012.
121. *La Nazione*, 10 maio 1938; para o contexto, consulte Roberta Suzzi Valli, "The Myth of Squadrismo in the Fascist Regime", *JCH*, v. 35, p. 131-50, 2000.
122. Dollmann, *The Interpreter*, *op. cit.*, 1967, p. 114.
123. Domarus, *Hitler*, I/2, *op. cit.*, 1965, p. 863; *Il Popolo d'Italia*, 10 maio 1938.
124. Alexander, "Cultural Pragmatics", *op. cit.*, 2006, p. 29-90; cf. Dobler, *Bilder der Achse*, *op. cit.*, 2015, p. 379.
125. IfZ, Fk-7181-1, "Staatsbesuch des Führers und Reichskanzlers in Italian. Mai 1938. Zeitfolge, 6".
126. *TBJG, Teil I*, V, p. 297 (10 maio 1938).
127. Bohrmann e Peter (eds.), *NS-Presseanweisungen*, *op. cit.*, 1999, VI/2, p. 462.
128. Jens Petersen, "Deutschland, Italien und Südtirol 1938-1940", em Klaus Eisterer e Rolf Steininger (eds.), *Die Option: Südtirol zwischen Faschismus und Nationalsozialismus*, Innsbruck, 1989, p. 127-50.
129. *Il Popolo d'Italia*, 11 maio 1938; para a versão alemã, consulte Domarus, *Hitler*, I/2, *op. cit.*, 1965, p. 862.

130. Domarus, *Hitler*, I/2, *op. cit.*, 1965, p. 862; para a versão italiana, consulte ACS, SpD, CO 183258, Hitler a Mussolini, 10 maio 1938.
131. *VB*, 10 maio 1938.
132. Cf. Watt, "The Rome-Berlin Axis"; consulte agora Dobler, *Bilder der Achse*, p. 379.
133. *TBJG, Teil I*, V, p. 298-9 (11 maio 1938); Bohrmann e Peter (eds.), *NS-Presseanweisungen*, *op. cit.*, 1999, VI/2, p. 453.
134. *TBJG, Teil I*, V, p. 300-1 (12 maio 1938); Ciano, *Diario*, *op. cit.*, 1980, p. 134.
135. Petacci, *Mussolini segreto*, *op. cit.*, 2009, p. 313 (7 maio 1938), 315-6 (10 maio 1938).
136. *Manchester Guardian*, 10 maio 1938.
137. *OO*, XXIX, p. 99-102; PAAA, Botschaft Rom (Quirinal), 693c, "Politischer Bericht", s.d.
138. *DDF*, 2e serie, IX, doc. 310, Blondel para Bonnet, 10 maio 1938; *ibid.*, doc. 327, François-Poncet para Bonnet, 13 maio 1938.
139. *Das Schwarze Korps*, 12 maio 1938.
140. PAAA, Botschaft Rom (Quirinal), Geheim, Bd. 50, Braun von Stumm para Aschmann, 11 maio 1938; PAAA, R 29647, memorando confidencial de Weizsäcker, s.d.; para o resumo oficial alemão, consulte PAAA, Botschaft Rom (Quirinal), 693c, telegrama de Ribbentrop para a Embaixada alemã, 12 maio 1938; cf. Watt, "Hitler's Visit to Rome", *op. cit.*, 1974.
141. Reproduzido em Simona Colarizi, *L'Italia antifascista dal 1922 al 1940*, Roma, 1976, II, p. 449.
142. Cf. De Felice, *Mussolini il Duce*, II, *op. cit.*, 1981, p. 485.

5 RUMO À GUERRA, 1938-1939

1. Enno von Rintelen, *Mussolini als Bundesgenosse: Erinnerungen des deutschen Militärattachés in Rom 1936-1943*, Tübingen, 1951, p. 55-6; Jens Petersen, "Die Stunde der Entscheidung: das faschistische Italien zwischen Mittelmeerimperium und neutralistischem Niedergang", em Helmut Altrichter e Josef Becker (eds.), *Kriegausbruch 1939: Beteiligte, Betroffene, Neutrale*, Munique, 1989, p. 147.
2. BAB, R 43 II/1449b, Bl. 138-9, memorando de Lammers, 19 dez. 1938; para detalhes sobre intercâmbio acadêmico e cultural, consulte Andrea Albrecht,

Lutz Danneberg e Simone De Angelis (eds.), *Die akademische "Achse Berlin--Rom"? Der wissenschaftlich-kulturelle Austausch zwischen Italien und Deutschland 1920 bis 1945*, Berlim, 2017.
3. Rudy Koshar, *German Travel Cultures*, Nova York, 2000, p. 129.
4. Renzo De Felice, *Mussolini il Duce*. II: *Lo Stato totalitario, 1936-1940*, Turim, 1981, p. 487.
5. Galeazzo Ciano, *Diario 1937-1943*, ed. Renzo De Felice, Milão, 1980, p. 150 (21 jun. 1938); Giuseppe Bottai, *Diario 1935-1944*, Milão, 2001, p. 121 (23 jun. 1938).
6. *ADAP*, D, II, doc. 135, memorando das oito demandas feitas por Konrad Henlein, 24 abr. 1938; sobre o contexto, consulte Gerhard L. Weinberg, *The Foreign Policy of Hitler's Germany*, II: *Starting World War II 1937-1939*, Chicago, 1980, p. 313-77.
7. Richard Evans, *The Third Reich in Power*, Nova York, 2005, p. 667-8; para o pano de fundo, consulte Jurgen Tampke, *Czech-German Relations and the Politics of Central Europe: From Bohemia to the EU*, Londres, 2003, p. 25-44; Keith Robbins, *Munich 1938*, Londres, 1968, p. 168-74.
8. Cf. De Felice, *Mussolini il Duce*, II, *op. cit.*, 1981, p. 509-17.
9. Rosaria Quartararo, *Roma tra Londra e Berlino: la politca estera fascista dal 1930 al 1940*, Roma, 1980, p. 399; cf. R. J. B. Bosworth, *The Italian Dictatorship: Problems and Perspectives in the Interpretation of Mussolini and Fascism*, Londres, 1998, p. 94-6; G. Bruce Strang, "War and Peace: Mussolini's Road to Munich", *Diplomacy & Statecraft*, v. 10, p. 160-90, 1999; consulte também Patrizia Dogliani, "Das faschistische Italien und das Münchner Abkommen", em Jurgen Zarusky e Martin Zuckert (eds.), *Das Münchener Abkommen in europäischer Perspektive*, Munique, 2013, p. 53-68; Hans Woller, "Vom Mythos der Moderation: Mussolini und die Münchener Konferenz 1938", em Zarusky e Zuckert (eds.), *Das Münchener Abkommen in europäischer Perspektive*, *op. cit.*, 2013, p. 211-5; John Gooch, *Mussolini and his Generals: The Armed Forces and Fascist Foreign Policy, 1922-1940*, Cambridge, 2007, p. 384-449.
10. Strang, "War and Peace", *op. cit.*, 1999, p. 160-1; MacGregor Knox, *Mussolini Unleashed, 1939-1941: Politics and Strategy in Fascist Italy's Last War*, Cambridge, 1982, p. 37-8.
11. Maximiliane Rieder, *Deutsch-italienische Wirtschaftsbeziehungen: Kontinuitäten und Brüche 1936-1957*, Frankfurt am Main, 2003, p. 133; Brunello Mantelli,

"Vom 'bilateralen Handelsausgleich' zur 'Achse Berlin-Rom': der Einflus wirtschaftlicher Faktoren auf die Entstehung des deutsch-italienischen Bündnisses 1933-1936", em Jens Petersen e Wolfgang Schieder (eds.), *Faschismus und Gesellschaft in Italien: Staat-Wirtschaft-Kultur*, Colônia, 1998, p. 253-79.

12. Cf. Bosworth, *The Italian Dictatorship*, *op. cit.*, 1998, p. 94-6; para a opinião de que Mussolini era um bufão, consulte Denis Mack Smith, *Mussolini's Roman Empire*, Londres, 1976, p. 130-1; cf. Strang, "War and Peace", *op. cit.*, 1999, p. 160.
13. *ADAP*, D, II, doc. 334, nota de Ribbentrop, 4 ago. 1938; cf. Woller, "Vom Mythos der Moderation", *op. cit.*, 2013, p. 213.
14. Ciano, *Diario*, *op. cit.*, 1980, p. 172 (2 set. 1938).
15. Paul Kennedy, "Appeasement", em Gordon Martel (ed.), *The Origins of the Second World War Reconsidered*, Boston, 1986, p. 140-61.
16. Heinz Boberach (ed.), *Meldungen aus dem Reich: die geheimen Lageberichte des Sicherheitsdienstes der SS 1938-1945*, II, Herrsching, 1984, p. 73.
17. Klaus Behnken (ed.), *Deutschland-Berichte der Sopade*, Frankfurt am Main, 1980, V (1938), p. 913-39.
18. Paul Schmidt, *Statist auf diplomatischer Bühne 1923-45: Erlebnisse des Chefdolmetschers im Auswärtigen Amt mit den Staatsmännern Europas*, Bonn, 1949, p. 382; para o contexto, consulte Jonathan Petropoulos, *Royals and the Reich: The Princes von Hessen in Nazi Germany*, Oxford, 2006, p. 188.
19. *ADAP*, D, II, doc. 220, Mackensen para Ministério do Exterior, 29 maio 1938; cf. Strang, "War and Peace", *op. cit.*, 1999, p. 163.
20. *ADAP*, D, II, doc. 415, memorando, setembro de 1938; para o texto italiano, traduzido para Mussolini, consulte *DDI*, 8s, IX, doc. 495, Ciano para Attolico, 8 set. 1938; *DDI*, 8s, X, doc. 14, Attolico para Ciano, 13 set. 1938.
21. *ADAP*, D, II, doc. 421, chargé d'Affaires Washington DC para Ministério do Exterior, 2 set. 1938.
22. *DBFP*, 3ª series, II, doc. 887, Sir N. Charles para Visconde Halifax, 15 set. 1938; para Farinacci em Nuremberg, consulte Kilian Bartikowski, *Der italienische Antisemitismus im Urteil des Nationalsozialismus 1933-1943*, Berlin, 2013, p. 109.
23. *Il Popolo d'Italia*, 10 set. 1938.
24. Winston Churchill, "Dictators on Dynamite", *Collier's*, 3 set. 1938; para o contexto, consulte Hans Woller, "Churchill und Mussolini: offene Konfrontation und geheime Kooperation?", *VfZ*, v. 49, p. 563-94, 2001.

25. *ADAP*, D, II, doc. 488, Woermann para Weizsäcker, 15 set. 1938; para a tradução alemã oficial do artigo, consulte *Deutsche Allgemeine Zeitung*, 15 set. 1938 (reproduzido em *Documents on German Foreign Policy*, D, II, doc. 488). Minha tradução é baseada no original italiano em *OO*, XXIX, p. 141-3.
26. Consulte *DBFP*, 3ª series, II, doc. 895, notas da conversa com Herr Hitler, 15 set. 1938; *ibid.*, doc. 896, tradução das notas feitas por Herr Schmidt, 15 set. 1938.
27. *DBFP*, 3ª series, II, doc. 899, Sir N. Charles para Visconde Halifax, 16 set. 1938; para o contexto geral, consulte Gooch, *Mussolini and his Generals, op. cit.*, 2007, p. 384-449.
28. *ADAP*, D, II, doc. 495, "Aufzeichnung des Leiters der Politischen Abteilung", 16 set. 1938; para a resposta alemã a Mussolini, consulte *ibid.*, doc. 510, memorando sem assinatura, possivelmente de Ribbentrop, 17 set. 1938.
29. Para o discurso, consulte *OO*, XXIX, p. 144-7; para a introdução da legislação antissemita na Itália, consulte, entre outros, Esmonde Robertson, "Race as a Factor in Mussolini's Policy in Africa and Europe", *JCH*, v. 23, p. 37-58, 1988; Michele Sarfatti, *Gli ebrei nell'Italia fascista: vicende, identità, persecuzione*, Turim, 2000; Meir Michaelis, *Mussolini and the Jews: German-Italian relations and the Jewish Question in Italy, 1922-1945*, Oxford, 1978.
30. *DDF*, 2e serie, XI, doc. 210, M. Blondel para Georges Bonnet, 18 set. 1938; *ibid.*, doc. 214, François-Poncet para Bonnet, 19 set. 1938.
31. Paul Baxa, "'Il nostro Duce': Mussolini's Visit to Trieste in 1938 and the Workings of the Cult of the Duce", *Modern Italy*, v. 18, p. 117-28, 2013; para o discurso de Verona, consulte *OO*, XXIX, p. 164.
32. *OO*, XXIX, p. 144-7; cf. De Felice, *Mussolini il Duce*, II, *op. cit.*, 1981, p. 516-7; para um relato eloquente sobre o discurso de Verona em 26 de setembro de 1938, consulte *DDF*, 2e serie, doc. 373, Blondel para Bonnet, 26 set. 1938; *ibid.*, doc. 399, Blondel para Bonnet, 27 set. 1938; sobre a opinião pública na Itália, consulte Simona Colarizi, *L'opinione degli italiani sotto il regime 1929-1943*, 2. ed., Roma, 2009, p. 261-5.
33. Ciano, *Diario, op. cit.*, 1980, p. 183 (25 set. 1938); para a reunião, consulte *DDI*, 8s, X, doc. 134, n. 1.
34. Para as atas, consulte *ADAP*, D, II, doc. 562, notas de Schmidt sobre a conversa Hitler-Chamberlain, 22 set. 1938; para as atas britânicas, consulte *DBFP*, 3ª series, II, doc. 1033.
35. *DDF*, 2e serie, XI, doc. 338, Blondel para Bonnet, 24 set. 1938.

36. Evans, *The Third Reich in Power*, op. cit., 2005, p. 674.
37. *TBJG*, Teil I, VI, p. 118 (28 set. 1938).
38. Nicolaus von Below, *Als Hitlers Adjutant 1937-45*, Mainz, 1980, p. 127; consulte também *TGJB*, Teil I, VI, p. 119 (29 set. 1938).
39. *ADAP*, D, II, doc. 661, Mackensen para Ministério do Exterior, 28 set. 1938; Ian Kershaw, *Hitler, 1889-1936: Hubris*, Harmondsworth, 2001, p. 119-21.
40. *DDF*, 2e serie, XI, doc. 417, Blondel para Bonnet, 29 set. 1938.
41. Cf. Quartararo, *Roma tra Londra e Berlino*, op. cit., 1980, p. 399-400.
42. Reproduzido em Nicola Tranfaglia (ed.), *La stampa del regime 1932-1943: le veline del Minculpop per orientare l'informazione*, Milão, 2005, p. 250-1; para as diretivas de imprensa de Alfieri, consulte also ACS, MinCulPop, Gabinetto b. 39, sf. 253; para a seleção de jornalistas, consulte *ibid.*, Alfieri para General Giuseppe Valle, 28 set. 1938.
43. Reproduzido em Piero Melograni, *Rapporti segreti della polizia fascista*, Roma, 1979, p. 16-7.
44. Max Domarus, *Mussolini und Hitler: zwei Wege, gleiches Ende*, Würzburg, 1977, p. 248-9; para uma fotografia dos líderes em Munique, consulte Dante Maria Tuninetti (ed.), *Incontri di Popoli: Hitler e Mussolini*, Roma, s.d. [1943], p. 17-20; para os uniformes, consulte Perry Willson, "The Nation in Uniform? Fascist Italy, 1919-43", *Past & Present*, v. 221, p. 239-72, 2013.
45. Ciano, *Diario*, op. cit., 1980, p. 187-9 (29 e 30 set. 1938); *New York Times*, 30 set. 1938; cf. Weinberg, *The Foreign Policy of Hitler's Germany*, II, op. cit., 1980, p. 457.
46. Ciano, *Diario*, op. cit., 1980, p. 187-9 (29 e 30 set. 1938).
47. *The Times*, 30 set. 1938.
48. *Manchester Guardian*, 30 set. 1938.
49. *DDF*, 2e serie, XII, doc. 19, François-Poncet para Bonnet, 4 out. 1938; para o relato de uma testemunha ocular, consulte Schmidt, *Statist auf diplomatischer Bühne*, op. cit., 1949, p. 413-9; para as atas alemãs oficiais, consulte *ADAP*, D, II, docs. 670 e 674; para a alegação de autoria de Mussolini, consulte *ADAP*, D, II, p. 805, n. 1; Robbins, *Munich 1938*, op. cit., 1968, p. 316.
50. *DDF*, 2e serie, XII, doc. 19, François-Poncet para Bonnet, 4 out. 1938; cf. Quartararo, *Roma tra Londra e Berlino*, op. cit., 1980, p. 400; De Felice, *Mussolini il Duce*, II, op. cit., 1981, p. 542-3.
51. *ADAP*, D, II, doc. 675, "Abkommen zwischen Deutschland, Großbritannien, Frankreich und Italien", 29 set. 1938; *ibid.*, 676, "Deutsch-Englische Er-

klärung", 30 set. 1938; Domarus, *Mussolini und Hitler*, *op. cit.*, 1977, p. 251; para um relato da conferência, consulte Robbins, *Munich 1938*, *op. cit.*, 1968, p. 315-9; para as reações de Hitler, consulte Weinberg, *The Foreign Policy of Hitler's Germany*, II, *op. cit.*, 1980, p. 463.

52. André François-Poncet, *The Fateful Years: Memoirs of a French Ambassador in Berlin, 1931-1938*, Londres, 1949, p. 271.
53. ACS, MinCulPop, Gabinetto b. 39, sf. 253, "Itinerario del treno presidenziale", s.d.
54. *OO*, XXIX, p. 166; cf. De Felice, *Mussolini il Duce*, II, *op. cit.*, 1981, p. 530.
55. Claretta Petacci, *Mussolini segreto: diari 1932-1938*, ed. Mauro Suttora, Milão, 2009, p. 413-7 (1º out. 1938); consulte também Christopher Duggan, *Fascist Voices: An Intimate History of Mussolini's Italy*, Londres, 2012, p. 324.
56. *OO*, XXIX, p. 192.
57. Reproduzido em Simona Colarizi, *L'Italia antifascista dal 1922 al 1940*, Roma, 1976, II, p. 403.
58. Roland Sarti (ed.), *The Ax Within: Italian Fascism in Action*, Nova York, 1974, p. 210; Alberto Aquarone, "Public Opinion in Italy before the Outbreak of World War II", em Roland Sarti (ed.), *The Ax Within: Italian Fascism in Action*, Nova York, 1974, p. 212-20.
59. Colarizi, *L'opinione degli italiani*, *op. cit.*, 2009, p. 264.
60. Reproduzido em De Felice, *Mussolini il Duce*, II, *op. cit.*, 1981, p. 533.
61. ACS, SpD, CO, b. 2815, sf. 37-5, carta de 1º out. 1938.
62. Para as cartas, consulte ACS, SpD, CO, Sentimenti b. 2815020; algumas das cartas estão reimpressas em De Felice, *Mussolini il Duce*, II, *op. cit.*, 1981, p. 531, n. 176; cf. Duggan, *Fascist Voices*, *op. cit.*, 2012, p. 228.
63. Behnken (ed.), *Deutschland-Berichte*, V (1938), *op. cit.*, 1980, p. 940.
64. *Ibid.*, p. 946.
65. Patrick Bernhard, "Konzertierte Gegnerbekämpfung im Achsenbündnis: Die Polizei im Dritten Reich und im faschistischen Italien 1933 bis 1943", *VfZ*, v. 59, p. 229-62, 2011; Andrea Hoffend, *Zwischen Kultur-Achse und Kulturkampf: die Beziehungen zwischen "Drittem Reich" und faschistischem Italien in den Bereichen Medien, Kunst, Wissenschaft und Rassenfragen*, Frankfurt am Main, 1998; Benjamin G. Martin, *The Nazi-Fascist New Order for European Culture*, Cambridge, MA, 2016.

66. Para uma avaliação contemporânea, consulte R. W. Seton-Watson, *Munich and the Dictators: A Sequel to "Britain and the Dictators"*, Londres, 1939, p. 105.
67. Robbins, *Munich 1938*, op. cit., 1968, p. 319-37.
68. Tampke, *Czech-German Relations*, op. cit., 2003, p. 57.
69. Para as três reuniões do Grande Conselho do Fascismo, consulte *OO*, XXIX, p. 167-77; para "Dichiarazione sulla razza", escrito por Mussolini, consulte Renzo De Felice, *Storia degli ebrei italiani sotto il fascismo*, Turim, 1993, p. 567-75; Denis Mack Smith, *Mussolini*, Londres, 1981, p. 225; sobre as leis raciais, consulte Michaelis, *Mussolini and the Jews*, op. cit., 1978, p. 172, 187; para as reações alemãs, consulte Bartikowski, *Der italienische Antisemitismus*, op. cit., 2013, p. 83-103.
70. Frauke Wildvang, *Der Feind von nebenan: Judenverfolgung im faschistischen Italien 1936-1944*, Colônia, 2008, p. 104-11.
71. Sobretudo por De Felice, *Storia degli ebrei italiani*, op. cit., 1993, p. 258.
72. Para uma pesquisa, consulte Alan E. Steinweis, *Kristallnacht 1938*, Cambridge, MA, 2009; para o texto da promulgação das leis raciais, consulte *OO*, XXIX, p. 210.
73. Ciano, *Diario*, op. cit., 1980, p. 211-2 (12 e 13 nov. 1938); para uma interpretação exagerada dos protestos de Pio XI, consulte Emma Fattorini, *Hitler, Mussolini, and the Vatican: Pope Pius XI and the Speech that Was Never Made*, Cambridge, 2011; consulte também David I. Kertzer, *The Pope and Mussolini: The Secret History of Pius XI and the Rise of Fascism in Europe*, Oxford, 2014, p. 316-31.
74. Wildvang, *Der Feind von nebenan*, op. cit., 2008, p. 117; a lei está impressa em De Felice, *Storia degli ebrei italiani*, p. 576-80.
75. Bartikowski, *Der italienische Antisemitismus*, op. cit., 2013, p. 100-1.
76. Wildvang, *Der Feind von nebenan*, op. cit., 2008, p. 144; consulte também Fabrizio De Donno, "La Razza Ario Mediterranea: Ideas of Race and Citizenship in Colonial and Fascist Italy", *Interventions: International Journal of Postcolonial Studies*, v. 8, p. 394-412, 2006.
77. *ADAP*, D, IV, doc. 400, notas de Schmidt sobre a conversa entre Ciano e Ribbentrop, 28 out. 1938.
78. Ciano, *Diario*, op. cit., 1980, p. 213 (16 nov. 1938); *ADAP*, D, IV, doc. 413, Mackensen para Ministério do Exterior, 7 dez. 1938.

79. Andre François-Poncet, *Au Palais Farnèse: souvenirs d'une ambassade à Roma*, Paris, 1961, p. 7-9; para a reação dele ao discurso, consulte *ibid.*, 21-3 e *DDF*, 2e serie, XIII, doc. 1, François-Poncet para Bonnet, 1º dez. 1938; Mack Smith, *Mussolini, op. cit.*, 1981, p. 225-6; cf. De Felice, *Mussolini il Duce*, II, *op. cit.*, 1981, p. 556-64; Ciano, *Diario, op. cit.*, 1980, p. 218-9 (30 nov. 1938).
80. *ADAP*, D, IV, doc. 412, Mackensen para Ministério do Exterior, 1º dez. 1938; Mack Smith, *Mussolini, op. cit.*, 1981, p. 226-7.
81. *Manchester Guardian*, 11 jan. 1939; para artigos contras os franceses, consulte, por exemplo, Giovanni Selvi, "Corsica, terra italiana", *Gerarchia*, v. XVII, n. 1, p. 2-8, 1939; Carlo Alberto Cremonini, "La Francia contro l'Italia (1849-1939)", *Gerarchia*, v. XVII, n. 3, p. 181-5, 1939; Renato Famea, "Discorso ai francofili: Italia e Francia dal 1797 ad oggi", *Gerarchia*, v. XVII, n. 8, p. 519-27, 1939.
82. Consulte Tranfaglia (ed.), *La stampa del regime, op. cit.*, 2005, p. 251-2; ACS, Agenzia Stefani, b. 71, Riservata per il Sig. Presidente, 10 e 11 jan. 1939; consulte *Il Popolo d'Italia*, 12 e 13 jan. 1939; para o código de vestimenta, consulte Quinto Navarra, *Memorie del cameriere di Mussolini*, Bracigliano, 2004, p. 92-3; consulte também De Felice, *Mussolini il Duce*, II, *op. cit.*, 1981, p. 574-7; Mack Smith, *Mussolini, op. cit.*, 1981, p. 226-7.
83. *Il Popolo d'Italia*, 12 jan. 1939. Para uma fotografia, consulte *Il Popolo d'Italia*, 13 jan. 1939. *DBFP*, 3ª series, III, doc. 502, Enclosure 1.
84. *DBFP*, 3ª series, III, doc. 500, Conversas entre os ministros italiano e britânico, 11-14 jan. 1939; *ADAP*, D, IV, doc. 435, Mackensen para Ministério do Exterior, 18 jan. 1939.
85. Para as atas italianas que destacam a posição de Mussolini, consulte *DDI*, 8s, XI, doc. 48, conversa Mussolini-Chamberlain, 11 jan. 1939; *ibid.*, doc. 50, conversa Mussolini-Chamberlain, 12 jan. 1939.
86. *DBFP*, 3ª series, III, doc. 502, Enclosure 1; *OO*, XXIX, p. 225; Mack Smith, *Mussolini, op. cit.*, 1981, p. 226-7.
87. Mack Smith, *Mussolini, op. cit.*, 1981, p. 227.
88. *DDF*, 2e serie, XIII, doc. 367, François-Poncet para Bonnet, 14 jan. 1939; consulte também François-Poncet, *Au Palais Farnèse, op. cit.*, 1961, p. 45.
89. *DDI*, 8s, XI, 80, n. 8; para o pano de fundo, consulte Paul Stafford, "The Chamberlain-Halifax Visit to Roma: A Reappraisal", *English Historical Review*, v. 98, p. 61-100, 1983; Alan Cassels, "Deux Empires face a face: la chimere

d'un rapprochement Anglo-Italien (1936-1940)", *Guerres mondiales et conflits contemporains*, v. 161, p. 67-96, 1991; H. James Burgwyn, *Italian Foreign Policy in the Interwar Period, 1918-1940*, Westport, CT, 1997, p. 185; *ADAP*, D, IV, doc. 435, Mackensen para Ministério do Exterior, 18 jan. 1939; para a entrega das atas pelos italianos, consulte *ibid.*, p. 484, n. 1; Ciano, *Diario, op. cit.*, 1980, p. 238-9 (12 jan. 1939).

90. Para o discurso, consulte Max Domarus, *Hitler: Reden und Proklamationen*, II/1, Munique, 1965, p. 1047-67; para o contexto, consulte Hans Mommsen, "Hitler's Reichstag Speech of 30 January 1939", *History and Memory*, v. 9, p. 147-61, 1997; *DBFP*, 3ª series, IV, doc. 65, Sir G. Ogilvie Forbes para visconde Halifax, 31 jan. 1939; *TBJG, Teil I*, VI, p. 245 (31 jan. 1939).

91. *OO*, XXIX, p. 230, 469; *DDI*, 8s, XI, doc. 130, Attolico para Ciano, 31 jan. 1939 (o documento foi consultado por Mussolini); *ibid.*, doc. 131, Attolico para Ciano, 31 jan. 1939; Ciano, *Diario*, p. 245 (31 jan. 1939); para a propaganda nazista, consulte *Italien-Beobachter*, v. 3, Heft 2, p. 4, 1939.

92. Ciano, *Diario, op. cit.*, 980, p. 264-6 (15 mar. 1939); *DDI*, 8s, XI, doc. 319, Ciano para Attolico, 17 mar. 1939; para a reunião entre Hitler, Attolico e Ribbentrop, consulte *ADAP*, D, VI, doc. 52, Memorando de Schmidt, 20 mar. 1939 (a nota está em inglês); para a fúria e preocupação de Mussolini em relação à opinião pública, consulte *ADAP*, D, VI, doc. 87, Mackensen para Kordt, 24 mar. 1939; Claretta Petacci, *Verso il disastro: Mussolini in guerra – diari 1939-1940*, ed. Mimmo Franzinelli, Milão, 2011, p. 79; para o encontro do príncipe de Hesse com Mussolini, consulte *ADAP*, D, IV, doc. 463, Mackensen para Ministério do Exterior, 15 mar. 1939; para a reação de Ciano, consulte *DDI*, 8s, XI, doc. 319, Ciano-Attolico; para as conversas Ciano-Mackensen, consulte *DDI*, 8s, XI, doc. 325, conversa Ciano-Mackensen, 17 mar. 1939; consulte também *ADAP*, D, VI, doc. 15, Mackensen para Ministério do Exterior, 17 mar. 1939; *ibid.*, doc. 45, Mackensen para Ministério do Exterior, 20 mar. 1939; *ibid.*, doc. 55, Ribbentrop para Ciano, 20 mar. 1939; o relatório está reproduzido em Colarizi, *L'Italia antifascista, op. cit.*, 1976, II, p. 461.

93. Ciano, *Diario, op. cit.*, 1980, p. 272-3 (27 mar. 1939); Burgwyn, *Italian Foreign Policy, op. cit.*, 1997, p. 187.

94. Ciano, *Diario, op. cit.*, 1980, p. 268-9 (19 mar. 1939); Malte Konig, *Kooperation als Machtkampf: das faschistische Achsenbündnis Berlin-Rom im Krieg 1940/41*, Colônia, 2007, p. 238-40.

95. De Felice, *Mussolini il Duce*, II, *op. cit.*, 1981, p. 589-90.
96. *OO*, XXIX, p. 248-9; Bottai, *Diario*, *op. cit.*, 2001, p. 142-4 (21 mar. 1939); sobre a opinião pública, consulte Colarizi, *L'opinione degli italiani*, *op. cit.*, 2009, p. 295-6.
97. Para emoções em diplomacia, consulte Todd H. Hall, *Emotional Diplomacy: Official Emotion on the International Stage*, Ithaca, NY, 2015.
98. *DDI*, 8s, XI, doc. 394, Hitler para Mussolini, 25 mar. 1939 (o original alemão foi perdido); consulte também a versão retraduzida em *ADAP*, D, VI, doc. 100, Hitler para Mussolini, 25 mar. 1939; cf. De Felice, *Mussolini il Duce*, II, *op. cit.*, 1981, p. 601.
99. Cf. De Felice, *Mussolini il Duce*, II, *op. cit.*, 1981, p. 594-5.
100. *OO*, XXIX, p. 249-53.
101. Para o discurso do rei, consulte Enrico Colombardo, *La monarchia fascista 1922-1940*, Bolonha, 2010, p. 93-4; consulte também Denis Mack Smith, *Italy and its Monarchy*, New Haven, 1989, p. 278-9.
102. ACS, PNF, Situazione politica ed economica delle provincie, b. 19, Roma, 30 mar. 1939; trauzido em Aquarone, "Public opinion in Italy", *op. cit.*, 1974, p. 214; sobre a impopularidade do Eixo na Itália, consulte também *ADAP*, D, VI, doc. 140, nota de Weizsäcker, 31 mar. 1939.
103. *DDI*, 8s, XI, doc. 472, conversa entre Pariani e Keitel, 5 abr. 1939; G. Bruce Strang, *On the Fiery March: Mussolini Prepares for War*, Westport, CT, 2003, p. 247-8; Alessandro Massignani, "Die italienischen Streitkräfte und der Krieg der 'Achse'", em Lutz Klinkhammer, Amedeo Osti Guerrazzi e Thomas Schlemmer (eds.), *Die "Achse" im Krieg: Politik, Ideologie und Kriegführung 1939-1945*, Paderborn, 2010, p. 122-46, aqui p. 130.
104. *DDF*, 2e serie, XV, doc. 362, François-Poncet para Bonnet, 12 abr. 1939; para Itália e Albânia, consulte Alessandro Roselli, *Italy and Albania: Financial Relations in the Fascist Period*, Londres, 2006, p. 97-106.
105. François-Poncet, *The Fateful Years*, *op. cit.*, 1949, p. 248-9; para o contexto, consulte R. J. B. Bosworth, *Mussolini's Italy: Life under the Dictatorship*, Londres, 2006, p. 404-5.
106. *TBJG, Teil I*, VI, p. 313 (11 abr. 1939).
107. Mack Smith, *Mussolini*, *op. cit.*, 1981, p. 230-1; Burgwyn, *Italian Foreign Policy*, *op. cit.*, 1997, p. 188-91.
108. *ADAP*, D, VI, doc. 205, memorando sem assinatura, 15 abr. 1939; *ibid.*, doc. 211, memorando sem assinatura, 18 abr. 1939; para detalhes sobre a visita

de Göring, consulte Wolfgang Schieder, *Mythos Mussolini: Deutsche in Audienz beim Duce*, Munique, 2013, p. 186-7, 372; sobre o apelo de Roosevelt, consulte Gunther Moltmann, "Franklin D. Roosevelts Friedensappell vom 14. April 1939: Ein fehlgeschlagener Versuch zur Friedensicherung", *Jahrbuch für Amerikastudien*, v. 9, p. 91-109, 1964.

109. *ADAP*, D, VI, doc. 199, Heydrich para Ribbentrop, 14 abr. 1939; Domarus, *Hitler*, II/1, *op. cit.*, 1965, p. 1146.
110. Cf. Hans Woller, *Mussolini: der erste Faschist – eine Biografie*, Munique, 2016, p. 176.
111. Domarus, *Hitler*, II/1, *op. cit.*, 1965, p. 1165; *DDI*, 8s, XI, doc. 610, Attolico para Ciano, 28 abr. 1939; *ibid.*, doc. 613, Attolico para Ciano, 29 abr. 1939.
112. *DDI*, 8s, XI, doc. 641, Mussolini para Ciano, 4 maio 1939.
113. Consulte por exemplo, *ADAP*, D, VI, doc. 318, Mackensen para Ministério do Exterior, 3 maio 1939.
114. *DDI*, 8s, XI, doc. 653, Mellini para Ciano, 6 maio 1939; *ibid.*, doc. 660, Magistrati para Ciano, 6 maio 1939; Burgwyn, *Italian Foreign Policy*, *op. cit.*, 1997, p. 191-2.
115. Ferdinand Siebert, *Italiens Weg in den Zweiten Weltkrieg*, Frankfurt am Main, 1962, p. 163-6; Mario Toscano, *The Origins of the Pact of Steel*, Baltimore, 1967.
116. *DDI*, 8s, XI, doc. 666, conversa entre Ciano e Ribbentrop, 6 e 7 maio 1939.
117. Melograni, *Rapporti segreti*, *op. cit.*, 1979, p. 32-4; consulte também Aquarone, "Public Opinion in Italy", *op. cit.*, 1974, p. 214-5; para a camapnha contra o café, consulte ACS, Agenzia Stefani, b. 71, "Riservata per il Sig. Presidente", 13 maio 1939.
118. Melograni, *Rapporti segreti*, *op. cit.*, 1979, p. 32; *DDI*, 8s, XI, doc. 663, nota n. 30 dell'Informazione Diplomatica, 6 maio 1939; consulte também as instruções para a imprensa em Tranfaglia (ed.), *La stampa del regime*, *op. cit.*, 2005, p. 304.
119. Mack Smith, *Mussolini*, *op. cit.*, 1981, p. 231; Eugen Dollmann, *The Interpreter: Memoirs of Doktor Eugen Dollman*, Londres, 1967, p. 155; Ciano, *Diario*, *op. cit.*, 1980, p. 294-5 (6 e 7 maio 1939); para as atas de Ciano, consulte *DDI*, 8s, XI, doc. 666, conversas entre Ciano e Ribbentrop, 6 e 7 maio 1939; para as atas alemãs, consulte *ADAP*, D, VI, doc. 341, memorando sem assinatura, 18 maio 1939; para o contexto, consulte Toscano, *The Origins of the Pact of Steel*, *op. cit.*, 1967, p. 307-34.

120. *OO*, XXIX, p. 270; para o contexto, consulte Hoffend, *Zwischen Kultur-Achse und Kulturkampf*, *op. cit.*, 1998, p. 221-2, 325-55.
121. Colarizi, *L'opinione degli italiani*, *op. cit.*, 2009, p. 298-9; consulte também Paul Corner, *The Fascist Party and Popular Opinion in Mussolini's Italy*, Oxford, 2012, p. 240-4; para a memória da visita de Mussolini a Turim, consulte Luisa Passerini, *Fascism in Popular Memory: The Cultural Experience of the Turin Working Class*, Cambridge, 1987, p. 189-95.
122. Ciano, *Diario*, *op. cit.*, 1980, p. 297 (13 maio 1939).
123. *Il patto d'acciaio (Italia e Germania)*, ed. Ministero della cultura popolare, Roma, 1939, p. 65-7.
124. *Italien-Beobachter*, v. 3, Heft 6, 1939; *Il Popolo d'Italia*, 23 maio 1939; *TBJG*, Teil I, VI, p. 356-7 (23 maio 1939).
125. Weinberg, *The Foreign Policy of Hitler's Germany*, II, *op. cit.*, 1980, p. 567-8; MacGregor Knox, "Fascism: Ideology, Foreign Policy, and War", em Adrian Lyttelton (ed.), *Liberal and Fascist Italy*, Oxford, 2002, p. 131.
126. Mack Smith, *Mussolini*, *op. cit.*, 1981, p. 232.
127. *ADAP*, D, VI, p. 367-72 (documento sem numeração).
128. Para o memorando de Cavallero, consulte *DDI*, 8s, XII, doc. 59, Mussolini para Hitler, 30 maio 1939; *ADAP*, D, VI, doc. 459, Ciano para Ribbentrop, 31 maio 1939; consulte também Mario Toscano, *The Origins of the Pact of Steel* (publicado primeiramente em italiano em 1948), *op. cit.*, 1967, p. 376-88; Filippo Focardi, *Il cattivo tedesco e il bravo italiano: la rimozione delle colpe della seconda guerra mondiale*, Bari, 2013, p. 83-4; sobre a falta de preparativos, consulte MacGregor Knox, *Common Destiny: Dictatorship, Foreign Policy, and War in Fascist Italy and Nazi Germany*, Cambridge, 2000, p. 148-85.
129. John Gooch, "Mussolini's Strategy, 1939-1943", em John Ferris e Evan Mawdsley (eds.), *The Cambridge History of the Second World War*, I, Cambridge, 2015, p. 132-58, aqui p. 135; Mack Smith, *Mussolini*, *op. cit.*, 1981, p. 233-4; *DDI*, 8s, XII, doc. 662, Mussolini para Magistrati, 24 jul. 1939.
130. ACS, SpD, CR, b. 71, Hitler para Mussolini, 29 jul. 1939.
131. Ciano, *Diario*, *op. cit.*, 1980, p. 327 (13 ago. 1939).
132. *DDI*, 8s, XIII, doc. 1, atas da conversa entre Ciano e Ribbentrop, 12 ago. 1939; *ADAP*, D, VII, doc. 43, nota de Schmidt, 12 ago. 1939; Mack Smith, *Mussolini*, *op. cit.*, 1981, p. 234; Ciano, *Diario*, *op. cit.*, 1980, p. 325-9 (6-15 ago. 1939); cf. Focardi, *Il cattivo tedesco*, *op. cit.*, 2013, p. 83-4; Tobias Hof, "Die Tagebücher von Galeazzo Ciano", *VfZ*, v. 60, n. 4, p. 507-28, 2012.

133. *TBJG*, Teil I, VII, p. 85 (31 ago. 1939).
134. De Felice, *Mussolini il Duce*, II, *op. cit.*, 1981, p. 664-5; para o contexto, consulte Focardi, *Il cattivo tedesco, op. cit.*, 2013, p. 87.
135. *ADAP*, D, VII, doc. 266, Hitler para Mussolini, 25 ago. 1939; consulte também *DDI*, 8s, XIII, doc. 245
136. Mario Toscano, *L'Italia e gli accordi tedesco-sovietici dell'agosto 1939*, Florença, 1955.
137. *ADAP*, D, VII, doc. 271, Mussolini para Hitler, 25 ago. 1939; consulte também *DDI*, 8s, XIII, doc. 250.
138. *ADAP*, D, VII, doc. 277, Hitler para Mussolini, 25 ago. 1939; consulte também *DDI*, 8s, XIII, doc. 262.
139. *ADAP*, D, VII, doc. 301, Mussolini para Hitler, 26 ago. 1939; consulte também *DDI*, 8s, XIII, doc. 293.
140. *ADAP*, D, VII, doc. 307, Hitler para Mussolini, 26 ago. 1939; consulte também *DDI*, 8s, XIII, doc. 298.
141. A correspondência entre os dois líderes foi preservada pelo gabinete do Ministério do Exterior italiano em um arquivo especial e chegou à embaixada italiana em Lisboa, para onde foi transferida antes do armistício de 1943 com os aliados. Consulte PRO, GFM, 36/605, fol. 13-35; para o contexto, consulte Howard McGaw Smyth, *Secrets of the Fascist Era: How Uncle Sam Obtained Some of the Top-Level Documents of Mussolini's Period*, Carbondale, IL, 1975, p. 1-19; para a insistência de Hitler pela manutenção de segredo, consulte *DDI*, 8s, XIII, doc. 331, Attolico para Ciano, 27 ago. 1939.
142. *ADAP*, D, VII, doc. 341, Hitler para Mussolini, 27 ago. 1939; consulte também *DDI*, 8s, XIII, doc. 329; Ciano, *Diario, op. cit.*, 1980, p. 338-9 (31 ago. 1939), 340-1 (1-3 set. 1939)
143. Helmut Heiber (ed.), *Hitlers Lagebesprechungen: die Protokollfragmente seiner militärischen Konferenzen 1942-1945*, Stuttgart, 1962, p. 227.
144. *ADAP*, D, VII, doc. 417, Mussolini para Hitler, 29 ago. 1939; consulte também *DDI*, 8s, XIII, doc. 414.
145. *ADAP*, D, VII, doc. 500, Hitler para Mussolini, 1º set. 1939. Para a leitura da carta de Hitler, consulte *ibid.*, p. 406; consulte também *DDI*, 8s, XIII, doc. 530.
146. *DDI*, 8s, XIII, doc. 542, Hitler para Mussolini, 1º set. 1939; *ADAP*, D, VII, doc. 504; Jurgen Forster, "Die Wehrmacht und die Probleme der Koalitions-

kriegsführung", em Klinkhammer, Osti Guerrazzi e Schlemmer (eds.), *Die "Achse" im Krieg, op. cit.*, 2010, p. 108-21, aqui p. 111.
147. *ADAP*, D, VII, doc. 559, circular de Ribbentrop, 2 set. 1939.
148. *DDI*, 8s, XIII, doc. 639, Hitler para Mussolini, 3 set. 1939; *ADAP*, D, VII, doc. 565.
149. Mack Smith, *Mussolini, op. cit.*, 1981, p. 235-7.
150. ACS, Min Int, PS, Div Pol Pol., p. 220, Roma, 30 ago. 1939.
151. Consulte, por exemplo, Gen. Ambrogio Bollati, "Le Forze Armate dell'Italia fascista", *Gerarchia*, v. XVII, n. 10, p. 661-72, 1939.
152. Para a falta de uma estratégia do Eixo, consulte Massignani, "Die italienischen Streitkräfte und der Krieg der 'Achse'", *op. cit.*, 2010, p. 122-46.

6 CAMINHO SEM VOLTA, 1939-1941

1. Galeazzo Ciano, *Diario 1937-1943*, ed. Renzo De Felice, Milão, 1980, p. 357 (7 out. 1939).
2. MacGregor Knox, *Hitler's Italian Allies: Royal Armed Forces, Fascist Regime, and the War of 1940-1943*, Cambridge, 2000, p. 26.
3. Ciano, *Diario, op. cit.*, 1980, p. 342 (4 set. 1939); Claretta Petacci, *Verso il disastro: Mussolini in guerra – diari 1939-1940*, ed. Mimmo Franzinelli, Milão, 2011, p. 191-2 (13 set. 1939); sobre a ambivalência de Mussolini, consulte John Gooch, "Mussolini's Strategy, 1939-1943", em John Ferris e Evan Mawdsley (eds.), *The Cambridge History of the Second World War*, I, Cambridge, 2015, p. 136.
4. Para o discurso, consulte Max Domarus, *Hitler: Reden und Proklamationen*, II/1, Munique, 1965, p. 1377-93; Elisabeth Wiskemann, *The Rome-Berlin Axis: A History of the Relations Between Hitler and Mussolini*, Nova York, 1949, p. 178-9.
5. Reproduzido em Claudio Matteini (ed.), *Ordini alla stampa*, Roma, 1945, p. 68, 77; Gooch, "Mussolini's Strategy", *op. cit.*, 2015, p. 136.
6. *ADAP*, D, VIII, doc. 493, n. 1; *DDI*, 9s, II, doc. 240, Luppis para Ciano, 16 nov. 1939; consulte também Wiskemann, *The Rome-Berlin Axis, op. cit.*, 1949, p. 181.

7. Ciano, *Diario, op. cit.*, 1980, p. 351 (24 set. 1939); *ADAP*, D, VIII, doc. 23, Aufzeichnung des Staatssekretärs, 7 set. 1939; *TBJG, Teil I*, VII, p. 78 (26 ago. 1939).
8. *OO*, XXIX, p. 336-7.
9. Para o discurso, consulte Ciano, *Diario, op. cit.*, 1980, p. 701-24; Gerhard Schreiber, "Die politische und militärische Entwicklung im Mittelmeerraum 1939/40", em *DRZW*, III, p. 4-271, aqui p. 16; *TBJG, Teil I*, VII, p. 234 (17 dez. 1939).
10. Brian R. Sullivan, "'Where one man, and only one man, led': Italy's Path from Neutrality to Non-belligerency to War, 1937-1940", em Neville Wylie (ed.), *European Neutrals and Non-belligerents during the Second World War*, Cambridge, 2002, p. 119-49.
11. *ADAP*, D, VIII, doc. 505, "Bemerkungen zu den deutsch-italienischen Beziehungen aus Anlas der Jahreswende 1939/1940", 3 jan. 1940; para o contexto, consulte Schreiber, "Die politische und militärische Entwicklung", *op. cit.*, p. 12; sobre a opinião pública italiana, consulte Alberto Aquarone, "Public Opinion in Italy before the Outbreak of World War II", em Roland Sarti (ed.), *The Ax Within: Italian Fascism in Action*, Nova York, 1974, p. 219.
12. ACS, PNF, Situazione economica politica delle provincie, b. 27, sf. Udine, PNF, 7 fev. 1940; sobre o contexto, consulte Paul Corner, *The Fascist Party and Popular Opinion in Mussolini's Italy*, Oxford, 2012, p. 253-64; Simona Colarizi, *L'opinione degli italiani sotto il regime 1929-1943*, 2. ed., Roma, 2009, p. 302-8; para o contexto, consulte Harry Cliadakis, "Neutrality and War in Italian Policy 1939-40", *JCH*, v. 9, p. 171-90, 1974; consulte também John Gooch, *Mussolini and his Generals: The Armed Forces and Fascist Foreign Policy, 1922-1940*, Cambridge, 2007, p. 450-518.
13. PAAA, Botschaft Rom (Quirinal), Geheim, Bd. 73, consulado alemão em Palermo para embaixador alemão, 27 fev. 1940.
14. Denis Mack Smith, *Mussolini*, Londres, 1981, p. 238-9; Ciano, *Diario, op. cit.*, 1980, p. 357 (7 out. 1939).
15. MacGregor Knox, "The Sources of Italy's Defeat in 1940: Bluff or Institutionalized Incompetence?", em Carole Fink, Isabel V. Hull e MacGregor Knox (eds.), *German Nationalism and the European Response, 1890-1945*, Norman, OK, 1985, p. 247-66, aqui p. 248-9.
16. Consulte *DDI*, 9s, III, doc. 1, Mussolini para Hitler, 1° jan. 1940 (o telegrama de Hitler de 31 de dezembro de 1939 está reproduzido em *ibid.*, p. 1, n. 1).

17. PRO, GFM 36/605, fol. 44-55, Mussolini-Hitler, 5 jan. 1940 (consulte também *DDI*, 9s, III, doc. 33); para a versão alemã, consulte *ADAP*, D, VIII, doc. 504 (o último tem data de 3 de janeiro; para a datação, consulte *ibid.*, p. 474, n. 2).
18. Ciano, *Diario*, *op. cit.*, 1980, p. 371-3 (4 e 9 dez. 1939); R. J. B. Bosworth, *Mussolini*, Londres, 2002, p. 359-60; Ferdinand Siebert, *Italiens Weg in den Zweiten Weltkrieg*, Frankfurt am Main, 1962, p. 372-6.
19. *ADAP*, D, VIII, doc. 553, Weizsäcker para Mackensen, 18 jan. 1940; para a dependência da Itália em relação aos recursos alemães, consulte Schreiber, "Die politische und militärische Entwicklung", *op. cit.*, p. 23-33.
20. Schreiber, "Die politische und militärische Entwicklung", *op. cit.*, p. 17-8; cf. Siebert, *Italiens Weg in den Zweiten Weltkrieg*, *op. cit.*, 1962, p. 394-7; para uma interpretação crítica, consulte MacGregor Knox, *Mussolini Unleashed, 1939-1941: Politics and Strategy in Fascist Italy's Last War*, Cambridge, 1982, p. 68-9.
21. *ADAP*, D, VIII, doc. 599, Mackensen para Ministério do Exterior, 8 fev. 1940; sobre a missão do príncipe, consulte *ibid.*, p. 591, n. 2; para contexto, consulte Wiskemann, *The Rome-Berlin Axis*, *op. cit.*, 1949, p. 192-3.
22. *DDI*, 9s, III, doc. 395, notas de Ciano, 26 fev. 1940; para a missão de Welles, consulte Stanley E. Hilton, "The Welles Mission to Europe, February-March 1940: Illusion or Realism?", *Journal of American History*, v. 57, p. 93-120, 1971; para os documentos, consulte *FRUS*, 1940, II, p. 685-716; consulte também Renzo De Felice, *Mussolini il Duce*. II: *Lo Stato totalitario, 1936-1940*, Turim, 1981, p. 754-6; para a opinião de Mussolini, consulte Ciano, *Diario*, *op. cit.*, 1980, p. 399-400 (26 e 28 fev. 1940); para a conversa de Welles com Hitler, consulte *ADAP*, D, VIII, doc. 649, nota de Schmidt, 2 mar. 1940.
23. *ADAP*, D, VIII, doc. 663, Hitler para Mussolini, 8 mar. 1940; para a versão italiana, consulte *DDI*, 9s, III, doc. 492; para a entrega da carta por Ribbentrop, consulte *ADAP*, D, VIII, doc. 665, nota de Schmidt, 10 mar. 1940; para o telegrama de Ribbentrop a Hitler, consulte *ibid.*, doc. 667, 11 mar. 1940; para o segundo encontro entre o Duce e Ribbentrop, consulte *ibid.*, doc. 669, nota de Schmidt, 11 mar. 1940; para o contexto, consulte Wiskemann, *The Rome-Berlin Axis*, *op. cit.*, 1949, p. 196-9; De Felice, *Mussolini il Duce*, II, *op. cit.*, 1981, p. 761-5.
24. H. James Burgwyn, *Italian Foreign Policy in the Interwar Period, 1918-1940*, Westport, CT, 1997, p. 210-1.

25. *ADAP*, D, VIII, doc. 670, Ribbentrop para Hitler, 12 mar. 1940.
26. Malte Konig, *Kooperation als Machtkampf: das faschistische Achsenbündnis Berlin-Rom im Krieg 1940/41*, Colônia, 2007, p. 240-1.
27. Para a fronteira do Brennero, consulte Hans Heiss, "Die Brennergrenze 1918/19", *Österreich in Geschichte und Literatur mit Geographie*, v. 52, p. 318-35, 2008.
28. Konig, *Kooperation als Machtkampf, op. cit.*, 2007, p. 227-38; Jens Petersen, "Deutschland, Italien und Südtirol 1938-1940", em Klaus Eisterer e Rolf Steininger (eds.), *Die Option: Südtirol zwischen Faschismus und Nationalsozialismus*, Innsbruck, 1989, p. 145-8; Federico Scarano, *Tra Mussolini e Hitler: le opzioni dei südtirolesi nella politica estera fascistca*, Milão, 2012, p. 164-218.
29. Ciano, *Diario*, p. 405 (12 mar. 1940), 407 (16 mar. 1940).
30. Petacci, *Verso il disastro, op. cit.*, 2011, p. 311 (17 mar. 1940).
31. Para um relato britânico, consulte *The Times*, 18 mar. 1940.
32. Consulte os telegramas em ACS, PCM 1941-1943, 20.2/604, "Viaggio del Duce al Brennero per incontrarsi col Fuhrer", 17 e 18 mar. 1940.
33. Paul Schmidt, *Statist auf diplomatischer Buhne 1923-45: Erlebnisse des Chefdolmetschers im Auswärtigen Amt mit den Staatsmännern Europas*, Bonn, 1949, p. 479.
34. Ciano, *Diario, op. cit.*, 1980, p. 408 (18 mar. 1940).
35. Leonidas E. Hill (ed.), *Die Weizsäcker-Papiere 1933-1950*, Frankfurt am Main, 1974, p. 194 (17 mar. 1940).
36. Para o comunicado, consulte BAB, R 901/58822, Bl. 3-4, relatório do Deutsches Nachrichtenbüro, 18 mar. 1940; consulte também *Il Popolo d'Italia*, 19 mar. 1940; para a advertência de Ciano aos belgas, consulte Ciano, *Diario*, p. 377 (26 dez. 1939), 383 (2 jan. 1940); *ADAP*, D, VIII, doc. 553, Weizsäcker para Mackensen, 18 jan. 1940; Burgwyn, *Italian Foreign Policy, op. cit.*, 1997, p. 209.
37. *TBJG, Teil I*, VII, p. 355-6 (19 mar. 1940).
38. Para as atas da reunião, consulte *ADAP*, D, IX, doc. 1, nota de Schmidt, 17 mar. 1940 (a data do documento está incorreta); *TBJG, Teil I*, VII, p. 355-6 (19 mar. 1940).
39. *Berliner Morgenpost*, 19 mar. 1940, cópia em BAB, R 901/58822, Bl. 11.
40. *Il Popolo d'Italia*, 19 mar. 1940; Nicola Tranfaglia (ed.), *Ministri e giornalisti: la guerra e il Minculpop (1939-43)*, Turim, 2005, p. 30-2.
41. *Il Popolo d'Italia*, 19 mar. 1940.

42. Ciano, *Diario, op. cit.*, 1980, p. 408-9 (19 mar. 1940).
43. Para as atas da reunião, consulte *ADAP*, D, IX, doc. 1, nota de Schmidt, 17 mar. 1940 (a data do documento está incorreta); para a tradução italiana das atas, consulte ASMAE, Gabinetto, UC-15, fasc. 13, "Resoconto Sommario", 18 mar. 1940; também reproduzido em *DDI*, 9s, III, doc. 578. Cf. Burgwyn, *Italian Foreign Policy, op. cit.*, 1997, p. 211-2; De Felice, *Mussolini il Duce*, II, *op. cit.*, 1981, p. 767-72.
44. *ADAP*, D, IX, doc. 9, "Runderlas des Reichsauβenministers", 21 mar. 1940; Leonardo Simoni (Michele Lanza), *Berlin ambassade d'Italie: journal d'un diplomate italien*, Paris, 1947, p. 103 (18 mar. 1940).
45. Luca Pietromarchi, *I diari e le agende di Luca Pietromarchi (1938-1940): politica estera del fascismo e vita quotidiana di un diplomatico romano del '900*, ed. Ruth Nattermann, Roma, 2009, p. 413 (20 mar. 1940).
46. Schmidt, *Statist auf diplomatischer Bühne, op. cit.*, 1949, p. 480; para as atas italianas, consulte ASMAE, Gabinetto, UC-15, fasc. 13, "Resoconto Sommario", 18 mar. 1940; consulte também *DDI*, 9s, III, doc. 578, Colloquio Mussolini-Hitler verbale, 18 mar. 1940.
47. *Il Popolo d'Italia*, 20 mar. 1940; Knox, *Mussolini Unleashed, op. cit.*, 1982, p. 87-91.
48. Ciano, *Diario, op. cit.*, 1980, p. 408-9 (19 mar. 1940).
49. Bosworth, *Mussolini, op. cit.*, 2002, p. 366-7; para o memorando, consulte *DDI*, 9s, III, doc. 669, Mussolini para o rei, 31 mar. 1940; consulte também De Felice, *Mussolini il Duce*, II, *op. cit.*, 1981, p. 772-5; sobre a "guerra paralela", consulte Gooch, "Mussolini's Strategy", *op. cit.*, 2015, p. 137.
50. *ADAP*, D, IX, doc. 68, Hitler para Mussolini, 9 abr. 1940; *DDI*, 9s, IV, doc. 16. (A versão italiana tem data de 9 de abril de 1940, e nenhum registro do original alemão foi preservado).
51. Ciano, *Diario, op. cit.*, 1980, p. 417-8 (10 abr. 1940); *Il Popolo d'Italia*, 10 abr. 1940.
52. Para exemplos da propaganda italiana do Eixo, consulte Roberto Pavese, "Fatalita dell'Asse", *Gerarchia*, v. XVIII, n. 5, p. 258-9, 1940; Giancarlo Moro, "Come la Germania si e preparata a sostenere la guerra economica", *ibid.*, p. 260-5.
53. *The Times*, 15 abr. 1940.
54. Giuseppe Bottai, *Diario 1935-1944*, Milão, 2001, p. 183 (2 abr. 1940), 187 (17 abr. 1940).

55. Bosworth, *Mussolini, op. cit.*, 2002, p. 368-9; Ciano, *Diario, op. cit.*, 1980, p. 414-8 (2-11 abr. 1940).
56. Consulte os relatórios impressos em Piero Melograni, *Rapporti segreti della polizia fascista*, Roma, 1979, p. 52-4.
57. Consulte os relatórios de abril de 1940, *ibid.*, p. 55-8; sobre a "profunda crença", consulte R. J. B. Bosworth, "War, Totalitarianism and Deep Belief in Fascist Italy, 1935-43", *European History Quarterly*, v. 34, p. 475-505, 2004.
58. Consulte os relatórios da polícia em Melograni, *Rapporti segreti, op. cit.*, 1979, p. 58-9; para o contexto, consulte Colarizi, *L'opinione degli italiani, op. cit.*, 2009, p. 324, 329, 333.
59. Petacci, *Verso il disastro, op. cit.*, 2011, p. 313 (11 abr. 1940); para a pressão crescente sobre o Duce, consulte Giorgio Rochat, *Le guerre italiane 1935-1943: dall'impero d'Etiopia alla disfatta*, Turim, 2005, p. 239-41.
60. Corner, *The Fascist Party, op. cit.*, 2012, p. 253-64; para a propaganda fascista no aniversário, consulte *Il Popolo d'Italia*, 23 mar. 1940.
61. Corner, *The Fascist Party, op. cit.*, 2012, p. 264-5.
62. Wiskemann, *The Rome-Berlin Axis, op. cit.*, 1949, p. 211.
63. Knox, *Hitler's Italian Allies, op. cit.*, 2000, p. 53-5.
64. ADAP, D, IX, doc. 138, Hitler para Mussolini, 18 abr. 1940; DDI, 9s, IV, doc. 130; Ciano, *Diario, op. cit.*, 1980, p. 419 (20 abr. 1940); cf. Todd H. Hall, *Emotional Diplomacy: Official Emotion on the International Stage*, Ithaca, NY, 2015.
65. Mark Harrison, "The Economics of World War II: An Overview", em Mark Harrison (ed.), *The Economics of World War II: Six Great Powers in International Comparison*, Cambridge, 1998, p. 1-42, aqui p. 10, 21; consulte também Vera Zamagni, "Italy: How to Lose the War and Win the Peace", *ibid.*, p. 177-223; Bosworth, *Mussolini, op. cit.*, 2002, p. 371-2.
66. ADAP, D, IX, doc. 92, Mussolini para Hitler, 11 abr. 1940; DDI, 9s, IV, doc. 37; *Osservatore Romano*, 10 abr. 1940; consulte também Melograni, *Rapporti segreti, op. cit.*, 1979, p. 59.
67. Para contexto, consulte Gianluca Falanga, *Mussolinis Vorposten in Hitlers Reich: Italiens Politik in Berlin 1933-1945*, Berlim, 2008, p. 143-51, p. 145 para a citação.
68. DDI, 9s, IV, doc. 218; Hitler para Mussolini, 26 abr. 1940; ADAP, D, IX, doc. 168, Hitler para Mussolini, 26 abr. 1940; *ibid.*, doc. 170, Mackensen para Auswärtiges Amt, 26 abr. 1940; para a resposta de Mussolini, consulte

ADAP, D, IX, doc. 190, Mussolini para Hitler, 2 maio 1940; *DDI*, 9s, IV, doc. 276.
69. ADAP, D, IX, doc. 276, Mussolini para Hitler, 19 maio 1940 (para a versão italiana, consulte *DDI*, 9s, IV, doc. 493).
70. Para contexto, consulte Schreiber, "Die politische und militärische Entwicklung", *op. cit.*, p. 107; sobre a opinião pública, consulte Melograni, *Rapporti segreti*, *op. cit.*, 1979, p. 83; Corner, *The Fascist Party*, *op. cit.*, 2012, p. 265; para a citação, consulte Colarizi, *L'opinione degli italiani*, *op. cit.*, 2009, p. 337.
71. Cf. Colarizi, *L'opinione degli italiani*, *op. cit.*, 2009, p. 339.
72. ACS, SpD, CO, b. 2821 (sentimenti), sf. 33-2, Arturo S. para Mussolini, 24 maio 1940; para o contexto, consulte Christopher Duggan, "The Internalisation of the Cult of the Duce: The Evidence of Diaries and Letters", em Stephen Gundle, Christopher Duggan e Giuliana Pieri (eds.), *The Cult of the Duce: Mussolini and the Italians*, Manchester, 2013, p. 129-43; consulte também Christopher Duggan, *Fascist Voices: An Intimate History of Mussolini's Italy*, Londres, 2012, p. 342-5.
73. ACS, SpD, CO, b. 2821 (sentimenti), sf. 33-5, Rosa S. para Mussolini, 16 maio 1940; *ibid.*, carta anônima para Mussolini, s.d.; consulte também a nota na capa de sf. 33-5.
74. ACS, SpD, CO, b. 2825, sf. 34-15.
75. ACS, SpD, CO, b. 2825 (sentimenti), carta sem data para Mussolini.
76. PRO, GFM 36/605, fol. 155-7, Mussolini para Hitler, 30 maio 1940; para a versão alemã, consulte *ADAP*, D, IX, doc. 356.
77. ADAP, D, IX, doc. 357, Hitler para Mussolini, 31 maio 1940; *DDI*, 9s, IV, doc. 680; para contexto, consulte Konig, *Kooperation als Machtkampf*, *op. cit.*, 2007, p. 24; Franz Halder, *Kriegstagebuch. Tägliche Aufzeichnungen des Chefs des Generalstabes des Heeres 1939-1942*, ed. Hans-Adolf Jacobsen, I, Stuttgart, 1962, p. 308 (21 maio 1940); Knox, *Mussolini Unleashed*, *op. cit.*, 1982, p. 117-9.
78. Bosworth, *Mussolini*, *op. cit.*, 2002, p. 369.
79. Ciano, *Diario*, *op. cit.*, 1980, p. 442 (10 jun. 1940).
80. *OO*, XXIX, p. 403-5.
81. Maria Carazzolo, *Più forte della paura: diario di guerra e dopoguerra (1938-1947)*, Caselle di Sommacampagna, 2007, p. 48 (11 jun. 1940).

82. *ADAP*, D, IX, doc. 410, Hitler para Mussolini, 10 jun. 1940; *DDI*, 9s, IV, doc. 844; *Il Popolo d'Italia*, 11 jun. 1940.
83. Hildegard von Kotze (ed.), *Heeresadjutant bei Hitler 1938-1943: Aufzeichnungen des Majors Engel*, Stuttgart, 1974, p. 81-2 (10 jun. 1940).
84. Ian Kershaw, *The "Hitler Myth": Image and Reality in the Third Reich*, Oxford, 1987, p. 151-68.
85. Heinz Boberach (ed.), *Meldungen aus dem Reich: die geheimen Lageberichte des Sicherheitsdienstes der SS 1938-1945*, IV, Herrsching, 1984, p. 1236.
86. Konig, *Kooperation als Machtkampf, op. cit.*, 2007, p. 25; Knox, *Mussolini Unleashed, op. cit.*, 1982, p. 125-6; Rochat, *Le guerre italiane, op. cit.*, 2005, p. 249-51; para os números, consulte Gooch, "Mussolini's Strategy", *op. cit.*, 2015, p. 137; para um estudo recente, consulte Emanuele Sica, *Mussolini's Army in the French Riviera: Italy's Occupation of France*, Urbana, IL, 2016.
87. *ADAP*, D, IX, doc. 373, Mussolini para Hitler, 2 jun. 1940; *DDI*, 9s, IV, doc. 706; Denis Mack Smith, *Mussolini's Roman Empire*, Londres, 1976, p. 216.
88. *ADAP*, D, IX, doc. 406, Hitler para Mussolini, 9 jun. 1940; *DDI*, 9s, IV, doc. 828.
89. Mack Smith, *Mussolini's Roman Empire, op. cit.*, 1976, p. 217.
90. "To the People of Italy", 23 dez. 1940, em Robert Rhodes James (ed.), *Winston S. Churchill: His Complete Speeches 1897-1963*, Nova York, 1974, VI, p. 6322-5.
91. Knox, *Mussolini Unleashed, op. cit.*, 1982, p. 123.
92. Consulte e.g. *Il Popolo d'Italia*, 12 maio 1940 (consulte também a cobertura nas edições seguintes de maio e início de junho de 1940, esp. "L'esercito francese in totta su tutto il fronte da Aumale a Nyon", 9 jun. 1940); Bosworth, *Mussolini, op. cit.*, 2002, p. 370.
93. Filippo Focardi, *Il cattivo tedesco e il bravo italiano: la rimozione delle colpe della seconda guerra mondiale*, Bari, 2013, p. 87-95; para uma interpretação superficial que está de acordo com a opinião de Churchill, consulte De Felice, *Mussolini il Duce*, II, *op. cit.*, 1981, p. 843-4; cf. Rochat, *Le guerre italiane, op. cit.*, 2005, p. 239-41.
94. Konig, *Kooperation als Machtkampf, op. cit.*, 2007, p. 23-7; Alessandro Massignani, "Die italienischen Streitkräfte und der Krieg der 'Achse'", em Lutz Klinkhammer, Amedeo Osti Guerrazzi e Thomas Schlemmer (eds.), *Die "Achse" im Krieg: Politik, Ideologie und Kriegführung 1939-1945*, Paderborn, 2010, p. 122-46, aqui p. 132.

95. Para a falta de coordenação militar, consulte Jurgen Forster, "Die Wehrmacht und die Probleme der Koalitionskriegsführung", em Klinkhammer, Osti Guerrazzi e Schlemmer (eds.), *Die "Achse" im Krieg*, *op. cit.*, 2010, p. 108-21 (p. 118-9 para a citação); sobre os italianos, consulte Massignani, "Die italienischen Streitkräfte", *op. cit.*, 2010.
96. Ciano, *Diario*, *op. cit.*, 1980, p. 443 (17 jun. 1940).
97. Schmidt, *Statist auf diplomatischer Bühne*, *op. cit.*, 1980, p. 484; para a vestimenta, consulte *Il Popolo d'Italia*, 19 jun. 1940.
98. *Il Popolo d'Italia*, 19 jun. 1940.
99. Ciano, *Diario*, *op. cit.*, 1980, p. 444 (18 e 19 jun. 1940).
100. *ADAP*, D, IX, doc. 479, "Aufzeichnung ohne Unterschrift", s.d.; para o contexto, consulte Davide Rodogno, "Die faschistische Neue Ordnung und die politisch-ökonomische Umgestaltung des Mittelmeerraums 1940 bis 1943", em Klinkhammer, Osti Guerrazzi e Schlemmer (eds.), *Die "Achse" im Krieg*, *op. cit.*, 2010, p. 211-30.
101. *Il Popolo d'Italia*, 19 jun. 1940.
102. *VB*, 19 jun. 1940.
103. *ADAP*, D, X, doc. 166, Hitler para Mussolini, 13 jul. 1940; *ibid.*, doc. 26, Mussolini para Hitler, 26 jun. 1940 (versões italianas em *DDI*, 9s, V, docs 109, 242); Richard Overy, *The Bombing War: Europe 1939-1945*, Londres, 2014, p. 493.
104. Ciano, *Diario*, *op. cit.*, 1980, p. 452 (16 jul. 1940).
105. *OO*, XXX, p. 3-5.
106. *ADAP*, D, X, doc. 185, Mussolini para Hitler, 17 jul. 1940; *DDI*, 9s, V, doc. 264; *OO*, XXX, p. 9; para o contexto militar, consulte Gooch, "Mussolini's Strategy", *op. cit.*, 2015, p. 138.
107. Para a queda da França, consulte Julian Jackson, *The Fall of France: The Nazi Invasion of 1940*, Oxford, 2003, p. 181; Kershaw, *The "Hitler Myth"*, *op. cit.*, 1987, p. 151-68.
108. Ciano, *Diario*, *op. cit.*, 1980, p. 445 (21 jun. 1940).
109. Konig, *Kooperation als Machtkampf*, *op. cit.*, 2007, p. 26-7.
110. BA-MA, RW 4/326, Bl. 44-5, Abschrift, 13 jul. 1940.
111. *DDI*, 9s, V, doc. 9, Mussolini para Hitler, 12 jun. 1940; *ADAP*, D, IX, doc. 421, "Aufzeichnung des Staatssekretärs", 13 jun. 1940; para o impacto dos bomdardeios na sociedade, consulte Claudia Baldoli e Marco Fincardi, "Italian

Society under Anglo-American Bombs: Propaganda, Experience, and Legend, 1940-1945", *Historical Journal*, v. 52, p. 1017-38, 2009.
112. Overy, *The Bombing War*, op. cit., 2014, p. 511-2.
113. Domarus, *Hitler*, II/1, op. cit., 1965, p. 1540-1559, aqui p. 1553; para a reação de Mussolini, consulte Ciano, *Diario*, op. cit., 1980, p. 453 (22 jul. 1940); para as diretivas da imprensa, consulte Matteini (ed.), *Ordini alla stampa*, op. cit., 1945, p. 113; para contexto, consulte Ian Kershaw, *Hitler, 1889-1936: Hubris*, Harmondsworth, 2001, p. 303-4.
114. ACS, PNF, Situazione politica per province, b. 6, sf. 2, Milão, 6 ago. 1940.
115. Konig, *Kooperation als Machtkampf*, op. cit., 2007, p. 242.
116. Hans Woller, *Mussolini: der erste Faschist – eine Biografie*, Munique, 2016, p. 207-8.
117. Para o pacto, consulte Jost Dulffer, "The Tripartite Pact of 27 September 1940: Fascist Alliance or Propaganda Trick?", *Australian Journal of Politics and History*, v. 32, p. 228-37, 1986; Jeremy A. Yellen, "Into the Tiger's Den: Japan and the Tripartite Act, 1940", *JCH*, v. 51, p. 555-76, 2016; para o contexto, consulte Robert Gerwarth, "The Axis: Germany, Japan and Italy on the Road to War", em R. J. B. Bosworth e Joseph A. Maiolo (eds.), *The Cambridge History of the Second World War*, Cambridge, 2015, p. 21-42.
118. Konig, *Kooperation als Machtkampf*, op. cit., 2007, p. 30-1.
119. Stanley G. Payne, *Franco and Hitler: Spain, Germany, and World War II*, New Haven, 2008, p. 61-86.
120. *TBJG, Teil I*, VIII, p. 359-62 (4 e 5 out. 1940).
121. Ciano, *Diario*, op. cit., 1980, p. 469 (4 out. 1940); *New York Herald Tribune*, 5 out. 1940, cópia em BAB, R 901/59104, Bl. 10; *ADAP*, D, XI/1, doc. 149, nota de Schmidt, 4 out. 1940; para as atas de Ciano, consulte *DDI*, 9s, V, doc. 677, 4 out. 1940.
122. *Il Popolo d'Italia*, 6 out. 1940; para as diretivas da imprensa, consulte Matteini (ed.), *Ordini alla stampa*, op. cit., 1945, p. 126; para uma fotografia, consulte a capa do *Italien-Beobachter*, v. 4, Heft 8, 1940; para as plateias diferentes, cf. "The Rome-Berlin Axis, 1936-1940: Myth and Reality", *Review of Politics*, v. 22, n. 4, p. 519-43, 1960.
123. *ADAP*, D, XI/1, doc. 84, Oberkommando der Wehrmacht para Ministério do Exterior, 21 set. 1940; para o contexto, consulte Rodogno, *Fascism's European Empire*, op. cit., 2010, p. 17-36.
124. Cf. Renzo De Felice, *Mussolini l'alleato*, Turim, 1990-1997, I/1, p. 304-8.

125. *ADAP*, D, XI/1, doc. 73, nota de Schmidt, 20 set. 1940; consulte também *ibid.*, doc. 209, Weizsäcker para Mackensen, 21 out. 1940; cf. Kershaw, *Hitler, 1936-1945*, *op. cit.*, 2001, p. 328.
126. *ADAP*, D, XI/1, doc. 192, Mackensen para Weizsäcker, 18 out. 1940; Ciano, *Diario*, *op. cit.*, 1980, p. 470 (12 out. 1940).
127. *ADAP*, D, IX, doc. 46, "Führerweisung", 4 abr. 1940; Gooch, "Mussolini's Strategy", *op. cit.*, 2015, p. 140-1; para os subornos, consulte Payne, *Franco and Hitler*, *op. cit.*, 2008, p. 70.
128. De Felice, *Mussolini l'alleato*, I/1, *op. cit.*, 1990-1997, p. 190; cf. Knox, *Mussolini Unleashed*, *op. cit.*, 1982, p. 291-2.
129. *FRUS*, 1940, III, p. 557-8, *chargé d'affaires* na França para secretário de Estado, 4 nov. 1940.
130. Para o contexto, consulte Kershaw, *Hitler, 1936-1945*, *op. cit.*, 2001, p. 328-31; para o encontro Franco-Hitler, consulte Paul Preston, "Franco and Hitler: The Myth of Hendaye 1940", *Contemporary European History*, v. 1, p. 1-16, 1992; consulte também seu "Spain: Betting on a Nazi Victory", em R. J. B. Bosworth e Joseph A. Maiolo (eds), *The Cambridge History of the Second World War*, Cambridge, 2015, p. 324-48; para os comentários de Hitler sobre Franco, consulte Malcolm Muggeridge (ed.), *Ciano's Diplomatic Papers*, Londres, 1948, p. 402; *ADAP*, D, XI/1, doc. 246, nota de Schmidt, 28 out. 1940.
131. Kershaw, *Hitler, 1936-1945*, *op. cit.*, 2001, p. 331; para a carta de Mussolini, consulte *ADAP*, D, XI/1, doc. 199, Mussolini para Hitler, 19 out. 1940 (para a versão italiana, consulte *DDI*, 9s, V, doc. 753); para a programação da visita, consulte *ADAP*, XI/1, doc. 228, Ribbentrop para embaixada alemã em Roma, 25 out. 1940; para a reconstrução da viagem de Hitler através do sul da Europa, consulte Martin van Creveld, "25 October 1940: A Historical Puzzle", *JCH*, v. 6, p. 87-96, 1971; Halder, *Kriegstagebuch*, II, *op. cit.*, 1962, p. 154 (29 out. 1940).
132. *VB*, 29 out. 1940; consulte também prof. M. Werner, "Die Geburtsstunde des Imperiums: der Marsch auf Rom", *VB*, 28 out. 1940.
133. Magda Ceccarelli De Grada, *Giornale del tempo di guerra, 12 giugno 1940-7 maggio 1945*, Bologna, 2011, p. 50 (28 out. 1940).
134. *Rheinisch-Westfälische Zeitung*, 28 out. 1940, cópia em BAB, R 901/58869, Bl. 4.
135. *VB*, 29 out. 1940; para o encontro de Florença, consulte De Felice, *Mussolini l'alleato*, I/1, *op. cit.*, 1990-1997, p. 307-10; Knox, *Mussolini Unleashed*, *op.*

cit., 1982, p. 226-30; Schmidt, *Statist auf diplomatischer Bühne*, *op. cit.*, 1949, p. 506; *New York Times*, 29 out. 1940, cópia em BAB, R 901/59108, Bl. 3.

136. Para fotografias, consulte Dante Maria Tuninetti (ed.), *Incontri di Popoli: Hitler e Mussolini*, Roma, s.d. [1943], p. 34-7, 50, 52.
137. *Il Regime Fascista*, 29 out. 1940, cópia em BAB, R 901/59108, Bl. 60; *Il Popolo d'Italia*, 29 out. 1940.
138. Tranfaglia (ed.), *Ministri e giornalisti*, *op. cit.*, 2005, p. 89-91.
139. *ADAP*, D, XI/1, doc. 246, nota de Schmidt, 28 out. 1940; Halder, *Kriegstagebuch*, II, *op. cit.*, 1962, p. 157 (1º nov. 1940); para as atas italianas, editadas por Ciano, consulte *DDI*, 9s, V, doc. 807, colloquio tra il capo del governo, Mussolini, ed il cancelliere del Reich, Hitler, 28 out. 1940.
140. Percy E. Schramm (ed.), *Kriegstagebuch des Oberkommandos der Wehrmacht (Wehrmachtführungsstab)*, I, Frankfurt am Main, 1965, p. 130 (28 out. 1940).
141. Halder, *Kriegstagebuch*, II, p. 158-9 (1º nov. 1940); para a campanha italiana, consulte Gerhard Schreiber, "Deutschland, Italien und Sudosteuropa: von der politischen und wirtschaftlichen Hegemonie zur militärischen Intervention", em *DRZW*, III, p. 278-414, esp. p. 368-414; Rochat, *Le guerre italiane*, *op. cit.*, 2005, p. 259-85.
142. *FRUS*, 1940, III, p. 560-1, do *chargé d'affaires* na Alemanha para o secretário de Estado, 14 nov. 1940.
143. Schramm (ed.), *Kriegstagebuch des Oberkommandos*, I, *op. cit.*, 1965, p. 144 (1º nov. 1940); para a opinião de Hitler sobre a Itália naquele tempo, consulte também *TBJG, Teil I*, VIII, p. 406 (5 nov. 1940); para o contexto, consulte Konig, *Kooperation als Machtkampf*, *op. cit.*, 2007, p. 35-6.
144. Boberach (ed.), *Meldungen aus dem Reich*, V, *op. cit.*, 1984, p. 1728.
145. *TBJG, Teil I*, VIII, p. 406 (5 nov. 1940).
146. Schreiber, "Deutschland, Italien und Sudosteuropa", *op. cit.*, p. 413.
147. Antonello Biagini e Fernando Frattolillo (eds.), *Diario storico del comando supremo: raccolta di documenti della seconda guerra mondiale*, II/2, Roma, 1986-2002, doc. 67, 14 e 15 nov. 1940.
148. Walter Baum e Eberhard Weichold, *Der Krieg der "Achsenmächte" im Mittelmeer-Raum: die "Strategie" der Diktatoren*, Zurique, 1973, p. 58-9, n. 22.
149. Ciano, *Diario*, *op. cit.*, 1980, p. 480 (20 nov. 1940); Konig, *Kooperation als Machtkampf*, *op. cit.*, 2007, p. 37-9.
150. *ADAP*, XI/2, doc. 369, Hitler para Mussolini, 20 nov. 1940; *DDI*, 9s, VI, doc. 140; Ciano, *Diario*, *op. cit.*, 1980, p. 480-1 (21 e 22 nov. 1940).

151. *ADAP*, XI/2, doc. 383, Mussolini para Hitler, 22 nov. 1940; *DDI*, 9s, VI, doc. 146; Gooch, "Mussolini's Strategy", *op. cit.*, 2015, p. 147-8.
152. Para o discurso, consulte *OO*, XXX, p. 30-8.
153. Boberach (ed.), *Meldungen aus dem Reich*, VI, *op. cit.*, 1984, p. 1787.
154. *Ibid.*, p. 1799, 1834.
155. *DDI*, 9s, VI, doc. 244, Hitler para Mussolini, 5 dez. 1940.
156. Konig, *Kooperation als Machtkampf*, *op. cit.*, 2007, p. 47-8.
157. *DDI*, 9s, VI. doc. 323, Alfieri para Ciano, 20 dez. 1940; *ADAP*, XI/2, doc. 538, nota de Schmidt, 20 dez. 1940; *ibid.*, doc. 541, embaixada em Roma para Ministério do Exterior, 20 dez. 1940; Gooch, "Mussolini's Strategy", *op. cit.*, 2015, p. 148.
158. Bernd Stegemann, "Die italienisch-deutsche Kriegführung im Mittelmeer und in Afrika", em *DRZW*, III, p. 591-682, aqui p. 595; James J. Sadkovich, "The Italo-Greek War in Context: Italian Priorities and Axis Diplomacy", *JCH*, v. 28, p. 439-64, 1993.
159. Bosworth, *Mussolini*, *op. cit.*, 2002, p. 376.
160. Rochat, *Le guerre italiane*, *op. cit.*, 2005, p. 302-4; Konig, *Kooperation als Machtkampf*, *op. cit.*, 2007, p. 48-9.
161. *ADAP*, XI/2, doc. 583, nota de Bismarck, 27 dez. 1940; *ADAP*, XI/2, doc. 597, Rintelen to OKW, 2 jan. 1941.
162. Schramm (ed.), *Kriegstagebuch des Oberkommandos*, I, *op. cit.*, 1965, p. 283 (28 jan. 1941).
163. De Felice, *Mussolini l'alleato*, *op. cit.*, 1990-1997, I/1, p. 371-8; Konig, *Kooperation als Machtkampf*, *op. cit.*, 2007, p. 55.
164. Andreas Hillgruber (ed.), *Staatsmänner und Diplomaten bei Hitler: vertrauliche Aufzeichnungen über Unterredungen mit Vertretern des Auslandes 1939-1941*, Frankfurt am Main, I, 1967, p. 435; Gooch, "Mussolini's Strategy", *op. cit.*, 2015, p. 148.
165. *ADAP*, XI/2, doc. 477, nota de Noack, 8 dez. 1940; *DDI*, 9s, VI, doc. 274, Alfieri para Ciano, 8 dez. 1940; Dino Alfieri, *Dictators Face to Face*, Londres, 1954, p. 86-8.
166. *ADAP*, XI/ 2, doc. 586, Hitler para Mussolini, 31 dez. 1940 (versão italiana em *DDI*, 9s, VI, doc. 385).
167. Alfieri, *Dictators Face to Face*, *op. cit.*, 1954, p. 89.
168. *ADAP*, XI/2, doc. 635, Mackensen para Ministério do Exterior, 10 jan. 1941; Knox, *Mussolini Unleashed*, *op. cit.*, 1982, p. 279.

169. PAAA, Botschaft Rom (Quirinal), Geheim, Bd. 97, telegrama de Ribbentrop, 15 jan. 1941; *ibid.*, "lista delle precedenze del seguito del Duce", s.d.
170. *DDI*, 9s, VI, doc. 470, conversa entre Ribbentrop e Ciano, 19 jan. 1941; Alfieri, *Dictators Face to Face, op. cit.*, 1954, p. 89-98.
171. Alfieri, *Dictators Face to Face, op. cit.*, 1954, p. 93.
172. *Ibid.*, p. 89-98; para as atas da conversa vespertina de 19 jan. 1941, consulte *ADAP*, XI/2, doc. 672, nota de Schmidt, 21 jan. 1941; *DDI*, 9s, VI, doc. 471; para as atas da reunião de 20 de janeiro, consulte *ADAP*, XI/2, doc. 679, nota de Schmidt, 21 jan. 1941; *DDI*, 9s, VI, doc. 473; Ciano, *Diario, op. cit.*, 1980, p. 500-1 (18-21 jan. 1941); para Mussolini e Franco, consulte Paul Preston, "Italy and Spain in Civil War and World War 1936-1943", em Sebastian Balfour e Paul Preston (eds.), *Spain and the Great Powers in the Twentieth Century*, Londres, 1999, p. 175.
173. Stegemann, "Die italienisch-deutsche Kriegsführung", *op. cit.*, p. 4; Kershaw, *Hitler, 1936-1945, op. cit.*, 2001, p. 347-8.
174. Gianluca Andre, "La politica estera del governo fascista durante la seconda guerra mondiale", em Renzo De Felice (ed.), *L'Italia fra tedeschi e alleati: la politica estera fascista e la seconda guerra mondiale*, Bolonha, 1973, p. 115-26, aqui p. 126; cf. Knox, *Mussolini Unleashed, op. cit.*, 1982, p. 231-84; Hill (ed.), *Die Weizsäcker-Papiere, op. cit.*, 1974, p. 234 (24 jan. 1941).
175. Tranfaglia (ed.), *La stampa del regime, op. cit.*, 2005, p. 308.
176. Boberach (ed.), *Meldungen aus dem Reich*, VI, *op. cit.*, 1984, p. 1924.
177. *Ibid.*, p. 1938 (27 jan. 1941); *TBJG, Teil I*, IX, p. 114-5 (29 jan. 1941).
178. Rochat, *Le guerre italiane, op. cit.*, 2005, p. 303.

7 A DERROCADA, 1941-1943

1. Max Domarus, *Hitler: Reden und Proklamationen*, II/2, Munique, 1965, p. 1661.
2. Heinz Boberach (ed.), *Meldungen aus dem Reich: die geheimen Lageberichte des Sicherheitsdienstes der SS 1938-1945*, VI, Herrsching, 1984, p. 1965.
3. *OO*, XXX, p. 49-59.
4. Boberach (ed.), *Meldungen aus dem Reich*, VI, *op. cit.*, 1984, p. 2045.
5. *ADAP*, D, XII/1, doc. 17, Hitler para Mussolini, 5 fev. 1941 (a carta é provavelmente uma retradução de italiano para alemão; cf. *ibid.*, p. 22, n. 1); para

a versão italiana, consulte *DDI*, 9s, VI, doc. 540; sobre os comentários de Mussolini para o rei, consulte *ibid.*, doc. 556, 9 fev. 1941.
6. Dino Alfieri, *Dictators Face to Face*, Londres, 1954, p. 103-4.
7. *OO*, XXX, p. 50; John Gooch, "Mussolini's Strategy, 1939-1943", em John Ferris e Evan Mawdsley (eds.), *The Cambridge History of the Second World War*, I, Cambridge, 2015, p. 148-9.
8. Reproduzido em Walter Hubatsch (ed.), *Hitlers Weisungen für die Kriegsführung 1939-1945: Dokumente des Oberkommandos der Wehrmacht*, Frankfurt am Main, 1962, p. 99-100 (fev. 1941); cf. Malte Konig, *Kooperation als Machtkampf: das faschistische Achsenbündnis Berlin-Rom im Krieg 1940/41*, Colônia, 2007, p. 60.
9. BA-MA, RW 4/326, Bl. 904, nota do adido militar, 7 abr. 1941.
10. Bernd Stegemann, "Die italienisch-deutsche Kriegführung im Mittelmeer und in Afrika", em *DRZW*, III, p. 599-682; Richard J. Evans, *The Third Reich at War*, Londres, 2008, p. 150-1; consulte também Patrick Bernhard, "Behind the Battle Lines: Italian Atrocities and the Persecution of Arabs, Berbers, and Jews in North Africa during World War II", *Holocaust and Genocide Studies*, v. 26, p. 425-46, 2012.
11. James J. Sadkovich, "Of Myths and Men: Rommel and the Italians in North Africa, 1940-1942", *International History Review*, v. 13, p. 284-313, 1991.
12. BA-MA, RW 4/326, Bl. 91, nota do adido militar, 31 mar. 1941.
13. PAAA, Botschaft Rom (Quirinal), Bd. 110, carta anônima recebida em 15 jan. 1941.
14. *ADAP*, D, XII/1, doc. 208, nota de Schmidt, 25 mar. 1941; para as atas italianas, consulte *DDI*, 9s, VI, doc. 778; *ADAP*, D, XXI/1, doc. 224, Hewel para a Embaixada em Roma, 27 mar. 1941; para a versão italiana do telegrama, consulte *DDI*, 9s, VI., doc. 792; *ibid.*, doc. 226, Der Botschafter in Rom an das Auswärtiges Amt, 28 mar. 1941; para o contexto, consulte Stevan K. Pavlowitch, *Hitler's New Disorder: The Second World War in Yugoslavia*, Londres, 2008, p. 11-20; Filippo Focardi, "Italy as Occupier in the Balkans: Remembrance and War Crimes after 1945", em Jorg Echternkamp e Stefan Martens (eds.), *Experience and Memory: The Second World War in Europe*, Nova York, 2010, p. 135-46.
15. Para detalhes, consulte Antony Beevor, *Crete: The Battle and the Resistance*, Londres, 1991; para a ocupação alemã da Grécia, consulte Mark Mazower,

Inside Hitler's Greece: The Experience of Occupation, 1941-44, New Haven, 1993.
16. Domarus, *Hitler*, II/2, *op. cit.*, 1965, p. 1703-9; *TBJG, Teil I*, IX, p. 291-3 (5 maio 1941).
17. Galeazzo Ciano, *Diario 1937-1943*, ed. Renzo De Felice, Milão, 1980, p. 150 (21 jun. 1938); Giuseppe Bottai, *Diario 1935-1944*, Milão, 2001, p. 508-9 (3-5 maio 1941).
18. Luigi Cajani e Brunello Mantelli, "In Deutschland arbeiten: die Italiener von der 'Achse' bis zur Europaischen Gemeinschaft", *Archiv für Sozialgeschichte*, v. 32, p. 231-46, 1992, aqui p. 235-8.
19. *ADAP*, D, XIII/1, doc. 281, Mackensen para Ministério do Exterior, 5 set. 1941.
20. Para os protestos italianos, consulte *ADAP*, D, XIII/2, doc. 411, Botschafter Alfieri an Reichsauβenminister von Ribbentrop, 19 out. 1941; para a versão italiana, consulte *DDI*, 9s, VII, 665; Ulrich Herbert, *Fremdarbeiter: Politik und Praxis des "Ausländer-Einsatzes" in der Kriegswirtschaft des Dritten Reiches*, Bonn, 1999, p. 120; Cajani e Mantelli, "In Deutschland arbeiten", *op. cit.*, 1992; consulte também *ADAP*, D, XIII/2, doc. 355, Mackensen para Ministério do Exterior, 25 set. 1941; *ibid.*, doc. 356, Mackensen para Ministério do Exterior, 25 set. 1941; consulte também Alfieri, *Dictators Face to Face, op. cit.*, 1954, p. 107-18.
21. *ADAP*, D, XIII/2, doc. 446, Ribbentrop para Alfieri, 4 nov. 1941; consulte também *DDI*, 9s, VII, doc. 737, Alfieri para Ciano, 10 nov. 1941; *ibid.*, doc. 738, Alfieri para Ciano, 10 nov. 1941; Alfieri, *Dictators Face to Face*, p. 116-7; para a intervenção de Hitler, consulte Edward L. Homze, *Foreign Labor in Nazi Germany*, Princeton, 1967, p. 63-4.
22. Para o voo de Hess, consulte Ian Kershaw, *Hitler, 1889-1936: Hubris*, Harmondsworth, 2001, p. 369-81.
23. Ciano, *Diario, op. cit.*, 1980, p. 511-2 (13 e 14 maio 1941); Nicola Tranfaglia (ed.), *La stampa del regime 1932-1943: le veline del Minculpop per orientare l'informazione*, Milão, 2005, p. 309.
24. Ciano, *Diario, op. cit.*, 1980, p. 512 (14 maio 1941); consulte também os documentos em Stato Maggiore dell'Esercito Ufficio Storico (ed.), *Le operazioni delle unità italiane al fronte russo (1941-1943)*, 2. ed., Roma, 1993, p. 519-26.
25. *ADAP*, D, XII/2, doc. 511, nota de Schmidt, 14 maio 1941; *ibid.*, doc. 513, nota de Schmidt, 14 maio 1941.

26. Ciano, *Diario, op. cit.*, 1980, p. 518 (31 maio 1941).
27. *Ibid.*, p. 520 (1º jun. 1941).
28. Boberach (ed.), *Meldungen aus dem Reich*, VII, *op. cit.*, 1984, p. 2367; para as diretivas da imprensa italiana, consulte Claudio Matteini (ed.), *Ordini alla stampa*, Roma, 1945, p. 151.
29. *Il Popolo d'Italia*, 3 jun. 1941.
30. *New York Times*, 3 jun. 1941.
31. Ciano, *Diario, op. cit.*, 1980, p. 520 (2 jun. 1941); Paul Schmidt, *Statist auf diplomatischer Bühne 1923-45: Erlebnisse des Chefdolmetschers im Auswärtigen Amt mit den Staatsmännern Europas*, Bonn, 1949, p. 537.
32. *ADAP*, XII/2, doc. 584, nota de Schmidt, 3 jun. 1941; para o encontro, consulte também Kershaw, *Hitler, 1936-1945, op. cit.*, 2001, p. 382-3; para as atas das conversas Ciano-Ribbentrop, consulte *DDI*, 9s, VII, doc. 200, conversa Ciano-Ribbentrop; consulte também Malcolm Muggeridge (ed.), *Ciano's Diplomatic Papers*, Londres, 1948, p. 441-3; para as atas do encontro Ribbentrop-Cavallero, consulte Lucio Ceva, *La condotta italiana della guerra: Cavallero e il Comando supremo 1941/1942*, Milão, 1975, p. 144-51.
33. *ADAP*, XII/2, doc. 584; *TBJG, Teil I*, IX, p. 395 (22 jun. 1941); Thomas Schlemmer, *Die Italiener an der Ostfront 1942/43: Dokumente zu Mussolinis Krieg gegen die Sowjetunion*, Munique, 2005, p. 7; para o contexto, consulte Magnus Brechtken, *"Madagaskar für die Juden": antisemitische Idee und politische Praxis 1885-1945*, Munique, 1997, esp. p. 81-283; para a perseguição nazista aos judeus em 1941, consulte Christopher R. Browning, *The Origins of the Final Solution: The Evolution of Nazi Jewish Policy, September 1939-March 1942*, Lincoln, NE, 2004, p. 36-234.
34. Para contexto, consulte Ian Kershaw, *Fateful Choices: Ten Decisions that Changed the World 1940-1941*, Londres, 2007, p. 54-90; Omer Bartov, *The Eastern Front, 1941-45: German Troops and the Barbarisation of Warfare*, 2. ed., Basingstoke, 2001, p. 2-6.
35. Sobre os planos para conquista da União Soviética, consulte Jurgen Forster, "Hitlers Entscheidung für den Krieg gegen die Sowjetunion", em *DRZW*, IV, p. 3-97; Ernst Klink, "Die militärische Konzeption des Krieges gegen die Sowjetunion, 1: die Landkriegführung", *ibid.*, p. 190-326; Jurgen Forster, "Das Unternehmen 'Barbarossa' als Eroberungs- und Vernichtungskrieg", *ibid.*, p. 413-47; para a Nova Ordem, consulte Monica Fioravanzo, "Die Europakonzeption von Faschismus und Nationalsozialismus (1939-1943)", *VfZ*, v. 58,

p. 509-41, 2010; Benjamin G. Martin, *The Nazi-Fascist New Order for European Culture*, Cambridge, MA, 2016.
36. *ADAP*, D, XII/2, doc. 660, Hitler-Mussolini, 21 jun. 1941; para a oferta de apoio militar da Itália, consulte *ibid.*, p. 769; *ibid.*, Der Geschaftsträger in Rom an das Auswärtige Amt, 22 jun. 1941; Ciano, *Diario*, *op. cit.*, 1980, p. 526 (22 jun. 1941); Ceva, *La condotta italiana dela guerra*, *op. cit.*, 1975, p. 84; Schlemmer, *Die Italiener an der Ostfront*, *op. cit.*, 2005, p. 7-9; consulte também Gerhard Schreiber, "La partecipazione italiana alla guerra contro l'Urss: motivi fatti conseguenze", *Italia contemporanea*, v. 191, p. 245-75, 1993.
37. Para o antibolchevismo na Itália, consulte Marla Stone, "Italian Fascism's Wartime Enemy and the Politics of Fear", em Michael Laffan e Max Weiss (eds.), *Facing Fear: The History of an Emotion in Global Perspective*, Princeton, 2012, p. 114-32.
38. Para citação na resposta de Mussolini a Hitler, consulte *ADAP*, D, XIII/1, doc. 7, Mussolini para Hitler, 23 jun. 1941; para a versão italiana, consulte *DDI*, 9s, VII, doc. 299; cf. Hans Woller, *Mussolini: der erste Faschist – eine Biografie*, Munique, 2016, p. 224.
39. *Il Popolo d'Italia*, 23 jun. 1941; para o contexto, consulte Schlemmer, *Die Italiener an der Ostfront*, *op. cit.*, 2005, p. 6-10.
40. Ciano, *Diario*, *op. cit.*, 1980, p. 528-9 (29 e 30 jun. 1941); sobre o Sul do Tirol, consulte Jens Petersen, "Deutschland, Italien und Südtirol 1938-1940", em Klaus Eisterer e Rolf Steininger (eds.), *Die Option: Südtirol zwischen Faschismus und Nationalsozialismus*, Innsbruck, 1989, p. 127-50.
41. Boberach (ed.), *Meldungen aus dem Reich*, VII, *op. cit.*, 1984, p. 2426-7; para o contexto, consulte Ian Kershaw, *Popular Opinion and Political Dissent in the Third Reich: Bavaria 1933-1945*, Oxford, 1983, p. 290.
42. Boberach (ed.), *Meldungen aus dem Reich*, VII, *op. cit.*, 1984, p. 2487.
43. Para um exemplo desse tipo de propaganda, consulte Historicus, "Basi antirusse dell'unita Europea", *Civiltà Fascista*, v. 8, p. 494-506, 1941; para o contexto, consulte Stone, "Italian Fascism's Wartime Enemy", *op. cit.*, 2012.
44. ACS, SpD, CO, b. 2824, Vincenzo da P. para Mussolini, 22 jun. 1941.
45. Christopher Duggan, *Fascist Voices: An Intimate History of Mussolini's Italy*, Londres, 2012, p. 372; Paul Corner, *The Fascist Party and Popular Opinion in Mussolini's Italy*, Oxford, 2012, p. 264-74.
46. BA-MA, RW 4/326, Bl. 156, nota do adido militar, 25 jun. 1941.

47. *La Svastica*, v. 1, n. 17, p. 4-6, 1941.
48. Ciano, *Diario, op. cit.*, 1980, p. 534 (15 jul. 1941); sobre Ansaldo, consulte Ugo Berti Arnoaldi, "Ansaldo, Giovanni", em Victoria de Grazia e Sergio Luzzatto (eds.), *Dizionario del fascismo*, I, Turim, 2002, p. 57-9.
49. Ciano, *Diario, op. cit.*, 1980, p. 535 (20 jul. 1941).
50. H. James Burgwyn, *Mussolini Warlord: Failed Dreams of Empire 1940-43*, Nova York, 2012, p. 119; para o contexto, consulte também Thomas Schlemmer, "'Gefühlsmäβige Verwandtschaft"? Zivilisten, Kriegsgefangene und das königlich-italienische Heer im Krieg gegen die Sowjetunion 1941 bis 1943", Lutz Klinkhammer, Amedeo Osti Guerrazzi e Thomas Schlemmer (eds.), *Die "Achse" im Krieg: Politik, Ideologie und Kriegführung 1939-1945*, Paderborn, 2010, p. 368-97; Schlemmer, *Die Italiener an der Ostfront, op. cit.*, 2005, p. 6-32; Andrea Romano, "Russia, campagna di", em de Grazia e Luzzatto (eds.), *Dizionario del fascismo*, II, *op. cit.*, 2002, p. 562-7; para números, consulte Giorgio Rochat, *Le guerre italiane 1935-1943: dall'impero d'Etiopia alla disfatta*, Turim, 2005, p. 378.
51. Para crimes de guerra, consulte Schlemmer, *Die Italiener an der Ostfront, op. cit.*, 2005, p. 44-6; Renzo De Felice, *Mussolini l'alleato*, I/2, Turim, 1990-1997, p. 749-60; para as diretivas de imprensa, consulte Matteini (ed.), *Ordini alla stampa, op. cit.*, 1945, p. 155.
52. Boberach (ed.), *Meldungen aus dem Reich*, VII, *op. cit.*, 1984, p. 2560.
53. *ADAP*, D, XIII/1, doc. 50, Hitler para Mussolini, 30 jun. 1941; *ibid.*, doc. 62, Mussolini para Hitler, 2 jul. 1941; *DDI*, 9s, VII, doc. 346; para a versão italiana, consulte *OO*, XXX, p. 206.
54. *New York Times*, 8 ago. 1941.
55. Para o contexto, consulte David Reynolds, *The Creation of the Anglo-American Alliance, 1937-1941: A Study in Competitive Co-operation*, Londres, 1981, p. 213-5; Richard Overy, *Why the Allies Won*, Londres, 1995, p. 248.
56. *Il Popolo d'Italia*, 30 ago. 1941.
57. Para o itinerário de Mussolini, consulte *OO*, XXX, p. 115-7, n.*; para o itinerário de Hitler, consulte BA-MA, RW 47/9, Bl. 117-40, "Arbeitsprogramm".
58. Para as atas italianas, consulte *ADAP*, D, XIII/1, doc. 242, "Aufzeichnung über zwei Unterredungen des Duce mit dem Führer", 25 ago. 1941 (as atas alemãs não foram preservadas); cf. Ceva, *La condotta italiana della guerra, op. cit.*, 1975, p. 86-8.

59. *Il Popolo d'Italia*, 30 ago. 1941; para as atas da conversa Keitel-Cavallero, consulte Ceva, *La condotta italiana della guerra*, op. cit., 1975, p. 178-81.
60. Consulte, por exemplo, BA-MA, RW 47/9, Bl. 127, "Anlage 8, Frontflug Brest am 26.8.1941".
61. Schmidt, *Statist auf diplomatischer Bühne*, op. cit., 1949, p. 545-8.
62. Werner Jochmann (ed.), *Adolf Hitler: Monologe im Führerhauptquartier 1941-1944 – die Aufzeichnungen Heinrich Heims*, Hamburg, 1980, p. 42-4 (21 e 22 jul. 1941).
63. Schmidt, *Statist auf diplomatischer Bühne*, op. cit., 1949, p. 545-8.
64. Para o equipamento, consulte Schlemmer, *Die Italiener an der Ostfront*, op. cit., 2005, p. 14-7.
65. Max Domarus, *Mussolini und Hitler: zwei Wege, gleiches Ende*, Würzburg, 1977, p. 347; Alfieri, *Dictators Face to Face*, op. cit., 1954, p. 154; para a lista de passageiros, consulte BA-MA, RW 47/9, Bl. 137, "Frontflug Krosno-Uman am 28.8.1941"; para o mito da aviação, consulte Fernando Esposito, *Mythische Moderne: Aviatik, Faschismus und die Sehnsucht nach Ordnung in Deutschland und Italien*, Munique, 2011; *La Svastica*, v. 1, n. 27, p. 8, 1941.
66. O relatório de Stefani está reimpresso em Dante Maria Tuninetti (ed.), *Incontri di Popoli: Hitler e Mussolini*, Roma, s.d. [1943], p. 61; sobre a propaganda fascista, consulte CV, "Contro la Russia soviética", *Almanacco fascista del Popolo d'Italia*, v. 21, p. 109-60, 1942.
67. *TBJG*, Teil II, I, p. 336 (31 ago. 1941); *VB*, 30 ago. 1941.
68. *New York Times*, 30 ago. 1941; Domarus, *Hitler*, II/2, op. cit., 1965, p. 1749-50; Royal Institute of International Affairs (ed.), *Review of the Foreign Press*, V, p. 703, 15 set. 1941; Reynolds, *The Creation of the Anglo-American Alliance*, op. cit., 1981.
69. Boberach (ed.), *Meldungen aus dem Reich*, VIII, op. cit., 1984, p. 2712; consulte também *ibid.*, p. 2825.
70. Ciano, *Diario*, op. cit., 1980, p. 544-5 (13 out. 1941).
71. Boberach (ed.), *Meldungen aus dem Reich*, VIII, op. cit., 1984, p. 2949; Denis Mack Smith, *Mussolini*, Londres, 1981, p. 271-2; para detalhes sobre o racionamento, consulte Zamagni, "Italy: How to Lose the War and Win the Peace", em Mark Harrison (ed.), *The Economics of World War II: Six Great Powers in International Comparison*, Cambridge, 1998, p. 191.
72. Corner, *The Fascist Party*, op. cit., 2012, p. 273-4.

73. Schlemmer, *Die Italiener an der Ostfront, op. cit.*, 2005, p. 49; Ciano, *Diario, op. cit.*, 1980, p. 540 (30 set. 1941).
74. Domarus, *Hitler*, II/2, *op. cit.*, 1965, p. 1758-67, aqui p. 1763; Boberach (ed.), *Meldungen aus dem Reich*, VIII, *op. cit.*, 1984, p. 2836; *DDI*, 9s, VII, doc. 620, Alfieri para Ciano, 4 out. 1941.
75. Ciano, *Diario, op. cit.*, 1980, p. 541-2 (3-6 out. 1941).
76. Konig, *Kooperation als Machtkampf, op. cit.*, 2007, p. 245-7.
77. Para o contexto, consulte *ibid.*, p. 89-148.
78. Cesare Bermani, "Odysse in Deutschland: die alltagliche Erfahrung der italienischen 'Fremdarbeiter' im 'Dritten Reich'", em Cesare Bermani, Sergio Bologna e Brunello Mantelli (eds.), *Proletarier der "Achse": Sozialgeschichte der italienischen Fremdarbeit in NS-Deutschland 1937-1943*, Berlin, 1997, p. 37-252, aqui p. 236-8; Brunello Mantelli, "Zwischen Strukturwandel auf dem Arbeitsmarkt und Kriegswirtschaft: die Anwerbung der italienischen Arbeiter für das 'Dritte Reich' und die 'Achse Berlin-Rom' 1938-1943", *ibid.*, p. 253-391, aqui p. 385-91; Josef Schroder, *Italiens Kriegsaustritt 1943: die deutschen Gegenmaßnahmen im italienischen Raum – Fall "Alarich" und "Achse"*, Göttingen, 1969, p. 73-9.
79. Domarus, *Hitler*, II/2, *op. cit.*, 1965, p. 1771-81, aqui p. 1780.
80. Stegemann, "Die italienisch-deutsche Kriegsführung", *op. cit.*, p. 677.
81. Ernst Klink, "Die Operationsführung, 1: Heer und Kriegsmarine", em *DRZW*, IV, p. 451-652, aqui p. 568-600; Ciano, *Diario, op. cit.*, 1980, p. 547-8 (18 e 22 out. 1941).
82. Schlemmer, *Die Italiener an der Ostfront, op. cit.*, 2005, p. 28; Enno von Rintelen, *Mussolini als Bundesgenosse: Erinnerungen des deutschen Militärattachés in Rom 1936-1943*, Tübingen, 1951, p. 151.
83. Reproduzido em Schlemmer, *Die Italiener an der Ostfront, op. cit.*, 2005, p. 82-6.
84. Para o tratado, consulte *ADAP*, D, XIII/2, doc. 498, "Protokoll zur Verlangerung der Gültigkeitsdauer des Abkommens gegen die Kommunistische Internationale", 25 nov. 1941; para as observações de Ciano, consulte *DDI*, 9s, VII, doc. 786, Ciano para Mussolini, 24-27 nov. 1941; para as atas alemãs, consulte *ADAP*, D, XIII/2, doc. 522, nota de Schmidt, 30 nov. 1941; para o contexto militar, consulte Klink, "Die Operationsführung", p. 593-600.

85. Muggeridge (ed.), *Ciano's Diplomatic Papers, op. cit.*, 1948, p. 465-7; para o contexto, consulte Gerhard L. Weinberg, *A World at Arms: A Global History of World War II*, Cambridge, 1994, p. 245-63.
86. Kershaw, *Fateful Choices, op. cit.*, 2007, p. 382-430; Weinberg, *A World at Arms, op. cit.*, 1994, p. 262.
87. Mack Smith, *Mussolini, op. cit.*, 1981, p. 273.
88. *ADAP*, E, I, doc. 53, telegrama de Rintelen, 22 dez. 1941.
89. Para um relato conciso do Holocausto, consulte Evans, *The Third Reich at War, op. cit.*, 2008, p. 217-318; Kershaw, *Fateful Choices, op. cit.*, 2007, p. 431-70; para o papel de Hitler no Holocausto, consulte Ian Kershaw, *The Nazi Dictatorship: Problems and Perspectives of Interpretation*, Londres, 2000, p. 93-133.
90. *La Svastica*, v. 1, n. 35, p. 3-5, 1941; Ciano, *Diario, op. cit.*, 1980, p. 569 (20 dez. 1941); Schlemmer, *Die Italiener an der Ostfront, op. cit.*, 2005, p. 24-9.
91. Srdjan Trifković, "Rivalry between Germany and Italy in Croatia, 1942-1943", *Historical Journal*, v. 36, p. 879-904, 1993; Klaus Schmider, "Das Versagen der 'Achse' im besetzten Kroatien: ein politisch-militärischer Erklärungsversuch", em Klinkhammer, Osti Guerrazzi e Schlemmer (eds.), *Die "Achse" im Krieg, op. cit.*, 2010, p. 305-18; para o pacto, consulte Reinhard Stumpf, "Von der Achse Berlin-Rom zum Militärabkommen des Dreierpakts: die Abfolge der Vertrage 1936 bis 1942", em *DRZW*, VI, p. 127-43, aqui p. 141; para o texto, consulte *ADAP*, E, I, doc. 145, "Militärische Vereinbarung zwischen Deutschland, Italien und Japan", 18 jan. 1942.
92. R. J. B. Bosworth, *Mussolini*, Londres, 2002, p. 382-4; De Felice, *Mussolini l'alleato*, I, *op. cit.*, 1990-1997, p. 1011; Ciano, *Diario, op. cit.*, 1980, p. 572 (29 dez. 1941); Rintelen, *Mussolini als Bundesgenosse, op. cit.*, 1951, p. 164-5.
93. Bosworth, *Mussolini, op. cit.*, 2002, p. 387-9.
94. *ADAP*, E, I, doc. 62, Hitler para Mussolini, 29 dez. 1941; *ibid.*, doc. 63, Hitler para Marechal Antonescu, 29 dez. 1941; *ibid.*, doc. 64, Hitler para Horthy, 29 dez. 1941.
95. *Hitler e Mussolini: lettere e documenti*, Milão, 1946, p. 116-8.
96. Ciano, *Diario, op. cit.*, 1980, p. 577 (1° jan. 1942).
97. *Ibid.*, p. 580 (12 jan. 1942); *ADAP*, E, I, doc. 164, Mussolini para Hitler, 23 jan. 1942.
98. Ciano, *Diario, op. cit.*, 1980, p. 584 (29 jan. 1942), 587 (4 fev. 1942).

99. *ADAP*, E, I, doc. 181, nota de Schmidt, 29 jan. 1942; consulte também ACS, SpD, CO, 532.091, sf. 3, "Spese inerenti alla permanenza in Italia dell'Ecc. il Maresciallo del Reich Ermanno Goering", s.d.; *ibid.*, de Cesare to Direzione della Pubblica Sicurezza, 26 fev. 1942.
100. Jochmann (ed.), *Adolf Hitler*, *op. cit.*, 1980, p. 246-7 (31 jan. 1941).
101. Consulte, por exemplo, a carta do soldado Ferruccio C., de um regimento florentino, enviada para Mussolini em 29 mar. 1942, in ACS, SpD, CO, b. 2777.
102. Domarus, *Hitler*, II/2, *op. cit.*, 1965, p. 1893; Ciano, *Diario*, *op. cit.*, 1980, p. 633-4 (26 jun. 1942), 635 (4 jul. 1942).
103. Rintelen, *Mussolini als Bundesgenosse*, *op. cit.*, 1951, p. 171-3; Ciano, *Diario*, *op. cit.*, 1980, p. 637 (21 jul. 1942); para o contexto, consulte John L. Wright, "Mussolini, Libya, and the Sword of Islam", em Ruth Ben-Ghiat and Mia Fuller (eds.), *Italian Colonialism*, Basingstoke, 2005, p. 121-30, aqui p. 128.
104. Bernd Wegner, "Der Krieg gegen die Sowjetunion 1942-43", em *DRZW*, VI, p. 761-1102, aqui p. 778.
105. Cf. Andreas Hillgruber (ed.), *Staatsmänner und Diplomaten bei Hitler: vertrauliche Aufzeichnungen über Unterredungen mit Vertretern des Auslandes 1939-1941*, Frankfurt am Main, 1967, I, p. 64.
106. Sobre a escolha do local, consulte *TBJG, Teil II*, IV, p. 176 (26 abr. 1942); *ibid.*, p. 223-4 (2 maio 1942); Domarus, *Mussolini und Hitler*, *op. cit.*, 1977, p. 357.
107. *ADAP*, E, II, doc. 165, Ribbentrop para Mackensen, 24 abr. 1942; para a declaração de Alfieri, consulte *ibid.*, p. 272, n. 2; para a programação, consulte *ibid.*, p. 273, n. 4; Ciano, *Diario*, *op. cit.*, 1980, p. 612 (24 abr. 1942); *ibid.*, p. 613 (28 abr. 1942); para o discurso de Hitler no Reichstag, consulte Domarus, *Hitler*, II/2, *op. cit.*, 1980, p. 1868.
108. Para as instruções de Mussolini aos prefeitos, consulte *OO*, XXXI, p. 52-4.
109. *ADAP*, E, II, doc. 178, nota de Schmidt, 1 maio 1942.
110. *ADAP*, E, II, doc. 182, nota de Schmidt, 2 maio 1942; Schmidt, *Statist auf Diplomatischer Bühne*, *op. cit.*, 1949, p. 550-1; *TBJG, Teil II*, IV, p. 223-4 (2 maio 1942).
111. Para as atas italianas encontradas na maleta de Mussolini em 1945, consulte *DDI*, 9s, VIII, doc. 492, conversa Mussolini-Hitler, 29 abr. 1942; Ciano, *Diario*, *op. cit.*, 1980, p. 613-6 (29 abr.-2 maio 1942).

112. *DDI*, 9s, VIII, doc. 493, conversa Cavallero-Keitel, 29 abr. 1942.
113. BA-MA, RW 4/879, "Besprechung am 30.4.42"; consulte também *ADAP*, E, II, doc. 183, nota de Schmidt, 2 maio 1942; para a reação de Mussolini, consulte *ibid.*, p. 316, n. 3; Ciano, *Diario, op. cit.*, 1980, p. 613-5 (29 abr.-2 maio 1942); para as atas do Exército italiano, consulte *DDI*, 9s, VIII, doc. 495, conversa Mussolini-Hitler, 30 abr. 1942; para o contexto, consulte Pier Luigi Bertinaria, "Hitler Mussolini: lo stato dell'alleanza", em R. H. Rainero e A. Biagini (eds.), *L'Italia in guerra*, Gaeta, 1992, II, p. 57-84.
114. *Il Popolo d'Italia*, 2 maio 1942; Royal Institute of International Affairs (ed.), *Review of the Foreign Press*, VI, p. 357, 18 maio 1942.
115. *The Times*, 2 maio 1942; para o comunicado, consulte *VB*, 2 e 3 maio 1942.
116. Konig, *Kooperation als Machtkampf, op. cit.*, 2007, p. 59.
117. *ADAP*, E, III, doc. 306, nota de Weizsäcker, 23 set. 1942; para o contexto, consulte Wegner, "Der Krieg gegen die Sowjetunion", p. 962-1063; Richard Overy, *Russia's War*, Londres, 1998, p. 154-85.
118. ACS, SpD, CO, b. 50, Vidussoni para Mussolini, 24 out. 1942; também reproduzido em Schlemmer (ed.), *Die Italiener an der Ostfront, op. cit.*, 2005, p. 168-79; *ADAP*, D, IV, doc. 22, nota de Hewel, 8 out. 1942; para a propaganda sobre a camaradagem ítalo-germânica na frente oriental, consulte *La Svastica*, v. 1, n. 34, p. 11, 1941; De Felice, *Mussolini l'alleato*, I/1, *op. cit.*, 1990-1997, p. 454.
119. BAB, NS 19/2410, Reichsführer SS Himmler an Reichsaußenminister von Ribbentrop, 22 out. 1942; sobre o contexto, consulte Helmut Krausnick, "Himmler über seinen Besuch bei Mussolini vom 11.-14. Oktober 1942", *VfZ*, v. 4, p. 423-6, 1956; Giovanni Preziosi, "Per la soluzione del problema hebraico", *Vita italiana*, v. 30, p. 221-4, 1942.
120. MacGregor Knox, "Das faschistische Italien und die Endlösung", *VfZ*, v. 55, p. 53-92, aqui p. 53-4, 82, 2007.
121. Harrison, "The Economics of World War II: An Overview", p. 10, 14; para o contexto, consulte Overy, *Why the Allies Won, op. cit.*, 1995, p. 180-207.
122. Para o contexto militar, consulte Reinhard Stumpf, "Der Krieg im Mittelmeerraum 1942/43: die Operationen in Nordafrika und im mittleren Mittelmeer", em *DRZW*, VI, p. 569-757.
123. *ADAP*, E, IV, doc. 82, Hitler para Mussolini, 21 out. 1942; para a versão italiana, consulte *DDI*, 9s, IX, doc. 249.

124. Stumpf, "Der Krieg im Mittelmeerraum", *op. cit.*, p. 688-709, 715; Evans, *The Third Reich at War*, *op. cit.*, 2008, p. 467.
125. Richard Overy, *The Bombing War: Europe 1939-1945*, Londres, 2014, p. 512-3.
126. Marco Cuzzi, "I bombardamenti delle citta italiane e l'UNPA", em R. H. Rainero e A. Biagini (eds), *L'Italia in guerra*, Gaeta, 1992, II, p. 173-84; consulte também Gabriella Gribaudi, "The True Cause of the 'Moral Collapse': People, Fascists and Authorities under the Bombs – Naples and the Countryside, 1940-1944", em Richard Overy, Claudia Baldoli e Andrew Knapp (eds.), *Bombing, States and Peoples in Western Europe 1940-1945*, Londres, 2011, p. 219-38; Overy, *The Bombing War*, *op. cit.*, 2014, p. 513.
127. Para cópias dos folhetos, consulte PAAA, Botschaft Rom (Quirinal), Geheim, Bd. 132, Consulado geral alemão para embaixada alemã, 24 nov. 1942 e 9 dez. 1942.
128. Para um levantamento suscinto, consulte Elena Agarossi, *A Nation Collapses: The Italian Surrender of September 1943*, Cambridge, 2000, p. 32-7; cf. De Felice, *Mussolini l'alleato*, I/2, *op. cit.*, 1990-1997, p. 1155-73.
129. Consulte por exemplo a audiência do industrial Alberto Pirelli com Mussolini: Alberto Pirelli, *Taccuini 1922/1943*, ed. Donato Barbone, Bolonha, 1984, p. 364-70; cf. De Felice, *Mussolini l'alleato*, I/1, *op. cit.*, 1990-1997, p. 454-5.
130. *ADAP*, D, IV, doc. 165, nota de Schmidt, 12 nov. 1942; *ibid.*, doc. 146, Embaixada em Roma para Ministério do Exterior, 7 nov. 1942.
131. *ADAP*, D, IV, doc. 301, Bismarck para Weizsäcker, 19 dez. 1942.
132. *OO*, XXXI, p. 134-45.
133. *TBJG, Teil II*, VI, p. 431 (12 dez. 1942).
134. Ciano, *Diario*, p. 677 (16 dez. 1942), 678 (18 dez. 1942).
135. *ADAP*, E, IV, doc. 315, nota de Schmidt, 24 dez. 1942; Simoni, *Berlin ambassade d'Italie*, p. 346 (18 dez. 1942); para o contexto, consulte Jurgen Forster, *Stalingrad: Risse im Bündnis 1942/43*, Freiburg, 1975, p. 55.
136. ACS, MI, DGPS, Pol. Pol. Materia, b. 215, f. 2, "voci", Roma, 23 fev. 1943.
137. Ciano, *Diario*, *op. cit.*, 1980, p. 687 (8 jan. 1943); para o contexto, consulte Rochat, *Le guerre italiane*, *op. cit.*, 2005, p. 358.
138. Wegner, "Der Krieg gegen die Sowjetunion", p. 962-1063.
139. Jeremy Noakes (ed.), *Nazism: A Documentary Reader*, Exeter, 1998, IV, p. 490-4; Claudia Baldoli, "Spring 1943: The Fiat Strikes and the Collapse of the Italian Home Front", *History Workshop Journal*, v. 72, p. 181-9, 2011;

Timothy W. Mason, "The Turin Strikes of March 1943", em *Nazism, Fascism, and the Working Class: Essays by Tim Mason*, ed. Jane Caplan, Cambridge, 1995, p. 274-94.
140. F. W. Deakin, *The Brutal Friendship: Mussolini, Hitler and the Fall of Italian Fascism*, Londres, 1962, p. 231.
141. *Ibid.*, p. 316-34.
142. *Rom Berlin Tokio*, v. 5, p. 9-11, 1943; Bosworth, *Mussolini, op. cit.*, 2002, p. 395-7.
143. *DDI*, 9s. X, doc. 71, Alfieri para Bastianini, 15 fev. 1943.
144. *ADAP*, E, V, doc. 108, Mackensen para Ministério do Exterior, 8 fev. 1943; *TBJG, Teil II*, VII, p. 319 (11 fev. 1943); *ADAP*, V, doc. 131, Embaixada em Roma para Ministério do Exterior, 13 fev. 1943; *ibid.*, doc. 1939; para o contexto, consulte Lutz Klinkhammer, *Zwischen Bündnis und Besatzung: das nationalsozialistische Deutschland und die Republik von Salò 1943-1945*, Tübingen, 1993, p. 29-31.
145. *TBJG, Teil II*, VII, p. 208 (28 jan. 1942); Weinberg, *A World at Arms, op. cit.*, 1994, p. 437-42.
146. ACS, Ambasciata tedesca in Roma, busta unica, 1-C, memorando, 25 mar. 1943.
147. *ADAP*, E, V doc. 207, Hitler para Mussolini, 14 mar. 1943; Deakin, *The Brutal Friendship, op. cit.*, 1962, p. 217.
148. *DDI*, 9s, X, doc. 71, Alfieri-Bastianini, 3 mar. 1943; *ibid.*, doc. 117, Alfieri--Bastianini, 14 mar. 1943.
149. *ADAP*, E, V, doc. 135, Hitler para Mussolini, 16 fev. 1943; *DDI*, 9s, X, doc. 31.
150. *ADAP*, E, V, doc. 192, Mussolini para Hitler, 9 mar. 1943; consulte também *DDI*, 9s, X, doc. 95.
151. *ADAP*, E, V, doc. 152, Mackensen para Auswärtiges Amt, 23 fev. 1943; *ibid.*, doc. 184, nota de Schmidt, 8 mar. 1943; para contexto, consulte Gerhard Schreiber, *Deutsche Kriegsverbrechen in Italien: Täter, Opfer, Strafverfolgung*, Munique, 1996, p. 16-7.
152. *ADAP*, E, V, doc. 214, Sonnleithner para Embaixada em Roma, 17 mar. 1943; *ibid.*, doc. 228, memorando de Mackensen, 21 mar. 1943; *ibid.*, doc. 252, Mussolini para Hitler, 26 mar. 1943; Weinberg, *A World at Arms, op. cit.*, 1984, p. 443-7.

153. Friedrich-Karl von Plehwe, *Als die Achse zerbrach: das Ende des deutsch-italienischen Bündnisses im Zweiten Weltkrieg*, Wiesbaden, 1980, p. 14, 27.
154. *Ibid.*, p. 14, 27.
155. *TBJG, Teil II*, VIII, p. 93 (11 abr. 1943).
156. Deakin, *The Brutal Friendship, op. cit.*, 1962, p. 273-4.
157. Alfieri, *Dictators Face to Face, op. cit.*, 1954, p. 203-4, 225-6.
158. Deakin, *The Brutal Friendship, op. cit.*, 1962, p. 259-60; Giuseppe Bastianini, *Volevo fermare Mussolini: memorie di un diplomatico fascista*, Milão, 2005, p. 104-18; para o itinerário do Duce, consulte *OO*, XXXI, n.*, p. 172-4.
159. Deakin, *The Brutal Friendship, op. cit.*, 1962, p. 259-75; PRO, HW 1/1637, Conversas Hitler-Mussolini: relatórios do *chargé* em Roma, 26 abr. 1943; para um relato impreciso de Bastianini, consulte Owen Chadwick, "Bastianini and the Weakening of the Fascist Will to Fight the Second World War", em T. C. W. Blanning e David Cannadine (eds.), *History and Biography: Essays in Honour of Derek Beales*, Cambridge, 1996, p. 243-65.
160. De Felice, *Mussolini l'alleato*, I/1, *op. cit.*, 1990-1997, p. 464-9; *ADAP*, E, V., doc. 286, nota de Schmidt, 10 abr. 1943; *ibid.*, doc. 291, nota de Schmidt, 11 abr. 1943; Helmut Heiber (ed.), *Hitlers Lagebesprechungen: die Protokollfragmente seiner militärischen Konferenzen 1942-1945*, Stuttgart, 1962, p. 229.
161. *TBJG, Teil II*, VIII, p. 94-5 (12 abr. 1943); cf. *ADAP*, E, V, doc. 285, nota de Mackensen, 9 abr. 1943; para o comunicado, consulte *VB*, 12 abr. 1943; *Il Popolo d'Italia*, 12 abr. 1943; para o desentendimento ítalo-germânico, consulte *DDI*, 9s, X, doc. 202, conversa Suster-Megerle, 7 abr. 1943.
162. *New York Times*, 12 abr. 1943; Royal Institute of International Affairs (ed.), *Review of the Foreign Press*, VIII, p. 165-6, 3 maio 1943.
163. *TBJG, Teil II*, VIII, p. 126 (18 abr. 1943); Boberach (ed.), *Meldungen aus dem Reich*, XIII, *op. cit.*, 1984, p. 5125.
164. Domarus, *Mussolini und Hitler, op. cit.*, 1977, p. 379.
165. Para detalhes, consulte Andreas Hillgruber (ed.), *Staatsmänner und Diplomaten bei Hitler: vertrauliche Aufzeichnungen über Unterredungen mit Vertretern des Auslandes 1939-1941*, Frankfurt am Main, 1967, I, p. 214-85.
166. *TBJG, Teil II*, VIII, p. 220 (7 maio 1943); para o discurso, consulte *OO*, XXXI, p. 178; *DDI*, 9s, X, doc. 316, Alfieri-Mussolini, 12 maio 1943.
167. Para os telegramas, consulte Domarus, *Mussolini und Hitler, op. cit.*, 1977, p. 379-80.

168. Owen Chadwick, *Britain and the Vatican during the Second World War*, Cambridge, 1986, p. 254; Weinberg, *A World at Arms*, op. cit., 1984, p. 446.
169. *ADAP*, E, VI, doc. 44, Sonnleithner para Embaixada em Roma, 18 maio 1943.
170. Klinkhammer, *Zwischen Bündnis und Besatzung*, op. cit., 1993, p. 30-1.
171. PRO, GFM 36/608, fol. 108-122, Hitler para Mussolini, 19 maio 1943; Deakin, *The Brutal Friendship*, op. cit., 1962, p. 353-6.
172. Esse plano foi encontrado posteriormente pelos aliados na embaixada alemã em Roma. ACS, Ambasciata tedesca in Roma (1925-1943), busta unica, sf. 3, "Presidenza del Consiglio dei Ministri, Direzione dei servizi di P.S.", 1º jul. 1943.
173. Para detalhes, consulte Gerhard Schreiber, "Das Ende des nordafrikanischen Feldzugs und der Krieg in Italien 1943 bis 1945", em *DRZW*, VIII, p. 1100-62, aqui p. 1113-4; Deakin, *The Brutal Friendship*, op. cit., 1962, p. 376-7.
174. Rochat, *Le guerre italiane*, op. cit., 2005, p. 305-6, 312-3.
175. Deakin, *The Brutal Friendship*, op. cit., 1962, p. 371-7; para a invasão da Sicília, consulte Sandro Attanasio, *Sicilia senza Italia: luglio-agosto 1943*, Milão, 1976.
176. *Il Popolo d'Italia*, 25 jul. 1943; Mack Smith, *Mussolini*, op. cit., 1981, p. 291.
177. Paolo Puntoni, *Parla Vittorio Emanuele III*, Bolonha, 1993, p. 133-4 (1-3 jun. 1943), 136 (18 jun. 1943), 137 (5 jul. 1943).
178. De Felice, *Mussolini l'alleato*, I/2, op. cit., 1990-1997, p. 1184-6; Woller, *Mussolini*, op. cit., 2016, p. 264-6.
179. Bosworth, *Mussolini*, op. cit., 2002, p. 399.
180. Alfieri, *Dictators Face to Face*, op. cit., 1954, p. 235-7.
181. Bernd Wegner, "Von Stalingrad nach Kursk", em *DRZW*, VIII, p. 3-79; Karl-Heinz Frieser, "Die Schlacht im Kursker Bogen", em *DRZW*, VIII, p. 83-208.
182. Schroder, *Italiens Kriegsaustritt*, op. cit., 1969, p. 193-5.
183. Alfieri, *Dictators Face to Face*, op. cit., 1954, p. 238.
184. Benito Mussolini, *My Rise and Fall*, II, Nova York, 1998, p. 49-50.
185. Plehwe, *Als die Achse zerbrach*, op. cit., 1980, p. 62-5.
186. *ADAP*, E, VI, doc. 159, nota de Schmidt, 20 jul. 1943; Bastianini, *Volevo fermare Mussolini*, op. cit., 2005, 139-41; consulte também *DDI*, 9s, X, doc. 531; Mussolini guardou uma cópia em uma de suas maletas quando fugiu de Milão em abril de 1945; consulte ACS, SpD, Carte della valigia di Benito Mussolini, b. 2, sf. 13-2.

187. Alfieri, *Dictators Face to Face*, p. 246-9; para um relato detalhado, mas pouco convincente, consulte De Felice, *Mussolini l'alleato*, I/2, op. cit., 1990-1997, p. 1325-38.
188. PRO, HW 1/1895, Most secret, 29 jul. 1943; para as instruções italianas à imprensa, consulte Matteini (ed.), *Ordini alla stampa*, op. cit., 1945, p. 253; sobre o bombardeio, consulte Overy, *The Bombing War*, op. cit., 2014, p. 527; *TBJG, Teil II*, VIII, p. 133-4 (21 jul. 1943); para o comunicado alemão, consulte *VB*, 21 jul. 1943; para o comunicado italiano, consulte *Il Messaggero*, 22 jul. 1943, cópia em PRO, GFM 36/7.
189. Klinkhammer, *Zwischen Bündnis und Besatzung*, op. cit., 1993, p. 32-3.
190. Consulte as memórias de Grandi, escritas após a guerra: Dino Grandi, *25 luglio: quarant'anni dopo*, ed. Renzo De Felice, Bolonha, 1983, p. 249-303; para essa moção, consulte Dino Grandi, *Il mio paese: ricordi autobiografici*, ed. Renzo De Felice, Bolonha, 1985, p. 637-8; para uma visão geral de outras memórias, consulte De Felice, *Mussolini l'alleato*, I/2, op. cit., 1990-1997, p. 1362-83.
191. Leonidas E. Hill (ed.), *Die Weizsäcker-Papiere 1933-1950*, Frankfurt am Main, 1974, p. 344 (26 e 29 jul. 1943).
192. Piero Calamandrei, *Diario 1939-1945*, ed. Giorgi Agosti, Florença, 1982, II, p. 153-4 (26 jul. 1943).
193. *Corriere della Sera*, 26 jul. 1943.
194. Giorgio Bocca, *La repubblica di Mussolini*, Milão, 1995, p. 5; Aurelio Lepre, *La storia della repubblica di Mussolini: Salò – il tempo dell'odia e della violenza*, Milão, 2000, p. 70; para detalhes, consulte também o relato do historiador ex-fascista Attilio Tamaro, *Due anni di storia 1943-45*, Roma, 1948, I, p. 55-8, 63-4.
195. Maria Carazzolo, *Più forte della paura: diario di guerra e dopoguerra (1938-1947)*, Caselle di Sommacampagna, 2007, p. 836 (26 jul. 1943); Magda Ceccarelli De Grada, *Giornale del tempo di guerra, 12 giugno 1940-7 maggio 1945*, Bologna, 2011, p. 217-8 (25 e 26 jul. 1943).
196. Bosworth, *Mussolini*, op. cit., 2002, p. 400-2; Paul Ginsborg, *A History of Contemporary Italy: Society and Politics 1943-1988*, Londres, 1990, p. 12.
197. Schroder, *Italiens Kriegsaustritt*, op. cit., 1969, p. 203.
198. *TBJG, Teil II*, VIII, p. 165-6 (26 jul. 1943).
199. Heiber (ed.), *Hitlers Lagebesprechungen*, op. cit., 1962, p. 312-25; p. 328-31; *ADAP*, E, VI, doc. 174, Steengracht-Embaixada em Roma, 26 jul. 1943;

Marlis G. Steinert, *Hitlers Krieg und die Deutschen: Stimmung und Haltung der deutschen Bevölkerung im Zweiten Weltkrieg*, Dusseldorf, 1970, p. 392; para os ataques em Hamburgo, consulte Overy, *The Bombing War, op. cit.*, 2014, p. 435-6.

200. Klinkhammer, *Zwischen Bündnis und Besatzung, op. cit.*, 1993, p. 34-7; Plehwe, *Als die Achse zerbrach, op. cit.*, 1980, p. 76-92; Percy E. Schramm (ed.), *Kriegstagebuch des Oberkommandos der Wehrmacht (Wehrmachtführungsstab)*, III/2, Frankfurt am Main, 1965, p. 834.

201. Heiber (ed.), *Hitlers Lagebesprechungen, op. cit.*, 1962, p. 369-70; *TBJG, Teil II*, VIII, p. 169-80 (27 jul. 1943); para as circunstâncias militares, consulte Schroder, *Italiens Kriegsaustritt, op. cit.*, 1969, p. 217-32; Deakin, *The Brutal Friendship, op. cit.*, 1962, p. 544.

202. *VB*, 27 jul. 1943; *The Times*, 27 jul. 1943.

203. Boberach (ed.), *Meldungen aus dem Reich*, XIV, *op. cit.*, 1984, p. 5540-3.

204. *The Times*, 28 jul. 1943.

205. *VB*, 31 jul. 1943; Boberach (ed.), *Meldungen aus dem Reich*, XIV, *op. cit.*, 1984, p. 5560-1.

206. *VB*, 30 jul. 1943, cópia em BAB, R 8034 II/325, Bl. 15.

8 O APAGAR DAS LUZES, 1943-1945

1. *ADAP*, E, VI, doc. 189, Mackensen para Ministério do Exterior, 28 jul. 1943; *ibid.*, doc. 204, Embaixada em Roma para Ministério do Exterior, 1 ago. 1943; para a versão italiana da carta de Badoglio, consulte *DDI*, 9s, X, doc. 565, 28 jul. 1943; para a audiência de Marras com Hitler, consulte *DDI*, 9s, X, doc. 579, Marras para Guariglia, 30 jul. 1943.

2. *ADAP*, E, VI, doc. 190, Ribbentrop para Mackensen, 28 jul. 1943.

3. *Ibid.*, doc. 192, Mackensen para Ministério do Exterior, 29 jul. 1943.

4. *Ibid.*, doc. 200, Ribbentrop para Embaixada em Roma, 31 jul. 1943; Lutz Klinkhammer, *Zwischen Bündnis und Besatzung: das nationalsozialistische Deutschland und die Republik von Salò 1943-1945*, Tübingen, 1993, p. 34-5, n. 34.

5. Michael Wiedekind, *Nationalsozialistische Besatzungs- und Annexionspolitik in Norditalien 1943 bis 1945: die Operationszonen "Alpenvorland" und "Adriatisches*

Küstenland", Munique, 2003, p. 49-50; Klinkhammer, *Zwischen Bündnis und Besatzung, op. cit.*, 1993, p. 35-40.
6. *ADAP*, E, VI, doc. 244, Bismarck para Ministério do Exterior, 24 ago. 1943 (para a citação); *ibid.*, doc. 246, Embaixada em Roma para Ministério do Exterior, 25 ago. 1943; *ibid.*, doc. 247, Ribbentrop para Embaixada em Roma, 26 ago. 1943.
7. Otto Meissner, *Staatssekretär unter Ebert-Hindenburg-Hitler*, Hamburgo, 1950, p. 354.
8. *TBJG, Teil II*, VIII, p. 251-5; 263-5 (10 ago. 1943); sobre o príncipe, consulte Jonathan Petropoulos, *Royals and the Reich: The Princes von Hessen in Nazi Germany*, Oxford, 2006, p. 290-1.
9. BAB, NS 19/1880, Bl. 53-5, Abschrift, 4 ago. 1943; Wiedekind, *Nationalsozialistische Besatzungs- und Annexionspolitik, op. cit.*, 2003, p. 51.
10. Heinz Boberach (ed.), *Meldungen aus dem Reich: die geheimen Lageberichte des Sicherheitsdienstes der SS 1938-1945*, XIV, Herrsching, 1984, p. 5574.
11. *ADAP*, E, VI, doc. 217, nota de Schmidt, 6 ago. 1943; para as atas italianas, consulte *DDI*, 9s, X, docs. 611-613, todas datadas de 6 de agosto; para a conversa entre Mackensen e Guariglia, consulte doc. 614, Guariglia para Badoglio, 6 ago. 1943 (itálico no original); Paul Schmidt, *Statist auf diplomatischer Bühne 1923-45: Erlebnisse des Chefdolmetschers im Auswärtigen Amt mit den Staatsmännern Europas*, Bonn, 1949, p. 568; para o contexto, consulte Klinkhammer, *Zwischen Bündnis und Besatzung, op. cit.*, 1993, p. 37.
12. Gerhard L. Weinberg, *A World at Arms: A Global History of World War II*, Cambridge, 1994, p. 612-6.
13. Para os escritos, consulte *OO*, XXXIV, p. 273-99; sobre sua proveniência duvidosa, consulte Toni Bernhart, "Benito Mussolini als Schriftsteller und seine Übersetzungen ins Deutsche", em Andrea Albrecht, Lutz Danneberg e Simone De Angelis (eds.), *Die akademische "Achse Berlin-Rom"? Der wissenschaftlich-kulturelle Austausch zwischen Italien und Deutschland 1920 bis 1945*, Berlim, 2017, p. 345-99, aqui 382-7; Renzo De Felice, *Mussolini l'alleato*, Turim, 1990-1997, II, p. 17-21; Mimmo Franzinelli, *Il prigioniero di Salò: Mussolini e la tragedia italiana del 1943-1945*, Milão, 2012, p. 7-18; Max Domarus, *Mussolini und Hitler: zwei Wege, gleiches Ende*, Würzburg, 1977, p. 407-8; para os relatórios, consulte *Corriere della Sera*, 29 e 30 ago. 1943; R. J. B. Bosworth, *Claretta: Mussolini's Last Lover*, New Haven, 2017, p. 174-5.

14. *ADAP*, E, VI, doc. 290, Rahn para Ministério do Exterior, 8 set. 1943; *ibid.*, doc. 291, Badoglio para Hitler, 8 set. 1943; Franz Halder, *Kriegstagebuch. Tägliche Aufzeichnungen des Chefs des Generalstabes des Heeres 1939-1942*, ed. Hans-Adolf Jacobsen, III, Stuttgart, 1962, p. 1076-80; para a versão italiana da carta de Badoglio, consulte *DDI*, 9s, X, doc. 773.
15. Magda Ceccarelli De Grada, *Giornale del tempo di guerra, 12 giugno 1940-7 maggio 1945*, Bologna, 2011, p. 226 (8 set. 1943); Maria Carazzolo, *Più forte della paura: diario di guerra e dopoguerra (1938-1947)*, Caselle di Sommacampagna, 2007, p. 97-9 (8 e 9 set. 1943).
16. Renzo De Felice, *Rosso e nero*, Milão, 1996; Ernesto Galli Della Loggia, *La morte dela patria*, 4. ed., Roma/Bari, 2008.
17. *DDI*, 10s, I, doc. 3, Churchill e Roosevelt para Badoglio, 10 set. 1943.
18. Friedrich-Karl von Plehwe, *Als die Achse zerbrach: das Ende des deutsch-italienischen Bündnisses im Zweiten Weltkrieg*, Wiesbaden, 1980, p. 256-7.
19. Gerhard Schreiber, *Die italienischen Militärinternierten im deutschen Machtbereich 1943 bis 1945: verraten – verachtet – vergessen*, Munique, 1990, p. 91.
20. Gerhard Schreiber, "Das Ende des nordafrikanischen Feldzugs und der Krieg in Italien 1943 bis 1945", em *DRZW*, VIII, p. 1123; Amedeo Osti Guerrazzi, *Storia della Repubblica sociale italiana*, Roma, 2012, p. 54; Enzo Collotti, *L'amministrazione tedesca dell'Italia occupata 1943-1945*, Milão, 1963, p. 413-5.
21. O melhor estudo é o de Elena Aga Rossi, *Cefalonia: la resistenza, l'eccidio, il mito*, Bolonha, 2016; consulte também Giorgio Rochat, *Le guerre italiane 1935-1943: dall'impero d'Etiopia alla disfatta*, Turim, 2005, p. 434-6.
22. Boberach (ed.), *Meldungen aus dem Reich*, XV, *op. cit.*, 1984, p. 6179-80; sobre o contexto, consulte Schreiber, *Die italienischen Militärinternierten im deutschen Machtbereich*, *op. cit.*, 1990, p. 377-8; sobre o conhecimento da Solução Final, consulte Peter Longerich, *"Davon haben wir nichts gewußt": die Deutschen und die Judenverfolgung 1933-1945*, Munique, 2006.
23. Ulrich Herbert, *Fremdarbeiter: Politik und Praxis des "Ausländer-Einsatzes" in der Kriegswirtschaft des Dritten Reiches*, Bonn, 1999, p. 301; consulte também "Bericht der von den Außenministern der Bundesrepublik Deutschland und Republik Italien am 28.3.2009 eingesetzten Deutsch-Italienischen Historikerkommission", julho de 2012, disponível em http://www.villavigoni.it/contents/files/Abschlussbericht.pdf, acessado em 14 dez. 2017; Oreste Foppiani, "La 'Croix-Rouge de Mussolini' et les internes militaires italiens (1943-1945)", *Relations internationales*, v. 142, p. 23-36, 2010.

24. Brunello Mantelli e Nicola Tranfaglia (eds.), *Il libro dei deportati*, Turim, 2009, I/1, p. 47.
25. *TBJG, Teil II*, VIII, p. 455-77 (10 set. 1943).
26. Ian Kershaw, *Hitler, 1889-1936: Hubris*, Harmondsworth, 2001, p. 601.
27. Max Domarus, *Hitler: Reden und Proklamationen*, II/2, Munique, 1965, p. 2035-9; *VB*, 11 set. 1943; Boberach (ed.), *Meldungen aus dem Reich*, XV, *op. cit.*, 1984, p. 5753-5; Ian Kershaw, *The "Hitler Myth": Image and Reality in the Third Reich*, Oxford, 1987, p. 211.
28. *TBJG, Teil II*, VIII, p. 479-87 (11 set. 1943); cf. Erich Kuby, *Verrat auf deutsch: wie das Dritte Reich Italien ruinierte*, Frankfurt am Main, 1987.
29. Para o contexto, consulte Wiedekind, *Nationalsozialistische Besatzungs- und Annexionspolitik, op. cit.*, 2003.
30. Ian Kershaw, "'Working towards the Führer': Reflections on the Nature of the Nazi Dictatorship", *Contemporary European History*, v. 2, n. 2, p. 103-18, 1993.
31. Klinkhammer, *Zwischen Bündnis und Besatzung, op. cit.*, 1993, p. 559-61.
32. Osti Guerrazzi, *Storia della Repubblica sociale italiana, op. cit.*, 2012, p. 55-7; Klinkhammer, *Zwischen Bündnis und Besatzung, op. cit.*, 1993, p. 63-95.
33. Schreiber, "Das Ende des nordafrikanischen Feldzugs", *op. cit.*, p. 1125.
34. De Felice, *Mussolini l'alleato*, II, *op. cit.*, 1990-1997, p. 26.
35. Para detalhes sobre a libertação, consulte F. W. Deakin, *The Brutal Friendship: Mussolini, Hitler and the Fall of Italian Fascism*, Londres, 1962, p. 543-7; consulte também o testemunho pós-guerra de Skorzeny em IfZ, ZS 1517; Maria Fraddosio, "The Fallen Hero: The Myth of Mussolini and Fascist Women in the Italian Social Republic (1943-5)", *JCH*, v. 31, p. 99-124, 1996, aqui p. 106.
36. *TBJG, Teil II*, VIII, p. 496-501 (13 set. 1943); IfZ, Fd 44, Bl. 71-9, "Erlebnisbericht über die Überführung des Duce zum Führerhauptquartier", 26 set. 1943; Domarus, *Mussolini und Hitler, op. cit.*, 1977, p. 413.
37. IfZ, Fd 44, Bl. 79; Deakin, *The Brutal Friendship, op. cit.*, 1962, p. 555; para a imagem, consulte a capa do *Illustrierter Beobachter*, 30 set. 1943.
38. *TBJG, Teil II*, VIII, p. 557-92 (23 set. 1943).
39. Deakin, *The Brutal Friendship, op. cit.*, 1962, p. 559-60.
40. Filippo Anfuso, *Roma Berlino Salò*, Milão, 1950, p. 391.
41. Deakin, *The Brutal Friendship, op. cit.*, 1962, p. 561.

42. *VB*, 13 set. 1943, 14 set. 1943, 16 set. 1943, 20 set. 1943; consulte também o relatório da agência de notícias em *Deutschlanddienst*, 16 set. 1943, cópia em BAB, R 8034 II/325, Bl. 10; sobre o contexto, consulte Bettina Goetzinger, "Italien zwischen dem Sturz Mussolinis und der Errichtung der faschistischen Politik in der NS-Propaganda", em Rudolf Lill (ed.), *Deutschland-Italien 1943-1945: Aspekte einer Entzweiung*, Tübingen, 1992, p. 151-76.
43. Anfuso, *Roma Berlino Salò*, op. cit., 1950, p. 412; para o contexto, consulte Fraddosio, "The Fallen Hero", op. cit., 1996, p. 99-124.
44. Boberach (ed.), *Meldungen aus dem Reich*, op. cit., 1984, p. 5773, 5778; para o discurso, consulte *OO*, XXXII, p. 1-5.
45. *The Times*, 15 set. 1943.
46. Piero Calamandrei, *Diario 1939-1945*, II, ed. Giorgi Agosti, Florença, 1982, p. 199 (20 set. 1943).
47. *TBJG, Teil II*, VIII, p. 517-9 (20 dez. 1943).
48. Para a aterrizagem em Salerno, consulte Schreiber, "Das Ende des nordafrikanischen Feldzugs", op. cit., p. 1126-31; sobre o comportamento alemão em Napoles, consulte Lynn H. Nicholas, *The Rape of Europa: The Fate of Europe's Treasures in the Third Reich and the Second World War*, Nova York, 1995, p. 232-3.
49. Elena Agarossi, *A Nation Collapses: The Italian Surrender of September 1943*, Cambridge, 2000, p. 130.
50. Weinberg, *A World at Arms*, op. cit., 1994, p. 661.
51. Para um relato superficial, consulte Richard Lamb, *War in Italy 1943-1945: A Brutal Story*, Nova York, 1994; cf. Filippo Focardi, *Il cattivo tedesco e il bravo italiano: la rimozione delle colpe della seconda guerra mondiale*, Bari, 2013, p. 15-32.
52. Citado em Fraddosio, "The Fallen Hero", op. cit., 1996, p. 111.
53. ASMAE, RSI, b. 34, sf. 8, Anfuso para Mazzolini, 11 out. 1944; ibid., "Wie Mussolini lebt", *Trans-Ocean Express*, 9 out. 1944; ibid., tradução do artigo de Kurt Eggers "Dove sta oggi l'Italia", *Das Schwarze Korps*, 4 out. 1944.
54. Pasquale Chessa e Barbara Raggi, *L'ultima lettera di Benito: Mussolini e Petacci – amore e politica a Salò, 1943-45*, Milão, 2010, p. 8; Deakin, *The Brutal Friendship*, op. cit., 1962, p. 642-3, 645 (para o relato alemão sobre as execuções); Tobias Hof, "Die Tagebücher von Galeazzo Ciano", *VfZ*, v. 60, n. 4, p. 513-4, 2012; R. J. B. Bosworth, *Mussolini*, Londres, 2002, p. 16-7.

55. Lutz Klinkhammer, "Grundlinien nationalsozialistischer Besatzungspolitik in Frankreich, Jugoslawien und Italien", em Cristof Dipper, Rainer Hudemann e Jens Petersen (eds.), *Faschismus und Faschismen im Vergleich: Wolfgang Schieder zum 60. Geburstag*, Colônia, 1998, p. 183-216.
56. Bosworth, *Mussolini, op. cit.*, 2002, p. 406; Klinkhammer, *Zwischen Bündnis und Besatzung, op. cit.*, 1993, p. 96-137; consulte também Francesca Romana Scardaccione, "La Repubblica sociale italiana: aspetti istituzionali e archivistici", em Archivio centrale dello stato (ed.), *Verbali del consiglio dei ministri della Repubblica sociale italiana*, Roma, 2002, I, p. xvii-xxxvi.
57. *OO*, XXXII, p. 189.
58. De Felice, *Mussolini l'alleato*, II, *op. cit.*, 1990-1997, p. 66; Renzo De Felice, "Mussolinis Motive für seine Rückkehr in die Politik und die Übernahme der Führung der RSI (September 1943)", em Lill (ed.), *Deutschland-Italien 1943-1945, op. cit.*, 1992, p. 38-50, aqui p. 48; para uma análise perspicaz, consulte Monica Fioravanzo, *Mussolini e Hitler: la Repubblica sociale sotto il Terzo Reich*, Roma, 2009, p. 3-56; para as cartas, consulte OO, XXXII, p. 205-8, p. 206 para citação (4 out. 1943).
59. Liliana Picciotto, "The Shoah in Italy: Its History and Characteristics", em Joshua D. Zimmerman (ed.), *Jews in Italy under Fascist and Nazi Rule, 1922-1945*, Cambridge, 2005, p. 209-23.
60. Frauke Wildvang, *Der Feind von nebenan: Judenverfolgung im faschistischen Italien 1936-1944*, Colônia, 2008, p. 232.
61. *Ibid.*, p. 230-66, p. 265-6 para números; para a suposta ordem de Hitler, consulte Meir Michaelis, *Mussolini and the Jews: German-Italian relations and the Jewish Question in Italy, 1922-1945*, Oxford, 1978, p. 363-4; Kershaw, *Hitler, 1936-1945, op. cit.*, 2001, p. 604; para o texto do telegrama, consulte Wildvang, *Der Feind von nebenan, op. cit.*, 2008, p. 255; Sara Berger, "I persecutori del 16 ottobre 1943", em Martin Baumeister, Amedeo Osti Guerrazzi e Claudio Procaccia (eds.), *16 ottobre 1943: la deportazione degli ebrei romani tra storia e memoria*, Roma, 2016, p. 21-40; Lutz Klinkhammer, "Diplomatici e militari tedeschi a Roma di fronte ala politica di sterminio nazionalsocialista", *ibid.*, p. 41-62.
62. Wildvang, *Der Feind von nebenan, op. cit.*, 2008, p. 277-9; Susan Zuccotti, "Pius XII and the Rescue of Jews in Italy: Evidence of a Papal Directive", em Joshua D. Zimmerman (ed.), *Jews in Italy under Fascist and Nazi Rule, 1922-1945*, Cambridge, 2005, p. 287-307.

63. Jonathan Steinberg, *All or Nothing: The Axis and the Holocaust 1941-43*, Londres, 1990; para uma análise, consulte Carlo Moos, *Ausgrenzung, Internierung, Deportation: Antisemitismus und Gewalt im späten italienischen Faschismus 1938-1945*, Zurique, 2004, p. 19-22; MacGregor Knox, "Das faschistische Italien und die Endlösung", *VfZ*, v. 55, p. 53-92; Thomas Schlemmer and Hans Woller, "Der italienische Faschismus und die Juden", VfZ, v. 53, p. 164-201, 2005.

64. Wildvang, *Der Feind von nebenan*, *op. cit.*, 2008, p. 361-2.

65. Liliana Picciotto, *Il libro della memoria: gli ebrei deportati dall'Italia (1943-1945)*, Milão, 2002, p. 28; para o manifesto, consulte De Felice, *Mussolini l'alleato*, II, *op. cit.*, 1997, p. 610-3.

66. Liliana Picciotto Fargion, "Italien", em Wolfgang Benz (ed.), *Dimension des Völkermords: Die Zahl der jüdischen Opfer des Nationalsozialismus*, Munique, 1996, p. 219-28, aqui p. 215-6; consulte a entrevista de De Felice em *Corriere della Sera*, 27 dez. 1987, reproduzido em Jader Jacobelli (ed.), *Il fascismo e gli storici oggi*, Roma, 1988, p. 3-6, aqui p. 6.

67. *TBJG*, Teil II, VIII, p. 263 (9 nov. 1943).

68. *TBJG*, Teil II, IX, p. 569 (23 set. 1943); Georg Zachariae, *Mussolini si confessa: rivelazioni del medico tedesco inviato da Hitler al Duce*, Milão, 1948, p. 9-28; Bosworth, *Mussolini*, op. cit., 2002, p. 404-6; Giovanni Dolfin, *Con Mussolini nella tragedia: diario del capo dela segreteria particulare del Duce 1943-1944*, Milão, 1949, p. 47.

69. Weinberg, *A World at Arms*, *op. cit.*, 1994, p. 628-31.

70. *OO*, XXXII, p. 274.

71. *VB*, 31 dez. 1943; para o contexto, consulte Osti Guerrazzi, *Storia della Repubblica sociale italiana*, *op. cit.*, 2012, p. 139; Klinkhammer, *Zwischen Bündnis und Besatzung*, *op. cit.*, 1993, p. 334-42.

72. *TBJG*, Teil II, IX, p. 158-9 (25 jan. 1944).

73. ASMAE, RSI, b. 31, Anfuso para Mussolini, 9 nov. 1943.

74. *New York Times*, 9 abr. 1944; *Hamburger Fremdenblatt*, 1º abr. 1944.

75. Para detalhes, consulte Andreas Hillgruber (ed.), *Staatsmänner und Diplomaten bei Hitler: vertrauliche Aufzeichnungen über Unterredungen mit Vertretern des Auslandes 1939-1941*, Frankfurt am Main, 1967, I, p. 345-406.

76. Zachariae, *Mussolini si confessa*, *op. cit.*, 1948, p. 123-4.

77. Para os operários, consulte Herbert, *Fremdarbeiter*, *op. cit.*, 1999, p. 303-4 (p. 304 para citação); Deakin, *The Brutal Friendship*, *op. cit.*, 1962, p. 678-81.

78. Deakin, *The Brutal Friendship*, *op. cit.*, 1962, p. 681-9.
79. Claudio Matteini (ed.), *Ordini alla stampa*, Roma, 1945, p. 341; *Corriere della Sera*, 26 abr. 1944; para uma fotografia, consulte *Corriere della Sera*, 1º maio 1944; *VB*, 26 abr. 1944; consulte também *Deutsche Allgemeine Zeitung*, 26 abr. 1944, cópia em BAB, R 8034 II/325; para os telegramas, consulte *OO*, XXXII, p. 218-9; ASMAE, RSI, b. 31.
80. Deakin, *The Brutal Friendship*, *op. cit.*, 1962, p. 689; Anfuso, *Roma Berlino Salò*, *op. cit.*, 1950, p. 478.
81. Hillgruber (ed.), *Staatsmänner und Diplomaten bei Hitler*, II, *op. cit.*, 1967, p. 406-14; Deakin, *The Brutal Friendship*, *op. cit.*, 1962, p. 678-89; para o contexto, consulte Fioravanzo, *Mussolini e Hitler*, *op. cit.*, 2009, p. 135-44; Klinkhammer, *Zwischen Bündnis und Besatzung*, *op. cit.*, 1993, p. 368-91; sobre o novo exército, consulte Adolfo Scalpelli, "La formazione delle forze armate di Salo attraverso i documenti dello stato magg. della RSI", *Movimento di liberazione in Italia*, v. 72, p. 19-70, 1963; Giampaolo Pansa, *L'esercito di Salò*, Milão, 1970.
82. Hillgruber (ed.), *Staatsmänner und Diplomaten bei Hitler*, II, *op. cit.*, 1967, p. 424-33; consulte também *ibid.*, p. 414-24, para as atas da reunião vespertina em 22 abr. 1944, e *ibid.*, p. 434-8, para as atas da reunião vespertina em 23 abr. 1944.
83. *Corriere della Sera*, 26 abr. 1944; *VB*, 26 abr. 1944; consulte também *Deutsche Allgemeine Zeitung*, 26 abr. 1944, cópia em BAB, R 8034 II/325.
84. Matteini (ed.), *Ordini alla stampa*, *op. cit.*, 1945, p. 341-2; *OO*, XXXII, p. 84-5.
85. PRO, HW 1/2888, conversas Hitler-Mussolini, 3 jun. 1944; para relatos do jornal, consulte PRO, GFM 36/451; *OO*, XXXII, p. 218.
86. *Corriere della Sera*, 1º maio 1944.
87. Klinkhammer, *Zwischen Bündnis und Besatzung*, *op. cit.*, 1993, p. 485; Hans Woller, *Mussolini: der erste Faschist – eine Biografie*, Munique, 2016, p. 296-7.
88. ACS, SpD, RSI, c.r., b. 16, sf. 6, appunto per il Duce, 12 maio 1944.
89. ASMAE, RSI, b. 31, segreto appunto per il Duce, 10 out. 1943.
90. Corrado Di Pompeo, *Più della fame e più dei bombardamenti: diario dell'occupazione di Roma*, Bolonha, 2009, p. 151-2 (4 jun. 1944).
91. Reproduzido em Natale Verdina, *Riservato a Mussolini: notiziari giornalieri della Guardia nazionale repubblicana novembre 1943/giugno 1944*, Milão, 1974, p. 10.

92. Reproduzido em Benito Mussolini, *A Clara: tutte le lettere a Clara Petacci 1943-1945*, ed. Luisa Montevecchi, Milão, 2011, p. 19.
93. Istituto storico della Resistenza in Toscana, fondo Repubblica sociale italiana, b. 1, fol. 38, Notiziario politico interno, 21 jun. 1944.
94. Para o contexto, consulte Dianella Gagliani, *Brigate nere: Mussolini e la militarizzazione del Partito fascista repubblicano*, Turim, 1999, p. 82-3.
95. Maria Ferretti, "Memoires diviconsultes: resistance et guerre aux civils en Italie", *Annales. Histoire, sciences sociales*, v. 60, p. 627-51, 2005; para um relato de um proeminente historiador e guerrilheiro, consulte Federico Chabod, *A History of Italian Fascism*, Londres, 1963, p. 101-16.
96. Steffen Prauser, "Mord in Rom? Der Anschlag in der via Rasella und die deutsche Vergeltung in den Fosse Ardeatine", *VfZ*, v. 50, p. 269-310, 2002; Carlo Gentile, *Wehrmacht und Waffen-SS im Partisanenkrieg: Italien 1943-1945*, Paderborn, 2012, p. 14-5; consulte também Lutz Klinkhammer, *Stragi naziste in Italia: la guerra contro i civili (1943-44)*, Roma, 1997, p. 21; Gerhard Schreiber, *Deutsche Kriegsverbrechen in Italien: Täter, Opfer, Strafverfolgung*, Munique, 1996; para o número mais alto, consulte Schreiber, "Das Ende des nordafrikanischen Feldzugs", *op. cit.*, p. 1125; Paolo Pezzino, *Memory and Massacre: Revisiting Sant'Anna di Stazzema*, Nova York, 2012.
97. Claudio Pavone, *Una guerra civile: saggio sulla moralità nella Resistenza*, Turim, 1991; para uma recente avaliação de Pavone, consulte Guri Schwarz, "The Moral Conundrums of the Historian: Claudio Pavone's *A Civil War* and its Legacy", *Modern Italy*, v. 20, p. 427-37, 2015.
98. Dianella Gagliani, "Diktat oder Konsens? Die Republik von Salò und das Dritte Reich", em Lutz Klinkhammer, Amedeo Osti Guerrazzi e Thomas Schlemmer (eds.), *Die "Achse" im Krieg: Politik, Ideologie und Kriegführung 1939-1945*, Paderborn, 2010, p. 456-71, aqui p. 467-70; Klinkhammer, *Zwischen Bündnis und Besatzung*, *op. cit.*, 1993, p. 485.
99. ACS, SpD, RSI, CR, b. 60, fasc. 628, sf. 1, "Il Colpo di Stato", p. 54; *ibid.*, sf. 2, "Immaturita e colpa del popolo italiano".
100. Mussolini, *A Clara*, *op. cit.*, 2011, p. 229-30 (2 jul. 1944); *OO*, XXXIV, p. 303-444; para um artigo sobre Grandi, consulte "Uno dei tanti: il conte di Mordano", em *OO*, XXXIV, p. 399-405, e "Il dramma della diarchia", *ibid.*, p. 406-16 (p. 413 para citação).
101. Chessa e Raggi, *L'ultima lettera*, p. 121; Mussolini, *A Clara*, *op. cit.*, 2011, p. 149 (13 jul. 1944).

102. *OO*, XXXII, p. 94-105; para o itinerário de Mussolini, consulte *OO*, XXXV, p. 438-9.
103. Hillgruber (ed.), *Staatsmänner und Diplomaten bei Hitler*, II, *op. cit.*, 1967, p. 468; Anfuso, *Roma Berlino Salò*, *op. cit.*, 1950, p. 541; sobre a tentativa de assassinato, consulte Kershaw, *Hitler, 1936-1945*, *op. cit.*, 2001, p. 658-84.
104. Mussolini, *A Clara*, *op. cit.*, 2011, p. 239-40 (22 jul. 1944).
105. Para o dossiê, consulte ACS, SpD, RSI, CR, b. 60, sf. 629.
106. *ADAP*, E, VIII, doc. 128, nota de Schmidt, 21 jul. 1944; Schmidt, *Statist auf diplomatischer Bühne*, *op. cit.*, 1949, p. 582.
107. Sobre os presos militares, consulte "Bericht der von den Außenministern der Bundesrepublik Deutschland und Republik Italien am 28.3.2009 eingesetzten Deutsch-Italienischen Historikerkommission", jul. 2012, p. 134, disponível em http://www.villavigoni.it/contents/files/Abschlussbericht.pdf, acessado em 14 dez. 2017; Schmidt, *Statist auf diplomatischer Bühne*, *op. cit.*, 1949, p. 580-3; Anfuso, *Roma Berlino Salò*, *op. cit.*, 1950, p. 546-7; Gabriele Hammermann, *Zwangsarbeit für den "Verbündeten": die Arbeits- und Lebensbedingungen der italienischen Militärinternierten in Deutschland 1943-1945*, Tübingen, 2002, p. 461-73; Schreiber, *Die italienischen Militärinternierten*, *op. cit.*, 1990, p. 409-43.
108. *New York Times*, 24 jul. 1944; consulte também *Corriere della Sera*, 21, 22 e 23 jul. 1944.
109. Ceccarelli De Grada, *Giornale del tempo di guerra*, *op. cit.*, 2011, p. 270 (20 jul. 1944).
110. Istituto Storico della Resistenza in Toscana, fondo RSI, b. 1, n. 71, notiziario politico interno, 26 set. 1944.
111. Citado em Kershaw, *The "Hitler Myth"*, *op. cit.*, 1987, p. 220.
112. Reproduzido em Deakin, *The Brutal Friendship*, *op. cit.*, 1962, p. 735-6. Não há provas de que a carta tenha sido enviada.
113. *Ibid.*, p. 742.
114. Para o discurso, consulte *OO*, XXXII, p. 126-39; citado em Fraddosio, "The Fallen Hero", *op. cit.*, 1996, p. 115; consulte também *ibid.*, p. 116; para o discurso, consulte *Corriere della Sera*, 17 dez. 1944; sobre o contexto, consulte Franzinelli, *Il prigioniero di Salò*, *op. cit.*, 2012, p. 113-32; sobre a mobilização de mulheres para a RSI, consulte Roberta Cairoli, *Dalla parte del nemico: ausiliare, delatrici e spie nella Repubblica sociale italiana (1943-1945)*, Milão, 2013; para o tratamento dado a elas no pós-guerra, consulte Cecilia Nubola, *Fas-*

ciste di Salò, Roma, 2016; para detalhes sobre a ofensiva de Ardenas, consulte Weinberg, A World at Arms, op. cit., 1994, p. 765-71.

115. Para detalhes, consulte OO, XXIII, p. 139-42; para os relatos da imprensa, consulte Corriere della Sera, 18 e 19 dez. 1944; Mussolini, A Clara, op. cit., 2011, p. 333; para o contexto, consulte Deakin, The Brutal Friendship, op. cit., 1962, p. 744-5; Fraddosio, "The Fallen Hero", op. cit., 1996, p. 117; para o Giornata delle fede, consulte Petra Terhoeven, Liebespfand fürs Vaterland: Krieg, Geschlecht und faschistische Nation in der italienischen Gold- und Eheringsammlung 1935/36, Tübingen, 2003; para as reações alemãs, consulte TBJG, Teil II, IX, p. 500 (31 dez. 1944); ASMAE, RSI, b. 34, sf. 8, Anfuso to Ministero degli affari esteri, 19 dez. 1944; ASMAE, RSI, b. 31, Anfuso-Mussolini, 4 jan. 1945.

116. ASMAE, RSI, b. 34, sf. 6, Anfuso para Vittorio Mussolini e Ministero degli affari esteri, 23 nov. 1944; sobre a Volkssturm, consulte David K. Yelton, Hitler's Volkssturm: The Nazi Militia and the Fall of Germany, 1944-1945, Lawrence, KS, 2002.

117. Schreiber, "Das Ende des nordafrikanischen Feldzugs", op. cit., p. 1161; Christian Goeschel, Suicide in Nazi Germany, Oxford, 2009, p. 149.

118. Hans Mommsen, "Die Rückkehr zu den Ursprüngen: Betrachtungen zur inneren Auflösung des Dritten Reiches nach der Niederlage von Stalingrad", em Michael Gruttner, Rüdiger Hachtmann e Heinz-Gerhard Haupt (eds.), Geschichte und Emanzipation: Festschrift für Reinhard Rürup, Frankfurt am Main, 1999, p. 418-34.

119. ASMAE, RSI, b. 33, Ministero degli affari esteri, il capo del gabinetto to Anfuso, 16 mar. 1945; para o artigo traduzido e a transmissão, consulte ibid., Basler Nachrichten, 21 fev. 1945; ibid., Ministério do Exterior para Embaixada italiana em Berlim, s.d.

120. ASMAE, RSI, b. 33, Mussolini para Hitler, 18 abr. 1945; OO, XLIII, p. 221.

121. Para detalhes, consulte Sergio Luzzatto, Il corpo del Duce, Turim, 1998; para os últimos dias de Mussolini, consulte Bosworth, Claretta, op. cit., 2017, p. 221-31.

122. Kershaw, Hitler, 1936-1945, op. cit., 2001, p. 826; Goeschel, Suicide in Nazi Germany, op. cit., 2009, p. 150-5.

123. Weinberg, A World at Arms, op. cit., 1994, p. 823, 827.

124. Klinkhammer, Zwischen Bündnis und Besatzung, op. cit., 1993.

CONCLUSÃO

1. Costanza Caraffa e Avinoam Shalem, "'Hitler's Carpet': A Tale of One City", *Mitteilungen des Kunsthistorischen Instituts in Florenz*, v. 55, p. 119-43, 2013; Filippo Focardi, *Il cattivo tedesco e il bravo italiano: la rimozione delle colpe della seconda guerra mondiale*, Bari, 2013.
2. Benedetto Croce, *Il dissidio spirituale della Germania con l'Europa*, Bari, 1944, p. 21.
3. Focardi, *Il cattivo tedesco, op. cit.*, 2013, p. 77-106, 179-93; consulte também Michele Battini, *The Missing Italian Nuremberg: Cultural Amnesia and Postwar Politics*, Basingstoke, 2007.
4. Hans Woller, *Die Abrechnung mit dem Faschismus in Italien 1943 bis 1948*, Munique, 1996, esp. p. 257-307; para a Alemanha, consulte Konrad H. Jarausch, *After Hitler: Recivilizing Germans, 1945-1995*, Oxford, 2006.
5. Para uma visão geral, consulte Ian Kershaw, *The Nazi Dictatorship: Problems and Perspectives of Interpretation*, Londres, 2000, p. 40-1.
6. François Genoud (ed.), *The Testament of Adolf Hitler: The Hitler-Bormann Documents February-April 1945*, Londres, 1961, p. 69-75; F. W. Deakin, *The Brutal Friendship: Mussolini, Hitler and the Fall of Italian Fascism*, Londres, 1962, p. 800; sobre a fidelidade do testamento, consulte Ian Kershaw, *Hitler, 1889-1936: Hubris*, Harmondsworth, 2001, p. 1024-5.
7. Gerhard Schreiber, *Deutsche Kriegsverbrechen in Italien: Täter, Opfer, Strafverfolgung*, Munique, 1996, p. 16-7.
8. Para uma abordagem estimulante, consulte Lucy Riall, "The Shallow End of History? The Substance and Future of Political Biography", *Journal of Interdisciplinary History*, v. 40, p. 375-93, 2010.
9. Para o contexto, consulte Lucy Riall, *Garibaldi: Invention of a Hero*, New Haven e Londres, 2007, p. 390-2; para as reuniões de cúpula, consulte David Reynolds, *Summits: Six Meetings that Shaped the Twentieth Century*, Londres, 2007.

BIBLIOGRAFIA

FONTES DE ARQUIVO

Archivio Storico Capitolino, Roma
Gabinetto del sindaco

Archivio centrale dello Stato, Roma
Agenzia Stefani
Ambasciata tedesca in Roma (1925-1943)
Ministero della cultura popolare
Ministero dell'interno
Presidenza del consiglio dei ministri
Partito nazionale fascista, Situazione politica ed economica delle provincie
Segreteria particolare del Duce
Ufficio del prefetto di palazzo, anni 1871-1946
Ufficio del primo aiutante di campo generale di Sua Maestà il Re e Imperatore

Archivio storico del Comune di Firenze
Gabinetto del podestà

Archivio storico diplomatico del Ministero degli affari esteri, Roma
Gabinetto del Ministro, 1923-1943
Ministero della cultura popolare
Rappresentanza italiana a Berlino, 1867-1943
Repubblica Sociale Italiana
Serie affari politici, 1931-1945, Germania

Bundesarchiv, Berlim-Lichterfelde
NS 19 Persönlicher Stab Reichsführer SS
NS 22 Reichsorganisationsleiter der NSDAP
R 2 Reichsfinanzministerium
R 43 II Reichskanzlei
R 55 Reichsministerium für Volksaufklärung und Propaganda
R 901 Auswärtiges Amt
R 8034 II Reichslandbund-Pressearchiv

Bundesarchiv, Coblença
N 1235 Nachlaß Giuseppe Renzetti

Bundesarchiv-Militärarchiv, Freiburg
RW 4 Wehrmachtführungsstab

Institut für Zeitgeschichte, Munique

Istituto storico della Resistenza in Toscana
Fondo Repubblica sociale italiana

The National Archives, Public Record Office, Kew
GFM German Foreign Ministry and Italian documents captured by the British
HW Records created or inherited by Government Communications Headquarters (GCHQ)

Politisches Archiv des Auswärtigen Amts, Berlin
Botschaft Rom (Quirinal)
Botschaft Rom (Quirinal) Geheimakten

Büro des Staatssekretärs
Nachlaß Mackensen
Personalakten
Politische Abteilung

Wiener Library, Londres

NSDAP Hauptarchiv

JORNAIS E REVISTAS

Basler Nachrichten
Berlin Rom Tokio
Berliner Börsenzeitung
Berliner Morgenpost
Berliner Tageblatt
Capitolium
La Civiltà Cattolica
Civiltà Fascista
Collier's
Corriere della Sera
Corriere Italiano
Daily Herald
Daily Telegraph
Der Deutsche
Deutsche Allgemeine Zeitung
L'Epoca
Gazzetta del Popolo
Gerarchia
Hamburger Fremdenblatt
Illustrierter Beobachter
Italien-Beobachter
Il Lavoro fascista
Manchester Guardian
Il Messaggero
La Nazione

New York Herald Tribune
New York Times
Observer
L'Osservatore Romano
Il Popolo d'Italia
Il Regime Fascista
Rheinisch- Westfälische Zeitung
Das Schwarze Korps
La Svastica
Il Tevere
The Times
Völkischer Beobachter
Vossische Zeitung
Wall Street Journal

PUBLICAÇÕES OFICIAIS

Akten zur Deutschen Auswärtigen Politik, Serie C: 1933-1937. Das Dritte Reich: die ersten Jahre, 6 vols, Göttingen, 1971-81.
Akten zur Deutschen Auswärtigen Politik, Serie D: 1937-1945, 13 vols, Baden-Baden, 1950-70.
Akten zur Deutschen Auswärtigen Politik, Serie E: 1941-1945, 8 vols, Göttingen, 1969-79.
Ausgewählte Reden des Führers und seiner Mitarbeiter 1937: Rede des italienischen Regierungschefs auf dem Maifeld in Berlin – Sonderausgabe für die Wehrmacht, Munich, 1937.
Bozzetti di addobbo dell'urbe per la visita del Führer/Die Ausschmückungsentwürfe der Stadt Roms für den Besuch des Führers, Rome, 1938.
I documenti diplomatici italiani, 7. serie: 1922-1935, ed. Ministero degli affari esteri, 16 vols, Rome, 1953-90.
I documenti diplomatici italiani, 8. serie: 1935-1939, ed. Ministero degli affari esteri, 13 vols, Rome, 1952-2006.
I documenti diplomatici italiani, 9. serie: 1939-1943, ed. Ministero degli affari esteri, 10 vols, Rome, 1954-90.

I documenti diplomatici italiani, 10. serie: 1943-1948, ed. Ministero degli affari esteri, 7 vols, Rome, 1992-2000.
Documents diplomatiques français 1932-1939, 2e série: 1936-1939. 15 vols, Paris, 1963-81.
Documents on British Foreign Policy, Second Series, 21 vols, London, 1965-84.
Documents on British Foreign Policy, Third Series, 10 vols, London, 1949-72.
Documents on German Foreign Policy, Series D, 13 vols, London, 1949-64.
Militärgeschichtliches Forschungsamt (ed.), *Das Deutsche Reich und der Zweite Weltkrieg*, 10 vols, Stuttgart/Munich, 1979-2008.
Pastorelli, Pietro (ed.), *Le carte del Gabinetto del Ministro e della Segreteria generale dal 1923 al 1943*, Rome, 1999.
Il patto d'acciaio (Italia e Germania), ed. Ministero della cultura popolare, Rome, 1939.
R. Ministero degli Affari Esteri Gabinetto, *Reise des Führers in Italien/ Viaggio del Führer in Italia*, Rome, 1938.
Royal Institute of International Affairs (ed.), *Review of the Foreign Press 1939-1945, Series A*, 9 vols, Munich, 1980.
Stato Maggiore dell'Esercito Ufficio Storico (ed.), *Le operazioni delle unità italiane al fronte russo (1941-1943)*, 2nd edn, Rome, 1993.
Trial of the Major War Criminals before the International Military Tribunal, 42 vols, Nuremberg, 1948.

FONTES ELETRÔNICAS

"Bericht der von den Außenministern der Bundesrepublik Deutschland und Republik Italien am 28.3.2009 eingesetzten Deutsch-Italienischen Historikerkommission", July 2012, available at http://www.villavigoni. it/contents/files/Abschlussbericht.pdf, acessado em: 14 December 2017.
"Die Rede des Reichsvizekanzlers von Papen am 17. Juni 1934", available at http://www.bundesarchiv.de/oeffentlichkeitsarbeit/bilder_dokumente/00634/index.html.de, accessed 31 August 2017.
Foreign Relations of the United States, available at http://digicoll.library. wisc.edu/cgi-bin/FRUS/FRUS-idx?type=browse&scope=FRUS.FRUS1, acessado em: 1 September 2017.

FONTES NÃO PUBLICADAS

Scholz, Beate, "Italienischer Faschismus als 'Exportartikel': ideologische und organisatorische Ansätze zur Verbreitung des Faschismus im Ausland", PhD dissertation, Universität Trier, 2001.

FONTES PUBLICADAS

Afflerbach, Holger, *Der Dreibund: europäische Großmacht- und Allianzpolitik vor dem Ersten Weltkrieg*, Vienna, 2002.
Aga Rossi, Elena, *Cefalonia: la resistenza, l'eccidio, il mito*, Bologna, 2016.
Agarossi, Elena, *A Nation Collapses: The Italian Surrender of September 1943*, Cambridge, 2000.
Albanese, Giulia, *Dittature mediterranee: sovversioni fasciste e colpi di Stato in Italia, Spagna e Portogallo*, Rome, 2016.
Albrecht, Andrea, Lutz Danneberg and Simone De Angelis (eds), *Die akademische "Achse Berlin-Rom"? Der wissenschaftlich- kulturelle Austausch zwischen Italien und Deutschland 1920 bis 1945*, Berlin, 2017.
Alexander, Jeffrey C., "Cultural Pragmatics: Social Performance between Ritual and Strategy", in Jeffrey C. Alexander, Bernhard Giesen and Jason L. Mast (eds), *Social Performance: Symbolic Action, Cultural Pragmatics, and Ritual*, Cambridge, 2006, p. 29-90.
Alfieri, Dino, *Dictators Face to Face*, London, 1954.
Allert, Tilman, *Der deutsche Gruß: Geschichte einer unheilvollen Geste*, Frankfurt am Main, 2005.
André, Gianluca, "La politica estera del governo fascista durante la seconda guerra mondiale", in Renzo De Felice (ed.), *L'Italia fra tedeschi e alleati: la politica estera fascista e la seconda guerra mondiale*, Bologna, 1973, p. 115-26.
Anfuso, Filippo, *Da Palazzo Venezia al Lago di Garda (1936-1945)*, Bologna, 1957.
Anfuso, Filippo, *Roma Berlino Salò*, Milan, 1950.
Aquarone, Alberto, *L'organizzazione dello Stato totalitario*, Turin, 1965.
Aquarone, Alberto, "Public Opinion in Italy before the Outbreak of World War II", in Roland Sarti (ed.), *The Ax Within: Italian Fascism in Action*, New York, 1974, p. 212-20.

Archivio Storico (ed.), *Firenze 9 Maggio 1938*, Florence, 2012.

Asserate, Asfa-Wossen and Aram Mattioli (eds), *Der erste faschistische Vernichtungskrieg: die italienische Aggression gegen Äthiopien*, Cologne, 2006.

Attanasio, Sandro, *Sicilia senza Italia: luglio-agosto 1943*, Milan, 1976.

Baldoli, Claudia, "Spring 1943: The Fiat Strikes and the Collapse of the Italian Home Front", *History Workshop Journal*, 72 (2011), p. 181-9.

Baldoli, Claudia and Marco Fincardi, "Italian Society under Anglo-American Bombs: Propaganda, Experience, and Legend, 1940-1945", *Historical Journal*, 52 (2009), p. 1017-38.

Barros, James, *The Corfu Incident of 1923: Mussolini and the League of Nations*, Princeton, 1965.

Bartikowski, Kilian, *Der italienische Antisemitismus im Urteil des Nationalsozialismus 1933-1943*, Berlin, 2013.

Bartikowski, Kilian and Giorgio Fabre, "Donna bianca e uomo nero (con una variante): il razzismo anti- nero nei colloqui tra Mussolini e Bülow-Schwante", *Quaderni di storia*, 70 (2009), p. 181-218.

Bartov, Omer, *The Eastern Front, 1941-45: German Troops and the Barbarisation of Warfare*, 2nd edn, Basingstoke, 2001.

Bastianini, Giuseppe, *Volevo fermare Mussolini: memorie di un diplomatico fascista*, Milan, 2005.

Battini, Michele, *The Missing Italian Nuremberg: Cultural Amnesia and Postwar Politics*, Basingstoke, 2007.

Bauerkämper, Arnd, "Die Inszenierung transnationaler faschistischer Politik: der Staatsbesuch Hitlers in Italien im Mai 1938", in Stefan Voigt (ed.), *Ideengeschichte als politische Aufklärung: Festschrift für Wolfgang Wippermann zum 65. Geburtstag*, Berlin, 2010, p. 129-53.

Baum, Walter and Eberhard Weichold, *Der Krieg der "Achsenmächte" im Mittelmeer-Raum: die "Strategie" der Diktatoren*, Zurich, 1973.

Baxa, Paul, "Capturing the Fascist Moment: Hitler's Visit to Italy in 1938 and the Radicalization of Fascist Italy", *JCH*, 42 (2007), p. 227-43.

Baxa, Paul, "'Il nostro Duce': Mussolini's Visit to Trieste in 1938 and the Workings of the Cult of the Duce', Modern Italy, 18 (2013), p. 117-28.

Beevor, Antony, *Crete: The Battle and the Resistance*, London, 1991.

Behnken, Klaus (ed.), *Deutschland-Berichte der Sopade*, 7 vols, Frankfurt am Main, 1980.

Below, Nicolaus von, *Als Hitlers Adjutant 1937-45*, Mainz, 1980.

Ben-Ghiat, Ruth, *Fascist Modernities: Italy, 1922-1945*, Berkeley, 2001.

Benz, Wolfgang, "Die Inszenierung der Akklamation: Mussolini in Berlin 1937", in Michael Grüttner, Rüdiger Hachtmann and Heinz-Gerhard Haupt (eds), *Geschichte und Emanzipation: Festschrift für Reinhard Rürup*, Frankfurt am Main, 1999, p. 401-17.

Berezin, Mabel, *Making the Fascist Self: The Political Culture of Interwar Italy*, Ithaca, NY, 1997.

Berger, Sara, "I persecutori del 16 ottobre 1943", in Martin Baumeister, Amedeo Osti Guerrazzi and Claudio Procaccia (eds), *16 ottobre 1943: la deportazione degli ebrei romani tra storia e memoria*, Rome, 2016, p. 21-40.

Berger Waldenegg, Georg Christoph, "Hitler, Göring, Mussolini und der 'Anschluß' Österreichs an das Deutsche Reich", *VfZ*, 51 (2003), p. 147-82.

Bermani, Cesare, "Odysse in Deutschland: die alltägliche Erfahrung der italienischen 'Fremdarbeiter' im 'Dritten Reich'", in Cesare Bermani, Sergio Bologna and Brunello Mantelli (eds), *Proletarier der "Achse": Sozialgeschichte der italienischen Fremdarbeit in NS-Deutschland 1937-1943*, Berlin, 1997, p. 37-252.

Bernasconi, Paola, "A Fairy Tale Dictator: Children's Letters to the Duce", *Modern Italy*, 18 (2013), p. 129-40.

Bernhard, Patrick, "Behind the Battle Lines: Italian Atrocities and the Persecution of Arabs, Berbers, and Jews in North Africa during World War II", *Holocaust and Genocide Studies*, 26 (2012), p. 425-46.

Bernhard, Patrick, "Colonial Crossovers: Nazi Germany and its Entanglement with Other Empires", *Journal of Global History*, 12 (2017), p. 206-27.

Bernhard, Patrick, "Italien auf dem Teller: zur Geschichte der italienischen Küche und Gastronomie in Deutschland 1900-2000", in Gustavo Corni and Christof Dipper (eds), *Italiener in Deutschland im 19. und 20. Jahrhundert: Kontakte, Wahrnehmungen, Einflüsse*, Berlin, 2012, p. 217-36.

Bernhard, Patrick, "Konzertierte Gegnerbekämpfung im Achsenbündnis: die Polizei im Dritten Reich und im faschistischen Italien 1933 bis 1943", *VfZ*, 59 (2011), p. 229-62.

Bernhart, Toni, "Benito Mussolini als Schriftsteller und seine Übersetzungen ins Deutsche", in Albrecht, Danneberg and De Angelis (eds), *Die akademische "Achse Berlin-Rom?"*, p. 345-99.

Berti Arnoaldi, Ugo, "Ansaldo, Giovanni", in Victoria de Grazia and Sergio Luzzatto (eds), *Dizionario del fascismo*, Turin, 2002, I, p. 57-9.

Bertinaria, Pier Luigi, "Hitler Mussolini: lo stato dell'alleanza", in R. H. Rainero and A. Biagini (eds), *L'Italia in guerra*, Gaeta, 1992, II, p. 57-84.

Bessel, Richard, "The Nazi Capture of Power", *JCH*, 39 (2004), p. 169-88.

Biagini, Antonello and Fernando Frattolillo (eds), *Diario storico del comando supremo: raccolta di documenti della seconda guerra mondiale*, 9 vols, Rome, 1986-2002.

Bianchi Bandinelli, Ranuccio, *Diario di un borghese*, new edn, Rome, 1996.

Boberach, Heinz (ed.), *Meldungen aus dem Reich: die geheimen Lageberichte des Sicherheitsdienstes der SS 1938-1945*, 17 vols, Herrsching, 1984.

Bocca, Giorgio, *La repubblica di Mussolini*, Milan, 1995.

Bohrmann, Hans (ed.), *NS-Presseanweisungen der Vorkriegszeit*, 7 vols, Munich, 1984-2001.

Bollati, General Ambrogio, "Le Forze Armate dell'Italia fascista", *Gerarchia*, XVII/10 (1939), p. 661-72.

Bonsaver, Guido, *Censorship and Literature in Fascist Italy*, Toronto, 2007.

Bosworth, R.J.B., *Claretta: Mussolini's Last Lover*, New Haven, 2017.

Bosworth, R.J.B., *The Italian Dictatorship: Problems and Perspectives in the Interpretation of Mussolini and Fascism*, London, 1998.

Bosworth, R.J.B., "Italian Foreign Policy and its Historiography", in R.J.B. Bosworth and Gino Rizzo (eds), *Altro Polo: Intellectuals and their Ideas in Contemporary Italy*, Sydney, 1983, p. 65-86.

Bosworth, R.J.B., *Mussolini*, London, 2002.

Bosworth, R.J.B., *Mussolini's Italy: Life under the Dictatorship*, London, 2006.

Bosworth, R.J.B., "War, Totalitarianism and Deep Belief in Fascist Italy, 1935-43", *European History Quarterly*, 34 (2004), p. 475-505.

Bosworth, R.J.B. and Sergio Romano (eds), *La politica estera italiana, 1860-1985*, Bologna, 1991.

Bottai, Giuseppe, *Diario 1935-1944*, Milan, 2001.

Braddick, Michael J. (ed.), "The Politics of Gesture: Historical Perspectives", *Past & Present*, 203/4 (2009), p. 9-35.

Brechtken, Magnus, *"Madagaskar für die Juden": antisemitische Idee und politische Praxis 1885-1945*, Munich, 1997.

Breitsprecher, Nina, "Die Ankunft des Anderen im interepochalen Vergleich: Heinrich III. von Frankreich und Adolf Hitler in Venedig", in Susann Baller (ed.), *Die Ankunft des Anderen: Repräsentationen sozialer und politischer Ordnungen in Empfangszeremonien*, Frankfurt am Main, 2008, p. 82-105.

Breuer, Stefan, "Moeller van den Bruck und Italien", *Archiv für Kulturgeschichte*, 84 (2002), p. 413-38.

Brice, Catherine, "Riti della Corona, riti del fascio", in Emilio Gentile (ed.), *Modernità italiana: il fascismo italiano*, Rome, 2008, p. 171-90.

Brown, Archie, *The Myth of the Strong Leader: Political Leadership in the Modern Age*, London, 2014.

Browning, Christopher R., *The Origins of the Final Solution: The Evolution of Nazi Jewish Policy*, September 1939-March 1942, Lincoln, NE, 2004.

Bullock, Alan, *Hitler and Stalin: Parallel Lives*, London, 1991.

Burgwyn, H. James, *Italian Foreign Policy in the Interwar Period, 1918-1940*, Westport, CT, 1997.

Burgwyn, H. James, *Mussolini Warlord: Failed Dreams of Empire 1940-43*, New York, 2012.

Burkman, Thomas W., *Japan and the League of Nations: Empire and World Order, 1914-1938*, Honolulu, 2008.

Buzzegoli, Thomas, *La polemica antiborghese nel fascismo (1937-1939)*, Rome, 2007.

Caine, Barbara (ed.), *Friendship: A History*, London, 2009.

Cairoli, Roberta, *Dalla parte del nemico: ausiliare, delatrici e spie nella Repubblica sociale italiana (1943-1945)*, Milan, 2013.

Cajani, Luigi and Brunello Mantelli, "In Deutschland arbeiten: die Italiener von der 'Achse' bis zur Europäischen Gemeinschaft", *Archiv für Sozialgeschichte*, 32 (1992), p. 231-46.

Calamandrei, Piero, *Diario 1939-1945*, ed. Giorgi Agosti, 2 vols, Florence, 1982.

Campbell, Ian, *The Addis Ababa Massacre: Italy's National Shame*, London, 2017.

Caraffa, Costanza and Avinoam Shalem, "'Hitler's Carpet': A Tale of One City", *Mitteilungen des Kunsthistorischen Instituts in Florenz*, 55 (2013), p. 119-43.

Carazzolo, Maria, *Più forte della paura: diario di guerra e dopoguerra (1938-1947)*, Caselle di Sommacampagna, 2007.

Casmirri, Silvana, "Il viaggio di Mussolini in Germania nel marzo del '22", *Storia e politica*, 12 (1973), p. 86-112.

Cassels, Alan, "Deux Empires face à face: la chimère d'un rapprochement Anglo-Italien (1936-1940)", *Guerres mondiales et conflits contemporains*, 161 (1991), p. 67-96.

Cassels, Alan, "Mussolini and German Nationalism, 1922-25", *Journal of Modern History*, 35 (1963), p. 137-57.

Ceadel, Michael, "The First British Referendum: The Peace Ballot, 1934-5", *English Historical Review*, 95 (1980), p. 810-39.

Ceccarelli De Grada, Magda, *Giornale del tempo di guerra: 12 giugno 1940-7 maggio 1945*, Bologna, 2011.

Cecconi, Aldo, "Il Gran Consiglio del fascismo", *Passato e presente*, 19 (1989), p. 53-81.

Cerruti, Elisabetta, *Ambassador's Wife*, New York, 1953.

Ceva, Lucio, *La condotta italiana della guerra: Cavallero e il Comando supremo 1941/1942*, Milan, 1975, p. 144-51.

Chabod, Federico, *A History of Italian Fascism*, London, 1963.

Chadwick, Owen, "Bastianini and the Weakening of the Fascist Will to Fight the Second World War", in T.C.W. Blanning and David Cannadine (eds), *History and Biography: Essays in Honour of Derek Beales*, Cambridge, 1996, p. 243-65.

Chadwick, Owen, *Britain and the Vatican during the Second World War*, Cambridge, 1986.

Chambrun, Charles de, *Traditions et souvenirs*, Paris, 1952.

Chessa, Pasquale and Barbara Raggi, *L'ultima lettera di Benito: Mussolini e Petacci – amore e politica a Salò, 1943-45*, Milan, 2010.

Churchill, Winston, "Dictators on Dynamite", *Collier's*, 3 September 1938.

Ciano, Galeazzo, *Diario 1937-1943*, ed. Renzo De Felice, Milan, 1980.

Clark, Christopher, *Sleepwalkers: How Europe Went to War in 1914*, London, 2013.

Clavin, Patricia, *Securing the World Economy: The Reinvention of the League of Nations, 1920-1946*, Oxford, 2013.

Clemens, Detlev, "The 'Bavarian Mussolini' and his 'Beerhall Putsch': British Images of Adolf Hitler, 1920-24", *English Historical Review*, 114 (1999), p. 64-84.

Cliadakis, Harry, "Neutrality and War in Italian Policy 1939-40", *JCH*, 9 (1974), p. 171-90.
Colarizi, Simona, *L'Italia antifascista dal 1922 al 1940*, 2 vols, Rome, 1976.
Colarizi, Simona, *L'opinione degli italiani sotto il regime 1929-1943*, 2nd edn, Rome, 2009.
Collotti, Enzo, *L'amministrazione tedesca dell'Italia occupata 1943-1945*, Milan, 1963.
Collotti, Enzo, *Fascismo, fascismi*, Milan, 1994.
Colombardo, Enrico, *La monarchia fascista 1922-1940*, Bologna, 2010.
Conze, Eckart, Norbert Frei, Peter Hayes and Moshe Zimmermann (eds), *Das Amt und die Vergangenheit: Deutsche Diplomaten im Dritten Reich und in der Bundesrepublik*, Munich, 2010.
Corner, Paul, "Fascist Italy in the 1930s: Popular Opinion in the Provinces", in Paul Corner (ed.), *Popular Opinion in Totalitarian Regimes: Fascism, Nazism, Communism*, p. 122-48.
Corner, Paul, *The Fascist Party and Popular Opinion in Mussolini's Italy*, Oxford, 2012.
Corner, Paul, "Italian Fascism: Whatever Happened to Dictatorship?", *Journal of Modern History*, 74 (2002), p. 325-51.
Corner, Paul (ed.), *Popular Opinion in Totalitarian Regimes: Fascism, Nazism, Communism*, Oxford, 2009.
Corvaja, Santi, *Mussolini nella tana del lupo*, Milan, 1983.
Coverdale, John F., *Italian Intervention in the Spanish Civil War*, Princeton, 1975.
Cremonini, Carlo Alberto, "La Francia contro l'Italia (1849-1939)", *Gerarchia*, XVII/3, (1939), p. 181-5.
Creveld, Martin van, "25 October 1940: A Historical Puzzle", *JCH*, 6 (1971), p. 87-96.
Croce, Benedetto, *Il dissidio spirituale della Germania con l'Europa*, Bari, 1944.
Crum, Roger J., "Shaping the Fascist 'New Man': Donatello's St George and Mussolini's Appropriated Renaissance of the Italian Nation", in Claudia Lazzaro and Roger J. Crum (eds), *Donatello among the Blackshirts: History and Modernity in the Visual Culture of Fascist Italy*, Ithaca, NY, 2005, p. 133-44.
Cuzzi, Marco, "I bombardamenti delle città italiane e l'UNPA", in Rainero and Biagini (eds), *L'Italia in guerra*, II, p. 173-84.

Cuzzi, Marco, *L'internazionale delle camicie nere: i CAUR, Comitati d'azione per l'universalità di Roma, 1933-1939*, Milan, 2005.
CV, "Contro la Russia sovietica", *Almanacco fascista del Popolo d'Italia*, 21 (1942), p. 109-60.
De Donno, Fabrizio, "La Razza Ario Mediterranea: Ideas of Race and Citizenship in Colonial and Fascist Italy", *Interventions: International Journal of Postcolonial Studies*, 8 (2006), p. 394-412.
De Felice, Renzo, "Alle origini del Patto d'acciaio: l'incontro e gli accordi fra Bocchini e Himmler del marzo–aprile 1936", *La cultura*, 1 (1963), p. 524-38.
De Felice, Renzo, *Intervista sul fascismo*, ed. Michael A. Ledeen, Bari, 1997.
De Felice, Renzo, *Mussolini*, 8 vols, Turin, 1965-97.
Mussolini il Duce. I. Gli anni del consenso, 1929-1936, 1974.
Mussolini il Duce. II. Lo Stato totalitario, 1936-1940, 1981.
Mussolini l'alleato, 2 vols, 1990-6.
De Felice, Renzo, *Mussolini e Hitler. I rapporti segreti, 1922-1933, con documenti inediti*, Rome, 2013.
De Felice, Renzo, "Mussolinis Motive für seine Rückkehr in die Politik und die Übernahme der Führung der RSI (September 1943)", in Rudolf Lill (ed.), *Deutschland-Italien 1943–1945: Aspekte einer Entzweiung*, Tübingen, 1992, p. 38-50.
De Felice, Renzo, *Rosso e nero*, Milan, 1996.
De Felice, Renzo, *Storia degli ebrei italiani sotto il fascismo*, Turin, 1993.
De Grand, Alexander, "Curzio Malaparte: The Illusion of the Fascist Revolution", *JCH*, 7 (1972), p. 73-89.
de Grazia, Victoria, *How Fascism Ruled Women: Italy, 1922-1945*, Berkeley, 1992.
Deakin, F.W., *The Brutal Friendship: Mussolini, Hitler and the Fall of Italian Fascism*, London, 1962.
Del Boca, Angelo, *La guerra di Abissinia, 1935-1941*, Milan, 1965.
Del Boca, Angelo, *Italiani, brava gente? Un mito duro a morire*, Vicenza, 2005.
Derix, Simone, *Bebilderte Politik: Staatsbesuche in der Bundesrepublik Deutschland 1949-1990*, Göttingen, 2009.
Descharmes, Bernadette, Eric Anton Heuser, Caroline Krüger and Thomas Loy (eds), *Varieties of Friendship: Interdisciplinary Perspectives on Social Relationships*, Göttingen, 2011.

Di Pompeo, Corrado, *Più della fame e più dei bombardamenti: diario dell'occupazione di Roma*, Bologna, 2009.

Diel, Louise, *Mussolinis neues Geschlecht: die junge Generation in Italien – unter Mitarbeit von Mussolini*, Dresden, 1934.

Diggins, John P., *Mussolini and Fascism: The View from America*, Princeton, 1972.

Dillon, Christopher, "'Tolerance Means Weakness': The Dachau Concentration Camp SS, Militarism and Masculinity", Historical Research, 86 (2013), p. 373-89.

Dobler, Ralph-Miklas, *Bilder der Achse: Hitlers Empfang in Italien 1938 und die mediale Inszenierung des Staatsbesuches in Fotobüchern*, Munich, 2015.

Dobry, Michel, "La thèse immunitaire face aux fascismes: pour une critique de la logique classificatoire", in Michel Dobry (ed.), *Le mythe d'allergie française du fascisme*, Paris, 2003, p. 17-67.

Dogliani, Patrizia, "Das faschistische Italien und das Münchner Abkommen", in Jürgen Zarusky and Martin Zückert (eds), *Das Münchener Abkommen in europäischer Perspektive*, Munich, 2013, p. 53-68.

Dolfin, Giovanni, *Con Mussolini nella tragedia: diario del capo della segreteria particulare del Duce 1943-1944*, Milan, 1949.

Dollmann, Eugen, *The Interpreter: Memoirs of Doktor Eugen Dollmann*, London, 1967.

Domarus, Max, *Hitler: Reden und Proklamationen*, 2 vols, Munich, 1965.

Domarus, Max, *Mussolini und Hitler: zwei Wege, gleiches Ende*, Würzburg, 1977.

Il Duce in Germania, with preface by Gherardo Casini, Milan, 1937.

Duggan, Christopher, *Fascist Voices: An Intimate History of Mussolini's Italy*, London, 2012.

Duggan, Christopher, *The Force of Destiny: A History of Italy since 1796*, London, 2007.

Duggan, Christopher, *Francesco Crispi, 1818-1901: From Nation to Nationalism*, Oxford, 2002.

Duggan, Christopher, "The Internalisation of the Cult of the Duce: The Evidence of Diaries and Letters", in Stephen Gundle, Christopher Duggan and Giuliana Pieri (eds), *The Cult of the Duce: Mussolini and the Italians*, Manchester, 2013, p. 129-43.

Dülffer, Jost, "The Tripartite Pact of 27 September 1940: Fascist Alliance or Propaganda Trick?", *Australian Journal of Politics and History*, 32 (1986), p. 228-37.

Eatwell, Roger, "On Defining the 'Fascist Minimum': The Centrality of Ideology", *Journal of Political Ideologies*, 1 (1996), p. 303-19.

Ebermayer, Erich, *"... und morgen die ganze Welt": Erinnerungen an Deutschlands dunkle Zeit*, Bayreuth, 1966.

Ebner, Michael R., *Ordinary Violence in Mussolini's Italy*, Cambridge, 2011.

Esch, Arnold and Jens Petersen (eds), *Deutsches Ottocento: die deutsche Wahrnehmung Italiens im Risorgimento*, Tübingen, 2000.

Esposito, Fernando, *Mythische Moderne: Aviatik, Faschismus und die Sehnsucht nach Ordnung in Deutschland und Italien*, Munich, 2011.

Evans, Richard J., "Coercion and Consent in Nazi Germany", *Proceedings of the British Academy*, 151 (2007), p. 53-81.

Evans, Richard J., *The Coming of the Third Reich*, London, 2003.

Evans, Richard J., "The German Foreign Office and the Nazi Past", *Neue Politische Literatur*, 56 (2011), p. 165-83.

Evans, Richard J., *The Third Reich at War*, London, 2008.

Evans, Richard J., *The Third Reich in Power*, New York, 2005.

Evans, Richard J., "Who Remembers the Poles?", *London Review of Books*, 32/21 (2010), p. 21-2.

Fabre, Giorgio, *Hitler's Contract: How Mussolini Became Hitler's Publisher*, New York, 2006.

Fabre, Giorgio, "Mussolini, Claretta e la questione della razza, 1937-38", *Annali della Fondazione Ugo La Malfa*, 24 (2009), p. 347-70.

Falanga, Gianluca, *Mussolinis Vorposten in Hitlers Reich: Italiens Politik in Berlin 1933-1945*, Berlin, 2008.

Falasca-Zamponi, Simonetta, *Fascist Spectacle: The Aesthetics of Power in Mussolini's Italy*, Berkeley, 1997.

Famea, Renato, "Discorso ai francofili: Italia e Francia dal 1797 ad oggi", *Gerarchia*, XVII/8 (1939), p. 519-27.

Fattorini, Emma, *Hitler, Mussolini, and the Vatican: Pope Pius XI and the Speech that Was Never Made*, Cambridge, 2011.

Favagrossa, Carlo, *Perché perdemmo la guerra: Mussolini e la produzione bellica*, Milan, 1946.

Ferretti, Maria, "Mémoires divisées: résistance et guerre aux civils en Italie", *Annales. Histoire, sciences sociales*, 60 (2005), p. 627-51.

Ferris, Kate, *Everyday Life in Fascist Venice, 1929-1940*, Basingstoke, 2012.

Fioravanzo, Monica, "Die Europakonzeption von Faschismus und Nationalsozialismus (1939-1943)", *VfZ*, 58 (2010), p. 509-41.

Fioravanzo, Monica, *Mussolini e Hitler: la Repubblica sociale sotto il Terzo Reich*, Rome, 2009.

Focardi, Filippo, "'Bravo italiano' e 'cattivo tedesco': riflessioni sulla genesi di due immagini incrociate", *Storia e Memoria*, 5/1 (1996), p. 55-83.

Focardi, Filippo, *Il cattivo tedesco e il bravo italiano: la rimozione delle colpe della seconda guerra mondiale*, Bari, 2013.

Focardi, Filippo, "Italy as Occupier in the Balkans: Remembrance and War Crimes after 1945", in Jörg Echternkamp and Stefan Martens (eds), *Experience and Memory: The Second World War in Europe*, New York, 2010.

Focardi, Filippo, "Journalisten und Korrespondenten der italienischen Presse in Deutschland", in Gustavo Corni and Christof Dipper (eds), *Italiener in Deutschland im 19. und 20. Jahrhundert: Kontakte, Wahrnehmungen, Einflüsse*, Berlin, 2012, p. 53-78.

Foppiani, Oreste, "La 'Croix-Rouge de Mussolini' et les internés militaires italiens (1943-1945)", *Relations internationales*, 142 (2010), p. 23-36.

Förster, Jürgen, "Hitlers Entscheidung für den Krieg gegen die Sowjetunion", in *DRZW*, IV, p. 3-97.

Förster, Jürgen, *Stalingrad: Risse im Bündnis 1942/43*, Freiburg, 1975.

Förster, Jürgen, "Das Unternehmen 'Barbarossa' als Eroberungs- und Vernichtungskrieg", in *DRZW*, IV, p. 413-47.

Förster, Jürgen, "Die Wehrmacht und die Probleme der Koalitionskriegsführung", in Lutz Klinkhammer, Amedeo Osti Guerrazzi and Thomas Schlemmer (eds), *Die "Achse" im Krieg: Politik, Ideologie und Kriegführung 1939-1945*, Paderborn, 2010, p. 108-21.

Fraddosio, Maria, "The Fallen Hero: The Myth of Mussolini and Fascist Women in the Italian Social Republic (1943-5)", *JCH*, 31 (1996), p. 99-124.

François-Poncet, André, *Au Palais Farnèse: souvenirs d'une ambassade à Rome*, Paris, 1961.

François-Poncet, André, *The Fateful Years: Memoirs of a French Ambassador in Berlin, 1931-1938*, London, 1949.

Frank, Hans, *Im Angesicht des Galgens: Deutung Hitlers und seiner Zeit auf Grund eigener Erlebnisse und Erkenntnisse, geschrieben im Nürnberger Justizgefängnis, Neuhaus bei Schliersee*, Bavaria, 1955.

Franzinelli, Mimmo, *Il prigioniero di Salò: Mussolini e la tragedia italiana del 1943-1945*, Milan, 2012.

Franzinelli, Mimmo, *I tentacoli dell'Ovra: agenti, collaboratori e vittime della polizia politica fascista*, Turin, 1999.

Frieser, Karl-Heinz, "Die Schlacht im Kursker Bogen", in *DRZW*, VIII, p. 83-208.

Fröhlich, Elke (ed.), *Die Tagebücher von Joseph Goebbels, Teil I: Aufzeichungen 1923-1941*, 9 vols, Munich, 1998-2006.

Fröhlich, Elke (ed.), *Die Tagebücher von Joseph Goebbels, Teil II: Diktate 1941-1945*, 15 vols, Munich, 1993-6.

Funke, Manfred, "Die deutsch- italienischen Beziehungen: Antibolschewismus und außenpolitische Interessenkonkurrenz als Strukturprinzip der 'Achse'", in Manfred Funke (ed.), *Hitler, Deutschland und die Mächte*, Kronberg, 1978, p. 823 46.

Gagliani, Dianella, *Brigate nere: Mussolini e la militarizzazione del Partito fascista repubblicano*, Turin, 1999.

Gagliani, Dianella, "Diktat oder Konsens? Die Republik von Salò und das Dritte Reich", in Klinkhammer, Osti Guerrazzi and Schlemmer (eds), *Die "Achse" im Krieg*, p. 456-71.

Galli Della Loggia, Ernesto, *La morte della patria*, 4th edn, Rome/Bari, 2008.

Gayda, Virginio, "Duce und Führer", *Europäische Revue*, 13 (1937), p. 771-7.

Genoud, François (ed.), *The Testament of Adolf Hitler: The Hitler–Bormann Documents February-April 1945*, London, 1961.

Gentile, Carlo, *Wehrmacht und Waffen-SS im Partisanenkrieg: Italien 1943-1945*, Paderborn, 2012.

Gentile, Emilio, *The Sacralization of Politics in Fascist Italy*, Cambridge, MA, 1996.

Gerwarth, Robert, "The Axis: Germany, Japan and Italy on the Road to War", in R.J.B. Bosworth and Joseph A. Maiolo (eds), *The Cambridge History of the Second World War*, Cambridge, 2015, II, p. 21-42.

Gerwarth, Robert, *The Bismarck Myth: Weimar Germany and the Legacy of the Iron Chancellor*, Oxford, 2005.

Geyer, Michael and Sheila Fitzpatrick (eds), *Beyond Totalitarianism: Stalinism and Nazism Compared*, Cambridge, 2009.

Ginsborg, Paul, *A History of Contemporary Italy: Society and Politics 1943-1988*, London, 1990.

Goeschel, Christian, "The Cultivation of Mussolini's Image in Weimar and Nazi Germany", in Jan Rüger and Nikolaus Wachsmann (eds), *Rewriting German History: New Perspectives on Modern Germany*, Basingstoke, 2015, p. 247-66.

Goeschel, Christian, "Italia docet? The Relationship between Italian Fascism and Nazism Revisited", *European History Quarterly*, 42 (2012), p. 480-92.

Goeschel, Christian, "A Parallel History? Rethinking the Relationship between Italy and Germany, ca. 1860-1945", *Journal of Modern History*, 88 (2016), p. 610-32.

Goeschel, Christian, *Suicide in Nazi Germany*, Oxford, 2009.

Goetzinger, Bettina, "Italien zwischen dem Sturz Mussolinis und der Errichtung der faschistischen Politik in der NS- Propaganda", in Rudolf Lill (ed.), *Deutschland-Italien 1943–1945: Aspekte einer Entzweiung*, Tübingen, 1992, p. 151-76.

Gooch, John, *Mussolini and his Generals: The Armed Forces and Fascist Foreign Policy, 1922-1940*, Cambridge, 2007.

Gooch, John, "Mussolini's Strategy, 1939-1943", in John Ferris and Evan Mawdsley (eds), *The Cambridge History of the Second World War*, Cambridge, 2015, I, p. 132-58.

Görtemaker, Heike B., *Eva Braun: Leben mit Hitler*, Munich, 2010.

Grandi, Dino, *25 luglio: quarant'anni dopo*, ed. Renzo De Felice, Bologna, 1983.

Grandi, Dino, *Il mio paese: ricordi autobiografici*, ed. Renzo De Felice, Bologna, 1985.

Gribaudi, Gabriella, "The True Cause of the 'Moral Collapse': People, Fascists and Authorities under the Bombs – Naples and the Countryside, 1940-1944", in Richard Overy, Claudia Baldoli and Andrew Knapp (eds), *Bombing, States and Peoples in Western Europe 1940-1945*, London, 2011, p. 219-38.

Griffin, Roger, *The Nature of Fascism*, London, 1993.

Griffin, Roger, "Studying Fascism in a Postfascist Age: From New Consensus to New Wave?", *Fascism*, 1 (2012), p. 1-17.

Gundle, Stephen, "Mussolini's Appearances in the Regions", in Gundle, Duggan and Pieri (eds), *The Cult of the Duce*, p. 110-28.

Halder, Franz, Kriegstagebuch. *Tägliche Aufzeichnungen des Chefs des Generalstabes des Heeres 1939-1942*, ed. Hans- Adolf Jacobsen, 3 vols, Stuttgart, 1962-4.

Hall, Todd M., *Emotional Diplomacy: Official Emotion on the International Stage*, Ithaca, NY, 2015.

Hammermann, Gabriele, *Zwangsarbeit für den "Verbündeten": die Arbeits- und Lebensbedingungen der italienischen Militärinternierten in Deutschland 1943-1945*, Tübingen, 2002.

Harrison, Mark, "The Economics of World War II: An Overview", in Mark Harrison (ed.), *The Economics of World War II: Six Great Powers in International Comparison*, Cambridge, 1998, p. 1-42.

Hartmann, Christian, Thomas Vordermeyer, Othmar Plöckinger and Roman Töppel (eds), *Hitler, Mein Kampf: eine kritische Edition*, 2 vols, Munich, 2016.

Hassell, Ulrich von, *Römische Tagebücher und Briefe, 1932-1938*, ed. Ulrich Schlie, Munich, 2004.

Heiber, Helmut (ed.), *Hitlers Lagebesprechungen: die Protokollfragmente seiner militärischen Konferenzen 1942-1945*, Stuttgart, 1962.

Heiss, Hans, "Die Brennergrenze 1918/19", *Österreich in Geschichte und Literatur mit Geographie*, 52 (2008), p. 318-35.

Heitmann, Klaus, *Das italienische Deutschlandbild in seiner Geschichte, III: Das kurze zwanzigste Jahrhundert*, Heidelberg, 2012.

Herbert, Ulrich, *Fremdarbeiter: Politik und Praxis des "Ausländer-Einsatzes" in der Kriegswirtschaft des Dritten Reiches*, Bonn, 1999.

Herren, Madeleine, "Fascist Internationalism", in Glenda Sluga and Patricia Clavin (eds), *Internationalisms: A Twentieth- Century History*, Cambridge, 2017, p. 191-212.

Heuss, Theodor, *Hitlers Weg: Eine Schrift aus dem Jahre 1932*, new edn, Tübingen, 1968.

Hildebrand, Klaus, *Das Dritte Reich*, Munich, 2009.

Hill, Leonidas E. (ed.), *Die Weizsäcker-Papiere 1933-1950*, Frankfurt am Main, 1974.

Hillgruber, Andreas (ed.), *Staatsmänner und Diplomaten bei Hitler: vertrauliche Aufzeichnungen über Unterredungen mit Vertretern des Auslandes 1939-1941*, 2 vols, Frankfurt am Main, 1967.

Hilton, Stanley E., "The Welles Mission to Europe, February-March 1940: Illusion or Realism?", *Journal of American History*, 57 (1971), p. 93-120.

Historicus, "Basi antirusse dell'unità Europea", *Civiltà fascista*, 8 (1941), p. 494-506.

Hitler, Adolf, *On National Socialism and World Relations: Speech Delivered in the German Reichstag, 30 January 1937*, Berlin, 1937.

Hitler: Reden, Schriften, Anordnungen: Februar 1925 bis Januar 1933, 6 vols, Munich, 1992-2003.

Hitler e Mussolini: lettere e documenti, Milan, 1946.

Hoepke, Klaus-Peter, *Die deutsche Rechte und der italienische Faschismus: ein Beitrag zum Selbstverständnis und zur Politik von Gruppen und Verbänden der deutschen Rechten*, Düsseldorf, 1968.

Hof, Tobias, "Die Tagebücher von Galeazzo Ciano", *VfZ*, 60 (2012), p. 507-28.

Hoffend, Andrea, "Konrad Adenauer und das faschistische Italien", *QFIAB*, 75 (1995), p. 481-544.

Hoffend, Andrea, *Zwischen Kultur-Achse und Kulturkampf: die Beziehungen zwischen "Drittem Reich" und faschistischem Italien in den Bereichen Medien, Kunst, Wissenschaft und Rassenfragen*, Frankfurt am Main, 1998.

Hoffmann, Heinrich, *Mussolini erlebt Deutschland*, Munich, 1937.

Homze, Edward L., *Foreign Labor in Nazi Germany*, Princeton, 1967.

Hubatsch, Walter (ed.), *Hitlers Weisungen für die Kriegsführung 1939-1945: Dokumente des Oberkommandos der Wehrmacht*, Frankfurt am Main, 1962.

Huetter, Luigi, "Gli ingressi trionfali di Roma", *Capitolium*, 13 (1938), p. 235-45.

Ihrig, Stefan, *Atatürk in the Nazi Imagination*, Princeton, 2014.

Jäckel, Eberhard and Alex Kuhn (eds), *Hitler: Sämtliche Aufzeichnungen 1905-1924*, Stuttgart, 1980.

Jackson, Julian, *The Fall of France: The Nazi Invasion of 1940*, Oxford, 2003.

Jacobelli, Jader (ed.), *Il fascismo e gli storici oggi*, Rome, 1988.

James, Robert Rhodes (ed.), *Winston S. Churchill: His Complete Speeches 1897-1963*, 8 vols, New York, 1974.

Janßen, Karl-Heinz and Fritz Tobias, *Der Sturz der Generäle: Hitler und die Blomberg-Fritsch Krise 1938*, Munich, 1994.

Jarausch, Konrad H., *After Hitler: Recivilizing Germans, 1945-1995*, Oxford, 2006.

Jochmann, Werner (ed.), *Adolf Hitler: Monologe im Führerhauptquartier 1941-1944 – die Aufzeichnungen Heinrich Heims*, Hamburg, 1980.

Joll, James, *Europe since 1870: An International History*, 4th edn, Harmondsworth, 1990.

Kallis, Aristotle, "'Framing' Romanità: The Celebrations for the Bimillenario Augusteo and the Augusteo-Ara Pacis Project", *JCH*, 46 (2011), p. 809-31.

Kennedy, Paul, "Appeasement", in Gordon Martel (ed.), *The Origins of the Second World War Reconsidered*, Boston, 1986, p. 140-61.

Kershaw, Ian, *Fateful Choices: Ten Decisions that Changed the World 1940-1941*, London, 2007.

Kershaw, Ian, *Hitler, 1889-1936: Hubris*, London, 2001.

Kershaw, Ian, *Hitler, 1936-1945: Nemesis*, London, 2001.

Kershaw, Ian, "Hitler and the Uniqueness of Nazism", *JCH*, 39 (2004), p. 239-54.

Kershaw, Ian, *The "Hitler Myth": Image and Reality in the Third Reich*, Oxford, 1987.

Kershaw, Ian, *The Nazi Dictatorship: Problems and Perspectives of Interpretation*, London, 2000.

Kershaw, Ian, *Popular Opinion and Political Dissent in the Third Reich: Bavaria 1933-1945*, Oxford, 1983.

Kershaw, Ian, "'Working Towards the Führer': Reflections on the Nature of the Nazi Dictatorship", *Contemporary European History*, 2 (1993), p. 103-18.

Kershaw, Ian and Moshe Lewin (eds), *Stalinism and Nazism: Dictatorships in Comparison*, Cambridge, 1997.

Kertzer, David I., *The Pope and Mussolini: The Secret History of Pius XI and the Rise of Fascism in Europe*, Oxford, 2014.

Klein, Adolf, *Von nordischer Art: das Ringen um die Weltanschauung*, Leipzig, 1934.

Klessmann, Christoph, "Der Generalgouverneur Hans Frank", *VfZ*, 19 (1971), p. 245-60.

Klink, Ernst, "Die militärische Konzeption des Krieges gegen die Sowjetunion, 1: die Landkriegführung", in *DRZW*, IV, p. 190-326.

Klink, Ernst, "Die Operationsführung, 1: Heer und Kriegsmarine", in *DRZW*, IV, p. 451-652.

Klinkhammer, Lutz, "Diplomatici e militari tedeschi a Roma di fronte alla politica di sterminio nazionalsocialista", in Baumeister, Osti Guerrazzi and Procaccia (eds), *16 ottobre 1943*, p. 41-62.

Klinkhammer, Lutz, "Grundlinien nationalsozialistischer Besatzungspolitik in Frankreich, Jugoslawien und Italien", in Christof Dipper, Rainer Hudemann and Jens Petersen (eds), *Faschismus und Faschismen im Vergleich: Wolfgang Schieder zum 60. Geburtstag*, Cologne, 1998, p. 183-216.

Klinkhammer, Lutz, *Stragi naziste in Italia: la guerra contro i civili (1943-44)*, Rome, 1997.

Klinkhammer, Lutz, *Zwischen Bündnis und Besatzung: das nationalsozialistische Deutschland und die Republik von Salò 1943-1945*, Tübingen, 1993.

Knox, MacGregor, *Common Destiny: Dictatorship, Foreign Policy, and War in Fascist Italy and Nazi Germany*, Cambridge, 2000.

Knox, MacGregor, "Conquest, Foreign and Domestic, in Fascist Italy and Nazi Germany", *Journal of Modern History*, 56 (1984), p. 1-57.

Knox, MacGregor, "Das faschistische Italien und die Endlösung", *VfZ*, 55 (2007), p. 53-92.

Knox, MacGregor, "Fascism: Ideology, Foreign Policy, and War", in Adrian Lyttelton (ed.), *Liberal and Fascist Italy*, Oxford, 2002, p. 105-38.

Knox, MacGregor, "Il fascismo e la politica estera italiana", in Bosworth and Romano (eds), *La politica estera italiana*, p. 287-330.

Knox, MacGregor, "The Fascist Regime, its Foreign Policy and its Wars: An 'Anti-Anti-Fascist' orthodoxy?", *Contemporary European History*, 4 (1995), p. 347-65.

Knox, MacGregor, *Hitler's Italian Allies: Royal Armed Forces, Fascist Regime, and the War of 1940-1943*, Cambridge, 2000.

Knox, MacGregor, *Mussolini Unleashed 1939-1941: Politics and Strategy in Fascist Italy's Last War*, Cambridge, 1982.

Knox, MacGregor, "The Sources of Italy's Defeat in 1940: Bluff or Institutionalized Incompetence?", in Carole Fink, Isabel V. Hull and MacGregor Knox (eds), *German Nationalism and the European Response, 1890-1945*, Norman, OK, 1985, p. 247-66.

Knox, MacGregor, *To the Threshold of Power, 1922/33: Origins and Dynamics of the Fascist and National Socialist Dictatorships*, I, Cambridge, 2007.

Köhler, Peter, "Das 'Mussolini-Observatoriumsprojekt'", Jenaer Jahrbuch zur Technik- und Industriegeschichte, 10 (2007), p. 413-34.
Kolb, Eberhard, *Die Weimarer Republik*, Munich, 2002.
König, Malte, *Kooperation als Machtkampf: das faschistische Achsenbündnis Berlin-Rom im Krieg 1940/41*, Cologne, 2007.
Koshar, Rudy, *German Travel Cultures*, New York, 2000.
Kotze, Hildegard von (ed.), *Heeresadjutant bei Hitler 1938-1943: Aufzeichnungen des Majors Engel*, Stuttgart, 1974.
Krausnick, Helmut, "Himmler über seinen Besuch bei Mussolini vom 11.-14. Oktober 1942", *VfZ*, 4 (1956), p. 423-6.
Krogmann, Carl Vincent, *Es ging um Deutschlands Zukunft 1932-1939: Erlebtes täglich diktiert von dem früheren Regierenden Bürgermeister von Hamburg*, Leoni, 1976.
Kuby, Erich, *Verrat auf deutsch: wie das Dritte Reich Italien ruinierte*, Frankfurt am Main, 1987.
Kühberger, Christoph, *Metaphern der Macht: ein kultureller Vergleich der politischen Feste im faschistischen Italien und im nationalsozialistischen Deutschland*, Berlin, 2006.
Lamb, Richard, *War in Italy 1943-1945: A Brutal Story*, New York, 1994.
Lasansky, D. Medina, *The Renaissance Perfected: Architecture, Spectacle, and Tourism in Fascist Italy*, University Park, PA, 2004.
Latour, Conrad F., *Südtirol und die Achse Berlin-Rom, 1938-1945*, Stuttgart, 1962.
Laven, David, *Venice and Venetia under the Habsburgs, 1815-1835*, Oxford, 2002.
Ledeen, Michael A., *Universal Fascism: The Theory and Practice of the Fascist International*, New York, 1972.
Lepre, Aurelio, *La storia della repubblica di Mussolini: Salò – il tempo dell'odia e della violenza*, Milan, 2000.
Les Lettres secrètes échangées par Hitler et Mussolini, Paris, 1946.
Liebscher, Daniela, *Freude und Arbeit: zur internationalen Freizeit- und Sozialpolitik des faschistischen Italien und des NS-Regimes*, Cologne, 2009.
Longerich, Peter, *"Davon haben wir nichts gewußt": die Deutschen und die Judenverfolgung 1933-1945*, Munich, 2006.
Longerich, Peter, *Hitler: eine Biographie*, Munich, 2015.

Longo, Gisella, "Pellizzi, Camillo", in de Grazia and Luzzatto (eds), *Dizionario del fascismo*, II, p. 356-7.

Lönne, Karl Egon, "Der 'Völkische Beobachter' und der italienische Faschismus", *QFIAB*, 51 (1971), p. 539-84.

Ludecke, Kurt G. W., *I Knew Hitler: The Story of a Nazi who Escaped the Blood Purge*, London, 1938.

Luzzatto, Sergio, *Il corpo del Duce*, Turin, 1998.

Lyttelton, Adrian, *The Seizure of Power: Fascism in Italy, 1919-1929*, rev. edn, London, 2009.

Lyttelton, Adrian, "What was Fascism?", *New York Review of Books*, 51 (2004), p. 33-6.

McGaw Smyth, Howard, *Secrets of the Fascist Era: How Uncle Sam Obtained Some of the Top-Level Documents of Mussolini's Period*, Carbondale, IL, 1975.

Mack Smith, Denis, *Italy and its Monarchy*, New Haven, 1989.

Mack Smith, Denis, *Mussolini*, London, 1981.

Mack Smith, Denis, *Mussolini's Roman Empire*, London, 1976.

MacMillan, Margaret, *Peacemakers: The Paris Peace Conference and its Attempt to End War*, London, 2001.

Magistrati, Massimo, *L'Italia a Berlino (1937-1939)*, Milan, 1956.

Malaparte, Curzio, *Der Staatsstreich*, Leipzig, 1932.

Mallett, Robert, *Mussolini in Ethiopia, 1919-1935*, Cambridge, 2015.

Mancini, Roberto (ed.), *Apparati e feste per la visita di Hitler e Mussolini a Firenze (1938)*, Florence, 2010.

Mantelli, Brunello, *"Camerati del lavoro": i lavoratori italiani emigrati nel Terzo Reich nel periodo dell'Asse 1938-1943*, Florence, 1992.

Mantelli, Brunello, "Vom 'bilateralen Handelsausgleich' zur 'Achse Berlin-Rom': der Einfluß wirtschaftlicher Faktoren auf die Entstehung des deutsch-italienischen Bündnisses 1933-1936", in Jens Petersen and Wolfgang Schieder (eds), *Faschismus und Gesellschaft in Italien: Staat – Wirtschaft – Kultur*, Cologne, 1998, p. 253-79.

Mantelli, Brunello, "Zwischen Strukturwandel auf dem Arbeitsmarkt und Kriegswirtschaft: die Anwerbung der italienischen Arbeiter für das 'Dritte Reich' und die 'Achse Berlin-Rom' 1938-1943", in Bermani, Bologna and Mantelli (eds), Proletarier der "Achse", p. 253-391.

Mantelli, Brunello and Nicola Tranfaglia (eds), *Il libro dei deportati*, 4 vols, Turin, 2009.

Marks, Sally, "Mussolini and Locarno: Fascist Foreign Policy in Microcosm", *JCH*, 14 (1979), p. 423-39.

Marks, Sally, "Mussolini and the Ruhr Crisis", *International History Review*, 8 (1986), p. 56-69.

Martin, Benjamin G., *The Nazi-Fascist New Order for European Culture*, Cambridge, MA, 2016.

Mason, Timothy W., "The Turin Strikes of March 1943", in *Nazism, Fascism, and the Working Class: Essays by Tim Mason*, ed. Jane Caplan, Cambridge, 1995, p. 274-94.

Mason, Timothy W., "Whatever Happened to 'Fascism'?", in *Nazism, Fascism and the Working Class*, p. 323-31.

Massignani, Alessandro, "Die italienischen Streitkräfte und der Krieg der 'Achse'", in Klinkhammer, Osti Guerrazzi and Schlemmer (eds), *Die "Achse" im Krieg*, p. 122-46.

Mastrigli, Federico, "Roma Pavesata", *Capitolium*, 13 (1938), p. 219-34.

Matteini, Claudio (ed.), *Ordini alla stampa*, Rome, 1945.

Matthäus, Jürgen and Frank Bajohr (eds), *Alfred Rosenberg: die Tagebücher von 1934 bis 1944*, Frankfurt am Main, 2015.

Mattingly, Garrett, *Renaissance Diplomacy*, London, 1955.

Mazower, Mark, *Governing the World: The History of an Idea*, London, 2012.

Mazower, Mark, *Hitler's Empire: Nazi Rule in Occupied Europe*, London, 2008.

Mazower, Mark, *Inside Hitler's Greece: The Experience of Occupation, 1941-44*, New Haven, 1993.

Meacham, Jon, *Franklin and Winston: An Intimate Portrait of an Epic Friendship*, New York, 2004.

Meier-Benneckenstein, Paul (ed.), *Dokumente der Deutschen Politik*, 9 vols, Berlin, 1935-44.

Meissner, Otto, *Staatssekretär unter Ebert-Hindenburg-Hitler*, Hamburg, 1950.

Melograni, Piero, *Rapporti segreti della polizia fascista*, Rome, 1979.

Messerschmidt, Manfred, "Aussenpolitik und Kriegsvorbereitung", in *DRZW*, I, p. 535-701.

Meyer, Michael, *Symbolarme Republik? Das politische Zeremoniell der Weimarer Republik in den Staatsbesuchen zwischen 1920 und 1933*, Frankfurt am Main, 2014.

Michaelis, Herbert and Ernst Schraepler (eds), *Ursachen und Folgen: vom deutschen Zusammenbruch 1918 und 1945 bis zur staatlichen Neuordnung in der Gegenwart*, 26 vols, Berlin, n.d.

Michaelis, Meir, *Mussolini and the Jews: German-Italian Relations and the Jewish Question in Italy, 1922-1945*, Oxford, 1978.

Michaelis, Meir, "Mussolini's Unofficial Mouthpiece: Telesio Interlandi, Il Tevere and the Evolution of Mussolini's Anti-Semitism", Journal of Modern Italian Studies, 3 (1998), p. 217-40.

Michaelis, Meir, "I nuclei nazisti in Italia e la loro funzione nei rapporti tra fascismo e nazismo nel 1932", *Nuova rivista storica*, 57 (1973), p. 422-38.

Michaelis, Meir, "La prima missione del Principe d'Assia presso Mussolini (agosto '36)", *Nuova rivista storica*, 55 (1971), p. 367-70.

Michaelis, Meir, "I rapporti tra fascismo e nazismo prima dell'avvento di Hitler al potere (1922-1933): parte prima, 1922-1928", *Rivista storica italiana*, 85 (1973), p. 544-600.

Milza, Pierre, *Conversations Hitler-Mussolini, 1934-1944*, Paris, 2013.

Moeller van den Bruck, Arthur, *Das Recht der jungen Völker*, ed. Hans Schwarz, Berlin, 1932.

Moltmann, Günther, "Franklin D. Roosevelts Friedensappell vom 14. April 1939: ein fehlgeschlagener Versuch zur Friedenssicherung", *Jahrbuch für Amerikastudien*, 9 (1964), p. 91-109.

Mommsen, Hans, "Die Rückkehr zu den Ursprüngen: Betrachtungen zur inneren Auflösung des Dritten Reiches nach der Niederlage von Stalingrad", in Grüttner, Hachtmann and Haupt (eds), *Geschichte und Emanzipation*, p. 418-34.

Mommsen, Hans, "Hitler's Reichstag Speech of 30 January 1939", *History and Memory*, 9 (1997), p. 147-61.

Moos, Carlo, *Ausgrenzung, Internierung, Deportation: Antisemitismus und Gewalt im späten italienischen Faschismus 1938-1945*, Zurich, 2004.

Mori, Renato, "Verso il riavvicinamento fra Hitler e Mussolini, ottobre 1935-giugno 1936", *Storia e politica*, 15 (1976), p. 70-120.

Moro, Giancarlo, "Come la Germania si è preparata a sostenere la guerra economica", *Gerarchia*, XVIII/5 (1940), p. 260-5.

Morris, Douglas G., *Justice Imperilled: The Anti-Nazi Lawyer Max Hirschberg in Weimar Germany*, Ann Arbor, 2005.

Muggeridge, Malcolm (ed.), *Ciano's Diplomatic Papers*, London, 1948.

Mussolini, Benito, *A Clara: tutte le lettere a Clara Petacci 1943-1945*, ed. Luisa Montevecchi, Milan, 2011.

Mussolini, Benito, *My Rise and Fall*, 2 vols, New York, 1998.

Mussolini, Benito, *Opera Omnia di Benito Mussolini*, ed. Edoardo and Duilio Susmel, 44 vols, Florence, 1959-80.

Mussolini, Edvige, *Mio fratello Benito*, Florence, 1957.

Mussolini, Rachele, *The Real Mussolini as Told to Albert Zarca*, London, 1974.

Mussolinis Gespräche mit Emil Ludwig, Berlin, 1932.

Navarra, Quinto, *Memorie del cameriere di Mussolini*, Bracigliano, 2004.

Nicholas, Lynn H., *The Rape of Europa: The Fate of Europe's Treasures in the Third Reich and the Second World War*, New York, 1995.

Niglia, Federico, *L'antigermanismo tedesco italiano: da Sedan a Versailles*, Florence, 2012.

Nitz, Wenke, *Führer und Duce: politische Machtinszenierungen im nationalsozialistischen Deutschland und im faschistischen Italien*, Cologne, 2013.

Noakes, Jeremy, "Conflict and Development in the NSDAP 1924-1927", *JCH*, 1 (1966), p. 3-36.

Noakes, Jeremy (ed.), *Nazism: A Documentary Reader*, 4 vols, Exeter, 1998.

Nolte, Ernst, *Three Faces of Fascism: Action Française, Italian Fascism, National Socialism*, New York, 1969.

Nubola, Cecilia, *Fasciste di Salò*, Rome, 2016.

Orano, Paolo (ed.), *L'Asse nel pensiero dei due popoli/Die Achse im Denken der beiden Völker*, Rome, 1938.

Osti Guerrazzi, Amedeo, *Storia della Repubblica sociale italiana*, Rome, 2012.

Overy, Richard, *The Bombing War: Europe 1939-1945*, London, 2014.

Overy, Richard, *Russia's War: A History of the Soviet Union, 1941-1945*, London, 1998.

Overy, Richard, *Why the Allies Won*, London, 1995.

Palumbo, Michael, "Goering's Italian Exile 1924-1925", *Journal of Modern History*, 50 (1978), p. D1035-D1051.
Palumbo, Michael, "Mussolini and the Munich Putsch", *Intellect*, 106/2397 (1978), p. 490-2.
Pansa, Giampaolo, *L'esercito di Salò*, Milan, 1970.
Passerini, Luisa, *Fascism in Popular Memory: The Cultural Experience of the Turin Working Class*, Cambridge, 1987.
Patriarca, Silvana, *Italian Vices: Nation and Character from the Risorgimento to the Republic*, Cambridge, 2010.
Paulmann, Johannes, *Pomp und Politik: Monarchenbegegnungen in Europa zwischen Ancien Régime und Erstem Weltkrieg*, Paderborn, 2000.
Pavese, Roberto, "Fatalità dell'Asse", *Gerarchia*, XVIII/5 (1940), p. 258-9.
Pavlowitch, Stevan K., *Hitler's New Disorder: The Second World War in Yugoslavia*, London, 2008.
Pavone, Claudio, *Una guerra civile: saggio sulla moralità nella Resistenza*, Turin, 1991.
Paxton, Robert O., *The Anatomy of Fascism*, New York, 2004.
Payne, Stanley G., "Italy and Spain", *Mediterranean Historical Review*, 13 (1998), p. 99-115.
Payne, Stanley G., *Franco and Hitler: Spain, Germany, and World War II*, New Haven, 2008.
Pedersen, Susan, *The Guardians: The League of Nations and the Crisis of Empire*, Oxford, 2015.
Pergher, Roberta, "Staging the Nation in Fascist Italy's 'New Provinces'", *Austrian History Yearbook*, 43 (2012), p. 98-115.
Pergher, Roberta and Giulia Albanese (eds), *In the Society of Fascists: Acclamation, Acquiescence, and Agency in Fascist Italy*, Basingstoke, 2012.
Pese, Walter Werner, "Hitler und Italien 1920-1926", *VfZ*, 3 (1955), p. 13-26.
Petacci, Claretta, *Mussolini segreto: diari 1932-1938*, ed. Mauro Suttora, Milan, 2009.
Petacci, Claretta, *Verso il disastro: Mussolini in guerra – diari 1939-1940*, ed. Mimmo Franzinelli, Milan, 2011.
Petersen, Jens, "Die Außenpolitik des faschistischen Italien als historiographisches Problem", *VfZ*, 22 (1974), p. 417-54.

Petersen, Jens, "Deutschland, Italien und Südtirol 1938-1940", in Klaus Eisterer and Rolf Steininger (eds), *Die Option: Südtirol zwischen Faschismus und Nationalsozialismus*, Innsbruck, 1989, p. 127-50.

Petersen, Jens, *Hitler-Mussolini: Die Entstehung der Achse Berlin-Rom 1933-1936*, Tübingen, 1973.

Petersen, Jens, "Die Stunde der Entscheidung: das faschistische Italien zwischen Mittelmeerimperium und neutralistischem Niedergang", in Helmut Altrichter and Josef Becker (eds), *Kriegausbruch 1939: Beteiligte, Betroffene, Neutrale*, Munich, 1989, p. 131-52.

Petersen, Jens, "Vorspiel zu 'Stahlpakt' und Kriegsallianz: das deutsch- italienische Kulturabkommen vom 23. November 1938", *VfZ*, 36 (1988), p. 41-77.

Petropoulos, Jonathan, *Royals and the Reich: The Princes von Hessen in Nazi Germany*, Oxford, 2006.

Pezzino, Paolo, *Memory and Massacre: Revisiting Sant'Anna di Stazzema*, New York, 2012.

Picciotto, Liliana, *Il libro della memoria: gli ebrei deportati dall'Italia (1943-1945)*, Milan, 2002.

Picciotto, Liliana, "The Shoah in Italy: Its History and Characteristics", in Joshua D. Zimmerman (ed.), *Jews in Italy under Fascist and Nazi Rule, 1922-1945*, Cambridge, 2005, p. 209-23.

Picciotto Fargion, Liliana, "Italien", in Wolfgang Benz (ed.), *Dimension des Völkermords: die Zahl der jüdischen Opfer des Nationalsozialismus*, Munich, 1996, p. 219-228.

Pietromarchi, Luca, *I diari e le agende di Luca Pietromarchi (1938-1940): politica estera del fascismo e vita quotidiana di un diplomatico romano del '900*, ed. Ruth Nattermann, Rome, 2009.

Pirelli, Alberto, *Taccuini 1922/1943*, ed. Donato Barbone, Bologna, 1984.

Plehwe, Friedrich- Karl von, *Als die Achse zerbrach: das Ende des deutsch-italienischen Bündnisses im Zweiten Weltkrieg*, Wiesbaden, 1980.

Poesio, Camilla, "Hitler a Venezia: l'immagine del regime e della città nei primi anni trenta", *Memoria e ricerca*, 43 (2013), p. 149-50.

Pollard, John, "Il Vaticano e la politica estera italiana", in Bosworth and Romano (eds), *La politica estera italiana, 1860-1985*, p. 197-230.

Prauser, Steffen, "Mord in Rom? Der Anschlag in der via Rasella und die deutsche Vergeltung in den Fosse Ardeatine", *VfZ*, 50 (2002), p. 269-310.

Preston, Paul, "Franco and Hitler: The Myth of Hendaye 1940", *Contemporary European History*, 1 (1992), p. 1-16.

Preston, Paul, "Italy and Spain in Civil War and World War 1936-1943", in Sebastian Balfour and Paul Preston (eds), *Spain and the Great Powers in the Twentieth Century*, London, 1999, p. 151-84.

Preston, Paul, "Mussolini's Spanish Adventure: From Limited Risk to War", in Paul Preston and Ann L. Mackenzie (eds), *The Republic Besieged: Civil War in Spain, 1936-1939*, Edinburgh, 1996, p. 21-51.

Preston, Paul, "Spain: Betting on a Nazi Victory", in Bosworth and Maiolo (eds), *The Cambridge History of the Second World War*, II, p. 324-48.

Preziosi, Giovanni, "Per la soluzione del problema ebraico", *Vita italiana*, 30 (1942), p. 221-4.

Puntoni, Paolo, *Parla Vittorio Emanuele III*, Bologna, 1993.

Pyta, Wolfram, *Hitler: der Künstler als Politiker und Feldherr – eine Herrschaftsanalyse*, Munich, 2015.

Quartararo, Rosaria, *Roma tra Londra e Berlino: la politca estera fascista dal 1930 al 1940*, Rome, 1980.

Rauscher, Walter, *Hitler und Mussolini: Macht, Krieg und Terror*, Graz, 2001.

Reddy, William M., *The Navigation of Feeling: A Framework for the History of Emotions*, Cambridge, 2001.

Reichardt, Sven and Armin Nolzen (eds), *Faschismus in Italien und Deutschland: Studien zu Transfer und Vergleich*, Göttingen, 2005.

Reichel, Peter, *Der schöne Schein des Dritten Reiches: Faszination und Gewalt des Faschismus*, Munich, 1992.

Repin, Claudia, "Die 'Achse Hannover–Cremona'", *QFIAB*, 90 (2010), p. 373-414.

Reynolds, David, *The Creation of the Anglo-American Alliance, 1937-1941: A Study in Competitive Co-operation*, London, 1981.

Reynolds, David, *Summits: Six Meetings that Shaped the Twentieth Century*, London, 2007.

Rezola, Maria Inácia, "The Franco-Salazar Meetings: Foreign Policy and Iberian Relations during the Dictatorships (1942-1963)", *e-journal of Portuguese History*, 6/2 (2008).

Rhodes, R.A.W. and Paul 't Hart (eds), *The Oxford Handbook of Political Leadership*, Oxford, 2014.

Riall, Lucy, *Garibaldi: Invention of a Hero*, New Haven and London, 2007.

Riall, Lucy, "The Shallow End of History? The Substance and Future of Political Biography", *Journal of Interdisciplinary History*, 40 (2010), p. 375-93.

Rieder, Maximiliane, *Deutsch-italienische Wirtschaftsbeziehungen: Kontinuitäten und Brüche 1936-1957*, Frankfurt am Main, 2003.

Rintelen, Enno von, *Mussolini als Bundesgenosse: Erinnerungen des deutschen Militärattachés in Rom 1936-1943*, Tübingen, 1951.

Ritschel, Karl Heinz, *Diplomatie um Südtirol: politische Hintergründe eines europäischen Versagens*, Stuttgart, 1966.

Robbins, Keith, *Munich 1938*, London, 1968.

Robertson, Esmonde, "Hitler and Sanctions: Mussolini and the Rhineland", *European Studies Review*, 7 (1977), p. 409-35.

Robertson, Esmonde, *Mussolini as Empire Builder: Europe and Africa, 1932-36*, London, 1977.

Robertson, Esmonde, "Race as a Factor in Mussolini's Policy in Africa and Europe", *JCH*, 23 (1988), p. 37-58.

Rochat, Giorgio, *Le guerre italiane 1935-1943: dall'impero d'Etiopia alla disfatta*, Turin, 2005.

Rodogno, Davide, "Die faschistische Neue Ordnung und die politisch-ökonomische Umgestaltung des Mittelmeerraums 1940 bis 1943", in Klinkhammer, Osti Guerrazzi and Schlemmer (eds), *Die "Achse" im Krieg*, p. 211-30.

Rodogno, Davide, *Fascism's European Empire: Italian Occupation during the Second World War*, Cambridge, 2006.

"Roma nel Mondo: rassegna della stampa germanica", *Capitolium*, 13 (1938), p. 43.

Romano, Andrea, "Russia, campagna di", in de Grazia and Luzzatto (eds), *Dizionario del fascismo*, II, p. 562-7.

Romano, Sergio, *Giuseppe Volpi: industria e finanza tra Giolitti e Mussolini*, Milan, 1979.

Roselli, Alessandro, *Italy and Albania: Financial Relations in the Fascist Period*, London, 2006.

Rosen, Edgar R., "Mussolini und Deutschland 1922-1923", *VfZ*, 5 (1957), p. 17-41.

Rosenberg, Alfred, "The Folkish Idea of State", in Barbara Miller Lane and Leila J. Rupp (eds), *Nazi Ideology before 1933: A Documentation*, Manchester, 1978, p. 59-73.

Rurali di Mussolini nella Germania di Hitler, ed. Ufficio Propaganda della Confederazione Fascista dei Lavatori dell'Agricoltura, Rome, 1939.

Rusconi, Gian-Enrico, *Deutschland-Italien, Italien-Deutschland: Geschichte einer schwierigen Beziehung von Bismarck bis zu Berlusconi*, Paderborn, 2006.

Rusinow, Dennison I., *Italy's Austrian Heritage 1919-1946*, Oxford, 1969.

Sadkovich, James J., "Anglo-American Bias and the Italo-Greek War of 1940-1941", *Journal of Military History*, 58 (1994), p. 617-42.

Sadkovich, James J., "The Italo-Greek War in Context: Italian Priorities and Axis diplomacy", *JCH*, 28 (1993), p. 439-64.

Sadkovich, James J., "Of Myths and Men: Rommel and the Italians in North Africa, 1940-1942", *International History Review*, 13 (1991), p. 284-313.

Santomassimo, Gianpasquale, "Il ruolo di Renzo De Felice", in Enzo Collotti (ed.), *Fascismo e antifascismo: rimozioni, revisioni, negazioni*, Bari, 2000, p. 415-29.

Sarfatti, Michele, *Gli ebrei nell'Italia fascista: vicende, identità, persecuzione*, Turin, 2000.

Sarti, Roland (ed.), *The Ax Within: Italian Fascism in Action*, New York, 1974.

Scalpelli, Adolfo, "La formazione delle forze armate di Salò attraverso i documenti dello stato magg. della RSI", *Movimento di Liberazione in Italia*, 72 (1963), p. 19-70.

Scarano, Federico, *Mussolini e la Repubblica di Weimar: le relazioni diplomatiche tra Italia e Germania dal 1927 al 1933*, Naples, 1996.

Scarano, Federico, *Tra Mussolini e Hitler: le opzioni dei sudtirolesi nella politica estera fascistca*, Milan, 2012.

Scardaccione, Francesca Romana, "La Repubblica sociale italiana: aspetti istituzionali e archivistici", in Archivio centrale dello stato (ed.), *Verbali del consiglio dei ministri della Repubblica sociale italiana*, Rome, 2002, I, p. xvii-xxxvi.

Schäfer, Claus W., *André François-Poncet als Botschafter in Berlin (1931-1938)*, Munich, 2004.

Schieder, Wolfgang, *Benito Mussolini*, Munich, 2014.

Schieder, Wolfgang, *Faschistische Diktaturen: Studien zu Italien und Deutschland*, Göttingen, 2008.

Schieder, Wolfgang, "Fascismo e nazionalsocialismo: profilo d'uno studio comparativo", *Nuova rivista storica*, 54 (1970), p. 114-24.

Schieder, Wolfgang, "Das italienische Experiment: der Faschismus als Vorbild in der Weimarer Republik", *Historische Zeitschrift*, 262 (1996), p. 73-125.

Schieder, Wolfgang, *Mythos Mussolini: Deutsche in Audienz beim Duce*, Munich, 2013.

Schieder, Wolfgang, "Von Stalin zu Mussolini: Emil Ludwig bei Diktatoren des 20. Jahrhunderts", in Dan Diner, Gideon Reuveni and Yfaat Weiss (eds), *Deutsche Zeiten: Geschichte und Lebenswelt – Festschrift zur Emeritierung von Moshe Zimmermann*, Göttingen, 2012, p. 123-31.

Schlemmer, Thomas, "'Gefühlsmäßige Verwandtschaft'? Zivilisten, Kriegsgefangene und das königlich-italienische Heer im Krieg gegen die Sowjetunion 1941 bis 1943", in Klinkhammer, Osti Guerrazzi and Schlemmer (eds), *Die "Achse" im Krieg*, p. 368-397.

Schlemmer, Thomas (ed.), *Die Italiener an der Ostfront 1942/43: Dokumente zu Mussolinis Krieg gegen die Sowjetunion*, Munich, 2005.

Schlemmer, Thomas and Hans Woller (eds), *Der Faschismus in Europa: Wege der Forschung*, Munich, 2014.

Schlemmer, Thomas and Hans Woller, "Der italienische Faschismus und die Juden", *VfZ*, 53 (2005), p. 164-201.

Schmider, Klaus, "Das Versagen der 'Achse' im besetzten Kroatien: ein politisch- militärischer Erklärungsversuch", in Klinkhammer, Osti Guerrazzi and Schlemmer (eds), *Die "Achse" im Krieg*, p. 305-18.

Schmidt, Paul, *Statist auf diplomatischer Bühne 1923-45: Erlebnisse des Chefdolmetschers im Auswärtigen Amt mit den Staatsmännern Europas*, Bonn, 1949.

Schmitz, David F., *The United States and Fascist Italy, 1922–1940*, Chapel Hill, NC, 1988.

Schöllgen, Gregor, *Ulrich von Hassell 1881-1944: ein Konservativer in der Opposition*, Munich, 1990.

Schramm, Percy E. (ed.), *Kriegstagebuch des Oberkommandos der Wehrmacht (Wehrmachtführungsstab)*, 4 vols, Frankfurt am Main, 1963.

Schreiber, Gerhard, "Das Ende des nordafrikanischen Feldzugs und der Krieg in Italien 1943 bis 1945", in *DRZW*, VIII, p. 1100-62.

Schreiber, Gerhard, *Deutsche Kriegsverbrechen in Italien: Täter, Opfer, Strafverfolgung*, Munich, 1996.

Schreiber, Gerhard, "Deutschland, Italien und Südosteuropa: von der politischen und wirtschaftlichen Hegemonie zur militärischen Intervention", in *DRZW*, III, p. 278-414.
Schreiber, Gerhard, *Die italienischen Militärinternierten im deutschen Machtbereich 1943 bis 1945: verraten – verachtet – vergessen*, Munich, 1990.
Schreiber, Gerhard, "La partecipazione italiana alla guerra contro l'Urss: motivi fatti conseguenze", *Italia contemporanea*, 191 (1993), p. 245-75.
Schreiber, Gerhard, "Die politische und militärische Entwicklung im Mittelmeerraum 1939/40", in *DRZW*, III, p. 4-271.
Schreiber, Gerhard, *Revisionismus und Weltmachtstreben: Marineführung und deutsch-italienische Beziehungen 1919-1944*, Stuttgart, 1978.
Schröder, Josef, *Italiens Kriegsaustritt 1943: die deutschen Gegenmaßnahmen im italienischen Raum – Fall "Alarich" und "Achse"*, Göttingen, 1969.
Schwarz, Guri, "The Moral Conundrums of the Historian: Claudio Pavone's A Civil War and its Legacy", *Modern Italy*, 20 (2015), p. 427-37.
Scobie, Alex, *Hitler's State Architecture: The Impact of Classical Antiquity*, University Park, PA, 1990.
Scriba, Friedemann, "Die Mostra Augustea della Romanità in Rom 1937/38", in Petersen and Schieder (eds), *Faschismus und Gesellschaft in Italien*, p. 133-58.
Seton-Watson, R. W., *Munich and the Dictators: A Sequel to "Britain and the Dictators"*, London, 1939.
Shimazu, Naoko, "Diplomacy as Theatre: Staging the Bandung Conference of 1955", *Modern Asian Studies*, 48 (2014), p. 225-52.
Shore, Zachary, *What Hitler Knew: The Battle for Information in Nazi Foreign Policy*, Oxford, 2002.
Sica, Emanuele, *Mussolini's Army in the French Riviera: Italy's Occupation of France*, Urbana, IL, 2016.
Siebert, Ferdinand, *Italiens Weg in den Zweiten Weltkrieg*, Bonn, 1962.
Silver, Allan, "Friendship and Trust as Moral Ideals: An Historical Approach", *Archives européennes de sociologie*, 30 (1989), p. 274-97.
Simoni, Leonardo (d.i. Michele Lanza), *Berlin ambassade d'Italie: journal d'un diplomate italien*, Paris, 1947.
Sluga, Glenda, *Internationalism in the Age of Nationalism*, Philadelphia, 2013.

Snowden, Frank M., "De Vecchi, Cesare Maria", in de Grazia and Luzzatto (eds), *Dizionario del fascismo*, I, p. 425-8.

Snyder, Timothy, *Bloodlands: Europe between Hitler and Stalin*, New York, 2010.

Spitzy, Reinhard, *So haben wir das Reich verspielt: Bekenntnisse eines Illegalen*, Munich, 1988.

Spohr, Kristina and David Reynolds (eds), *Transcending the Cold War: Summits, Statecraft, and the Dissolution of Bipolarity in Europe, 1970-1990*, Oxford, 2016.

Stafford, Paul, "Chamberlain-Halifax Visit to Rome: A Reappraisal", *English Historical Review*, 98 (1983), p. 61-100.

Steffek, Jens, "Fascist Internationalism", *Millennium*, 44 (2015), p. 3-22.

Stegemann, Bernd, "Die italienisch-deutsche Kriegführung im Mittelmeer und in Afrika", in *DRZW*, III, p. 591-682.

Steigmann-Gall, Richard, "Religion and the Churches", in Jane Caplan (ed.), *Nazi Germany*, Oxford, 2008, p. 146-67.

Steinberg, Jonathan, *All or Nothing: The Axis and the Holocaust 1941-43*, London, 1990.

Steiner, Zara, *The Triumph of the Dark: European International History 1933-1939*, Oxford, 2011.

Steinert, Marlis G., *Hitlers Krieg und die Deutschen: Stimmung und Haltung der deutschen Bevölkerung im Zweiten Weltkrieg*, Düsseldorf, 1970.

Steinweis, Alan E., *Kristallnacht 1938*, Cambridge, MA, 2009.

Stone, Marla, "Italian Fascism's Wartime Enemy and the Politics of Fear", in Michael Laffan and Max Weiss (eds), *Facing Fear: The History of an Emotion in Global Perspective*, Princeton, 2012, p. 114-32.

Strang, Bruce G. (ed.), *Collision of Empires: Italy's Invasion of Ethiopia and its International Impact*, London, 2013.

Strang, G. Bruce, "Imperial Dreams: The Mussolini-Laval Accords of January 1935", *Historical Journal*, 44 (2001), p. 799-809.

Strang, G. Bruce, *On the Fiery March: Mussolini Prepares for War*, Westport, CT, 2003.

Strang, G. Bruce, "Two Unequal Tempers: Sir George Ogilvie-Forbes, Sir Nevile Henderson and British Foreign Policy, 1938-9", *Diplomacy & Statecraft*, 5 (1994), p. 107-37.

Strang, G. Bruce, "War and Peace: Mussolini's Road to Munich", *Diplomacy & Statecraft*, 10 (1999), p. 160-90.
Streit, Christian, *Keine Kameraden: die Wehrmacht und die sowjetischen Kriegsgefangenen, 1941-1945*, Stuttgart, 1978.
Stumpf, Reinhard, "Der Krieg im Mittelmeerraum 1942/43: die Operationen in Nordafrika und im mittleren Mittelmeer", in *DRZW*, VI, p. 569-757.
Stumpf, Reinhard, "Von der Achse Berlin-Rom zum Militärabkommen des Dreierpakts: die Abfolge der Verträge 1936 bis 1942", in *DRZW*, VI, p. 127-43.
Sullivan, Brian R., "'Where one man, and only one man, led': Italy's Path from Neutrality to Non-belligerency to War, 1937-1940", in Neville Wylie (ed.), *European Neutrals and Nonbelligerents during the Second World War*, Cambridge, 2002, p. 119-49.
Suzzi Valli, Roberta, "The Myth of Squadrismo in the Fascist Regime", *JCH*, 35 (2000), p. 131-50.
Tamaro, Attilio, *Due anni di storia 1943-45*, 3 vols, Rome, 1948.
Tampke, Jürgen, *Czech-German Relations and the Politics of Central Europe: From Bohemia to the EU*, London, 2003.
Tannenbaum, Edward R., *Fascism in Italy: Society and Culture 1922-1945*, London, 1972.
Taylor, A.J.P., *The Origins of the Second World War*, London, 1963.
Terhoeven, Petra, *Liebespfand fürs Vaterland: Krieg, Geschlecht und faschistische Nation in der italienischen Gold- und Eheringsammlung 1935/36*, Tübingen, 2003.
Thamer, Hans-Ulrich, "Der Marsch auf Rom: ein Modell für die nationalsozialistische Machtergreifung", in Wolfgang Michalka (ed.), *Die nationalsozialistische Machtergreifung*, Paderborn, 1984, p. 245-60,
Thöndl, Michael, "Mussolinis ostafrikanisches Imperium in den Aufzeichnungen des deutschen Generalkonsulats in Addis Abeba", *QFIAB*, 88 (2008), p. 449-87.
Tiedtke, Per, *Germany, Italy, and the International Economy 1929-1936: Co- operation or Rivalries at Times of Crisis?*, Marburg, 2016.
Tollardo, Elisabetta, *Fascist Italy and the League of Nations*, Basingstoke, 2016.

Tooze, Adam, *The Wages of Destruction: The Making and Breaking of the Nazi Economy*, London, 2006.
Toscano, Mario, *L'Italia e gli accordi tedesco-sovietici dell'agosto 1939*, Florence, 1955.
Toscano, Mario, *The Origins of the Pact of Steel*, Baltimore, 1967.
Tranfaglia, Nicola (ed.), *Ministri e giornalisti: la guerra e il Minculpop (1939-43)*, Turin, 2005.
Tranfaglia, Nicola (ed.), *La stampa del regime 1932-1943: le veline del Minculpop per orientare l'informazione*, Milan, 2005.
Trifkovic, Srdjan, "Rivalry between Germany and Italy in Croatia, 1942-1943", *Historical Journal*, 36 (1993), p. 879-904.
Tuninetti, Dante Maria (ed.), *Incontri di Popoli: Hitler e Mussolini*, Rome, n.d. [1943].
Uhlig, Karl, *Mussolinis Deutsche Studien*, Jena, 1941.
Ullrich, Volker, *Adolf Hitler: Biographie, Band 1: Die Jahre des Aufstiegs, 1889-1939*, Frankfurt am Main, 2013.
Urbach, Karina, *Go-Betweens for Hitler*, Oxford, 2015.
Vedovato, Giuseppe, "Guido Manacorda tra Italia, Germania e Santa Sede", *Rivista di studi politici internazionali*, 301 (2009), p. 96-131.
Verdina, Natale, *Riservato a Mussolini: notiziari giornalieri della Guardia nazionale repubblicana novembre 1943/giugno 1944*, Milan, 1974.
Vianello, Maddalena, "La visita di Hitler a Roma nel maggio 1938", in Istituto romano per la storia d'Italia dal fascismo alla Resistenza (ed.), *Roma tra fascismo e liberazione*, Rome, 2006, p. 67-92.
Vick, Brian, *The Congress of Vienna: Power and Politics after Napoleon*, Cambridge, MA, 2014.
Visser, Romke, "Fascist Doctrine and the Cult of Romanità", *JCH*, 27 (1992), p. 5-22.
Voigt, Klaus, "Jewish Refugees and Immigrants in Italy, 1933-1945", in Ivo Herzer (ed.), *The Italian Refuge: Rescue of Jews during the Holocaust*, Washington, DC, 1989, p. 141-58.
Voigt, Klaus, "Refuge and Persecution in Italy, 1933-1945", *Simon Wiesenthal Annual*, 4 (1987), p. 3-64.
Voigt, Klaus, *Zuflucht auf Widerruf: Exil in Italien 1933-1945*, 2 vols, Stuttgart, 1989-1993.

Watt, D.C., "The Anglo-German Naval Agreement of 1935: An Interim Judgment", *Journal of Modern History*, 28 (1956), p. 155-75.

Watt, D.C., "An Earlier Model for the Pact of Steel: The Draft Treaties Exchanged between Germany and Italy during Hitler's Visit to Rome in May 1938", *International Affairs*, 3 (1957), p. 185-97.

Watt, D.C., "Hitler's Visit to Rome and the May Weekend Crisis: A Study in Hitler's Response to External Stimuli", *JCH*, 9 (1974), p. 23-32.

Watt, D.C., "The Rome–Berlin Axis, 1936-1940: Myth and Reality", *Review of Politics*, 22 (1960), p. 519-43.

Webster, R.A., *Industrial Imperialism in Italy, 1908-1915*, Berkeley, 1975.

Wegner, Bernd, "Der Krieg gegen die Sowjetunion 1942-43", in *DRZW*, VI, p. 761-1102.

Wegner, Bernd, "Von Stalingrad nach Kursk", in *DRZW*, VIII, p. 3-79.

Weinberg, Gerhard L., *The Foreign Policy of Hitler's Germany: Diplomatic Revolution in Europe 1933-36*, Chicago, 1970.

Weinberg, Gerhard L., *The Foreign Policy of Hitler's Germany, I: Starting World War II 1937-1939*, Chicago, 1980.

Weinberg, Gerhard L., *A World at Arms, II: A Global History of World War II*, Cambridge, 1994.

Weizsäcker, Ernst von, *Memoirs of Ernst von Weizsäcker*, London, 1951.

Whealey, Robert H., "Mussolini's Ideological Diplomacy: An Unpublished Document", *Journal of Modern History*, 39 (1967), p. 432-7.

Wiedekind, Michael, *Nationalsozialistische Besatzungs- und Annexionspolitik in Norditalien 1943 bis 1945: die Operationszonen "Alpenvorland" und "Adriatisches Küstenland"*, Munich, 2003.

Wiedemann, Fritz, *Der Mann, der Feldherr werden wollte: Erlebnisse und Erfahrungen des Vorgesetzten Hitlers im I. Weltkrieg und seines späteren persönlichen Adjutanten*, Velbert, 1964.

Wildvang, Frauke, *Der Feind von nebenan: Judenverfolgung im faschistischen Italien 1936-1944*, Cologne, 2008.

Willis, Fred G., *Mussolini in Deutschland: eine Volkskundgebung für den Frieden in den Tagen vom 25. bis 29. September 1937*, Berlin, 1937.

Willson, Perry, "The Nation in Uniform? Fascist Italy, 1919-43", *Past & Present*, 221 (2013), p. 239-72.

Wiskemann, Elizabeth, *The Rome-Berlin Axis: A History of the Relations between Hitler and Mussolini*, London, 1949.

Woller, Hans, *Die Abrechnung mit dem Faschismus in Italien 1943 bis 1948*, Munich, 1996.
Woller, Hans, "Churchill und Mussolini: offene Konfrontation und geheime Kooperation?", *VfZ*, 49 (2001), p. 563-94.
Woller, Hans, "Machtpolitisches Kalkül oder ideologische Affinität? Zur Frage des Verhältnisses zwischen Mussolini und Hitler vor 1933", in Wolfgang Benz, Hans Buchheim and Hans Mommsen (eds), *Der Nationalsozialismus: Studien zur Ideologie und Herrschaft*, Frankfurt am Main, 1990, p. 42-64.
Woller, Hans, *Mussolini: der erste Faschist – eine Biografie*, Munich, 2016.
Woller, Hans, "I rapporti tra Mussolini e Hitler prima del 1933: politica del potere o affinità ideologica?", *Italia contemporanea*, 196 (1994), p. 491-508.
Woller, Hans, *Rom, 28. Oktober 1922: die faschistische Herausforderung*, Munich, 1999.
Woller, Hans, "Vom Mythos der Moderation: Mussolini und die Münchener Konferenz 1938", in Zarusky and Zückert (eds), *Das Münchener Abkommen in europäischer Perspektive*, p. 211-15.
Wollstein, Günter, *Vom Weimarer Revisionismus zu Hitler: das Deutsche Reich und die Großmächte in der Anfangsphase der nationalsozialistischen Herrschaft in Deutschland*, Bonn, 1973.
Wolz, Alexander, "Das Auswärtige Amt und die Entscheidung zur Remilitarisierung des Rheinlands", *VfZ*, 63 (2015), p. 487-511.
Woodhouse, John, *Gabriele D'Annunzio: Defiant Archangel*, Oxford, 1998.
Wright, John L., "Mussolini, Libya, and the Sword of Islam", in Ruth Ben-Ghiat and Mia Fuller (eds), *Italian Colonialism, Basingstoke*, 2005, p. 121-30.
Yellen, Jeremy A. "Into the Tiger's Den: Japan and the Tripartite Act, 1940", *JCH*, 51 (2016), p. 555-76.
Yelton, David K., *Hitler's Volkssturm: The Nazi Militia and the Fall of Germany, 1944-1945*, Lawrence, KS, 2002.
Zachariae, Georg, *Mussolini si confessa: rivelazioni del medico tedesco inviato da Hitler al Duce*, Milan, 1948.
Zamagni, Vera, *The Economic History of Italy 1860-1990*, Oxford, 1993.
Zamagni, Vera, "Italy: how to lose the war and win the peace" in Harrison (ed.), *The Economics of World War II*, p. 177-223.

Zuccotti, Susan, "Pius XII and the rescue of Jews in Italy: evidence of a papal directive", in Zimmerman (ed.), *Jews in Italy under Fascist and Nazi Rule*, p. 287-307.

ÍNDICE ALFABÉTICO-REMISSIVO

Abadia de Monte Cassino: batalha pela, 309, 310, 322, 323
Abel, Werner, 30, 31
Acordo de Cavalheiros (Itália-Grã--Bretanha, 1937), 111, 112, 121-123
Adenauer, Konrad, 28, 29
Adis Abeba: queda (maio 1936), 77, 78
Adowa (Etiópia): derrota italiana (1896), 65, 66
África oriental: expansão italiana na, 70-72; fim do Império Italiano na, 231, 232
Agência Stefani *ver* Stefani
Alamein, El, Batalha de (out. 1942), 271, 272
Albânia: BM invade, 176-178
Alemanha (Terceiro Reich): sucessos da política externa pré-guerra, 4, 5; remilitariza a Renânia, 4, 5, 74-76; Eixo com a Itália, 5, 6, 14-18, 146, 147; BM visita (set. 1937), 5-8, 85-102; relações com a Itália, 5-11, 17, 18; atitudes populares em relação ao regime, 12-14; apoio militar para a Itália, 17, 18; ocupa região norte e central da Itália, 18, 298, 299, 302-304; opinião popular desfavorável sobre a Itália, 20, 21, 40, 41, 73, 74, 91, 92, 105, 106, 230-233, 237, 238, 295, 296, 300-302; opinião popular italiana sobre a, 34, 35; exige relaxamento de restrições ao rearmamento, 44, 45; rivalidade com a Itália sobre condução do poder fascista, 44, 45; sai da Conferência do Desarmamento e da Liga das Nações, 44, 45; relações declinantes com a Itália (1933), 45-47; Lei para a Ordem do Trabalho Nacio-

nal (1934), 45, 46; perspectiva de anexação da Áustria, 59, 60; acordo naval com a Grã-Bretanha (1935), 71, 72; relações mais próximas com a Itália, 73, 74, 80-85; desenvolvimento de redes com a Itália, 74-77; propõe voltar a integrar a Liga das Nações, 76, 77; reconhece o Império Italiano, 76, 77; política antibolchevista com a Itália, 77-80; acordos policiais com a Itália, 77, 78, 123, 124, 150, 151; apoia Franco na Guerra Civil Espanhola, 77, 78; Plano de Quatro Anos (1936), 79-83; no Pacto Anticomintern, 80, 81, 110, 111; mão de obra italiana na, 81-83, 243-247, 258, 259, 277, 278, 319, 320; comércio com a Itália, 81-83, 243, 244; multidões se aglomeram para saudar BM, 97-99; parada militar no encerramento da visita de BM (1937), 100-102; efeito da visita de BM sobre opinião popular na, 105-107; política externa expansionista, 108, 109; poderio militar, 108, 109; cautela popular italiana com a, 119-121; impopularidade na Itália para aliança, 147, 148; restrição mútua com Itália sobre concessão de medalhas, 150, 151; exporta carvão para a Itália, 152, 153; ambiguidade sobre aliança militar com a Itália, 154-157; apreensão popular sobre uma guerra futura, 154, 155; oposição popular ao belicismo, 167, 168; aliança com a Itália (1939), 178-182; aliança formal com a Itália (maio 1939), 182-184; pacto de não agressão com a Rússia soviética (1939), 185, 186, 194, 195, 201, 202; invade e ocupa a Polônia, 187, 188, 190, 191; desconfiança da Itália, 192, 193; Grã-Bretanha bloqueia entregas alemãs para a Itália, 195, 196; invade Dinamarca e Noruega, 195, 196; avança no oeste (1940), 202-205; gastos militares e economia de guerra, 207, 208; invade França, Bélgica, Holanda e Luxemburgo, 208, 209; primeiras vitórias militares, 212-214; ceticismo em relação à declaração de guerra italiana, 212-214; carece de coordenação militar com a Itália, 215, 216, 221, 222; desprezo pela determinação militar italiana, 215, 216; armistício com a França (jun. 1940), 218-220; projetos para campos petrolíferos romenos, 222-224; planeja invasão da União Soviética, 222-225, 245-247; intervenção nos Bálcãs e na Grécia, 230-232, 338, 339; apoia a Itália no norte da África, 240, 241; invade a Grécia, 242-244; invade a Iugoslávia, 242, 243; invade a União Soviética (jun. 1941), 249-251; Itália importa mercadorias de, 258, 259; declara guerra aos Estados Unidos, 259-261; convenção militar secreta com Japão e Itália, 262, 263; baixas na frente oriental, 265, 266; domínio sobre a Itália, 267-269; ofensiva de junho 1942 na frente oriental, 267-269; campanha dos Aliados de bombardeamento contra, 272, 273, 289, 290, 300-302; e perspectiva de derrota italiana, 273, 274; determinação ao enfrentar a derrota, 275-277; Sexto Exército se rende em Stalingrado, 275-277; Aliados exigem rendição incondicional, 277, 278, 280, 281; culpa a Itália pelos insucessos militares, 278, 279; planos para eventualidade de golpe contra BM, 282, 283; produção de armamentos, 283, 284; reação à queda de BM, 290, 291; robustece forças na Itália, 290, 291, 293, 294; atos anti-italianos após armistício (1943), 298-300, 302, 303; presos militares italianos na, 299, 300, 320, 321, 327-329; assume controle sobre antigos territórios Habsburgos, 302, 303; tratamento da Itália ocupada, 312, 313; tensões com o governo da RSI, 316-318; repressão brutal na Itália, 323, 324; derrotismo crescente, 328, 329; derrota na batalha do Bulge, 329, 330; baixas na Itália, 330, 331; derrota final e rendição, 330-332, 334, 335; se rende na Itália (2 maio 1945), 330, 331; estrutura política, 334, 335; atrocidades do tempo de guerra, 336, 337; divisões pós-guerra, 337, 338; responsabilidade pela guerra e pelo Holocausto, 337, 338; censura estatal, 339, 340; *ver também* Alemanha Oriental; Alemanha Ocidental

Alemanha Ocidental: mito anti-italiano, 337, 338

Alemanha Oriental: visão sobre fascismo e nazismo, 337, 338

Alexander, general Sir Harold, 328, 329

Alexander, Jeffrey C.: sobre "desempenho social", 6-8

Alfa ("chefe do esquadrão da morte"), 125, 126

Alfieri, Dino: acompanha BM nas reuniões com AH, 87-89, 134-136; chefia Ministério da Cultura Popular, 103, 104, 125, 126; sobre planos inadequados para reunião AH-BM, 126, 127; proíbe cobertura das manifestações na partida de BM, 161, 162; sucede Attolico omo embaixador na Alemanha, 208, 209; ataques de AH sobre desempenho militar italiano, 233-235; e reação de BM ao modo paternalista de AH, 235, 236; memórias do pós-guerra justificando opiniões, 240, 241; carta para Weizsäcker questionando valor das reuniões em tempo de guerra,

483

265, 266; e avanço alemão em Stalingrado, 267-269; Ribbentrop reclama para sobre inadequação dos oficiais italianos, 279, 280; e encontro AH-BM de julho de 1943, 284-286

Alfonso XIII, rei da Espanha: visita Roma, 23, 24

Aliados: força, 270, 271; desembarque no norte da África (1942), 271, 272; invasão e ocupação da Sicília, 282, 283; avanço na Itália, 322, 323, 328, 329; invasão da França (jun. e ago. 1944), 323, 324

Alto Adige *ver* Tirol do Sul

Alto Comissariado Inter-Aliado da Renânia, 22, 23

Alwens, Ludwig, 316-318

Ambrosio, general Vittorio, 275-277, 286, 287

Anfuso, Filippo, 318-320, 331, 332

Ansaldo, Giovanni, 251, 252

Anschluss (anexação): BM tenta atrasar, 65, 66; AH leva adiante, 116-120; *ver também* Áustria

Antissemitismo: na ideologia de AH, 3, 4, 173, 174; crescimento na Itália, 111, 112, 123, 124, 168-170; de BM, 158, 159, 168-170, 260, 261, 269, 270; *ver também* judeus

Antonescu, Marshal Ion, 263, 264

Appelius, Mario, 89, 90

Arbitragem de Viena, Segunda (ago. 1940), 222, 223

Ardenas: Batalha do Bulge (1944-1945), 329-331

Arent, Benno von, 97, 98, 116, 117

Associação Cultural Dante Alighieri, 52, 53

Attolico, Bernardo, 83, 84, 153, 154, 207, 208

Áustria: desejo de controlar de AH, 4, 5, 62, 63, 108, 109; legalização do partido nazista, 11, 12; diferenças ítalo-germânicas sobre a independência da, 17, 18; AH procura unificação com Alemanha, 29, 30; impopularidade de AH na, 37, 38; e viagem de AH para encontro de Veneza em 1934, 49-51; relações difíceis com a Alemanha, 49-52; discutida no encontro de Veneza em 1934, 55-58; perspectiva de anexação pela Alemanha (*Anschluss*), 59, 60, 65, 66; situação política, 62-64; *putsch* nazista (1934), 63, 64, 67, 68, 74-76, 117, 118; BM admite demanda da Alemanha pela, 72, 73, 74-76, 116, 117; Itália renuncia à garantia de independência, 76, 77; como estado alemão, 77, 78; Itália mantém garantia de independência, 90, 91; AH invade e anexa, 116-120; guerra com a Prússia (1866), 180, 181

Bacia do Danúbio: Itália espera dominar, 174, 175, 223, 224

Badoglio, marechal Pietro: AH o encontra, 96, 97; estratégia de guerra, 214, 215; reunião com Keitel, 229, 230; substituído por

Cavallero, 230, 231; propostas de paz, 272, 273; sucede BM como chefe de governo, 284-286, 288-291; regime autoritário, 289, 290; carta para AH prometendo aliança permanente com a Alemanha, 293, 294; justifica armistício com Aliados, 297, 298; desocupa para Brindisi, 298, 299; atitude alemã para, 300-302; BM critica círculo, 324-326

Balbo, Italo, 119, 120

Bálcãs: campanha do Eixo nos, 223, 224, 232, 233, 243, 244, 338, 339

Ballila (organização fascista jovem), 137, 138

Barbarossa, Operação (invasão alemã da União Soviética), 248-252

Basler Nachrichten, 331, 332

Bastianini, Giuseppe, 278-281, 286, 287

Batalha da Grã-Bretanha (1940), 220, 221

Baviera: forças separatistas na, 22, 23

Bayreuth: festival Wagner, 63, 64

Bélgica: invasão alemã da (1940), 199, 200, 208-211, 215, 216, 316-318

Belluno, 302, 303

Below, Nicolaus von, 92, 93, 139, 140

Berghof: encontro AH-BM em (jan. 1941), 233-237, 239, 240, 291, 292

Berlim: BM visita com AH (1937), 97, 98, 99-102; Jogos Olímpicos (1936), 99, 100

Berliner Morgenpost, 200, 201

Berlusconi, Silvio, 297, 298

Bianchi Bandinelli, Ranuccio, 139, 140

Bismarck, Otto von (emissário alemão em Roma), 231, 232, 247-250, 273, 274, 277, 278

Bismarck, príncipe Otto von, 86, 87

Bizerta, 281, 282

Blomberg, marechal de campo Werner von, 44, 45, 109, 110

Blondel, Jules, 141-143, 146, 147, 158-160

Bocchini, Arturo, 121-125

Bojano, Filippo, 52, 53, 127, 128

Bolchevismo: hostilidade ítalo germânica contra o, 77-80, 121-123, 194, 195, 250-252, 257, 258; hostilidade da Igreja contra o, 250-252

Bolonha, 130, 131

Bolzano, Tirol do Sul, 97, 130, 131

Bombacci, Nicola, 316-318

Borghese, príncipe Valerio Junio, 329, 330

Bormann, Martin, 337-339

Bottai, Giuseppe, 150, 151, 175, 176, 249, 250, 274-277, 287, 288

Braun, Eva: companha AH em visita de Estado à Itália, 133, 134; suicídio, 332-334

Brigate Nere (esquadrões do terror fascistas), 323, 324

Bruning, Heinrich, 30, 31

Bulgária, 280, 281, 328, 329

Bülow-Schwante, Vicco von, 93-95

Busch, Karl, 45-47
C., Ferruccio, 264, 265
Calamandrei, Piero, 288, 289, 307-309
Campo de concentração de Mauthausen, Áustria, 300-302
Campo Imperatore, 304, 305
Capasso Torre di Caprara, Giovanni, 30, 31
Caporetto, Batalha de (1917), 241, 242
Carazzolo, Maria, 211, 212, 288, 289, 297, 298
Carta do Atlântico (1941), 252-254, 280, 281
Casini, Gherardo, 106, 107
Cassibile, Sicília, 297, 298
Castellano, general Giuseppe, 297, 298
Cavallero, general Ugo, 183, 184, 230-233, 253, 254, 266, 267, 275-277
Cavour (navio de guerra italiano), 137, 138, 146, 147
Ceccarelli De Grada, Magda, 225-227, 277, 278, 289, 290, 297, 298, 328, 329
Cefalônia: resistência italiana e represália alemã, 299, 300
Cerruti, Elisabetta, 54-56
Cerruti, Vittorio, 43-46, 60-62, 72, 73, 109, 110
Chamberlain, Neville: planeja aliança mais próxima com a Itália, 121-123; encontra AH sobre crise tcheca, 153, 154, 157-160; envia Runciman para a Checoslováquia, 157, 158; na conferência de Munique, 162-165; desacredita outras demandas territoriais de AH, 167, 168; visita oficial à Itália, 170-174; aplaudido em cinema em Milão, 205, 206
Chaplin, Charlie, 2, 3
Checoslováquia: AH deseja anexar, 108, 109, 147, 148, 150, 151; AH posterga ataque a, 160, 161; desmantelada na Conferência de Munique, 163-165, 167, 168; Alemanha ocupa, 174, 175; *ver também* região dos Sudetos
Churchill, Winston S.: encontros com Roosevelt, 11-13, 264, 265, 277, 278, 296, 297; admiração por BM, 155-157; advertências sobre aliança BM-AH, 155-157, 167, 168; e declaração de guerra de BM, 214, 215; relações com Roosevelt, 239, 240, 252-254, 256, 257, 315, 316, 339, 340; AH zomba de, 259, 260; sobre queda de BM, 291, 292; acredita que a Itália depende da Alemanha, 298, 299
Ciano, conde Galeazzo: diários, 16, 17, 203-205, 223, 224, 311, 312; participa de encontro de AH e BM em Veneza em 1934, 51, 52, 55, 56; nomeado ministro do Exterior, 78, 79; visita AH na Baviera, 79, 80; Attolico reclama para sobre excesso de delegações italianas à Alemanha, 83, 84; acompanha BM na visita de 1937 à Alemanha,

87-89, 95, 96; não gosta de Ribbentrop, 109, 110; recebe bem nomeação de Mackensen como embaixador alemão, 109, 110; política exterior ambígua, 111, 112; e visita de Estado de AH à Itália, 112, 113, 126, 127, 132-136, 140, 141; e oposição do Vaticano ao Eixo, 113, 114; e invasão da Áustria por AH, 119, 120; e reação de BM à invasão alemã do Tirol do Sul, 120, 121; ridiculariza duque de Saxe-Coburg-Gotha, 120, 121; apresenta a Ribbentrop um contra-tratado, 136, 137; sobre reconhecimento fascista da mudança na política externa, 150, 151; expressa moderação sobre proposta de aliança militar com a Alemanha, 155-157; e prontidão de BM em ir à guerra ao lado da Alemanha, 159, 160; encontros com Perth, 159-161; sobre crise na região dos Sudetos, 159, 160; na Conferência de Munique (1938), 161, 162; e crescente antissemitismo de BM, 168, 169; discurso antifrancês (nov. 1938), 170-172; e visita de Chamberlain à Itália, 170-174; aprecia discurso de AH sobre cooperação com a Itália, 173, 174; e ocupação da Checoslováquia por AH, 174, 175; e frustração de BM por ter que se reportar ao rei, 174-176; exorta invasão da Albânia, 177, 178; negocia aliança com Ribbentrop, 178-184; e desejo de BM de postergar a guerra, 184, 185; opiniões antialemãs, 191, 192; relutância em ir à guerra, 192, 193, 208, 209; apoia os finlandeses contra a Rússia Soviética, 194, 195; e missão de paz de Welles (1940), 195, 196; participa de reunião no passo do Brennero em março de 1940, 198, 199, 202, 203; adverte embaixador belga sobre iminente ataque alemão, 199, 200; BM reclama para sobre papel dominador de AH, 200, 201; BM declara intenção de ir à guerra, 202, 203; sobre confiança de BM em AH, 203-205; nomeia Alfieri embaixador na Alemanha, 208, 209; anuncia declaração de guerra, 211, 212; e encontro de Munique em junho de 1940 entre BM e AH, 216, 217; no segundo encontro no passo do Brennero (out. 1940), 221-223; sobre tropas alemãs na Romênia, 223, 224; responsabilidade pelo ataque à Grécia, 223, 224; no encontro de Florença (out. 1940), 225-228; encontro de Viena com AH (nov. 1940), 229, 230; no encontro de Berghof (jan. 1941), 235, 236; reclama do tratamento alemão dado aos trabalhadores italianos, 244, 245; no terceiro encontro no passo do Brennero (jun. 1941), 247-249; lê a carta de AH anunciando a

BM a invasão soviética, 249, 250; sobre BM não entender o respeito declinante de AH, 263, 264; no encontro de Salzburg (abr. 1942), 266, 267; visita AH (nov.-dez. 1942), 40, 41, 274, 275; demitido e nomeado embaixador na Santa Sé, 275-278; trama queda de BM, 287, 288; AH culpa pela queda de BM, 290, 291; BM não consegue remover, 305, 306; foge para a Alemanha, deportado para a Itália e executado, 311, 312

Ciano, Edda (*née* Mussolini), 311, 312

Clemenceau, Georges, 10, 11

Colonna, príncipe Piero, 140, 141

Comissário do Reich para Fortalecimento da Nação Alemã (Himmler), 250, 251

Compiègne, 218-220

Comunistas *ver* bolchevismo

Conferência de Casablanca (jan. 1943), 277-281

Conferência de desarmamento: Alemanha sai da, 44, 45

Conferência de Lausanne sobre reparações alemãs, 37, 38

Conferência de Munique (1938): AH e BM desafiam o ordenamento europeu na, 17, 18; BM participa com AH, 161-163; negociações e acordo, 161-166, 174, 175, 341, 342

Conferência de Paz de Paris (1919), 10, 11

Conferência de Teerã (nov.-dez. 1943), 315, 316

Conferência e Tratado de Locarno (1925), 74-76, 78, 79

Congresso ítalo-germânico do direito, Roma (jun. 1938), 150, 151

Corfu: Itália ocupa, 23-25

Corner, Paul, 205, 206

Corpo Expedicionário Italiano (na União Soviética), 251, 252

Corporação Africana (Alemanha), 241, 242, 264, 265

Corriere della Sera (jornal), 297, 298, 319, 320, 324-326

Corrispondenza Repubblicana (boletim RSI), 315, 316

Córsega, 273, 274

Cortesi, Arnaldo, 52, 53

Creta: AH oferece paraquedistas para campanha em, 227, 228; cai diante da Alemanha, 243, 244

Crispi, Francesco, 86, 87

Croácia, 242, 243, 262, 263, 270, 271

Croce, Benedetto, 337, 338

Cultura Popular, Ministério da (italiano): sobre encontros AH--BM, 89, 90, 92, 93, 103, 104, 125-128, 161, 162; relatos sobre opinião pública acerca da visita de AH, 92, 93; comentários negativos sobre AH, 95, 96; sobre visita de Chamberlain a Roma, 172, 173; sobre escassez de café, 180, 181; sobre aliança ítalo-germânica, 182, 183; orienta imprensa a

apoiar Alemanha, 191, 192, 200, 201, 220-223
D'Annunzio, Gabriele, 102, 103
Daily Mail, 21, 22
Daily Telegraph, 90, 91
Daladier, Edouard, 162, 163
Danzig, 167, 168
De Bono, general Emilio, 287, 288, 311, 312
De Felice, Renzo, 14-16, 41, 84, 85, 297, 298, 303, 304, 312-315
De Grada, Magda Ceccarelli *ver* Ceccarelli De Grada, Magda
De Vecchi, General Cesare Maria, 56-58, 287, 288
Deakin, F.W., 13, 14, 280, 281
Declaração Anglo-Italiana (16 nov. 1938), 170-172
Deutsche, Der (periódico), 45, 46
Di Pompeo, Corrado, 322, 323
Diel, Louise, 65, 66
Dietrich, Otto, 56-58, 60, 61, 87-89
Dinale, Ottavio ("Farinata"), 46, 47
Dinamarca: Alemanha ataca, 195, 196, 202, 203, 207, 208; entra para Pacto Anticomintern, 259, 260
Diplomacia: AH/BM estilo de, 9, 10, 340, 341
DNVP (nacionais-conservadores alemães), 38-40
Dollfuss, Engelbert: BM financia, 40, 41; enfraquecido pelos nazistas austríacos, 50, 51; autoritarismo, 62, 63; assassinado, 63, 64
Dollmann, Eugen, 181, 182
Drummond, Sir Eric, 59, 60

Duce in Germania, Il (livo comemorativo), 106, 107
Eatwell, Roger, 8, 9
Ebermayer, Erich, 97, 98
Ebert, Friedrich, 294, 295
Eden, Anthony, 89, 90, 272, 273
Eggers, Kurt, 311, 312
Egito: Itália avança sobre o, 217, 218, 220-224
Eher Verlag (editora nazista), 35, 36, 40, 41
Eixo (Alemanha-Itália): BM sobre o, 80-83, 84, 85; Grandi sobre, 84, 85; função na unificação das burocracias ítalo-germânicas, 95, 96; Pini sobre, 96, 97; dúvidas dos nazistas sobre a Itália honrar o, 105, 106; Vaticano se opõe a, 113, 114; impopularidade na Itália, 120, 121, 169, 170; reservas sobre força do, 146, 147; desenvolve e fortalece o, 149-151, 155-158; compromisso da Itália com o, 175, 176; Itália enfatiza o poder do, 180, 181; e estratégia conjunta, 201, 202; confirmado pelo relacionamento AH-BM, 232-235, 240, 241; dominação alemã no, 267-269, 291, 292; poder das forças, 270, 271; e derrota iminente, 278, 279; derrota no norte da África, 282, 283; condição após queda de BM, 291, 292
Elena, rainha de Vittorio Emanuele, 133, 134, 138, 139
Engel, major Gerhard, 212-214

Época, L' (jornal), 24, 25
Eritreia, 61, 220, 221
Eslováquia: adere ao Pacto Tripartite, 229, 230; adere ao Pacto Anticomintern, 259, 260
Eslovênia: Itália ocupa e persegue, 242, 243
Espanha: Frente Popular, 77, 78; *ver também* Franco, general Francisco
Essen, 97, 98
Estados Unidos da América: ameaçados pelo Pacto Tripartite de 1940, 220, 221; Alemanha e Itália declaram guerra a, 259-261; ataque japonês a Pearl Harbor, 259-261; produção de aviões, 283, 284
Etiópia: Itália invade e faz campanha na, 4-6, 17, 18, 65-68, 70-74, 152, 153; atrocidades italianas na, 83, 84; italianos derrotados pela força africana e britânica (1941), 231, 232
Ettel, Erwin, 126, 127
Evacuação de Dunquerque (maio 1940), 210, 211
Exército Republicano Nacional (italiano), 320, 321, 326, 327
Farinacci, Roberto, 54, 155-157, 208, 209, 243, 244, 287, 288, 303, 304
Fasci Italiani di Combattimento, 41, 175, 176, 203-205
fascismo: regime na Itália, 2, 3, 5, 6; e nazismo alemão, 3, 4, 11, 12, 16-20, 25-29, 34, 35, 72, 73, 125, 126, 145, 146, 175-177; e relacionamento AH-BM, 12, 13; opinião pública sobre, 14-16, 180, 181; e antissemitismo, 28, 29, 123, 124; BM declara como não exportável, 34, 35; *Mein Kampf* sobre, 46, 47; crença em conspiração do mundo maçom-judeu-bolchevique, 124, 125; e apoio das massas, 130-133; postura agressiva impopular, 166-168; AH elogia, 175, 176; declínio, 263, 264; desintegra em face da derrota, 275-277, 282, 283; esquadrões do terror e atrocidades na Itália, 324-326; apelo transitório na Itália, 336, 337
Federzoni, Luigi, 35, 36
Fiat: greves em Turim (1943), 275-277
Finlândia: como alida nazista, 251-254, 258, 259; entra para o Pacto Anticomintern, 259, 260
Florença: AH visita, 141-144; encontro AH-BM (out. 1940), 225-228; queda diante dos Aliados, 323, 324
Focardi, Filippo, 14-16
França: AH vê como arqui-inimiga, 5, 6; AH e BM criticam, 56-58; BM aceita acordo com, 63, 64, 67, 68; Frente Popular, 77, 78; aliança com Checoslováquia, 151-153; guerra potencial com a Itália, 170-172, 174, 175; declara guerra à Alemanha (3 set. 1939), 188, 189; Alemanha invade, 208, 209; campanha italiana contra, 212-215; negociações de armis-

tício com AH, 216, 217; assina armistício com a Alemanha (jun. 1940), 218-220; *ver também* França de Vichy

Franco, general Francisco: ditadura, 9, 10; golpe (1936), 77, 78; captura Madri, 176, 177; perspectiva de união com o Eixo na guerra contra a Grã-Bretanha, 221, 222, 235, 236; AH encontra em Hendaye, 224, 225

François-Poncet, André: ridiculariza vestimenta de AH, 52, 53; sobre desejo de Itália e Alemanha de evitar alienar Grã-Bretanha, 85, 86; sobre manobras militares alemãs, 96, 97; sobre reação popular alemã à visita de BM, 98, 99; sobre subserviência de BM à Alemanha, 118, 119; sobre relacionamento AH-BM, 146, 147, 158, 159, 163-165; transferido para Roma, 170-172; sobre invasão italiana da Albânia, 177, 178

Frank, Brigitte, 130, 131

Frank, Hans, 29, 30, 32-34, 60, 61, 78-80, 149, 150

Frente Alemã para o Trabalho, 45, 46

Frente de Harzburg, 35, 36

Frente Popular: na França e na Espanha, 77, 78, 170-172, 176, 177

Fricke, contra-almirante Kurt, 232, 233

Fritsch, general Werner von, 109, 110

Gaggia, Villa, perto de San Fermo, 284-287

Galli Della Loggia, Ernesto, 297, 298

Garibaldi, Giuseppe, 140, 141, 170-172, 296, 297

Gazzetta del Popolo (jornal), 32-34

Gênova: discurso de BM em (1938), 146, 147; ataques aéreos britânicos sobre, 271, 272

Gentizon, Paul, 318, 319

Gerarchia (periódico fascista), 31, 32, 140, 141, 203-205

Gestapo: relaciona cidadãos alemães na Itália, 123, 124

Giolitti, Giovanni, 275-277

Giornale d'Italia, 36, 37

Goebbels, Joseph: diários, 16, 17, 191, 192, 248, 249; AH sente-se confortável com, 58, 59; e visita de BM à Alemanha em 1937, 85, 86, 92, 93, 95, 96, 102, 103; ceticismo sobre a Itália honrar o Eixo, 105, 106; acompanha AH em visita de Estado à Itália, 125-127, 130-137; AH confidencia a sobre selar amizade com BM, 140, 141; envia telegrama ao deixar a Itália, 144, 145; sobre *status* do Tirol do Sul, 144, 145; sobre garantia de BM sobre vínculo com AH, 145, 146; confiança em AH sobre crise na região dos Sudetos, 159, 160; sobre potencial aliança com a Itália, 173, 174; sobre invasão da Albânia por BM, 177, 178; organiza feira do livro alemã em Roma (maio 1939), 181, 182; dúvidas sobre pacto ítalo-germânico formal (1939), 183, 184; acusa a Itália de traição do compromisso de guerra, 184, 185; e opiniões antigermânicas dos italianos, 191, 192; relata primeiro encontro no passo do Brennero, 199, 200; duvida da confiabilidade italiana, 221, 222; AH elogia BM para, 228, 229; reconhece regime fascista falido na Itália, 237, 238; sobre AH descrevendo plano de invasão soviética para BM, 248, 249; proíbe relato sobre BM pilotando avião de AH, 256, 257; sobre encontro de Salzburg (abr. 1942), 266, 267; impressionado pelo discurso de BM em dezembro de 1942 para o partido fascista, 273, 274; sobre guerra total em face da derrota, 275-277; e remodelação do gabinete de BM, 277, 278; sobre impacto do encontro Churchill-Roosevelt em Casablanca, 277, 278; e encontro AH-BM em Klessheim, março de 1943, 279-281; sobre discurso de BM, maio de 1943, 281, 282; insiste no comunicado do encontro de julho de 1943, 286-288; sobre o efeito na Alemanha da queda de BM, 289, 290; AH dá opinião verdadeira sobre aliança com BM, 290, 291; AH fala sobre BM ser ditador fraco, 294, 295; revela sentimentos anti-italianos, 300-303, 316-318; e libertação de BM e fuga para a Alemanha, 304-307; e crescentes sentimentos anti-italianos de AH, 307-309; sobre BM estar perdendo o sentido de realidade, 314-316; sobre problemas de saúde de BM, 315, 316; AH discute estratégia italiana com, 316-318; suicídio, 332-334

Gömbös, Gyula, 80, 81
Gonella, Guido, 207, 208
Göring, Hermann: asilo na Itália, 27-29; BM dá fotografia autografada para AH, 32-34; visita congresso da Real Academia Italiana, 38-40; entrega carta de AH para BM, 45, 46; e encontro AH-BM em Veneza, 1934, 50, 51; visita de janeiro de 1937 à Itália, 83, 84; e anexação alemã da Áustria, 117, 118; admira a Força Aérea italiana, 139, 140; exorta AH a aceitar proposta de Chamberlain sobre a região dos Sudetos, 159-161; faz minuta do Acordo de Munique, 163-165; visita a Roma (abr. 1939), 177, 178; exorta íntima coordenação militar com a Itália, 215, 216; influência decrescente sobre AH, 247, 248; visita à Itália (jan. 1942), 263, 264; convence AH a fazer transmissão após armistício italiano, 300-302

Grã-Bretanha: AH espera aliança com a, 5, 6, 109, 110; acusada de hipocrisia devido ao colonialismo, 71, 72; acordo naval com Alemanha (1935), 71, 72; preocupação com relações ítalo-germânicas, 73, 74; Grandi espera aliança com a Itália, 84, 85; e visita de BM em 1937 à Alemanha, 85, 86; acordo de cavalheiros com a Itália (1937), 111, 112, 121-123; opinião condescendente sobre a Itália, 157, 158; e prontidão de BM a ir à guerra ao lado da Alemanha, 159, 160; domínio no Mediterrâneo, 170-172; declaração conjunta com a Itália (nov. 1938), 170-172; BM mantém amizade com, 178-180; Tratado de Assistência Mútua com a Polônia, 187, 188; declara guerra à Alemanha (3 set. 1939), 188, 189; recusa-se a comprar BM, 188, 189; Itália interrompe exportação de armas para, 195, 196; bloqueio naval da Itália, 195-198; ataque italiano no norte da África, 217, 218, 220-224, 231, 232; AH faz proposta de paz para (jul. 1940), 218-221; bombardeia cidades italianas, 218-220; invasão alemã postergada, 222, 223; apoia a Grécia, 228, 229; vitória sobre Marinha italiana em Taranto, 228, 229; vitórias contra a Itália na África oriental, 231, 232; sob ameaça de derrota, 237, 238; sai da Grécia e de Creta, 243, 244; ofensiva no norte da África, 259, 260; bombardeamento de áreas da Itália, 271, 272; produção de aeronaves, 283, 284

Graefe, Albrecht von, 29, 30
Grande Conselho do Fascismo, 118, 119, 168, 169, 175, 176, 191, 192, 284-286, 288, 289
Grande Ditador, O (filme), 2, 3
Grandi, Dino: apoia proposta de pacto quadripartite, 42, 43; sobre Eixo, 84, 85; propostas de paz, 272, 273; demitido, 275-277; exige queda de BM, 287, 288; BM não consegue remover, 305, 306; BM critica, 324-326
Graziani, marechal Rodolfo: tentativa de assassinato de, 83, 84
Grécia: Itália ataca a, 222-225, 227, 228; Itália rechaçada da, 227-231; intervenção alemã na, 230-232; alemães invadem a, 243, 244
Griffin, Roger, 8, 9
Guadalajara, batalha de (1937), 120, 121
Guarda Nacional Republicana (italiana), 322, 323, 328, 329
Guariglia, Raffaele, 296-298
Guerra Civil Espanhola: e relações ítalo-germânicas, 5, 6, 17, 18, 93-95; Itália e Alemanha intervêm na, 77, 78; voluntários italianos na, 110-116, 152, 153; baixas italianas na, 120, 121
Guerra Soviético-Finlandesa (Guerra de Inverno, 1939-1940), 194, 195
Guidi, Guido Buffarini, 126, 127, 314, 315
Guzzoni, General Alfredo, 235, 236
H., Paul (ex-hussardo), 128-130

493

Habicht, Theodor, 60, 61
Halder, general Franz, 211, 212, 228, 229
Halifax, Edward Frederick Lindley Wood, 1º conde de, 155-158, 172, 173
Hamburger Fremdenblatt (jornal), 318, 319
Hamburgo: bombardeada pela Grã-Bretanha, 289, 290
Hassell, Ulrich von: e encontro proposto de AH com BM, 47, 48; sobre opinião de AH a respeito de BM, 58, 59; sobre assassinato de Dollfuss, 63, 64; substituído como embaixador, 109, 110
Henderson, Nevile, 118, 119
Henlein, Konrad, 150-152
Hess, Ilse, 130, 131
Hess, Rudolf: sobre origens da saudação nazista, 32-35; Renzetti encontra após encontro de Veneza em 1934, 60, 61; encontra BM na visita de 1937 à Alemanha, 90, 91, 95, 96; acompanha AH na visita de Estado à Itália, 132, 133; sobre *status* do Tirol do Sul, 144, 145; saúda BM na Conferência de Munique, 161, 162; foge para a Escócia, 245-247
Hesse, príncipe de *ver* Philip, príncipe de Hesse
Himmler, Heinrich: em Munique para a visita de BM em 1937, 92, 93, 95, 96; e prisão de refugiados alemães na Itália, 123, 124; acompanha AH na visita de Estado à Itália, 126, 127, 132, 133; planeja anexação da região dos Sudetos, 151, 152; e reassentamento dos tiroleses do sul, 185, 186; foca na guerra com a União Soviética, 250, 251; BM recebe (out. 1942), 269, 270; emprega astrólogos para localizar BM, 290, 291; ordena deportação dos judeus de Roma, 313, 314
Hindenburg, Paul Ludwig Hans Anton von Beneckendorff und von, 61, 62, 294, 295
Hitler, Adolf: tentativa de assassinato de (jul. 1944), 1, 2, 326-329; natureza do relacionamento com BM, 1-4, 6-14, 16-18, 338-342; *status* político, 2, 3; experiência e objetivos, 3-5; sucessos da política externa pré-guerra, 4-6; vê BM como líder modelo, 4, 5; deseja conquistar a Áustria, 4, 5, 62, 63; visita de Estado à Itália (1938), 6-8, 111-114, 121-123, 126-138, 140-145; valor dos encontros com BM, 6-8; estilo de diplomacia, 9-11, 47, 48, 339-341; correspondência com BM, 16-18, 32-34, 185-188, 193, 194, 208-211, 240, 241; primeiro encontro com BM (Veneza, jun. 1934), 17, 18, 47-61; anos iniciais em Munique, 19, 20; sobre pioneiro governo fascista na Itália, 20-23; admiração e louvor por BM, 21, 22, 24, 25,

27, 28, 30-32, 46, 47, 58, 59, 60, 61, 191, 192, 239, 240, 263, 264, 266, 267, 270, 271, 295, 296, 300-302, 318, 319, 334, 335; procura aliança antifrancesa com a Itália, 21, 22; visto como BM alemão, 21, 22; e demanda italiana pelo Tirol do Sul, 23-25, 31, 32, 51, 52; enfatiza similaridade nazista com o fascismo, 24, 25; no *Putsch* da Cervejaria, 25-27; julgado e preso, 25-27; e ascensão fascista ao poder, 28, 29; nega receber financiamento italiano, 29-31; atitude ambígua de BM para com, 31, 32, 35, 36, 40, 41; entrevistado em jornais italianos, 31-34; e saudação *Heil Hitler*, 32-34, 95, 96; elogia história italiana, 34, 35; contribui para o livro de Meletti, 35, 36; influenciado por Renzetti, 35, 36; mantém busto de BM na sede de Munique, 36, 37; Malaparte deprecia, 36, 37; propõe visita a BM em Roma, 36-38, 41; como vegetariano e abstêmio, 37, 38, 49, 50, 54, 55, 114-116; nomeado chanceler do Reich, 38-40; corteja BM como chanceler do Reich, 38-40; e oposição de BM ao antissemitismo nazista, 43, 44; acusa BM de inveja do Nacional Socialismo, 44, 45; 50º aniversário, 44, 45, 178-180; e abandono alemão da conferência de desarmamento e da Liga das Nações, 45, 46; críticas italianas a, 46, 47; considera italianos inferiores, 46, 47, 65, 66; viaja de avião, 49-52; vestimenta, 52, 53, 55, 56, 114-117, 138, 139, 162, 163; gosto em arte moderna, 55, 56, 96, 97, 143, 144; convida BM a visitar a Alemanha, 56-58, 78, 79, 84, 85; exige cópia do discurso de Von Papen em Marburgo, 61, 62; e eliminação da SA e de Röhm, 61-63; visita Hindenburg no leito de morte, 61, 62; BM assina biografia de Diel para, 65-67; e ridicularização pelos italianos das teorias de raça nazistas, 65, 66; assina pacto de não agressão com a Polônia, 66, 67; política expansionista, 67, 68, 173-176; crescente rivalidade com BM, 67, 68; tem como objetivo revisar o Tratado de Versalhes, 69, 70, 76, 77; e invasão italiana da Etiópia, 73, 74; encontro com Manacorda, 73, 74; comunicação indireta de BM com, 76, 77; marcha sobre a Renânia, 76, 77; hostilidade ao bolchevismo, 77, 78; propõe intervenção conjunta ítalo-germânica na Espanha, 77, 78; Ciano visita (out. 1936), 79, 80; corteja BM em discurso no Reichstag em janeiro de 1937, 83, 84; e visita de BM em setembro de 1937 à Alemanha, 85-90, 92-100; nomeado cabo honorário da milícia fascista, 93-96; concede honras a BM, 95-97; em Berlim com BM, 97, 98; e partida de BM da visita de 1937, 102, 103; convidado para segunda visita à Itália, 104, 106; crença no vínculo com BM, 106, 107; planos para a Checoslováquia, 108, 109, 147, 148; pólipo na garganta, 108, 109; torna-se comandante supremo do Exército, 109, 110, 121-123; vínculo ideológico de BM com, 111, 112; desejo de guerra, 111, 112; oposição do Vaticano a, 113, 114; evita igrejas na visita de Estado à Itália, 114-116; dieta, 114-116; demanda sobre a Áustria, 116, 117; invade e anexa a Áustria, 116-119; medidas de segurança para visita de Estado à Itália, 124-127; viaja de trem à Itália, 128-130; desconforto na presença de Vittorio Emanuele, 132-134; apresenta telescópio e financia observatório para a Itália, 136, 137; impressionado com a organização fascista, 137, 138; alegações de Bianchi Bandinelli de que, não gosta de BM, 139, 140; sobre impopularidade na Alemanha da aliança com a Itália, 139, 140; discurso na visita de Estado à Itália, 141-143; expressa admiração pela Itália, 143, 144; envia telegrama ao deixar a Itália, 144-146; saudado ao retornar da visita de Estado, 145, 146; efeito da visita de Estado, 146-148; comentários internacionais sobre visita de Estado à Itália, 146, 147; acredita que seu destino está ligado ao de BM, 149, 150; superestima as habilidades militares da Itália, 149, 150; nos comícios do partido em Nuremberg, 151, 152; demandas sobre região dos Sudetos, 151, 152, 154-161; recebe Chamberlain em Berchtesgaden e Bad Godesberg, 157-160; saúda discurso de BM no Trieste, 158, 159; posterga invasão da Checoslováquia, 160, 161; na Conferência de Munique (1938), 161-165, 341, 342; cooperação bem-sucedida com BM em Munique, 167, 168; discurso sobre a amizade com a Itália (jan. 1939), 173-175; ameaça extermínio dos judeus, 173, 174; ocupa Checoslováquia, 174, 175; planeja invasão da Polônia, 177-180, 183-186; recusa proposta de Pio XII por conferência multilateral, 178-180; negociações para uma aliança formal com a Itália, 178-180; discurso do Reichstag (28 abr. 1939), 178-180; reiteradas mensagens de amizade com BM, 178-180; e aliança formal com a Itália (1939), 182-184; e falta de apoio de BM à invasão da Polônia, 184, 185; exasperado com a relutância de BM em entrar na guerra, 185-188; celeba triunfo na Polônia, 191, 192; e a não beligerância de BM, 195, 196; sugere outro encontro com BM, 195-198; encontro no passo do Brennero com BM (mar. 1940), 196-202; se recusa a enviar atas do encontro no passo do Brennero a BM, 201-203; vaiado em cinema de Milão, 205, 206; se vangloria a BM sobre vitórias alemãs, 206, 207, 210, 211; reação à declaração de guerra da Itália, 212-214; convoca encontro em Munique com BM (jun. 1940), 215-218; recusa assistência militar italiana, 217, 218; dá dois canhões ferroviários antiaéreos para BM, 217, 218; proposta de paz à Grã-Bretanha, 218-220; segundo encontro no passo do Brennero com BM (out. 1940), 221-223; tentativas de recrutar regimes europeus de extrema direita, 224, 225; não gosta de Franco, 224, 225; planeja invadir a Rússia Soviética, 224, 225, 245-247; toma conhecimento do ataque de BM à Grécia, 224, 225, 227, 228; encontro de Florença com BM (out. 1940), 225-227; posterga intervenção na Grécia, 228, 229; domínio sobre BM, 229, 230, 233-238, 253-256, 270-272; se recusa a colocar as Forças Armadas italianas sob controle alemão, 232, 233; encontro no Berghof com BM (jan. 1941), 233-237; desapontamento com BM, 233-235; preocupação com a conduta de guerra italiana, 240, 241; ordena invasão da Iugoslávia, 242, 243; concede crédito à Itália para campanha nos Bálcãs, 243, 244; terceiro encontro no passo do Brennero (jun. 1941), 247-249; propõe enviar judeus para Madagascar, 248, 249; segredo sobre planos de invasão da União Soviética, 248, 249; aceita tropas italianas na guerra contra a União Soviética, 252, 253; encontro da Toca do Lobo com BM (ago. 1941), 253-256; voa para a frente oriental com BM, 254-257; acredita na vitória sobre os Estados Unidos, 259-261; justifica ataque à União Soviética como cruzada, 259, 260; assume comando supremo do Exército alemão, 260, 261; sobre extermínio de judeus, 260, 261; preocupação com a Itália se tornar um peso, 262, 263; deprecia a nobreza italiana, 263, 264; admite reveses alemães na Rússia soviética, 265-267; encontro em Salzburg com BM (abr. 1942), 266, 267; Ciano se encontra com (nov.-dez. 1942), 272- 275; ordena que BM vá à sede da Prússia Oriental (dez.

1942), 274, 275; proíbe retirada em Stalingrado, 275-277; e remodelação do gabinete de BM (1943), 277, 278; e rompimento de relações com BM, 277-279; sobre origens históricas do nazismo, 278, 279; encontro de Klessheim com BM (mar. 1943), 278-282; esgotamento, 279, 280; cartas agressivas a BM, 282, 283; raiva contra generais italianos, 282, 283; e invasão da Sicília pelos Aliados, 283, 284; encontra BM na Itália (jul. 1943), 284-288; e deposição e prisão de BM, 288-290, 291, 292; explora Badoglio, 290, 291; dá a Goebbels uma opinião sincera sobre a aliança com BM, 290, 291; atitude em relação ao governo de Badoglio, 293, 294; planeja prender o rei e Badoglio, 293, 294; admite que BM é ditador fraco, 294, 295; planeja reconduzir BM, 295, 296, 305, 306, 316-319; tentativas de localizar BM, 300-304; transmissão sobre o armistício itaiano, 300-302; e libertação e fuga de BM para a Alemanha, 303-306; crescentes sentimentos anti-italianos, 307-310, 316-318, 338, 339; mantém consideração por BM, 316-319; encontro de Klessheim com BM (abr. 1944), 318-322; BM escreve sobre visita de 1938, 324-327; encontro da Toca do Lobo com BM (jul. 1944), 326-329; perde apoio popular, 328, 329; correspondência final com BM, 331, 332; refugia-se no *bunker* de Berlim, 331, 332; mantém exibição de unidade e amizade com BM, 332-334; suicídio, 332-334; visto como grosseiro e destrutivo, 336, 337; culpa BM e a Itália por fracassos da Alemanha, 337-339; declara ser um erro amizade com BM, 338, 339; *Mein Kampf* (Minha luta), 27, 28, 40, 41, 46, 47; *Zweites Buch* (Segundo livro), 24, 25

Hoare, Sir Samuel, 73, 74

Hoffmann, Heinrich: fotografias de AH e BM, 56-58, 95, 96, 100-103

Hohenbach, Alexander Boltho von, 311, 312

Holanda: Alemanha invade, 208, 209, 215, 216

Holocausto: e ideologia de AH, 3, 4; estudo do, 14-16; e judeus italianos, 314, 315; responsabilidade alemã pelo, 337, 338; *ver também* Judeus

Horthy, almirante Miklos, 262, 263

Hoßbach, coronel Friedrich, 108, 109

Hull, Cordell, 223, 224, 228, 229

Hungria: disputas com a Romênia, 222, 223; entra para o Pacto Tripartite, 229, 230; como aliado de guerra da Alemanha, 258, 259, 280-282

Igreja católica: relações com o fascismo na Itália, 28, 29; opõe-se à entrada da Itália na guerra, 207-210; apoia campanha contra bolchevismo, 250-252
Illustrierter Beobachter (revista), 56-58
Innsbruck: BM faz parada a caminho da Alemanha, 90, 91; encontro ítalo-gerânico (5 abr. 1939), 176, 177
Instituto Real Britânico de Relações Internacionais (Chatham House, Londres), 256, 257, 281, 282
Interlandi, Telesio, 35, 36
Irmãos Susmel, 16, 17
Itália (fascista): regime fascista, 2, 3; antissemitismo, 3, 4, 111, 112, 124, 125, 158, 159, 168-170, 269, 270, 337, 338; governo racial e colonial, 3-5, 14-16, 111-112; invade Etiópia, 4-6, 17, 18, 65-68, 70-73; como teatro de guerra (1943-1945), 4, 5; forma o Eixo com a Alemanha, 5, 6, 14-18, 146, 147; relações com a Alemanha, 5-11, 17, 18, 45-47; entra na guerra (jun. 1940), 6-8; reveses militares, 12, 13, 17, 18; atitudes populares em relação ao regime como benignas, 12-17; Alemanha ocupa norte e centro, 18, 298, 299, 302-304; efeito da Primeira Guerra Mundial na, 19, 20; opinião pública alemã desfavorável à, 20, 21, 40, 41, 73, 74, 230-233, 237, 238, 295, 296, 300-302; campanha fracassada no norte da África, 21, 22, 222-224, 231, 232, 236-238; ocupa Corfu, 23, 24; AH descreve como aliada natural da Alemanha, 24, 25; opinião sobre os alemães, 34, 35; BM procura adquirir grande poder, 42-44, 69, 70, 152, 153; Carta do Trabalho (*carta del lavoro*), 45, 46; visão depreciativa de AH em relação à, 46, 47; críticas a AH, 46, 47; reação ao golpe nazista de 1934 na Áustria, 63, 64; expansionismo na África oriental e no Mediterrâneo, 70-72; relações mais próximas com a Alemanha, 73-77, 80-85; política antibolchevique com a Alemanha, 77-80, 250, 251; acordos de polícia com a Alemanha, 77, 78, 123, 124, 150, 151; apoia Franco na Guerra Civil Espanhola, 77, 78, 110-112, 152, 153; no Pacto Anticomintern, 80, 81, 110, 111; comércio com a Alemanha, 81-83, 243, 244; trabalhadores na Alemanha, 81-83, 243-247, 258, 259, 277, 278, 319, 320; saúda retorno de BM do encontro de 1937, 103, 104; nazistas a acreditam inferior à Alemanha, 105, 106; fragilidade militar, 109, 110, 231-236; campanha antiburguesa, 110-112; política expansionista, 110, 111; sai da Liga das Nações, 110, 111; vista de Estado de AH (1938), 111-116, 121-145; Acordo de cavalheiros com a Grã-Bretanha,

111, 112, 121-123; bandeiras preparadas para visita de Estado de AH, 112, 113; suspeita popular contra a Alemanha, 119-121; prontidão para a guerra ao lado da Alemanha, 121-123; fortalece segurança para visita de estado de AH, 121-124; atitudes antialemães e antifascistas, 124-126, 131, 132, 203-206, 242, 243; protestos contra visita de Estado de AH, 131, 132; *status* da monarquia, 133, 134; Marinha, 137-139; Forças Armadas desfilam na visita de Estado de AH 138-143, 149, 150; efeito da visita de Estado de AH à, 146-148; impopularidade da aliança com a Alemanha, 147, 148, 165, 166; restrição mútua com a Alemanha sobre concessão de medalhas, 150, 151; importação de carvão da Alemanha, 152, 153; dúvidas quanto à aliança com a Alemanha, 154, 155; legislação racial, 158, 159, 168-170; resistência popular ao belicismo fascista, 166, 167; judeus reprimidos e deportados, 168, 169, 314, 315; mudança para o totalitarismo, 168, 169; visita de Chamberlain, 170-174; declaração anglo-italiana (nov. 1938), 170-172; aliança formal com a Alemanha (maio 1939), 178-184; escassez de café, 180, 181; nega culpa pela Segunda Guerra Mundial, 183-185; e declaração de guerra franco-britânica à Alemanha, 188, 189; período de não beligerância, 188, 189, 191-196, 212-214; desejo popular pela paz, 188, 189; postergação da entrada na guerra, 191-193, 208-210, 220, 221; opinião alemã sobre, como não confiável, 191, 192; desconfiança da Alemanha, 192, 193; bloqueio naval britânico da, 195-198; espera ganhos territoriais pela guerra, 202, 203; despreparo para a guerra, 206-208, 211, 212; Igreja se opõe à guerra, 207-210; fragilidade econômica, 207, 208; cartas populares apoiando entrada na guerra, 209, 210; declara guerra à França e à Grã-Bretanha, 211, 212; ataque à França, 212-215; carece de coordenação militar com a Alemanha, 215, 216, 221, 222; apoio a uma guerra breve, 215, 216; ataque aos britânicos no norte da África, 217, 218, 220-224; armistício com a França (1940), 218-220; ataque à Grécia, 222-225; expulsa da Grécia, 227-231; fracasso das estratégias militares, 231, 232; vergonha popular por reveses militares, 241-243; se une à Alemanha na guerra contra a União Soviética, 249-257-261, 269, 270, 274, 275; crescente descontentamento e cansaço da guerra, 257, 258, 274, 275, 328, 329; racionamento, 257, 258; importa mercadorias da Alemanha, 258, 259; declara guerra aos Estados Unidos, 259-261; convenção militar secreta com Alemanha e Japão (jan. 1942), 262, 263; e superioridade alemã, 267-269; bombardeamento aéreo pelos britânicos, 271, 272, 283, 284; primeiras propostas de paz, 272, 273; encara derrota, 273-278; Alemanha culpa, por insucessos militares, 278, 279, 316-318; invasão aliada, 282, 283; produção de armamentos e mobilização, 283, 284; reação à queda de BM, 288-290; Alemanha intensifica forças na, 290, 291, 294, 295; sai da aliança com a Alemanha após queda de BM, 291, 292; posição no Eixo após queda de BM, 292; negocia armistício com Aliados, 295-298; desembarque dos Aliados na Calábria, 297, 298; armistício com Aliados (3 set. 1943), 297-299; sob ocupação alemã, 298, 299, 302-304; deportados civis na Alemanha, 299-302; presos militares na Alemanha, 299, 300, 320, 321, 327-329; soldados desarmados e mortos por alemães, 299, 300; mortes sob ocupação alemã, 303, 304; estratégia defensiva alemã na, 309, 310; atividade dos *partigiani* na, 321-324, 328, 329; avanço aliado na, 322, 323, 328, 329; represálias alemãs na, 323, 324; três conflitos na, 323, 324; rendição alemã na (maio 1945), 330, 331; baixas de guerra, 330, 331; atrocidades sob o fascismo, 336, 337; posição e imagem pós-guerra, 337, 338; censura estatal, 339, 340

Italien-Beobachter (revista), 127, 128, 133, 134, 182, 183

Iugoslávia: alemães invadem e dividem, 242, 243, 338, 339

Japão: invade Manchúria (1931), 71, 72; assina Pacto Anticomintern (1936), 80, 81, 110, 111, 180, 181; advertido no "discurso da quarentena" de Roosevelt, 108, 109; AH procura relações mais próximas com, 178-180; Ribbentrop espera pacto com, 180, 181; Pacto Tripartite com Alemanha e Itália (1940), 220, 221; como aliado da Alemanha, 259, 260; ataque a Pearl Harbor, 259, 260; neutralidade na guerra contra a União Soviética, 260, 261; convenção militar secreta com a Itália e a Alemanha (jan. 1942), 262, 263

Judeus: hostilidade e repressão nazista aos, 10, 11, 19, 20, 27, 28, 43, 44, 168, 169; atitude de BM em relação aos, 93-95, 158, 159, 168-170, 260, 261, 269-271; refugiados alemães na Itália, 123-125; e legislação racial italiana, 158, 159, 169, 170; crescentes ataques italianos aos, 168, 169; política de extermínio de AH, 173, 174, 260,

261; repressão alemã na Polônia, 190, 191; AH acredita em conspiração mundial, 239, 240; aumenta perseguição pelos nazistas na guerra, 248, 249, 260, 261, 269, 270; subjugados e deportados sob o regime RSI de BM, 312-315, 334, 335; discriminação italiana contra, 337, 338; *ver também* antissemitismo

Jung, Edgar Ernst, 60-62
Kappler, Herbert, 313, 314
Keitel, general Wilhelm, 176-178, 216, 217, 222, 223, 235, 236, 253, 254, 266, 267
Kesselring, narechal de campo Albert: comando e autoridade na Itália, 283, 284, 290, 291, 303, 304
Klessheim *ver* Schloss Klessheim
Klinkhammer, Lutz, 312, 313
Kristallnacht (9 nov. 1938), 168, 169
Krogmann, Carl Vincent, 65, 66
Kursk, batalha de (1943), 284-286
L., Giacomo (italiano antialemães), 125, 126
Lanza, Michele, 201, 202
Laval, Pierre, 67-70, 224, 225, 273, 274
Leis de Nuremberg (raciais), 169, 170
Leto, Guido, 123, 124
Líbia: campanha na, 264-266, 274-277
Liga das Nações: sanções contra a Itália, 5, 6, 81-83, 152, 153, 330, 331; e ordem internacional, 6-8, 11, 12; Conselho, 21, 22; BM despreza, 23, 24, 42, 43, 56-58;

e crise de Corfu, 23, 24; Itália permanece como membro, 23, 24; opinião depreciativa de AH sobre, 27, 28, 56-58; Alemanha sai da, 44, 45; e invasão italiana da Etiópia, 71-74, 76-78; Alemanha propõe voltar a integrar, 76, 77; Alemanha se recusa a apoiar sanções contra a Itália, 99, 100; Itália sai, 110, 111

Linha Gustav, Itália (alemã), 309, 310
Lloyd George, David, 10, 11
Lochner, Louis P., 47, 48
Lüdecke, Kurt, 19-21
Ludendorff, general Erich: apoia AH, 19, 20
Ludwig, Emil, 34, 35
Lufthansa: número de passageiros entre Roma e Berlim, 150, 151
Luxemburgo: Alemanha invade, 208, 209
M., Gherardo, 124, 125
MacDonald, Ramsay, 69, 70
Mack Smith, Denis, 70, 71
Mackensen, Hans Georg von: nomeado embaixador em Roma, 109, 110; e encontro de AH em julho de 1943 com BM, 284-286; AH orienta a solicitar audiência com o rei, 293, 294
Mackensen, Winifred von, 133, 134
Maddalena, La (ilha), 296, 297
Maifeld (Berlim), 99-102
Malaparte, Curzio, 36, 37
Malta: ataque italiano a, 218-220; AH planeja ataque a, 267-269

ÍNDICE ALFABÉTICO-REMISSIVO

Manacorda, Guido, 73, 74
Manchester Guardian, 146, 147
Manchúria: Japão invade (1931), 71, 72
Manifesto dos Cientistas Raciais, 158, 159
Marras, general Luigi Efisio, 293, 294
Martin, Benjamin G., 74-76
Mastromattei, Giuseppe, 130, 131
Matteotti, Giacomo: assassinado, 211, 212, 273, 274
Max von Baden, príncipe, 295, 296
Mecklenburg, 96, 97
Meissner, Otto, 294, 295
Meletti, Vincenzo, 35, 36
Messersmith, George, 44, 45
Metaxas, general Ioannis, 227-229
Milão: discurso de BM em (nov. 1936), 80, 81; descontentamento popular com políticas fascistas, 180, 181, 225-227; oposição à entrada na guerra ao lado da Alemanha, 203-206; bombardeada pelos britânicos, 218-220; discurso de BM em dezembro de 1944 em, 329-331; corpos de BM e Petacci pendurados de cabeça para baixo em, 332-334
Mit brennende Sorge (encíclica papal), 113, 114
Moeller van den Bruck, Arthur, 22, 23
Mois Suisse, Le, 318, 319
Montgomery, general Bernard Law, 271, 272
Morell, dr. Theo, 278, 279, 315, 316
Morris, Leland B., 228, 229
Moscou: ataque alemão a, 258-261
Mostra Augustea della Romanità (exposição), 139, 140
Müller, Heinrich, 123, 124
Müller, Sven von, 72-76
Munique: atividades nazistas preliminares, 19, 20; *Putsch* da Cervejaria (1923), 25-27; arquitetura inspirada na Itália, 52, 53; BM visita, 90-92; encontro AH-BM em (jun. 1940), 215-218; BM levado de avião para, após libertação, 304-306
Mussolini, Arnaldo (irmão de BM): morte, 37, 38
Mussolini, Benito: natureza do relacionamento com AH, 1-4, 6-14, 16-18, 338-342; visita AH após conspiração de assassinato de julho de 1944, 1, 2; experiência e objetivos, 3-5; visita AH na Alemanha (set. 1937), 5-8, 78, 79, 85-100; cai do poder (jul. 1943), 6-8, 288, 289; estilo de diplomacia, 9-11, 339-341; mantém visitas à Alemanha, 12, 13; correspondência com AH, 16-18, 32-34, 187, 188, 193, 194, 208-211, 240, 241; cria partido fascista (1919), 19, 20; encontra Lüdecke em Milão, 19, 20; relações iniciais com políticos e grupos alemães, 20, 21; AH admira e elogia, 21, 22, 24, 25, 27, 28, 30-32, 46, 47, 58-61, 239, 240, 263, 264, 270, 271, 295, 296, 300-302, 334, 335; afirma papel de decano do

503

fascismo europeu, 21, 22; e ocupação de Corfu, 23, 24; e crise do vale do Ruhr, 24, 25; proclama ditadura (1925), 25-27; culto, 27, 28, 205, 206; influência na direita alemã, 27, 28; posterga encontro com AH, 27-30; e promoção do fascismo na República de Weimar, 30, 31; atitude ambivalente em relação a AH, 31, 32, 35, 36, 40, 41; política externa, 31, 32, 69, 70; nega antissemitismo fascista, 34, 35; AH mantém busto de, em Munique, 36, 37; AH solicita visitas (1931-1933), 36-38, 41; AH corteja como chanceler do Reich, 38-40; financia edição italiana de *Mein Kampf* (Minha luta), 40, 41; propõe pacto quadripartite (França-Grã-Bretanha-Itália-Alemanha), 42-45; resiste a ações antijudeus dos nazistas, 43, 44; congratula AH em seu 50º aniversário, 44, 45, 178-180; e saída alemã da conferência do desarmamento e da Liga das Nações, 45, 46; e crítica negativa de Dinale a *Mein Kampf*, 46, 47; primeiro encontro (Veneza) com AH (jun. 1934), 47-60; fala alemão, 49, 50, 54, 55, 99, 100, 139, 140, 320, 321; vestimenta, 52, 53, 55, 56, 253, 254, 288, 289, 304, 305; AH convida a ir à Alemanha, 56-58, 78, 79, 84, 85; discurso de encerramento no encontro de Veneza, 56-59; menos cruel que AH, 61, 62; consciente do desejo de AH de invadir a Áustria, 62-64; sobre assassinato de Dollfuss, 63, 64; concorda em entrar em acordo com a França, 63, 64; culto na Alemanha, 65, 66; ridiculariza teorias de raça nazistas, 65, 66; inveja AH, 66, 67; atitude hostil à Alemanha, 66, 67; assina biografia de Diel com dedicatória a AH, 66, 67; objetivos expansionistas, 67-71, 175, 176; rivalidade crescente com AH, 67, 68; almeja revisar Tratado de Versalhes, 69, 70, 76, 77; e invasão da Etiópia, 70-73; espetaculosidade, 70, 71; incerto sobre fazer alianças, 70, 71; sobre demanda alemã para anexar Áustria, 72, 73; concede audiência a Sven von Müller, 72, 73; aproxima-se de AH, 72, 73; aceita demanda alemã para controlar Áustria, 74-76; recebe Roland Strunk, 74-76; busca cooperação mais próxima com a Alemanha, 76, 77; ameaça abandonar a Liga das Nações, 76, 77; política antibolchevista com Alemanha, 77, 78; popularidade após conquista da Etiópia, 77, 78; declara admiração por AH (1936), 79, 80; sobre o Eixo Berlim-Roma, 80-85; relutância em assinar aliança formal com a Alemanha,

85, 86, 169-172; faz parada na Áustria a caminho do encontro de 1937 na Alemanha, 90, 91; nomeia AH cabo honorário da milícia fascista, 93-96; sobre questão racial, 93-95; AH concede honras a, 95-97; apresenta passo do ganso (como *passo romano*), 95, 96; em Berlim com AH, 97, 98; discurso na chuva no fim da visita alemã de 1937, 99-102, 105, 106; encontra D'Annunzio, 102, 103; saudado no retorno do encontro de 1937, 102-104; confessa admiração pela Alemanha, 103, 104; reação à visita à Alemanha, 103-105; reação popular alemã a, 105-107; crença em vínculo com AH, 106, 107; e AH assumindo controle do Exército, 109, 110; recebe de presente cavalo de Hanover, 110, 111; vínculo ideológico com AH, 111, 112; desejo de guerra, 111, 112; e invasão da Áustria por AH, 116-123; opinião ambígua sobre AH, 120, 121; alardeia prontidão para a guerra, 120-123; transformado em marechal do Império, 121-123; planeja aliança com a Alemanha, 121-123; antissemitismo, 123, 124, 158, 159, 168-170, 260, 261, 269, 270; aprova prisão de refugiados judeus alemães, 123, 124; recebe protestos sobre a visita de Estado de AH, 131, 132; e visita de Estado de AH à Itália, 132-141, 143-145; Bianchi Bandinelli alega não gostar de AH, 139, 140; discurso na visita de Estado de AH, 141-143; telegrama de AH ao deixar a Itália, 144-146; acredita que seu destino está ligado ao de AH, 149, 150; sobre perspectiva de guerra com potências ocidentais, 151-154; papel na crise dos Sudetos, 151-155, 157-159; sobre aliança com a Alemanha contra o Ocidente, 152, 153, 155-157; Churchill sobre, 155-158; discurso de Trieste, 158-160; ansioso para postergar a guerra, 160, 161; acolhe com agrado a sugestão de conferência de quatro potências de AH, 160, 161; na Conferência de Munique (1938), 161-165, 341, 342; usa boné no estilo de Hitler, 161, 162; prestígio depois de Munique, 165, 166; oposição popular ao comportamento extremista, 166, 167; cooperação bem-sucedida com AH em Munique, 167, 168; agressão crescente, 168, 169; e visita de Chamberlain à Itália, 170-174; relações com a Grã-Bretanha, 170-172; não consultado sobre a ocupação da Checoslováquia por AH, 174, 175; inveja dos sucessos territoriais de AH, 175, 176; e invasão da Albânia, 176-178;

discurso sobre afinidade com a ideologia nazista, 176, 177; e aliança formal com a Alemanha ("Pacto de Aço", 1939), 178-180, 182-184; mantém amizade com a Grã-Bretanha, 178-180; reiteradas mensagens de amizade a AH, 178-180; proclama o Eixo (nov. 1936), 181, 182; discurso de Turim (maio 1939), 181, 182; visita feira alemã do livro (Roma, maio 1939), 181, 182; relutância em apoiar o ataque alemão à Polônia, 183-186; não consultado sobre o pacto de não agressão alemão-soviético, 185, 186; solicita materiais de guerra a AH, 185, 186; política de "não beligerância", 188, 189, 191-195; carece de política consistente, 189; posterga entrada na guerra, 190, 191, 193, 194, 208, 209; aumenta gastos com defesa, 190, 191; acredita na Itália como negociador entre Alemanha e Aliados, 191, 192; demite líderes superiores do Exército e do partido, 193, 194; alega experiência política superior, 194, 195; carta para AH sobre Guerra Soviético-Finlandesa, 194, 195; sobre pacto nazi-soviético, 194, 195; vê França e Grã-Bretanha como principais inimigas, 194-196; AH sugere mais um encontro com, 195-198; encontro no passo do Brennero com AH (mar. 1940), 196-203; elogia avanço alemão no oeste, 202, 203; elogia AH para Conselho de Ministros, 203-205; ânsia de entrar na guerra, 203-205, 209-211; autoridade incerta, 205, 206; AH vangloria-se para, de vitórias da Alemanha, 206, 207; recebe cartas apoiando e opondo-se à entrada na guerra, 209-211; declara guerra à França e à Grã-Bretanha, 211, 212; oferece tropas *bersaglieri* italianas para AH, 214, 215; encontro de Munique com AH (jun. 1940), 215-217; desprezo pelos italianos fracos, 215, 216; esperanças frustradas de espólio de guerra depois de queda francesa, 216-218; AH recusa oferta de assistência militar, 217, 218; AH dá armamentos de defesa antiaérea para, 217, 218; prepara ataque contra britânicos no Egito, 217, 218; segundo encontro no passo do Brennero com AH (out. 1940), 221-223; ordena ataque à Grécia, 223-225; encontro de Florença com AH (out. 1940), 225-228; AH domina, 229, 230, 233-238, 253-256, 270-272; encontro do Berghof com AH (jan. 1941), 236, 237; fracassa política para Mediterrâneo 236, 237, 242-244; discurso no Teatro Adriano (23 fev. 1941), 239-241; e exigências de AH para garantir a fronteira iugoslavo-albanesa, 242, 243; sobre maus-tratos a trabalhadores italianos na Alemanha, 244, 245; e a fuga de Hess para a Escócia, 245-247; questiona Ribbentrop sobre invasão planejada da União Soviética, 245-247; terceiro encontro no passo do Brennero (jun. 1941), 247-249; carta de AH sobre invasão da União Soviética, 249, 250; promete ficar ao lado da Alemanha até o fim, 249, 250; e papel da Itália na guerra contra a União Soviética, 250-252; encontro da Toca do Lobo com AH (ago. 1941), 252-256; pilota avião de AH, 254-257; visita frente oriental com AH, 254-257; avaliação da relação com AH, 257, 258, 339-341; irritado com discurso de AH sobre luta contra russos, 258, 259; anuncia declaração de guerra contra Estados Unidos, 260, 261; aumenta o número de tropas na frente oriental, 260, 261; problemas de saúde, 262, 263, 273-275, 279-282, 315, 316; divulgadas relações com Clara Petacci, 262, 263, 297, 298; continua acreditando na vitória, 264, 265, 269, 270; e retomada de Tobruque, 264, 265; recebe cartas de apoio e congratulações, 264, 265; visita à Líbia durante a guerra, 264-266; encontro de Salzburg com AH (abr. 1942), 266-269; Himmler visita, 269, 270; caricaturado em folhetos britânicos, 271-273; poder declina, 272, 273; e perspectiva de derrota italiana, 273, 274; exorta paz com Rússia Soviética, 273-275, 280, 281; troca de ministros (1943), 275-277; e rompimento do relacionamento com AH, 277-279; encontro de Klessheim com AH (mar. 1943), 278-282; discurso de 5 de maio de 1943, 281, 282; aumento da segurança pessoal, 282, 283; recusa apelo de paz do Vaticano, 282, 283; principais fascistas pedem destituição de, 284-289; encontro com AH na Itália (jul. 1943), 284-288; deposto e preso, 288, 289; movimentos após deposição, 291, 292, 296, 297; AH planeja recolocar, 295, 296, 306, 307, 316-319; escreve relato sobre queda do poder, 296, 297; campanha de imprensa para desacreditar, 297, 298; libertado por Skorzeny e fuga para Munique, 304, 305; moradia sob proteção alemã, 306, 307; proclama novo Estado fascista (set. 1943), 306-309; lidera governo da RSI, 310-314; popularidade como líder da RSI, 310, 311; e execução de Ciano, 311-313; declínio em *status* e compreensão, 314-316;

encontro de Klessheim com AH (abr. 1944), 318-322; discurso às tropas do Exército Republicano Nacional na Alemanha, 320, 321; concorda com a supressão dos *partigiani*, 321, 322; reação à queda de Roma, 322, 323; e represálias alemãs na Itália, 324-326; escritos, 324-326; encontro na Toca do Lobo com AH (jul. 1944), 326-329; gaba-se de possível ataque aos Aliados, 329, 330; discurso em Milão (dez. 1944), 329-331; envia nota final de aniversário a AH, 331, 332; fuzilado junto com Petacci e corpo pendurado de cabeça para baixo em Milão, 331-334; mantém exibição de unidade e amizade com AH, 332-334; bodes expiatórios de AH, 337-339; análise do relacionamento com AH, 338-342; *Drama da diarquia (Il dramma della diarchia)*, 324-326; *Opera Omnia*, 16, 17

Mussolini, Bruno (filho de BM): assassinado, 252, 253

Mussolini, Vittorio (filho de BM), 330, 331

Mutschmann, Martin, 191, 192

Nápoles: e visita de Estado de AH, 112, 113, 137-139; queda para os Aliados, 309, 310

Narvik, 195, 196, 202, 203

Nazismo: e facismo italiano, 3, 4, 11, 12, 16-20, 27-29, 34, 35, 72, 73, 125, 126, 145, 146, 175-177;

e relacionamento AH-BM, 12, 13; aceito por alemães de fora do partido, 22, 23; ideologia, 27, 28, 337, 338; e suporte em massa, 131, 132

Negrelli, Leo, 24, 25

Neurath, Konstantin von: e visões estrangeiras sobre boicote nazista antijudeu, 43, 44; e saída da Alemanha da Liga das Nações, 44, 45; Cerutti reclama a, de deterioração das reações ítalo-germânicas, 45, 46; sobre primeiro encontro (em Veneza) entre AH e BM, 54-59; substituído por Ribbentrop como ministro do Exterior, 109, 110; rascunha Acordo de Munique, 163-165

New York Herald Tribune, 221, 222

New York Times, 47, 48, 52, 53, 90, 91, 227, 228, 247, 248, 252, 253, 256, 257, 318, 319, 328, 329

Nietzsche, Friedrich, 291, 292, 296, 297

Noite das Facas Longas (30 jun. 1934), 61-63

Noite dos Cristais (9 nov. 1938), *ver* Kristallnacht

Normandia: desembarques dos Aliados (jun. 1944), 323, 324

Norte da África: fracasso da campanha italiana contra britânicos, 220-224, 231, 232, 236-238; apoio militar alemão à Itália no, 240-242; campanha ofensiva dos britânicos, 259, 260; linhas de suprimento do

Eixo, 262, 263; avanço de Rommel no, 264, 265; desembarques dos Aliados (nov. 1942) no, 271, 272; vitórias aliadas no, 271, 272; derrota do Eixo no, 282, 283
Noruega: Alemanha ataca, 195, 196, 202, 203, 207, 208
Nova Ordem: busca por, na Europa, 4-12, 99, 100, 106, 107, 110, 111, 127, 128, 130, 131, 147, 148, 210, 211, 233-237, 248-250, 253, 254, 265, 266, 280-282, 326, 327, 334, 335; Japão passa a fazer parte da, 220, 221
Nuremberg: comícios do partido fascista, 151, 152, 155-157
Ogilvie-Forbes, George, 89, 90, 97-102
Oitavo Exército Italiano, 274, 275
Orano, Paolo: *L'Asse nel pensiero dei due popoli*, 140, 141
Organização Todt, 303, 304
Orlando, Vittorio: na Conferência de Paz de Paris, 10, 11
Osservatore Romano (jornal), 61, 62, 113, 114, 207, 208
Pacto Anticomintern (1936), 80, 81, 110, 111, 180, 181, 259, 260
Pacto de Aço (1939), 6-8, 182-185, 188, 189, 228, 229
Pacto Molotov-Ribbentrop (1939), 185, 186
Pacto quadripartite (França-Grã--Bretanha-Itália-Alemanha): BM propõe, 42-45
Pacto Tripartite (Alemanha-Itália-Japão, 1940), 220, 221, 229, 230

Palermo: discurso de BM em (20 ago. 1937), 84, 85
Palmeri, Ruggiero, 123, 124
Papen, Franz von: e reunião proposta de AH com BM, 47, 48; discurso criticando terror nazista, 60-62; sob prisão domiciliar, 61, 62; nomeado embaixador em Viena, 63, 64
Pariani, general Alberto, 176-178, 193, 194
Partido Comunista Italiano, 165, 166
Partido fascista (Itália): fundação (mar. 1919), 19, 20; Marcha sobre Roma (1922), 20-23, 25-27; relações com instituições italianas estabelecidas, 28, 29; ascensão ao poder, 28-30; radicalização após visita de BM à Alemanha, 110, 111; organização impressiona alemães na visita de estado de 1938, 137, 138; ambivalência em relação à aliança com a Alemanha, 146, 147; política externa, 152, 153; impopularidade na Itália, 203-205; e crescente descontentamento popular, 257, 258
Partido Fascista Republicano: Congresso de Verona (nov. 1943), 314, 315
Partido nazista: antissemitismo, 19, 20, 27, 28, 109, 110, 168-170, 173, 174, 248, 249, 260, 261, 269, 270; em Munique, 19, 20, 25-27; influenciado pela ascensão nazista ao poder, 28-30; resultados ruins nas eleições de 1928 ao

Reichstag, 29, 30; sucesso nas eleições de 1930 ao Reichstag, 30-32; saudação romana, 32-34; perdas nas segundas eleições de 1932 do Reichstag, 38-40; consolida governo (1933), 40, 41; anuncia boicote a empresas judaicas, 43, 44; ganha maioria na eleição de nov. 1933, 45, 46; condenado na Itália como perigoso, 63, 64; e questão racial, 86, 87; e visita de BM em 1937 à Alemanha, 87-89; hostilidade à Igreja, 147, 148, 169, 170; líderes criticam BM, 277, 278; AH sobre origens, 278, 279; exige guerra total antes da derrota, 331, 332

Partido Social Democrata (Alemanha; Sopade), 91, 92, 98, 99, 154, 155, 167, 168

Partigiano, Il (jornal clandestino de Milão), 331, 332

Passo do Brennero: 83, 84, 117-120; primeiro encontro AH-BM no (mar. 1940), 196-203, 209, 210; segundo encontro (out. 1940), 221-223; terceiro encontro (jun. 1941), 247-249

Paul, príncipe regente da Iugoslávia, 242, 243

Paulmann, Johannes, 8, 9

Paulus, general Friedrich, 267-269, 275-277

Pavelic, Ante, 242, 243

Pavolini, Alessandro, 251, 252, 321, 322

Pavone, Claudio, 323, 324

Pearl Harbor (7 dez. 1941), 259-261

Pequena Entente (Checoslováquia--Romênia-Iugoslávia), 152, 153

Perth, James Eric Drummond, 16º conde de, 159-161

Petacci, Clara: e visita de BM em 1937 à Alemanha, 85, 86; BM confessa admiração pela Alemanha a, 103, 104; e abandono por BM dos laços com britânicos e franceses, 104, 105; estilo de vida burguês, 111, 112; e recepção a AH na Áustria, 118, 119; e resultado da visita de Estado de AH, 145, 146; BM gaba-se para, da influência sobre AH, 165, 166; e reação de BM à ocupação da Checoslováquia por AH, 174, 175; relações de BM com, 190, 191; e participação de BM no encontro no passo do Brennero, 198, 199; e o desprezo de BM pelo povo italiano, 205, 206; divulgação do relacionamento com BM, 262, 263, 297, 298; reencontra BM, 315, 316; advoga reconquista de Roma, 322, 323; e expectativa de derrota de BM, 326, 327; e reação de BM à tentativa de assassinato de AH, 326-328; e convocação de BM à Toca do Lobo (jul. 1944), 326, 327; fuzilada com BM e corpo pendurado em Milão, 331-334

Pétain, marechal Philippe, 224, 225

Philip, príncipe de Hesse: como contato entre AH e BM, 31, 32,

95, 96, 154, 155, 159, 160; visita BM na Itália (ago. 1936), 77, 78; entrega mensagens de AH para BM, 116-118, 119, 120, 174, 175; AH envia a Roma, 195, 196; AH coloca sob prisão domiciliar, 295, 296
Phillips, William, 119, 120
Phipps, Sir Eric, 73, 74
Pietromarchi, Luca, 201, 202
Pini, Giorgio, 96, 97
Pio XI, papa, 113, 114, 147, 148, 169, 170
Pio XII, papa: posição, 2, 3; sugere conferência sobre Danzig e demandas italianas sobre a França, 178-180; condena ataque soviético à Finlândia, 194, 195; visita vítimas de bombardeamento em Roma, 286, 287; silencia sobre deportação de judeus, 313, 314
Pistoia, príncipe Filiberto, duque de, 128-130, 133, 134
Plessen, Johannes von, 192, 193
Polônia: pacto de não agressão com a Alemanha, 66, 67; planos alemães para invadir a, 177-180, 183-186; alemães invadem e ocupam a, 187, 188, 190, 191; acordo de Assistência Mútua com a Grã-Bretanha, 187, 188; judeus reprimidos pelos alemães, 190, 191
Popolo d'Italia, Il (jornal): entrevista AH (primavera 1931), 32-34; Arnaldo Mussolini dirige, 34, 35; faz resenha de *Mein Kampf* (Minha luta), 46, 47; e viagem de BM a Veneza (1934), 51, 52; reporta visita da Associação Dante a Munique, 52, 53; sobre discurso de BM em Veneza, 58, 59; justifica Noite das Facas Longas, 61, 62; sobre segundo encontro AH-BM (set. 1937), 87-91, 102, 103; sobre crença de BM na superioridade do fascismo, 104, 105; publica protocolo do encontro de 1938, 119, 120; discorre sobre visita de AH de abril de 1938, 126-128; oculta figura de Victor Emmanuel, 132, 133; sobre poder da Marinha italiana, 137, 138; retrata desfile de tropas, 138, 139; sobre força do Eixo Roma-Berlim, 155-157, 200-203; artigo de BM traduzido pela imprensa alemã, 157, 158; sobre poder militar italiano, 182, 183; e declaração de guerra pela Itália, 212-214; reporta encontro de junho de 1940 em Munique, 217, 218; sobre acordo AH-BM acerca da guerra contra a Grã-Bretanha, 222, 223; sobre saudação a BM no Tirol do Sul, 247, 248; sobre traje militar de BM no encontro da Toca do Lobo, 253, 254; adverte sobre objetivo britânico de exterminar italianos, 283, 284; condena o nazismo, 64
Preziosi, Giovanni, 269, 270
Primo de Rivera, general Miguel: admira BM, 23, 24

Prússia: guerra com a Áustria (1866), 180, 181
Puccini, Giacomo: "Hino a Roma", 92, 93
Puntoni, Paolo, 284-286
Quartararo, Rosaria, 70, 71
Quebec: encontro Churchill-Roosevelt (ago. 1943), 296, 297
Raeder, almirante Erich, 138, 139
Rahn, Rudolf, 297, 298, 302, 303, 319, 320, 326, 327
Rainer, Friedrich, 302, 303
Rastenburg *ver* Toca do Lobo
Rathenau, Walther, 20, 21
Real Academia Italiana: congresso (1932), 38-40
Reichstag: eleições: (1928), 29, 30; (1930), 30-32; (1932), 37-40; (mar. 1933), 40, 41; (nov. 1933), 45, 46; fogo, 40, 41
Renânia: Alemanha remilitariza (1936), 4, 5, 74-77; supervisão dos Aliados na, 22, 23
Renzetti, major Giuseppe: influência, 31, 32, 65, 66; e visitas de AH a BM, 35-40, 50, 51; relações com AH, 38-40; sobre apoio italiano aos nazistas, 40, 41; queixa-se a AH sobre declarações ofensivas à Itália, 46, 47; relata encontro de 1934 em Veneza, 59-61; sobre eliminação de Röhm, 62, 63; e solicitação de AH para afastamento de Cerruti, 72, 73; participa de almoço pela visita de BM à Alemanha (1937), 95, 96

República de Weimar: fundada, 19, 20; fraqueza, 28-31, 34, 35
República Social Italiana (RSI): fundação, 309-312; regime, 312-318, 320, 321, 334, 335; acordo com a Alemanha sobre trabalhadores italianos, 319, 320; Pavolini elogia, 321, 322; e comportamento arrogante alemão na Itália, 322, 323; perde apoio popular, 327-329; *status* ambivalente, 334, 335
Reynolds, David, 8, 9
Ribbentrop, Anneliese von, 130, 131, 133, 134
Ribbentrop, Joachim von: como embaixador em Londres, 79, 80; nomeado ministro do Exterior, 109, 110; aversão mútua a Ciano, 109, 110; e visita de Estado de AH à Itália, 113-116, 134-136; Ciano apresenta contratratado a, 136, 137; Attolico prevê aliança militar Itália-Alemanha, 153, 154; na Conferência de Munique (1938), 163-165; relato de Heydrich sobre falta de confiança na Itália, 177, 178; negocia aliança com Ciano, 178-183; sobre invasão da Polônia, 183, 184; sobre perspectiva de ganhos territoriais italianos na guerra, 184, 185; assina pacto de não agressão com Molotov (1939), 185, 186; telegrama alegando forte política ítalo-germânica, 188, 189; entrega resposta de AH a BM, 195, 196; afirma compromisso italiano

em apoiar a Alemanha, 201, 202; no encontro de Munique (jun. 1940), 216, 217; no segundo encontro no passo do Brennero (out. 1940), 221, 222; informa a italianos projetos alemães para campos de petróleo na Romênia, 223, 224; no encontro do Berghof (jan. 1941), 235, 236; conferencia com BM após fuga de Hess para a Escócia, 245-247; tranquiliza Alfieri sobre atitude alemã positiva em relação aos italianos, 245-247; espera melhorar aliança com a Itália, 263, 264; prescreve outro encontro AH-BM, 265, 266; descarta rumores de negociações de paz entre Itália e Aliados, 272, 273; sobre carta particular de AH a BM sobre origens do nazismo, 278, 279; Bastianini tranquiliza, sobre continuidade da aliança, 278, 279; culpa a Itália pelos insucessos militares, 279, 280; e boato sobre proibição de alemães vestirem uniforme em Roma, 282, 283; refuta rumores de golpe alemão contra o governo Badoglio, 294, 295; encontro com Guariglia, 296, 297; e deportação de judeus italianos, 313, 314

Ricci, Renato, 322, 323

Rintelen, Enno von, 149, 150, 218-220, 231, 232, 241, 242, 265, 266, 282, 283, 287, 288

Roatta, Mario, 216, 217, 222, 223

Robison, Carson: sucessos musicais, 2, 3

Rochat, Giorgio, 231, 232

Rodogno, Davide, 16, 17

Röhm, Ernst, 50, 51, 61-63

Rom Berlin Tokio (periódico), 275-277

Roma: Marcha Fascista sobre (1922), 20-23, 25-27, 305-307; BM permanece em, ao retornar da visita de 1937 à Alemanha, 103, 104; e visita de Estado de AH, 112, 113, 131, 132, 134-136, 139-141; Alemanha patrocina trabalho arqueológico em, 139-141; Chamberlain convidado para visita oficial, 170-172; bombardeada pelos Aliados, 286, 287; judeus deportados, 313, 314; cai diante dos Aliados, 322-324

Romênia: planos alemães para o petróleo, 222-224; entra para o Pacto Tripartite, 229, 230, 251, 252; como aliada de guerra da Alemanha, 258, 259, 281, 282; entra para o Pacto Anticomintern, 259, 260; invadida pela União Soviética, 328, 329

Rommel, marechal de campo Erwin, 240-244, 264, 265, 282, 283

Roosevelt, Franklin D.: encontros com Churchill, 11-13, 264-267, 296, 297; "discurso da quarentena" (out. 1937), 110, 111; advoga paz na Europa, 177-180; envia Sumner Welles em missão de paz, 195, 196; terceira eleição (1940),

225-227; relações com Churchill, 239, 240, 252-254, 256, 257, 315, 316, 339, 340; acredita que a Itália depende da Alemanha, 298, 299
Rosenberg, Alfred: critica falta de antissemitismo por parte dos fascistas, 27, 28; visita congresso da Real Academia Italiana, 38-40; sobre admiração de AH por BM, 58, 59; participa de almoço pela visita de 1937 de BM à Alemanha, 95, 96
RSI *ver* República Social Italiana
Ruhr: ocupação franco-belga (1923), 23-25
Runciman, Walter, 1º visconde, 157, 158
Rússia soviética: tratados de aliança e assistência mútua, 70, 71; e Pacto Anticomintern, 110, 111, 180, 181; pacto de não agressão com a Alemanha (1939), 185, 186, 194, 195, 201, 202; divide a Polônia com a Alemanha, 190, 191; Guerra de Inverno contra a Finlândia (1939-1940), 194, 195; planos alemães para invasão, 222-225, 245-247; AH não informa BM sobre invasão, 236, 237, 248, 249; alemães invadem (jun. 1941), 249-252; tropas italianas lutam em, 250-253, 269, 270, 274, 275; baixas alemãs em, 265, 266; força, 270, 271; BM propõe tratado de paz separado com, 280, 281; produção de aviões, 283, 284; alemães postergam invasão, 338, 339

S., Cesare (da Calábria), 127, 128
S., Rosa, 209, 210
SA (*Sturm Abteilung*), 61, 62
Salazar, António de Oliveira, 9, 10
Salerno: desembarques dos Aliados (set. 1943), 309, 310
Salò, 310, 311, 320, 321
Salzburg *ver* Schloss Klessheim
San Marino, 298, 299
Sauckel, Fritz, 303, 304
Savoia, 273, 274
Saxe-Coburg-Gotha, Carl-Eduard, duque de, 120, 121
Schieder, Wolfgang, 4, 5, 80, 81
Schleicher, general Kurt von, 61, 62
Schloss Klessheim, próximo a Salzburg, 265-267, 279-282, 318-322, 324-326
Schmidt, Paul, 93-95, 201, 202, 227, 228
Schreiber, Gerhard, 303, 304
Schuschnigg, Kurt von, 116, 117
Schwarze Korps, Das (jornal da SS), 91, 92, 146, 147, 311, 312
SD (*Sicherheitsdienst*): sobre a ansiedade alemã acerca da guerra iminente, 154, 155; relatos sobre opinião pública, 230, 231; sobre saudação popular ao discurso de AH em 1941, 239, 240; sobre recepção aos discursos de BM, 240, 241, 273, 274; sobre desinteresse alemão no encontro do passo do Brennero em 1941,

247, 248; sobre opinião hostil dos alemães à assistência italiana na Rússia, 250-253; sobre elogios de AH a finlandeses e romenos como desprezo pela Itália, 258, 259; sobre opiniões anti-italianas dos alemães, 281, 282, 295, 296, 300-302, 306, 307; sobre efeito da queda de BM, 290, 291; e discurso de AH sobre capitulação italiana, 300-302; descreve BM como "praticamente governador do Reich", 307-309; sobre perda de confiança da Alemanha em AH, 328, 329
Sebastiani, Osvaldo, 87-89
Sei mesi di guerra (filme), 205, 206
Seldte, Franz, 38-40
Senise, Carmine, 275-277
Serena, Adelchi, 262, 263
Sexto Exército Alemão, 275-277
Shimazu, Naoko, 8, 9
Sicília: Itália não consegue controlar, 193, 194; invasão dos Aliados, 272, 273, 282, 283, 295, 296
Sidi Barrani (Líbia), 230, 231
Silvestri, Carlo, 316-318
Skorzeny, Otto, 304, 305
Solari, Pietro, 32-34
Somalilândia, 70, 71, 231, 232
Sopade *ver* Partido Social Democrata
Spazio vitale, 70, 71, 110, 111, 236, 237, 243, 244, 269, 270
Speer, Albert, 97, 98, 303, 304
SS: elimina SA, 61, 62; protege AH e BM na visita a Berlim, 98, 99

Stahlhelm: relações de BM com, 20, 21, 31, 32; se alia aos nazistas na Frente de Harzburg, 35, 36
Stalin, Joseph V.: regime, 4, 5, 11, 12; na conferência de Teerã, 315, 316
Stalingrado, 267-269, 274-277
Starace, Achille, 87-89, 95, 96, 110, 111, 128-130, 161, 162, 193, 194
Stauffenberg, conde Claus Schenk von, 326, 327
Stefani (agência de notícias italiana), 143, 144, 256, 257
Steinberg, Jonathan, 314, 315
Stresa: encontro de 1935 e frente, 69-72, 110, 111, 224, 225
Stresemann, Gustav, 20, 21
Strunk, Roland, 74-76
Sudetos, região dos: BM promete apoiar AH na, 140, 141; alemães na, 150-152; AH planeja anexar, 151, 152, 155-159; papel de BM na crise, 151-155, 157, 158; opinião popular moderada dos italianos sobre, 166, 167; tomada pela Alemanha, 167, 168; *ver também* Checoslováquia
Suñer, Ramon Serrano, 221, 222
Suvich, Fulvio: participa de encontro de 1934 em Veneza, 51, 52, 53, 54, 59, 60; rebaixado, 78, 79
Svastic, La (periódico), 251, 252
Tacchi-Venturi, Pietro, SJ, 113, 114
Taranto: ataque britânico à Marinha italiana em, 228, 229
Teatro Adriano: BM profere discurso sobre guerra paralela (1941), 239-241

Tedaldi, Adolfo, 22-24
"Terceiro Reich": termo cunhado por Bruck, 22, 23
Tevere, Il (jornal), 35, 36
Times, The (jornal), 29, 30, 203-205, 267-269, 290, 291
Tirol do Sul (Alto Adige): demandas italianas pelo, 22-25, 29-32, 51, 52, 119, 120, 141-145, 147, 148, 178-180, 247, 248; Alemanha disposta a reconhecer como italiano, 83, 84, 90, 91; trem de BM viaja através do, para visita de 1937 à Alemanha, 89, 90; e visita de Estado de AH à Itália, 112, 113; reação de BM à ameaça alemã de invasão, 120, 121; AH atravessa de trem, 130, 131; atitude popular dos alemães a, 167, 168; propostas de reassentamento (1940), 196-199, 250, 251, 262, 263; AH anuncia planos para anexação, 295, 296; Alemanha controla, 302, 303, 321, 322
Tobruque, 236, 237, 264-266
Toca do Lobo (Rastenburg): tentativa de assassinato de AH na, 1, 2, 326-329; encontro AH-BM (ago. 1941), 253-256; encontro AH-BM (jul. 1944), 326-329
Tolomei, Ettore, 29, 30
Toscano, Mario, 184, 185
Tratado Cultural (Itália-Alemanha, nov. 1938), 181, 182
Tratado da Polícia (Alemanha-Itália, 1936), 77, 78, 123, 124, 150, 151

Tratado de Aliança entre Checoslováquia e União Soviética (1935), 70, 71
Tratado de Latrão (1929), 21, 22, 113, 114
Tratado de Versalhes (1919): AH e BM almejam revisar, 69, 70, 76, 77; e rearmamento alemão, 71, 72
Tratado Franco-Soviético de Assistência Mútua (1935), 70, 71
Trentino, 302, 303
Trieste: discurso de BM em, 158, 159; avanço alemão sobre, 320, 321
Tríplice Aliança (Alemanha-Itália-Áustria-Hungria), 86-89
Trípoli (Líbia), 274-277
Túnis: cai diante dos Aliados, 281, 282
Turim: discurso de BM em (maio 1939), 181, 182; bombardeada pelos britânicos, 218-220; greves industriais, 275-277; hostilidade ao governo social republicano, 328, 329
Turquia: ditadura sob Ataturk, 25-27
Ucrânia: guerra na, 257, 258
Umberto I, rei da Itália: AH visita sepultura, 137, 138
Ustaše (Croácia), 242, 243, 270, 271
Valle, general Giuseppe, 193, 194
Vallo del Littorio (defesas na fronteira alpina), 119, 120, 175, 176, 196-198, 258, 259
Vansittart, Sir Robert, 71, 72
Vaticano: AH evita na visita de Estado, 113, 114; apoia guerra breve, 215, 216; e perspectiva de final da

guerra, 272-274; sugere paz em separado para a Itália, 282, 283; mantém independência após ocupação alemã da Itália, 298, 299
Veneza: primeiro encontro AH-BM em (14 jun. 1934), 49-60, 98, 99, 104, 105
Verdi, Giuseppe: *Aida*, 138, 139
Vichy, França de: AH tenta persuadir a cooperar contra britânicos, 224, 225; alemães ocupam, 273, 274
Vidussoni, Aldo: nomeado secretário do partido, 262, 263; acredita em vitória militar, 267-270; despedido, 275-277
Viena: Ciano encontra AH em (nov. 1940), 229, 230; BM faz parada em, no voo final para Alemanha, 304-306
Vita italiana (periódico), 269, 270
Vittorio Emanuele II, rei da Itália: monumento, 134-138
Vittorio Emmanuele III, rei da Itália: posição como monarca, 2, 3, 259, 260; nomeia BM primeiro-ministro, 20, 21; Alfonso III visita, 23, 24; recebe telegrama de AH no encontro de 1934 em Veneza, 53, 54; germanofobia, 103, 104; sedia visita de Estado de AH, 111, 112, 114-116, 134-139; saúda AH na chegada para visita de Estado, 131-133; telegrama de AH ao deixar Itália, 144, 145; saúda BM na Conferência de Munique, 165, 166; assina leis raciais, 169, 170;

humilha BM sobre ocupação de Praga por AH, 174, 175; discurso enfatizando a paz, 176, 177; congratula AH pelo 50º aniversário, 178-180; endossa Pacto de Aço (1939), 182, 183; relutância em entrar na guerra, 192, 193; transfere comando supremo para BM, 193, 194; telegrama de BM sobre encontro no passo do Brennero, 202, 203; apoia guerra breve ao lado da Alemanha, 203-205; telegrama de AH sobre declaração de guerra da Itália, 212-214; importância de seu papel aumenta, 272, 273; apoia BM, 273, 274; recebe pedido para depor BM, 284-289; teme represálias alemãs após a saída de BM, 293-295; apoia negociações secretas de paz com Aliados, 294, 295; evacua para Brindisi, 298, 299; declara guerra à Alemanha, 309, 310; BM critica, 324-326, 329, 330
Vittorio Veneto, batalha de (1918), 58, 59
Völkischer Beobachter: Göring contribui para, 28, 29; sobre o endosso de BM aos sucessos eleitorais nazistas, 31, 32; sobre voo de AH para Itália, 51, 52, 59, 60; sobre visita de AH a Veneza, 51, 52, 54, 55; Strunk escreve sobre campanha na Etiópia para, 74-76; sobre missão de Ciano na Alemanha (1936), 79, 80; sobre visita de BM

(1937), 85, 86; sobre revista das tropas italianas em Roma, 138, 139; sobre vitória alemã na França, 217, 218; sobre BM pilotando avião de AH, 256, 257; reporta 60º aniversário de BM, 291, 292; acusa Badoglio de traição, 300-302, 306, 307; sobre resgate e libertação de BM, 306, 307, 316-318; sobre plano de AH-BM para vencer a guerra, 319, 320

Volkssturm (contingente militar alemão), 330, 331

Volpi, Giuseppe, 53-55

W., Ekkehard (pintor de teatro), 124, 125

Wagner, Richard, 54, 55, 63, 64

Wall Street Journal, 50, 51

Watt, Donald Cameron, 81-83

Weiß, Wilhelm, 85, 86

Weizsäcker, Ernst von, 93-95, 113, 114, 136, 137, 163-165, 198, 199, 237, 238, 265, 266, 288, 289

Welles, Sumner: missão de paz (1940), 195, 196, 198, 199, 202, 203

Wiedemann, Fritz, 55, 56

Willis, Fred, 86-89

Wilson, Woodrow, 10, 11

Wirth, Joseph, 20, 21

Wolff, Theodor, 30, 31

Zachariae, dr. Georg, 315, 316, 319, 320

Zona Operacional do Litoral Adriático (*Adriatisches Küstenland*), 302, 303

Zona Operacional dos Montes Alpinos (*Alpenvorland*), 302, 303